Igna

Hugo Chávez
Mi primera vida

Ignacio Ramonet nació en España en 1943. Es doctor en semiología y profesor emérito de teoría de comunicación en la Universidad de París. Además es director del periódico independiente *Le Monde diplomatique*, en español, y fundador y presidente de honor del movimiento internacional ATTAC (Asociación por la Tasación de las Transacciones financieras y por la Acción Ciudadana). Preside la red internacional de observatorios de medios Media Watch Global, y es uno de los creadores del Foro Social Mundial, del que propuso el lema: "Otro mundo es posible".

Entre sus libros destacan *La golosina visual*; *Marcos, la dignidad rebelde* (conversaciones con el subcomandante Marcos); *La tiranía de la comunicación*; *Un mundo sin rumbo*; *Guerras del siglo XXI*; *Abecedario de la globalización* (con Ramón Chao); *Irak, historia de un desastre*; *Fidel Castro: biografía a dos voces*; *La catástrofe perfecta* y *La explosión del periodismo*.

Hugo Chávez
Mi primera vida

Hugo Chávez

Mi primera vida

Conversaciones con
IGNACIO RAMONET

VINTAGE ESPAÑOL
Una división de Random House LLC
Nueva York

DEDICATORIA

A Maximilien Arvelaiz

Sumario

Nota del Editor

Este libro es fruto de años de trabajo, y solo ha sido posible gracias en última instancia al esfuerzo y el talento de Ignacio Ramonet y la generosidad del presidente Chávez y su equipo. A nivel editorial, sin embargo, es obligado destacar y agradecer tanto a Teresa Aquino de Vadell como a Manuel Vadell y al resto de sus colaboradores la cooperación y la ayuda prestada por la editorial Vadell, de Caracas, cuya participación y profesionalidad han sido fundamentales para poder llevar a buen puerto este proyecto.

Habíamos llegado la víspera, al centro de los infinitos Llanos venezolanos, a un lugar cuyo nombre desconocía. Eran las nueve de la mañana y hacía ya un calor de horno. Prestada por un amigo, la casa donde nos hospedábamos era sencilla, rústica, de planta baja y techo de tejas, al estilo llanero. Poseía en fachada una gran veranda abierta, amueblada con mesas bajas de hierro forjado, mecedoras de mimbre y decenas de macetas verdes. Alrededor, agrietada y endurecida, la tierra estaba salpicada de matas de color, espléndidos árboles gigantes y frutales en flor. Un vientecillo tenaz levantaba un polvo dorado y aportaba olores de matorrales perfumados. Castigada por las bocanadas de brisa ardiente, la vegetación ofrecía, en todo el alrededor, un semblante agobiado y exhausto.

En el jardín, a la sombra, nos habían instalado una mesita con libros y documentos para la entrevista. Mientras esperaba a Hugo Chávez, me senté en el madero de una empalizada que cercaba la estancia, el "hato" dicen allí. Reinaba el silencio, apenas roto por trinos de pájaros, algún canto de gallo y el run-rún lejano de un grupo electrógeno. No se divisaba ninguna edificación a la redonda, ni se percibía ajetreo alguno de tránsito. Un retiro ideal. Tampoco había *wi-fi*. Ni siquiera conexión para los celulares. Sólo funcionaban, vía canales militares, unos teléfonos satelitales usados por los escoltas y el propio Presidente.

El día anterior, por la tarde, a bordo de una avioneta *Falcon*, habíamos aterrizado en el pequeño aeopuerto de Barinas. Antes de comenzar nuestras conversaciones para este libro, Chávez deseaba mostrarme el territorio de su infancia y las raíces de su destino. El *"escenario de mis circunstancias"*, dijo él.

Llegó casi de incógnito para evitar protocolos y ceremonias. Vestido con sencillez: zapatillas deportivas, pantalón vaquero negro, camiseta blanca y ligera chaqueta azul de apariencia militar. Sólo le acompañaba uno de sus principales asesores, Maximilien Arvelaiz, joven y brillante consejero de asuntos internacionales, además de varios escoltas con uniforme verde olivo. Al pie de la aeronave, nos esperaban unos calores saharianos y dos discretos 4 x 4 negros. Chávez se puso al volante del primero de ellos. Maximilien y yo subimos con él. Los escoltas en el de atrás. La noche comenzaba a caer. Enseguida pusimos rumbo al centro histórico.

Ciudad horizontal y achatada, Barinas ofrecía en aquel momento una atmósfera "de frontera". Abundaban sufridas furgonetas de tipo *pick up* y rutilantes 4 x 4 de nuevos ricos. Se veían hombres con sombrero llanero calzados con botas de media caña. El Llano es tierra de vaqueros, de contrabando, de gestas y de inacabables espacios abiertos. También de corridos y joropos, canciones llaneras, música *"country"* local. Visto desde Caracas, aquello es en verdad el "lejano Oeste", y el meollo identitario de la venezolanidad.

Capital del Estado homónimo, la ciudad había crecido en exceso en los últimos años. Se notaba una briosa actividad. Edificios en construcción, grúas, calles en obras, tránsito denso… En su destartalada periferia, como en el de tantas localidades, el feísmo arquitectónico había cometido espantosos estragos. Pero a medida que nos íbamos acercando al viejo núcleo urbano reaparecían la armonía geométrica colonial y alguna edificación de noble estampa.

Con su tranquila y bella voz de barítono, Chávez me iba contando la historia de esta ciudad: me indicó por dónde pasó Simón Bolívar, el Libertador; por dónde cruzaron los llaneros del "Centauro" Páez; por dónde estuvo Ezequiel Zamora —el "general de hombres libres"— cuando liberó Barinas, proclamó la Federación y salió para la decisiva batalla de Santa

Inés el 10 de diciembre de 1859[1]... No sólo Chávez se sabía la historia de Venezuela de carretilla, sino que la expresaba y la vivía con entusiasmo, la ilustraba con mil anécdotas, recuerdos, poemas, canciones... «*Amo a mi patria*, me dijo. *Profundamente. Porque, como dice Alí Primera*[2] *"la patria es el hombre". Debemos conectar el presente con el pasado. Nuestra historia es nuestra identidad. El que la ignora no sabe quién es. Sólo la historia le da a un pueblo la entera conciencia de sí mismo»*.

Sonó de pronto el teléfono. Era un mensaje de texto de Fidel Castro cumplimentándole por su discurso de la tarde. Me lo mostró: "21h30. Estuve escuchándote. Me pareció muy bueno. Te felicito. Estás jugando fuerte. Fue fenomenal. Estás brillante". No hizo ningún comentario, pero lo noté feliz. Le tenía a Fidel un afecto profundo.

Llegamos al casco antiguo. La noche había caído y la ciudad no estaba bien iluminada. Apercibimos el sorprendente palacio del Marqués y la desmesurada cárcel antigua. Recorrimos su geografía personal barinense: me enseñó el liceo O'Leary donde cursó su secundaria, y la academia de arte donde empezó sus estudios de pintura... Pasamos ante el que fue su hogar de adolescente en el barrio Rodríguez Domínguez, el domicilio de sus amigos Ruiz Guevara, la casa de su primera novia, la cancha de béisbol entre vecinos... «*Por esta avenida, paseaba yo con Nancy Colmenares... Ese bar lo llamábamos "la Facultad"... En este edificio estaba Radio Barinas; ahí hice mis primeras emisiones de radio...»*.

La oscuridad de la noche y los cristales ahumados del vehículo me impedían distinguir casi nada... Además, en su peregrinaje nostálgico, Chávez entrelazaba recuerdos de dos distintos períodos vividos por él aquí: los años de bachillerato (1966-1971) y su primer destino de subteniente recién egresado de la Academia Militar (1975-1977). En el laberinto

---

[1] Véase J. E. Ruiz-Guevara: *Zamora en Barinas*, [Reedición facsímil], Caracas, 1999.

[2] Alí Primera (1942-1985), cantautor de protesta venezolano muy popular. El presidente Chávez citaba con frecuencia sus canciones, que son una referencia para toda la izquierda venezolana.

de sus vivencias pasadas, me sentí algo perdido. Se dio cuenta y, con sencillez, se disculpó: «*Perdóneme, me asaltaron los recuerdos de repente. Los recuerdos, usted sabe que lo emboscan a uno en cualquier mata de monte*». Paciente, me volvió a explicar, reordenando la cronología.

Hijo de maestros, Chávez era un pedagogo inaudito, sabía de instinto colocarse a nivel de quien le escuchaba. Nunca con prepotencia. Detestaba aburrir a su auditorio. Le deleitaba exponer con claridad y amenidad. Deseaba que se le entendiese, y se esforzaba por conseguirlo. Llevaba casi siempre consigo un manojo de lápices de colores y cuartillas de papel en las que, con su mano izquierda —era zurdo— dibujaba gráficos, pintaba figuras, trazaba estadísticas, escribía conceptos, ideas, cifras... Trataba de hacer visible lo abstracto. Y volvía sencillos, problemas a veces bastante enredados.

Esa pasión por la docencia la adquirió, me contó, desde muy joven: «*Llegaba incluso a acompañar a mi madre. Ella era maestra rural en un campo que se llama Encharaya. Me gustaba mucho el aula de escuela, oír a mi madre dando clase, enseñando. De alguna manera, yo ayudaba. Siempre me encantó la educación, el aula, el estudio*».

Como alumno, estudiante y cadete, Chávez fue siempre un "empollón" —un "*taco*" dicen en Venezuela—, o sea el primero de la clase, el que eximía exámenes de fin de curso por ser excelentes sus notas a lo largo del año. Sobre todo en las materias científicas. Adorado por sus maestros y profesores. Ávido de conocimiento y de saber, curioso de todo. Deseoso siempre de cumplir, de gustar, de agradar, de seducir, de ser amado.

En su construcción intelectual coincidieron dos formaciones. La académica, en la que fue siempre brillante. Y la autodidacta, su preferida, que le permitió autoeducarse en paralelo, de una manera que explica en parte la singularidad de su temperamento. Niño superdotado, con un cociente intelectual elevado, supo sacar, desde su más temprana edad, un formidable provecho a sus lecturas. Ya fueran publicaciones infantiles, como la

Revista *Tricolor*, o enciclopedias autodidácticas, como la Quillet, que casi se aprendió de memoria... Chávez era un hipermnésico, imprimía en su mente todo lo que leía, se empapaba de ello, lo procesaba, lo asimilaba, lo digería y lo incorporaba a su capital intelectual.

Era un lector constante. Llevaba siempre dos o tres libros, ensayos más que novelas, que leía en simultáneo y anotaba, y subrayaba, y comentaba por escrito en los márgenes... Como intelectual, sabía practicar una "lectura productiva", extraía conceptos, análisis, historias y ejemplos que grababa en su prodigiosa memoria, y difundía luego al gran público mediante sus torrenciales discursos o charlas. Sus libros de cabecera variaron. Hubo la época del *Oráculo del guerrero* que citó cientos de veces y que casi toda Venezuela acabó leyendo. Luego fueron, entre otros, *Las venas abiertas de América Latina*, de Eduardo Galeano, y *Hegemonía o sobrevivencia*, de Noam Chomsky, ensayos convertidos en indispensables vademécum de todo buen bolivariano. Hubo también el ciclo, más reciente, de *Los Miserables*, de Víctor Hugo, *"un libro maravilloso que recomiendo, sobre los que vivieron en la miseria toda la vida. Hay que leerlo"*. Su fuerza de prescripción era asombrosa; toda obra por él recomendada se convertía casi siempre en "superventas" a escala nacional y, a veces, internacional.

Otra característica suya: su habilidad para las cuestiones prácticas. Sabía hacer de todo con sus manos, desde plantar y cultivar maíz hasta reparar un tanque, conducir un tractor bielorruso o pintar un lienzo. Rasgo que debía como muchos otros, a su difunta abuela Rosa Inés, una mujer inteligente, humilde, muy trabajadora, de gran aptitud pedagógica y excepcional sentido común. Ella lo crió, lo educó y, desde niño, le transmitió toda una filosofía de la vida. Le contó la historia popular del país, le trasladó el ejemplo de la solidaridad, le explicó los secretos de la agricultura, le enseñó a trabajar en el pequeño huerto familiar, a cosechar, a cuidar los animales, a cocinar, a limpiar y a ordenar la modesta casita de techo de hojas de palma, suelo de tierra y muros de adobe en la que, con su hermano Adán, moraban.

Hugo Chávez fue un niño muy pobre. Una pobreza aliviada por el maravilloso amor de su abuela, su "mamá vieja" como la llamaba. «*No cambiaría mi infancia por ninguna otra* —me dijo—. *Fui el niño más feliz del mundo*». Desde la edad de seis o siete años, vendía por las calles de su pueblo, Sabaneta, unos pasteles — "*arañas*"— elaborados por la abuela a base de frutas cosechadas en su jardín. El producto de esas ventas ambulantes constituía casi el único recurso del hogar. Aunque Huguito fabricaba también vistosas cometas o "papagayos", con cañas y papel, cuya venta aportaba algún complemento de dinero.

En el cerebro del joven Chávez se combinaron muy pronto, de ese modo, tres aprendizajes que siempre conservó: el escolar o teórico; el autónomo o autoeducativo; y el manual o práctico. La articulación de estas tres fuentes de saber —sin que ninguna de ellas fuese considerada por él como privilegiada o superior a las otras dos—, es una de las claves para entender su original personalidad.

Aunque sus estructuras mentales estaban también determinadas por otras cualidades. Primero, su increíble soltura en lo relacional y lo comunicacional. Su habilidad a controlar y manipular su propia imagen. Su admirable facilidad de palabra adquirida sin duda desde sus años de "*arañero*", niño vendedor callejero, charlando y regateando con eventuales clientes a la salida del cine, de las tiendas, del juego de bolas o de la gallera. Era un comunicador excepcional, fogueado y entrenado desde sus actividades de estudiante de secundaria y, ya cadete, de animador de fiestas y de gran maestro de ceremonias de la Academia Militar, especializado en las elecciones de Reinas...

Orador fuera de serie, sus discursos eran amenos y coloquiales, ilustrados de anécdotas, de rasgos de humor y hasta de canciones. Pero también, aunque no lo parecieran, verdaderas composiciones didácticas muy elaboradas, muy estructuradas, preparadas de manera seria y profesional, con objetivos concretos. Se trataba, en general, de transmitir una idea central que constituía la avenida principal de su recorrido discursivo.

Pero, para no aburrir, ni ser pesado, Chávez se apartaba a menudo de esa avenida principal y realizaba lo que podríamos llamar *excursiones*[3] en campos anexos (recuerdos, anécdotas, chistes, poemas, coplas) que no parecían tener nexo con su propósito central. Sin embargo, siempre lo tenían. Y eso le permitía, después de haber abandonado por bastante tiempo, en apariencia, su curso central, regresar a él y retomarlo en el punto exacto donde lo había dejado, lo cual, de modo subliminal, producía un efecto prodigioso de admiración en el auditorio.

Semejante técnica retórica le permitía declamar discursos de muy larga duración. Una vez me preguntó: «*¿Cuánto duran, en general, los discursos de los dirigentes políticos en Francia?*». Le contesté que pocas veces, en las campañas electorales, excedían una hora. Se quedó meditando y me confesó: «*Yo, sólo para calentar motores, necesito hablar unas cuatro horas...*».

Segunda cualidad: Su carácter competidor. Era un ganador nato. Había sido, desde muy joven, un deportista obsesivo, jugador de béisbol casi profesional, pésimo perdedor, conocido por su empeño en darlo todo, con deportividad, para conseguir la victoria. «*Fui un* pitcher *realmente bueno* —recordaba—. *El béisbol era mi obsesión. Constituyó una escuela del esfuerzo, del tesón, del sufrimiento, del carácter. La pelota es la principal pasión deportiva del país. Venezuela tiene unos 30 millones de habitantes, y otros tantos "expertos" en béisbol*».

Tercero: Su afición lúdica por varias expresiones de la cultura popular, romances y poemas llaneros kilométricos que recitaba sin equivocarse; joropos del Llano, rancheras mejicanas y canciones de Alí Primera que era capaz de cantar con talento; películas taquilleras del gran cine popular mejicano de los años 1950 y 1960 nunca olvidadas, o los clásicos del cine de barrio hollywoodiense, interpretados por "duros" populares como Charles Bronson y Clint Eastwood, conocidos de todos. Era, además, un

---

[3] Del latín *ex cursus*, "que sale del curso principal".

telespectador asiduo y bien informado de los programas y animadores de los canales venezolanos. Todas estas referencias simbólicas de la cultura de masas, compartidas por el gran público local, le permitían conectar de inmediato con los ciudadanos.

Cuarto: Su religiosidad popular. *«Soy más cristiano que católico»* —admitía—. Y más que "cristiano", *"cristista"* podríamos decir, o sea ferviente seguidor de las enseñanzas de Jesucristo reportadas por los Evangelios. Veía en Jesús al *"primer revolucionario"*. Es obvio que no iba a misa cada domingo, ni sentía, salvo excepciones, particular respeto por la alta jerarquía de la Iglesia. Pero creía en los milagros y en el poder taumatúrgico de los santos —canonizados o no— y, como su abuela, le tenía una devoción muy especial a la Virgen del Rosario, patrona de Sabaneta. Su fe popular —extendida a otras creencias, indígenas, afrocaribeñas, evangélicas, etc.— era sincera. En ello también comulgaba con la inmensa mayoría de los venezolanos.

Quinto: Su liderazgo militar. En la Academia aprendió a mandar y a ser obedecido. Le enseñaron a comportarse en jefe, en líder. Nunca lo olvidó. Chávez sabía ordenar y mandar. Y ¡ay de quien lo ignorase!; le podía caer encima una bronca monumental. Aunque era un hombre de una amabilidad reconocida, sus enfados y cabreos eran de antología. Había sido el mejor cadete de su generación. Sometido a una exigente formación militar, tanto teórica como práctica, cuya dureza viene de la tradición prusiana del ejército venezolano. La dimensión militar de su formación era medular. Porque en esa forja adquirió un hábito intelectual que le distinguía: pensar la estrategia. Acostumbrarse a ver lejos, a fijarse objetivos ambiciosos, y a trazar el modo de alcanzarlos. Él mismo lo repetía: *«Desde el primer momento, me gustó ser militar. En la Academia aprendí lo que Napoleón llama la "flecha del tiempo". Cuando un estratega planifica una batalla debe pensar de antemano en el "momento histórico", luego en la "hora estratégica", después en el "minuto táctico" y por fin en el "segundo de la victoria". Nunca olvidé ese esquema de pensamiento».*

Sexto: Su habilidad a ser subestimado. Sin cesar, sus adversarios —e incluso varios de sus amigos— tuvieron tendencia a infravalorarlo. Quizá porque hablaba mucho, o porque gastaba bromas, o por su sencillez, o por su apariencia física, o por lo que fuere... El caso es que muchos cayeron en la trampa de valorarlo en menos de lo que valía. Gravísimo error. Quienes lo cometieron lo deploraron con amargura, y acabaron mordiendo el polvo.

Séptimo: Su dedicación y diligencia. Era un infatigable trabajador, voluntarioso y tenaz. Noctámbulo e insomne. Desconocía el reposo de los fines de semana, de domingos o vacaciones. Bregaba todos los días sin excepción hasta altas horas de la noche. Dormía apenas unas cuatro horas al día; se levantaba a las seis de la mañana. «*No es un sacrificio*, me dijo muchas veces. *Es que el tiempo no alcanza para lo que hay que hacer. El pueblo espera mucho de nosotros, y no le debemos defraudar. Lleva siglos aguardando...*». No tenía reparos en someter a su mismo ritmo a sus ministros y colaboradores. Todas y todos sabían que podían ser consultados a cualquier hora del día o de la noche. Y si en algo habían fallado, les podía caer encima una terrible reprimenda sin miramientos. Los ministros sucesivos del Despacho de la Presidencia, que dirigían su gabinete y estaban en primera línea, eran sin duda las personas más estresadas de Venezuela. El desgaste resultaba tan vertiginoso que era el puesto de mayor tasa de renovación (*turn over*) del gobierno.

Por último: Su solidaridad con los pobres, categoría social con la que se identificaba. Me comentó a menudo: «*Tengo siempre presente una frase de Gramsci: "no hay que ir al pueblo, hay que ser el pueblo"*». Entre los pobres pasó su infancia y su adolescencia; y su "mamá vieja" le inculcó para siempre el respeto de los humildes. «*Con ella*, me confesó, *aprendí los valores de la gente olvidada, de los que jamás tuvieron nada y son el alma de Venezuela. A su lado pude ver lo que son las injusticias en este mundo y el dolor de no tener, a veces, ni qué comer. Me enseñó la solidaridad, repartir lo poco que poseía con familias que tenían aún menos. Siempre recordaré sus enseñanzas. Jamás olvidaré mis orígenes*».

Habíamos salido de Barinas y nos dirigíamos hacia Sabaneta, su pueblo natal, a unos 60 kilómetros. Eran más de las diez de la noche y circulábamos en plena oscuridad. De vez en cuando, mientras conducía, el Presidente solicitaba una taza de café negro. Chávez era un adicto bebedor de café; llegaba a tomar más de treinta tacitas al día... También le he visto, en privado, fumar algún cigarrillo; jamás en público.

A medio camino, nos sorprendió un control de carretera. Una patrulla militar había cortado la ruta, inspeccionaba los maleteros y verificaba la documentación de los conductores. Buscaban droga y armas de contrabando, abundantes allí por la vecindad de la frontera con Colombia. Los soldados habían desplegado sobre el asfalto una especie de rastrillo metálico con púas de acero. El 4 x 4 de los escoltas adelantó por la cuneta la fila de autos que esperaban. Hablaron con el oficial. De inmediato, una febril agitación se apoderó de los uniformados. Pero Chávez no deseaba trato de favor, quiso esperar su turno. La inspección de los tres o cuatro vehículos que nos precedían se aceleró. Llegamos a la altura del responsable. Se cuadró. Dos escoltas se acercaron. Chávez bajó la ventanilla, saludó al oficial con seriedad y afecto. Le acribilló a preguntas: cómo se llamaba, de dónde era, a qué regimiento pertenecía, quién lo mandaba, si estaba casado, los hijos, la esposa, la familia, etc. Después de este protocolo casi amistoso, y ya en tono más militar, le interrogó sobre su misión: qué estaban haciendo, por qué, con qué objetivo, qué resultados... Cuando nos alejamos, me comentó: «*Han detectado a grupos de hombres armados infiltrados; en general son paramilitares y sicarios. Vienen a cometer desmanes con un objetivo político muy claro: desestabilizar y acreditar la idea que, en la Venezuela bolivariana, reina la inseguridad y el desorden. Algunos incluso han logrado infiltrarse hasta Caracas y controlan el tráfico de drogas en algunos barrios donde la violencia se ha disparado. Otros tienen una misión más precisa: matarme. Una vez, capturamos a un comando de casi 150 hombres con armas y uniformes del Ejército venezolano* [4]*... Me siguen amenazando*

---

[4] Véase Luis Britto García y Miguel Ángel Pérez Pirela: *La invasión paramilitar. Operación Daktari*, Ediciones Correo del Orinoco, Caracas, 2012.

de muerte, pero ahora nuestra Inteligencia Militar funciona. Ya no es como en el 2002. Si intentan dar otro golpe de Estado semejante al del 11 de abril de 2002, lo van a lamentar. Vamos a seguir profundizando esta revolución».

Estábamos llegando a Sabaneta. Antes de penetrar en el pueblo, Chávez se desvió, abandonó la carretera asfaltada, metió el vehículo por una pista pedregosa llena de baches y de curvas. Pronto, una espesa vegetación nos envolvió. Todo estaba oscuro como la boca de un ocelote. Los 4 x 4 avanzaban con precaución, guiados por las luces de los faros. Chávez deseaba mostrarme el vado del río Boconó, en torno al cual se fundó Sabaneta. *«El Paso Baronero, así se llama ese vado —me contó—, fue acceso obligado para quienes iban del Llano hacia el centro de Venezuela. Todas las vías convergían en este punto. En sus alrededores se edificaron posadas y albergues de descanso. Así nació Sabaneta. Fundada precisamente en una "sabaneta", o sea una meseta grande de pie de monte, en la margen derecha del Boconó».*

Alcanzamos una pequeña explanada. Nos aparcamos. Bajamos de los autos. A la luz de unas linternas, nos acercamos con sumo cuidado a las orillas boscosas del río. Las aguas bajaban lentas y negras, con un rugido mortecino de fiera herida. El lugar me resultó inquietante y tenebroso. Chávez, sin embargo, estaba dichoso, distendido, risueño. Se desplazaba sin necesidad de linterna, como si conociera cada piedra. Respiraba a pleno pulmón el aire cargado de aromas nocturnos: *«Aquí me siento como el pez en la propia agua donde nació. He venido mil veces a este lugar, a jugar con mis hermanos y mis amigos, a bañarme, a pescar con mi padre, a gozar en este oasis de la naturaleza, remanso de frescor en el fogón del verano llanero».*

Retomamos el camino y regresamos a la carretera. Durante todo el viaje, no paró de recibir llamadas. De Mauricio Funes, recién elegido, en aquel momento,[5] Presidente de El Salvador; del ministro de Educación a propósito de la Universidad de la Fuerza Armada (UNEFA); del ministro de Salud (*«No hay ningún caso de fiebre porcina».*); de varios gobernadores...

---

[5] Mauricio Funes, candidato del Frente Farabundo Martí de Liberación Nacional (FMLN), fue elegido Presidente de El Salvador el 15 de marzo de 2009; asumió sus funciones el 1° de junio de 2009.

Chávez conversó y despachó con extrema seriedad mientras conducía. Era escueto y concreto, escuchaba y decidía. De pronto, un mensaje de texto del vice-presidente[6] (equivalente a Primer ministro) le dejó preocupado. Me lo enseñó: *"Se encontraron grupo de armas pesadas FAL. Cinco con miras telescópicas. 2 pistolas, 6 revólveres, 3 escopetas. Extranjeros. Dominicanos".* Contestó algo, y recibió de inmediato la respuesta siguiente: *"Medio kilo de explosivos C-4. 20.000 cartuchos. Seis uniformes militares. Símbolos. Chaquetas. Placas de vehículos. Recargas de municiones. 9 botes pólvora. Estación base de radio. 3 radios punto a punto. 3 dominicanos. 2 hombres, 1 mujer. Jóvenes, 28 años dama, 36 los caballeros. En el apartamento de un europeo".* Luego sabríamos los nombres de los dominicanos (Luini Omar Campusano de la Cruz, Edgar Floirán Sánchez y Diomedis Campusano Pérez). El europeo resultará ser un francés, Frédéric Laurent Bouquet. Y el asunto, que a primera vista parecía más bien relacionado con las mafias del narcotráfico y del contrabando de armas, se revelará más político y ligado a un intento de magnicidio.[7]

Se estaba haciendo muy tarde. Entramos en Sabaneta y nos dirigimos a la parte más antigua.[8] *«Ha crecido mucho; en mi niñez, este pueblo era un caserío de cuatro calles de tierra. En invierno todo era barro, no pasaban carros. Y sin embargo, esto era, para mí, todo un mundo... Como una maqueta o un resumen de las complejidades del planeta».* Me mostró, primero, en la glorieta del Camoruco, un árbol centenario: *«Al pie de ese árbol descansó Bolívar.*

---

[6] En aquel momento: Ramón Carrizales, Vice-presidente de Venezuela de enero de 2008 a enero de 2010.

[7] Detenido el 18 de junio de 2009, Laurent Bouquet fue juzgado en agosto de ese mismo año, y condenado a cuatro años de prisión. El 29 de diciembre de 2012 fue puesto en libertad y expulsado de Venezuela. En esa ocasión, la ministra venezolana de Asuntos Penitenciarios, Iris Varela, reveló: «Un agente del servicio de inteligencia francés que cumplió su condena después de haber sido juzgado por intento de asesinato del presidente Hugo Chávez, luego de confesar su participación en el hecho, ha sido expulsado de Venezuela». (Cable Ria Novosti, 29 de diciembre de 2012).

[8] Sabaneta (estado Barinas) es hoy la capital del municipio Alberto Arvelo Torrealba, y tiene unos 40.000 habitantes.

No hay constancia histórica, pero la memoria popular transmitió ese recuerdo de generación en generación». Fuimos luego a ver la iglesia, un templo moderno y ordinario: *«La iglesia de mi infancia, donde fui monaguillo, era más humilde y de madera. Con mayor autenticidad y encanto. Se quemó y edificaron esto...».*

A esas horas, las calles, limpias y bien alumbradas, estaban casi vacías. Se cortaban en ángulo recto formando manzanas cuadradas, de unos cien metros de lado. Sabaneta era, en aquel momento, un pueblo de atmósfera rural, modesta y tranquila, con casas en su mayoría de planta baja.[9] A pesar de la noche, el calor seguía siendo asfixiante. Ventanas y puertas estaban abiertas de par en par. Desde el auto, distinguíamos al pasar algunas familias instaladas a plena luz en su salón viendo televisión. Otras habían dispuesto sillas delante de la puerta y charlaban en corro sentadas al fresco. Varios niños jugaban con bicicletas. De vez en cuando, como en los pueblos de Castilla, junto a los portales, grupos de mujeres conversaban sentadas en sillas cortas, de espaldas a la calle.

Los nuestros eran los únicos vehículos que circulaban a esa hora. Entre manotazos a los mosquitos, la gente nos miraba con cierto recelo. *«Conozco a casi todas esas personas,* me dijo Chávez, *pero si nos detenemos a cumplimentarlas, se nos viene todo el pueblo encima a saludarnos, y no salimos de aquí hasta la madrugada».*

Me fue mostrando lugares representativos de su niñez: *«Aquí estaba el cine; ahí la heladería donde vendíamos la fruta del jardín de mi abuela; en esa bodega, mi hermano Adán y yo conseguíamos las historietas y "suplementos"* [comics] *de* El Enmascarado de Plata, Charrito de Oro *y otros héroes de mi infancia; por todas estas calles, vendía yo mis "arañas"; en aquella esquina le compraba chicha[10] a Timoleón Escalona; ahí vivían los italianos, por allí los*

---

[9] Sobre la Sabaneta de la primera parte del siglo XX, véase: Ricardo Aro Durán: *Sabaneta. Vivencias y recuerdos,* Ediciones Fondo cultural Sabaneta, Mérida, 2008; y Pedro Mazzei G.: *Sabaneta de Barinas. Historias para una historia,* Editorial Nemesio Martínez, Caracas, 1992.

[10] Bebida no alcohólica muy popular en Venezuela, hecha a base de leche y arroz. Se le suele añadir canela y leche condensada; se bebe con hielo.

rusos, más allá los árabes y por aquí los canarios; ésta es la calle Real, aquí me caí y casi me rompo la nariz; y ésa era mi escuela, la única entonces del pueblo; fui, creo, un buen alumno, muy mimado por mis maestras...».

Subimos hacia el antiguo domicilio de su abuela, en donde él nació y se crió. No se detuvo. Como si no quisiera contaminar sus felices recuerdos: «*Éramos muy pobres, "pata en el suelo" de los "pata en el suelo". La casa la derrumbaron, no queda nada; y el gran jardín —un cuarto de hectárea— también. Apenas algunos de esos árboles de mango, allá, son los mismos de hace cincuenta años. Lo demás se lo llevó el tiempo. Lo que fue queda para siempre preservado en mi memoria*».

Nos alejamos de Sabaneta, su Macondo íntimo, hundiéndonos en la estufa de la noche llanera. Atento a la carretera, el Presidente conducía en silencio, ensimismado, sumergido en sus remembranzas. Al cabo de un rato, me dijo: «*Algo importantísimo es no perder nunca la conciencia de sus raíces*».

Conocí a Hugo Chávez en 1999. Conversé con él por primera vez, en Caracas, unos meses después de su accesión a la Presidencia. Su imagen era entonces, la de un "militar golpista". O sea lo peor, en una América Latina donde tantos ciudadanos fueron, durante decenios, atormentados por la brutalidad del "gorilismo".

Venezuela no me era desconocida. Primero, por razones profesionales; en la Universidad París-VII, en las décadas de 1970 y 1980, tuve a mi cargo la cátedra de "Sociología de América Latina". Y en el periódico *Le Monde diplomatique*, durante años, dirigí la sección "Geopolítica de América Latina", lo cual me permitió conocer, en París, entre otras personalidades venezolanas, al veterano ex-guerrillero Douglas Bravo y a su entonces compañera Argelia Melet, y conversar largo con ellos.

Venezuela incluso era uno de los países suramericanos que con más frecuencia había visitado. A causa también de los azares de mi vida personal. En los años 1980, tuve una estrecha amistad con Mariana Otero, hija del gran escritor e intelectual de izquierdas venezolano Miguel Otero

Silva y de la militante progresista María Teresa Castillo. Y hermana de Miguel Henrique Otero, director actual del diario *El Nacional*.

Gracias a ellos, a su calurosa hospitalidad, en su apartamento veraniego de Macuto y en su inolvidable casa —*"Macondo"*— de Caracas, repleta de refinadas obras de arte y de recuerdos de tantas personalidades que por allí pasaron (Alejo Carpentier, Pablo Neruda, Gabriel García Márquez, François Mitterrand, Lacan...), pude conocer a algunos de los principales periodistas, escritores, artistas e intelectuales venezolanos. Desde la entrañable Margot Benacerraf hasta el muy querido Arturo Uslar Pietri, pasando, entre otros, por José Vicente Rangel, Moisés Naím, Teodoro Petkoff, Oswaldo Barreto, Tomás Borge, Tulio Hernández, Antonio Pasquali, Isaac Chocrón, Ignacio Quintana, Juan Barreto, Ibsen Martínez, José Ignacio Cabrujas, Haydée Chavero, y un largo etcétera.

Tuve asimismo la suerte de hallarme en Venezuela en algunos de los momentos clave de su reciente historia. Por ejemplo, invitado a dar unas conferencias, regresé allí justo después del "Caracazo" del 27 de febrero de 1989. Recuerdo haber hallado un país traumatizado, sobrecogido por el estallido de tanta violencia. Presencié cómo una parte de la burguesía, aterrorizada, se pertrechaba de armamento para defenderse. Incluso asistí a cursos de entrenamiento colectivo al uso de esas armas...

Me hallaba asimismo en Caracas, dando un seminario en el CELARG,[11] en las semanas posteriores a la rebelión del 4 de Febrero de 1992, en plena descomposición del gobierno de Acción Democrática (AD) del presidente Carlos Andrés Pérez (socialdemócrata), con quien me entrevisté varias veces. En los reportajes[12] que escribí entonces sobre esta *"insurrección militar"* liderada por el *"Teniente coronel Hugo Chávez"* narraba que *"no sólo la población no se opuso a ella, sino que, en muchos sitios, la apoyó con entusiasmo"*.

---

[11] CELARG, Centro de Estudios Latinoamericanos "Rómulo Gallegos", Caracas.

[12] Ignacio Ramonet: "Les rébellions à venir", *Le Monde diplomatique*, París, marzo de 1992; y "Derniers carnavals", *Le Monde diplomatique*, París, noviembre de 1992.

Añadía que, en la Venezuela del socialdemócrata Carlos Andrés Pérez, *"más de la mitad de la población vive bajo el umbral de pobreza. Las desigualdades aumentan; el 5% de los ricos acaparan el 20% de la renta nacional, mientras que el 40% de los niños siguen sin estar escolarizados".* Y eso en *"un país que es uno de los principales exportadores de petróleo del mundo"*, al que las ventas de hidrocarburos le habían procurado, en diez años, unos ingresos en divisas *"equivalentes a más de veinticinco Planes Marshall"...* Sumas *"dilapidadas por una clase política corrupta e incompetente".*

También, ya entonces, constaté: *"El comandante Hugo Chávez, jefe del Movimiento Bolivariano Revolucionario, se ha convertido en el hombre más popular del país, venerado en los barrios populares, glorificado en los muros de las ciudades".* Y reproduje un extracto de una entrevista televisiva concedida en secreto por Chávez en la cárcel de Yare, cuya difusión habían prohibido las autoridades pero que circulaba en forma de videocassette por el país: «*No creemos* —declaraba Chávez— *en la falsa dicotomía dictadura/democracia de la que hablan los teóricos de los regímenes pseudo-democráticos en América Latina para manipular a la opinión pública y ocultar las graves deficiencias y la degeneración de los falsos sistemas democráticos (...) O se producen cambios profundos que modifican radicalmente la situación actual, o el proceso de violencia se desencadenará fatalmente*».

Cuando la mayoría de las fuerzas políticas, tanto en Venezuela como en el extranjero —y en particular los partidos socialdemócratas, solidarios con Carlos Andrés Pérez—, calificaban esa insurrección de *"golpe de Estado"*, en esos artículos yo destacaba la opinión de analistas que afirmaban: *"No se trata de una tentativa de golpe de Estado clásico como los que se producen en América Latina. La conspiración del 4 de febrero, de tipo nasseriano, fue liderada por militares progresistas".*

Traté de subrayar, en aquellos artículos míos de 1992, otro aspecto de carácter geopolítico. En un contexto internacional marcado por tres características fuertes —el apogeo del neoliberalismo, la derrota de una concepción autoritaria del socialismo de Estado y la liquidación de la Unión Soviética—, los dos aldabonazos venezolanos (el "Caracazo" de febrero de 1989 y la rebelión de febrero de 1992) marcaban el inicio de un nuevo ciclo internacional de resistencia frente a la insolencia de los mercados financieros. Cuando algunos vaticinaban entonces el "fin de la historia", el pueblo de Venezuela demostraba que, en América Latina, la historia se ponía de nuevo en marcha.

Volví a Caracas en mayo de 1995.[13] Invitado esta vez por el presidente Rafael Caldera, a participar en un Seminario sobre comunicación. Líder histórico de Copei, el partido demócrata cristiano, Caldera había abandonado esa formación y se había presentado —después de que Carlos Andrés Pérez hubiese sido destituido por corrupción— a los comicios presidenciales de diciembre de 1993, apoyado, entre otros, por el Partido Comunista de Venezuela (PCV) y el Movimiento al Socialismo (MAS). Ganó, y asumió sus funciones en febrero de 1994.

Caldera tuvo que afrontar de inmediato una grave crisis financiera provocada por la quiebra del Banco Latino y de una docena de grandes establecimientos financieros venezolanos. Cuando conversé con él aún estaba en su fase crítica contra las presiones del FMI y contra la voluntad hegemónica del neoliberalismo. Varios de sus ministros (entre ellos los ex-guerrilleros Pompeyo Márquez y Teodoro Petkoff) procedían de la izquierda histórica. Su gobierno practicaba una política económica dirigista de corte keynesiano, había restablecido el control de cambios e impuesto un precio fijo a los productos de primera necesidad. *"Todo eso es indispensable* —me declaró el presidente Caldera— *para preservar el poder adquisitivo de los ciudadanos más humildes. Prefiero la defensa de los trabajadores y la justicia social a los índices macroeconómicos. Me opongo radicalmente al nuevo totalitarismo económico de los fanáticos del pensamiento único que quieren imponer a todos los países las mismas normas para satisfacer los intereses de los grandes mercados financieros".*[14] Pero más tarde, en abril de 1996, Caldera

---

[13] Ignacio Ramonet : "Le Venezuela vers la guerre sociale?", *Le Monde diplomatique,* París, julio de 1995.

[14] *Ibid.*

y sus ministros venidos de aquella izquierda desorientada, acabarían por inclinarse ante el FMI y abrazar también el dogma neoliberal.[15]

En el reportaje que publiqué entonces, titulado *"Venezuela ¿hacia la guerra social?"*,[16] insistí en el inaudito nivel de violencia que, durante aquellas décadas de corrupción y de descomposición, había alcanzado la delincuencia en la sociedad venezolana. El artículo empezaba relatando un caso que todos los medios comentaron en aquel momento: *"Enmascarados y armados, tres delincuentes irrumpen con brutalidad en una vivienda de un barrio residencial de Caracas donde dos familias se reciben y cenan tranquilamente. Saquean la casa, se apoderan de los objetos de valor y destrozan con particular saña los signos de opulencia. Luego violan a todas las mujeres, desde las nietas hasta las abuelas. Y después violan también a los padres de familia".*

El sociólogo Tulio Hernández nos declaraba: *"Hay más muertos aquí por semana que en la guerra de Bosnia. Y la violencia alcanza tal grado de locura que los delincuentes ya no se limitan a robar. Quieren humillar, hacer sufrir, matar. Cada mes, decenas de adolescentes son asesinados por otros jóvenes que les quieren quitar sus zapatillas deportivas. Morir por un par de zapatos se ha vuelto trágicamente banal".*

Otras dos sociólogas, Carmen Scotto y Anabel Castillo, me lo confirmaban: *"Se golpea por el placer de golpear, se mata por el placer de matar; sin tener en cuenta el valor de la vida. Se embriagan de crueldad, en un estado de odio cercano al delirio; que traduce el estado de descomposición de una sociedad sin valores".* En aquellos años, cada día, en Caracas, morían asesinadas unas quince personas, y cada fin de semana entre veinte y cincuenta jóvenes. No sólo en los "ranchos" populares: *"En una semana de final de mayo* [de 1995], *varias personalidades —entre ellas un célebre pelotero, Gustavo Polidor, un cirujano y un abogado— fueron asesinados a las puertas de sus casas,*

---

[15] Véase Ignacio Quintana: *Caldera ilegítimo*, Ediciones Paedica, Caracas, 1999.

[16] Ignacio Ramonet: "Le Venezuela vers la guerre sociale?" *Le Monde diplomatique*, París, julio de 1995 *op. cit.*

ante los ojos de sus familias, por delincuentes venidos a robarles el carro". "La inseguridad está por todas partes. Unos cincuenta conductores de autobús han sido asesinados en la capital entre enero y mayo [de 1995]. En el interior del país, 'piratas de la carretera' tienden emboscadas a los camiones, roban los cargamentos, matan a los choferes. Las cárceles, militarizadas, están superpobladas y son verdaderos infiernos. El año pasado [1994], unos 600 detenidos murieron en ellas, asesinados".

Si reproduzco estos extractos es con el fin de recordar que la cuestión de la violencia, la inseguridad y la criminalidad en Venezuela no es nueva. Y también para relativizar el permanente proceso que, sobre este asunto, la prensa dominante le hace a los gobiernos bolivarianos.

Una de las primeras medidas tomadas por el presidente Rafael Caldera, había sido excarcelar, el 26 de marzo de 1994, al *"héroe popular, adorado en los 'ranchos' "*,[17] Hugo Chávez. Y uno de los primeros viajes al extranjero que hizo éste, en diciembre de 1994, fue a Cuba. Fidel Castro lo recibió con todos los honores. Significando de ese modo, a aquellos que aún dudaban de la orientación política del Teniente coronel venezolano —¿"golpista" o "progresista"?— que el avezado Comandante le situaba, con claridad, en el campo de las izquierdas.

Chávez se dedicó después, con un puñado de compañeros (entre ellos Nicolás Maduro) a recorrer Venezuela, sumergiéndose en sus profundidades rurales, dialogando con los humildes y los olvidados. Defendía una idea: para sacar el país del atolladero se impone un cambio radical de Constitución y la fundación de una nueva República. Según él, la "pseudo-democracia" venezolana, asentada en el Pacto de Punto Fijo, estaba ajada y desgastada; era inútil prolongar su agonía participando en cualquier elección. No era ésa, en absoluto, la idea de los principales partidos de izquierda (Partido Comunista, Movimiento al Socialismo, La

---

[17] *Ibid.*

Causa R) que, o bien integraban el gobierno de Rafael Caldera, o bien participaban en las elecciones, convencidos de que el sistema se podía "reformar desde dentro".

Solo contra todos, difamado, atacado, perseguido, Chávez mantuvo su posición. Líder carismático y magnífico orador, se sentía en comunión con el pueblo. Muchedumbres entusiastas acudían a escuchar sus discursos. En la Venezuela profunda, en las agrestes provincias y en los "ranchos" de las periferias urbanas, la gente común se identificaba con él, lo veía como uno de los suyos. Por su manera de hablar, por sus palabras solidarias, por sus referencias culturales compartidas, por su sensibilidad a las desgracias ajenas, por su forma de ser y hasta por su aspecto físico. Chávez era una síntesis de indígena, europeo y africano. Tricontinental. Las tres raíces de la venezolanidad. En ese sentido, fue siempre una excepción entre las élites, dominantemente blancas, de Venezuela. El pueblo compartía con él su rechazo de una clase política lejana, rica y a menudo corrupta. La organización chavista —el Movimiento Bolivariano Revolucionario (MBR)— fue adquiriendo una fuerza irresistible.

En ese instante, Hugo Chávez modificó su estrategia. Mandó realizar una serie de encuestas de opinión que demostraban dos cosas: 1) una mayoría de los venezolanos deseaba que fuese candidato a las elecciones presidenciales del 6 de diciembre de 1998; 2) si se presentaba a esos comicios, sería elegido. Dando prueba de pragmatismo, abandonó la opción abstencionista defendida durante tanto tiempo y la vía insurreccional, y decidió ser candidato. Le costó convencer a sus propios amigos. Pero lo consiguió. *«Lo importante*, dijo, *es la Constituyente».* Fundó entonces el Movimiento V República. Y después de una campaña espectacular, ganó con insólita contundencia los comicios,[18] barriendo a los dos grandes partidos (Copei y AD) que, durante decenios, habían dominado la vida política. A la edad de 45 años, se convirtió en uno de los presidentes más jóvenes de la historia de Venezuela.

---

[18] El resultado fue el siguiente: Hugo Chávez (MVR), 56,20%; Henrique Salas Römer (Proyecto Venezuela), 39,97%; Irene Sáez (IRENE), 2,82%. No resultó necesaria una segunda vuelta.

Su investidura tuvo lugar el 2 de febrero de 1999. Y menos de dos meses después, el 25 de abril, como lo prometiera, se convocó al referendo para una Asamblea Constituyente que Chávez ganó con el 88% de los votos... La Revolución Bolivariana estaba en marcha. En julio, fueron elegidos los parlamentarios para integrar la Constituyente. El Polo Patriótico, la coalición del Presidente, arrasó de nuevo con 121 escaños de 128. La nueva Asamblea empezó a elaborar la Constitución de la V^a República cuyo texto debía ser sometido a referendo nacional el 15 de diciembre de 1999.

Tal era el contexto político en Venezuela cuando surgió la posibilidad de que yo me entrevistara, por primera vez, con Hugo Chávez. El Presidente había leído algunos de mis artículos y varios de mis libros, y deseaba conversar conmigo. El encuentro fue gestionado a través de la Oficina de Comunicación de la Presidencia, dirigida entonces por Carmen Rania, esposa a la sazón de Miguel Henrique Otero. Conocía muy bien, como ya dije, a este matrimonio y lo apreciaba. En cuanto llegué a Caracas, a primeros de septiembre de 1999, pasé a verlos. Aunque hoy figuran —en particular Miguel Henrique— entre los más firmes y decididos opositores a las políticas bolivarianas, ambos eran entonces unos sinceros y entusiastas "chavistas". El diario *El Nacional*, que dirigía Miguel Henrique, había jugado un rol importante de crítica contra Carlos Andrés Pérez, facilitando su renuncia, y había hecho campaña en favor de Chávez contribuyendo a la victoria electoral de éste en 1998. La pareja no escatimaba elogios sobre el Presidente, su "revolución pacífica y democrática", su talante político, su genio táctico y estratégico, el aire fresco que representaban la Quinta República y la nueva Constitución...

Era tanto su entusiasmo que, antes de hablar con el Presidente, me pareció normal y profesional escuchar también opiniones críticas y análisis opuestos. Durante varios días, recogí la opinión de diversos empresarios, economistas, intelectuales y académicos en desacuerdo más o menos radical con las políticas del nuevo gobierno. No sin argumentos, anticipaban un *"seguro fracaso"*, afirmaban la imposibilidad para la Venezuela bolivariana de ir a contracorriente de la globalización económica, y desconfiaban del *"caudillismo"* de Chávez. Algunos apostaban ya por presiones extranjeras: *"Estados Unidos no permitirá una aventura política en esta región, y menos en un país del que depende su abastecimiento en petróleo".*

En esas circunstancias, acudí a mi cita con Hugo Chávez en el palacio de Miraflores. Recuerdo muy bien aquel primer encuentro. Fue el sábado 18 de septiembre de 1999. Me recibió en su despacho. Observé que, en su mesa de trabajo, había dos fotos bien visibles en blanco y negro: la de su bisabuelo Pedro Pérez Delgado "Maisanta", uno de los "últimos rebeldes a caballo", alzado contra el dictador Juan Vicente Gómez y muerto en prisión en 1924; y la de su abuela Rosa Inés. Y otras fotos de sus padres, Hugo de los Reyes y Elena, y de sus cuatro hijos, Rosa Virginia, María Gabriela, Hugo y Rosinés, también enmarcadas. Una pila de libros, documentos, cuartillas de borrador de la preparación de un discurso... Y un gran mapa de América Latina.

Por vez primera lo veía en persona. De inmediato, pude constatar que su reputación de hombre campechano, espontáneo y caluroso no era usurpada. Como es de tradición en América Latina, me dio un vigoroso apretón de mano y un abrazo. Me dijo con una amplia sonrisa que había leído mis artículos sobre Venezuela, en particular mi análisis de la rebelión del 4 de febrero de 1992. Comprobé que era más alto de lo que me imaginaba; medía por lo menos un metro ochenta de estatura. Atlético, recio, musculoso. De aspecto atildado; cabello negro y denso, cortado con meticulosidad; piel color canela, lisa, sana, un lunar en lo alto del lado derecho de la frente; pómulos prominentes y mejillas bien rasuradas, bañadas de loción aromática; dientes irreprochables, con un simpático diastema (dientes separados) en los incisivos de la mandíbula inferior; ojos pequeños, achinados y penetrantes; manos y uñas de manicura, con una alianza de oro en el dedo anular derecho; vestido informal porque estábamos en fin de semana, sin corbata, una camisa con motivos escoceses oro y bronce por debajo de un chaleco-jersey de cuello en V sin mangas y unos pantalones vaqueros color gris topo. Todo denotaba en él una preocupación por la elegancia, el aseo y el buen parecer.

Empezó, no podía ser de otro modo en este adepto de la filosofía de la historia, hablándome de los héroes forjadores de la patria venezolana. Le pregunté quiénes eran, aparte Bolívar, los tres otros "próceres" representados en los murales gigantes que ornan el despacho presidencial. *«Cuando llegué, me explicó, mi mesa se hallaba ahí; le daba la espalda a Bolívar y miraba a Urdaneta[19]... Ahora es al revés.*

Los otros dos son Sucre[20] y Páez.[21] Uno de los cuatro sobra, en cambio falta Zamora". [22]

En aquella conversación inaugural,[23] yo trataba de descifrar el famoso "enigma de los dos Chávez" planteado por Gabriel García Márquez.[24] Me sorprendió su excelente conocimiento de Gramsci. Lo citó: *«Estamos viviendo, a la vez, una muerte y un nacimiento. La muerte de un modelo usado, agotado, detestado; y el nacimiento de un nuevo cauce político, diferente, que aporta la esperanza a un pueblo. Lo viejo tarda en morir, y lo nuevo aún no se ha instalado, pero esta crisis está pariendo una revolución».*

Le pregunté qué entendía por revolución. *«Mire, me respondió, aquí estamos inventando. La revolución es un eterno revisar. Más allá de la crisis*

---

[19] Rafael Urdaneta (1788-1845), general y estadista venezolano, último presidente de la Gran Colombia.

[20] Antonio José de Sucre (1795-1830), compañero de Bolívar, mariscal vencedor de las batallas decisivas de Junín y de Ayacucho (1824).

[21] José Antonio Páez (1790-1873), general en la Guerra de Independencia de Venezuela, "el Centauro de los Llanos", tres veces Presidente. Es considerado como el ejemplo del caudillo venezolano decimonónico.

[22] Ezequiel Zamora (1817-1860), militar y estadista, uno de los protagonistas de la Guerra Federal (1859-1863), defensor de una reforma agraria en favor del campesinado.

[23] Véase Ignacio Ramonet: "Chávez", *Le Monde diplomatique*, París, octubre de 1999.

[24] Gabriel García Márquez : "Los dos Chávez", *La Nación*, Buenos Aires, 31 de enero de 1999.

económica, Venezuela atravesaba sobre todo una crisis moral y ética a causa de la falta de sensibilidad social de sus dirigentes. La democracia no es únicamente la igualdad política. Es también, e incluso antes que nada, la igualdad social, económica y cultural. Todo ello en la libertad. Éstos son los objetivos de la Revolución Bolivariana. Quiero ser el presidente de los pobres. Amo al pueblo. Pero es necesario que saquemos las lecciones de los fracasos de otras revoluciones que, aun afirmando que se proponían la búsqueda de estos objetivos, los traicionaron, e incluso cuando los alcanzaron, lo hicieron liquidando la democracia y la libertad. Se requiere creatividad para hacer una revolución. Y una de las peores crisis actuales es la crisis de ideas. Nuestro objetivo es que la gente viva de manera plenamente humana, con dignidad, con decoro. La felicidad es el objetivo supremo de la política. Tenemos que hacer que el Reino de los cielos sea realidad aquí en la Tierra. El objetivo no sólo es el vivir mejor sino el "vivir bien"».

Y añadió lo siguiente: «Nuestro proyecto consiste sencillamente en establecer el "sistema de gobierno más perfecto" cumpliendo con lo que el Libertador definió así en su Discurso de Angostura[25]: "El Sistema de gobierno más perfecto es aquel que produce la mayor suma de felicidad posible, la mayor suma de seguridad social y la mayor suma de estabilidad política"».

Aunque llevaba apenas seis meses en el poder, ya algunos medios internacionales[26] le acusaban de "jacobinismo autoritario", de "deriva autocrática" y de "preparar una forma moderna de golpe de Estado"... Absurdo. Las consultas democráticas se sucedían. Y a pesar de la atmósfera apasionada que se vivía entonces en Venezuela —donde la efervescencia de las discusiones y de los debates políticos recordaba a la Francia de mayo de 1968—, no había violencias graves, ni ninguna forma de censura contra la oposición, los periodistas o los medios, varios de los cuales no se privaban, en cambio, de criticar ferozmente al nuevo Presidente.

---

[25] En febrero de 1819.

[26] Véase, por ejemplo, The New York Times, 21 de agosto de 1999, e International Herald Tribune, 1º de septiembre de 1999.

«*Estas acusaciones me entristecen*, me confesó Chávez, *porque lo que nosotros queremos es pasar de la democracia representativa a una democracia participativa, más directa. O sea queremos más democracia y no menos. Con una mayor intervención del pueblo en todos los niveles de decisión. Para mejor oponernos a cualquier violación de los derechos humanos*». Me precisó que el texto de la nueva Constitución, entonces en debate en la Asamblea, preveía dotar de mayor poder de autonomía a los ayuntamientos; instaurar el referéndum de iniciativa popular, y el "referendo revocatorio" que obligaría a todos los representantes elegidos, incluido el propio Presidente de la República, una vez transcurrida la mitad de su mandato, a someterse a una nueva elección, si tal era la voluntad popular.

La nueva Constitución preveía asimismo, entre otras cosas, el derecho a la objeción de conciencia; la prohibición explícita de las "desapariciones" practicadas antaño por las fuerzas del orden; la creación de un defensor del pueblo; la instauración de la paridad mujeres-hombres; el reconocimiento de los derechos de los indígenas o pueblos originarios; y la puesta en marcha de un "poder moral" encargado de combatir las corrupciones y los abusos.

A propósito de corrupción, con su genio coloquial, me contó cómo, en aquellos primeros meses de su mandato, se le acercaron obsequiosamente los grandes empresarios, las grandes fortunas, los que se pensaban "dueños naturales" de Venezuela, para proponerle toda suerte de regalos y tentaciones —vehículos, apartamentos, negocios— como habían hecho con tantos presidentes anteriores. Creyendo que Chávez sería uno más de esos que tienen doble discurso y doble moral. Pero Chávez los expulsó de Miraflores «*como Cristo expulsó a los mercaderes del Templo*», me dijo. Y a partir de ahí, esos oligarcas empezaron a conspirar contra él. «*No lo podemos comprar, entonces lo vamos a derrocar*». Ése fue, a partir de aquel instante, el plan de la oligarquía venezolana. Ahí empezaron las conspiraciones, los ataques, las campañas mediáticas de demonización, la preparación del golpe de Estado de 2002, los sabotajes...

¿Y cuál era su programa económico? Chávez me expresó con claridad su deseo de alejarse del modelo neoliberal y resistirse a la globalización. «*Queremos construir un Estado más horizontal*, me declaró. *El trabajo, y no el capital, debe ser el verdadero productor de riqueza. El ser humano es lo principal. Queremos poner la economía al servicio del pueblo. Nuestro pueblo merece lo mejor. Nos hace falta buscar el punto de equilibrio entre el mercado, el Estado y la sociedad. Hay que hacer que converjan la "mano invisible" del mercado y la "mano visible" del Estado en un espacio económico en el interior del cual el mercado existe tanto como es posible y el Estado tanto como es necesario*».

Me recordó que «*...el imperialismo impuso a Venezuela, hace cien años, en el marco de la división internacional del trabajo, una tarea única: producir petróleo. Pagaba una miseria por ese petróleo; y todo lo demás —alimentos, productos industriales— debíamos importarlo. Ahora, uno de nuestros objetivos es la independencia económica y la soberanía alimentaria; en el marco de la protección del medio ambiente y de los imperativos ecológicos*». Me precisó que la propiedad privada y las inversiones extranjeras estaban garantizadas, pero en los límites del interés superior del Estado, el cual velaría por conservar bajo su control (o rescatar) aquellos sectores estratégicos cuya venta significase la cesión de una parte de la soberanía nacional. O sea ni más ni menos que lo que propuso el Consejo Nacional de la Resistencia (CNR) en Francia al final de la Segunda Guerra Mundial, o lo que hizo el general De Gaulle cuando instauró la Quinta República en 1958. Pero, en el contexto de la globalización neoliberal y de la fiebre de las privatizaciones, esas medidas parecían aún más revolucionarias.

Oyéndole enunciar esos objetivos, me dije para mí mismo: ¿qué otra cosa pueden hacer los protagonistas principales de la globalización, dueños de tantos medios masivos de información, sino diabolizar a Chávez y su Revolución Bolivariana?

Pasamos horas conversando. Le pregunté si se definiría como "nacionalista", y me contestó que se consideraba un "patriota". Citando precisamente a De Gaulle, me explicó: «*Ser patriota es amar a la patria. Ser nacionalista es detestar la de los demás»*. Acto seguido, en un gesto típico de oficial de Estado Mayor, colocó un gran mapa de América Latina sobre su mesa del despacho y me comentó que Venezuela estaba "mal vertebrada", consecuencia de la "vieja planificación colonial". Me mostró cómo, en una geografía ideal, la capital debería situarse en el centro del país... Describió las grandes obras de infraestructura indispensables para conformar un Estado cohesionado: ferrocarriles, autopistas, gasoductos y oleoductos, puentes, puertos, embalses, túneles, aeropuertos...

Me habló del imperativo de la integración sudamericana, anunciada y deseada por Simón Bolívar, y *"soñada por todos los revolucionarios latinoamericanos"*. Señaló en el mapa cómo el Libertador había optado, para liberar Suramérica, por el *"eje andino"* (Colombia, Ecuador, Perú, Bolivia), y me declaró que hoy, para liberarlo de la influencia neoliberal, se podía optar por una alianza del *"eje atlántico"* (Brasil, Uruguay, Paraguay, Argentina). Me impresionó su fino conocimiento de Brasil, de su historia, de su economía, cosa poco frecuente en los dirigentes latino-americanos de lengua española. Me reveló también su intención de liberarse de la dependencia de las relaciones verticales Norte-Sur, y establecer "conexiones horizontales" con África, Asia y el mundo árabe-musulmán.

Su peculiar manera de razonar imbricando siempre teoría y praxis, historia y sociedad, así como el alcance internacional de toda su reflexión, me parecieron singularizar su perspectiva política. Me sedujeron sus razonamientos originales, siempre fundamentados, nunca dogmáticos. Apoyados en citas de pensadores progresistas, la mayoría de las veces latinoamericanos. No había duda de que poseía una mente de izquierdas, estructuralmente marxista, pero —por fortuna— liberado de las escolásticas referencias al "panteón obligatorio" de Marx, Engels, Lenin, Trotski, etc. Chávez pensaba por sí mismo, de manera original. No era la réplica de nadie, ni la secuela de ningún sistema existente.

Mientras le escuchaba exponer con ardor tantos y tantos proyectos de toda índole, me convencía de que ese hombre no había llegado por casualidad a la presidencia. Ni estaba de paso por Miraflores. Iba a crear escuela y doctrina, no había duda. Se le notaba "habitado" por una ardiente y ambiciosa misión: darle la vuelta a Venezuela, ponerla por fin de pie, transformarla de punta a cabo, recolocarla a la cabeza de América Latina como en tiempos de Bolívar, liberarla de la pobreza y de la marginalidad, devolverle a los humildes la dignidad de personas humanas, restaurar el orgullo del patriotismo... En suma, hacer de Venezuela, como decía él, un "país potencia". En ningún momento sentí cualquier pretensión o apetencia personal. Aborrecía el caudillismo. Y su voluntad de crear patria era infinita.

Me pareció que "el enigma de los dos Chávez" se resolvía constatando que, en su personalidad, coexisten sencillamente dos temperamentos: una mente racional, lógica, cartesiana, pragmática; y un talante altruista, afectivo, entusiasta, tumultuoso, sentimental. Por sus circunstancias sociales, Chávez entendió muy pronto que la sociedad no regala nada y que un individuo debe enfrentar, desde muy pequeño, los determinismos que lo rodean. Se percató que las condiciones materiales de existencia determinan la conciencia social. Tuvo que vencer el peso de la historia y el asedio de fuerzas poderosas. Descubrió las relaciones de dominación y las diferentes formas de violencia, tanto material como simbólica. Ello podía haber hecho de él una persona amargada, rencorosa o resentida. No lo era en absoluto, porque pronto decidió no aceptar el desorden del mundo. En ese sentido, Chávez fue —desde siempre— un "indignado", un rebelde que supo conquistar la libertad a lo largo de su existencia social, oponiéndose a las coacciones y a las obligaciones cada vez que éstas le parecieron absurdas o injustas. Lo constante de su personalidad fue su rechazo de la resignación. De ahí su espíritu de resistencia y su denuncia del carácter intolerable de una situación económica y social sometida a la hegemonía de las relaciones de fuerza.

Salí de aquel primer encuentro convencido de que algo nuevo estaba pasando en América Latina. Que este hombre crearía corriente y doctrina. Y que el "huracán Chávez" no tardaría en recorrer el continente levantando polémicas y controversias. También entusiasmos, pasiones y adhesiones. Contacté con amigos periodistas e intelectuales de Europa y Latinoamérica, progresistas, para trasladarles mis impresiones positivas, invitarles a visitar Caracas, que vieran con sus propios ojos esa revolución democrática en marcha... Salvo contadas excepciones, todos me respondieron lo mismo: *"¡Milicos no!"*, *"¡Golpistas nunca!"* Se equivocaban. Pero su reacción indicaba que, para el líder del bolivarianismo, la tarea de convencerles no sería sencilla.

Me encontré de nuevo con Chávez en París en octubre de 2001, un mes después de los odiosos atentados del 11 de septiembre en Manhattan y Washington. Invitado por René Blanchet, rector de la Academia de París, vino a la Sorbona a dar una conferencia titulada *"Transformar a Venezuela ¿una utopía posible?"*[27] en el prestigioso anfiteatro de la venerable universidad parisina. Los organizadores me habían pedido que interviniese también junto con tres otros conocidos intelectuales, Viviane Forrester, Richard Gott y James Petras.

Con su metafórico y peculiar estilo, Chávez empezó recordando al joven Bolívar por los barrios de la capital francesa[28]: *«Hace doscientos años, paseaba por estas calles de París un joven que cruzó el Atlántico y que era un fuego ambulante y andaba incendiando por donde pasaba, igual que Zaratustra, el de Nietszche, cuando subió a la montaña».* Habló de su proyecto político: *«No estamos improvisando. Venimos de lejos con ideas bien claras y un camino definido».* Se solidarizó con las víctimas de los atentados del 11-S: *«El siglo XXI debe ser el siglo de la paz; hay que desechar los cañones y hacer que callen los tambores de guerra».* Contó cómo se había agudizado la campaña de de-

---

[27] Véase *"Foro en el Gran Anfiteatro de La Sorbonne, París-Octubre 2001. Transformar a Venezuela ¿una utopía posible?"*, documento editado por el Ministerio de la Secretaría de la Presidencia, Palacio de Miraflores, Caracas, 2001, con una introducción de Maximílian Arvelaiz, fotos en color del evento y los textos integrales de todas las ponencias.

[28] Véase Gustavo Pereira: *El joven Bolívar*, Fundación Defensoría del Pueblo, Caracas, 2007.

monización contra él: «*Siguen calumniándome. No se sorprendan si, en algún momento, me acusan de esconder a Osama Ben Laden en Venezuela. También calumniaron a Bolívar y murió pobre, solitario, casi crucificado. Él dijo una vez: "Jesucristo, Don Quijote y yo, somos los tres mayores necios que ha habido jamás, por soñar con un mundo mejor"*». Sofisticado y argumentado, su discurso fue un triunfo. Sorprendió positivamente a muchos de los que se habían creído la patraña del "militar gorila". Numerosos franceses, interesados en las cuestiones latinoamericanas, empezaron a cambiar de opinión sobre él y a considerarle de manera más constructiva.

Volví a encontrarme con Chávez en distintas ocasiones. En particular, unos días antes del golpe de Estado del 11 de abril de 2002 cuando en toda Caracas se hablaba de un pronunciamiento inminente. Sin reparos, la prensa dominante calificaba al Presidente de *"dictador"*, incluso de *"Hitler"* [29]... Reclamaba a gritos: *"¡Hay que derrocarlo!"*. Hombre pacífico y afable, Chávez parecía muy sereno. Para persuadirme de que todo estaba bajo control me invitó a dar un paseo nocturno por Caracas a bordo de un vehículo banalizado manejado por él. Sin guardias, ni escoltas, pero con varias armas a bordo. En dos o tres ocasiones, no dudó en detenerse y bajarse del auto a conversar con grupos de vendedores informales que no salían de su asombro... Lo abrazaban, lo vitoreaban... No sin cierta ingenuidad, me reveló que, esa misma tarde, había hablado con el embajador de Estados Unidos, Charles Shapiro.[30] Y que éste le había asegurado que su país *"no se involucraría en ninguna aventura golpista"* contra la democracia venezolana...

---

[29] Léase el editorial del mensual *Exceso*, Caracas, abril de 2002.

[30] Conocido en Washington por su experiencia en golpes de Estado, Charles S. Shapiro (n.1949) había sido elogiado por su trabajo como agregado militar en Chile mientras preparaba el derrocamiento de Salvador Allende en septiembre de 1973. También se destacó durante la "guerra sucia" contra las guerrillas de El Salvador y de Nicaragua en la década de 1980.

Menos de una semana después, como es sabido, un golpe mediático-militar, apoyado por Washington, trataba de derrocarle. A punto estuvo Chávez de ser fusilado por los golpistas. Faltó muy poco para que lo asesinaran. Pero el pueblo indignado se lanzó a la calle a defenderle y a rescatarle. Regresó al poder en menos de 48 horas, sin ánimo de venganza, dando un impresionante ejemplo de generosidad y de responsabilidad.

Luego vendría el "golpe petrolero", varias tentativas de asesinato y numerosas campañas internacionales de diabolización. Chávez —que citaba a menudo una frase de Trotski: *"La revolución necesita el látigo de la contrarrevolución"*— aprovechó cada uno de estos ataques para ir radicalizando su proyecto político. Siempre en un marco democrático, sometiendo continuamente toda nueva propuesta al voto popular. Desde 1999, batiendo sin duda un record mundial, Chávez se sometió a una quincena de consultas populares de toda índole, cuyo carácter democrático fue confirmado por respetadas instancias internacionales.

Cuando en 2001, con mi amigo Bernard Cassen, creamos el Foro Social Mundial en Porto Alegre (Brasil) —del que propuse el lema *"Otro mundo es posible"*—, le invitamos. Vino dos años después, en enero de 2003, con ocasión del III Foro. Deseábamos que expusiera en directo, a los miles de activistas sociales y a los intelectuales allí reunidos, su concepción de la Revolución Bolivariana. Con sus palabras, su ardiente retórica y su clarividencia política levantó un entusiasmo arrollador. La juventud latinoamericana descubría su discurso rozagante y optimista. Regresaba la voluntad política y se proponía sacar al subcontinente —respetando todas las libertades— de la inercia y del sufrimiento neoliberal. ¡Otra izquierda era posible! En aquel momento, en América Latina, Chávez era el único dirigente neoprogresista en el poder, junto con Luiz Inácio Lula da Silva que acababa apenas de acceder a la presidencia de Brasil.

En enero de 2005, volvimos a invitar a Chávez al V Foro Social Mundial, de nuevo organizado en Porto Alegre. Su avión aterrizó de madrugada. Estaba saliendo el sol. Con Maximilien Arvelaiz y Bernard Cassen lo fuimos a esperar al pie del avión, y lo primero que hizo fue dirigirse al asentamiento agrario *Lagoa do Junco*, del Movimiento de los trabajadores rurales Sin Tierra (MST), situado en el municipio de Tapes, a más de 130 kilómetros... Allí lo acompañamos junto con João Pedro Stedile, dirigente del MST. Chávez se reunió con productores y campesinos, y ante varios centenares de personas, afirmó por primera vez, en un discurso improvisado, que esa experiencia de autogestión agrícola era una demostración de que *"el socialismo no ha muerto"*.

Por la tarde regresamos a Porto Alegre. Debía intervenir en la cancha *Gigantinho*, ante unos quince mil jóvenes "altermundialistas". Me tocó presentarle y empecé de la siguiente manera: *"Muchos tardaron en convencerse; algunos dudaron largo tiempo; otros no acababan de admitir que, en América Latina, en esta América Latina tan golpeada por el neoliberalismo y la globalización, había surgido un dirigente político de nuevo tipo: el Presidente Hugo Chávez. Algunos justificaban las dudas y las desconfianzas porque se trataba de un militar, y un militar que se había alzado en armas. En un continente en el que tantos 'gorilas uniformados' fueron verdugos de sus pueblos, hay que admitir que, en cierta medida, esa desconfianza se podía comprender"*.

Chávez tomó después la palabra y, constantemente interrumpido por un público que le aplaudía a rabiar, hizo uno de los mejores discursos que le recuerdo.[31] Afirmó que el Foro era «*...el evento político de mayor importancia en el mundo. No hay otro de esta magnitud. En estos últimos cinco años, se ha convertido en una rica plataforma donde los excluidos pueden hablar, pueden decir lo que sienten, y en donde se pueden buscar consensos*». Declaró que venía a Porto Alegre «*a aprender, a empapar[se] de más pasión y de más conocimiento*». Luego enumeró las reformas que la "Revolución Bolivariana" estaba llevando a cabo: reparto de tierras a los campesinos pobres; reconocimiento de las lenguas y de los derechos de los pueblos originarios; alfabetización de los niños y de los adultos; Misión Barrio

---

[31] Véase *Lula y Chávez en el Foro de Porto Alegre. Discursos y resoluciones*, Col. Le Monde diplomatique, Editorial Capital intelectual, Buenos Aires, 2005.

Adentro; concesión de microcréditos; Banco de la Mujer y promoción de los derechos de las mujeres; programa de salud para todos; Ley de Pesca; solidaridad con Cuba, etc.

Por segunda vez ese mismo día, en su discurso, declaró su adhesión al socialismo, una palabra entonces caída en desuso y que ni siquiera la izquierda reivindicaba. Pero él, allí, en aquel momento, se comprometió a «*trascender el capitalismo por la vía del socialismo y más allá. En democracia*».

En los años siguientes volví a ver a Chávez varias veces, en ocasión de alguna visita suya a París o a Galicia, de algún seminario mío en Caracas, o de alguna participación en su célebre emisión televisiva "*Aló Presidente*". En aquella época, andaba yo enfrascado en mis conversaciones con Fidel Castro que darían lugar al libro *Fidel Castro. Biografía a dos voces.*[32] Preparando esa obra, viajé con el Comandante cubano a Quito, en enero de 2003, para asistir a la toma de posesión del entonces presidente ecuatoriano Lucio Gutiérrez. Quiso la casualidad que nos alojáramos en el mismo establecimiento que Chávez, el Swiss Hôtel.

Eran los meses en los que el presidente de Venezuela enfrentaba las más duras embestidas del "Paro petrolero", promovido por la patronal venezolana y apoyado por la directiva y los cuadros de la empresa Petróleos de Venezuela (PDVSA) y por los medios de comunicación dominantes. Ese sabotaje duró de diciembre de 2002 hasta febrero de 2003.

En el apartamento de Fidel, asistí a una reunión informal entre los dos comandantes cubano y venezolano en los que expresaron su sorpresa por la iniciativa lanzada, unas semanas antes, por Lula (cuando aún éste no había asumido la presidencia de Brasil)[33] de crear un "Grupo de apoyo de Amigos de Venezuela" integrado, además de Brasil, por el Chile de

---

[32] Ignacio Ramonet: *Fidel Castro. Biografía a dos voces*, Debate, Barcelona, 2006.

[33] Luiz Inácio Lula da Silva fue elegido Presidente de Brasil el 27 de octubre de 2002, pero no asumió su cargo hasta el 1° de enero de 2003. Entretanto, Fernando Henrique Cardoso siguió siendo Presidente en funciones.

Ricardo Lagos, la España de José María Aznar, los Estados Unidos de George W. Bush y el Portugal de José Manuel Barroso... Recuerdo que Fidel comentó: *"Con 'amigos' semejantes, no se necesitan enemigos"*. Mientras Chávez afirmaba que no tenía ninguna intención de *"internacionalizar"* ese conflicto social: «*Es exactamente el pretexto que lleva buscando Washington para controlar nuestro petróleo*».

Sobre Lucio Gutiérrez también fueron muy francos y lúcidos. Debo confesar que, no sin cierta ingenuidad, yo mismo había sido sensible al carácter aparentemente progresista del coronel ecuatoriano,[34] lo cual pareció confirmarse en su discurso de investidura. Fidel me miró casi con pena y, riéndose, soltó: *"¡Lucio es un cagón!"*. Según el comandante cubano, en el plazo no superior a seis meses, los ecuatorianos se iban a dar cuenta de la impostura y lo echarían. No se equivocaba. Tres meses bastaron para que Lucio Gutiérrez se quitase la máscara; rompió con su ala izquierda, adhirió al Area de Libre Comercio de las Américas (ALCA), suscitó la ira de los ecuatorianos que acabaron por derrocarlo en abril de 2005.

Chávez me contó que, tanto él como Fidel, también habían pensado un instante que el coronel Gutiérrez podía pertenecer a la tradición progresista de los militares latinoamericanos, de la que él mismo se reclamaba y a la que pertenecieron oficiales como Velasco Alvarado, Luis Carlos Prestes, Jacobo Arbenz, Omar Torrijos, Juan José Torres, Francisco Caamaño... «*Para verificarlo*, me relató Chávez, *decidimos con Fidel venir a Quito después de la elección de Lucio, pero antes de que asumiera. Para ver su reacción. El pretexto fue la inauguración de la "Capilla del Hombre", concebida por el pintor Guayasamín, ya entonces fallecido. Ocurrió el 29 de noviembre de 2002. Pensábamos reunirnos los dos —Fidel y yo— con Lucio, y conversar; y ver quién era de verdad. Pero lo supimos muy pronto. Apenas se enteró de que veníamos, se apresuró en anunciar que se marchaba a Colombia a entrevistarse con Álvaro Uribe... Huyó... La idea de salir en una foto con nosotros le dio pavor... Se acojonó de miedo...*».

---

[34] Véase Ignacio Ramonet: "Lucio", *La Voz de Galicia*, La Coruña, 3 de diciembre de 2003.

El éxito fundamental de Hugo Chávez fue la refundación de la nación venezolana —«¡*Tenemos Patria!*», acostumbraba a gritar— gracias a un verdadero modelo democrático y político al servicio de los intereses de las mayorías populares. Porque la Revolución Bolivariana ha reorganizado la sociedad en sus estructuras fundamentales.

Desde Fidel Castro no había surgido en América Latina un líder tan arrollador como Hugo Chávez. En sus 14 años de gobierno, no sólo transformó *copernicanamente* Venezuela, sino toda América Latina. Nunca, en sus dos siglos de historia, América Latina conoció un período tan largo de democracia, de justicia social y de desarrollo. Nunca tantos gobiernos progresistas gobernaron al mismo tiempo en tantos países latinoamericanos. Eso es inédito. Durante decenios, la simple perspectiva de que un gobierno progresista, democráticamente elegido, llevase a cabo cambios estructurales para reducir las desigualdades y las injusticias, bastaba para que fuese derrocado. Los ejemplos abundan: Guatemala 1954, Brasil 1964, República Dominicana 1965, Chile 1973, Perú 1975, etc. Por eso, en muchos países latinoamericanos, la única vía que le quedó a los defensores de la justicia social, fue la vía de las armas y de las guerrillas.

Hugo Chávez, que con otros compañeros, participó en la rebelión militar del 4 de Febrero de 1992, fue el primer gran líder progresista —desde Salvador Allende— que apostó por la vía democrática y alcanzó el poder. Esto es algo fundamental. No se entiende quién es Chávez, si no se mide el carácter profundamente democrático de su opción progresista. Su voluntad de someter regularmente, periódicamente, al veredicto del pueblo cada uno de los avances de la Revolución Bolivariana. La apuesta de Chávez es el "socialismo democrático". Esa voluntad suya y esa confianza en la inteligencia colectiva de los ciudadanos le condujeron a asociar al pueblo a todas las grandes decisiones de su gobierno. En eso y en su concepcion de la "unión cívico-militar" (la unión del pueblo y de la fuerza armada), Chávez revolucionó la revolucion latinoamericana. Y su ejemplo ha sido imitado. En América Latina, los gobiernos neoprogresistas están consolidando el Estado de bienestar. Ese mismo Estado de bienestar que está siendo destruido por los gobiernos neoliberales en Europa. Gracias a esas políticas redistributivas que la Revolucion Bolivariana fue la primera en impulsar, unos 50 millones de personas salieron de la pobreza en América Latina entre 1999 y 2013. Jamás se había visto semejante progreso.

Por eso Chávez nunca le tuvo miedo a la democracia. Al contrario, la consulta democrática, repetía, sólo puede consolidar unas políticas orientadas a darle al pueblo *"la mayor suma de felicidad posible"*. Y por eso tampoco es ninguna sorpresa que Chávez haya tenido tan amplio apoyo popular, y haya ganado casi todas las contiendas electorales.

Como un huracán, el verbo de Chávez y el ejemplo de las realizaciones de la Revolución Bolivariana despertaron toda América Latina. La incapacidad de la clase política tradicional para canalizar la revuelta de "los de abajo" abrió el camino a dirigentes nuevos, de origen sindical, militante social, militar o hasta guerrillero. Nunca se vio surgir una generación de líderes tan excepcionales como esta que reúne a Lula y Dilma en Brasil, a Evo Morales en Bolivia, a Rafael Correa en Ecuador, a Néstor Kirchner y Cristina Fernández en Argentina, a Tabaré Vázquez y Pepe Mujica en Uruguay... y tantos otros...

Esto puede molestar a algunos marxistas, quienes se aferran a aquello de que *"no hay ni Dios, ni rey, ni tribuno"*. Sin embargo, en circunstancias excepcionales, el papel del *"líder carismático"* salta a los ojos. Porque cataliza las voluntades de millones de ciudadanos que participan en los "procesos de cambio". Cuba no habría resistido sesenta años a la agresión estadounidense sin Fidel Castro. Y, en Venezuela, está claro que la Revolución Bolivariana no sería lo que es sin Hugo Chávez. Esto lo admitió el propio Fidel Castro cuando declaró: «*Hace mucho tiempo que albergo la más profunda convicción de que, cuando la crisis llega, los líderes surgen. Así surgió Bolívar, cuando la ocupación de España por Napoleón y la imposición de un rey extranjero crearon las condiciones propicias para la independencia de las colonias españolas en este hemisferio. Así surgió José Martí, cuando llegó la hora propicia para el estallido de la Revolución independentista en Cuba. Y así surgió Chávez, cuando la terrible situación social y humana en Venezuela y América Latina determinaba que el momento de luchar por la segunda y verdadera independencia había llegado».*

Bajo el impulso de Chávez, en sus catorce años de presidencia (1999-2013), la Revolución Bolivariana consiguió, en el ámbito regional, logros formidables: creación de Petrocaribe, de Petrosur, del Banco del Sur, del ALBA, del Sucre (sistema único de compensación regional), de la Unasur, de la Celac, el ingreso de Caracas en el Mercosur... Y tantas otras políticas que hicieron de la Venezuela de Hugo Chávez un manantial de innovaciones para avanzar hacia la definitiva independencia de América Latina.

Aunque agresivas campañas de propaganda, pretenden que en la Venezuela bolivariana los medios de comunicación están controlados por el Estado, la realidad —verificable por cualquier testigo de buena fe— es que la mayoría de los medios son de propiedad privada. Igual que los principales diarios —*El Universal* y *El Nacional*—, sistemáticamente son críticos con el gobierno.

La gran fuerza de Chávez fue que su acción se dirigió ante todo a lo social (salud, alimentación, educación, vivienda), lo que más interesa a los venezolanos humildes (75% de la población). Refundó Venezuela, la descolonizó, le dio a millones de pobres, que ni tenían papeles, el estatuto de ciudadanos haciendo así visibles a los "invisibles". Consagró más del 42% del presupuesto del Estado a las inversiones sociales. Disminuyó a la mitad la tasa de mortalidad infantil ; erradicó el analfabetismo; multiplicó por cinco el número de maestros en las escuelas públicas (de 65.000 a 350.000). En 2012, Venezuela fue el segundo país de la región con mayor número de estudiantes matriculados en educación superior (83%), detrás de Cuba pero delante de Argentina, Uruguay y Chile; y era el quinto a escala mundial superando a Estados Unidos, Japón, China, Reino Unido, Francia y España.

El gobierno bolivariano generalizó la sanidad y la educación gratuitas; multiplicó la construcción de viviendas; elevó el salario mínimo (el más alto de América Latina); concedió pensiones de jubilación a todos los trabajadores (incluso a los informales) y a los ancianos; mejoró las infraestructuras de los hospitales; ofreció a las familias modestas alimentos, mediante el sistema Mercal, más baratos que en los supermercados privados; limitó el latifundio a la vez que favoreció la producción del doble de toneladas de alimentos; formó técnicamente a millones de trabajadores; redujo las desigualdades; rebajó en más del triple la pobreza; disminuyó la deuda externa; acabó con la pesca de arrastre; impulsó el ecosocialismo... Todas estas acciones, llevadas a cabo de manera ininterrumpida, explican el apoyo popular del que siempre gozó Chávez.

He sido testigo, en diversas ocasiones, del increíble fervor que podía suscitar. He tenido la oportunidad de acompañarle, dando saltos por toda Venezuela, a grandes mítines de masas y a pequeñas fiestas bolivarianas, a reuniones de cuadros y a desfiles de ejércitos, a conferencias de prensa y a encuentros con estudiantes, con campesinos, con mujeres, con indígenas, con obreros... Con el pueblo de Venezuela en su diversidad.

Una vez, por ejemplo, me invitó a asistir a una operación sorpresa a orillas del lago de Maracaibo. El motivo era la toma de control por el Estado de unas cuarenta empresas de marinería, especializadas en servicios a las plataformas petroleras instaladas en el lago, y que utilizaban unos terminales a lo largo de toda la costa donde operaban trescientas grandes lanchas. Planificada con minuciosidad casi militar, la operación necesitaba el factor sorpresa para evitar que los propietarios sabotearan el material y hundieran las lanchas. Ocho mil trabajadores con contratos provisionales eran explotados por esas empresas; recibían salarios míseros y debían pagar incluso la comida, los medicamentos y hasta las reparaciones de algunas máquinas...

Chávez les anunció que, a partir de ese momento, la revolución recuperaba los terminales y las lanchas; ponía fin a su situación de atropello y que todos ellos pasaban a ser "trabajadores fijos" de la plantilla de

PDVSA... El asombro de los operarios, sorprendidos por la súbita nacionalización, se tornó en entusiasmo. Y cuando el Presidente añadió que los 500 millones de dólares de beneficios que realizaban esas empresas se quedarían allí, convertidos en escuelas, viviendas para los trabajadores, clínicas, proyectos ecológicos, etc., y que esos recursos serían administrados por los trabajadores mismos en el marco del poder comunal... la explosión de júbilo fue inenarrable.

"¡Llegó la revolución! ¡Viva Chávez!" gritaban. *«PDVSA*, añadió el Presidente, *les pagará a ustedes todo lo que se les debe».* Algunos veteranos trabajadores, con el rostro marcado por largos años de esfuerzos, vertían lágrimas de emoción... Rodeado por un ruidoso enjambre de gente entusiasta, Chávez subió al remolcador *Canaima.* Se puso a hablar con el capitán, Simón, veinte años de experiencia surcando el lago. *«Hasta el día de hoy,* le dijo, *esta lancha era de un capitalista; ahora es del pueblo, y la revolución te la confía».*

Luego, bajo una carpa roja, se dirigió a los cientos de operarios allí reunidos, algunos con sus esposas e hijos: *«Mi alma,* les confesó, *es el alma del pueblo. ¡Los que quieran patria, vengan conmigo! Cristo declaró: 'A Dios lo que es de Dios, al César lo que es del César', y yo os digo: '¡Al pueblo lo que es del pueblo!'. Paso a paso, vamos dándole vida a la transición al socialismo. Cada día el pueblo tendrá más poder. Cada día seremos más libres. Esto es un acto de independencia».* Cuando terminó de hablar, los que le oían se pusieron a gritar: *"¡Así! ¡Así! ¡Así es que se gobierna!".*

Una mujer se distinguía por la energía de sus vivas a la revolución. El Presidente lo notó, la invitó a tomar la palabra, le preguntó cómo se llamaba, si tenía familia... Ella salió del público, joven, vestida con buen gusto, se identificó: *"Nancy Williams, 29 años, tengo un solo hijo, estoy casada pero si usted quiere me divorcio..."* [*Estallido de risa general*].

En otra ocasión fui con Chávez a la inauguración de unas obras de modernización del Hospital "Dr. José María Vargas" en el estado Vargas.

"Nuestro compromiso es humano, me comentó, *no sólo político".* Circuló con sencillez por los pasillos del establecimiento conversando con los médicos, los enfermos y el personal sanitario. Preguntando, cuestionando, informándose de todo, el material, el tipo de cuidados, la tecnología, los tratamientos, las medicinas, las comidas...

Habló con un viejo veterano de 86 años de edad, antiguo soldado y luego estibador en el puerto vecino de La Guaira que no cobraba pensión alguna. Eso le escandalizó: «*El Estado burgués y el capitalismo explotaron a este hombre durante años, y cuando ya no pudieron aprovechar más su fuerza de trabajo lo tiraron como un juguete usado*». Le prometió reparación y comentó: «*Nunca haremos lo suficiente para rendirle homenaje a los mártires de esta tierra. De esos mártires venimos nosotros. Éste es un pueblo de héroes*».

Pasamos después a un patio lleno de personas de bata blanca sentadas en hileras de sillas. Habían instalado una gran carpa de lona blanca con pilares rojos. Chávez procedió a la distribución de llaves de apartamentos de una Residencia médica, atribuidos a médicos jóvenes. «*Este año*, explicó, *la nueva promoción es de 638 médicos que acaban de terminar su carrera. Se van a incorporar a los dispensarios populares. Llegará el día en que los médicos cubanos irán regresando a su país y habrá que sustituirlos en los lugares lejanos de Venezuela y del mundo*».

Ante un público entregado, felicitó al personal de salud: *"Es lo mejor que tenemos".* Anunció un gran éxito: «*Hace veinte años, la mortalidad infantil era de 20 por mil. Hoy es de 10 por mil*». Aseguró que el proyecto de la Revolución Bolivariana era «*garantizar a todos los venezolanos una calidad de salud integral*». «*Tiene que llegar el día* —añadió— *en que los Centros de salud privados sean irrelevantes*».

Los presentes no cesaban de vitorearle. Una señora de mediana edad pidió la palabra: *"Me llamo Inocencia Pérez,* dijo con emoción. *Lo bendigo y lo encomiendo a San Miguel Arcángel. El día que le dieron el golpe* [11 de abril de 2002] *fui desde aquí a Caracas a pie para defenderlo. Tanto andé que los pies me chorreaban sangre...".*

Testimonios como éste los hay a espuertas. Millones de personas humildes lo veneraban como a un santo. Chávez repetía con calma: «Me consumiré al servicio de los pobres». Y así lo hizo. Una vez, la escritora Alba de Cespedes le preguntó a Fidel Castro cómo podía haber hecho tanto por su pueblo: educación, salud, Reforma Agraria, etc. Y Fidel simplemente le contestó: "Con gran amor". Chávez hubiese podido responder lo mismo.

Farruco Sesto, poeta y arquitecto, varias veces ministro venezolano de la Cultura, me contó lo siguiente: "Una tarde en Caracas, después de un acto, regresábamos en un vehículo rústico a Miraflores. El propio Chávez conducía, despacio, atento a los detalles. Íbamos con él tres o cuatro personas en el mismo carro. En una de las calles de El Silencio [un barrio del centro de Caracas] vio a un indigente en harapos, semi desnudo, durmiendo encima de un cartón, y, sin detenerse, preguntó en voz alta: '¿Y ese hombre?' Alguien le contestó: 'Es un enajenado'. Chávez respondió secamente: '¿Cómo lo sabes?' Y de inmediato frenó el carro. Se bajó, ordenando a sus escoltas que le dejaran solo, y se aproximó al pordiosero. Se acuclilló, y empezó a hablarle, incluso a abrazarle... Lo levantó y entró en un diálogo largo que duró como un cuarto de hora. No sabíamos de qué hablaban. Era su naturaleza, su humanidad, ayudar a los necesitados... Y resultó que bajo el gran cartón que servía de cama, había otro indigente, también joven... También drogadicto, víctima del crack... Lo abrazó igualmente y siguieron hablando. Por las instrucciones que dio después a sus asistentes, supimos que los había convencido de que aceptasen su ayuda. Y así lo hicieron. Al día siguiente se sometían a una cura voluntaria de desintoxicación. 'Creo que los hemos salvado', comentó con sencillez Chávez".

Cuando terminé el libro de conversaciones con Fidel, me pareció natural proponerle al Comandante venezolano hacer algo semejante con él para dar a conocer los aspectos ignorados de su personalidad. Chávez se había convertido en uno de los principales dirigentes latinoamericanos, motor de la corriente neoprogresista que se extendía por el subcontinente y que una nueva generación de líderes representaba. En un contexto muy diferente, Chávez aparecía como una suerte de "sucesor" del veterano Comandante cubano.

Le propuse que hiciéramos un libro de conversaciones sobre la parte menos conocida de su biografía: el "Chávez de antes de Chávez". «¡Ah! *Quiere que hablemos de mi primera vida,* me dijo, *porque yo he tenido varias vidas...*». Sí, de eso se trataba, de responder a las preguntas que muchas personas se hacen: "¿Quién era Chávez antes de convertirse en una personalidad pública universalmente conocida? ¿Cómo fue su infancia? ¿En qué contexto se crió? ¿Qué clase de adolescente fue? ¿Cómo se formó? ¿Cuándo se inició a la política? ¿Cuáles fueron sus lecturas ? ¿Qué influencias recibió? ¿Qué suerte de militar fue? ¿Cuál era su visión geopolítica? ¿De qué corriente ideológica se reclamaba? ¿Qué estrategias le permitieron ganar las elecciones y llegar al poder en 1999?

Más allá de contestar a esas y a muchas otras preguntas a lo largo de unas doscientas horas de conversaciones con Hugo Chávez, este libro pretende también ser una obra de historia. Alejado de las polémicas contemporáneas, aborda una etapa terminada en 1999, que ya puede ser juzgada con cierta serenidad. Aunque es asimismo un libro de "historia íntima", pues pretende acercarnos a la *persona* Hugo Rafael Chávez Frías. No sólo al político, sino al *ser humano* que fue, su temperamento, su carácter, su humanidad, su sensibilidad, su complejidad.

No abordamos aquí su enfermedad, el tumor canceroso en la zona pélvica, que se declaró en junio de 2011. Sencillamente porque ese accidente de salud le ocurrió cuando ya habíamos acabado las grabaciones y cuando yo, trabajando en el libro, llevaba largos meses sin verle. El 1º de julio de 2011, un día después de hacer pública su enfermedad, Chávez contó cómo le fue detectada. Ocurrió en La Habana, agotado por su inaudito ritmo de trabajo, el presidente venezolano le confió a su amigo Fidel Castro que sufría de dolores constantes y que los efectos de ese dolor se prolongaban en una de las piernas causándole constante malestar. El líder cubano tomó muy en serio la información. *«Yo no encontraba cómo quitarme de encima los ojos de águila de Fidel* —contó Hugo Chávez— *"¿Qué te pasa? ¿Qué dolor es ése?" y empezó a preguntarme como un padre a un hijo (...) y empezó a llamar a médicos y [pidió] opiniones. Tomó el mando...».* A raíz de eso, Chávez se sometió a dos operaciones de urgencia: una por un absceso pélvico y otra para extraer el tumor que, según él mismo describió, era *«casi como una pelota de béisbol».* Y todo pareció solucionarse. El 20 octubre de 2011, después de someterse a rigurosos análisis, Chávez declaró que se había podido *«verificar científicamente que no hay células malignas activas en mi cuerpo; estoy libre de enfermedad».*

En enero de 2012, le envié el borrador completo del manuscrito para que leyera y revisara sus respuestas, como lo habíamos convenido. Pero unas semanas después, sus problemas reaparecieron y él mismo anunció, el 22 de febrero de 2012, que nuevamente le habían *«detectado una lesión de cerca de 2 centímetros de diámetro, visible en el mismo sitio donde fue extraído el tumor, que obliga a extraer esa lesión y eso obliga a una nueva intervención quirúrgica»,* la cual le fue practicada en La Habana el 27 de febrero de 2012. Obligado a sobrellevar varios ciclos de radioterapia, pasó entonces largas semanas en La Habana, manteniendo un contacto muy activo con sus seguidores vía Twitter. En abril de 2012, durante la Semana Santa, regresó a la ciudad de Barinas y, en una misa emitida en directo, delante de su familia, conmovió a los venezolanos con su emotiva plegaria: *«Cristo, dame vida. Aunque sea vida llameante, vida dolorosa; no me importa. Dame tu corona, Cristo. Dámela que yo sangro. Dame tu cruz, cien cruces, que yo las llevo. Pero dame vida. No me lleves todavía. Dame tus espinas, dame tu sangre, que yo estoy dispuesto a llevarlas, pero con vida».*

Diez meses más tarde, el 8 de diciembre de 2012, cuando ya había ganado con contundencia las elecciones presidenciales del 7 de octubre, Chávez reveló, en una dramática alocución al país, la nueva recidiva del cáncer, y anunció que se sometería, en Cuba, a una cuarta operación quirúrgica de la que corría el riesgo de no regresar para ejercer el poder. En ese discurso dirigido al pueblo venezolano, expresó su deseo de que el entonces vicepresidente Nicolás Maduro fuese designado como candidato del chavismo en una eventual convocatoria a elecciones para sustituirlo: *«Si se presentara alguna circunstancia que me inhabilite para continuar al frente de la presidencia* —declaró Hugo Chávez— *Maduro debe concluir. Mi opinión firme, plena, como la luna llena, irrevocable, absoluta, total, es que, en ese escenario, que obligaría a convocar, como manda la Constitución, de nuevo a elecciones presidenciales, ustedes elijan a Nicolás Maduro como Presidente de la República Bolivariana de Venezuela. Yo se los pido de mi corazón».*

Y añadió: «*Maduro es un hombre de una gran capacidad para el trabajo, para conducir grupos, para manejar situaciones difíciles. Es uno de los líderes jóvenes de mayor capacidad para continuar* —*si es que yo no pudiera*— *con su mano firme, con su mirada, con su corazón de hombre del pueblo, con su don de gente, con su inteligencia, con el reconocimiento internacional que se ha ganado, con su liderazgo, al frente de la Presidencia de la República, y dirigiendo* —*subordinado siempre a los intereses del pueblo*— *los destinos de esta Patria».*

La noticia de que Chávez, en condiciones tan dramáticas, tenía que someterse a una nueva operación, me sorprendió. Porque yo había tenido el privilegio de estar con él unos meses antes, con ocasión de la elección presidencial del 7 de octubre de 2012 y, aún más asiduamente en julio anterior, durante las dos primeras semanas de la campaña electoral. Y lo había visto en plena forma física.

Aquella era su decimocuarta cita con los ciudadanos venezolanos.[35] La campaña oficial había arrancado el 1° de julio con dos singularidades notables con respecto a precedentes votaciones. Primero, Hugo Chávez estaba saliendo de trece meses de tratamiento contra el cáncer. Segundo, la principal oposición conservadora había decidido esa vez rechazar la

---

[35] Además de Hugo Chávez, seis otros candidatos se presentaron a las elecciones del 7 de octubre de 2012: Henrique Capriles Radonski, por Mesa de la Unidad (MUD); Orlando Chirinos, por el Partido Socialismo y Libertad (PSL); Yoel Acosta Chirinos, por el partido Vanguardia Bicentenaria Republicana (VBR); Luis Reyes Castillo, por la "Organización Renovadora Auténtica" (ORA); María Bolívar, por el Partido Democrático Unidos por la Paz y la Libertad (Pdupl); y Reina Sequera, por el partido Poder Popular (PP). Chávez venció en la primera vuelta con más de 55% de los votos.

dispersión, y reagruparse en el seno de una Mesa de la Unidad Democrática (MUD) que, después de unas primarias, eligió como candidato a Henrique Capriles Radonski, un abogado de 40 años, gobernador del estado Miranda que apostaba por un debilitamiento físico del presidente Chávez.[36]

Pero se equivocó. Porque Chávez, en ese momento, pensaba haber vencido la enfermedad. De hecho, se había sometido a un chequeo completo en junio, para verificar si estaba en condiciones de abordar la agotadora campaña electoral, y los resultados habían sido concluyentes: no existía rastro de ninguna célula maligna en su organismo. Convencido de haber curado, Chávez se lanzó entonces a la batalla electoral con la energía de un centauro.

El 9 de julio de 2012, declaró públicamente: «*Estoy totalmente libre de enfermedad; cada día me siento en mejores condiciones*». Y, a los que apostaban por una "presencia virtual" del líder venezolano en la campaña, les volvió a sorprender anunciando su decisión de *"retomar las calles"* y empezar a recorrer los rincones de Venezuela para alcanzar su tercer mandato. Declaró: «*Dijeron de mí: "Ése va a estar encerrado en Miraflores* [el palacio presidencial] *en una campaña virtual, por Twitter y vídeo". Se burlaron de mí como les dio la gana. Pues aquí estoy de nuevo, retornando, con la fuerza indómita del huracán bolivariano. Ya extrañaba yo el olor de las multitudes y el rugir del pueblo en las calles*».

Este rugir, pocas veces lo oí tan poderoso y tan fervoroso como en las avenidas de Barcelona (estado Anzoátegui) y de Barquisimeto (estado Lara) que acogieron a Chávez los días 12 y 14 de julio de 2012, respectivamente. Un océano de pueblo. Una torrentera escarlata de banderas, de símbolos y de camisas rojas. Un maremoto de gritos, de cantos y de pasiones.

A lo largo de kilómetros y kilómetros, en lo alto de un camión colorado que avanzaba hendiendo la multitud, Chávez saludó sin descanso a los centenares de miles de simpatizantes acudidos a verle en persona,

---

[36] A mediados de julio de 2012, las principales encuestas de opinión daban una ventaja a Chávez de entre 15 a 20 puntos sobre el candidato de la derecha Henrique Capriles.

por vez primera desde su enfermedad. Con lágrimas de emoción y besos de agradecimiento hacia un hombre y un gobierno que, respetando las libertades y la democracia, cumplieron con los humildes, pagaron la deuda social y se comprometieron a dar a todos, por fin, educación gratuita, empleo, seguridad social y vivienda.

Para despojar a la oposición de la mínima esperanza, Chávez, en los discursos electorales que pronunció sin dar muestras de fatiga, empezó diciendo: «*Soy como el eterno retorno de Nietzsche, porque en realidad yo vengo de varias muertes... Que nadie se haga ilusiones, mientras Dios me dé vida estaré luchando por la justicia de los pobres pero, cuando yo me vaya físicamente, me quedaré con ustedes por estas calles y bajo este cielo. Porque yo ya no soy yo, me siento encarnado en el pueblo. Ya Chávez se hizo pueblo, y ahora somos millones. Chávez eres tú, mujer. Chávez eres tú, joven. Chávez eres tú, niño; eres tú, soldado; son ustedes, pescadores, agricultores, campesinos y comerciantes. Pase lo que me pase a mí, no podrán con Chávez, porque Chávez es ahora todo un pueblo invencible*».

Me invitó a acompañarle en sus desplazamientos, conversé con él varias veces y pude constatar su buen estado de salud. Era el mismo de siempre, con su entusiasmo, su dinamismo, su buen humor, su gentileza. Hablamos del libro. Obviamente había leído y releído el manuscrito que le pareció «*muy lindo, pero un poco largo ¿no?*». Se lo había dado a leer también a Fidel Castro. Me contó: «*¿Sabes lo que me dijo Fidel? Hablamos del libro, le dije que tú venías otra vez, y me dijo: "Chávez, no te pongas a hacer lo que yo hice, deja que Ramonet saque lo que él quiera; porque yo te conozco, tú no vas a tener tiempo de eso. Si te dan a ti esos borradores, tú vas a escribir otro libro; déjalo a él a su creatividad". Fidel te respeta mucho; y dice que él se metió demasiado a corregir aquellas* Cien horas con Fidel[37]*... Así que voy a seguir su sabio consejo, porque de verdad me falta tiempo. Has hecho un trabajo de gran calidad, escribes muy lindo, pero yo soy tan quisquilloso que si me meto*

---

[37] *Cien horas con Fidel* es el título de la edición cubana de *Fidel Castro. Biografía a dos voces*. Ver nota 32.

a corregir páginas, te voy a empezar a rayar... Y ya no tengo tiempo...». Lo sentí feliz de haber podido plasmar en este libro, para las nuevas generaciones, los testimonios de su "primera vida".

Después de la cuarta y última cirugía, realizada en Cuba en diciembre de 2012, Chávez sufrió, durante el proceso postoperatorio, una infección pulmonar la cual luego se convirtió en una "insuficiencia respiratoria" que no logró superar. Es sabido que, como consecuencia del tratamiento, el líder bolivariano estuvo varias semanas respirando por una "cánula traqueal" que le dificultó el habla. Su regreso a Venezuela, el 18 de febrero de 2013 y su instalación en el Hospital Militar de Caracas, se interpretó como un signo de mejoría. Unos días antes, en efecto, Nicolás Maduro había asegurado: *"El Comandante se encuentra en el mejor momento en que lo hayamos visto en todos estos días de lucha y batalla"*.

Pero sus condiciones de salud siguieron complicándose. El 22 de febrero, Nicolás Maduro admitía: *"Tiene el problema de la insuficiencia respiratoria que se está tratando con intensidad; sigue con el tema de la asistencia de una cánula para apoyarse en la respiración"*. Y el 4 de marzo, Ernesto Villegas, ministro de Comunicación, informaba que la salud del mandatario venezolano se había degradado considerablemente: *"Existe un empeoramiento de la función respiratoria. Presenta una nueva y severa infección. Al Presidente se le ha venido aplicando quimioterapia de fuerte impacto. El estado general continúa siendo muy delicado"*.

Ya todo el mundo temía lo peor. Y apenas unas horas más tarde, el día 5 de marzo de 2013, Nicolás Maduro, profundamente emocionado, anunciaba al mundo la penosa noticia: *"Ha fallecido el comandante presidente Hugo Chávez, luego de batallar duramente con una enfermedad durante casi dos años"*. Se terminaba de ese modo, prematuramente, una de las trayectorias políticas más impactantes de nuestro tiempo.

Recordé aquel momento, ocurrido cinco años antes, cuando Hugo Chávez aceptó mi proposición de hacer este libro de conversaciones. A partir de aquel instante, con la seriedad que le caracterizaba, el líder bolivariano se comprometió a hallar espacios en su agenda demente, y a consagrar tiempo a nuestras entrevistas. Siempre cumplió. Mandó reunir documentos, libros, folletos, fotografías para documentar concretamente el relato de su primera vida.

Comenzadas en abril de 2008 en el corazón de los Llanos, en aquel pequeño *hato* que le servía a veces de refugio, nuestras sesiones de trabajo se habían prolongado durante tres años en diversos lugares de Venezuela, y en particular en sus modestos apartamentos privados del Palacio de Miraflores en Caracas.

Ahí, en una diminuta terraza, este Presidente afectivo, nostálgico y sentimental, había intentado reproducir la atmósfera visual, sonora e incluso olfática de la casa-huerto de su niñez en Sabaneta. Con plantas tropicales, loros silbadores, ruidosos gallos y gallinas, chinchorro llanero y hasta una cabaña de pilastras de madera, cubierta de hojas de palma...

Un rasgo de enternecedora fidelidad a su inolvidable infancia con su abuela Rosa Inés. Algo así como el *Rosebud* del ciudadano Chávez... Promotor del "Socialismo del siglo XXI" acertadamente, pero que nunca perdió la conciencia de sus raíces populares. Y jamás olvidó su "primera vida".

IGNACIO RAMONET

Barinas, 15 de abril de 2008 –
París, 5 de marzo de 2013.

PARTE I

INFANCIA Y ADOLESCENCIA (1954-1971)

Capítulo 1

"La historia me absorberá"

El 28 de julio de 1954 – El contexto histórico – Uslar Pietri –
Surge el "tercer mundo" – La Guerra Fría –
Dictadores en América Latina – Sabaneta – El Boconó –
Los Llanos "tierra mágica" – Ser llanero – Anécdotas –
El racismo antiindio – La abuela Rosa Inés – El abuelo negro –
Cristo, "primer revolucionario".

Presidente, usted nace el 28 de julio de 1954 en un contexto histórico en el que también está naciendo el "tercer mundo", y comienza el ocaso del colonialismo. Quisiera evocar algunas fechas en torno a ese 28 de julio. Por ejemplo: un año antes, casi exactamente, el 26 de julio de 1953, se había producido el asalto al cuartel Moncada, en Santiago de Cuba, por Fidel Castro. Y un mes antes, el 27 de junio de 1954, ocurre el golpe de Estado en Guatemala contra Jacobo Árbenz. Casi un mes después, el 15 de agosto de 1954, se establece la dictadura de Alfredo Stroessner en Paraguay. El 24 de agosto se produce un golpe de Estado en Brasil, y se suicida Getulio Vargas. Unos meses antes, el 7 de mayo de 1954, capitula el ejército francés en Dien Bien Phu, Indochina. Y unos días antes de que usted naciera, se termina esa guerra de Indochina con la victoria de un país hasta entonces colonizado: Vietnam. Por otra parte, unos meses más tarde, el 1° de noviembre de 1954, va a empezar la guerra de Argelia. Y estamos a un año de la célebre Conferencia de Bandung, que vio nacer los conceptos de "tercer mundo" y de "no alineados".

Es decir, hay un contexto político e histórico muy marcado, en el que una era muere y otra nace. Y está naciendo usted. ¿Qué le inspira toda esta constelación de acontecimientos en torno a la fecha de su nacimiento?

En esas circunstancias vine yo al mundo, en efecto; en ese contexto histórico. La madrugada en que yo estaba naciendo, creo que Fidel Castro tenía un plan de fuga para evadirse de la cárcel Modelo en la isla de Pinos. Estaban pasando muchas cosas en el mundo. Nos hallábamos en la mera mitad del siglo XX. Y cuando usted cita todos esos hechos, está hablando de la historia. Y eso, por supuesto, deja huella. Nuestras vidas están marcadas y determinadas por las condiciones en las que nacemos. Las circunstancias en las que crecemos... Dice Marx: *"Los hombres hacen la historia con las condiciones que la realidad les impone"*. Yo me di cuenta de ello, a lo largo del camino, y leyendo a Marc Bloch...

Un gran historiador francés, resistente antifascista. Era judío y fue fusilado por los nazis en 1944. Un inmenso intelectual.

Le tengo gran admiración. Un librito de Marc Bloch —*Apología para la historia o el oficio de historiador*[1]— me ha acompañado durante mucho tiempo. Entre mi adolescencia y la madurez, en esa etapa que va sujetando la conciencia, al igual que Marc Bloch yo me preguntaba: ¿para qué sirve la historia? La historia puede comenzar como una curiosidad, y puede ser también una narración que seduce. Porque los acontecimientos humanos seducen. Y Bloch clasifica los hechos en "históricos" y "no históricos". Buscando una definición más exacta de la historia y preguntándose para qué sirve, dice: *"La historia es como el ogro de las leyendas; donde huele a carne humana, ahí está su presa"*. Porque la historia tiene como fin el hombre, los seres humanos.

---

[1] Marc Bloch: *Apología para la historia o el oficio de historiador*, Fondo de Cultura Económica, México, 1998.

Por supuesto, uno viene al mundo inconsciente; uno nace como nace un becerro en estas sabanas, como nace un cristofué[2] en las ramas de esos árboles. Sin conciencia. Pero luego, uno la va asumiendo, la va adquiriendo. O no. En mi caso, tomando como ancla la célebre frase de Fidel: *"La historia me absolverá"*, pensando en la historia y en la vida, cuando yo era niño, si hubiese tenido conciencia, hubiese podido decir: *"La historia me absorberá"*.

Se zambulló usted en la historia como Aquiles en el río Estigia o Sigfrido en la sangre del dragón...

Lo que pasa, es que sencillamente intuía eso: *"La historia me absorberá"*. Soy, como dice Bloch, carne humana. Fui arrastrado por el ogro de la historia y hecho pedazos por él. Los dientes de la historia, o —para no poner la historia como un ente agresivo, malévolo—, los brazos de la historia me envolvieron, el huracán de la historia me aspiró. Dice Bolívar: *"Soy apenas una brizna de paja arrastrada por el viento de un huracán"*. Yo estoy sumido en un huracán, o en un río invisible. En este aire del Llano, en esta brisa que mueve las matas, en este calor de esta sabana, percibo esa historia, la palpo, la siento. Porque en esa historia nací.

Afirma Arturo Uslar Pietri: *"El venezolano está sediento de historia"*. ¿Comparte usted la idea?

Sí, ya lo creo. Uslar[3] fue —usted lo conoció—, un hombre de la clase alta. Pero un gran patriota. Autor precisamente de *Las lanzas coloradas* sobre

---

[2] El "Cristofué" es un pájaro de la familia de los *Tyrannidae*, cazadores de insectos; su nombre científico es *Pitangus sulphuratus*, se le llama *cristofué* porque cuando canta parece repetir las palabras *"Cristo fue"*.

[3] Arturo Uslar Pietri (1906-2001), uno de los más eminentes escritores e intelectuales venezolanos del siglo XX. Autor de novelas como *Las lanzas coloradas* (1931), *El camino de El Dorado* (1947), *Oficio de difuntos* (1976), *La isla de Robinson* (1981) y *La visita en el tiempo* (1990).

la gesta de los llaneros, y de *La isla de Robinson*, una maravillosa novela sobre Simón Rodríguez.[4]

Un hombre muy recordado y respetado, el doctor Uslar Pietri, quien, en los años 1940, cuando gobernaba el general Isaías Medina Angarita,[5] habló de la necesidad de "sembrar el petróleo". Yo también lo conocí porque, primero, lo leí mucho, y luego, después de nuestra rebelión del 4 de Febrero de 1992, estando en prisión, comenzaron las especulaciones acerca de los "autores intelectuales" de aquel alzamiento, como si nosotros no pensáramos... Y trataron de implicar a Uslar en aquello. Lo cierto es que hizo unas declaraciones justificando, en el fondo, nuestra acción[6]... y le allanaron la casa. Entonces Uslar, por supuesto, se puso mucho más firme contra el gobierno de Carlos Andrés Pérez[7] y declaró: *"Yo lo que dije fue que aquí iba a llover... y llovió"*.

Dos años después, en 1994, salí de la cárcel, busqué contacto con él y me recibió en su casa del caraqueño barrio de La Florida, en su biblioteca. Hablamos un rato largo; ya había enviudado. Nunca se me olvida lo que me dijo cuando le pregunté por qué no seguía escribiendo una columna que mantuvo durante cincuenta años en el diario *El Nacional* y que había dejado de escribir... Me contestó: *"Mire, Comandante, uno tiene que saberse ir antes de que lo echen"*.

---

[4] Simón Rodríguez (1769-1854), filósofo y pedagogo venezolano, maestro y mentor de Simón Bolívar. Durante su largo exilio en Europa (1801-1823), se hizo llamar Samuel Robinson.

[5] Isaías Medina Angarita (1897-1953), elegido Presidente constitucional para el período 1941-1946, gobernó con el apoyo del Partido Comunista, fue derrocado el 18 de octubre de 1945 por un golpe de Estado organizado por jóvenes oficiales dirigidos por Marcos Pérez Jiménez y líderes del partido Acción Democrática, entre los que destacaba Rómulo Betancourt.

[6] Véase Arturo Uslar Pietri: *Golpe y Estado en Venezuela*, Grupo editorial Norma, Caracas, 1992.

[7] Carlos Andrés Pérez (1922-2010), apodado CAP, líder del partido Acción Democrática (afiliado a la Internacional Social-demócrata). Fue Presidente de Venezuela en dos ocasiones: 1974-1979, y 1989-1993. Destituido por el Senado en mayo de 1993 por "malversación" y "apropiación indebida".

Tenía los ojos azules claros y una voz muy ronca, modulada, sobrecogedora; impresionaba el tono de su voz, la claridad, la forma de expresión; yo quedé muy impactado. También lo había visto en televisión, él tenía un programa semanal en Radio Caracas Televisión, *"Valores Humanos"*, excelente. Personalmente me deslumbró la inteligencia de aquel hombre que me recibió con mucho afecto. Recuerdo que me dijo: *"Comandante, la vida es como una obra de teatro, unos actores están en el primer plano, otros en el fondo del escenario; unos escriben la obra, otros la dirigen; y otros son espectadores. Cuando a uno le toca ser actor sobre las tablas debe tener sumo cuidado en dos momentos especiales: el momento de entrar en escena, y el momento de salir de la escena"*. Y añadió: *"Yo lo vi a usted entrar con una boina roja y un fusil, ahora debe usted ver cómo sale..."*.

Sabia reflexión.

¿Cómo era la frase que él le dijo?

"El venezolano está sediento de historia".

Creo que Arturo Uslar Pietri llegó al alfa y al omega de Venezuela; hay una verdad gigantesca en esa frase. No está hablando del individuo sino del pueblo venezolano. Y precisamente esa sed de historia, en estos últimos años, el pueblo venezolano que andaba con amplia resequedad, ha conseguido en parte saciarla; ha conseguido una fuente, un manantial. La Revolución Bolivariana le ha devuelto la historia a los venezolanos. Estaban sedientos de patria, y los ha saciado.

Yo, hace tiempo que comencé a saciarme de historia. Buscando probablemente la clave de nuestro porvenir. ¿No dice acaso Heidegger[8] "que no hay nada más lleno de futuro que el pasado"? De niño, como le comenté, si hubiera tenido conciencia hubiese podido decir, igual que Fidel: la

---

[8] Martin Heidegger (1889-1976), filósofo alemán, uno de los más importantes del siglo XX, autor de *El Ser y el Tiempo* (1927).

historia me absolverá. Pero hoy digo: la historia me absorbió, me engulló, y yo también la absorbí porque también uno se va alimentando de ella ¿no? La historia y yo nos hemos absorbido mutuamente.

¿Cuándo toma usted conciencia de que la realidad que lo envuelve es producto de la historia?

¿Qué pasaba en ese momento del siglo cuando yo nací? Dentro de todo lo que usted apuntaba antes, yo no diría que vine al mundo cuando *nacía* el "tercer mundo", porque el "tercer mundo" ya existía aunque no se le llamase así, y quizás estuviese surgiendo entonces la conciencia de que existía un "tercer mundo". ¿No?

Sí, el concepto de "tercer mundo" se crea en ese momento. Lo propone un economista francés, Alfred Sauvy, en 1952. Igual que antes de la Revolución Francesa de 1789 había en Francia tres categorías sociales: una primera clase, la aristocracia; una segunda, el clero, la Iglesia; y una tercera, el pueblo común. Sobre ese modelo, Sauvy dice que, en la era de la "guerra fría", hay un "primer mundo", el capitalista; un "segundo mundo", el comunista; y un "tercer mundo", que no era ni capitalista ni comunista, un *"mundo colonizado, explotado y despreciado"*. Luego, en la Conferencia de Bandung, en 1955, cuando empezó a surgir políticamente esa conciencia, como dice usted, de los países en desarrollo, la prensa se refirió a ellos, colectivamente, llamándoles: el "tercer mundo".

Quinientos años antes, nos habían llamado el "Nuevo Mundo".

Es cierto.

Entonces no había ni primero, ni segundo, ni tercero, sino dos mundos nada más: el "viejo", que era Europa; y el "nuevo", el que "apareció" en 1492. El "Nuevo Mundo"... Luego surgió esa conciencia de un "tercer mundo". Claro, cuando yo nazco estamos precisamente en la mitad del siglo, ya la Unión Soviética tenía casi cuarenta años de existencia. Y la China de Mao Zedong un lustro.

Eran tiempos de "guerra fría".

Había surgido el campo comunista: la Unión Soviética y todos sus aliados. Teníamos un mundo bipolar, dominado por dos hegemonías: Estados Unidos y la Unión Soviética. Estábamos en el Ecuador del siglo XX. Hacía casi diez años que había terminado la Segunda Guerra Mundial y se producían todos esos conflictos que usted mencionaba, así como muchos otros poco recogidos en la historiografía, muchas luchas en África, en América Latina... Citaba usted también golpes de Estado; cayó asimismo Juan Domingo Perón[9] por esos días en Argentina.

En efecto, en septiembre de 1955.

¿Quién derroca a Perón? Estados Unidos. Ya los norteamericanos habían bombardeado Guatemala cuando estaba yo naciendo, y estaban en plena guerra de invasión de ese país.

Fue justo un mes antes, el 27 de junio de 1954. Jacobo Árbenz[10] tuvo que exiliarse...

Correcto. Invaden Guatemala, tumban a Perón, derrocan a Juan Bosch[11] en República Dominicana, fomentan un golpe de Estado en

---

[9] Juan Domingo Perón (1896-1974), coronel argentino, fue, en 1943, un ministro del trabajo muy popular por sus políticas a favor de la clase obrera, lo que provocó su destitución y encarcelamiento. Su popularidad aumentó y, en febrero de 1946, fue elegido Presidente de la nación argentina. Sus políticas justicialistas de apoyo a las reivindicaciones sociales, de modernización del país y de soberanía frente a Estados Unidos y al Reino Unido hacen de él y de su esposa Evita verdaderos ídolos populares pero provocan su derrocamiento en septiembre de 1955. Regresa al poder en octubre de 1973 y fallece el 1° de julio de 1974.

[10] Jacobo Árbenz (1913-1971), oficial del ejército, Presidente de Guatemala de 1951 a 1954. Elegido democráticamente, Árbenz pone en aplicación su programa para sacar a su país de la era colonial, de la dependencia de Estados Unidos, y propone una reforma agraria. Washington se opone a esa política, la CIA organiza un golpe de Estado dirigido por el coronel Carlos Castillo. Jacobo Árbenz es derrocado en junio de 1954.

[11] Juan Bosch (1909-2001), primer Presidente democráticamente elegido en República Dominicana —en diciembre de 1962— después de la dictadura de Trujillo (1930-1961), lanza

Brasil[12]... Unos años antes, en octubre de 1948, en Perú, habían favorecido el golpe de Estado del general Manuel Odría.[13] Y antes aún, el 9 de abril de 1948, habían asesinado a Jorge Eliécer Gaitán[14] en Bogotá. Es decir, seis años antes de que yo naciera habían matado a Gaitán, aquí al lado, en Colombia. Eso provoca el "Bogotazo", y comienza el conflicto que desde hace más de sesenta años sacude con una fuerza demoledora a Colombia y afecta a varios países de Suramérica. El asesinato de Gaitán y el "Bogotazo", presenciados y vividos, por cierto, por nuestro amigo Fidel Castro[15]...

Estamos hablando de acontecimientos de mucha importancia en toda América Latina, en Guatemala, el Caribe, Perú, Colombia, Brasil, Argentina, Paraguay con la dictadura de Stroessner;[16] y aquí, en Venezuela, en el año 1954, estamos en plena dictadura de Pérez Jiménez.[17]

---

una serie de reformas socialistas y es derrocado en junio de 1963 por un golpe de Estado apoyado por Estados Unidos. En 1965, un grupo de oficiales se sublevó para reponer en el poder a Juan Bosch pero Estados Unidos envió una fuerza de 20.000 hombres que invadieron el país para "evitar una nueva Cuba".

[12] En abril de 1964, en Brasil, el Presidente de izquierdas João Goulart (1919-1976) fue derrocado por un golpe de Estado militar apoyado por la CIA.

[13] Manuel A. Odría (1897-1974), general, dio un golpe de Estado en octubre de 1948 contra el Presidente legítimo del Perú, José Luis Bustamante. Gobernó su país de 1948 a 1956.

[14] Jorge Eliécer Gaitán (1898-1948), dirigente político colombiano muy popular entre las clases trabajadoras. Candidato del Partido Liberal Colombiano a la elección de 1948, presentó un programa de reformas socialistas revolucionarias y fue asesinado el 9 de abril de 1948.

[15] Fidel Castro me contó su experiencia vivida en el "Bogotazo" en nuestro libro de conversaciones *Fidel Castro. Biografía a dos voces* (Debate, Barcelona, 2006). También se puede leer un largo testimonio de Fidel Castro sobre ese acontecimiento en su larga entrevista con Arturo Alape publicada bajo el título *El Bogotazo: Memorias del olvido* (Casa de las Américas, La Habana, 1983). Para otra descripción de ese importante evento, véase Gabriel García Márquez: *Vivir para contarla* (Mondadori, Barcelona, 2002, pp.332-363).

[16] Alfredo Stroessner (1912-2006), general paraguayo, autor de un golpe de Estado el 4 de mayo de 1954. Instaura una dictadura aliada de Estados Unidos y apoya activamente la Operación Cóndor contra los demócratas latinoamericanos. Es derrocado el 3 de febrero de 1989.

[17] Marcos Pérez Jiménez (1914-2001), general venezolano, instauró una dictadura de 1952 a 1958. Fue derrocado el 23 de enero de 1958 por una insurrección cívico-militar.

Pero es que, cuatro años antes, en noviembre de 1950, en Venezuela también habían asesinado al coronel Carlos Delgado Chalbaud [*1909-1950*], un oficial progresista, que había estudiado en Francia. Era hijo del ex-jefe de la Armada Nacional y líder político Román Delgado Chalbaud [*1882-1929*] quien estuvo catorce años preso durante la larga dictadura de Juan Vicente Gómez[18] [*1908-1935*]. Gómez por fin lo libera y Román se va a Europa a reunirse con su pequeño hijo, Carlos, que había sido enviado allá mientras su padre estaba encarcelado. Así que Carlos Delgado Chalbaud estudió en Francia. Allí se hizo ingeniero y se casó con una estudiante francesa [*Lucía Devine*], militante del Partido Comunista Francés. Retorna a Caracas después de la muerte del dictador Gómez, ocurrida en diciembre de 1935, y, aunque era ingeniero, ingresa en el Ejército. Un hombre de gran prestigio. Cuando los gringos derrocan al Presidente Rómulo Gallegos,[19] autor de la genial novela *Doña Bárbara*, en noviembre de 1948...

¿Rómulo Gallegos era de esta región, de los Llanos?

No, Gallegos era caraqueño. Ahora, él escribe *Doña Bárbara* basándose en la historia, la geografía y las leyendas del Llano. Es interesante observar que *Doña Bárbara* es la novela venezolana por excelencia, sin duda por el gran talento del autor, pero también, indiscutiblemente, porque en el Llano está la esencia de la venezolanidad. En esta abierta sabana, en los vientos libres que la acarician, en esa naturaleza bravía y en sus indómitas gentes se halla el núcleo profundo de la identidad venezolana.

---

[18] Juan Vicente Gómez (1857-1935), general que, siendo vice-presidente, derrocó al general-presidente Cipriano Castro mientras éste se hallaba en Europa enfermo, e instauró una dictadura en Venezuela que duró 27 años, de 1908 hasta su muerte en 1935. Gómez inspiró a Gabriel García Márquez el personaje del dictador de su novela, *El otoño del patriarca* (1982).

[19] Rómulo Gallegos (1884-1969), escritor y hombre de Estado. Autor de *Doña Bárbara* (1929), considerada como la obra maestra de la novela venezolana del siglo XX pero que le valió el exilio durante la dictadura de Juan Vicente Gómez. Ministro de Instrucción Pública en 1936, fue elegido Presidente de Venezuela en febrero de 1948 (candidato del Partido Acción Democrática). Fue derrocado ocho meses más tarde, el 24 de noviembre de 1948, por un golpe de Estado militar dirigido por el general Marcos Pérez Jiménez.

Eso sería lo que atrajo a Gallegos. Decía usted que a él lo derrocan...

Sí, a Rómulo Gallegos lo derrocan el 24 de noviembre de 1948. Yo conocí a un hombre que trabajó junto a él, colaborador suyo en el palacio presidencial; murió anciano hace poco. José Giacopini Zárraga se llamaba. Fue un testigo excepcional de muchos acontecimientos en Venezuela; siempre estuvo cerca del poder y de todos los gobiernos; historiador, investigador, experto petrolero...

Parece que Giacopini fue una de las fuentes orales más importantes de la historia contemporánea de Venezuela.

Sí. Yo le cogí mucho cariño. Era un echador de cuentos, conversador y narrador excepcional. Un día, nos contó que cuando derrocaron a Gallegos, los golpistas —Pérez Jiménez y su comando—, hicieron irrupción en el Palacio Blanco, situado en Caracas, enfrente del Palacio de Miraflores donde tenía su despacho el Presidente, y Giacopini iba y venía entre los dos edificios, cruzando la Avenida Urdaneta, negociando. Entonces Gallegos, que estaba enviando mensajes a todos lados, en un momento se pone de pie y le dice: *"Dígales a esos traidores que ellos son Doña Bárbara, y yo soy Santos Luzardo.*[20] *Y Santos Luzardo no negocia con Doña Bárbara"*. A las dos horas lo metieron en un avión y lo mandaron a La Habana, desterrado. Hay un discurso de él, llegando a La Habana,[21] donde afirma: *"Estados Unidos me ha derrocado"*. Era un hombre digno y un pensador progresista.

---

[20] En la novela de Rómulo Gallegos, el personaje de Santos Luzardo encarna el ideal de la civilización frente a la barbarie; la voluntad de imponer la ley frente a la crueldad y a la violencia de los caciques de la llanura que representa Doña Bárbara.

[21] Rómulo Gallegos llegó a La Habana el domingo 5 de diciembre de 1948, siendo entonces Presidente de Cuba Carlos Prío Socarrás, quien acababa de acceder al poder el 10 de octubre de 1948. El Partido Auténtico, del Presidente Prío Socarrás, formaba parte del mismo movimiento internacional socialdemócrata que Acción Democrática, el partido de Gallegos. Prío Socarrás fue, a su vez, derrocado por un golpe de Estado militar dirigido por Fulgencio Batista, el 10 de marzo de 1952.

Me estaba usted hablando de Carlos Delgado Chalbaud.

Sí, porque luego, después de que tumban a Gallegos, en noviembre de 1948, aparece la figura prestigiosa de ese coronel Carlos Delgado Chalbaud. Por antigüedad y por méritos, era muy respetado. Había sido ministro de la Defensa en el Gobierno del propio Gallegos. Un hombre brillante. Asume la jefatura de la nueva Junta Militar de Gobierno y le empieza a dar un toque progresista, cosa que no estaba en los planes de Washington. Ya Venezuela era una importante potencia petrolera.[22] Y entonces, en circunstancias extrañas, secuestran a Delgado Chalbaud, y lo asesinan en Caracas, el 13 de noviembre de 1953. Un magnicidio pues. Recuerde que, pocos meses antes, en otro país petrolero, Irán, ya habían derrocado a Mossadegh.[23]

En efecto. Es muy importante. Mossadegh, el Primer ministro iraní que Estados Unidos e Inglaterra derrocan en agosto de 1953.

Sí, porque nacionaliza la industria petrolera tumban a Mossadegh, un gran símbolo del antiimperialismo. Con enorme repercusión mundial. Unos meses más tarde, en febrero de 1954, en Egipto —donde dos años antes los Oficiales Libres se habían rebelado derrocando la monarquía del rey Faruk—, el coronel Nasser[24] se convierte en Primer Ministro y poco

---

[22] En 1914 se descubre el petróleo en Venezuela; en el pozo Zumaque I del campo Mene Grande en la costa oriental del lago de Maracaibo. En 1929, ya Venezuela era el segundo mayor productor, después de Estados Unidos. En 1939, al estallar la Segunda Guerra Mundial, Venezuela adquiere una importancia geopolítica capital porque va a aportar cerca del 60% de la demanda de petróleo de las fuerzas aliadas, factor fundamental en la victoria de 1945.

[23] El Primer ministro de Irán, Mohammad Mossadegh (1882-1967), fue derrocado el 18 de agosto de 1953 en una operación conjunta —Operación Ajax— entre Estados Unidos e Inglaterra. Mossadegh había sido electo en 1951 por una amplia mayoría en el Parlamento y decidió nacionalizar la compañía petrolera británica Anglo-Iranian Oil Company, la única empresa petrolera que operaba en Irán. El golpe restaura al Sha, con poderes absolutos, dando inicio a un período de represión y tortura que durará 25 años.

[24] Gamal Abdel Nasser (1918-1970), coronel, líder del Movimiento de los Oficiales Libres que derroca a la monarquía en julio de 1952 y proclama la República en Egipto. Nacionalizó el

después, a su vez, va a nacionalizar el Canal de Suez. Y Nasser también será agredido militarmente, en 1956, por una coalición constituida por el Reino Unido, Francia e Israel. O sea todos estos acontecimientos —que son actos de emancipación y de resistencia frente a las potencias neocolonialistas e imperialistas— se están produciendo.

Es la guerra fría. Empieza con el maccarthysmo en 1947 en Estados Unidos; luego se crea la OTAN en 1949; y se agrava después, a partir de 1950, con la guerra de Corea. En América Latina, la guerra fría se traduce por la toma del control político, a favor de Washington, de una serie de países, como usted lo está recordando: Brasil, Perú, Paraguay, Guatemala, Argentina, más o menos al mismo tiempo; Venezuela está ya bajo control con la dictadura de Pérez Jiménez; la República Dominicana con Trujillo; Nicaragua con Somoza, Cuba con Batista, etc. Mientras tanto, en otros lugares del mundo están ocurriendo acontecimientos más esperanzadores y, sobre todo, va a empezar la gran liberación de África. Es curioso notar, como ya dijimos, que ese mismo año de 1954, cuando nace usted, empieza la guerra de liberación de Argelia, probablemente el conflicto que más simboliza, en los años 1950 y 1960, el renacimiento y la emancipación de los pueblos colonizados.

En todo caso, con todos estos acontecimientos, se trata de un momento históricamente muy fuerte, muy denso, en la bisagra de dos épocas, cuando renace, sobre todo en África y Asia, la reivindicación de los pueblos para liberarse de más de un siglo de colonización. Por eso vuelvo a preguntarle: ¿cómo interpreta usted esa configuración histórica que preside a su nacimiento? ¿Ve usted en ello un anuncio de su destino político?

No, no.

---

canal de Suez en 1956 e hizo construir la gran presa de Asuán. Es considerado como uno de los líderes más importantes y populares de la historia árabe contemporánea.

¿No ve usted su llegada al mundo ese año 1954, tan político, tan cargado de historia, como un signo del destino?

No, no, para nada. Yo creo que hay unas condiciones históricas, objetivas. Como dice el filósofo Ortega y Gasset[25]: *"Yo soy yo y mi circunstancia"*. Uno es parte de ese río rebelde que es la historia, los acontecimientos humanos. Llega a este mundo sencillamente por azar. Pero luego están las circunstancias... Carlos Marx, en uno de sus textos, escribe: *"Los hombres hacen su propia historia, pero no la hacen a su libre arbitrio, bajo circunstancias elegidas por ellos mismos, sino bajo aquellas circunstancias con las que se encuentran directamente, que existen y les han sido legadas por el pasado"*.[26] Uno de los azares más azarosos, por decirlo así, es el nacimiento de un ser humano. Yo nací por azar. Se unieron el negro Hugo Chávez, de 19 años, que era un muchacho maestro en unos montes, que se la pasaba a caballo o en burro, y la muy jovencita Elena Frías, de 17 años. Y nazco ese año 1954, después de haber nacido mi hermano Adán el 11 de abril de 1953.

Usted nace quince meses después de su hermano, el 28 de julio de 1954, bajo el signo Leo (el León) en el horóscopo occidental, como Simón Bolívar, que nació un 24 de julio, y como Fidel Castro, nacido un 13 de agosto; y bajo el signo del Caballo según la tradición china. Dos signos fuertes para los que creen en la astrología...

No es mi caso. Yo vengo al mundo ese invierno,[27] una noche muy lluviosa, cuenta mi madre. *"De la medianoche hacia el día"*, como se dice en el Llano. Nací en Sabaneta, un pueblo del estado Barinas, en casa de mi abuela Rosa

---

[25] José Ortega y Gasset (1883-1955), filósofo español. Su libro más célebre es *La rebelión de las masas* (1929); la frase citada está sacada de *Meditaciones del Quijote* (1914).

[26] Carlos Marx: "El dieciocho Brumario de Luis Bonaparte", Cap.1, Nueva York, 1852. Versión española en: Carlos Marx y Federico Engels, *Obras escogidas en tres tomos*, Editorial Progreso, Moscú, 1981.

[27] En los países tropicales sólo hay dos estaciones: la lluviosa y la seca. En Venezuela, a la época de lluvias, de mayo a octubre, se le llama "invierno" aunque coincide aproximadamente con el verano térmico de las zonas temperadas del hemisferio boreal.

Inés, situada en una calle que hoy se llama Avenida Antonio María Bayón. En tiempos de lluvias era una laguna esa calle. Mi madre recuerda que, al filo de la medianoche del día 27, ya los dolores eran inaguantables. Tenía ella entonces unos 20 años. Llegó la partera. No había luz eléctrica permanente en aquel pueblo. Mucha agua, mucha lluvia, y nazco el miércoles 28 de julio "a las dos de la madrugada", dice la partida de nacimiento. Pero, según mi madre, pudo haber sido un poquito más tarde... No había luna, no había gallo; era una noche oscura, y como describe el poeta Alberto Arvelo[28] al comienzo de su largo poema *Florentino y el Diablo*: "*Noche de fiero chubasco / por la enlutada llanura*".

Lindo.

Así nací, una "*noche de fiero chubasco por la enlutada llanura y de encendidas chipolas que el rancho del peón alumbran*". La *chipola* es como una lamparita de aceite que prenden los llaneros. Nací por un azar, aquella noche de fiero chubasco.

En estos llanos que nos rodean.

Sí. Nosotros estamos "*en el ancho terraplén*". Le propuse que viniéramos aquí, a conversar en mi "*ancho terraplén*". En este mapa completo de Venezuela [*señala en el mapa*] vemos, hacia el oeste, la Cordillera Andina; el "*ancho terraplén*" es todo esto: los Llanos.

Se siente la poderosa presencia de la naturaleza.

Sí, aquí vibra una naturaleza muy presente y muy diversa que, en términos ecológicos, aún no ha sido demasiado afectada por impactos nocivos. Y la

---

[28] Una de las leyendas más populares de los Llanos venezolanos es la de "Florentino y el Diablo", que cuenta la batalla entre el Bien y el Mal, la lucha entre un coplero sombrío que vaga errante por la inmensidad de la sabana y "mandinga" como se le denomina al diablo. El mito fue recogido en un poema —*Florentino y el Diablo* (1941)— por Alberto Arvelo Torrealba (1905-1971). Florentino o el quitapesares representa la imagen del hombre fuerte e indómito que logra derrotar al diablo en un largo duelo. El mal se retira porque llega la luz del amanecer; y el cantor, después del enfrentamiento, pierde la voz para el resto de sus días.

ambición de la revolución es proteger y preservar su excepcional biodiversidad. En estos llanos surcados por una infinidad de ríos, todavía viven decenas de especies salvajes que queremos conservar: ocelotes, pumas, jaguares, nutrias gigantes, chigüires, serpientes anacondas, caimanes, tortugas terecay... Aves de gran belleza como el caricare sabanero, el gavilán colorado, el pato silbón o el bello turpial que es el ave nacional venezolana. Plantas y árboles magníficos que crean el típico paisaje llanero, como el caoba, el samán, el cedro, el chaparro, la ceiba y el araguaney (árbol nacional de Venezuela)... Esta incomparable naturaleza, tan variada, tan auténtica y a veces tan cruel, los hombres han tenido que domarla y vencerla; y esa lucha ha marcado mucho la personalidad y la cultura del llanero.

¿Qué es ser llanero? ¿Se siente usted llanero?

Hay varios estudios sobre ese tema: los llaneros. Ser llanero es ser como la sabana... Grande, inmenso de objetivos, de metas. Decía Gallegos: *"El llanero está siempre como en el centro de un círculo que se mueve"*. Tú te mueves, miras en derredor y hay otro círculo; y tú siempre estás en el centro de un inmenso círculo... Es un país, no sólo de fauna y flora excepcionales, sino también de jinetes, de caballería, de ganadería, de historia y de guerras.

¿Muchas guerras?

Infinitas guerras. El que quiera conseguir los caminos quizás más vivientes de la historia venezolana, de la política y de la guerra, aquí están.[29] Es asimismo una tierra de leyendas. El Llano es una magia... Claro, yo me siento venezolano en toda la plenitud; pero, en otro nivel espiritual, me siento llanero. Paradójicamente, descubrí la esencia del ser llanero cuando tenía ya más de treinta años. No fue en la niñez, ni en la adolescencia, sino siendo ya oficial del ejército. Lo llanero brotó en mí cuando me tocó

---

[29] Véase, por ejemplo, Miquel Izard: *Orejanos, Cimarrones y Arrochelados. Los Llaneros del Apure*, Sendai Ediciones, Hospitalet de Llobregat (Barcelona), 1988.

mandar un escuadrón de caballería llano adentro. Buscando la solución al enigma de un bisabuelo mío, "Maisanta",[30] fui asumiendo el ser llanero.

Una cultura también.

Sí, claro. Ser llanero es también una cultura: la música, el arpa, la poesía, la copla... Una forma de aproximarse a la existencia, al trabajo, a la naturaleza, al amor, a la grandeza del viaje... Es un país de Quijotes, porque la sabana se parece —en mucho más inmenso— a La Mancha castellana... Rómulo Gallegos, en *Doña Bárbara*, escribe una frase extraordinaria: *"Llanura venezolana, propicia para el esfuerzo como lo fue para la hazaña, tierra de horizontes abiertos, donde una raza buena ama, sufre y espera..."*. Hoy podemos agregar que esta *"raza buena"* no sólo espera sino que lucha, avanza y construye, junto con toda Venezuela, un camino hacia un futuro mejor.

El Llano es "tierra mágica", dice usted. ¿Por sus leyendas y supersticiones...?

Claro, la mayoría sabemos que son apenas supersticiones y que eso no existe. Me cuesta imaginar que algún llanero, a estas alturas, crea que sale

---

[30] Pedro Rafael Pérez Delgado "Maisanta" (1880-1924). General revolucionario, hijo del coronel Pedro Pérez, héroe de la Guerra Federal (1859-1863). Éste contrajo nupcias a fines de la década de 1870 con una mujer de Ospino, Bárbara Delgado, con la que tuvo dos hijos, Petra Pérez en 1878 y Pedro Pérez Delgado, "Maisanta", en 1880. Pedro Pérez Delgado vivió sus primeros años en Ospino. A fines de siglo, se muda para Sabaneta. Participa en varias insurrecciones y regresa a Sabaneta entre 1904 y 1907. Pronto se marcha de nuevo a las guerras. Se dice que era un hombre "embraguetado", amigo de los desamparados, luchador por los derechos de los pobres. Fue, en el Llano, el último caudillo popular que levantaba multitudes. En Sabaneta, conoció a Claudina Infante, de cuya unión nacieron dos hijos: Pedro (1903) y Rafael (1904). De Rafael Infante se sabe que vivió con Benita Frías, pero no se casó con ella, y tuvieron dos hijas: Elena Frías (1935) y Edilia Frías (1937). Elena se casa con el maestro Hugo de los Reyes Chávez, en 1952, naciendo, en 1953, Adán Chávez Frías, y el 28 de julio de 1954, Hugo Chávez Frías. Luego nacieron Narciso, Aníbal, Argenis, Enzo y Adelis Chávez Frías, hermanos menores del Presidente Chávez. Las características físicas de "Maisanta" eran, al parecer, las siguientes: "Estatura alta, delgada, color blanco catire, ojos verdes, cara lampiña, de bigotes ralos, pelo castaño ensortijado". Le llamaban también "el Americano". Murió en prisión a los 44 años, el 8 de noviembre de 1924.

"El Silbón"[31] o cualquier fantasma errante, o el Tuerto Bramador,[32] o el Jinete sin cabeza,[33] o el caimán Patrullero[34]...

Pero usted mismo ha mencionado en algunos de sus discursos que vio en una ocasión a ese "caimán Patrullero"...

Y cierto es que me tropecé una vez, estando en Elorza, entre 1985 y 1988, con un caimán tan gigantesco que parecía surgido de una leyenda.

¿Cómo fue?

Siendo capitán, navegaba yo una vez con otros compañeros por el río Arauca, entre Puerto Infante y Elorza, en la frontera con Colombia. Era una noche bien negra e íbamos río abajo. Llegamos a un lugar que le llaman la laguna Encantada del Término, donde hay bancos de tierra y medanales, unos montones de arena casi a flor de agua en zonas poco profundas. Allí, de pronto, nuestra lancha chocó con algo que pensamos que era una isla... Y era un caimán enorme, como el legendario Patrullero... Casi naufragamos... Aquel caimán medía unos 40 metros de largo... Nadie quiere creerme cuando lo cuento. Era tan enorme que parecía una verdadera isla, hasta le había crecido una palmera en el lomo...

Insólito. Así que algunas leyendas del llano se basan quizás en realidades...

Sin duda, pero en una época se llegó a creer en "La Sayona",[35] en las ánimas del Purgatorio, en espíritus errantes... Quedan por ahí esas creencias... Pero

---

[31] El Silbón, alma en pena del Llano, según el mito, mató a su padre para comerle la asadura (hígado, corazón e intestinos). Maldecido por su madre, huyó; le soltaron un perro para que le mordiera los talones hasta el fin de los tiempos mientras su abuelo le frota ají picante en las heridas. El Silbón le teme a los perros y al ají picante; emite un silbido espeluznante y va por las sabanas penando con un saco lleno de huesos de su padre que hace sonar como una carraca en Semana Santa.

[32] Un caimán salvaje devorador de hombres.

[33] Un jinete sin cabeza que galopa durante las noches, y se escucha en el Llano el relincho fantasmal de su potro desbocado.

[34] Cuenta una leyenda que, en el río Arauca, vive un caimán de enormes dimensiones que recorre las aguas custodiando la fauna y la flora para impedir su depredación.

[35] Leyenda de una mujer muy celosa que mató a su madre y a su marido pensando que tenían un romance. En la agonía de la muerte, su madre la maldijo. Desde entonces la Sayona, con

pienso que hay otra cosa... Toda esta sabana es también —como diría Rafael Alberti[36]— *"una estepa grande donde guerrear"*, y ha sido testigo de heroicas luchas, de quinientos años de epopeyas, de miles de odiseas y de ilíadas... Se queda corto Homero y sus cantos, en comparación con los relatos épicos de la sabana y las innumerables leyendas de estos Llanos. Relatos basados en hechos reales, transformados por la mitología y convertidos en leyendas. Estas tierras pertenecieron, originalmente, a tribus llaneras, gente muy aguerrida. Recuerde que en Venezuela hubo múltiples insurrecciones contra el poder colonial[12] y, ya en nuestras guerras de independencia, cuando en el Centro [*Caracas*] la República se perdió una, dos y tres veces; en estas sabanas, en cambio, los españoles nunca pudieron dominar...

¿No era Boves[13] llanero?

José Boves era español, asturiano; se vino a Venezuela y vivió aquí, en el Llano, desde muy joven; se hizo llanero en efecto, y los llaneros lo seguían...

---

larga saya blanca y larga cabellera negra, vaga sin descanso, persiguiendo a los hombres infieles para seducirlos y luego matarlos.

[36] Rafael Alberti (1902-1999), poeta español de la Generación de 1927, comprometido en la defensa de la República durante la Guerra Civil Española (1936-1939) y militante marxista. La cita está sacada del poema "La Amante" (1926).

[37] Motines, asonadas, rebeldías e insurrecciones de carácter individual o colectivo se sucedieron en Venezuela desde el siglo XVI. Casi siempre fueron protestas por causas económicas y sociales. Para citar sólo las del siglo XVIII, recordemos: la rebelión de Andrés López del Rosario "Andresote" en el valle del Yaracuy (1730-1733); el motín de San Felipe el Fuerte (1741); la rebelión de El Tocuyo (1744); la insurrección de Juan Francisco de León (1749-1751); y el movimiento de los Comuneros de los Andes (1781). Se podría agregar otras que, además, se proponían cambios políticos, como: el movimiento de José Leonardo Chirino y José Caridad González (1795) alzados a la cabeza de unos 350 negros, zambos e indios; la conspiración de Manuel Gual y José María España (1797); la tentativa de Francisco Javier Pirela (1799); y finalmente las invasiones de Francisco de Miranda "El Precursor" (1806).

[38] José Tomás Boves (1782-1814), caudillo de los Llanos, pro-español, durante la Guerra de Independencia de Venezuela. A la cabeza de un ejército de jinetes llaneros llevó a cabo una terrible guerra de razas y de clases a favor de España contra la burguesía blanca terrateniente venezolana y contra los independentistas.

Contra Bolívar ¿no?

No era exactamente contra Bolívar. Boves utilizó como bandera el odio racial, condujo lo que pudiéramos llamar una guerra de clases muy maniquea, la guerra de los pobres contra los ricos, contra los blancos. Todo blanco era enemigo, todo rico era enemigo.

Parece que Bolívar, al principio, no le dio importancia a la cuestión de la discriminación racial, al tema de la esclavitud de los negros.

Bolívar era un ilustrado, defensor de la *"Declaración de los derechos del hombre y del ciudadano"* promulgada por la Revolución Francesa, que no establece discriminación de ningún tipo entre los seres humanos. La prueba es que, en 1815, Bolívar busca refugio en Haití, entonces "Estado paria" marginalizado por las grandes potencias por haberse independizado de Francia y haber hecho la primera revolución negra del mundo. Allí recibe la ayuda del Presidente Alexandre Petión, a quien promete la abolición de la esclavitud en Venezuela. Hay varios decretos de él que lo confirman sin ninguna clase de dudas. El Libertador siempre tuvo una actitud de total igualdad con la población afrodescendiente. A ese respecto, hay una anécdota grandiosa, y totalmente cierta. Ocurrió en Lima, en diciembre de 1824, después de la victoria de Ayacucho. Se organizó una gran fiesta y, en aquella sociedad clasista peruana, ninguna dama aceptaba bailar con un general negro, José Laurencio Silva, uno de los más grandes oficiales venezolanos, curtido en cien batallas. Bolívar se percató de ello, ordenó parar la orquesta y en medio de un silencio impresionante, se acercó al oficial y le dijo: *"General Silva, ¿bailamos?"* Y los dos bailaron un largo rato... Así era Bolívar. Aunque quizás, al principio, no hiciera hincapié en ese tema. Y Boves se aprovechó de ello

Los llaneros de Boves eran más bien de color ¿no?

Sí, pardos, indios, mestizos, negros, zambos, mulatos, antiguos esclavos... Los pobres, pues. Era como una lucha de clases y de razas. Boves entregó a los llaneros las tierras que arrebataba a los criollos [*blancos*] patriotas. Pero luego, al morir Boves, esos mismos llaneros fieros, bajo la dirección de José Antonio Páez [*1790-1873*], se unen a Bolívar, y su aporte es decisivo para la victoria. Unos guerreros excepcionales. Hay otra anécdota sobre Pablo Morillo, el general español que enfrentó Bolívar. No sé si usted la conoce.

¿Cuál?

Cuando el rey Fernando VII, después de la derrota de los Bonaparte, recupera el trono de España en 1814, decide rescatar las colonias suramericanas que estaban en rebeldía, y organiza una gran Armada con más de setenta buques de guerra, incluyendo un navío de línea, el *San Pedro de Alcántara*, de sesenta y cuatro cañones, y pone al frente de esa expedición de 15.000 hombres a uno de los generales que más se había destacado en la guerra contra Napoleón: Pablo Morillo.[39]

Lo pertrechó con caballería fresca, artillería pesada, fusilería bien equipada, unidades de élite, batallones aguerridos como el "Barbastro", el "Burgos", el "Hostalrich", el "Valencey", los húsares que eran la flor y nata de la caballería... En 1815, ese llamado "Ejército Pacificador de Suramérica" llegó a las costas de Venezuela... Y pasaron los años 1815, 1816, 1817, 1818, 1819 y 1820; seis años guerreando. Y el temible Pablo Morillo fue finalmente derrotado por Páez y sus centauros llaneros en esta sabana. Después de la batalla de Mucurita [*1817*] y sobre todo de la de Las Queseras del Medio [*1819*] en la que es derrotado, Morillo le escribe al rey: *"Catorce cargas consecutivas de caballería sobre mis cansados batallones me convencieron de que esos hombres están dispuestos a ser libres..."*. Vencido,

---

[39] Pablo Morillo y Morillo, conde de Cartagena y marqués de La Puerta, conocido como *El Pacificador* (1775-1837), participa en la batalla de Trafalgar (1805) contra los ingleses y luego en las victorias de Bailén (1808), Puentesampayo (1809) y Vitoria (1813) contra las tropas de Napoleón, alcanzando el grado de general. En 1814, Fernando VII lo nombra jefe de la "Expedición pacificadora" destinada a Venezuela y Nueva Granada que parte de Cádiz en febrero de 1815. Regresa a España en 1820 después de firmar el Tratado de Armisticio con Simón Bolívar y darle a éste el célebre "abrazo de Santa Ana".

Morillo regresó a España. En sus *Memorias,* cuenta que Fernando VII lo mandó llamar a palacio y le dijo: *"A usted lo derrotaron unos salvajes...".* Morillo respondió: *"No son ningunos salvajes, Majestad. Si usted me da un Páez y cien mil llaneros de Apure le pongo Europa a sus pies".*

Indómitos guerreros que no le temen a nada ni a nadie. Una inmensa sed de libertad y de igualdad hay aquí, una rebeldía histórica que ahora se ha desatado otra vez en favor de la Revolución Bolivariana. Ser llanero es eso. Andar por la infinita sabana como Florentino, luchando contra demonios. Estar siempre dispuesto a asumir lo más grande de estas tierras.

Es como un océano de tierra...

Sí, un océano... Dice Gallegos: *"La llanura es bella y terrible a la vez, en ella caben hermosa vida y muerte atroz...".* Ser llanero además, es ser poeta. Todo llanero tiene mucho de poeta, algunos lo desarrollan, otros lo llevan en el alma, lo manifiestan en forma de canciones, o en estilo de vida.

En el mapa se ve esa inmensidad de los Llanos.

Pues sí, todo esto [*lo muestra en un mapa*] es el Llano: Barinas, Apure, Portuguesa, que está hacia el norte; Cojedes, Guárico más acá; y por aquí el "terraplén" se extiende hasta el río Orinoco. Ahí están los Llanos de Colombia, que es el mismo terraplén.

Esos Llanos colombianos eran antes territorio venezolano, según dicen.

Sólo una parte. Nosotros nos hallamos muy cerca de Santa Inés; aquí está la capital del estado de Barinas. Y aquí: Sabaneta, donde yo nací.

¿Pasa un río por Sabaneta?

Sí, al este del pueblo: el río Boconó, bastante largo y boscoso, lleno de leyendas de canoeros y pescadores. Sabaneta se encuentra en la margen derecha. Hay un embalse, luego el Boconó baja lentamente bordeando el pueblo, se une con el Guanare y, juntos, desembocan en el río Apure; y mediante éste, van a entregar sus aguas al inmenso padre-río Orinoco para llegar finalmente al infinito océano.

¿El Boconó conduce al Orinoco?

Sí. El Boconó viene bajando de los Andes, se acuesta sobre la sabana en el piedemonte, se rinde al Llano y coge cauce llanero. Luego, se une con otro río, pierde el nombre y se va ramificando. Aquí [*muestra en el mapa*] ya es Guanare Viejo, después Guanare y Guanarito. Y al final, todos vierten en el río Apure, y de ahí al grandioso Orinoco.

¿Por qué se funda en ese lugar Sabaneta ?

El pueblo fue fundado en una gran sabana del piedemonte, en una orilla del Boconó, muy cerca de un vado que permite la comunicación entre los Llanos Altos y Bajos. Ésa es la principal razón de su fundación. Los españoles edificaron el pueblo a escasa distancia del vado que se halla en una importante ruta hacia el Apure y hacia Colombia.

Un camino estratégico que se llamaba la "ruta Baronesa" o algo así. ¿No?

El Paso Baronero. Sí, es el vado del río Boconó; ese camino real pasa por Sabaneta. Es el "camino viejo"; hoy es la carretera que conduce a Ciudad de Nutrias y a Puerto de Nutrias. En el estado Apure y en San Fernando son llanos muy bajos; toda esta zona está regada por una inmensa cantidad de ríos...

Debe inundarse con frecuencia.

Es como una olla, se anega buena parte del año. En época de lluvias es muy difícil llegar a esta zona; hay que entrarle por el norte. De forma tal que la geografía fue conformando este pueblo, Sabaneta, como paso obligado para la economía, el comercio. Por aquí pasaron comerciantes, en aquellas viejas carretas... Yo incluso recuerdo a un carretero, Natalio

Menoni, que poseía carretas de mulas y circulaba por todas las sabanas, vendía toda clase de suministros, de baratijas...

Bueno y también pasaron los ejércitos que iban hacia Barinas. Allí había un gran abastecimiento militar, el parque de occidente, con depósitos de pólvora, de armas, de municiones; y también era una región muy próspera, con mucho ganado, tabaco, café, cacao... En tiempos coloniales, el tabaco de aquí era considerado como "el mejor de las Indias".[40] En cuanto al cacao y al café de Barinas eran famosísimos en el mundo; el café de esta zona se hizo célebre en toda Europa. Decían: el café "Varinás" con V de Venezuela, que era el nombre de las tribus indígenas de estas tierras... Es decir: Barinas fue una gran provincia, se sublevó contra España, cosa que recuerda una de las ocho estrellas de nuestra bandera nacional. Por todo eso, el vado de Sabaneta era la apertura obligatoria en el camino real que conduce de Guanare hacia Nueva Granada [*Colombia*] a través de los Andes. Era un acceso vital, estratégico.

Y ahí precisamente nace usted.

¿En qué circunstancias? Es como una semilla. Lanzas una semilla en un pedregal o en un arenal, y las probabilidades de que retoñe son escasas. En cambio, pareciera que nací en terreno abonado para que retoñara algo. No un hombre nada más, sino un tiempo histórico; y para que participara en él. Sin embargo, no creo en predestinaciones, que era la pregunta que me hacía usted; no creo que el curso de una vida esté trazado cuando alguien nace, por un signo de los astros...

Usted viene al mundo en el seno de una familia modesta. De la que no se puede decir que tuviera grandes medios económicos.

No, casi no teníamos recursos económicos. Éramos una familia muy pobre.

---

[40] Fray Antonio Vázquez de Espinosa, en *Compendio y descripción de las Indias Occidentales* (1628, reeditado por Ediciones Atlas, Madrid, 1969) menciona el "tabaco de Varinas" como "el mejor que se trae de las Indias".

¿Qué hacían sus padres?

Éramos "pata en el suelo de los pata en el suelo".[41] Por supuesto, como toda familia, con su propia trayectoria. Mi padre, negro, era hijo de una mujer más india que otra cosa...

¿Cuando usted dice "negro", se refiere al color de la piel?

Negro, sí; el color de la piel de mi padre.

¿Su padre es afrodescendiente?

Sí, hijo de una mujer, como le digo, más india que otra cosa, desde el punto de vista étnico. Muy indígena, mi abuela Rosa Inés.

¿En el Llano, hay comunidades indígenas?

Sí, muchas. Bueno... ya no muchas, desafortunadamente.

Pero, ¿hay indígenas?

Hay pueblos originarios —Yaruros, Guahibos, Guamos, Cuivas...—, hacia el Sur, hacia el Apure, hacia los ríos más remotos. Allá se fueron replegando, acosados por la llamada "civilización", que no fue sino una barbarie...

¿Usted se refiere a la época de la Conquista, o a tiempos más recientes?

La Conquista ya sabemos que fue un monstruoso genocidio, pero me estoy refiriendo a tiempos más recientes, mucho más recientes. Los indios fueron atropellados toda la vida. Mire, a mediados de los años 1970, era yo oficial, y un cura me contó cómo, cerca de la frontera con Colombia, los terratenientes salían a matar indios, como se matan venados. Para aterrorizarlos y expulsarlos de sus tierras. Los masacraban, los macheteaban y luego quemaban sus cadáveres.

---

[41] Pobres entre los pobres.

¿Hace apenas unos decenios?

Sí. Yo mismo, por la zona de Apure, fui testigo de una escena que no se me olvida. La he contado muchas veces. Estábamos patrullando, buscando a un grupo de indios porque una señora los había acusado de haberle robado unos cochinos. Llevábamos con nosotros a un baqueano, un conocedor de atajos, buen rastreador y también —lo descubrí entonces— ¡experto en cacerías de indios...! Localizamos al grupo; nos recibió con una lluvia de flechas. Una me pasó rozando la cabeza. Afortunadamente, ninguno de los soldados resultó herido. Di orden de no disparar. Los indios se dispersaron y huyeron. En ese instante, en la espesura, escuché los alaridos de una india. Nos acercamos a la orilla de un torrente que iba muy crecido. Y ahí veo, en medio del agua, hundiéndose en el caño, a una mujer que cargaba a un bebé. Estaba aterrorizada; nos miraba con unos ojos que lanzaban llamaradas de miedo y echaban relámpagos de odio. Porque llevábamos uniformes. Y porque muchos gobiernos usaron a los soldados para defender los intereses de los latifundistas y diezmar a los indios. No se me olvidan aquellos ojos.

Avanzaba la mujer penosamente, nadando, hundiéndose. Yo estaba pensando en cómo sacarla de allí. Y entonces, ¿sabe lo que me dijo el baqueano?: *"Capitán, ¡dispárele!"* Me quedé sorprendido: *"¿Cómo?"* Volvió a insistir: *"¡Dispárele capitán! No son gente; son como animales. ¡Mátelos!"* Se me espeluca el cuerpo todavía... Y no era mala persona aquel baqueano, no era un monstruo, yo lo conocía bien. Expresaba el sentimiento racista antiindio que allí imperaba.

¿Sigue habiendo racismo contra los indígenas?

Mucho menos, porque lo estamos combatiendo muy duro. Pero aún hay gente, personas humildes, campesinos, pueblo pobre, hasta buenos cristianos, que dicen: *"Por ahí pasaron diez indios, y andaban con ellos dos racionales"*. Usan esa expresión. ¡Como si los indios no fueran racionales! La exclusión de nuestros hermanos indígenas sigue existiendo en algunas zonas de la sociedad rural venezolana. Hay que seguir combatiéndola sin tregua.

¿Su abuela Rosa Inés era indígena?

Mi abuela Rosa Inés, que me crió a mí y a mi hermano Adán, contaba que su propia abuela era una auténtica india de la sabana... De sus ancestros, ella conservó una relación especial con la naturaleza y hasta con la meteorología. De pronto, me decía: *"Huguito, recójame la ropa que va a llover"*. Yo veía el sol brillante y me extrañaba: *"Abuela, que no va a llover. Hace un sol magnífico"*. Ella insistía: *"Huele a 'viento de agua'."* Y al rato, llovía. A veces era lo contrario, yo veía el cielo totalmente negro de nubarrones y le anunciaba: *"Abuela voy a recoger la ropa que va a llover"*. Y ella, tranquila: *"No mijito, no va a llover"*. Y no llovía. Mi abuela decía que su propia abuela había venido de más allá del Apure, de cerca de Barranco Yopal y que era de etnia Yarura. Así que yo tengo la dignidad y el orgullo de ser indio de raíz. De raíz y de conciencia.

Pero su apellido, Chávez, que le viene de su abuela Rosa Inés, no es un apellido indígena.

No, es español;[42] porque aquí ha habido mucha mezcla; y también había la costumbre, en la época de la Colonia, de darle a los esclavos negros el apellido de su amo, del dueño del hato [*hacienda*]; en cuanto a los indígenas eran bautizados, en general, con el nombre y apellido del cura que los

---

[42] Chávez es un apellido de origen vasco; viene de *Etxabe* (Echave). Significa "la casa de abajo". *Etxe* es "casa"; y el sufijo *be*, "de abajo". *Etxabe* se castellanizó en Echave, porque en euskera (la lengua vasca) no existen las letras "ch" ni "v", por lo tanto la pronunciación es idéntica. Pero, en algunos casos, *Etxabe* se transcribió: "de Chave", y la preposición "de" se convirtió en el sufijo "ez" que significa precisamente "de" (de pertenencia) en los patronímicos castellanos; por ejemplo: González = (hijo) de Gonzalo; Pérez = (hijo) de Pero (Pedro); Martínez = (hijo) de Martín, etc. Así es como *Etxabe* se convirtió en Chávez. Su origen histórico se sitúa en las localidades vascas de Eskoriatza y Zumaia, ambas en la provincia de Guipuzcoa. Y es de notar que, en el siglo XVIII, se estableció en Venezuela la Compañía Guipuzcoana que controlaba el monopolio del comercio, y miles de funcionarios, empleados y sacerdotes guipuzcoanos vinieron a establecerse en territorio venezolano, entre ellos varios "Chaves" o "Chávez". (Véase: "La Compañía Guipuzcoana de Caracas y los vascos en Venezuela", *en*: www.euskomedia.org/PDFAnlt/riev/42063075.pdf)

bautizaba, o del padrino, casi siempre el cacique español local. Al parecer, a los indígenas los bautizaban con un solo apellido y un solo nombre.

¿Ella recordaba que su abuela era indígena pura?

Sí, lo recordaba bien; sus ancestros eran indios auténticos. Yo no conocí a la mamá de ella, la hermosa negra Inés Chávez, ella misma hija de negro e indígena, murió joven. La esperanza de vida aquí, antes, era de unos 50 años; a esa edad una persona era ya muy anciana, le quedaba poco de vida, según las estadísticas. Mi padre es hijo de esa abuela mía, Rosa Inés, y de un negro, al que yo vine a descubrir después. No lo conocí; murió siendo mi padre un niño. Era un hombre que vivía a caballo, aficionado a los juegos de gallos, coplero y coleador de toros[43]...

¿Coleador de toros?

Sí, un jinete.

Un llanero puro.

Puro llanero de Guanarito. Pasando por la isla del Boconó, uno sigue esos caminos y llega a Guanarito. Mi abuela nos hablaba a menudo de Guanarito... Claro, después entendí por qué hablaba con tanto cariño de Guanarito. Me decía: "Cánteme 'Guanarito'". Me gustaba cantar. Y a ella le encantaba esa canción [canta]: "Guanarito, tierra linda / tierra de copla y de amor, / con sus playas de pescar, / cuando miro tus sabanas / tu aroma y tu palpitar / las muchachas que me llaman / mientras las garzas se bañan / a orilla del manantial".

"Siga, cante", me decía mi abuela. Y yo cantaba: "Va el bonguero solitario"... ¿Sabe usted lo que es un bonguero?

---

[43] El coleo, o toros coleados, es el principal deporte del hombre llanero. Como el rodeo lo es para los vaqueros del Oeste norteamericano. Los protagonistas son el jinete, el caballo y el toro. El objetivo del jinete consiste en derribar por el suelo al toro agarrándolo por la cola.

Un músico que toca el bongo, me imagino.

¡No! [*se ríe*] El bongo, en el Llano, es la canoa que va por el río. *Doña Bárbara* comienza así: *"Un bongo remonta el Arauca"*. La copla dice: *"Va el bonguero solitario / con la luna y el corrío / y en sus noches va pensando / y llora por el pueblo mío"*. De Guanarito era mi abuelo negro el coleador, José Rafael Saavedra se llamaba. Yo vine a conocer esa historia investigando, porque de eso no se hablaba.

Su abuela Rosa Inés no le hablaba de su abuelo negro.

¡Nada! Absolutamente nada.

¿Porque era negro, piensa usted?

No. Seguramente fue una relación corta, no duró mucho. Él se fue, e hizo familia allá en Guanarito.

¡Ah! Abandonó a su abuela.

Ella fue una madre soltera pues, que ejerció de padre y de madre. Más nunca volvió aquel señor Saavedra que murió a los pocos años. Está enterrado en Guanarito. Todo eso lo averigüé mucho más tarde. Mi padre nunca lo conoció...

O sea, su padre lleva, de primer apellido, el de su madre.

Sí, el de mi abuela, Chávez; ella se llamaba Rosa Inés Chávez.

¿Ése era el "secreto de la familia"? Se dice que en todas las familias hay un secreto, algo que no se cuenta.[44]

Sí, nunca se hablaba de ello, ni uno se atrevía a preguntar. Yo casi no conocí abuelos varones, me crié entre madre y abuela. Entre las fuerzas

---

[44] Dice la psicoanalista francesa Françoise Dolto: "El niño tiene siempre la intuición de su historia. Cuando descubre la verdad, esa verdad lo construye". Véase en *Infancias*, Libros del Zorzal, Buenos Aires, 2003. Léase también Serge Tisseron: *Nuestros secretos de familia*, Editorial Diana, México. 2000.

de la pasión de la mujer a la que yo, desde niño, aprendí a respetar y a querer. Cómo la mujer carga su cruz. En vez de Cristo, debería de haber sido *Crista* más bien.

Hubiese sido otro mundo.

Crista, porque el machismo es terrible en este mundo.

Hasta a Dios se le representa como hombre.

Eso nos dicen: Dios es varón, Cristo es varón.

Cristo es como asexuado ¿no?

Bueno, algunas corrientes del cristianismo no lo ven así. Yo creo que Cristo fue, ante todo, un hombre.

¿Un ser humano de carne y hueso, quiere usted decir?

Sí, un ser humano pero hombre; con los sentimientos y pasiones de un hombre. María Magdalena pudo haber sido su esposa.

Usted afirma también que Cristo fue el "primer revolucionario".

Es un hombre pero efectivamente rebelde. Un luchador por los pobres, enfrentó al poder político establecido: el Imperio. Fue un contestatario y por eso murió crucificado. Nació en Belén, y se fue por los senderos de Galilea a pregonar la justicia social, la igualdad, y a encarar al Imperio Romano que avasallaba aquella tierra y a su pueblo hebreo, lo que le valió morir vejado y humillado, y crucificado.

Algunos le reprochan no haber sido más político.

Jesús era un verdadero pensador socialista, un consecuente luchador socialista. En un artículo reciente,[45] recordé lo que leí en una vieja Enciclopedia

---

[45] Véase "Las líneas de Chávez", 1° de junio de 2009.

que me acompaña desde mis días de teniente. Decía lo siguiente [*Lee*]: "*En tiempo de gran tirantez interna y externa, a la vista de la creciente miseria de los pobres y la máxima concentración de la riqueza en pocas manos, aparecieron los grandes profetas y exhortaron a la reversión de aquellas condiciones. En el año 765 antes de Cristo, apareció el más antiguo y acaso el más grande de aquellos profetas, Amós, y lanzó, en nombre de Jehová, su maldición contra los ricos: 'Quiero enviar un fuego que aniquilará los palacios de Jerusalén... Porque vendieron al justo por dinero y al pobre por un par de zapatos*".[46]

En esa misma Enciclopedia, más adelante se puede leer: "*Idénticos tonos hallamos en Oseas y, sobre todo, en Isaías: '¡Ay de aquellos que añaden una casa a otra y un campo a otro, hasta que deja de haber espacio y ellos solos poseen la región!*". [47]

Luego llegó Jesús y condenó a los ricos en su *Sermón de la Montaña* [*Lee*]: "*Sed bienaventurados vosotros, los pobres, porque vuestro es el reino de Dios. Sed bienaventurados vosotros, los hambrientos, porque seréis hartos. Sed bienaventurados vosotros, los que lloráis, porque reiréis... Pero, por contra, ¡Ay de vosotros! los ricos, porque tenéis lejos vuestro consuelo. ¡Ay de vosotros! los que estáis hartos, porque pasaréis hambre. ¡Ay de vosotros! los que aquí reís, porque lloraréis y aullaréis*". [48]

Es un rebelde, Cristo. Un revolucionario, en fin. A eso vino al mundo, a luchar con los pobres y por los pobres. Contra los que atropellaron a los pueblos a lo largo de los siglos. Vino a dar su sangre por los pobres de Judea y por los pobres de toda la Tierra. Yo aprendí a conocer a Cristo desde niño. Porque a uno lo va configurando el tiempo. Todo eso que usted mencionaba, esos hechos históricos que acontecieron en 1954, de alguna manera lo impactan a uno, directa o indirectamente, más temprano que tarde.

---

[46] Amós, 2, 5-7.

[47] Isaías, 5, 8.

[48] Lucas, 6, 20-25.

Capítulo 2

Secretos de familia

Los abuelos ocultos – "Maisanta" ¿un asesino? –
La memoria popular – "Por aquí pasó Bolívar" –
Ezequiel Zamora – La Guerra Federal – El escapulario –
El "Americano" – La tía Ana – El "último hombre a caballo" –
Lavar la honra – Cipriano Castro – Juan Vicente Gómez –
Artimañas de guerra – Los últimos centauros –
La conciencia de las raíces.

Hábleme de su familia.

Mi familia fue eso, ya le dije: una familia muy pobre. Vivíamos en una casa de tejado de palma, piso de tierra, paredes de bahareque [*la dibuja en una hoja de cuaderno*], cañas y barro, en un pueblito muy pequeño entonces, campesino: Sabaneta.

Por mi padre soy mezcla de indio y de negro. O sea una mezcla de la sabiduría del indio y la rebeldía del negro; el espíritu de la negritud y la resistencia indígena. En ambos casos: el amor a la libertad. Nunca debemos olvidar lo que fue el coloniaje africano...

La trata de esclavos, la esclavitud.

El genocidio. La esclavitud y la negritud llenando estos llanos con sus tambores y sus cantos. Con sus dolores, *"con sus ayes que te cruzan"*, como

---

[1] Adobe, cañas tejidas y barro.

dice el poeta Arvelo. Uno carga todo ese legado por dentro. Sí, por vía de mi padre, recibí eso; por vía de mi madre me llegó la parte blanca, europea, y también sumamente rebelde. En Sabaneta, a mi madre, cuando niña, le decían la "Americana", y ésa es una historia larga que yo me empeñé en descubrir, ya de adolescente...

¿Para investigar sobre su propia ascendencia?

Sí, y porque había un enigma también sobre esa familia...

¿La familia Frías, otro secreto de familia?

Y la Chávez también.

De ésa ya hablamos.

Es que yo quería saber más; más allá de los apellidos; quería saber de dónde procedían las corrientes, los dos ríos que se cruzaron en mi persona. Por el lado de mi padre, nadie me había hablado nunca de mi abuelo, el negro coleador José Rafael Saavedra, porque mi abuela guardó el secreto. Creo que casi nadie sabe quién es el padre de mi padre.

Ni quizás nadie se lo plantea.

No, ni se lo plantea. Ni se planteó nunca. Como dice usted: un "secreto de familia". Lo descifré años después. Mi abuela Rosa Inés murió sin que nadie le preguntara nunca nada; ni ella hablaba de eso. Ella misma, como le dije, era hija de la negra Inés, mi bisabuela. Una mujer famosa por su belleza. Aún la recuerdan, fíjese, los poetas del Llano... Dicen que era hija de un africano, de etnia mandinga, y de una india de la sabana. Era la madre de Rosa Inés. Y su padre —el padre de mi abuela— fue un italiano que se juntó con la negra Inés. Se amaron apasionadamente un tiempo, y tuvieron dos hijos: Rosa Inés y mi tío Ramón Chávez que yo conocí muy bien. Lo vi morir, le "dio un ataque", como se decía entonces...

Por el lado de su mamá había otro "secreto de familia" porque ella llevaba asimismo el apellido de su propia madre...

Sí, por el lado de mi madre, era público también que ella era hija de uno de los hijos de Pedro Pérez Delgado, el "último hombre a caballo"...

El célebre "Maisanta"...

Sí, "Maisanta".

¿Por qué le llamaban "Maisanta"?

Porque cuando guerreaba contra el dictador Juan Vicente Gómez, en el momento de iniciar la pelea, al sacar su machete antes de echarse a galopar, lanzaba a los aires su grito de guerra: *"¡Madre Santa! ¡Madre Santa!"*, invocando la protección de la Virgen. Pero él pronunciaba: *"¡Mai'santa!"*, *"¡Mai'santa!"*. De ahí el apodo.

Era un criollo.

Pedro Pérez Delgado "Maisanta" era criollo, catire, puro llanero, aunque también descendiente de indígenas, su padre era indio... Dicen que era un hombre alto, muy alto, apuesto, de rostro quemado por el sol, con grandes botas colombianas y un sable terciado[2]...

¿Existen fotos de él?

Muy pocas; las dos más conocidas las conseguí yo. Las tenía una hija suya. Me fue prestando los originales, les saqué copias y empezaron a difundirse por ahí. Nadie conocía esas fotos. En una de ellas, con "Maisanta" aparece un compañero suyo: un árabe, Dáger, el "Turco" le decían, padre por cierto de Kurt Dáger, que fue de Copei[3] durante muchos años.

---

[2] Un "terciado" es una espada, sable o machete que se caracteriza por ser corto; por ello terciado: le falta el último tercio.

[3] Copei (Comité de Organización Política Electoral Independiente), partido político creado el 13 de enero de 1946 por dirigentes surgidos del movimiento estudiantil católico, afiliado a la Internacional demócrata-cristiana. Su jefe histórico fue Rafael Caldera (1916-2009).

El "Turco" Dáger era el lugarteniente de "Maisanta", su guardaespaldas, estuvo en la guerrilla con él. "Maisanta" vivió en Sabaneta hace más de cien años, residió allí hacia 1904.

En esa misma Sabaneta donde nace usted.

Sí, en esa misma Sabaneta. Entre mil azares, o millones de azares, como le decía, nací allí porque precisamente a Sabaneta, en una ocasión, llegó ese caballero: Pedro Pérez Delgado "Maisanta". Llegó como jefe civil [*alcalde*] y militar enviado por un gobierno revolucionario, en la época de la Revolución de Cipriano Castro[4]...

¿Era militar?

Sí, era militar, llegó a ser general. En ese tiempo era coronel. Claro, eran militares de caballería, militares de guerra, formados en la escuela de la guerra, producto de la vorágine...

No era oficial de academia.

Su escuela era el terreno, el campo de batalla... Y su entrenamiento: la guerra, enfrentarse al enemigo.

Como los mariscales de Napoleón, formados en el fragor de la batalla.

Toda la historia militar está llena de esos mariscales y generales que ganan sus galones en el campo de batalla. Pedro Pérez Delgado entra de renuente, muy joven, casi niño, a la vorágine de los conflictos venezolanos, el impetuoso remolino de aquellos enfrentamientos de caudillistas y federalistas.

---

[4] José Cipriano Castro (1856-1924). Vencedor, en 1899, de la guerra civil, a la cabeza de un Comité Revolucionario. Presidente de Venezuela de 1899 a 1908. Durante su mandato, las armadas de varias potencias extranjeras (Alemania, Inglaterra, Italia) bloquearon las costas venezolanas (de diciembre 1902 a febrero de 1903) para exigir el pago de la deuda externa. Rompió, en 1908, las relaciones diplomáticas con Estados Unidos. Durante su mandato se aprobó el divorcio (1904). El 19 de diciembre de 1908, mientras se hallaba en Alemania por motivos de salud, fue derrocado por Juan Vicente Gómez.

Las interminables guerras del siglo XIX.

Analizando todo eso, caigo yo en cuenta de ser preso de la historia. A esas alturas de mi vida, consigo ver que la historia me absorberá, clarito como el día que está saliendo.

Reconstituyendo su genealogía oculta, usted descubre una serie de rasgos biográficos que indican cierta determinación histórica.

No sé si podemos hablar de determinación... Creo que existe una gran corriente, como le dije, como un río invisible, subterráneo, que tiene una fuerza que arrastra. ¿Por qué llega a Sabaneta el abuelo de mi madre, "Maisanta"? Público y notorio es que él también fue coplero —pero no era el negro José Rafael, mi otro abuelo—, era el catire Pedro Rafael. Por cierto, yo también me llamo Rafael, soy Hugo Rafael por esos dos ancestros.

Rafael era un arcángel, "protector de los enfermos y ángel de la sanación", dicen los libros.

Y con una tremenda espada.

***Nomen est omen*, "el nombre es el destino", reza un proverbio latino. Lleva usted ese nombre por sus dos abuelos.**

Por el abuelo de mi madre: Pedro *Rafael* Pérez Delgado "Maisanta", y, claro, por el hijo de él —el padre de mi madre— que se llamaba también Rafael, aun cuando ya no llevaba el apellido Pérez sino Infante, el apellido de su madre. Otra vez las madres, las abuelas, las mujeres.

Y por su otro abuelo, el coleador, que también se llamaba Rafael.

Sí, por insólita casualidad, el padre de mi padre también se llamaba Rafael, José *Rafael*. Mi padre en cambio se llama Hugo de los Reyes. Nació un 6 de enero, y mi abuela le puso de los Reyes porque, como dice la tradición, ese día llegaron los Reyes Magos a visitar, en su pesebre de Belén, al niño

Cristo recién nacido. Y claro, yo me llamo Hugo[5] por mi padre. Aunque mi madre pensaba que yo iba a ser hembra, porque ella ya tenía un varoncito, mi hermano Adán, y ya tenía mi nombre listo: quería llamarme Eva, por lo de Adán y Eva... [*se ríe*]

El origen de la humanidad... ¿Podría decirse que usted trataba de descifrar el misterio de sus orígenes, de su historia familiar?

Pudiéramos irnos a esos recuerdos, para después buscar enlaces que aparecen fácilmente con esas historias, de las que fui tomando conciencia desde muy pequeño. Comencé a ser impactado por muchas cosas. Porque era muy curioso, muy atento. Cuando era ya joven militar, me decían el *"científico"*. Un oficial superior me dijo una vez: *"Usted parece un científico, se la pasa investigando, preguntando"*. Y es cierto, soy preguntón. Un historiador decía que es muy bueno hacerse preguntas, pero a veces resulta peligroso buscar las respuestas ¿no?

Por buscar respuestas, dice la Biblia, Adán y Eva fueron expulsados del Paraíso.

Pues yo, por hacerme preguntas cuando era niño, aquí estoy, preso de la historia; la historia me absorbió. Yo era un niño muy inquieto; me decían el "Bachaco".

¿Qué significa?

"Bachaco", porque soy una mezcla de indio, catire y negro.

Bueno, la síntesis de Suramérica, por sus componentes indígenas, europeos y africanos.

Sí, las "tres raíces" étnicas del pueblo venezolano. Antes había lo que llamaban un guardapelo, donde se conservaban cabellos. Y mi abuela

---

[5] Hugo es un nombre masculino de origen germano; significa: *"hombre de espíritu"* u *"hombre de inteligencia clara"*. Su santo se celebra el 1º de abril.

guardó toda su vida —después eso se perdió—, unos cabellos míos, de niño, amarillos y enchurruscados, o sea de "bachaco", cruzado de negro con blanco pues. Hay una foto en la que se me ve bien "bachaco"; yo tenía como tres años, y se ve a un niño catire, rubio —salí a mi madre—, con una franelita, en una silla campesina de madera. Es la única foto que quedó mía de niño, o que tomaron, porque no había ni cámara; yo vine a ver televisión ya de adolescente. Creo que hasta fue una ventaja.

Eso le obligó a leer libros.

Leía libros y oía radio. Un receptor que tenía mi abuela. Me gustaba mucho oír radio, noticias, Radio Francia Internacional, Radio Sutatenza que era una emisora educativa de Colombia. Y escuchaba mucho; todo lo que se decía a mi alrededor. Era muy curioso, me hacía muchas preguntas; y se fue despertando en mí como una creatividad en la búsqueda de respuestas a interrogantes, a enigmas. Uno de ellos tiene que ver con la búsqueda de este escapulario que llevo al cuello [*lo saca y me lo muestra*].

El que llevaba "Maisanta"… Usted, de pequeño ¿ya oyó hablar de "Maisanta"?

Sí, claro. Yo nací casi exactamente treinta años después de la muerte en prisión de "Maisanta"…

Él muere en 1924.

En noviembre de 1924. Treinta años se cumplían, en 1954, de su muerte en prisión. Y se cumplían cuarenta años de su alzamiento en estos llanos, cuando su grito retumbó por esta sabana en 1914; y se cumplían cincuenta años de su presencia en Sabaneta, 1904…

Como alcalde.

Sí, ya le dije, fue "jefe civil" de Sabaneta. Había nacido más hacia el norte, en las sabanas de Portuguesa, cerca de Curpa, donde también nació José Antonio Páez,[6] y por allí se crió; era hijo de un viejo coronel zamorista...

¿Había guerreado con Ezequiel Zamora[7]?

Sí, con Ezequiel Zamora, el "General del Pueblo Soberano". Se llamaba Pedro Pérez Pérez; yo vi, una vez, una foto suya, antigua, era un indio guariqueño, de los llanos de Guárico. Pedro Pérez Pérez se une a Zamora, era un guerrillero pues; estamos hablando de los años 1840-1845.

Ezequiel Zamora dejó una huella profunda en los Llanos ¿no?

Sí, porque era un revolucionario. Sin duda el líder popular más importante de nuestro siglo XIX. Ezequiel Zamora tenía un principio: hablar siempre con el pueblo, escuchar siempre al pueblo. Quiso transformar Venezuela y hacerla más justa. Un país *"donde no habrá* —decía— *ni ricos ni pobres, ni latifundistas ni esclavos, ni poderosos ni humillados, sino solamente hermanos, todos iguales"*. Era un visionario. Propuso la supresión de la pena de muerte, la libertad total de expresión y el sufragio universal. Cuando [*el 3 de marzo de 1854*] se abolió definitivamente la esclavitud —ya la había abolido Bolívar en 1816,[8] pero su decisión no fue respetada—, Zamora se

---

[6] José Antonio Páez (1790-1873). General en Jefe de la Independencia de Venezuela. Presidente de la República en tres ocasiones. Se le conoció como "El Centauro de los Llanos". Se le acusa de haber traicionado a Simón Bolívar. La figura de Páez domina la escena política venezolana a partir de la batalla de Carabobo (1821) hasta el Tratado de Coche en 1863, cuando concluye la Guerra Federal.

[7] Ezequiel Zamora (1817-1860). General, lideró rebeliones campesinas al grito de: *"¡Tierras y hombres libres! ¡Elección popular! ¡Horror a la oligarquía!"*. Participó en la Revolución Federal. Un mes después de su victoria en la Batalla de Santa Inés de Barinas, el 10 de diciembre de 1859, fue asesinado. Genio de la guerra y revolucionario de la política; un líder popular y un líder militar. Usaba un sombrero de cogollo, y sobre ese sombrero se colocaba su gorra militar; decía que era el símbolo de la unión: el sombrero de cogollo representa al pueblo, y la gorra militar a los soldados del pueblo.

8 El 6 de julio de 1816, Bolívar dicta una Proclama en la que dice, al referirse a los esclavos: *"Esta porción desgraciada de nuestros hermanos que han gemido bajo las miserias de la esclavitud,*

opuso a que los libertos [*ex-esclavos*] tuviesen que pagar una compensación económica a sus antiguos dueños.

Usted ha afirmado que Zamora era socialista ¿en qué se funda?

No me cabe duda de que él tenía ideas pre-socialistas. Piense que, ya en ese tiempo [*1850-1860*], el socialismo empezaba a correr con fuerza en Europa impulsado por la Revolución Industrial. Se habían creado los primeros sindicatos obreros. Circulaban las ideas de revolución social de Proudhon.[9] Por otra parte, Carlos Marx y Federico Engels estaban publicando [*en 1848*] el *Manifiesto del Partido Comunista*. Se había producido, en Francia y en otros países de Europa, la revolución de 1848, la "primavera de los pueblos"... Se estaba convocando la Primera Internacional.[10] Los impactos de esas ideas y de esos movimientos llegaban a nuestra América. Zamora exigía salarios justos para los peones agrícolas, y que, en cada pueblo o aldea, se reservase un área de tierra de varias leguas de diámetro para uso colectivo de los campesinos sin tierra. Imaginó también un embrión de protección social para los más humildes, pidiendo que los propietarios de grandes rebaños de reses entregasen a cada comunidad diez vacas con cuya leche se podrían alimentar gratuitamente los niños y las familias más pobres.

Un germen de Estado de bienestar

Sí, un afán por la protección social. Por eso Ezequiel Zamora y su proyecto de revolución agraria dejaron inolvidable recuerdo en los Llanos. Piense

---

ya es libre. La naturaleza, la justicia y la política piden la emancipación de los esclavos: de aquí en adelante sólo habrá en Venezuela una clase de hombres, todos serán ciudadanos".

[9] Pierre-Joseph Proudhon (1809-1865), filósofo y economista francés, uno de los primeros teóricos del socialismo, considerado como el "padre del anarquismo". Su obra principal es: *¿Qué es la propiedad?* (1840). Pregunta a la que contestaba: *"La propiedad es el robo".*

[10] La Asociación Internacional de Trabajadores (AIT), llamada también "Primera Internacional", fue fundada en Londres el 28 de septiembre de 1864 por delegados obreros venidos de toda Europa con el objetivo de coordinar las luchas sindicales y populares en todos los países del mundo. Sus estatutos fueron redactados por Carlos Marx.

que el estado Barinas llegó a llamarse en un momento "Estado Zamora". Luego, para tratar de destruir su buena imagen en la memoria popular, la oligarquía le inventó una leyenda negra; se le hizo pasar por un cruel "exterminador"... Pero el pueblo humilde de los Llanos siempre recordó con cariño a Ezequiel Zamora, líder de la revolución campesina.

¿Por eso su antepasado, el padre de "Maisanta", se fue con él a guerrear?

Sí, y cuando yo descubro todo eso, entiendo de dónde vengo: de una estirpe de guerrilleros de a caballo. O sea, no soy un eslabón perdido en la historia. El padre de "Maisanta", ese coronel Pedro Pérez Pérez, indio guerrillero, fue uno de los oficiales del general Ezequiel Zamora, y el padre de Zamora había sido capitán a las órdenes del propio Libertador Simón Bolívar. Formamos una cadena pues; nuestros abuelos y nosotros, sus hijos, sus nietos, somos lo mismo: una sola sangre, un único espíritu, las mismas batallas, la misma bandera y la misma causa. Todos combatientes de la libertad. Descubro también que mis abuelos nunca fueron sedentarios, nunca estuvieron en casa; andaban a caballo, con una lanza en la mano. Durante mucho tiempo, me habían ocultado la existencia de esos abuelos. No conocía a abuelos varones; a casi todos se los llevó la guerra.

¿Su bisabuelo Pedro Pérez Pérez participa en la batalla de Santa Inés?

Hasta aquí vino Zamora, el "general de hombres libres", y me imagino que Pedro Pérez Pérez estuvo con él en la selva de Santa Inés, en esa importante batalla que tuvo lugar hace un siglo, el 10 de diciembre de 1859, y en la victoria. Aunque no hay registro... Luego matan a Zamora en 1860 —por cierto, la bala que lo mata no sale de las filas oligarcas, sino de las filas federales, del ejército revolucionario— y se pierde así el liderazgo de la Guerra Federal [*1858-1863*].

Una guerra que destruyó al país ¿no?

Fue un conflicto originado por la búsqueda de la igualdad en el seno de la sociedad venezolana. Su objetivo era la eliminación de los privilegios coloniales y la resolución definitiva de los problemas sociales que existían en el país. En realidad, fue una guerra civil en la que se enfrentaban, por una parte: los conservadores, que ostentaban el poder en Caracas, representaban a la burguesía y a los grandes terratenientes, partidarios del centralismo. Y por otra parte: los liberales o federales, que reivindicaban el fin de los privilegios de la oligarquía y una mayor autonomía para las provincias, en nombre de los principios de libertad e igualdad. Ezequiel Zamora era el líder de los federales, hasta su asesinato en 1860.

Esa guerra, la más larga de la historia de Venezuela, se termina con el Tratado de Coche que firman [*el 23 de abril de 1863*]: José Antonio Páez, Presidente de la República [*1830-1835, 1839-1843 y 1861-1863*], y Juan Crisóstomo Falcón, nuevo líder de los federales, elegido Presidente [*1863-1866*], pero que acabará por traicionar los ideales revolucionarios de Ezequiel Zamora.

Otros ex-compañeros de Zamora, del Estado Mayor federalista, llegaron igualmente a ser presidentes, como el general Joaquín Crespo [*1884-1886 y 1892-1898*] y el general Antonio Guzmán Blanco [*1870-1877, 1879-1884 y 1886-1887*], pero le dieron la espalda también al impulso revolucionario zamorista.   •

Esa Guerra Federal marcó la memoria colectiva venezolana ¿no?

Sí, porque fue muy larga, se la conoce como la "guerra de los cinco años", y sobre todo porque fue tremendamente costosa en vidas humanas: más de cien mil muertos, de una población entonces de apenas dos millones de habitantes... Pueblos enteros arrasados, cosechas incendiadas, gentes masacradas... Toda la economía agraria y pecuaria destruida. La producción ganadera, una de las principales riquezas de la Venezuela del siglo XIX, diezmada. De unos doce millones de cabezas de ganado que había, apenas quedaron dos millones. Las exportaciones se desplomaron, y el país tuvo que endeudarse aún más.

Zamora pasó por Sabaneta, me imagino...

Por ahí pasó, claro, en marzo de 1859; iba rumbo a Barinas, tomó esa ciudad, la liberó; constituyó un gobierno; proclamó la Federación e izó la bandera federal con veinte estrellas en la franja amarilla; y se cantó el himno federal: *"El cielo encapotado / anuncia tempestad, / oligarcas temblad, / viva la libertad"*. La revolución inundó esta tierra... Cuando Zamora pasó a lomos de su caballo por Sabaneta, con las trompetas sonando y los cascos de los potros levantando nubes de polvo, los campesinos lo vitoreaban, la gente del pueblo lo seguía, a pie o a caballo. *"¡Vuelve Bolívar!"*, decían los viejos veteranos. Mi abuela Rosa Inés nos contaba: *"Por aquí pasó Zamora..."*. Ella no lo había visto con sus propios ojos, pero su abuela sí había asistido al paso de aquel centauro y su ejército de jinetes por las calles de Sabaneta... Y se lo había contado mil veces... Fíjese, esa misma expresión se la oí mucho a mi padrino Eligio Piña, y a otros mayores del pueblo como Eduardo Alí Rangel, poeta, escritor, cronista del pueblo; también de clase pobre, pero de un nivel de vida un poquito mejor que el nuestro. Poseía una casita de platabanda en la parte de abajo de Sabaneta, zona de clase media. Me gustaba ir a su casa y escuchar a ese hombre que había sido muy amigo de la mamá de mi abuela, la negra Inés Chávez.

¿Decían también: *"Por aquí pasó Bolívar"*?

Sí, también lo decían. Las tropas libertadoras cruzaron Sabaneta por el paso Baronero del que hablábamos antes. Existe además una tradición muy clavada en el corazón de los sabanetenses: Simón Bolívar acampó en el centro de Sabaneta, al pie de un árbol centenario de unos cuarenta metros de altura, en la redoma [*glorieta*] del Camoruco.[11] También se dice que pasó, por ejemplo, José Antonio Páez con sus tropas rumbo a Carabobo en 1821. Todo eso quedó en la memoria colectiva: *"Por aquí*

---

[11] Árbol característico de los Llanos venezolanos, crece en las zonas cercanas a los ríos; su nombre científico es *Sterculia apetala*.

pasó Bolívar". "Por ahí pasó Zamora"... Después tuve confirmación de ello, en poemas, o en trabajos de historiadores que recogieron esa expresión que se venía repitiendo de generación en generación. Hay un poema de Alberto Arvelo: *"Por aquí pasó, compadre".* Cuando lo oí por primera vez, sentí que se confirmaba lo que decían mi abuela y mi padrino: *"Por aquí pasó...".* Los poetas lo que hacen es recoger...

La memoria popular.

Claro, y la convierten en poesía, con un toque de arte, pero es la historia viva de los pueblos. Dice ese poema: *"Por aquí pasó compadre/ hacia aquellos montes lejos;/ por aquí, vestido de humo,/ mi general que iba ardiendo,/ fue un silbo de tierra libre,/ entre su manta y su sueño...".* Casi oigo a mi padrino Eligio. Y añade luego: *"Como el águila en el ceibo,/ como el relincho en el aire,/ como el gallo en el silencio,/ como el grito del centauro / en Las Queseras del Medio;/ como la Patria en el himno,/ como el clarín en el viento".* Y termina: *"Por aquí pasó compadre,/ dolido, gallardo, eterno;/ por aquí pasó Bolívar, compadre".* De niño, oía esas cosas. Mi abuela Rosa Inés, sentada en la "silleta", en el jardín de la casa donde nacimos, contándome, allá, en la casa vieja...

La casa de tejado de palma...

La casa vieja, de palma y bahareque, que ya no existe. Nos contaba historias en las noches oscuras, después de que don Mauricio Herrera apagara —¡a las ocho en punto!— la planta eléctrica. Se apagaban todas las luces del pueblo, se encendían las velas o las lámparas de kerosene y nos quedábamos fuera cogiendo fresco. Nunca se me olvida, porque me despertaba la curiosidad que luego me llevó a investigar. Nos decía: *"Por aquí pasó Zamora "Cara'e cuchillo".*

¿"Cara de Cuchillo"?

Ezequiel Zamora tenía el rostro afilado como un cuchillo. Dejó una imborrable huella en estos Llanos. Ya le dije... La de un héroe legendario. Y

Alberto Arvelo, en *Florentino y el Diablo*, recogió esa leyenda de la sabana. El diablo es la oligarquía histórica. Y Florentino es Ezequiel Zamora "Cara e´cuchillo". Ahí está la inspiración de Arvelo: en la batalla de Santa Inés, donde el general Zamora, al frente del pueblo campesino traicionado en la Independencia, capitaneando aquellas masas armadas con machetes, con lanzas y chopos viejos[12], se enfrentó al ejército de la oligarquía y le hizo morder el polvo el 10 de diciembre de 1859. Mi abuela evocaba las *"cornetas que sonaban"*, y me parecía oír aquellas trompetas y la caballería levantando una polvareda... Eso se lo había contado su propia abuela, una india de la sabana, que había visto cabalgar por la Calle Real de Sabaneta a Ezequiel Zamora en persona y a sus fieros jinetes. Y casi todos los hombres de Sabaneta se habían sumado al torbellino, y hasta hubo un Chávez de esa casa vieja que se alistó con Zamora, y se quedaron solas las mujeres, las Chávez... Eran los cuentos de la "Guerra Larga"... Fíjese, qué casualidad, años después consigo este libro, mire el título...

"Por aquí pasó Zamora..."

La misma expresión recogida del pueblo por el escritor José León Tapia,[13] autor de *Maisanta, el último hombre a caballo*.[14] Pero otro historiador hubiese podido escribir: *"Por aquí pasó Bolívar"*, o *"Por aquí pasó 'Maisanta' "*...

Todos pasaron por Sabaneta.

Todos; y detrás de ellos: un pueblo luchando por una Patria. Aquí, por este mismo lugar, pasó la historia pues.

Decía usted que "Maisanta" fue "producto de una vorágine"... ¿Qué entiende por "vorágine"?

Los tiempos convulsos y violentos del final del siglo XIX..."Maisanta" es producto de esa vorágine. Su padre derrotado en la Guerra Federal. Luego

---

[12] Armas caseras, escopetas de fabricación artesanal.

[13] José León Tapia: *Por aquí pasó Zamora*, Ediciones Centauro, Caracas, 1979.

[14] José León Tapia: *Maisanta, el último hombre a caballo*, Centro Editor, Caracas, 1974.

hubo el pacto de las oligarquías, la Liberal y la Conservadora, y él se vino a los Llanos, a Ospino, un pueblo del estado Portuguesa; vivió allá con una mujer y tuvo dos hijos: Petra y Pedro. Petra era la mayor. Hay otra hija de "Maisanta", Ana [*Domínguez de Lombano*], nacida [*en 1913*] de otra relación, que aún vive [*en 2009*], va para los cien años y ahí está cosiendo todavía, pegando botones, recordando a su padre... Reside en Villa de Cura, en el estado Aragua, cerca de Maracay. La llamo de cuando en cuando.

¿Ella recuerda a su padre?

Lo recuerda. Me dice que era un gigante. Lo conoció en Ospino cuando era ella una pre-adolescente. No lo había visto mucho porque él no vivía con su madre, pero un día —tenía ella unos 11 años—, se presentó "Maisanta". Y la llevó con él el día que se tomó una de las pocas fotos que quedan de "Maisanta". Ana recuerda clarito que se puso muy elegante para tomarse aquella foto en el estudio de un fotógrafo... Me enteré de muchas cosas por ella.

Me hablaba usted del escapulario de la Virgen del Carmen que llevaba "Maisanta"...

Me lo dio precisamente Ana.

¿"Maisanta" siempre lo llevó?

Sí, siempre; hasta su muerte.

¿Y cómo ese escapulario llega a las manos de esa hija de "Maisanta"?

Ana lo heredó. A "Maisanta" lo encierran en las mazmorras de la forta- leza de Puerto Cabello, el castillo "Libertador", con grillos de plomo de setenta libras en cada pie. Y cuando [*el 8 de noviembre de 1924*] muere él, envenenado con vidrio molido en la comida, porque era un irredento, un auténtico Quijote, sus compañeros de prisión le envían a la madre de Ana todas sus pertenencias en una cajita: unas fotos, unos recuerdos...

Toda su herencia.

Sus pertenencias personales; y entre ellas: el escapulario de la Virgen del Carmen.[15] Él siempre lo llevó al cuello, y con él murió. Este escapulario tiene más de 150 años, porque ya lo usaba su papá, el coronel Pedro Pérez Pérez del que le hablé, guerrero de Zamora e indio guariqueño. Luego lo llevó él desde que tenía 15 años y se fue a la guerra. Y ahora lo llevo yo, entre pecho y espalda, entre la cruz y la virgen, con el amor por un pueblo. Usted puede ver ahí...

Hay una cruz.

Hay una cruz...

De oro rojo.

Y en la otra cara tiene el escudo de la Virgen del Carmen, que es también la Virgen del Socorro, la virgen de los guerreros pues.[16] La simbología me la explicó un obispo, Monseñor Mario Moronta, estando yo preso en la cárcel de Yare [1992-1994].

¿Representa un creciente de luna?

No, son como laureles. Pero fíjese con cuánta meticulosidad fueron bordados...

---

[15] Dice la tradición católica que, en el siglo XIII, ante serias dificultades de la Orden de los Carmelitas, su superior general Simon Stock suplicó la protección de la Virgen María. Su oración fue escuchada, y en Ayslesford, condado de Kent (Inglaterra), el 16 de julio de 1251, se le apareció la Virgen del Carmen, acompañada de una multitud de ángeles, llevando en sus manos el escapulario de la Orden y diciendo estas palabras: *"Éste será privilegio para ti y todos los carmelitas; quien muriere con él, no padecerá"*. La oración del escapulario dice: *"Sed el escudo de nuestros guerreros, el faro de nuestros marinos y el amparo de los ausentes y viajeros"*. (www.mariologia.org/devocionesescapulario01.pdf)

[16] El 5 de enero de 1817, el Libertador José de San Martín declara oficialmente a la Virgen del Carmen *"Patrona del Ejército de los Andes"*, colocando el bastón de mando en la mano derecha de la imagen religiosa. En vísperas de la batalla de Chacabuco el 12 de febrero de 1817, Bernardo O'Higgins, Libertador de Chile, la proclama *"Patrona y Generala de las Armas Chilenas"*.

Un trabajo muy fino.

Representa una cruz de espada... Fíjese: hay una espada en forma de cruz, y, formando otra cruz, tres puntitos que, según el obispo, simbolizan la Santísima Trinidad: Padre, Hijo y Espíritu Santo... Este escapulario lo llevó ese guerrero. Se vio metido en esas guerras como consecuencia del estruendoso desplome del proyecto de Bolívar que generó, en todas estas tierras, un arrebato de atropellos y violencias, una vorágine pues.

Enfrentamientos que van a durar casi todo el siglo XIX.

Para Venezuela, y también para Colombia, el siglo XIX fue un tiempo de vorágine. En 1811, tuvimos una república que duró poco; y el líder de esa Primera República [1810-1812] fue aquel caraqueño universal : el Generalísimo Francisco de Miranda. Esa República cayó. Volvió Simón Bolívar a levantarla y cayó de nuevo. La Segunda República [1813-1814] duró menos de dos años. La Tercera República [1817-1818], que tanto se tardó en lograrla, también duró muy poco. Y cuando muere Bolívar, en 1830, se despiertan todos los demonios; la Patria se divide en pedazos por el mal gobierno de unos y otros.

¿Quién gobierna en esos años?

Gobernó primero, durante más de quince años, la Oligarquía Conservadora [1830-1846]; luego vino un Período Liberal dominado por lo que podríamos llamar una dinastía, la de los hermanos Monagas [1847-1858]; después estalla la Guerra Federal [1859-1863] que dura, ya lo vimos, cinco terribles años y en la que se dan más de trescientas cincuenta batallas y unos dos mil enfrentamientos guerrilleros que causan más de cien mil muertos... Luego se establece la dictadura del general José Antonio Páez [1861-1863]; posteriormente viene un período [1863-1870] dominado por el general Falcón y por el retorno al poder del general José Tadeo Monagas; después se instala la larga dictadura del general Antonio Guzmán Blanco [1870-1888]; ulteriormente ocurre lo que podríamos llamar un Decenio de Transición [*1888-1898*] dominado por la figura del general Joaquín Crespo; y finalmente la centuria termina con la llegada al poder, en 1899, del general Cipriano Castro.

Entre 1830 y 1903, se calcula que hubo en Venezuela unas 39 revoluciones... Y, además, unos 127 alzamientos, cuartelazos, asonadas, pronunciamientos, invasiones y motines diversos...

¡Impresionante!

Sí, aterrador. El siglo XIX venezolano fue una carnicería sin fin... Las montoneras y los alzamientos eran el pan de cada día, con múltiples caudillos que imponían su cacicazgo a sangre y fuego. Y a todo ello hay que sumar las tragedias de la fiebre amarilla, el paludismo, la tuberculosis, la desnutrición, la mortalidad infantil... Todas esas violencias, así como el atraso y la miseria, dificultaron cualquier proyecto de país.

Fue un siglo, en suma, marcado por el surgimiento de dirigentes que, en su gran mayoría, no supieron llevar adelante el proyecto de redención social, se entregaron a los placeres del poder y olvidaron a las masas empobrecidas que habían luchado por la Independencia. Se instaló el caudillismo más feroz; hubo revueltas, insurrecciones, revoluciones, contrarrevoluciones, dictaduras, guerras, guerrillas... intestinas todas. Una guerra civil que va a durar cien años.

Cien años de soledad...

Pudiéramos decir...Venezuela, y no sólo Venezuela sino toda esta parte de Suramérica, perdió la gran oportunidad —que Bolívar había visto—, de erigirse como una potencia en un mundo que se asomaba. Bolívar avisó que allá arriba, en el norte, tenemos una nación muy grande. *"Los Estados Unidos parecen destinados por la Providencia para plagar la América de miserias a nombre de la libertad"*.[17] Sentenció en 1829. Su muerte, en 1830, y el derrumbe

---

[17] Simón Bolívar, en carta al Señor Coronel Patricio Campbell, Encargado de negocios de S. M. B., Guayaquil, 5 de agosto de 1829.

de su sueño produjeron aquí impetuosos torbellinos de violencia. Esos azotes de furia y desorden favorecieron, en 1899, la llegada al poder de Cipriano Castro [*1859-1924*], un general que tenía por fin un verdadero proyecto bolivariano; él lo llamó: la Revolución Restauradora...

¿Restauradora? Suena a reaccionario...

No, porque quería restaurar, restablecer el proyecto libertador original de Bolívar, planteándolo de otra manera... Cipriano Castro era un nacionalista; se negaba a entregar las riquezas del país; estaba expropiando, nacionalizando. Se negó a pagar la deuda externa y, en represalias, Gran Bretaña, Alemania e Italia impusieron, a finales de 1902, el bloqueo naval de Venezuela, con el apoyo de Estados Unidos. Gracias a la firme actitud de Cipriano Castro, se adoptó [*en La Haya, en 1907*] la Doctrina Drago que determina —aún hoy— que ninguna potencia extranjera puede utilizar la fuerza contra un país del hemisferio americano con el propósito de cobrar una deuda.[18]

¿Venezuela era ya un país productor de petróleo?

Sí, ya Venezuela se iba perfilando como importante productor de petróleo. Pero Castro se enferma, y los médicos recomiendan que vaya a curarse a Europa. Y mientras está en Europa, su vicepresidente, Juan Vicente Gómez, una fría noche de diciembre de 1908, da un golpe de Estado, y se autoproclama Presidente. Pocos días después, llegaban al puerto de La Guaira unos barcos de guerra, ¿De dónde venían? ¿A qué venían? De Estados Unidos, para apoyar al nuevo "gobierno de transición"... Y a los pocos meses —en diciembre de 1909— una nueva Ley petrolera daba toda

---

[18] A raíz del bloqueo naval de Venezuela por varias potencias europeas, y ante la decisión de Washington de no aplicar la Doctrina Monroe, esa jurisprudencia fue propuesta, en 1902, por el Ministro de Relaciones Exteriores de Argentina, Luis María Drago, y adoptada en 1907 por el Tribunal Permanente de Arbitraje de La Haya que añadió que la negociación deberá usarse siempre primero.

clase de facilidades a las empresas gringas, eliminando los impuestos; entregando el país pues.

A usted, todas las alusiones a la historia que escuchaba de niño, le impactaban, claro.

La historia siempre me interesó. Creo que la historia es como un camino que hay que conocer bien para no extraviarse. Dice Schopenhauer[19]: *"Un pueblo que no conoce su historia no puede entender su presente ni construir su futuro"*. La historia es una gran maestra, nos hace tomar conciencia de lo que somos. Y a mí, desde muy pequeño, me apasionaban los relatos de las guerras federales, de aquellas insurgencias y de aquellos guerreros que pasaron por Sabaneta y cuyo recuerdo seguía vivo en la memoria de los ancianos de mi pueblo.

Además esas historias tenían que ver con su propia historia personal.

Sí, aquello me interesaba personalmente. Es conocido que el entorno y las condiciones en las que uno nace lo van impactando; son experiencias que se van acumulando, van dejando huellas y van construyendo una personalidad. Yo le decía que, de niño, escuchaba expresiones, más bien cuchicheos, en casa, en la calle... Y me planteaba cuestiones; trataba de establecer relaciones. Recuerdo que mi padrino, en varias ocasiones, me dijo: *"Huguito, ¿tú sabes quién era tu bisabuelo, el abuelo de tu madre?"* Y me revelaba cosas. A tal punto que se fue generando en mi mente de niño una gran confusión. Porque me contaban hechos de guerra, o de violencia; más de violencia que de guerra por cierto.

¿Qué tipo de violencia, por ejemplo?

En una ocasión, debía tener yo cinco o seis años, en casa de mi bisabuela materna, Marta Frías, detrás de la pared de caña brava de la cocina grande,

---

[19] Arthur Schopenhauer (1788-1860), filósofo alemán, autor de *El mundo como voluntad y representación* (1819).

oí que a mi madre, Elena —que siempre ha sido rebelde—, la regañaban. Allá en el fogón, mi bisabuela le decía: *"Tú eres así de alzada porque en mala hora vino Benita* [Benita, hija de Marta y madre de Elena] *a enrazarse de ese asesino·que mató a Palacio y lo amarró a la pata de un mango y lo fusiló delante de sus hijos; y, en Puerto de Nutrias, le cortó la cabeza a no sé cuantos; por allá llegó y macheteó a unos veinte..."*.[20] Mi hermano Adán y yo, oyendo aquello detrás de las paredes, nos llenábamos de terror...[21]

Presentaban a "Maisanta" como un asesino.

Un monstruo que mató a un padre delante de sus hijos, le cortó la cabeza...

Bastante traumático para el niño que era usted.

Y además de eso, llegaba mi padrino Eligio e insistía: *"El abuelo de tu mamá era un hombre de armas tomar..."*. Sin embargo, a pesar de lo que apercibía entonces como algo amenazante, me gustaba hablar con los viejos y oír sus cuentos, sobre todo los de las abuelas del pueblo, mujeres que jamás fueron a la escuela pero que eran una escuela para nosotros. Pareciera que las mujeres guardan más la memoria histórica...

Cada anciano, dicen en África, es una biblioteca.

Tienen razón, es una biblioteca, la memoria de una época y de un lugar. Sabaneta, cuando nací, era un pueblo muy pequeño de tres o cuatro

---

[20] La madre de Hugo Chávez, Elena Frías, nos confirma: "Mi abuela Marta, que fue la que me crió, solía decirme: 'No sé por qué esa muchacha —esa muchacha era mi madre, Benita— se ensemilló de la raza de ese asesino'. Decían que mi abuelo, el padre de mi padre [o sea: *"Maisanta"*], había sido un asesino, que mataba a la gente, les cortaba el cuello y luego ponía la cabeza en el pico de la silla". (Entrevista con el autor, Barinas, 11 de mayo de 2009).

[21] Adán Chávez recuerda: "La imagen que nosotros teníamos sobre Pedro Pérez Delgado era la de un asesino, un tipo malvado, un ladrón, un cuatrero de los llanos que mataba gente... En las discusiones internas de la familia, entre mi bisabuela materna Marta y mi madre Elena, se mencionaba a 'Maisanta', que si mi madre tenía un carácter fuerte, pues le venía de la rama de un asesino... Era el tipo de cosas que se decían y que nosotros escuchábamos al voleo, de pasada". (Entrevista con el autor, Barinas, 11 de mayo de 2009.)

calles: la calle Real, la calle de la Playa, de la Madre Vieja, y otra calle de la carretera... Así que los recuerdos se mantenían muy vivos. "Maisanta" pasó por allí y dejó huellas todavía vivientes...

¿Por qué le llamaban el "Americano"?

Porque era alto y blanco catire [*rubio*], de ojos claros. Los gringos ya habían comenzado a llegar a esa zona. Ahí está el petróleo y habían venido a explotarlo. Entonces, él parecía un norteamericano. Decir: "Ahí viene un americano", era como decir: "Ahí viene un catire, un rubio...". La gente los veía así. Andrés Eloy Blanco,[22] en un poema que le dedica, escribe: "*Unos le llaman 'Maisanta'/ y otros 'el Americano'/ 'Americano' lo mientan/ porque es buen mozo el catire/ entre bayo y alazano —o sea*, entre negro y blanco, pues bayo es el caballo blanco y alazano el negro— / *salió de la Chiricoa / con cuarenta de a caballo/ Rumbiando hacia Menoreño, / va Pedro Pérez Delgado*".

El caso es que a mí me quedó la semilla de la duda; yo estaba confrontado a un enigma. Me decía: "*El abuelo de mi madre era un asesino...*". Y me daba pena. Hasta cierto punto tenía un complejo...

¿Por haber oído las cosas que se contaban de la violencia de "Maisanta"; y lo que decía su bisabuela?

Sí. En el seno de mi familia no se permitía hablar de aquello, ni siquiera mencionar a aquel personaje. Era como una mancha, un estigma familiar, una maldición pues. Como si perteneciéramos a una estirpe mala, a la rama de un asesino.

---

[22] Andrés Eloy Blanco (1897-1955), poeta venezolano, autor de un largo poema dedicado a "Maisanta", titulado *"Corrido de caballería"*. En 1928, por actividades políticas anti-gomecistas es hecho prisionero y trasladado al Castillo San Felipe de Puerto Cabello donde quedará confinado hasta 1932. En una celda de esa misma fortaleza colonial, había fallecido, cuatro años antes, "Maisanta". La leyenda del *"último hombre a caballo"* seguía viva en el penal y de ella se inspiró Andrés Eloy Blanco.

Pero, por otro lado, también oía cosas diferentes en el pueblo. En una ocasión, escuché: *"No, 'Maisanta' no era un asesino..."*. En conversaciones de mi padrino con su papá, y también en casa de otra familia, gente, digamos, progresista, cercana al Gobierno social-demócrata[23]... Porque yo me recorría todo el pueblo...

¿Tan niño, sus padres le dejaban recorrer el pueblo?

Claro, era un pueblito pequeño, ya le dije, tranquilo, seguro; y además yo vendía dulces por las calles y peregrinaba por todo el pueblo. Uno le vendía dulce a la muchacha rica y a la pobre, en la calle o en la puerta de una casa, o en la gallera,[24] y también me metía en el campo de pelota, El Bolo, y de ese modo oía cantidad de cosas. Por eso sabía que en torno a mi madre, y por tanto en torno a mí, había un enigma. ¿Quién era aquel abuelo que ni siquiera el nombre uno lo sabía bien, "Maisanta", el "Americano", el "asesino"? A medida que fui creciendo, también fue medrando en mí el instinto por descubrir la verdad...

Sobre su propia familia.

Y sobre mí mismo. Por eso, cuando descifré lo que pudiéramos llamar el primer núcleo de esa verdad, me sentí disparado. Ese descubrimiento me permitió dispararme en una transformación del espíritu que no tiene límites. Sentí surgir dentro de mí una fuerza muy grande... Como un disparo en la conciencia...

¿Cuál era esa verdad?

Yo llevaba esa preocupación por dentro. Siempre estaba ahí. Hasta que un día, siendo yo subteniente [*en 1975*], llegó a mis manos el libro: *Maisanta,*

---

[23] Hugo Chávez tiene entonces entre 6 y 10 años, y gobierna Venezuela, por segunda vez, Rómulo Betancourt (del partido socialdemócrata Acción Democrática), elegido en diciembre de 1958, en las primeras elecciones libres después de la caída del dictador Marcos Pérez Jiménez. Betancourt gobernará hasta marzo de 1964.

[24] Ruedo para las peleas de gallos.

el último hombre a caballo, de José León Tapia, un rescatador de leyendas y rastreador de la cultura profunda del Llano. Él había investigado por los caminos de los Llanos, preguntándole a la gente quién fue aquel hombre. Me bebí ese libro en una noche, como quien se traga un vaso de agua. Esa lectura me disparó. Fue una revelación. Más tarde, en 1978, siendo ya teniente, estaba en un batallón blindado en Maracay, y fuimos a unas maniobras por El Pao, por Guárico. Cuando regresé, mi compañero Hernández Borgos, me dio un recorte de periódico: *"Mira, lo guardé para ti".* Lo había publicado un diario de Maracay, y llevaba por título: *"Maisanta: el general de guerrillas".* Ya los compañeros incluso empezaron a llamarme "Maisanta".

¿Por qué?

Porque me la pasaba declamando ese corrido: *"Unos lo llaman 'Maisanta' y otros 'el Americano'..."* Se hizo popular ese nombre entre las tropas. Pero no se sabía mucho del personaje; se conocía el poema y la figura de un guerrero de caballería. Algunos creían incluso que era de los tiempos de Bolívar.... Así que me puse a investigar.

¿Y qué descubrió?

El padre de "Maisanta", Pedro Pérez Pérez, aquel coronel guerrillero y zamorista del que ya hablamos, se había instalado en Ospino a pasar los últimos años de su vida. Allá se casó con una portugueseña muy linda, Bárbara Delgado, y tuvieron, como le dije, dos hijos: Petra y Pedro. Cuando éstos eran niños, murió el veterano coronel. Petra, catira como él, buena moza, adolescente, llamaba la atención por su gran belleza. Le gustó a un cacique local, el coronel Pedro Macías, un machista abusador de los que abundaban por estas sabanas. Y, sin reparar en que apenas era una niña, preñó a la muchacha y no reconoció la barriga. En el Llano, eso se pagaba con sangre.

Pero ya el padre no estaba para vengar la afrenta...

Por eso, a pesar de sólo ser un chiquillo, a "Maisanta", que era el único hombre de la casa, le tocó vengar a su hermana, como se cobraban las deudas de honor en ese tiempo: con sangre. Una noche, con el viejo rifle de su padre que la madre le había entregado, esperó en una horqueta al poderoso cacique Pancho Macías que dicen venía de una noche de parranda; le hizo frente y lo tumbó de bruces con el impacto de un solo disparo. Lavó así la honra de la familia.

Aquella misma madrugada de 1895, después de que su madre le hubiera prendido al cuello el escapulario de la Virgen del Socorro de Valencia,[25] salió huyendo y se lanzó al encuentro de la vida. Tenía apenas 15 años... Y empezaba su leyenda.

¿Qué hizo luego?

Luego se fue a la guerra. Las corrientes revolucionarias lo agarraron. Primero se alistó, en 1898, con el general José Manuel Hernández; el "Mocho Hernández" le decían, porque le faltaban dos dedos de la mano derecha perdidos en alguna batalla. Ese hombre llenó de ilusiones al pueblo pobre, a los campesinos; recorrió el país; era inmensamente popular, se dice que las mujeres veneraban su retrato como si fuera el de un santo y le lanzaban flores... Pero le robaron las elecciones en 1897 y se alzó. Y comenzó una revolución. Así se iniciaron las andanzas revolucionarias de Pedro Pérez Delgado.

Me hablaba usted de un artículo de periódico que le entregó un compañero suyo. ¿Qué revelaba ese artículo?

Su autor, Oldman Botello, hablaba de *"una hija de él, por cierto, que vive en Villa de Cura y es su vivo retrato"*. ¡Una hija de Maisanta! Es decir: tía de mi madre... Yo sabía que "Maisanta" había tenido dos hijos, Pedro y Rafael Infante. Mi madre y mi tía Edilia, la esposa de Lubaldino —que dejaba la

---

[25] Valencia, capital del estado Carabobo (Venezuela). No confundir con la también muy venerada Virgen del Socorro de Valencia (España); son dos imágenes distintas. Léase: www.folkloreando.com/content/articulo_ver.html?recid_articulo=98

camioneta con los topochos para que yo se la cuidara—, son hijas, las dos, de un hijo de "Maisanta", Rafael Infante, mi abuelo. Entonces, a mi mamá, le pregunté: *"Tu tío Pedro Infante ¿dónde anda?"* Y me contestó: *"A lo mejor tu tía Edilia, en Guanare, lo sabe"*. De ese modo llegué a casa de Pedro Infante, el otro hijo de "Maisanta". Cuando salió aquel hombre, de dos metros de alto, comprobé que era igualito al retrato de "Maisanta"... Ya murió también. Estaba en sus últimos años, pero recordaba, incluso me contó: «*Cuando mi papá estaba por Apure, alzado, nos mandaba cartas y nos decía: 'Firmen Pérez, que les doy mi apellido'. Pero nunca nos registraron. Mi mamá se puso a vivir con otro y...*". Bueno, las historias personales... Así que yo conocía ya a ese hijo de "Maisanta", pero ignoraba que una hija suya aún vivía.

¿Pudo usted hablar con el autor del artículo?

Sí, inmediatamente me fui a Maracay a preguntar quién era Oldman Botello. Me enteré de que era un diputado regional de izquierda, del partido MAS (Movimiento al Socialismo). Fui a la Asamblea Legislativa y me presenté a él uniformado. Le expliqué: *"Soy descendiente de 'Maisanta'. ¿Me puede dar algún dato de su hija, la que vive en Villa de Cura?"* *"¡Claro! La señora Lombano, Ana"*. Me hizo un grafiquito con la dirección... Él andaba investigando también; escribió un librito sobre "Maisanta".[26] Le pedí permiso al Comandante de mi batallón y me fui. Llegué, un pueblo pequeño, busqué la casa Villa Las Palmas, un caserón colonial. Toqué a la puerta, era ya casi noche, salió una niña muy linda, le pregunté: *"¿Está la señora Ana?"*. Pero yo andaba uniformado y la carajita [*niñita*] salió corriendo y gritando: *"¡Abuela, te busca un policía!"* [*se ríe*].

Se asustó.

Sí, entonces viene la señora. Todavía estaba dura. Ahora tiene más de 95 años. Entonces tenía menos de 70, hacía pantalones, cosía... Todavía cose.

---

[26] Oldman Botello: *Historia documentada del legendario Pedro Pérez Delgado "Maisanta"*, El Centauro, Caracas, 2005.

Vino a Caracas en abril de 2009, cuando organizamos un acto con la hija de Emiliano Zapata.[27] La invité. Zapata, "Maisanta" y sus dos hijas, dos viejitas ¡qué bonito...! Bueno, sale la señora, me quito la gorra —usábamos, en los blindados, boina negra, los paracaidistas usan la roja y los cazadores la verde— y ¿sabe qué me dice?

No.

"Muchacho ¿quién eres, que tanto te pareces a mis hijos?"

De inmediato sintió un parecido.

Más que un parecido, unos aires... Es una dama sumamente inteligente, creativa, que te echa cualquier chiste. Le dije: *"Usted es tía de mi madre"*. Se sorprendió: *"¿Cómo?"*. Le conté. *"Había oído, me dice, de una familia mía de los Llanos, mi tía Petra me contaba..."*. La interrumpo: *"¿Qué Petra?"*. *"Petra Pérez, que vivió aquí conmigo"*. *"¡No puede ser! ¿y murió?"*. *"Sí, la arrolló una bicicleta... Ya estaba ancianita"*. Me pasé casi toda la noche hablando con ella.

¿Poseía documentos de su padre?

Me empezó a sacar cosas, fotos, el escapulario... Después del 4 de Febrero [*de 1992*] me lo regaló. Tenía un coquito con una foto de ella incrustada y unas letras hechas sobre el coco: *"Mi papá, cuando estaba en la cárcel lo hizo, cosas de preso..."*. Me di cuenta que ella conoció bien a su padre, lo vio casi morir, asistió a su entierro, y le llevaron a su mamá la última caja con los efectos personales del muerto.

Murió en la cárcel.

Sí, ya le dije, en el Castillo Libertador de Puerto Cabello. Conocer a Ana fue como un impulso muy grande para decidirme a buscar la huella de

---

[27] Emiliano Zapata (1879-1919), uno de los principales dirigentes de la Revolución Mexicana de 1910.

"Maisanta". Empezó a contarme cosas y me puse a investigar los fines de semana preguntando a conocedores de la historia. Ella me dio muchos rastros. En esos días, fui hasta Arauca a buscar huellas, y me agarraron preso en Colombia. Andaba con mapas, con un grabador y con una cámara fotográfica, buscando a ancianos.

¿Qué encontró?

Recuerdo a una viejita en Guasdualito: Josefa Silva, doblada en una casita muy antigua, con unos nietos... Pido permiso, entro y le digo: *"Señora, soy Hugo Chávez..."*. *"¿Y qué anda buscando por aquí?"*. *"La vida de un hombre que fue abuelo mío"*. *"¿Quién es ese hombre?"*. *"Le decían 'Maisanta' "*. ¡Qué lástima que no pude filmarla! La mujer me miró y exclamó: *"¡Ah! Ése sí era un hombre. Me lo mataron, más nunca volvió..."*. Empezó a contar, y yo grabando: *"Allá en Arauca vive un señor que lo conoció, tenía una hacienda, yo iba para allá con 'Maisanta', vivimos ahí un tiempo..."*. *"¿Tuvieron ustedes hijos?"*. *"No, tuve una pérdida, aborté..."*. De ahí me fui en busca de aquel señor pero me agarró la patrulla colombiana y nunca lo conseguí. Pero encontré otras huellas...

¿Puso usted en relación a esas personas con su madre?

Sí, a Ana la llevé una vez a Barinas y conoció a mi madre y a mi abuela Rosa Inés. También la llevé a conocer a Pedro Infante. Le dije: *"¿Por qué no vamos a conocer a tu hermano antes de que uno de vosotros se muera?"*. Él no sabía que íbamos a ir, no tenía teléfono. Nos presentamos en su casa... Su señora era más joven y no lo quería mucho; él estaba muy viejo y ella lo maltrataba, de palabras pues, o lo despreciaba, no lo atendía bien. Los presenté: *"Los dos sois hijos de Pedro Pérez Delgado..."*. Al ver a Pedro, Ana se echó a llorar: *"¡Eres igualito a mi padre!"* .

¿Ella recordaba bien a su padre?

Sí. Aunque de muy chiquita no lo vio; había nacido en Villa de Cura, en 1913... Mientras los mayores, Petra y Pedro, nacidos hacia 1904, sí lo recuerdan bien. Ella lo conoció cuando su padre hizo un pacto con el gobierno después de la batalla de Guasdualito, en 1921. Era la época de las últimas cargas de caballería con lanza y machete de aquellos jefes guerrilleros: Arévalo Cedeño, el "Mocho" Hernández, José Manuel Hernández, Pedro Pérez Delgado "Maisanta"... Estos "últimos hombres a caballo" habían hecho varias guerras contra el dictador Juan Vicente Gómez, cuya represión ha sido magistralmente descrita por José Rafael Pocaterra en sus *Memorias de un venezolano de la decadencia.*[28] Pero ya las tropas de Gómez tenían fusiles de repetición, lanchas de motor y hasta aviones —los primeros llegaron en 1921—. Por primera vez desde 1810, Venezuela tenía un ejército muy modernizado, mientras estos guerrilleros aún andaban cabalgando como en las guerras de la Independencia...

En esas condiciones, ¿"Maisanta" establece un pacto con el gobierno?

Sí. Pedro Pérez Delgado entra, primero, en conflicto con otros líderes de la revolución, y hace un pacto, en Elorza, con el gobierno de Gómez. Le dan garantías, y se va para San Fernando. Era un hombre muy activo, inmediatamente establecía amistades, y se puso a hacer negocios de ganado... Estando provisionalmente retirado, en esos meses de 1922, vuelve a Villa de Cura. Ana tendría unos nueve años y recuerda que llegó su papá y que lo veía como un gigante... Además, "Maisanta" se convirtió en leyenda popular.

¿Pudo usted verificar si también era, como decían, un "hombre de armas tomar"?

Mire, Maisanta era terrible. Conseguí un libro de José Garbi Sánchez, un viejo apureño que escribió sus memorias de soldado[29] y le consagró un capítulo a Pedro Pérez Delgado. Dice al final: *"Le conocí en la guerra, en*

---

[28] José Rafael Pocaterra: *Memorias de un venezolano de la decadencia: Castro, 1899-1908, Gómez, 1909-1919*, Biblioteca Ayacucho, Caracas, 1990.

[29] José Garbi Sánchez: *Alzamientos, cárceles y experiencias*, Editora Venegráfica, Caracas, 1977.

la paz y en la prisión. Como amigo era tremendo y como enemigo terrible...".
Le tocó vivir tiempos duros y fue un personaje desmesurado. Le doy un
ejemplo: una vez, en Guasdualito, "Maisanta" comandaba una brigada
de caballería; le confiaron la misión más difícil, y el enemigo le mató a
casi toda su gente. Y cuentan que, para vengarse, quiso tomar por asalto
el cuartel de Guasdualito, meterle candela y quemar vivos a todos sus
adversarios...

Podía ser tremebundo...

Infundía terror a sus enemigos... Había pasado tantos años en enfrentamientos, batallas, escaramuzas, guerras de guerrillas... Siempre a caballo,
con lanza, machete y fusil viejo.

Entonces, lo de que era un "hombre temible" resultó ser cierto ¿no?

Bueno, temible... para sus adversarios. La muerte era su compañera de
viaje. Pero muchos testimonios lo describen como alguien generoso, des-
interesado y hasta quijotesco respecto a las personas humildes. Cuando,
en 1986, siendo capitán, llegué a Elorza, decidí visitar a los habitantes de
aquel pueblo, agarré a unos soldados y le pedí a uno que conocía aquello:
"Llévame a visitar a todos los vecinos pobres". Nos fuimos a caballo y llegamos
a un punto que se llama Flor Amarillo. Amarramos los caballos debajo de
unos samanes y encontramos a una señora sentadita. Me presenté: *"Soy
el nuevo capitán".* Me senté, ella mandó a hacer un café. Y como la veía
vejucona y habladora, le pregunté: *"Mire doña... ¿usted oyó hablar por aquí
de un viejo guerrero? "¿Quién?". " 'Maisanta' ". "¿Cómo no? No hay gente de
mi edad que no sepa quién fue ese hombre. ¿Por qué lo pregunta?". "Era abuelo
de mi madre y estoy buscando qué recuerdos quedan sobre él". "¡Ah! Si usted es
bisnieto de 'Maisanta, bienvenido a esta casa",* me dijo. Me sentí reivindicado
en la sangre. Y añadió: *"Cuando era niña, aquí estaban en guerra; mi abuelo era
amigo de ese bisabuelo suyo, ambos revolucionarios contra el gobierno, y un día
llegó un coronel con unas tropas buscando a mi abuelo; preguntaron: "¿Dónde*

está?". "No está", respondieron mi abuela y sus dos hijas. Mi mamá estaba joven,
yo era una criatura. Al coronel le gustó mi tía, mandó que la arrestaran, la obligó
a montar en su caballo y dijo: "Cuando aparezca su esposo, le devuelvo a
la muchacha..." *y se la llevaron. Al día siguiente llegó Pedro Pérez y pregun-*
tó: "Comadre ¿por qué están de luto?". *Mi abuela y mi madre le hablaron*
llorando. "Se llevaron a la muchacha". "¿Quién?". *"Una tropa del gobierno,*
un coronel". Él preguntó: "¿Y dónde está mi compadre?". *"Nadie sabe, anda*
escondido...". "¿Por dónde se fueron?". *"En esa dirección".* "¡Ya vuelvo!".
Y se marchó a galope con unos cuarenta hombres. Pasaron tres o cuatro días, y
una mañana lo vieron que volvía con mi tía en el anca del caballo...". ¡Había
acabado con aquel coronel y sus esbirros!

Parece un héroe de novela.

Un justiciero. No sólo era valiente sino muy astuto, como el Ulises de la
Odisea. Hay un cuento famoso. Una vez, en Elorza, "Maisanta" y sus hombres debían asaltar un cuartel repleto de fuerzas más numerosas y mejor
pertrechadas. ¿Cómo hacer? Se le ocurrió una idea: mandó desnudarse a
su tropa, pintarse el cuerpo con carbón e ir a cuatro patas simulando ser
cochinos. Él, con un látigo, iba como pastor de la 'piara', diciendo: *"Cochi,*
cochi, cochi...". Los falsos cochinos llevaban el machete en la mano y algunos
un fusil. Era madrugada oscura. En frente del cuartel había una báscula
donde cada amanecer pesaban ganado. Viene un centinela: *"¡Alto! ¿Quién*
vive?". "Maisanta" le contesta: *"Voy pa' la pesa con estos cochinos, cochi, co-*
chi...". "¡Ah! Pase adelante". La víspera había habido fiesta en el cuartel, y
unas prostitutas se hallaban con el coronel y otros oficiales. Una de ellas
era una negra muy linda, le decían la "Mona". Fue la única que se salvó.
Todos los demás fueron pasados a cuchillo, porque cuando el soldado
dijo: *"Pasen",* "Maisanta" y sus cuarenta hombres saltaron la empalizada,
machete en mano y liquidaron a la guarnición. Tomaron el pueblo. *"¡Viva*
la revolución!". Luego, como siempre, abrieron los grandes abastos de los
ricos, y "Maisanta" declaró: *"Llévense lo que quieran, todo es del pueblo...".*

También luchó en favor de Cipriano Castro ¿no?

Sí, participó en otras rebeliones y alcanzó el grado de coronel de las tropas revolucionarias que apoyaron, en efecto, a Cipriano Castro y su "Revolución Restauradora" y que llegaron a Caracas victoriosas. Comenzaba un tiempo nuevo, con nuevos hombres, nuevos ideales y nuevos procedimientos. Y aquellos guerreros tuvieron que enfrentar *"a plomo, sangre y llamas"*, como dice un poeta, la oposición armada de las familias más ricas, los banqueros que contaban con apoyo internacional. "Maisanta" y sus centauros se fueron a batallar contra esos oligarcas. Una vez más, Venezuela se llenó de sangre. Pero derrotaron a la contrarrevolución.

¿Y cómo reacciona cuando derrocan a Cipriano Castro?

Cuando Juan Vicente Gómez tumba a Castro, él quedó resentido; vivía en San Fernando, era coronel, y jefe civil y militar; entonces simula que va a apoyar al nuevo gobierno de Gómez. Pero muy pronto, los oficiales más leales a Castro empiezan a conspirar contra el autócrata corrupto que se había convertido en el mayor terrateniente y en el hombre más rico de Venezuela. "Maisanta" decide sumarse a esa conspiración. Desafortunadamente lo descubren; hay orden de arrestarlo y matan a un amigo suyo a machetazos en la orilla de un río... Entonces él, para vengar a su amigo, machetea a su vez a un coronel que lo estaba persiguiendo; lo macheteó en la cara de tal modo que lo desfiguró; Colmenares, se llamaba el coronel... Fue su primer ataque de audacia y astucia.

¿De nuevo el recurso a la artimaña?

Sí. Otra vez Ulises. El cuento es este: "Maisanta" se disfrazó de vendedor ambulante de miel, con unos burros y unas taparas.[30] Quizás pensó en

---

[30] Recipientes confeccionados con el fruto del árbol totumo o taparo del que, como con las calabazas, se hacen vasijas y vajillas de toda especie.

lo de la miel porque el otro se llamaba Colmenares... El caso es que, con dos "ayudantes" y tres burros, llegó a la casa donde unos soldados y el coronel Colmenares estaban preparando un sancocho[31] y jugando en el patio a las bolas criollas.[32]

Salió la dueña de la casa y dijo: *"¡Ah! Llegó el hombre de la miel. Pasen por el patio; dejen los burros ahí; descarguen aquí".* Eran casas abiertas, del campo. Ellos, disfrazados, penetran de ese modo en el patio sin levantar sospechas; tienen la ventaja de la sorpresa; e inmediatamente atacan al arma blanca. Puro machete; los soldados ahí quedaron, pero Colmenares no murió...

Y, claro, trató de vengarse.

¡Cómo no! Unos cinco años después, "Maisanta" andaba alzado en el Arauca con su guerrilla, cerca de Elorza, en la frontera. Para la guerrilla, Elorza era ideal, mitad Colombia y mitad Venezuela; último vestigio de la Gran Colombia... Un día le avisan que viene el coronel Colmenares con una patrulla buscándolo... Logra enterarse de que el "macheteado" viene con sus hombres en una lancha por el río. Y decide ir con su gente a su encuentro. Se van la víspera; se acuestan a la orilla del río y esperan. Al despuntar el día, entre tinieblas, ven llegar la lancha. Cuando la embarcación está atracando, en la semi oscuridad, "Maisanta" se adelanta y grita: *"¡Quién vive!".* *"Coronel Colmenares"*, responde el oficial. *"¿Me buscas a mí?"*, le pregunta "Maisanta". *"Busco a Pedro Pérez Delgado"*, contesta, sorprendido, Colmenares. *"Aquí te estoy esperando"*, le lanza entonces "Maisanta"; y diciendo esto le metió un tiro entre ceja y ceja. Colmenares cayó al agua. Nunca consiguieron rescatar su cadáver...

---

[31] El sancocho es un plato típico de la gastronomía de Venezuela. Se prepara en una olla grande. Es un caldo espeso o sopa a base de papa, plátano, yuca o ñame, al cual se agrega alguna carne (pollo, res, cerdo) o pescado. También se añaden legumbres como frijoles.

[32] Juego muy popular en los Llanos, semejante a la petanca.

Es como una escena de película.

Sí, se podría hacer una apasionante película de acción y además con fuerte sentido político. Es una historia digna de ser conocida y contada.

"Maisanta" parece, en efecto, un personaje de leyenda.

Hasta sus enemigos lo respetaban. Le cuento una última anécdota. Una vez, en 1921, agarran preso a "Maisanta" y lo tienen encarcelado en San Fernando donde él tenía muchos amigos. Pero Juan Vicente Gómez ordena que lo manden para Ciudad Bolívar. Allí estaba un general terrible que lo persiguió durante muchos años, Vicencio Pérez Soto; le llamaban el "Tigre de Apure"; y recuerde que a "Maisanta" le llamaban el "Tigre de la frontera".

Entonces, llevan amarrado a "Maisanta" en el barco y llegan al muelle donde estaba el general Pérez Soto en persona, esperándolo. Colocan una tabla larga entre la embarcación y el muelle para que, por ella, baje la gente del navío; Pedro Pérez Delgado, con las manos atadas, empieza a caminar por la tabla y al ver al general Pérez Soto dice: *"¡Maisanta! ¿Cómo me llamarán ahora en manos del "Tigre de Apure"?* Y el general, hombre de guerra pero también de honor, ordenó: *"¡Desátenlo! Hombre como éste no debe andar amarrado"*. Cuentan que hasta le dio un revólver: *"Hombres como usted no pueden andar desarmados. Tiene la ciudad por cárcel. Cumpla"*. Terminaron siendo amigos. Pero el dictador Gómez no aceptó ese régimen de semi libertad. Y lo condujeron por mar hasta Puerto Cabello. Allí murió.

Con esos aspectos de la biografía de "Maisanta", usted descubre que no era un vulgar cuatrero, ni un bandolero, ni un asesino como algunos pensaban en su propia familia, sino un rebelde político, un revolucionario de aquella época.

Por haberse sublevado, la burguesía lo calificó de "asesino". Para los ricos, terminó siendo un asesino... Igualito, me decía Daniel Ortega, el Presidente de Nicaragua, que cuando él era niño, en los libros de escuela afirmaban que Augusto César Sandino[33] era un bandolero, atracador de caminos, ladrón de ganado y asesino. Hubo que esperar hasta los años 1960, para que la Revolución Cubana pusiera en su verdadero sitio a Sandino.

Sobre "Maisanta", ¿el trabajo de José León Tapia fue esencial para sacarlo del oprobio?

Sí, fundamental. Ese libro de José León Tapia, *Maisanta, el último hombre a caballo*, me abrió los ojos, ya le dije. Muchas otras cosas las descubrí yo mismo, hurgando, rastreando, investigando, preguntando, recogiendo semillas y echándolas en el saco del alma... Quería escribir un libro más completo, nunca lo hice. Tenía fichas, hasta me compré un libro de metodología de la investigación, para trabajar rigurosamente.

¿Consultó usted la prensa local de la época? ¿La prensa de Barinas, por ejemplo, hablaba de "Maisanta"?

No investigué a fondo, no tuve tiempo. Y no conseguí ejemplares de periódicos de aquella época; pero sí cartas. En una de ellas, un comerciante ricachón de San Fernando de Apure, de la familia Barbarito, masones, propietarios del "Palacio de Fonsequero", le envía una carta al presidente Gómez, escrita a máquina con letra azul. Y le pide ayuda al gobierno; dice que está cansado de esperar, porque él y su familia, por lealtad al gobierno, han sufrido mucho, especialmente la noche en que el "traidor" Pedro Pérez Delgado tomó San Fernando y arrasó con todas sus propiedades...

Un viejito me contó que "Maisanta" llegaba, tomaba el pueblo, fusilaba como en las guerras de esos años, abría de par en par los grandes

---

[33] Augusto César Sandino (1895-1934), campesino, patriota y revolucionario nicaragüense, llamado "General de Hombres Libres". Líder de la resistencia contra el ejército de ocupación estadounidense. Asesinado por miembros de la Guardia Nacional el 21 de febrero de 1934 en Managua. Sus acciones y enseñanzas constituyeron la base ideológica para la fundación, años más tarde, del Frente Sandinista de Liberación Nacional.

almacenes, y el pueblo entraba y saqueaba... No quedaba nada, ni una vela. Así me dijo el viejito: *"No quedaba ni un cabito de vela; nos llevábamos todo. Cuando llegaba 'Maisanta', era fiesta en el pueblo. El ganado se lo arrebataba a los ricos, y lo repartía a los pobres"*.

Su recuerdo se mantuvo en la memoria de los ancianos.

Varios viejos que fueron soldados de él dicen que era espiritista. En las noches, en los bosques, un grupo de ellos, campesinos, gentes del Llano, invocaban espíritus, fuerzas... El llanero es muy creyente de esas cosas, cree que el Bien y el Mal andan por ahí en forma de espíritus... Es tradición indígena también, el animismo... "Maisanta" vivió con los indios; dicen que tuvo un hijo con una india... Después de varias derrotas se replegó para un territorio de los indígenas, en el río Capanaparo. Hay incluso una islita, una piedra más bien, en el río Meta, frontera con Colombia, que lleva su nombre: isla Pedro Pérez.

¿Pudo recoger algún otro recuerdo?

Otra vez, llegué a Puerto Nutrias, en la ribera norte del río Apure, y tres veteranos me contaron cómo fue la toma de esa ciudad, un célebre combate de "Maisanta": la "batalla del Picacho". Ocurrió en 1914. Pedro Pérez Delgado se había apoderado del vapor *Masparro* —un barco que navegaba por el Apure impulsado por ruedas de chapaletas—, pero no había podido tomar San Fernando unos días antes. Entonces lanzó sobre Puerto Nutrias un asalto por río y por tierra, con unos ciento cincuenta hombres. La ciudad, en esa época, era un puerto internacional de importancia estratégica; incluso había cónsules extranjeros. La defendía, con fuerzas muy superiores, el general Jordán Falcón, gomecista. Pero "Maisanta" tomó la ciudad a machete limpio y la liberó de aquella opresión. Fue una batalla terrible; una matanza; la gente dice que los zamuros [*buitres*] estuvieron un mes sobrevolando la zona. Estos viejos veteranos nunca olvidaron aquella hazaña. Uno de ellos hasta me recitó una copla que todavía cantan los copleros en las noches. *"Le voy a recitar un verso"*, me dijo: *"Señores voy a contarles/ lo que pasó en el Picacho/ Jordán y Miguel Fernández/ contra Pedro Pérez el macho"*.

Así conseguí la verdad; y entendí por qué Pedro Pérez Delgado abandonó a Claudina Infante en la sabana, en una casa, con algún ganado y dos muchachos, Rafael Infante y Pedro Infante... y por qué se fue y más nunca volvió.

Se había ido a hacer la revolución.

Sí. Pertenecía a la misma camada de hombres —hombres y mujeres, por supuesto— que, esos mismos años, en América Latina, también se estaban alzando contra las injusticias. Eran los años de Pancho Villa y de Emiliano Zapata en México; de Charlemagne Péralte[34] en Haití; de Luiz Carlos Prestes en el sur de Brasil y de Lampiao "el cangaceiro" y su compañera María Bonita en el nordeste de Brasil; de Augusto César Sandino en Nicaragua; de Farabundo Martí en El Salvador, etc. Fueron los últimos hombres a caballo, los últimos centauros, las últimas cargas con machete y lanza contra las oligarquías criollas y contra el imperialismo. Estas sabanas fueron testigos del grito de revolución lanzado por "Maisanta".

¿Todos esos descubrimientos sobre el verdadero "Maisanta" fueron capitales para usted?

Fundamentales, ya le dije. Porque entonces entiendo sus motivaciones políticas. También empiezo a entender mejor a Juan Vicente Gómez y su tiempo, porque comienzo a estudiar el contexto de la época. No me podía quedar sólo en el estudio del personaje "Maisanta". Eso me condujo a preguntarme: ¿Por qué estos hombres se alzan contra Gómez? Y descubro que Gómez, en 1908, tomó el poder aprovechando que el presidente Cipriano Castro se enfermó y se había ido a Europa, y a los pocos meses Gómez firmó un decreto autorizando las concesiones en medio país a las empresas petroleras extranjeras suprimiéndoles la obligación de pagar

---

[34] Charlemagne Masséna Péralte (1886-1919), líder nacionalista haitiano; se opuso a la invasión estadounidense de su país en 1915 creando una guerrilla —los "Cacos"— que resistió durante dos años en el norte del país hasta su asesinato por los "Marines".

impuesto por 50 años, es decir prácticamente sin límites. Gómez vendió Venezuela, y bien barato, a cambio del apoyo que le dieron; traicionó a la Revolución Restauradora, y traicionó al ejército pues. Convirtió al ejército en un peón suyo: asesinatos y persecuciones. Fueron años sombríos. Ése fue Juan Vicente Gómez; dejó al país atrasado, mientras en el mundo avanzaban las corrientes de cambios.

Entonces, empiezo a conseguir la huella de eso; leo libros, documentos, análisis históricos de lo que pasaba aquí en 1900, 1905; comienzo a estudiar un poco la economía: cómo florece la cuestión petrolera, cómo Venezuela pasa a ser primer exportador de petróleo en 1922-1923. Y entiendo que todos esos años fueron de insurrección y rebeldía contra la larga dictadura de Gómez... Comprendo cómo y por qué se alzan, en esa época, tantos generales y líderes: Arévalo Cedeño, el "Mocho" Hernández... Y mi bisabuelo Pedro Pérez Delgado "Maisanta". Eso me confirmó algo importantísimo: nunca hay que perder la conciencia de sus raíces.

Capítulo 3

El niño trabajador

La abuela educadora – El patio universal – Los cultivos –
Los animales – Las "arañas" – Los "papagayos" – Las tres mamás –
Canarios, árabes, italianos y rusos – El cine – Películas mejicanas –
Las tres escuelas – Los "suplementos" – El primer amor –
La revista *Tricolor* – Trabajar, estudiar, crear – Una buena lección –
Primeras rebeldías – Vendedor ambulante – Los toros coleados –
El "niño andante".

Volvamos un momento a sus recuerdos de la vida cotidiana en Sabaneta durante su infancia. Me decía usted que, cada día, venía un señor y ponía en marcha un grupo electrógeno. ¿No había electricidad?

Sí había un pequeño generador que funcionaba con diésel. Don Mauricio Herrera Navas era quien lo prendía por las mañanas y lo apagaba por las noches. La vetusta planta eléctrica se hallaba en una pequeña casa vieja, de techo de Acerolit, a 100 metros de donde yo vivía. Como ya le conté, cada final de la tarde, después de ponerse el sol, a las ocho en punto, don Mauricio cortaba los motores y nos quedábamos sin luz en Sabaneta. Primero daba un cortito rápido, para avisar; luego dos cortes seguidos, para que la gente tomase sus precauciones; y finalmente, apagaba todo. Eso fue durante mi infancia, y parece que duró hasta 1972 cuando llegó la energía eléctrica traída por la CADAFE [*Compañía Anónima de Administración y Fomento Eléctrico*], la empresa estatal que se había creado en 1958.

Fue usted un niño muy pobre. ¿Tuvo una infancia desdichada?

En absoluto. No es lo mismo la pobreza que la miseria. Fui un niño muy pobre, en efecto. Una tía mía, Joaquina, hermana de mi madre, recuerda que no me dejaron entrar al colegio, la primera vez, porque llevaba unas viejas escardillas [*alpargatas*]; mi abuela tuvo que irse a buscar no sé donde unos zapatos, si no, no me admitían. Pero nunca pasé hambre. Fui un niño muy feliz. Por ahí se han publicado artículos afirmando que yo tendría, por dentro, un resentimiento social, un deseo de revancha causado por la pobreza y la miseria... Totalmente erróneo. Fui un niño pobre, repito, pero ¡cómo me encantaría volver a vivir mi niñez tal cual la viví! Con dignidad, viviendo modestamente, estudiando, trabajando, vendiendo frutas, volando papagayos[1] hechos con periódicos viejos, yendo con mi padre a pescar al río, jugando pelota de goma en la calle Real... Fui feliz en aquella casa humilde, con mi hermano Adán y con aquella abuela, Rosa Inés Chávez, mi "mama vieja", llena de amor... El amor de hombre que no tuvo —porque no le conocí hombre nunca—, nos lo dio a nosotros. Era joven, nació en 1913, o sea que cuando nací...

Ella tenía 41 años...

Correcto. Una mujer morena, bonita, de pelo largo muy negro que se dedicó por entero...

A criarlos a ustedes...

Sí, a criarnos a Adán, mi hermano mayor, y a mí. Una dedicación plena; debo rendirle tributo toda mi vida, porque lo dio todo por nosotros.

---

[1] Armazón plana de cañas o palos sobre la cual se pega papel o tela y que se lanza al aire para que el viento la eleve sujeta por un hilo largo. En España: cometa.

¿Por qué usted y su hermano Adán no vivían con sus padres?

Ellos estaban en el campo...

¿Trabajaban lejos?

Sí, en un monte donde la situación era mucho más difícil. Allá no tenían casa propia. Mi papá era maestro en un caserío llamado San Hipólito, en Los Rastrojos, donde mi madre había crecido. Ahí la conoció, siendo él maestro. Ella tendría 17 años, y él unos 20 cuando se casaron. Se quedaron a vivir allá. Mi madre vino a dar a luz a casa de mi abuela Rosa Inés. Por eso Adán y yo nacimos en Sabaneta. Mi padre venía a vernos en bicicleta... Siempre estuvimos cerca del cariño de la madre y del cariño del padre, pero, bueno, la que nos crió fue mi abuela.

¿Nunca se sintió abandonado por sus padres?

No, para nada. Mi padre y mi madre nunca nos abandonaron. Nosotros íbamos allá a pasar el fin de semana, o venían ellos a pasar unos días en casa de la abuela. Al poco tiempo, cuando nació el tercero, Narciso, ya papá y mamá se vinieron a vivir a Sabaneta.

¿Se mudaron cerca de la casa de su abuela?

Sí, muy cerca; en una casita al frente, cruzando la calle. Así que nosotros vivíamos en casa de la abuela, pero era una comunidad, como una misma familia repartida en dos casas vecinas.

Su abuela siguió siendo su verdadera educadora.

Para Adán[2] y para mí, la abuela era como la rectora, la formadora; mi verdadera educadora fue mi abuela. Me enseñó mucho con el ejemplo. Me

---

[2] Adán Chávez nos lo confirma: "La influencia de la abuela Rosa Inés está constantemente en nosotros. Fue una influencia muy positiva, porque con ella aprendimos mucho. Era una persona muy humilde, sumamente sensible hacia el dolor ajeno. Muy solidaria; y eso nutrió

educó a la solidaridad, la humildad, la honestidad. Era una mujer llena de amor. Derramó su amor, su bondad y su gran apego a la naturaleza.

¿Ella sembraba y cultivaba plantas?

Mi abuela era del patio. Teníamos un bonito patio con muchos frutales: ciruelos, naranjos, mangos, aguacates; y un maizal; y flores, rosales... Ella era una mujer de andar todo el día en aquel huerto regando las matas, luchando contra las plagas. Siempre me agradó andar con ella; me gustaba echarle agua a las plantas...

¿El agua, la sacaban de un pozo?

En los primeros años no había agua corriente. Había agua de pozo, sí. Pero no había que ir a buscarla; un tanque alimentaba varias casas de nuestra comunidad. Después construyeron el acueducto. Y ya cuando nos mudamos a la casa de enfrente, cruzando la calle; una casa de bloque y piso de cemento, el agua ya venía por tuberías. Aun cuando no había sistema de evacuación de aguas sucias, disponíamos de una letrina en el fondo del patio... Años después llegaron las cloacas.

O sea, tenían agua potable.

Sí, en casa de la abuela había agua potable. Con Adán, nos distribuíamos las tareas: regar las maticas, ayudar en la limpieza del huerto, las siembras, el pequeño maizal... La abuela era muy respetuosa en eso. Aunque su nivel de instrucción era el sexto grado, la primaria, poseía una gran sabiduría natural. Diferenciaba muy bien, digamos, lo justo, la actividad que cada uno quería realizar, sin sentirse forzado a hacerlo. Me guiaba: "*Huguito, póngamele el cambur* [plátano] *a los pajaritos*". Tenía unas jaulas...

---

nuestro espíritu. Ahora podemos decir que allí se comenzó a amalgamar el espíritu revolucionario, que tiene que ver con eso: la solidaridad, el amor a los semejantes, el compartir lo poco que se tenga, tratar de aliviar el dolor ajeno, las necesidades de los vecinos. En ese ambiente nos criamos, con mucha humildad y mucha honestidad". (Entrevista con el autor, Barinas, el 11 de mayo de 2009.)

¿Esos pájaros, ustedes los capturaban?

Sí, incluso aprendí a hacer unas trampajaulas para capturarlos vivos: uno ponía dos varillas muy endebles, con la trampa abierta y abajo: frutas para que el pájaro se posara. Cuando se posaba en las varillas, éstas caían, y se cerraba la trampa. Hoy, con la conciencia ecológica que hemos adquirido, no volvería a hacer esas trampajaulas porque debemos dejar las aves en libertad, sobre todo si son especies protegidas y amenazadas. En aquel patio de mi abuela teníamos también morrocoyes [*tortugas*], gallinas, un gallo, palomas blancas...

¿Tenían ustedes un perro, un gato?

Tuve un gato, "Tribilín"[3]; pero más adelante, en Barinas. En casa de mi abuela teníamos un perro viejo, "Guardián", muy fiel, muy noble. Y un loro, "Loreto", que andaba suelto; mi abuela le enseñó a hablar, comía con uno, se paseaba por la cocina...

¿Cómo era la casa?

Bonita. Por fuera, ya le dije: paredes de bahareque y tejado de palma. Por dentro: suelo de tierra y una cocina muy amplia donde mi abuela siempre estaba trabajando. Lo más hermoso era el patio, lleno de flores, de árboles frutales... Para mí, era el mundo. Allí aprendí a caminar, a conocer la naturaleza, los árboles, las matas. Cómo salían las flores y cómo, después, cada flor da una fruta. Había naranjas, mandarinas, toronjas, tamarindos, mangos, ciruelas, otras frutas que llamamos semerucas, redonditas y rojas, de sabor agridulce, y una pequeña siembra de piñas... También había aguacates. Ahí sembré maíz, aprendí a cosecharlo, a cuidarlo durante el invierno y a molerlo. Supe hacer la cachapa [*tortilla dulce de maíz*]... Allí lo tenía todo. Era un patio de ensueño. Todo un universo.

---

[3] En América Latina, nombre que se le da a *Goofy*, el personaje de dibujos animados de Walt Disney.

¿Era grande?

A mí me parecía inmenso... En realidad era pequeño, cuando mucho debía tener un cuarto de hectárea. Pero se aprovechaba al máximo. Fui creciendo en ese jardín. Me gustaba subirme a los árboles; mi abuela me llamaba el "pajarito naranjero", por una canción paraguaya, "El Pájaro Chogüí" [canta]: "Cuenta la leyenda que en un árbol / se encontraba encaramado/ un indiecito guaraní"... que se caía del árbol, se moría y se convertía en un pájaro naranjero que "cantando está, volando va / perdiéndose en el cielo guaraní"... Ella me decía: "Tú pareces el indiecito... Cuidado que te puedes caer de ahí". Me la pasaba encaramado en los árboles; como un Tarzán pues. Mientras más alto llegaba, mejor. En el matapalo,[4] disfrutaba arriba del todo. "¡Huguito, bájese de ahí! —me gritaba— No se monte en el ciruelo que eso se pone baboso. Móntese en el naranjo, que por lo menos se agarra".

¿Le impedía subir a los árboles?

Claro, no quería que subiera demasiado alto; pero me orientaba en cómo trepar a los árboles. Me gustaba trabajar en ese patio. Adán también ayudaba en las labores cotidianas. A mí me agradaba; me gustaba limpiar de malas hierbas el patio con una escardilla [azada] o con un machete. Aquí tengo una cicatriz de un machetazo que me dio una vez Adán, trabajando el patio, me quedó la marca.

¿Cómo fue?

Estábamos limpiando los dos, y como ambos somos zurdos...

---

[4] El matapalo o higuerote es el nombre que recibe, en Venezuela, un árbol corpulento del género Ficus (Ficus elastica). Nace en la selva intertropical en cuyo suelo la luminosidad es muy escasa, por lo que crece rápidamente como una planta trepadora apoyándose en cualquier árbol hasta alcanzar la luz. Entonces crece, rodea, estrangula y mata al árbol en el que se apoyó; de ahí su nombre.

¿Su hermano también es zurdo?

Sí, y mi papá también es zurdo. Adán estaba de este lado, y dándole, se resbaló y me pegó. No fue nada. Era una vida feliz... Fui un niño feliz, con ese amor y esa entrega incomparables de la abuela.

¿Su abuela trabajaba?

Trabajaba en la casa, en el hogar, en sus labores; no paraba un instante de ocuparse, de limpiar, de cocinar, de hacer dulces, de cuidar las matas; nunca la vi descansar...

¿Recibía una pensión de jubilación, alguna ayuda?

No, eso no se conocía para nada. Ella tuvo dos hijos, afortunadamente los dos muy responsables...

¿La ayudaban?

El mayor, mi tío Marcos, vive en Barinas [*en 2009*]; ya está anciano. Es hijo de otro padre, blanco, de los Andes, comerciante... Mi abuela tuvo ese hijo con él...

¿Cuántos años es mayor que su papá?

Unos cinco años. Marcos siempre fue muy trabajador; de fuerte carácter, un hombre serio. Vivía y trabajaba en Barinas, tenía un cargo de inspector de obras públicas, funcionario del Estado. En un jeep venía frecuentemente a visitar a mi abuela, le llevaba algún dinero... Siempre le agradeceré la atención y el cariño que nos dio. Viendo mi dedicación al estudio, a los libros, al dibujo, tenía por costumbre traerme cuadernos de bosquejo y juegos de lápices de colores. Le gustaba que le mostrara mis dibujos. Era como si me pusiera una tarea. Yo dibujaba de todo...

¿Siempre tuvo esa afición?

Sí, una aptitud natural, como un don. Desde muy pequeño, hice un caballete con caña brava y pinté la casa de mi abuela. Una de mis primeras aspiraciones fue ser pintor. Siendo adolescente, estudié un año, en Barinas, en una academia, la Escuela "Cristóbal Rojas",[5] que quedaba cerca de mi Liceo O'Leary, en la vieja Barinas colonial... Estaba en primer año de bachillerato...

Volvamos a Sabaneta. ¿Su papá ayudaba económicamente a su abuela?

Por supuesto, ella tenía la ayuda de papá; pero el sueldo de mi padre era muy pequeño y tenía muchos hijos.

Antes de ser maestro, su papá había sido vendedor ambulante ¿no?

Sí, antes de ser maestro, cuando era muy jovencito, vendía carne por los pueblos, para vivir; andaba de vendedor ambulante con un burro; también trabajó de peón... Cuando su hermano Marcos se fue a Barinas, la abuela se quedó con Hugo de los Reyes, el hijo negro... El hijo blanco se fue a la ciudad, el hijo negro se quedó con ella. Luego se casó y también se fue. Entonces le dejó a sus dos primeros hijos: Adán y yo. Así que las limitaciones económicas eran fuertes. Por eso, la abuela se ayudaba con ventas.

¿Qué vendía?

Dulces que hacía, y frutas.

¿Las frutas, las vendían en el mercado?

No, las vendíamos por la calle y a una barquillería [*heladería*]; hacían helados con esas frutas. Los dueños, unos señores italianos, se habían instalado en Sabaneta, y cada vez que íbamos a venderles las frutas, la señora italiana, muy amable, nos pagaba y además nos regalaba un helado. Con eso, la abuela se ayudaba para comprar lo que hacía falta en la casa.

---

[5] Cristóbal Rojas (1857-1890), uno de los mejores pintores venezolanos del siglo XIX.

Con la fruta de los árboles del patio, dice usted que su abuela preparaba unos dulces. ¿Quién los vendía por la ciudad? ¿Usted?

Sí, ella preparaba unos dulces de lechosa [*papaya o fruta bomba*]. Yo incluso participaba en todo el proceso. Buscaba las lechosas, las tumbaba del árbol, las pelábamos, les retirábamos las semillas, les quitábamos la concha... Adán también ayudaba. Pero ella y yo éramos como los emprendedores...

Los empresarios

En cierto modo. Me gustaba aquello. Picaba la lechosa, la cortábamos en rodajas, en tiritas; y sobre una batea [*bandeja*] de madera, las poníamos a secar; al día siguiente muy temprano, mi abuela preparaba una olla con agua y azúcar, echábamos todo ahí, hasta que se iba amelcochando [*mezclando*] aquello. Entonces ella las sacaba con un tenedor, y sobre una mesa de madera iba poniendo montoncitos y montoncitos de aquellas tiritas que iban quedando como arañas pues.

Y esas "arañas" usted las vendía por las calles.

Sí, todos los días. En la escuela también. O sea, me llevaba para la escuela un potecito lleno de dulces de lechosa, cada día; cuando no eran de lechosa eran de coco. Luego los vendía por las calles.

¿O sea que era usted un vendedor ambulante?

Sí, fui un niño a quien, desde muy temprano, la vida le llevó a recorrer las calles en contacto con adultos, ofreciendo y vendiendo mis "arañas" exquisitas. Era parte de lo que se llama la "economía informal"... Llevaba las cuentas de las 20 lochas[6] que vendía. ¡Cuántas cosas aprendí en la calle! Yo era el "arañero" y, desde los seis o siete años, había adquirido la habilidad

---

[6] Una locha= 25 céntimos de bolívar.

del "arañero" en la calle, interactuando con alguien para venderle un dulce, o tratar de vendérselo, persuadirlo, convencerlo...

¿Pregonaba usted por las calles?

Sí, iba pregonando mis "arañas". Inventé un pregón: *"¡Arañas calientes pa' las viejas que no tienen dientes!"*, *"¡Arañas sabrosas, pa' las buenas mozas!"* Eso me ayudó a desarrollar un poco la voz; me convertí en declamador siguiendo quizás los consejos de Daniel Viglietti[7]... Aquello fue una escuela social. Me introducía en todas partes, mezclándome con los mayores, con personas de más experiencia en la vida, metiéndome entre las mujeres, oyendo cuentos de adultos, enterándome de cosas... En suma: conjuntándome con el pueblo.

¿Sólo vendía "arañas"?

También papagayos [*cometas*]. Los fabricaba yo mismo de distintas maneras; era experto en los de modelo "zamura"... Jugaba con ellos haciéndolos volar, y luego los vendía. Tuve un pasado "capitalista" que a veces me avergüenza [*se ríe*]. Monté una industria prácticamente... Los papagayos más bonitos y de mejor calidad eran "los de Hugo Chávez". Competía con un señor de otro barrio, un profesional, creo que colombiano; él fabricaba incluso unos papagayos en forma cúbica y les ponía hasta una vela encendida, los elevaba de noche... Nunca logré hacer eso. Ahora, en modelo "zamura" no había quien me ganara. Las mejores las fabricaba con las veradas.

¿Qué son las "veradas"?

La verada es como la flor de la caña brava; en la madrevieja [*viejo cauce del río*] había cañaverales, y arriba de la caña hay como una espiga larga, con unas barbitas... Si uno corta eso obtiene la verada, que posee una materia

---

[7] Daniel Viglietti (n. en 1939). Cantautor uruguayo. Sus canciones poseen un fuerte contenido social y de protesta. La más célebre es: *A desalambrar*.

esponjosa dentro del tallo; es muy liviana. Compraba el papel, y de un pliego sacaba dos grandes o tres pequeñas "zamuras"; les ponía un arco, era la "verada arqueada", en medio quedaba como una cruz; y también había que hacerle el frenillo... Así es que yo era zamurero también; hacía muchas cosas... Era una diversión, un juego y también un trabajo porque vendíamos todo eso. Con el producto de esas ventas vivíamos... Víctor Hugo, en *Los Miserables*, dice que la pobreza es como un cuarto oscuro; pero, añade, "*más allá hay otro cuarto más tenebroso: la miseria*". No es lo mismo la pobreza que la miseria. No fui un niño abandonado en la calle...

Estaba rodeado del cariño de su abuela.

Sí, fui un niño lleno de amor. Hace poco, viví una experiencia extraña. En el programa *Aló Presidente*[8]... Recordé a una mujer, Sara Moreno, que me llenó de mucho amor cuando era yo muy niño. Estoy hablando de cuando tenía 3, 4 ó 5 años, antes de ir a la escuela.

Se empezaba la escuela con 6 años.

Pongamos entonces que tuviera 4 ó 5 años. Recuerdo a una mujer joven, muy linda, que me adoró y yo la adoraba. Mi abuela se reía mucho de ocurrencias que uno tenía: "*Huguito dijo que tiene tres mamás*". "*¿Y cuáles son esas tres mamás?*", me preguntaron. Mamá Elena, mi mamá; mamá Rosa, mi abuela; y mamá Sara... Hasta dónde aquel niño era feliz que tenía tres mamás.

No era usted un huerfanito.

¡En absoluto! Era superquerido por tres mamás. Hice ese comentario público en *Aló Presidente* sobre Sara Moreno, y fíjese hasta dónde llega el potencial que tiene la palabra del recuerdo en el pueblo. Al poco tiempo,

---

[8] Creada en 1999, *Aló Presidente* era una emisión animada por el Presidente Chávez que difundía, cada domingo a las 11 hrs. de la mañana, el canal público Venezolana de Televisión.

me llega un sobre de la familia de Sara Moreno con una foto de ella, que todavía tengo. La reconocí al instante. Más nunca la había vuelto a ver desde niño, ni jamás tuve foto alguna de ella. También venía una carta con una explicación... Porque yo había dicho: *"Sara murió, pero nunca supe dónde, ni de qué, ni de donde vino tampoco, pero llegó a Sabaneta como un ángel, y así como vino se fue, dejándome aquí un amor inmenso..."*.

¿Contactó usted a la familia?

Sí, en la carta venían unos números de teléfono. Llamé: *"Soy el Presidente..."*. A veces no me creen, piensan que soy un echador de bromas.

No se imaginaron que iba a llamar personalmente.

Sí. Digo: *"Me llegó la carta"*. Era su hermano. Me da el teléfono de una prima en Barinitas, una ciudad en la montaña, donde estuvo asentada la vieja Barinas inicialmente, cuando la fundaron los españoles; después tuvieron que venirse a la nueva Barinas porque los indios no los dejaban en paz... Barinas tuvo varias capitales, antes de la actual.

Y en Barinitas vivía una prima de Sara.

Sí, una prima hermana, y con la mamá de esta prima, anciana ya, de unos 80 años, hablé por teléfono. La señora me contó que ella y la mamá de Sara fueron una vez a visitarla a Sabaneta. Sara había venido de enfermera al pueblo, y alquiló una vivienda enfrente de nuestra casa. Vivía sola; trabajaba en el dispensario del pueblo. La recuerdo con su bata blanca...

¿Iba usted a su casa?

Me la pasaba en esa casa; ella me hacía avena de desayuno...

¿Y qué le ocurrió?

De repente enfermó y se la llevaron. Fue en invierno; la montaron en un camión de volteo [*camión volquete*], uno de los pocos vehículos que entraban al pueblo en época de lluvias. Me abrazó llorando: *"Ya vuelvo, no llores"*, me dijo. Nunca más volvió. Al cabo de un tiempo llegó la noticia: *"Murió Sara"*. Lloré como un diluvio. Esa mujer se me quedó aquí dentro.

¿Qué le contó la tía de Sara?

Que en esos años, 1958, 1959, Sara se graduó de enfermera y la mandaron al dispensario de Sabaneta. Ellas —la mamá y la tía—, un verano, vinieron a visitarla. La señora recordaba: *"Llegamos a casa de Sara, y ese mismo día apareció corriendo un niño con el pelo ensortijado amarillo. Sara le dijo:* 'Vaya y cómpreme un refresco, rápido, que llegó mi mamá'. *El niño salió corriendo y trajo un refresco de una bodega que quedaba cerca".* Y añade: *"Ese niño eras tú; ella te llamaba Huguito".* Las dos damas estuvieron varios días allí, y recuerdan que "Huguito" se pasaba el tiempo en esa casa.

Así que tenía usted varias casas.

Varias casas. Varias mamás. Varias mujeres. Un "mujerero" [*mujeriego*] pues.[*Se ríe*]. Me crié entre mujeres. Por eso digo que fui un niño feliz. Con tres casas y tres mamás. Una madre amorosa, un padre amoroso que siempre nos enseñaba cosas... Venía en su bicicleta...

¿Cómo era entonces Sabaneta?

Un pueblito pequeño, como le dije, dos calles principales, una tercera más nueva, varias calles secundarias y, un poco apartado, el río. Nosotros vivíamos como en una frontera... La nuestra era de las últimas casas del pueblo hacia arriba. Sabaneta se dividía en dos zonas: la de arriba y la de abajo, en función de la cercanía a la montaña. *"¿Adónde vas?"* se decía, *"Voy pa' arriba".* O sea en dirección a la montaña. O: *"Vamos pa' abajo"*... En la parte donde vivíamos, residían las clases más humildes, de menos recursos. Había mucho rancho[9] de paja como el nuestro, con techo de

---

[9] En Venezuela, un "rancho" es una casa modesta de muros de adobe, suelo de tierra y techo de paja que se suele encontrar en las zonas rurales.

palma, muros de bahareque, casas muy modestas. En cambio, de Plaza Bolívar hacia abajo, se veían ya algunos edificios modernos, casas incluso de dos pisos.

¿Se notaban las diferencias sociales?

Aunque había unas amistades grandes, sí existían diferencias sociales. Nosotros pertenecíamos a la clase más modesta: campesinos sin bienes de fortuna ni propiedades. Yo no quería más, porque creo que lo tuve todo; en aquel patio de mi abuela estaba el universo entero, como le dije; no nos faltaba nada.

¿De qué vivía la gente? ¿Cuáles eran las principales actividades?

El campo, la agricultura, la economía forestal... Muchos hombres trabajaban talando los bosques que aún subsistían entonces, y transportando los troncos en grandes camiones a varios aserraderos cuyos propietarios eran generalmente italianos. Había también mucha actividad comercial... Existía una pequeña comunidad canaria, y algunos de sus miembros poseían haciendas, tenían carros [coches], casas de mejores condiciones... También había una comunidad árabe propietaria de grandes almacenes...

¿Una comunidad árabe?

Sí, había una comunidad árabe en Sabaneta.

¿Eran cristianos o musulmanes?

Jadán Raduán, por ejemplo, pertenecía a una de esas familias árabes. Y recuerdo que eran musulmanes. Los he vuelto a ver no hace mucho. Jadán Raduán y su familia eran dueños, como casi todos los árabes de Sabaneta, de los comercios al detalle. Había un gran almacén de los árabes, y vendían cualquier cantidad de cosas... También había una comunidad italiana.

¿Importante?

Sí, importante. Piense que el Presidente Pérez Jiménez [1952-1958] favoreció mucho la inmigración europea, en particular procedente de Portugal, España e Italia. La población de Venezuela, un país de casi un millón de kilómetros cuadrados, no alcanzaba siquiera los siete millones de habitantes en esa época, y el ingreso *per capita* estaba entre los primeros del mundo... Muchos europeos, cuyos países habían sido destrozados por la Segunda Guerra Mundial, veían nuestro país como una tierra prometida, un mundo de oportunidades para reconstruir sus vidas. Esa política de "inmigración abierta" para los europeos no estaba desprovista, en el subconsciente de Pérez Jiménez —como en el de otros dirigentes latinoamericanos que también la practicaron—, de motivaciones racistas. El objetivo oculto era: "blanquear" una población considerada como "demasiado parda". En esa época llegaron a Venezuela unos 300.000 italianos... En 1960, la italiana era la mayor comunidad europea del país,[10] más importante incluso, en volumen, que la española. Muchos se dedicaban a la agricultura, y vinieron a los Llanos a instalarse. En la región de Sabaneta, los italianos trabajaban, como le dije, en el sector maderero, talaban los bosques, trabajaban en aserraderos, y también tenían varios comercios...

Canarios, árabes, italianos... Sabaneta era casi una metrópolis cosmopolita...

Incluso había rusos.

¡Rusos!

Sí, varios. Bueno, nosotros les decíamos "rusos" pero, como aún existía la Unión Soviética, quizás eran ucranianos o de otras nacionalidades soviéticas... Recuerdo por lo menos a dos: uno se llamaba Samolenko, era maestro de obras, trabajaba en la construcción. Muy laborioso. Una vez,

---

[10] En Venezuela hubo dos Presidentes de origen italiano: Raúl Leoni (1963-1968) y Jaime Lusinchi (1984-1989).

con un grupo de niños, hablamos con él, nos dio consejos; me pareció una persona noble, respetable... El otro se llamaba Alejandro Rokitansky, vivía en frente de la escuela con su esposa Doña Carmen. Los dos estaban casados con mujeres de Sabaneta, tenían familia "ruso-llanera", echaron raíces pues... Cuando empezaron las guerrillas por esta zona, a principios de los años 1960, los servicios de inteligencia los vigilaban con insistencia como si fuesen agentes soviéticos infiltrados... [*se ríe*].

¿Cómo se explica la presencia de tantas comunidades extranjeras?

Ya le dije: Sabaneta se halla en un punto estratégico, de paso. Todo el que venía de Caracas, del Caribe, y quería ir hacia Colombia o hacia el Apure, a comerciar, a vender cualquier producto, o a comprar ganado, tenía que pasar por Sabaneta. Más aún si su intención era ir hacia los Andes. Es un punto estratégico para llegar al Medio Apure y al Alto Apure; entonces es evidente que por ahí pasaron —además de los ejércitos— caravanas de carros de mulas de comerciantes, emigrantes...

Y algunos de esos emigrantes se quedaron.

Sin duda. Por ejemplo, por Sabaneta pasaron los emigrantes árabes que iban hacia el Apure. En los pueblos de Apure existe una gran comunidad árabe. Quizá porque estas sabanas se parecen a Arabia... Cuando estuve en Arabia Saudita [*en febrero de 2001*], me invitaron al desierto. Ahí entendí mejor la relación de los árabes con nosotros. Hay bastantes similitudes... El canto, la efusividad… Salí a bailar con un chopo [*fusil antiguo*] que dispara pólvora, y una espada... De tanto subir y bajar la espada, el brazo casi se me paraliza... Disparé el chopo, pero calculé mal el momento y me cayó pólvora ardiente en la cara... Me puse a gritar, y ellos cantando...

¿Hay realmente semejanzas entre las costumbres árabes y las de los Llanos?

Se me pareció mucho a la vida de los llaneros. Por eso hay sin duda tantos árabes por aquí, en San Fernando de Apure...

¿Se les llama "árabes" aquí?

Se les llama "turcos", "sirios"... Durante mucho tiempo, se les llamó, sobre todo, "turcos"...

Porque, en general, emigraron en la época del Imperio Turco, que dominó casi todo el mundo árabe hasta 1918. Los turcos, como se sabe, no son árabes. La mayoría de los árabes que venían a Suramérica eran cristianos, y constituían una minoría entonces discriminada. Tenían pasaporte turco; por eso los llamaron "turcos" o también "sirios" porque algunos procedían de la "Gran Siria", bajo dominio turco igualmente, que integraba entonces el Líbano actual, Jordania e Israel-Palestina, donde también había muchos cristianos...

Lo que le puedo asegurar es que la mayoría de los que vinieron a los Llanos son "sirios". Incluso hace poco fui a Siria[11] y tuve un encuentro con árabes venezolanos, que habían vuelto a Siria, y me hablaron de Sabaneta...

¿Qué distracciones había en Sabaneta? ¿Existía un cine, por ejemplo?

Claro, había una sala de cine —el "Cine Bolívar"— que pertenecía a unos italianos precisamente, la familia Toppi. Los italianos eran dueños de ese cine, y poseían también la barquillería [*heladería*], una sastrería, una cafetería... También vendían ropa. Mi papá y mi tío Marcos eran amigos de varios italianos, participaban en una tertulia que tenían, gente culta.

¿Le gustaba a usted ir al cine?

Bastante. Cuando tenía unos 10 años, mi padre acostumbraba a llevarnos los sábados en "matinée". Íbamos a palco, era un poquito más caro, pero el patio de butacas era una asquerosidad; allá entraban en bicicleta, tiraban

---

[11] En septiembre de 2009, con ocasión de un viaje oficial a Siria, el presidente Chávez se reunió con la comunidad sirio-venezolana en la ciudad de Swaida, una de las localidades con más familiares sirios en tierras venezolanas.

chicle o lo pegaban a los asientos, fumaban, orinaban y, en épocas navideñas, lanzaban trikitrakis [*petardos*]... Aquello era un campo de batalla; había golpes, peleas como en un *ring* de boxeo. En el patio no había mujeres, sólo iban a palco. Vi casi todas las películas de Antonio "Tony" Aguilar.

No conozco.

Era el gran cantante de rancheras y corridos. También era la estrella del "Western a la mejicana", un héroe justiciero luchando por ayudar a los pobres. Me acuerdo de algunos títulos de películas suyas: *El Rayo justiciero,*[12] *La rebelión de la sierra,*[13] *Cuatro contra el imperio,*[14] *La justicia del Gavilán Vengador,*[15] *El fin de un imperio*[16]... En ese cine me crié...

¿Iba con sus hermanos?

Mi padre nos llevaba sobre todo a los tres mayores: Adán, Narciso y yo. Era como un premio. Una costumbre casi religiosa. No nos fallaba; uno sabía qué película pasaban el sábado, y estaba seguro de ir a verla. A menos que salieras mal en la escuela. Nunca dejé de ir al cine por salir mal en la escuela. Excepto una vez; mi padre me castigó, por rebelde. Y no me llevó a ver *Neutrón contra los autómatas de la muerte.*[17] Me la perdí. "Neutrón, el enmascarado negro" era un luchador invencible. También recuerdo *El Santo contra los zombies*[18] y *Santo contra las mujeres vampiros*, unas hembras esculturales... Aquellas películas circulaban muchísimo por estas tierras.

---

[12] *El Rayo justiciero* (1955). Director: Jaime Salvador.

[13] *La rebelión de la sierra* (1958). Director: Roberto Gavaldón.

[14] *Cuatro contra el imperio* (1957). Director: Jaime Salvador.

[15] *La justicia del Gavilán Vengador* (1957). Director: Jaime Salvador.

[16] *El fin de un imperio* (1958). Director: Jaime Salvador.

[17] *Neutrón contra los autómatas de la muerte* (1963). Director: Federico Curiel. Esta película constituye la tercera parte de la "Trilogía de Neutrón", un héroe de tipo "vengador enmascarado". Las dos primeras partes son: *Neutrón el enmascarado negro* (1961), y *Neutrón contra el Dr.Caronte* (1962).

[18] *El Santo contra los zombies* (1961). Director: Benito Alazraki.

Eran mejicanas.

Mexicanas todas. En aquel "Cine Bolívar" proyectaban también películas de Miguel Aceves Mejías en las que actuaba Alfredo Sadel,[19] cantante venezolano, una garganta de oro. Me acuerdo asimismo de películas como *Chucho el roto*,[20] y de una canción titulada *Rufino el forastero*: [*canta*] "*Los hombres le dicen: ¡vete! / Las mujeres: ¡te espero! / ¿Quién es ese gran jinete? / Es Rufino el forastero...*".

Pero el que más me gustaba, como le dije, era Antonio Aguilar, cantaba por ejemplo, *Cuatro Velas*, una canción tremenda [*canta*]: "*Tendido me encuentro a tus pies, / cuatro velas me esperan contigo, / cuatro velas después del martirio, / de sentirme herido de tu amor tan cruel*". A mi abuela le encantaban esas canciones. Incluso, en una época, cuando llegué a Barinas, los muchachos del barrio me decían "Tony", porque me sentaba a cantar y aparecía alguien que tocaba cuatro, otro una guitarra, y yo imitaba a Antonio Aguilar cantando rancheras como el *Corrido de Mauricio Rosales "El Rayo"* [*canta*]: "*Me dicen 'El Rayo', mi nombre de pila es Mauricio Rosales / aquí está mi mano que brindo con gusto a los hombres cabales / me muevo en la vida para hacer justicia / así vivo siempre por pueblos y valles sin paz ni reposo / pues nunca permito que al pobre lo humille el más poderoso...*". O el *Corrido del Águila negra*[21] [*canta*]: "*Aquí es el Águila negra / pa' lo que ustedes quieran mandaaar / amigo soy de los hombres / y de las hembras pues ni que hablaaar...*". La que más le gustaba a mi abuela era:

---

[19] Alfredo Sadel (1930-1989), cantante y actor venezolano muy popular, conocido como el "tenor favorito de Venezuela". Junto al mejicano Miguel Aceves Mejías, participó en tres películas: *Tú y la mentira* (director: René Cardona, 1958), *El buena suerte* (director: Rogelio González, 1960), y *Martín Santos, el Llanero* (director: Mauricio de La Serna, 1962).

[20] *Chucho el Roto* (1960), director: Miguel Delgado; intérprete: Luis Aguilar.

[21] El intérprete del *Corrido del Águila Negra*, canción de Cuco Sánchez, era Miguel Aceves Mejía (1915-2006). El "Águila negra" fue también un personaje semejante al "Zorro" que dio lugar, en los años 1950, a una serie de películas interpretadas por el actor Fernando Casanova.

Ojitos Verdes [*canta*]: *"¡Ay, ayayayay! ¿Dónde andaraán?/ esos ojitos que me hicieron suspiraaar / ¡Ay, ayayayay! ¿Dónde estaraán?/ esos ojitos que no los puedo olvidaaar...".*

Se las sabe usted todas...

Bueno y también las canciones de Jorge Negrete, Vicente Fernández, Pedro Infante... Otro actor-cantante era Javier Solís, con su *Payaso*, [*canta*]: *"Soy un triste payaso,/ en medio de la noche,/ con su risa y su llanto...".* Me fui metiendo en la canción y la poesía por vías del cine mexicano. Siempre me gustaron las rancheras y los corridos llaneros[22]...

Había también películas de la Revolución Mejicana ¿no?

Eran películas ingenuas, bastante maniqueas, pero, en el fondo, tenían mucho de social. Por ejemplo: "El Rayo" Mauricio Rosales era un luchador en defensa de los pobres, peleaba por el pueblo contra el poderoso... Y efectivamente algunas películas recogían el recuerdo de las luchas sociales del México revolucionario; el fermento rebelde.

¿Usted apreciaba ese mensaje?

No era consciente de ello, en términos de análisis político... Era un preadolescente. Pero, de modo subliminal, me gustaba aquel mensaje. El "Cine Bolívar" fue mi otra escuela. Igual que el patio de mi abuela, o las calles donde vendía mis "arañas". En esas tres "escuelas", desde muy joven, aprendí a desenvolverme en la vida. Conversando con usted, me voy dando cuenta que, desde niño, me metí en una escuela y ahí sigo: en una escuela. Siempre tratando de aprender. Por eso nunca me fue difícil adaptarme a distintos ambientes.

---

[22] En octubre de 2007, Hugo Chávez, lanzó un CD titulado *Canciones de siempre*, que recoge algunas de las rancheras y música folklórica venezolana que ha interpretado él mismo en su programa dominical *"Aló, Presidente".*

¿Qué otras distracciones tenía?

Me gustaba el circo. Llegaba todos los octubres. Y me llenaba de felicidad. Mi abuela me decía: *"Del dinero de las ventas, compre la entrada"*. Me encantaban las trapecistas...

¿Cuándo eran las fiestas del pueblo?

En Semana Santa. La tradición eran los "diablos danzantes", un antiguo folklore parecido a los "diablos danzantes de Yare".[23] Nos vestíamos de "diablo"; yo fui "diablito" con una máscara hecha de totuma.

¿Qué es la totuma?

Un fruto grande cuya piel es muy dura; la tumbas, le quitas la pulpa, la secas y obtienes una cáscara bien dura con la que se hace la tutuma, o vasija para el agua, o las tutumitas, vasos para beber... Bueno, yo picaba por la mitad una totuma grande, le abría los huecos, la pintaba de rojo con unas rayas negras y hacía mi máscara... Era tradición que cada "diablo" confeccionara su propia máscara...

Ahora entiendo por qué algunos de sus adversarios dicen que es usted un "diablo"...

Ellos lo dicen con otras intenciones...[*se ríe*]. Pero sí, los últimos dos años de colegio, fui un "diablo" declarado, asumido, en la calle, con la máscara roja y unas rayas negras. Le colocaba adornos de trapo para simular una cabellera; el traje era una camisa ancha, una casaca roja y negra, y un pantalón de rayas; iba descalzo o en alpargatas y con un rejo [*látigo*]. Daba rejazos en las calles, asustando a la gente: un diablo es un diablo.

---

[23] Desde el siglo XVIII, en San Francisco de Yare (estado Miranda) cada año, el día de Corpus Christi, se celebra una danza ritual llamada los "diablos danzantes"; éstos visten trajes coloridos (generalmente de rojo), y llevan capas y máscaras de marcada influencia africana.

También recuerdo el "baile del sebucán", un baile indígena, de Oriente, que se bailaba en Sabaneta: de un tronco vertical penden unas veinte cintas de colores, cada danzante agarra una cinta, se despliegan como un círculo de colores, la mitad de los danzantes viene para acá, la otra mitad va para allá, queda todo bien tejido en torno al tronco y luego hay que destejerlo... Es el reto del grupo: no enredar nada, si no... es un desastre. Lo dice la copla [*canta*]: *"El teje del sebucán / es de gran facilidad, / pero para destejerlo / está la dificultad".*

¿Hacían teatro en su escuela?

Sí, me gustaba enormemente el arte dramático. Las maestras me eligieron actor principal de una obra titulada: *El Chiriguare*. El chiriguare es como un tigre, yo era Zamurito, el cazador buscando a la fiera... Tenía que ir con cuidado porque el chiriguare me podía comer. También recitaba poesía, del romancero llanero.

¿Leía usted tiras cómicas, *comics*?

Sí, era muy lector de lo que llamamos en Venezuela "suplementos"; historietas dibujadas, "comiquitas", *"comics"* pues. Los coleccionaba; Adán y yo teníamos cajas llenas de ellos; casi todos venían de México también y narraban las aventuras de personajes como la "Llanera vengadora" que andaba en moto con un antifaz y vengaba a los pobres; o "Santo, el enmascarado de plata", muy célebre, etc. En el fondo, eran todos héroes muy populares, defensores de los oprimidos. Proponían valores positivos. El Bien siempre triunfaba del Mal. Me gustaba sobre todo "El Charrito de Oro", un niño charro que peleaba por la justicia, con su caballo luchaba contra las fieras del monte y contra bandidos. Había dos o tres librerías en Sabaneta donde vendían esos suplementos y no me perdía uno. Los compraba, los leía y después los intercambiaba con los de otros amigos... Por esa afición tuve un accidente.

¿Qué accidente?

Le cuento. Un Día de Reyes, mi padre nos regaló unas monedas, y con Adán fuimos a gastarlas comprando "suplementos". Estaban en aquel momento construyendo las aceras en la calle Real; veníamos cruzando la calle cuando surge un camión; salgo corriendo, tropiezo con una piedra y me doy de bruces contra la acera. En pleno rostro. Ni tiempo tuve de poner las manos... Empecé a sangrar y quedé inconsciente. A mi mamá le fueron a decir que un carro me había matado... Me llevaron al ambulatorio, chorreando sangre por la nariz.

¿Se la fracturó?

No, no fue nada grave; simplemente se me desvió el tabique nasal, y quedó muy frágil. Durante mucho tiempo, sangraba con facilidad. Con los años, eso se venció. Pero en mi mente, aquel percance queda asociado a mi afición por los "suplementos", una de mis lecturas favoritas entonces.

¿Veía usted televisión?

No, televisión no había, pero oía mucho radio.

¿En Sabaneta había alguna emisora?

No, no había estación de radio; en Barinas sí. Mi abuela tenía un pequeño radio con el que captábamos algunas emisoras de Caracas, Radio Continente sobre todo. Una noche —tenía yo unos 10 u 11 años—, pusieron un radio a todo volumen en la mitad de la calle Once, y pudimos oír el combate de boxeo en el que [*Carlos Hernández*] el "Morocho Hernández", con su terrible pegada de la zurda, se convirtió en campeón mundial y gloria de Venezuela. Ese día [*18 de enero de 1965*] se organizó allí una tremenda fiesta.

La abuela Marta Frías, abuela de mi madre, tenía un radio grande de mayor alcance. De noche, escuchábamos mucho las emisiones colombianas, emisoras de noticias y también de radionovelas de amor...

¿Recuerda usted sus primeros amores infantiles?

Imposible de olvidar. Primero me enamoré platónicamente de Isabel... Un día, había llovido mucho, y en la calle, frente a nuestra casa, se formaron grandes charcos de agua y barro; la gente había puesto unas tablas y llegó Isabel, elegante, bien vestida, linda, blanca, ojos azules; yo tenía miedo de aproximarme a ella; la vi que venía y... vencí el miedo, me acerqué, me metí en el agua y le ofrecí mi mano: *"Permíteme..."*. Fue como cruzar el cielo, tomarle su mano blanca como de porcelana, con su cara linda... Nunca se me olvidó... Luego, a los 12 años o algo así, mi primera "novia utópica" se llamaba Hilda Colmenares, una muchacha española, canaria, muy bonita, vivía a media cuadra; la veía como una diosa; le cantaba rancheras... Ella fue la primera "noviecita de piquito"... Al poco tiempo se fue a España.

Antes, estando en cuarto grado, ya había tenido un gran amor imposible... Nuestra maestra, Lucía, salió embarazada, y llegó de suplente Egilda Crespo, de la que inmediatamente me enamoré como un loco; esa mujer me embrujó. Era una muchacha de 18 ó 19 años; me la quedaba mirando embelesado, subyugado... Nunca la olvidé. Tenía —tiene— unos ojos verdes bellísimos; era de Santa Rosa de Barinas donde siempre hubo mujeres bellísimas... Me gustaban todas las bonitas: Ernestina, por ejemplo, otra niña linda; o Telma González, una muchacha que también me gustó mucho...

¿Qué otros aspectos de su infancia recuerda?

Un hecho me marcó en esos años: una lección que me dio mi padre. Estaba en quinto grado, tendría 11 años. Un día, Adán iba a estudiar a la casa de un compañero, Lalán Torres, que quedaba como a dos cuadras. Fui con ellos; salimos y al pasar delante de un botiquín [*taberna*] veo un bolívar en el suelo, lo agarro, me lo meto en el bolsillo y le digo a Adán: *"¡Me conseguí un bolívar!"* Un bolívar era mucho dinero en ese tiempo. Compramos "suplementos" de vaqueros, un refresco, unos caramelos... Total: gasté el bolívar...

A las pocas horas, llega a la casa de mi abuela el Cabo Polo, así le decían, un personaje del pueblo. Llegó borracho a reclamar el bolívar; alguien le había dicho que Huguito Chávez encontró un bolívar, y él pretendía que era suyo. Mi padre se irritó; le pagó el bolívar al Cabo y fue la única vez que me dio un azote... Antes me había hecho como un juicio delante de mi abuela, en la cocina. Me dijo: *"Usted ¿dónde consiguió el bolívar?"*. Muy temeroso, confesé: *"Bueno, sí, me lo encontré en el suelo y lo gasté"*. Y él: *"¿Por qué no preguntó de quién era ese bolívar?"*. Es lo que tenía que haber hecho. Aquello fue una gran lección para mí; debí preguntar de quién era el bolívar, y no salir a gastarlo...

¿Por qué piensa que fue una buena lección?

Porque me sirvió. Mire, pasaron unos seis años, estaba yo en quinto de bachillerato, en Barinas, y andábamos un día, mi padre y yo, rellenando los papeles necesarios para mi ingreso a la Academia Militar. Estacionamos el carro delante del Despacho de Educación y mientras él fue a hacer firmar un certificado de buena conducta, yo me bajé del carro, me paré en una esquina y vi a una muchacha bonita esperando un taxi... Me acerqué y empecé a hablar con ella. Yo tenía casi 17 años. Me llamó la atención aquella muchacha, por su apariencia extraña a Barinas. Me dijo: *"Soy periodista, vengo a hacer un trabajo para El Sol del Llano"*. Le propuse: *"Si quieres, esperamos a mi papá y te llevamos al periódico"*. Así lo hicimos; se sentó detrás, y la llevamos. Cuando regresamos a nuestra casa, mi papá desciende del carro y al bajarme yo, veo en el asiento de atrás una carterita pequeña con unos 200 ó 300 bolívares en billetes...

¿Una suma importante?

En ese tiempo, astronómica.

¿Qué hizo?

Por supuesto no le dije nada a mi padre. Nunca supo esto. Agarré la cartera, pedí una bicicleta a un vecino y me fui rápido al periódico. Llegué, pregunté por la muchacha, estaba ya desesperada, tenía en aquella cartera papeles, documentos... Le entregué su monedero. Los que estaban allí decían: "*¡Es increíble!*". Ella estaba feliz; me dio su tarjetica de periodista; yo era un muchacho anónimo y más nunca la vi. En mis adentros, me dije que la enseñanza de aquel bolívar del Cabo Polo sirvió. Si hoy me consigo una barra de oro en la sabana, voy a averiguar de quién es, antes de que llegue un Cabo Polo reclamándola... Nunca se me olvidó esa lección... que me costó una buena paliza...

¿Su padre acostumbraba...?

No, jamás nos pegaba. A mi madre a veces sí se le iba la mano... Un día me le alcé y le arranqué una rama con la que me iba a dar; la partí y la tiré al suelo... Otra rebeldía. Más nunca mi madre se atrevió a volver a tocarme. Cuando hice esa rebelión contra mi madre, ya estudiaba bachillerato en Barinas, en primer año, y estaba pasando un fin de semana en Sabaneta.

¿Fue su primera rebeldía?

No. Comencé a hacerme rebelde unos años antes, contra una prohibición absurda... Una tarde, anocheciendo, decidí dar un paseo en bicicleta, y estaba prohibido hacerlo en la Plaza Bolívar de Sabaneta... Me detuvo la policía y me llevaron a la jefatura...

¿Por qué lo prohibían?

Una decisión de Pérez Jiménez. Ordenó que, en todas las plazas y en todas las avenidas Bolívar de Venezuela, los ciudadanos, por respeto al Libertador, debían llevar paltó [*chaqueta*] y tener un "comportamiento correcto". Se consideraba un sacrilegio pasar ante la estatua de Bolívar sin ir vestido como un rico. Una forma de aburguesar la plaza; incluso prohibían andar en mangas de camisa... Los indios descalzos, o los pobres, o los niños descamisados por el calor, no podían entrar a la Plaza; mucho menos en bicicleta... Absurdo, injusto. "Santificaban" a Bolívar para despolitizarlo. En el fondo, esa decisión de Pérez Jiménez tenía como objetivo evitar que la gente humilde, los trabajadores se concentrasen en las plazas principales, que siempre, en los pueblos y ciudades de Venezuela, se llaman "Bolívar", y evitar así las manifestaciones contra la dictadura.

¿Y qué hizo usted?

Pues una tarde, se me ocurrió montarme en bicicleta por la acera de la plaza como un gesto de protesta... Me agarró la policía y me llevaron, con bicicleta y todo, a la comisaría. Mandaron a buscar a mi "representante". Vino mi madre; luego llegó mi padre que tuvo una discusión dura con el jefe, casi a las manos se van... Al fin me soltaron. Aquel fue mi primer gesto de rebeldía. Y mi primera "prisión": dos horas retenido en la Comisaría de Sabaneta. Eso me marcó.

¿Recuerda alguna otra rebeldía?

Sí, contra otra decisión absurda: prohibían que los menores salieran después de las 9 de noche.

Un toque de queda para los niños...

En una época lo hubo, sí. Toque de queda en algunos barrios, y decidí violarlo por una responsabilidad... Tenía que hacer una tarea escolar con copia de puño y letra... Una de esas "cadenas" que antes imponían: copiar un texto no sé cuántas veces en unas hojas, una maldición... Aunque eran ya más de las nueve, decidí ir a comprar papel carbón a una bodega de la plaza Bolívar; era una especie de librería, cerrada a esa hora pero, como la familia vivía en la misma casa, uno tocaba a la puerta y atendían.

Se expuso usted a que lo detuvieran de nuevo.

"El que no arriesga un huevo no tiene un pollo", dice un refrán de mi pueblo. Así que compré mis cuatro o cinco hojitas, y cuando venía regresando,

deslizándome por una calle bien oscura, un policía me vio... y otra vez me llevaron a la comisaría. Ya empezaban a conocerme. Mandaron otra vez a buscar a mi padre... Media hora estuve de nuevo "preso" por rebelarme contra ese absurdo toque de queda.

¿La rebeldía es un rasgo de su personalidad?

Desde muy niño fui llenándome de rebeldía contra todo lo establecido, y lo expresé de distintas maneras, quizás inspirándome en algunos valores sacados de mis lecturas y de mis experiencias. Lo cierto es que mis rebeldías fueron *in crescendo*. Esa infancia mía pudiéramos mirarla en varias etapas. La primera: un niño de dos o tres años y sus "tres mamás", y aquel caserón con su patio del Edén... Veía esa casa como un edificio gigantesco y un patio que era un mundo. La segunda: la abuela y su amor por el ser humano, la solidaridad. La recuerdo preparando comida y diciendo: *"Huguito, llévele esto allí a doña Rosa"*. O *"a la familia del tío Juan"*. O *"a los Sequera"*. Compartir. Su amor por la naturaleza, el respeto por las plantas, los árboles, los animales, querer al perro, al loro, al pajarito, ponerles comida. Algunas tardes de verano, la abuela, desde la puerta de la casa, me decía: *"Mira, allá está el pico Bolívar"*. Y en el transparente azul del cielo veía, como una columna sosteniendo la bóveda celeste, la cumbre más alta de Venezuela cubierta de nieve.[24] Seguramente a ella se lo había enseñado su madre. Y añadía: *"Por allí está La Marqueseña"*.[25] La naturaleza, el mundo que uno veía en el horizonte, parecía lejano pero yo quería alcanzarlo, transgredir los límites... En ese sentido, yo era un niño de frontera.

---

[25] Situado en los Andes venezolanos, el Pico Bolívar (4.981 m) es la cima más alta del país. Es más elevado, por ejemplo, que el Mont Blanc (4.811 m), "techo" de Europa.

[26] La Marqueseña es un hato (hacienda) de casi cinco mil hectáreas, situado en la periferia de Sabaneta, que perteneció al general Pedro Pérez Delgado "Maisanta" (1881-1924), bisabuelo materno de Hugo Chávez, y que le fue confiscado por sublevarse contra el dictador Juan Vicente Gómez (1857-1935). La familia nunca consiguió recuperarlo. En septiembre de 2005, La Marqueseña fue expropiada por el gobierno bolivariano en el marco de la lucha contra los latifundios.

¿De frontera?

Sí, porque siempre me empeñé en cruzar fronteras, transgredir límites, reconocer nuevos territorios... Cuando me iba por la madrevieja [*el antiguo lecho del río*], explorando, descubriendo, mi abuela decía: *"Huguito anda realengo"*.[26] Me gustaba andar "realengo". Si me iba hacia el norte, a 500 metros estaba la madrevieja; y hacia el sur, a un kilómetro estaba la carretera que va de Sabaneta a Libertad... Una carretera de tierra por la que transitaban camiones. Llegaba hasta esa carretera y veía pasar los carros... Ya eso era una aventura para un niño de cinco o seis años. En los años 1960, la asfaltaron, y también llegó el asfalto a las calles de Sabaneta. Recuerdo la máquina regando asfalto, el fuerte olor... Uno corría sobre el negro asfalto humeante, semiendurecido... Era el mundo que llegaba...

La modernidad.

Llegó la modernidad. Asfaltaron aquella carretera. Uno ya decía: *"Vamos hasta la carretera negra"*. Las otras eran de color tierra. Para llegar hasta allí había que cruzar unos cañaverales, unas siembras de maíz. En ese tiempo aquello estaba despoblado... Y si agarrabas hacia el norte y la madrevieja, se veía el pico Bolívar... Es decir, era un niño...

En el medio de dos mundos.

Una carretera negra por un lado; el pico Bolívar allá, muy lejano, por el otro. Y en el centro del mundo: aquella casa feliz y aquel patio. Y un niño, desde muy pequeño, trabajador. Ésa es la tercera etapa, porque empecé a ser trabajador en esa casa; la abuela era el ama del hogar, y yo trabajaba.

---

[26] En principio "realengo" se decía de un territorio que dependía directamente del rey, y, sobre todo, que no dependía de ningún señorío feudal, de ningún noble o eclesiástico. De tal modo que eran lugares con mayor libertad, como por ejemplo, en la Edad Media, algunas ciudades libres (en España: Ciudad Real). Por extensión, "realengo", en particular en el Caribe (Cuba, Puerto Rico), significa "libre", "sin dueño". Se habla frecuentemente, por ejemplo, de "perros realengos" para designar a los perros sin dueño. Es el significado que le da aquí a esa palabra la abuela de Hugo Chávez.

¿En qué trabajaba?

En todo. Iba a buscar leña para el fogón de la cocina; ramitas de una planta que echa unas florecitas amarillas para hacer las escobas de barrer. Con una vara cortada, se agrupa en un manojo un conjunto de maticas, bien acomodaditas y queda hecha la escoba. Siempre me agradó la manualidad, trabajar con mis manos; sembrar maíz, cuidarlo...

¿En aquel patio?

Sí, en el mismo patio; allí cabía todo. Ese patio tenía una biodiversidad... Era universal. El maíz se sembraba cuando comenzaban las lluvias, hacia mayo; se empezaba limpiando la tierra y luego se sembraba directamente con la coa, una herramienta hecha de madera para hacer hoyos y depositar las semillas.

A la usanza indígena.

Sí. Íbamos juntos colocando las semillas; la abuela recomendaba: *"No le ponga más de cinco"*. Cinco granitos de maíz. *"Y no me lo tape muy duro"*. Había que taparlo suavecito, que la tierra cayera sobre sí misma, por su propio peso. Si se tapaba fuerte, la semilla no nacía.

Se asfixiaba.

Sí. Pero cuando se plantaba correctamente, a los tres días, uno veía cómo comenzaba a despuntar... ¡Qué hermoso es para el espíritu ver nacer una planta! Y después cuidarlas. Protegerlas del invierno, del gusano, de los pájaros... Luego cosechar las mazorcas... Todo lo hacía con mi abuela.

Esas tareas agrícolas no le incomodaban.

No, me gustaban todas. Pelar la mazorca, rasparla después con el filo del cuchillo para sacarle la leche del último juguito; luego el maíz se va acumulando, ya cortado y picado. Había un pequeño molino de madera, con

*La casa de Sabaneta en la que nació y se
crió Hugo Chávez, dibujada por él mismo
(col. part. Ignacio Ramonet).*

Una casa típica de los Llanos, de paredes de bahareque y techo de palma,
semejante a la que vio nacer a Hugo Chávez.

El coronel Pedro Pérez Delgado "Maisanta" (a la derecha, con bigote) y su lugarteniente
el "Turco" Dáger, en algún lugar de los Llanos a principios del siglo XX.

La abuela de "Huguito",
Rosa Inés Chávez, hacia 1955.

"Huguito" Chávez (a la derecha) *con su*
hermano mayor Adán en 1956.

Con los alumnos del Grupo Escolar "Julián Pino", en Sabaneta. "Huguito" Chávez
es el sexto niño en cuclillas partiendo de la derecha.

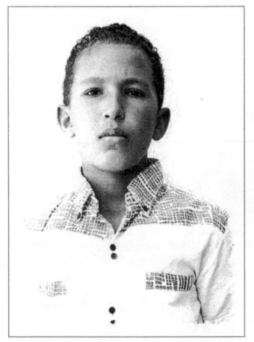

Hugo Chávez en sexto grado (1965).

John F. Kennedy y su esposa Jacqueline, en La Morita, Maracay,
durante su visita a Venezuela, diciembre de 1961.

La pasión del béisbol (Hugo Chávez es el primero a la derecha, rodilla en tierra).

En la época de su entrada en la Academia Militar de Caracas (1971).

Hugo Chávez en uniforme de cadete, con sus padres Elena y Hugo de los Reyes, el primer día de salida de la Academia Militar (noviembre de 1971).

El cadete Hugo Chávez en uniforme.

En la Academia Militar, maestro de ceremonias
en una elección de Reina (1974).

Hugo Chávez durante unas maniobras militares en la década de 1980.

un tornillo y una boca grande, uno lo ponía en la mesa más alta, echaba en él el maíz picado, empezaba a moler; por un lado caía molido y por el otro caía la leche. Luego, la leche se echaba sobre el propio maíz molido, se hacía una masa, y de allí: al fogón de leña; sobre el budare. "Budare" es un término indígena, es una placa circular de hierro para cocer los alimentos a la plancha. Sobre el budare se echa la masa de maíz, se va cocinando y se hace la cachapa.[27]

También, en una perola o una olla con agua, preparábamos unos bollos, se envolvían en la misma hoja de maíz y se obtenían las hallaquitas. O se preparaba la mazamorra, un jugo de maíz, como una chicha, para beberla.

¿Usted lo sabía hacer?

Bueno, yo participaba... No en la cocción.

De la cocción se ocupaba su abuela.

Pero yo era la mano de obra. Desde el proceso primario, buscar las semillas y sembrar el maíz, hasta la elaboración, cocinarlo... y comerlo. También le llevaba unas cachapas a algún vecino. Para mi abuela era como un orgullo, enviarle cachapas a sus amigos del barrio, o un tarrito de mazamorra. Además, el placer de saber que se había producido en el patio de nuestra casa... Todo natural, orgánico, sin pesticidas, con absoluto respeto ecológico diríamos hoy. Realmente, aquel patio daba para todo.

¿Servía también como área de juego?

También. En ese patio aprendí a jugar béisbol bajo dos árboles; asimismo jugábamos voleibol, o "bandido aéreo" inspirado en películas mejicanas de tipo charro pero en las ramas de los árboles... En fin, esa etapa del hijo

---

[27] La cachapa es una tortilla de maíz, un poco más gruesa que la mejicana. Se come con un poco de mantequilla, o se acompaña con queso o carnes.

y las tres mamás, y con un mundo en el patio, con tres fronteras para la aventura visual y la imaginación, o para andar por esos caminos de los cañaverales o de las costas de la madrevieja, donde pretendían que había caimanes, aunque nunca los vi afortunadamente. Nos decían que había babas [*cocodrilos*] y culebras de agua que se llevaban a uno al fondo del charco... Cuentos mágicos. Para infundirme miedo, y que no me metiera en el agua.

¿Cree usted que su abuela le transmitió el espíritu de sacrificio?

El espíritu de la solidaridad. Que era también una idea de Bolívar cuando decía: *"La gloria está en ser útil"*. Desde niño aprendí a ser útil. A trabajar y a vivir en una "comuna familiar".

Usted participaba en la producción y en la elaboración, pero también en la comercialización ¿no?

Sí. En la época de cosecha de naranjas, por ejemplo, salía con un saco de naranjas en una carretilla a vender por las casas, sobre todo a la barquillería del pueblo. Vendía naranjas, aguacates, piñas...

¿Todas cosechas del patio?

Del patio todo. ¡Ese patio era una potencia agrícola mundial! [*se ríe*]

¿Cuántos metros cuadrados tenía?

Como 200 metros cuadrados.

No es casi nada...

No, no, a ver, una hectárea son 10.000 metros cuadrados. Y el patio tenía unos 50 metros por 50, o sea que son: dos mil quinientos metros cuadrados... Sí, un cuarto de hectárea. Un patio grande, en verdad. ¿No le digo? Si hasta había aguacates, piñales, una mata de onoto... ¿Sabe lo que es el onoto?

No.

Es un colorante. Un árbol que da unas cápsulas con muchas pepitas rojas... Colorante para preparar alimentos y darles gusto, como el pimentón.

Cuando falleció mi abuela, escribí una poesía, el día que la enterramos, en 1982, año en que nacía el movimiento bolivariano. Murió de tuberculosis a los 70 años. Fue un canto también a la rebeldía, porque dentro de ella ardía una protesta permanente... Contra lo establecido. Me la transmitió. Nos repetía: *"No crean en curas. Dios está en cualquier parte"*. En ese poema, escribí: *"Quizás un día, mi vieja querida / dirija mis pasos hacia tu recinto"*. Y añadía: *"Y entonces, / en tu casa vieja / tus blancas palomas / el vuelo alzarán* (siempre había muchas palomas blancas sobre el techo, en algunas épocas del año, iban y venían libres, llegaban a comer y mi abuela nos mandaba que les pusiéramos maíz...) / *y bajo el matapalo* (un árbol grandísimo) / *ladrará 'Guardián'* (nuestro perro) / *y crecerá el almendro* (teníamos unos almendrones gigantescos) / *junto al naranjal* (...) *y los mandarinos / junto a tu piñal / Y enrojecerá el semeruco* (un árbol muy frondoso que da unas fresas chiquitas rojitas) *junto a tu rosal / y también el ciruelo / junto al topochal"* (también había una mata de topocho).

¿Qué es el topocho?

Un plátano pequeño.

¡Había verdaderamente de todo en ese patio!

Y animales, ya le dije: morrocoyes [*tortugas*], gallinas, gallos, el loro, etc.; "Guardián" era el cuidador de todo aquello, el capataz.

Tenían autonomía agrícola.

Sí, soberanía alimentaria... ¿No le digo que vendíamos frutas y conservas? Y es que, además, dentro de tantas cosas, mi abuela hizo algo muy bueno con Adán y conmigo: nos enseñó a leer y a escribir antes de ir a la escuela.

Al parecer, su abuela le enseñó a leer en una revista llamada _Tricolor_. ¿Es cierto?

Hace poco conseguí, por casualidad, una colección de _Tricolor_ [_me la muestra_]. Una madrugada, estando en La Casona [_la residencia oficial privada del Presidente de Venezuela_], me pongo a revisar libros antiguos en la biblioteca. Y consigo una colección de 1955... Amanecí ese día viéndome de nuevo en las páginas de _Tricolor_, guardadas por algunas buenas manos...

¿Cómo se procuraba su abuela esas revistas?

Quien las traía era mi padre. Al ser maestro, recibía _Tricolor_ como material pedagógico; así que nunca faltaba en casa de mi abuela. Yo estaba siempre ansioso por recibirla. Cuando mi padre llegaba en su bicicleta, lo primero que le pedía: _"¡Papá_, Tricolor _!"._ Era mensual.

¿Cuando empezó a publicarse?

En marzo de 1955. Tenía yo ocho meses de nacido cuando salió por primera vez. Una buena revista, con diseño original, excelente color. Se definía como: _"Revista venezolana para los niños, publicación mensual del Ministerio de Educación, Dirección de Cultura y Bellas Artes"._ Se editaba en la época de Pérez Jiménez, pero nació —me puse a estudiar su historia—, en 1949, siendo presidente Carlos Delgado Chalbaud. Luego permanece, y el equipo seguramente se mantuvo con personalidades como Rafael Rivero, o los dibujantes Desiderio Trompiz y Arturo Moreno. Todos venezolanos. Ese patrimonio se fue perdiendo, degeneró. Y la revista se privatizó; ahora la estamos recuperando...

¿Con ella aprendió realmente a leer?

Sí, pero además me dio instrucción, influyó sin duda en la mente abierta de aquel niño que, desde entonces, se hizo adicto a los libros. Soy "biblio-adicto", no puedo andar sin un libro... Aprendí a leer y a escribir en un mundo en el que, afortunadamente, no llegaba la televisión. *Tricolor* sustituía a la televisión. Junto con la radio, fue el primer medio de comunicación con el que tuve contacto... Copiaba los dibujos de *Tricolor*, llenaba los cuadernos que mi tío Marcos me regalaba. Dibujaba para hacer exposiciones en el grupo escolar; la maestra me mandaba hacer una ilustración para ponerla en tal lugar de la escuela, yo la hacía, y a veces me pagaban una locha o un medio [*50 céntimos de bolívar*], y era para la abuela...

¿Por qué se llamaba *Tricolor*?

Por los tres colores —amarillo, azul y rojo— de la bandera venezolana. Pedía la colaboración espontánea de los lectores, y como yo dibujaba, mandé varios dibujos... Nunca los publicaron. Me la pasaba buscando en las páginas a ver si aparecían... *Tricolor* poseía una calidad de excelencia, de diagramación y de redacción...

¿Ejerció una influencia en su educación?

Poderosamente. Esa revista me atrapó el espíritu... En ella aprendí muchas cosas de las que todavía hablo... Era como un curso completo y muy ameno: historia, geografía, ciencias naturales, ciencias físicas y químicas, costumbrismo, música, viajes, aventuras... Fue como una siembra de valores, amor por lo nuestro, por la historia de Venezuela... No dejaba de leerla. Me alentó a dibujar. Yo era un niño dedicado al trabajo, al estudio y luego al deporte. No hubo, en mí, resquicio alguno para degeneración de ningún tipo... Una formación muy completa. Ojalá todos los niños vivieran así, la utopía, la Arcadia...

Produciendo, educándose, creando...

Viví el mundo de la utopía. Con esa abuela que me enseñaba a leer, que leía con nosotros... Me encantaba leerle la revista completa. Gracias le doy a Dios que no hubiera televisión en mi casa. ¡Cuánto aprendí con *Tricolor*!... Mi papá poseía la colección completa; me sumergí en ella. Leía no sólo el número del mes, si no desde atrás. Así aprendí a meterme en la historia. Todos esos conocimientos, esas raíces venezolanistas, influyeron muchísimo en lo que soy hoy en día.

Su abuela ¿había hecho una escolaridad normal?

Sabía leer y escribir. Había estudiado en la escuela primaria de Sabaneta. Tenía una bonita letra y leía muy bien. Recuerdo algo que la hacía reír mucho: una noche, le digo: *"Abuela, a que no sabes dónde dice* 'rolo'?". *"¿Rolo? No veo. ¿Dónde?"*. Le digo: *"Aquí"*... Era el final de *Tricolor*, leído al revés... Se reía mucho, disfrutaba con esas ocurrencias... Le contaba a mi papá: *"¡Huguito lee al revés!"*. Lo cierto es que cuando entré a la escuela, ya sabía leer y escribir.

¿Aprendió a escribir con la mano izquierda o con la derecha?

Con la izquierda.

¿Se toleraba? En muchos países forzaban a los zurdos a escribir con la derecha.

Fíjese: Adán, mi hermano, me lleva apenas un año, entró a la escuela y escribía con la zurda; pues le obligaron... Me contaba: *"Me amenazaron con golpearme la mano"*. Tuvo que acostumbrarse a escribir con la derecha. Mi padre, zurdo también, recuerda que le hincharon una vez la mano por escribir con la izquierda... Por supuesto escribe con la derecha. Pero entrando yo a la escuela, cambiaron la ley. Me salvé...

Hábleme de sus recuerdos de niño vendedor en las calles.

Sí, era un niño vendedor... Iba a vender dulces a la escuela, en primer lugar...

¿En su propia escuela?

Sí. Llegaba y colocaba mi potecito con 20 "arañas" en el piso, al lado de mi pupitre, y a la hora del recreo salía al patio y las vendía...

A sus compañeros...

A los compañeros y a los maestros.

¿Cuánto ganaba?

Hacía mis cálculos, sabía que eran 20 lochas todos los días, a menos que quedaran "arañas". Podía comerme una, y hasta podía regalar alguna. Había una muchachita muy pobre, no tenía un céntimo, y siempre le regalaba una. En una ocasión, teníamos una partida de pelota en el patio de la escuela, y yo llevaba las "arañas". Le pedí a un compañero: *"Atiéndeme las 'arañas' y te regalo una pues"*. Me puse a jugar. El recreo duraba media hora. De repente oigo un vidrio que se rompe, ¡el pote de las "arañas"! El compañero se había peleado con otro que le quería robar una "araña"...

¿Qué dijo su abuela?

Mi abuela era muy estricta; tenía que entregarle 20 lochas diarias... Pero no se enfadó conmigo... Siempre me daba una o dos lochas... Al salir de la escuela, andaba por el pueblo pregonando mis "arañas", iba al campo de pelota, al juego de bolas, a la gallera, al cine... Los días de las fiestas patronales era cuando más actividad comercial había. Sabaneta se llenaba de bazares, llegaba el circo, los elefantes, las bonitas trapecistas que se lanzaban allá arriba... La plaza se llenaba de juegos populares: la ruleta, máquinas de caballitos, carritos... Lo recorría todo vendiendo mis dulces; era una semana de fiesta, la plaza Bolívar se llenaba de gente, uno que otro borracho, y en la tarde: toros coleados.

¿Había una plaza de toros?

No, es una cancha larga que puede tener hasta 100 metros, con cercas a ambos lados. Bajan los toros de un camión, los ponen en un lado, en la manga de coleo, delante de la puerta...

¿Son toros bravos?

Sí, deben ser bravos necesariamente. Los coleadores son unos diez. Voluntarios... Se convirtió en un deporte nacional, y hay competencias con reglas muy estrictas... Los coleadores se colocan a caballo al lado de la puerta, se abre ésta, el toro sale disparado, y los coleadores galopan tras él tratando de agarrarle la cola... Los caballos coleadores son rápidos. Un buen caballo adelanta pronto al toro bravo, que es más pesado. Cuando el caballo lo alcanza viene la fuerza del coleador, pero es la fuerza del caballo la que arrastra al astado y le da la vuelta, lo tumba. Hay toda una normativa...

¿Se le hace daño el toro?

En algunas ocasiones sí, claro, hay toros que se hieren, salen con una pata quebrada. En verdad, desde niño, nunca me gustó ese deporte; hay caballos maltratados también. Una vez vi un toro matar a un caballo con los cuernos, en pocos segundos el pobre caballo murió desangrado... También resultan heridos algunos coleadores. Hay gente muy aficionada, eso viene desde los tiempos de las vaquerías.

¿Cuando la actividad principal, en los Llanos, era la cría de grandes rebaños de reses?

Sí, era una forma para los peones de la sabana de dominar al toro bravo que se escapaba; lo perseguían a caballo, el toro huyendo, había que agarrarlo por la cola, tumbarlo y amarrarlo...

¿Los "toros coleados" eran típicos de las fiestas patronales?

Sigue siéndolo. No hay fiesta patronal en el Llano donde no haya tres tardes de toros coleados; ahí se concentra casi todo el pueblo. Hay competencia, trofeo para los mejores coleadores y reina; se elige a la "reina de los toros"... En la Sabaneta de aquellos años, los toros coleados se tiraban en la calle Real, no había manga de coleo; ahora las hay, de hierro, con iluminación y todo. Se prepara bien el terreno, con palco para que la gente pueda ver mejor. En aquel tiempo no. Era un rebullicio de gente, desde el primero de octubre hasta el 7, día de la Virgen del Rosario, Patrona del pueblo, y fin de la fiesta. Venían muchos forasteros de Barinas, de Apure...

Con lo cual su actividad de niño vendedor se intensificaría ¿no?

Claro. Fui vendedor hasta que salí de sexto grado; el "arañero" me decían... Llegué incluso, en una época en la que no había ni fruta ni dulces, a vender *sandwichs*; compraba pan salado largo, preparaba la mortadela con mantequilla y me lanzaba a la calle... Tenía que vender algo para ayudar a la abuela; buscaba la manera de vender lo que fuera, plátanos, papagayos, etc. Una vez, mi tío Ubaldino Morales —marido de la hermana de mi madre— llegó de los Andes, muy pobre, con su familia, no tenían donde residir y se alojaron en casa de mis padres. Ubaldino era muy trabajador, y pronto pudo disponer de una camioneta *Power Wagon* roja; con ella, iba de pueblo en pueblo vendiendo plátano y topocho. Yo le ayudaba, hacía trabajo voluntario con él, y de vez en cuando me llevaba en su furgoneta. Íbamos hasta Puerto Nutria. Con él fui por primera vez a Barinas, a vender frutas. Me encantaba andar en eso. Ubaldino me decía: *"Vende a 8 por un real"*, o por medio bolívar, no recuerdo. Pero yo daba 10 por un real, porque veía que la gente andaba necesitada.

De ese modo también aprendía una lección de sociología, veía cómo era la vida real ¿no?

Sí, así observé hechos que, grabados en mi memoria, me ayudaron a comprender las realidades del mundo... Aprendí en la calle, confrontando la vida verdadera... He sido un "niño trabajador", no un niño explotado, sino un niño "trabajador voluntario". Un "niño andante", un pequeño Quijote del Llano soñando con enderezar entuertos...

¿Le gusta recordar su infancia?

A veces voy de incógnito a Sabaneta. No puedo ir de día, porque se arma un alboroto y entonces se acabó todo: mi soledad y mi contemplación del tiempo. Paseo por sus calles en la noche, recordando, solo, como un viaje a la semilla... A mi mente acuden tantos detalles del pasado... Con emoción y nostalgia, vivo en silencio esos recuerdos...

CAPÍTULO 4

Política, Religión y Enciclopedia

Un niño político – El tío "adeco" – "¡*Viva Rómulo!*" –
El Pacto de Punto Fijo – Wolfgang Larrazábal –
Guerrilleros en el botiquín – El padre preso –
La muerte de Kennedy – "Alianza para el Progreso" –
Un niño alfabetizador – De monaguillo – La muerte de la abuela –
El cura Velázquez – La Iglesia y los pobres – La visita del obispo –
Un buen alumno – La Enciclopedia *Quillet* –
"Triunfar en la vida" – Educando la voluntad –
Forjando un carácter – Fijando un destino.

En su infancia ¿qué lugar ocupaba la política?

Primero quisiera decirle algo: creo que fui un "niño político". Como Aristóteles dice que *"el hombre es un animal político"*, fui un "animalito político"... Claro, cuando cae [*Marcos*] Pérez Jiménez [*el 23 de enero de 1958*] derrocado por las fuerzas revolucionarias venezolanas, bajo la dirección de la Junta Patriótica presidida por Fabricio Ojeda, yo tenía tres años y medio, y no conservo recuerdo alguno de cómo se vivió aquello en Sabaneta. Pero luego viene la Junta de Gobierno [*del 23 de enero de 1958 al 13 de febrero de 1959*], las elecciones [*7 de diciembre de 1958*], la victoria de Rómulo Betancourt, los años 1960 a 1963... Ya tengo 8, 9 años; y empiezo a captar cosas, de cómo esos acontecimientos entraban en aquella casita.

¿Y cómo entraban?

Por mi padre; a él siempre le gustó la política... Todavía hoy [*en 2009*] lleva por dentro aquella rebeldía silenciosa de mi abuela, su mamá. Desde joven era muy dinámico, participaba en muchas actividades... Y cuando su hermano, mi tío Marcos, venía de visita, discutían de política. Yo los oía... y distinguía bien que había dos posiciones: la de mi tío y sus amigos, y la de mi padre y sus amigos. Siempre respeté mucho —y respeto— a mi tío Marcos; representaba para mí una figura de la autoridad, era serio... pero con afecto. Tenía ese cargo de funcionario, de inspector de obras y estaba con el gobierno, claro... Era "adeco", del partido Acción Democrática (AD)[1] y la primera vez que oí a alguien hablar de Rómulo Betancourt, el Presidente de entonces [*1959-1964*], fue a mi tío; se definía como "romulero", lo admiraba...

¿Había muchos "adecos" en Sabaneta?

Algunos había. Recuerdo que, en el año 1962, nos llevaron del grupo escolar, en unos camiones, a asistir a la inauguración de la carretera Puente Páez-Cejita-Mijagual-Santa Rosa,[2] y alguien gritó: "*¡Allá va Rómulo!*"; así lo llamaba el pueblo: Rómulo, a secas. Yo lo vi, iba con una pipa, usando un liquiliqui blanco, que era el color de su partido. Y levantaba el júbilo en algunos sectores del pueblo.

¿Su tío frecuentaba esos sectores?

Bueno, él vivía en Barinas, pero sí, a la gente que más visitaba cuando venía al pueblo eran los "adecos". Gente de cierto nivel económico; hacendados, o don Timoleón Escalona, que tenía la ferretería más grande del pueblo y vendía desde cemento hasta un tubito para la llave de paso,

---

[1] Fundado en 1941 por Rómulo Gallegos y Rómulo Betancourt, Acción Democrática fue, en su origen, un partido de izquierda socialista que, en alternancia con Copei, controló la vida política venezolana de 1958 a 1998. También controlaba el principal sindicato del país, la Confederación de Trabajadores de Venezuela (CTV). Desde 1999, aunque sigue afiliado a la Internacional Socialista, AD es de ideología centrista y mantiene una posición muy crítica con respecto a la Revolución Bolivariana.

[2] En gira administrativa por el estado Barinas, el presidente Rómulo Betancourt inauguró esa carretera el 13 de mayo de 1962, nueve días después del "Carupanazo".

o los italianos, comerciantes generalmente conservadores; gente, en suma, cercana a las posiciones de aquel gobierno.

Pero Acción Democrática no era un partido conservador; era socialdemócrata, miembro de la Internacional Socialista.

Sí, en teoría eso es correcto. Rómulo Betancourt hasta figuraba como líder de las izquierdas de toda esta región donde abundaban los dictadores como Somoza, Batista, Trujillo o Duvalier, apoyados por Washington. Pero, como el desprestigio internacional de estos tiranos era demasiado grande, el imperio echó mano también de los dirigentes que se oponían a las dictaduras. Entre ellos Betancourt que estaba exiliado en Estados Unidos y pactó con los gringos. Ahí se le cae la máscara; firma el Pacto de Nueva York, en 1957, con Copei[3] de Rafael Caldera. Y cuando retorna a Caracas, luego del derrocamiento [*23 de enero de 1958*] de Pérez Jiménez, gana las elecciones y llega al poder [*13 de febrero de 1959*] pero bajo el control de la oligarquía. Con la caída de la dictadura había comenzado una esperanza de cambio... Sobre todo que, muy cerca de Venezuela, en Cuba, isla del Caribe, un mes antes, el 1° de enero de 1959, había vencido Fidel Castro, derrocando a Batista a pesar del apoyo yanqui, y demostrando que una victoria antiimperialista era posible en América Latina en aquel momento... Pero Betancourt traiciona aquello, revela que no es un izquierdista; la oligarquía y la burguesía criollas lo envuelven y el imperio penetra su gobierno.

¿Y qué hace la izquierda?

La verdadera izquierda se alza; muchos se van a la montaña; surgen las guerrillas;[4] algunos militares patriotas también lo hacen, el coronel Juan de

---

[3] El Comité de Organización Política Electoral Independiente (Copei) o Partido Social-Cristiano de Venezuela, fundado en 1946 por Rafael Caldera, dominó, en alternancia con Acción Democrática, la vida política venezolana de 1958 a 1998.

[4] Véase, Régis Debray: "Quinze jours dans les maquis vénézuéliens",en *Essais sur l'Amérique Latine*, François Maspero Editeur, París, 1967.

Dios Moncada Vidal, por ejemplo, o el teniente Nicolás Hurtado Barrios, y otros oficiales y sargentos... El coronel Moncada Vidal llegó a ser uno de los comandantes de las Fuerzas Armadas de Liberación Nacional (FALN). Hubo también dos rebeliones militares de izquierda: el "Carupanazo",[5] y el "Porteñazo",[6] en 1962.

En represalias, Betancourt golpeó muy duro; tenía una mentalidad sumamente conservadora y represiva. Fue el autor de una frase terrible en un discurso al ejército y a la policía: *"Disparen primero y averigüen después"*. Una represión espantosa se desató contra las corrientes progresistas, los movimientos políticos opositores, y hasta las Fuerzas Armadas... El Che Guevara lo había visto claro, porque parece que, en Costa Rica, en 1953 ó 1954, conoció a Betancourt, y comenta en una carta algo así: *"He conocido a un venezolano que dice ser un revolucionario pero estoy seguro de que no es ningún revolucionario"*.

¿Su padre militaba en algún partido?

Mi padre militó largos años en la democracia cristiana, en Copei; era "copeyano" porque le tenía aprecio a Rafael Caldera, su ética... Pero, en ese tiempo, estaba fundando, en Sabaneta, la sección local de un partido que tuvo ribetes de izquierda en sus orígenes [1946]: la Unión Republicana Democrática (URD). Luis Miquilena, Fabricio Ojeda y José Vicente Rangel

---

[5] El 4 de mayo de 1962, en Carúpano, se alzan un Batallón de Infantería de Marina y un destacamento de la Guardia Nacional, ocupan la ciudad y lanzan un manifiesto a nombre del Movimiento de Recuperación Democrática. Al día siguiente, las fuerzas leales al Gobierno retoman el control y detienen a centenares de personas, entre ellas a miembros del Partido Comunista de Venezuela (PCV) y del Movimiento de Izquierda Revolucionaria (MIR). El presidente Betancourt decide prohibir estas dos organizaciones.

[6] El 2 de junio de 1962, en Puerto Cabello, fruto de una conspiración cívico-militar, se subleva un grupo de oficiales y de marinos de la Base Naval apoyados por grupos civiles armados. Las fuerzas leales al Gobierno aplastan al día siguiente la insurrección cuyo saldo es de unos 400 muertos y 700 heridos. El presidente Betancourt lanza una política de depuración de las Fuerzas Armadas contra cualquier oficial sospechoso de simpatías con la extrema izquierda.

fueron algunos de sus fundadores a nivel nacional. Era el partido de Jóvito Villalba [*1908-1989*], uno de los líderes prominentes de la política venezolana de los años 1930, 1940, 1950 y 1960. Había pertenecido al Partido Revolucionario Venezolano (PRV), fundado [*en 1928*] por el profesor Salvador de la Plaza [*1896-1970*] y los hermanos comunistas Eduardo y Gustavo Machado. Junto con Rómulo Betancourt y Rafael Caldera, Jóvito Villalba formó "el trío de estrellas" de la política de ese cuarto de siglo. De todos ellos, Jóvito, con su partido URD, era el más a la izquierda. Ganó incluso las elecciones de 1952[7] [*30 de noviembre*] pero Marcos Pérez Jiménez, mediante un golpe de Estado, se proclamó Presidente. Luchador incansable contra las dictaduras, desde la de Juan Vicente Gómez [*1908-1935*] hasta la de Pérez Jiménez [*1948-1958*], Villalba pasó incontables años en el exilio o en la cárcel. Cuando cae Pérez Jímenez, aparece firmando, con Caldera y Betancourt, el Pacto de Punto Fijo.[8]

¿En qué consistía ese Pacto?

Se firmó en octubre de 1958. Pérez Jiménez había sido derrocado el 23 de enero de ese mismo año, la democracia se había restablecido y se acercaban las elecciones. Pero ¿qué pasaba? Se lanza de candidato Wolfgang Larrazábal apoyado por el Partido Comunista y por la izquierda.

---

[7] Acción Democrática y el Partido Comunista de Venezuela, ilegalizados, no pudieron participar en los comicios.

[8] El 31 de octubre de 1958, unos meses después del derrocamiento de Marcos Pérez Jiménez, en una quinta del sector Sabana Grande, en Caracas, llamada "Puntofijo", propiedad familiar de Rafael Caldera, tres partidos —Acción Democrática (AD), Copei y Unión Republicana Democrática (URD)— firman un acuerdo "para asegurar la estabilidad del régimen naciente". En la práctica, el Pacto de Punto Fijo se traducirá por un reparto exclusivo del poder, durante cuarenta años, entre AD y Copei. Al Pacto se suman, además, otros actores "extra-partidarios" —pero con notoria influencia— como el sector empresarial (Fedecámaras), la organización mayoritaria de los trabajadores (CTV), las Fuerzas Armadas y la Iglesia.

¿Quién era Wolfgang Larrazábal?

Wolfgang Larrazábal [1911-2003] es un oficial de la marina, un almirante, que se une al movimiento revolucionario y participa en la rebelión que derroca la dictadura de Pérez Jiménez; y, en ese momento de transición, asume las riendas del país a la cabeza de una Junta Militar. Forma parte de una corriente militar llamada "trejismo"; aunque en verdad, él no era el jefe de aquella generación de oficiales. El líder se llamaba Hugo Trejo [1922-1998]. Lo conocí bastante, muchos años después me reuní con él, conversé mucho ¡Cuánto aprendí del coronel Hugo Trejo! Me llamaba *"el otro Hugo"*. Dirigió aquella juventud militar, a la que pertenecía el general Jacinto Pérez Arcay, apenas subteniente en esa época, que luego fue profesor mío en la Academia Militar y tuvo gran influencia en mi formación política. Pero los demás líderes empiezan a relegar a Trejo por considerarlo "izquierdista"; lo van neutralizando y consiguen sacarlo del país, lo mandan de embajador a Costa Rica.

Larrazábal había asumido el mando, tenía buen prestigio, carisma, un hombre joven, buen orador, en contacto con los movimientos progresistas. Le había enviado a la guerrilla de Fidel Castro, que aún estaba en la Sierra Maestra ya a punto de triunfar, unas 150 armas, fusiles M1 Garand, semiautomáticos, norteamericanos. Y al propio Fidel, que no lo olvida, le envió un excelente fusil FAL, automático, belga.[9]

O sea que, ante las elecciones de diciembre de 1958, Larrazábal surge como la figura del momento.

Sí, era un hombre culto, con gran conocimiento de la política y apoyado por casi todas las izquierdas. Entonces, Acción Democrática, Copei y la URD hacen esa alianza histórica: el Pacto de Punto Fijo en el que Betancourt, Caldera y Jóvito Villalba, líderes de la burguesía, deciden repartirse el

---

[9] *"El Gobierno Provisional del almirante Larrazábal, me obsequió un fusil automático FAL el penúltimo mes de la guerra, en noviembre de 1958"*. Confirmó Fidel Castro el 29 de noviembre de 2009 en una "reflexión" titulada: *"¿Existe margen para la hipocresía y la mentira?"*.

poder y excluir toda posibilidad de victoria electoral de la izquierda. Al final gana Betancourt las elecciones del 7 de diciembre de 1958 por pocos votos; pero Larrazábal triunfó en Caracas.

En ese momento su padre militaba en la URD.

Sí, mi padre, seguramente antes de que se firmase el Pacto de Punto Fijo, fundó la sección local de la Unión Republicana Democrática en Sabaneta. Ellos se situaban más a la izquierda porque la fundó, por ejemplo, con un amigo suyo, Eduardo Zamudia, que terminó perseguido por las fuerzas del gobierno. Y con el doctor Escobar, un médico que vivía al lado de nuestra casa y una noche el Ejército allanó su domicilio, buscándolo. Ya se había marchado. Luego supimos que se había sumado a la guerrilla.

¿Eso fue al comienzo de los años 1960?

Sí, era al principio de esa década porque, en 1962, la URD se retiró del gobierno de Betancourt, se salió del Pacto de Punto Fijo y muchos de sus militantes —entre ellos Fabricio Ojeda que había sido presidente de la Junta Patriótica que derrocó a Pérez Jiménez en 1958 y luego diputado de la URD— se incorporaron al movimiento guerrillero que estaba naciendo en Venezuela. Ya había triunfado, en enero de 1959, la Revolución Cubana; y el maccarthysmo de Estados Unidos se trasladó aquí. Todo lo que olía a justicia social o a protesta era condenado por "subversivo".

Era la época, en Estados Unidos, del dúo Eisenhower-Nixon.

Richard Nixon[10] vino a Venezuela en 1958, cuando era efectivamente vicepresidente de Eisenhower,[11] y fue recibido en medio de colosales protestas

---

[10] Richard Milhous Nixon (1913-1994), vicepresidente de Estados Unidos durante los dos mandatos de Dwight D. Eisenhower (1953-1960). Presidente de 1968 a 1974; a la mitad de su segundo mandato el "escándalo de Watergate" le conduce a dimitir. Es el único Presidente estadounidense obligado a dimitir.

[11] Dwight David Eisenhower (1890-1969), general estadounidense, Comandante en Jefe de las Fuerzas Aliadas en Europa durante la Segunda Guerra Mundial. Presidente de Estados Unidos de 1953 a 1960.

antiimperialistas.[12] Presidente republicano de Estados Unidos después de un largo período de dos décadas de dominio demócrata, muy anticomunista y partidario de gobiernos militares fuertes en América Latina, Eisenhower había sido un aliado y protector de Marcos Pérez Jiménez a quien incluso había condecorado [*el 25 de octubre de 1954*] con la Legión del Mérito [*Legion of Merit*]... Todo eso se comentó en el pueblo.

¿Usted oía esos comentarios?

Recuerde que yo era un niño vendedor ambulante, recorría los lugares más frecuentados: las calles principales, el paseo, el cine, la gallera, la cancha de béisbol... Y oía muchos comentarios de política; porque Sabaneta era un pueblo pequeño pero politizado, muy politizado. Y sobre todo, en mi propia casa, aquel niño político comenzó a oír, por un lado, al tío que decía: *"¡Viva Rómulo!"*, y por el otro, al padre que replicaba: *"¡Abajo Rómulo!"*.

Luego mi padre abandona la URD y pasa a otro partido que surgió, ya socialista o que pregonaba el socialismo: el Movimiento Electoral del Pueblo (MEP). Lo fundó un maestro, Luis Beltrán Prieto Figueroa [*1902-1993*], gran educador, socialista, compañero durante muchos años de Betancourt, pero cuando éste se desvía hacia la derecha, el maestro Prieto reúne a su gente del ala izquierda de AD y funda el Movimiento Electoral del Pueblo. Entonces mi papá comienza a traer a casa libros de Prieto, discursos. El símbolo de Prieto era la oreja, tenía unas orejas muy grandes; "el Orejón" le decían.

Yo oía a mi padre comentar esos acontecimientos. Y ya entendía que había como fuerzas encontradas; y también unos guerrilleros.

---

[12] El vicepresidente estadounidense Richard Nixon llegó a Caracas el martes 13 de mayo de 1958 y fue acorralado por una enorme protesta popular; cuando regresaba de entrevistarse con el Presidente de la Junta de Gobierno, Wolfgang Larrazábal, su vehículo fue atacado en una de las manifestaciones más violentas que se hayan visto en Caracas.

¿Había guerrillas cerca de Sabaneta?

Sí, y de aquí hacia el Apure; guerrillas de a caballo y de montaña, gente del Comandante "Arauca";[13] surgió un movimiento guerrillero de los Llanos, en Portuguesa, Barinas, Puerto Nutrias y Apure. Entre el piedemonte, Portuguesa y las montañas de Boconó había como un "triángulo guerrillero". El Estado Mayor del Ejército colocó un puesto militar, un centro de operaciones en La Marqueseña, desde donde controlaba cualquier movimiento hacia la montaña o hacia el llano. Sabaneta fue prácticamente ocupada militarmente en esos años 1960... El pueblo se ubicó en una línea roja desde el punto de vista de la campaña antisubversiva que lanzó Betancourt. Hubo una campaña dura; no fue de los frentes guerrilleros más poderosos, pero hubo varios focos a lo largo de la sabana.

El comandante cubano Arnaldo Ochoa estuvo apoyando a las guerrillas venezolanas.

Sí, Ochoa[14] estuvo, pero los cubanos desembarcaron por Barlovento, en Machurucuto,[15] y después se fueron al estado Falcón. Allá en Falcón fue

---

[13] Francisco Prada Barazarte, más conocido como el Comandante "Arauca" o el "Flaco" Prada, antropólogo, fue junto con Douglas Bravo, Alí Rodríguez, José Vicente Scorza y Fabricio Ojeda, miembro fundador, en la década de 1960, del Partido de la Revolución Venezolana-Fuerzas Armadas de Liberación Nacional (PRV-FALN), organización favorable a la continuación de la lucha armada. Las *Fuerzas Armadas de Liberación Nacional* (FALN), se constituyeron formalmente el 1º de enero de 1963 al agruparse el *Frente "José Leonardo Chirino"* (Douglas Bravo, Elías Manuitt Camero), el *Movimiento 2 de Junio* (comandante Manuel Ponte Rodríguez, capitán Pedro Medina Silva), la *Unión Cívico Militar* (teniente coronel Juan de Dios Moncada Vidal, comandante Manuel Azuaje), el *Movimiento 4 de Mayo* (capitán Jesús Teodoro Molina, comandante Pedro Vargas Castellón) y el *Comando Nacional de Guerrilla*.

[14] A petición del Partido Comunista de Venezuela (PCV) y del Movimiento de Izquierda Revolucionaria (MIR), Cuba organiza la "operación Simón Bolívar" y, en julio de 1966, envía a Venezuela a catorce instructores en tácticas guerrilleras (entre los cuales figura el entonces capitán Leopoldo Cintra Frías) bajo las órdenes del comandante cubano Arnaldo Ochoa (1930-1989) que más tarde será uno de los jefes de las fuerzas expedicionarias cubanas en Etiopía y en Angola, y merecerá el título de "Héroe de la Revolución". A su regreso de Angola, Ochoa es detenido en junio de 1989, acusado de corrupción y de implicación en tráfico de drogas, juzgado, condenado a muerte y fusilado en La Habana el 13 de julio de 1989.

cristalizando uno de los frentes más fuertes de la guerrilla: el "Frente José Leonardo Chirino"[16] que dirigía Douglas Bravo.[17] También el MIR[18] organizó focos guerrilleros en Oriente. Igualmente en Sucre y en Monagas fue duro. Aquí [*en los Llanos*] en cambio, la guerrilla no logró afianzarse porque ya los campos estaban muy abandonados, muy disminuidos, no había base social... Existían algunas condiciones pero no florecían.

¿Se sentía la presencia de la guerrilla?

Mire, yo tengo un viejo recuerdo... Mi padre trabajaba entonces en Los Rastrojos, a varios kilómetros del pueblo, y al salir de Sabaneta para ir hacia allí, había que pasar obligatoriamente por el botiquín de Francisco Orta.

---

[15] En julio de 1966 tuvo lugar un primer desembarco de un grupo de militares cubanos (entre los que se encontraba Arnaldo Ochoa) y un único venezolano Luben Petkoff. En mayo de 1967, se produjo el "desembarco de Machurucuto" que vio la llegada de otro grupo procedente de Cuba integrado por guerrilleros del MIR y de veteranos cubanos entre los que se hallaba Ulises Rosales del Toro. Unos meses más tarde, en octubre, en Bolivia, Ernesto Che Guevara era capturado, asesinado y su guerrilla desmantelada.

[16] José Leonardo Chirino (1754-1796) fue un zambo (hijo de una indígena y de un negro esclavo) revolucionario venezolano que lideró una fallida insurrección de esclavos en 1795.

[17] Douglas Bravo (n.1932) es el guerrillero más famoso que ha tenido Venezuela. En 1962 funda y dirige el Frente Guerrillero "José Leonardo Chirino" en la sierra de Falcón, en el que participan, entre otros, Teodoro Petkoff y Alí Rodríguez. En marzo de 1966 dirige el Partido de la Revolución Venezolana (PRV) cuyo brazo armado, las Fuerzas Armadas de Liberación Nacional (FALN), continuaron la lucha armada fusionándose con el Movimiento de Izquierda Revolucionaria (MIR), conformando ambas organizaciones el Frente de Liberación Nacional, abreviado todo como FALN-FLN. En la actualidad, Douglas Bravo es líder del movimiento "Tercer Camino".

[18] Fundado en 1960, el Movimiento de Izquierda Revolucionaria (MIR), es resultado de la primera división sufrida por el partido Acción Democrática (AD), fundamentalmente en sus órganos de juventud. El MIR fue uno de los primeros grupos, en Venezuela, en lanzarse a la lucha armada; provoca enfrentamientos urbanos entre 1961 y 1962; e instala un foco guerrillero en el Oriente del país denominado «Frente Manuel Ponte Rodríguez», desmantelado en 1964 por el Ejército y reconstituido en 1965 con el nombre de «Frente Guerrillero Antonio José de Sucre».

El "botiquín" es como una taberna ¿verdad?

Sí, una taberna, un bar donde hay una rocola [*juke-box*] con música y la gente se toma su cerveza o su trago de ron. Entonces, mientras mi papá conversaba con los amigos dentro del botiquín, uno se quedaba fuera, en el patio, entraba y salía, porque aquello era como familiar y no un sitio prohibido para los niños; las familias se instalaban en el patio, hacían un sancocho de gallina...

¿Y qué ocurrió?

Un día, estando nosotros jugando precisamente en el patio, se presentaron unos hombres armados que bajaban de la montaña a buscar comida: era la guerrilla.

¿Su padre tenía algún contacto con la guerrilla?

Directamente no. Pero varios amigos suyos que eran de izquierda, o de la extrema izquierda, como el doctor Escobar o Zamudia de los que le hablé, al final tuvieron que irse a la guerrilla porque los andaban persiguiendo con las peores intenciones; o el bachiller Rodríguez que lo "desaparecieron"...

¿Había comunistas en Sabaneta?

Sí, entre ellos, los Orta, los del botiquín, Francisco, Juan, eran comunistas y luego se fueron a la guerrilla. Había entonces el rumor de que los comunistas eran "malos"... Guerra psicológica. Curiosamente, ese Francisco Orta, años más tarde, adhiere a nuestro Movimiento Bolivariano; y yo mismo volví, 25 años después, al mismo botiquín de Francisco, a aquella misma casa a conspirar con los mismos viejos y con los hijos. Porque el Partido Comunista de Venezuela (PCV), al que ellos pertenecían, decidió, desde 1957, impulsar una conspiración cívico-militar, estableciendo alianzas con las corrientes de los militares patriotas.[19] Y, después de un paréntesis

---

[19] "En 1957, el brazo armado del Partido Comunista de Venezuela, con Douglas Bravo, Teodoro Petkoff y Eloy Torres como representantes, se reunió en la casa del entonces coronel Rafael Arráez Morles, en El Paraíso. Allí decidieron crear el Frente Militar de Carrera del

un poco largo —caída de Pérez Jiménez, guerrillas, fin de las guerrillas, "Carupanazo", "Porteñazo", "Caracazo", etc.— surge el proyecto de nuestra rebelión del 4 de Febrero de 1992 alimentada con corrientes militares, corrientes patrióticas, corrientes de izquierda y corrientes de extrema izquierda… Pero no quiero anticiparme, llegará el momento y lo hablaremos.

¿A su padre lo persiguieron?

Mi padre nunca participó en movimientos, digamos, "de abierto desafío al orden establecido". Él y sus amigos eran sobre todo bohemios, contestatarios, anticonformistas. Mi padre fue muy parrandero, como "Juan Charrasqueado"[20]… Aunque sí estuvo una vez detenido en La Marqueseña que era un puesto de Comando Antiguerrillero. Arrestaron a todo un grupo y allí los encarcelaron una noche. Yo fui con mi madre a llevarle comida y a buscarlo. Recuerdo que entramos con bastante temor a ese puesto…, al cual diez años después volví como jefe.

¿Aún había guerrillas?

No. Cuando en 1975, graduado ya de la Academia, volví al puesto militar instalado en La Marqueseña, ya no había guerra. La misión más importante

---

Partido Comunista en la Fuerza Armada Nacional. El fin era captar militares a fin de incorporarlos al proyecto revolucionario.(…) Esa política fue acertada para el PC, al extremo que pocos años después unos 170 oficiales ya reportaban a esa organización. Los uniformados posteriormente se unieron con el guevarista MIR (Movimiento de Izquierda Revolucionario), para al fin alzarse en1962 en Carúpano y Puerto Cabello, donde las fuerzas insurrectas cívico-militares fueron derrotadas. Jesús Teodoro Molina Villegas, Juan de Dios Moncada Vidal, Pedro Medina Silva, Manuel Ponte Rodríguez, Víctor Hugo Morales, fueron algunos de los 50 oficiales que posteriormente participaron en la creación de las Fuerzas Armadas de Liberación Nacional, llegando a ser varios de ellos comandantes de Frentes [guerrilleros]." Alberto Garrido, "Venezuela: De la revolución al gobierno de Hugo Chávez", http://vcrisis. com/index.php?content=esp/200312071007

[20] "Juan Charrasqueado" es el título de un corrido mejicano muy célebre, compuesto en 1942 por Víctor Cordero (1914-1983); cuenta *la triste historia de un ranchero enamorado que fue borracho, parrandero y jugador*. *Charrasqueado* significa: que tiene una cicatriz de navajazo en la cara.

que me confiaron entonces era cuidar unos equipos de transmisiones gigantescos de la Embajada de Estados Unidos, unas antenas y unos equipos de telecomunicaciones y de transmisiones cifradas. Aquel puesto estaba al servicio de los gringos; era parte de todo el sistema operacional del Comando Sur.

¿Había personal estadounidense?

No llegué a verlo, pero evidentemente si instalaron esos equipos es que estaban los técnicos ahí, no iban a entregárselos a los venezolanos ¿no? O al menos instalaron los equipos y los operaban junto con técnicos venezolanos. En Venezuela hubo mucha presencia norteamericana hasta hace poco tiempo; cuando fui elegido a la presidencia, terminé de sacar a los gringos de las bases militares venezolanas donde tenían oficinas...

Me imagino que era con base en acuerdos...

Sí, acuerdos leoninos, abusivos, firmados con gobiernos entregados, sometidos que les daban a los gringos derecho a todo, a oficinas, despachos y hasta sitios inaccesibles para los venezolanos. Era masiva la presencia de "Boinas Verdes"[21]... Y en las bases aéreas tenían hasta oficinas de inspectores, imagínese... ¡En bases militares esenciales para la defensa y la seguridad de Venezuela! Inaceptable en cualquier país soberano. Eso se acabó. Pero, en fin, esto era un paréntesis, no quiero anticiparme...

Me hablaba usted de su padre preso.

Sí, mi padre preso uno o dos días allá, en el puesto de La Marqueseña. No creo ni que fuera por razones políticas, pero me acuerdo de mi visita

---

[21] Los "Boinas Verdes" (United States Army Special Forces), también llamados "Green Berets", son tropas de élite del ejército estadounidense creadas al principio de los años 1950, especializadas en operaciones clandestinas y en la contra-insurrección. Desde 1987, los "Boinas Verdes" están bajo las órdenes del Comando de Operaciones Especiales (United States Special Operations Command) (USSOCOM), basado en Fort Bragg (Carolina del Norte). Están repartidos en grupos diferentes en función de su preparación específica según el teatro de operaciones: el Grupo 7 (7th Special Forces Group), basado en Florida, compuesto por 1.400 efectivos, está entrenado para intervenir en América Latina.

y el miedo que nos infundían los soldados. Mi papá nos contó que, desde su celda, oía gritos de gente torturada... Yo me enteré después que en ese puesto antiguerrillero mataron a palos a unos jóvenes que eran enlaces de la guerrilla y a un médico de Barrancas. Ese evento también marcó mi niñez: los soldados, los montes y más allá de los montes: los guerrilleros y el ejército persiguiendo a amigos de mi padre... Esos primeros años de la década de 1960 estuvieron marcados, en Sabaneta y en la hilera de pueblos hacia el Apure, por mucha persecución... Y uno, de niño, pues oía muchas cosas; y por allá, lejanos, un tal Che Guevara y un tal Fidel Castro con su barba...

¿Usted oía hablar de ellos?

Sí, escuchaba hablar de Cuba, de la revolución que allí se estaba haciendo, del Che y de Fidel... Se comentaba, se hablaba, pero como en voz baja, cuchicheos; circulaban clandestinamente fotos de Fidel... En algún sitio vi la foto de Fidel y la del Che. Uno, a veces, agarraba un periódico; *Últimas Noticias* era el diario que más se leía. Mi tío compraba el periódico, y de cuando en cuando, muy de cuando en cuando, lo traía a casa; entonces uno veía... Para mí eran cosas muy lejanas, imprecisas, desdibujadas... No entendía. Pero sí, se oían esos nombres...

¿Le ha contado usted eso a Fidel?

Claro. Y lo invité a venir a Sabaneta. Fue un momento mágico, cuando Fidel llegó al pueblo.

¿En qué fecha?

Eso fue el año 2001...

Es la única vez que vino ¿no?

A los Llanos sí, pero a Venezuela vino siete veces a lo largo de su vida... La primera fue en 1948; era Rómulo Gallegos presidente. Nunca olvida el viaje que hizo desde el aeropuerto de Maiquetía a Caracas por la carretera vieja; aún no existía la autopista. Cuenta que pensó que el taxista lo iba a lanzar por un barranco porque corría mucho, y él, en un momento determinado, tuvo que decirle: *"Oiga, o usted disminuye la velocidad, o yo me bajo del carro"*. Era líder estudiante entonces; iba para Bogotá a un Congreso Universitario, que es cuando mataron a Gaitán —ya hablamos de ello—, y pasando por Caracas le pidió audiencia a Gallegos que tenía mucho prestigio entonces; se hablaba de la "revolución venezolana"...

Luego regresó, en su primer viaje al exterior después de la victoria de la revolución, para celebrar el primer aniversario del 23 de enero de 1958 [*derrocamiento de Marcos Pérez Jiménez*], yo todavía era un niño, y él mismo me ha contado que sintió vergüenza ajena porque cuando nombró al presidente Betancourt en El Silencio [*en una plaza de Caracas*], el pueblo pitó estrepitosamente a Rómulo, una bronca de antología... Betancourt no se atrevió a ir a El Silencio; pero Fidel varias veces se refirió a él, y tuvo que hacer señas con las manos para que la gente no siguiera pitando.[22] Ya el pueblo había intuido la traición que luego se entronizó durante 40 años, hasta el 6 de diciembre de 1998 [*primera victoria electoral de Hugo Chávez*], hasta el 2 de febrero de 1999 [*comienzo del primer mandato presidencial de Hugo Chávez*]...

¿Además de la Revolución Cubana, recuerda usted haber oído hablar de algún otro acontecimiento político internacional?

La muerte de Kennedy.[23]

---

[22] Fidel Castro confirma: "Cuando, a fines de enero de 1959, hablé en la Plaza del Silencio, donde se reunieron centenares de miles de personas y mencioné por pura cortesía a Betancourt, escuché la rechifla más sonora, prolongada y embarazosa en mi larga vida. Las masas más radicalizadas de la Caracas heroica y combativa habían votado abrumadoramente contra él. Para mí fue una verdadera lección de realismo político. Tuve luego que visitarlo, por ser el Presidente electo de un país amigo. Encontré a un hombre amargado y resentido. Era ya el modelo de gobierno "democrático y representativo" que necesitaba el imperio. Colaboró todo lo que pudo con los yanquis antes de la invasión mercenaria de Girón". *Reflexiones del Compañero Fidel*, 29 de noviembre de 2009.

[23] John Fitzgerald Kennedy (1917-1963), demócrata, trigésimo quinto Presidente de Estados Unidos, entra en funciones el 20 de enero de 1961 y es asesinado en Dallas (Texas) el 22 de noviembre de 1963.

En 1963, ¿el eco de aquel asesinato, en Dallas, llegó hasta Sabaneta?

En 1963, estaba yo comenzando mi cuarto grado; al presidente Kennedy lo matan el 22 de noviembre. Y al día siguiente, en la mañana a primera hora, llega la maestra Lucía Venero y nos dice: *"¡Ay muchachos, temo que haya una guerra mundial: mataron al presidente Kennedy!"* Yo salí muy preocupado a contárselo a mi abuela; que iba a haber una guerra mundial, y a oír las noticias...

¿Usted, ya había oído hablar de Kennedy?

Fíjese, había visto algunos libros con la foto de Kennedy. Ya había propaganda pro-estadounidense; lo presentaban un poco como el "padre bueno". Así que ya sabía quién era John Fitzgerald Kennedy, pues. O sea, sabía que era Presidente de Estados Unidos, y uno, niño campesino, no veía a Estados Unidos todavía como una amenaza; para nada.

¿Había alguna presencia norteamericana en Sabaneta?

Recuerdo lo siguiente: a Sabaneta llegaron, a principio de los años 1960, unos muchachos norteamericanos, John y David. Imagino que eran de los Cuerpos para la Paz [*Peace Corps*[24]]; llegaban y repartían comida, alimentos, avena —sobre todo de la marca *Quaker*—, hacían como unas ferias y repartían bolsas de comida. Yo tendría seis o siete años. Luego, en la escuela, nos daban clases de inglés en la pizarra del salón; me enseñaron las primeras frases en inglés: *"How are you?"*; esa pronunciación la aprendí de ellos. Llevaron a la escuela guantes de béisbol, jugué pelota con ellos; también jugaban básquetbol [*baloncesto*]; John tocaba la guitarra; sembrábamos árboles... Se quedaron en Sabaneta uno o dos años. La escuela era como el centro de actividad de estos norteamericanos, luego desaparecieron...

---

[24] Los *Peace Corps*, creados por el presidente Kennedy en 1961, dependen de una Agencia del Gobierno Federal de Estados Unidos y tienen por misión oficial "la defensa de la paz y de la amistad en el mundo"; varios de sus miembros han sido acusados, en algunos países, de ser agentes infiltrados de la Central Intelligence Agency (CIA).

Sin duda formaban parte del programa "Alianza para el Progreso",[25] una política de penetración de los Estados Unidos que había lanzado Kennedy para tratar de frenar la influencia de la Revolución Cubana y de Fidel Castro en todas estas regiones de América Latina.

John F. Kennedy vino a Venezuela en diciembre de 1961 e incluso todavía hay gente que recuerde a Kennedy y a su esposa Jacqueline en La Morita, en las afueras de Maracay, entregando títulos de propiedad de tierra a campesinos, porque Rómulo Betancourt había firmado un decreto para lo que llamaron "reforma agraria"... La estrategia de Estados Unidos era entonces de impulsar por toda América Latina la reforma agraria...

Para que los campesinos no se sumaran a la revolución.

Correcto. Entonces Rómulo Betancourt asume la reforma agraria y entrega tierras. Claro, aquello terminó siendo toda una farsa porque no hubo acompañamiento, ni hubo planes productivos, y terminaron los ricos, los latifundistas comprando a precio de gallina flaca las tierras que se habían entregado a los campesinos pobres. Éstos no recibieron ni maquinaria, ni créditos, ni atención para nada. La Venezuela petrolera no tenía ningún interés en producir alimentos...

¿A Sabaneta, llegó algún otro efecto de la "Alianza para el Progreso"?

Sí, recuerdo algo que también llegó, en esa época: un libro, *Abajo Cadenas*,[26] para una campaña de alfabetización dirigida sobre todo hacia los campos.

---

[25] Alianza para el Progreso (*Alliance for Progress*) fue un programa de ayuda económica y social de Estados Unidos para América Latina que duró de 1961 a 1970. Fue creado por el presidente John F. Kennedy en marzo de 1961 y se oficializó en agosto de 1961 con la adopción de la "Carta de Punta del Este" en una reunión del Consejo Interamericano Económico y Social (CIES) de la Organización de Estados Americanos (OEA) en Punta del Este (Uruguay). La Alianza para el Progreso se creó como una forma de contrarrestar la influencia de la Revolución Cubana y apoyar medidas más reformistas.

[26] Expresión sacada de la primera estrofa del himno nacional venezolano: *"¡Abajo cadenas! / gritaba el señor, / y el pobre en su choza / libertad pidió".*

Yo fui alfabetizador. Estando en sexto grado me dieron un diploma de alfabetizador —mi abuela lo guardó muchos años—, por haber enseñado a leer y a escribir a dos compatriotas, dos señores campesinos...

¿Abajo Cadenas se llamaba el manual?

Sí, es una expresión sacada de nuestro himno nacional, y así se titulaba aquel librito. La idea de base evidentemente era buena porque el analfabetismo era enorme por estos campos, producto de la incuria de tantos gobiernos y había que romper las cadenas de la ignorancia, de la incultura.[27] Pero la aplicación de aquel programa también resultó ser una farsa. Yo que era un niño me daba cuenta. Porque el patrón de evaluación era saber poner el nombre. Si al cabo de unas clases, una persona sabe poner su nombre y apellido, ya aprendió. Alfabetizada pues.

Usted pensaba que no era suficiente.

Claro. Y comencé a ser contestatario; reclamaba; se lo decía a mi padre y a mi madre, maestros: *"Pero es que el señor Juan, lo que sabe es poner 'Juan', eso no es saber leer y escribir"*. Para aquel manual, saber leer era decir lo que venía en el libro: *"ala"*, y un ala dibujada; *"pala"*, y una pala dibujada; *"casa"* y una casa dibujada; *"tapara"*, y una tapara dibujada; *"maraca"*, y unas maracas dibujadas... *Ala, pala, casa, tapara, maraca*, y cuatro cosas más... y ya: alfabetizado. Era una farsa, una mentira, un fraude. Porque cuando le quitabas el libro a aquel señor y le modificabas los dibujos de la casa y la pala, se equivocaban. Una vez lo hice, no por maldad, sino para ver si habían aprendido de verdad. Y pude verificar que no aprendían bien.

---

[27] En 1958, año de la caída de la dictadura militar de Marcos Pérez Jiménez, la población analfabeta en Venezuela estaba por encima del 56%. El Gobierno de Acción Democrática de Rómulo Betancourt lanza un programa de creación de escuelas primarias en todo el país y trata de erradicar el analfabetismo recurriendo a "un método venezolano de características propias, adaptado a nuestro medio y comprensivo para la mentalidad popular" que se había elaborado durante el mandato del presidente Rómulo Gallegos (1945-1948), bajo la influencia del educador Luis Beltrán Prieto Figueroa (ministro de Educación en 1948) y cuyo instrumento fue el manual titulado *Abajo Cadenas*.

¿A quién alfabetizó usted?

Me tocó un campesino, Juan, y su esposa, tenían como ocho hijos, y él les pegaba como un demonio, con el cinturón, a aquellos niños: *"La letra con sangre entra"*, decía. Pero aquellos niños tampoco estudiaban, no iban a la escuela... Andaban recogiendo el ganado... Hasta recuerdo que, a esos niños, les llevé de regalo cometas, papagayos, de la industria que yo tenía... Mi hermano Narciso era mi ayudante en la alfabetización —también lo era en la fábrica de papagayos y de "arañas"—, era más pequeño que yo, pero me lo llevaba conmigo a casa de esos campesinos. Vivían en las afueras de Sabaneta, rumbo a la "carretera negra", en las postrimerías del pueblo. Recuerdo a aquel campesino, Juan Camejo, haciendo un esfuerzo para escribir... Hasta ellos se daban cuenta de que era una farsa. Ése es el impacto que tuvo en ese pueblo el nuevo gobierno y las políticas de la "Alianza para el Progreso".

Cambiando de tema, ¿qué lugar ocupaba la religión en su infancia? ¿Su abuela, por ejemplo, iba a misa?

No, jamás yo recuerdo que mi abuela haya ido a la iglesia, jamás en todos esos años.

Pero, ¿le hablaba de religión? ¿Le enseñó los Evangelios?

No es que fuera atea, tampoco era santera, ni curera, pero no era mujer de ir a misa, o de hablar de la religión. Nunca iba a la iglesia pero era muy creyente, rezaba mucho.

¿Está usted bautizado?

Sí, claro, me bautizaron; le hablé de Eligio, mi padrino de bautizo. Todos nosotros fuimos bautizados. Mi abuela era, le repito, muy creyente, pero no hablaba de religión, ni de la Biblia, ni de nada de eso.

¿En aquella casa, había imágenes religiosas?

Había imágenes, pero muy modestas. Lo que más le gustaba a ella, en Navidad, era el pesebre, y más aún cantarle al Niño Jesús, al Niño Dios...

Villancicos y el belén.

¡Ajá! A ella le encantaba, y yo era uno de los que participaba en la construcción del pesebre todos los diciembres. Incluso después de que me fui de cadete al Ejército, ella no hacía el pesebre hasta que yo no llegaba de vacaciones. Esperaba a que llegara y dijera dónde iba el pesebre, y que la ayudara; yo hacía casitas, animalitos de cartón y le pintaba las estrellas, el cometa.

¿Rezaba usted cada noche antes de acostarse?

Sí rezaba, y además yo tenía otra costumbre que conservé hasta de adolescente: inventar una oración. Le rezaba a Dios y pedía por lo que normalmente uno pide, pero le ponía cosas más personales, como asumiendo un compromiso. Pero yo rezaba mi Padrenuestro.

¿Iba usted a misa?

Sí, porque mi mamá era muy de ir a la iglesia, y cercana al cura. Incluso decidió hacerme monaguillo; fue ella quien influyó para que me metiera de monaguillo; quería que fuera cura. A mi abuela no le gustaba mucho.

¿Por qué?

Cuando me veía vestido de monaguillo, se disgustaba: *"¡Ay! Hijo. ¿Qué es eso de monaguillo?"*. Me decía: *"¿Usted cree que porque se ponga ese traje y porque vaya a la iglesia está usted con Dios?"*. Me alertaba: *"¡Cuidado con los curas!"*. *"¡No le crea todo lo que diga el cura!"*. Recuerdo que se reía cuando me oía, en el cuarto, repetir alguna frase en latín: *"Per sécula seculorum..."*. Se burlaba: *"Ahora tengo a un curita en la casa. Amén"*. Le ponía velas a los santos para que no siguiera en eso... Y cuando me salí de monaguillo se alegró mucho. Siempre bromeaba conmigo; toda la vida fuimos los dos como amigos...

Como cómplices.

Sí, como cómplices hasta el último día. El día de la despedida fue terrible. Ya yo era capitán, era diciembre del año 1981, vine a pasar unos días a Barinas, pero ella estaba ya tan mal, tan delgadita, tan acabadita. Adán que vivía aquí, era profesor de la universidad, me mostró unos negativos de Rayos-X que le hicieron, y me explicó que no le quedaba mucho de vida. El médico me lo confirmó: *"No le queda mucho, los pulmones están destrozados, y sufre enormemente..."*. Ella vivía en un cuartico, en casa de mis padres, descansaba en una camita, y yo puse un colchón en el suelo al lado de su cama, y le daba masajes en la espalda. Me acuerdo mucho. Le hice un pesebrito y pasé con ella aquella Navidad. Cuando me iba a ir, el 26 de diciembre, la abracé y era hueso ya, muy delgadita, un esqueleto, no comía. Entonces me puse a llorar, y ella, me acuerdo, me dijo: *"No llore, que con tanta pastilla que me estoy tomando seguro que me voy a curar..."*. Ella sabía que estaba muy mal, sólo tenía un tratamiento para los dolores, un simple analgésico. Y no lloró, para no darme pena. Para consolarme a mí...

Mi abuela era eso, como una rebeldía silenciosa dentro del mundo que vivió. Y sabia, con esa infinita sabiduría popular; porque el pueblo es sabio. Una mujer tranquila; no recuerdo haberla visto nunca furiosa o llena de ira, nunca.

¿No se enfadaba con usted de pequeño, con sus travesuras?

Muy rara vez yo recuerdo a mi abuela molesta. Era, le repito, el ejemplo, el trabajo, la honestidad, el amor. Era muy amorosa con las cosas más humildes. Como San Francisco de Asís. El termo del café, por ejemplo; ella era un amor con el termo del café; la cocina, la cuidaba con infinito esmero; los animalitos, por más humildes que fueran; había que querer al perro *Guardián*, al gato, porque el gato era un amor, y al loro. Tanto era así que en una de las primeras cartas que le mandé cuando llegué a la Academia Militar, en septiembre de 1971, le hablaba de *Tribi*, el gato, y de *Loreto*, el loro, que eran como miembros de la familia pues. Ella humanizó al perro, al gato y al loro.

¿Está enterrada en Barinas?

Sí, en Barinas.

¿Tenía cáncer de pulmón?

No, tuberculosis.

Enfermedad de la pobreza.

Sí, de la pobreza y del trabajo; de tragar mucho humo desde niña en casas mal ventiladas y de trabajar hasta el agotamiento en los campos.

A pesar de la opinión de su abuela, su mamá lo hizo monaguillo.

Sí, mi mamá me indujo pues. Comencé a ir a la iglesia, estuve en todos los cursos de primera comunión y entonces, quizás por algunas habilidades que tenía, verbales seguramente, me seleccionaron. Parece que tenía condiciones para monaguillo. E hice de monaguillo un año creo; estimo haber tomado "la vida monástica" como entre los 8 y 10 años.

¿Usted se confesaba y comulgaba cada semana?

Siendo monaguillo estaba obligado a confesarme, a comulgar, a limpiar la iglesia, a tocar las campanas, a recoger la limosna...

¿Recuerda usted al cura?

Sí, creo que era suramericano... Pudiera haber sido ecuatoriano; Velázquez se llamaba; llegó al pueblo y se instaló en aquella antigua iglesia de techo de palma, grande, muy fresca, muy bonita... en la esquina este de la Plaza Bolívar. En el mismo lugar en que está la iglesia hoy, pero ya no es la misma, es un edificio nuevo.

¿Recuerda usted alguna conversación con aquel cura?

Sí, porque comencé orientado por él. No olvidemos que estamos a esas alturas por 1963, 1964, o sea yo iba a cumplir los 10 años. Y recuerdo a aquel cura conversar; no he olvidado algunas ideas que me llamaron la atención y se me quedaron grabadas. Yo era un niño pobre y todos mis amigos eran pobres. Algunos pertenecían, digamos, a una clase media rural, sus padres tenían una finca o un negocio, etc. Pero mis amigos más cercanos eran muy pobres; Laurencio Pérez, por ejemplo, vendía mondongo, carne, con una bicicleta de reparto; todos éramos muy pobres, campesinos. Entonces yo me sentía identificado con lo que el cura decía cuando hablaba de la "opción preferente de la Iglesia por los pobres". Y comencé a identificarme con el *"Jesús revolucionario"*.

"Jamás hombre alguno ha hablado como este hombre", dijo Juan el profeta. *"Él es un invencible"*. Ni siquiera el diablo pudo con él. Comencé a identificarme con esa figura de un Cristo crucificado por defender la opción preferente de los pobres... El Jesús retador; un Jesús que retó al Poder; el Jesús compasivo, quien *"al ver las multitudes tuvo compasión de ellas porque estaban desamparadas y dispersas como ovejas que no tienen pastor"*.

¿El cura les hablaba de todo eso?

Sí, nos leía, nos hablaba del Jesús del llamamiento: *"Venid a mí todos los que estáis trabajados y cargados, y yo os haré descansar..."*. Recuerdo aquella iglesia con mucho cariño. Tomé con seriedad mi condición de monaguillo. Hasta me acuerdo que estudiaba latín, el Padre Velázquez nos enseñaba algunas frases en latín... Es más, recuerdo incluso que después de que me vine a Barinas a estudiar bachillerato, seguía visitando a ese cura; él convocaba a los jóvenes que estábamos estudiando secundaria fuera de

Sabaneta, nos invitaba a reuniones y conversaciones, y discutíamos. Nos leía unos textos que tenía, unos libros, y evocaba el tema de la "opción preferente de la Iglesia a favor de los pobres".

Muchos años después, enlacé esas conversaciones del Padre Velázquez con las tesis de Juan XXIII,[28] aquel Papa progresista, del Concilio Vaticano II [*1962-1965*] y también con las de la Asamblea extraordinaria del CELAM [*Consejo Episcopal Latinoamericano*] de Mar de Plata [*Argentina, 1966*], y las Conferencias de Medellín [*Colombia, 1968*] y de Puebla[29] [*México, 1979*] y con la Doctrina Social de la Iglesia, una Iglesia progresista que iba a recorrer los mundos. Yo me imagino que aquel cura, más aún si era latinoamericano, estaba muy impactado por las ideas de la Conferencia Episcopal de Mar del Plata, en Argentina, esa reunión de los obispos de América Latina donde se empezó a elaborar un documento sumamente progresista...

El embrión de lo que iba a ser la "Teología...

... de la Liberación". Sí, por esos años estaba naciendo en efecto lo que se llamó más tarde la "Teología de la Liberación".[30] Creo que caí en manos de un cura progresista, un sacerdote bueno, joven, humanitario, muy conversador, que nos inducía a leer y que hablaba de la "opción preferente de la Iglesia por los pobres"... Nunca he vuelto a tener noticias de él.

[28] Angelo Giuseppe Roncalli (1881-1963), elegido Papa en 1958 con el nombre de Juan XXIII; convocó el Concilio Vaticano II (1962-1965) que tranformó a la Iglesia Católica. Muy popular, se le conoce como "el Papa bueno" y fue beatificado por Juan Pablo II en 2000.

[29] La II Conferencia General del Episcopado Latinoamericano se realizó en Medellín (Colombia) en agosto y septiembre de 1968. En el Documento final se enfoca la presencia de la Iglesia para transformar a América Latina a la luz del Concilio Vaticano II. La Conferencia de Puebla, en 1979, insistió en la necesidad de una opción claramente preferente a favor de los pobres: *"Enfatizamos la necesidad de conversión de toda la Iglesia hacia una opción preferente a favor de los pobres, pensando en su liberación completa".*

[30] La Teología de la Liberación es una corriente teológica que comenzó en América Latina después del Concilio Vaticano II y las Conferencias de Mar del Plata y de Medellín (Colombia, 1968). Sus representantes más destacados son los sacerdotes Gustavo Gutiérrez (peruano) y Leonardo Boff (brasileño). La Teología de la Liberación intenta responder a la cuestión: ¿cómo ser cristiano en un continente oprimido? Uno de los máximos exponentes de esta Teología, el jesuita español Ignacio Ellacuría, fue asesinado por "escuadrones de la muerte" en San Salvador.

Era la época también de Camilo Torres.

En efecto, por esos años el sacerdote revolucionario colombiano Camilo Torres [1929-1966] estaba ya luchando en las guerrillas del Ejército de Liberación Nacional (ELN) de Colombia. No dudó en empuñar las armas porque pensaba que el compromiso de la Iglesia, y el suyo como cura, debía ser como el de Cristo: un compromiso con los pobres, con los que están en gran necesidad. Él partía de un postulado cristiano: la gente pobre se merece un cuidado preferente, ya que Jesucristo vino para defender a los necesitados.

Camilo Torres fue un verdadero ejemplo, dio su vida por la causa de los humildes. Y otros sacerdotes progresistas se sumaron también, en otros países de América Latina, a la lucha por una nueva sociedad fundada en la justicia, en la libertad, en la verdad y en el amor. Por ejemplo, Gaspar García Laviana [1941-1978] que agarró las armas contra Somoza en Nicaragua cuando entendió que un cambio político pacífico no permitiría liberar a los pobres de las terribles condiciones que él observaba cada día. Y murió en combate.

¿De lo que predicaba el Padre Velázquez, sacó usted esa enseñanza de que la religión era también un mensaje para los pobres?

Mire, la lección que saqué es que había que estar siempre del lado del débil, del humilde, del que esté pasando por situaciones de pena. Recuerdo, por ejemplo, un acontecimiento: había un policía que era amigo de los niños, entre ellos mío —he olvidado su nombre—, y ese policía, en una ocasión, mató a un hombre en la plaza; unos borrachos estaban peleando, él salió para calmarlos, uno de los borrachos sacó un cuchillo, él desenfundó su revólver y desgraciadamente lo mató; en defensa propia, pero mató a aquel borracho que lo agredió.

El cura nos habló del caso; y después de la conversación con el cura, me dirigí a la tienda de los Zanetti a comprar una manzana, con una o dos lochas[31] del producto de la venta de las "arañas"; luego crucé la plaza y pedí visitar al preso, en su celda, porque lo iban a trasladar a Barinas. Fui a llevarle una manzana a aquel policía en prisión. O sea, aunque nos causó dolor la tragedia de la muerte de aquel hombre borracho, aprendí de ese cura —además de lo que ya había aprendido de mi abuela—, a estar del lado del que caía en una desgracia, del lado de quien estaba en una situación de dolor; en suma, del lado de los pobres. Creo que fue la mayor enseñanza que recibí en esa época de monaguillo con ese Padre Velázquez, que sin duda era un cura progresista. Esa experiencia con aquel cura y con el discurso social de la Iglesia, creo que influyó en mi formación, sobre todo para ir asumiendo una línea, una corriente cristiana progresista, humanista, socialista, revolucionaria, que luego fui elaborando con más profundidad.

¿Qué otras cosas aprendió siendo monaguillo?

Valores humanos; sobre la condición humana. Como monaguillo estuve, por ejemplo, en misas "de cuerpo presente" y aprendí a tener contacto con la muerte. También, con el cura, estuve preparando bautizos. O sea tuve contacto directo con la vida del bebé, y con la muerte, cerca de la muerte, viendo un cadáver y rezando el rosario o el Padrenuestro para consolar a la viuda y a los huérfanos llorosos.

¿Asistía usted a los entierros en el cementerio también?

Sí, de cuando en cuando había una que otra misa en el cementerio. Entonces uno se acostumbró a ser testigo de momentos decisivos de la vida: a ver la muerte muy de cerca y a ver la felicidad del bautizo de un niño recién nacido. Y también la alegría de tocar las campanas porque era hora de la misa o porque llegaban las fiestas patronales. ¡Oh! ¡Qué fiestas! Me encantaba lanzar cohetes.

---

[31] Antigua moneda de 12½ céntimos (medio real) de bolívar.

Artillería popular.

Sí, la artillería popular. Me gustaba mucho lanzar esos cohetes.

¿Recuerda usted las imágenes que había en aquella iglesia?

Claro. Una escultura de Cristo, y una cruz de madera vieja, muy antigua, traída hace muchísimos años de España. Las imágenes de la Virgen del Socorro, del Carmen, de Nuestra Señora del Rosario patrona de Sabaneta; y otras imágenes. Sí, la iglesia tenía —y tiene— imágenes pero no era una iglesia de esas sobrecargadas de santos; no, era una iglesia muy humilde, como el pueblo.

¿En la escuela también se hablaba de religión?

Bueno, fíjese como estaría yo metido en el tema de la Iglesia, que recuerdo —estando en sexto grado, es decir en 1966— la llegada a Sabaneta, por primera vez, del nuevo obispo de Barinas, Monseñor Rafael González Ramírez. Es decir, a Barinas le confirieron la categoría de obispado,[32] y nombraron al primer obispo el cual, recorriendo las parroquias de su nueva diócesis, vino a Sabaneta. En mi escuela "Julián Pino" se organizó un acto. Y a mí me designaron para tomar la palabra y leer un saludo al nuevo obispo. Le di la bienvenida a la escuela; eso era ya con micrófono, y el obispo se me acercó, me puso la mano en la cabeza, me echó la bendición y dijo: *"Donde hablan los niños reina la paz..."*. Nunca se me olvidará. ¿Cómo se le va a olvidar esa frase a un niño de 12 años?

¿Le confiaron esa misión porque había sido usted monaguillo?

Seguramente, pero sobre todo porque era un buen alumno. Debo recordar que mi padre era maestro en esa misma escuela; lo habían cambiado del

---

[32] La diócesis de Barinas, dependiente del Arzobispado de Mérida, fue creada el 23 de julio de 1965.El primer obispo fue Mons. Rafael Ángel González Ramírez quien tomó posesión de su diócesis el 29 de enero de 1966.

monte donde se hallaba alejado, y ahora estaba en Sabaneta. A Adán y a mí, mi padre nos puso una condición: *"Cuando no saquen 20 puntos sobre 20 en los exámenes de la escuela, pierden el derecho a ir al cine"*. Aquello fue una motivación. Modestia aparte, yo sacaba 20 siempre; y eximí todos los grados de primaria; todos.

¿O sea nunca presentó usted examen final?

Correcto. Había una norma: el alumno que sacara 19 ó 20, no presentaba exámenes finales; era eximido. Yo eximí todos los grados de primaria. Me gustaba mucho estudiar. Alrededor de mí, todos me alentaban, mi abuela, mi padre. Mi mamá que también era maestra, siguió unos cursos, hizo normalismo y se diplomó de maestra. Todos ellos me estimulaban para que mejorara.

Puede sonar como inmodesto, pero creo que fui el mejor estudiante del grupo escolar "Julián Pino" en todos esos años. Entonces, claro, los maestros y las maestras decían: *"Llegó el obispo, que hable Huguito Chávez"*. *"Es el Día de la Bandera, o es el Día de la Fiesta patria"*…

"…que hable Huguito Chávez".

Sí, y además Huguito Chávez hablaba…

¡Ya sabía hablar!

¡Sabía hablar! [*risa*]. Decía cosas que no expresaban los demás niños. Actuaba en obras de teatro, jugaba al béisbol, dibujaba, cantaba…

¿No era usted tímido?

Sí, lo era; era tímido, pero vencía la timidez de esa manera. Sentía cierta timidez en el trato personal, pero cuando estaba en el campo de juego, en el escenario de la obra de teatro o en el lugar del discurso, la timidez se desvanecía. Yo era tímido por humilde, por modestia; y sigo siéndolo;

me choca hablar de mí mismo; a veces tengo que hacerlo ante preguntas como las suyas, en situaciones como ésta. Pero me cuesta decir lo que le dije: que creo haber sido el mejor alumno de aquella escuela.

Y apreciado por sus maestros, me imagino.

Muy querido. Sobre todo por las maestras, debo reconocerlo. Como toñeco [*mimado*]. Aquí se usa mucho la palabra 'toñeco' para decir "el más querido", el "preferido". Las maestras me ponían, en época de Navidad, a dibujarles los motivos de las cartulinas [*tarjetas de navidad*], a representar pesebres, y hasta a cantar los aguinaldos [*villancicos*]; uno inventaba hasta coplas, canciones y cosas de ésas.

¿Le sirvieron más tarde todas esas experiencias?

Si hacemos un pequeño balance de aquellos años de mi infancia y preadolescencia; años de educación y de formación, de afianzamiento de una personalidad, vemos que hay un conjunto de elementos que sin duda dejaron huella e influyeron: ese niño trabajador formado por su abuela al conocimiento de la naturaleza y de los trabajos del campo en aquel patio que era como un universo; aquel niño que andaba por las calles vendiendo dulces y que salía de vez en cuando con Ubaldino Morales en una camioneta a vender plátanos en otros pueblos; ese niño que oía hablar de "Maisanta", de Zamora y de Bolívar que habían pasado por Sabaneta; ese niño que estaba en la escuela primaria y estudiaba sus libros; ese niño que era monaguillo y escuchaba a un joven cura hablar de la "opción preferente de la Iglesia por los pobres"; el niño que leía *Tricolor*, las biografías de los héroes de Venezuela, su amor por la historia, y vuelvo al tema de Marc Bloch: "*¿Para qué sirve la historia?*".

Yo fui entrándole a la historia por distintas vías, llevado por una corriente de ese río invisible que cruza sabanas, árboles, pueblos, que es invisible pero tiene una tremenda fuerza: la historia viva. Fui como acercándome, por distintas vías, a ese río que es la historia, y después me tiré al río, me absorbió el río, y ese río me llevó hasta aquí.

¿Su padre, como pedagogo, le estimuló a interesarse por la historia?

Sí, mi padre me incentivó mucho al estudio de la historia. Además, él fue mi maestro de aula en quinto grado. ¡Qué genio tan duro! Era severo y exigente. Los muchachos que no cumplían con las tareas le temían; llevaba en un dedo un grueso anillo de graduación que llamaban "casco de chivo"... Conmigo era aún más exigente; si no sacaba 20, es como si estuviera reprobado. Una vez no pude presentar una tarea a tiempo porque me quedé moliéndole un maíz a mi abuela, y yo mismo pude sentir en mi cabeza la dureza del "casco de chivo"...

Ese año también empezó a meterme en el equipo de béisbol. Y me ponía a hablar en los actos. Incluso me preparó un discurso un Día de la Bandera, que comenzaba así: *"La Bandera que Miranda trajo y que Bolívar condujo con gloria..."*. Yo no lo quería leer, pero insistió, y me puso a practicar... Porque él es como mi abuela: amor, paciencia, bondad; un hombre bueno. Siempre tuvo un alto grado de superación y nos lo transmitió. Fíjese que, partiendo de Sabaneta donde casi nadie iba siquiera al liceo después de primaria, todos nosotros, mis hermanos y yo, hicimos estudios superiores. Mi padre era empeño, una exigencia al máximo y facilitarnos el estudio, un docente pues, en la casa y en la escuela; y nos criamos en ese ambiente de maestros, los amigos de papá, docentes, profesores.

Cuando mi padre comenzó a dar clase, allá en Los Rastrojos, en San Hipólito, en el campo, tenía apenas el sexto grado aprobado; pero, ante la falta de maestros, lo formaron y lo nombraron maestro. Así que fue haciendo cursos, superándose, haciendo talleres de formación en época vacacional, en Barquisimeto, durante los años 1957, 58, 59... para graduarse de verdad. También estuvo en Caracas siguiendo unos cursillos de perfeccionamiento pedagógico; por cierto, cuando el terremoto de Caracas, el 29 de julio de 1967, mi padre estaba allí, y nosotros, después de las evacuaciones, llorábamos a mi padre porque decían que Caracas se había desaparecido, pero a los dos días llegó un telegrama anunciando que estaba bien... Y entonces, cuando él estaba en Barquisimeto para preparar sus exámenes, compró estos libros extraordinarios [*me los muestra*]...

El *Diccionario Enciclopédico Quillet*, francés. Aristide Quillet[33] era un enciclopedista del siglo XX.

Éstos no son los tomos originales; lamentablemente se perdieron. La colección de mi padre tenía las tapas de color verde. Ésta es una edición posterior, de tapas rojas. Mi padre tenía los cuatro tomos en su casa. Y yo adquirí la costumbre de traérmelos al hogar de la abuela, que era mi casa, donde tenía yo mi mesita y mi chinchorro [*hamaca*]. Así que me zambullí, por decirlo así, en las páginas de esta maravillosa *Enciclopedia*.

O sea que, en paralelo a la escuela, usted comenzó a aprender por su cuenta, como un autodidacta.

Sí, esta *Enciclopedia* comenzó a ejercer en mí un impacto tremendo. Le hablo primero del niño de 10, 11 y 12 años. Pero luego también, cuando nos vinimos a Barinas y yo estudiaba bachillerato, esta *Enciclopedia* siguió siendo mi libro de cabecera. Después, se la quité a mi padre, me la traje a Caracas y, estudiando matemáticas o química en la Academia Militar, consultaba este libro. Y aún más tarde, siendo ya profesor de historia en la Academia Militar, seguía consultando esta *Enciclopedia*.

¿Por qué le interesaba tanto?

Lo que más impactó en el espíritu de aquel niño de 11 ó 12 años, fue, en el Tomo I, el primer capítulo. Es una cosa maravillosa. Lo he leído más de cien veces. Se titula: *"Para triunfar en la vida"*. Yo tomaba notas en un cuaderno. Me tomé eso muy en serio. Me dije: *"Voy a triunfar en la vida, voy a triunfar"*.

¿A los 11 años, se fijó esa meta?

Sí. Este mensaje me llegó a esa edad, y fue como un motor. Lo que la Revista *Tricolor* fue para el niño, esta *Enciclopedia* lo fue ya para el

---

[33] Aristide Quillet (1880-1955), enciclopedista francés y editor autodidacta, autor de un *Diccionario enciclopédico* en seis tomos publicado por primera vez en París en 1934.

preadolescente que empezaba a soñar con una vida futura. Quizá con alcanzar el pico Bolívar que, cuando era muy niño, veía desde lejos... Alcanzar la cumbre...

¿Qué decía ese capítulo 1?

Fíjese, le voy a leer un extracto: «*Tengamos confianza en nosotros mismos. Todos los elementos del éxito se encuentran en nosotros. (…) Los verdaderos grandes hombres lo fueron tan sólo por la fuerza de su genio. Es cierto que Alejandro, Napoleón, Shakespeare, Carnegie,*[34] *Pasteur, estaban admirablemente dotados de altas virtudes, pero no es menos cierto que si lograron escalar las altas cumbres del poderío, de la riqueza y de la gloria, fue porque supieron desarrollar y encauzar metódicamente sus facultades naturales. Sería necio empeño pretender ser uno mismo un Napoleón o un Pasteur, pero conviene sin embargo no menospreciarlo. Si aprovechamos de la mejor manera todas nuestras facultades, conseguiremos resultados insospechables*».

Más adelante, esta *Enciclopedia* recomienda ejercicios prácticos para desarrollar esa voluntad y esas capacidades o condiciones innatas. Y yo me aplicaba en hacer esos ejercicios.

¿Qué clase de ejercicios?

Me acuerdo, por ejemplo, de un ejercicio. Cuando uno quiere mirar de frente a alguien abriendo bien los ojos para establecer una idea con mucha firmeza. La *Enciclopedia* decía: "*Tengamos la mirada firme; una mirada ejerce siempre fuerte impresión, utilicemos esta virtud alumbrando todas las llamas de los ojos. Observemos para ello los siguientes consejos: coloquémonos ante un espejo, y dirijamos la mirada sobre nuestra propia imagen reflejada en él, fijemos*

---

[34] Andrew Carnegie, nacido en Dunfermline, Escocia (1833-1919), y naturalizado estadounidense, fue un industrial instalado en Pittsburg que se convirtió en el "rey del acero", y en el "hombre más rico del mundo". Fue también un gran filántropo, creó unas 2.500 bibliotecas públicas en Estados Unidos e hizo construir el célebre Carnegie Hall en Nueva York.

el punto situado entre los ojos y la base de la nariz, hagamos un esfuerzo para inmovilizar los párpados, y durante 30 segundos conservemos la fijeza de los ojos, reposemos 30 segundos, retomemos la primera actitud, conservándola durante un minuto, recomencemos durante dos minutos…". Yo me ponía frente a un espejo y contaba a ver hasta cuánto llegaba sin pestañear.

¿Recuerda algún otro?

Sí, ¿no le digo que yo me estudié esta *Enciclopedia* con la mayor seriedad?; hasta hace pocos años todavía quedaba uno de esos libros por ahí. Por ejemplo, otro ejercicio era ya más físico; para aprender a respirar bien. *"Practiquemos una higiene respiratoria"*, decía. *"Debemos oxigenar bien la sangre. Para ello debemos aprender a respirar".* Y añade: «*Basándonos en el ritmo del pulso, hagamos una profunda inspiración de seis segundos, conservemos el aire inspirado tres segundos, expirémoslo en seis segundos, y conservemos los pulmones vacíos durante tres segundos. Poco a poco y progresivamente, ampliemos el ritmo respiratorio, sin rebasar nunca la cadencia a 20 segundos y 10 segundos. Debe hacerse este ejercicio con mucha frecuencia y con suma atención. Pronto alcanzaremos el hábito de aspirar y expirar el máximo de los pulmones*».

Yo aprendi a respirar hondo, llenando los pulmones de aire y guardando la respiración. Mi abuela me descubrió algunas veces respirando. *"¿Qué haces muchacho, loco?".* Yo solo, respirando… Respiración diafragmática.

Se practica en el yoga.

Esa *Enciclopedia* partía del gran principio clásico: *mens sana in corpore sano*. La higiene del cuerpo es fundamental para tener un espíritu sano; por eso también aconsejaba que si no había tiempo de ducharse en la mañana, para que la circulación del cuerpo fuera mejor, se echaran unas gotas de agua en las extremidades, y frotarse rapidito con agua las piernas y los brazos. *"Ayudemos a la circulación de la sangre"*, recomendaba. *"Para ayudar a la circulación, démonos duchas frías todos los días al levantarnos, o* bien rociémonos el cuerpo comprimiendo una esponja con agua fresca; para esto último no se necesita instalación especial. Las personas cuya salud no les permite soportar el agua fría, deberán todas las mañanas, friccionarse el cuerpo con la palma de la mano, o con un guante...". Yo lo hacía.

Y ejercicios para memorizar y para desarrollar la inteligencia. Recuerdo que uno debe cerrar los ojos y, para grabarse un número, se imagina una pared negra y los números, por ejemplo, 1.583, deben ir surgiendo como en llamas: uno, cinco, ocho, tres ¡Ya! Te lo grabaste. Hay que repetirlo varias veces.

¿Había ejercicios para aprender a hablar en público?

Para hablar en público no. Pero sí para trabajar la voz y la expresión oral. Decía, por ejemplo: *"Eduquemos una voz clara y expresiva, el timbre de voz puede conmover profundamente. Para dar la muestra de un timbre persuasivo, conmovedor, cantemos a boca cerrada"*. Yo me la pasaba: *"Mmmmm"*, cantando a boca cerrada. *"Ése es un ejercicio que puede hacerse todas las mañanas"*.

Mi abuela se alarmaba: *"Este muchacho se está poniendo loco con esos libros"*. A mi papá: *"Mira, a Huguito quítale esos libros, ese muchacho se está poniendo loco..."*. Yo iba repitiendo cosas. Haciendo ejercicios...

¿El libro enseñaba modales de comportamiento?

Sí, cómo comportarse de modo educado pero controlándose siempre. Por ejemplo, recomendaba: *"Guardemos silencio cuando no necesitemos hablar. Seamos sobrios de ademanes, no digamos nuestras impresiones. Escuchemos y no comentemos"*. Esto no debí leerlo yo con mucha atención...[risa]. Y sigue: *"Cuando hablemos, hagámoslo sin atropellar. Elijamos las expresiones, no lancemos la primera que se nos ocurra, esforcémonos en dar con la que mejor exprese nuestro pensamiento. Hablemos con convicción, pero sin gesticular"*. Es como la base de una formación, de un inicio para dominarse a sí mismo.

Adquirir un control sobre los instintos y aprender a concentrarse y a no dispersarse.

Correcto. Esa *Enciclopedia Autodidáctica Quillet* enseñaba la concentración mental, a fijarse en algo y no dejarse distraer. Por ejemplo, decía: *"Pensemos tan sólo en una cosa, pero absorbiéndonos completamente en ella. Lleguemos hasta el final de nuestro pensamiento".* Y esto yo lo hacía, lo practicaba, manteniendo la máxima facultad de fijación y hasta tratando de dibujar de memoria los rostros de personas conocidas.

Se impuso usted una autodisciplina.

Sí, me sometí a una férrea autodisciplina. Y constataba los progresos, mi vida cambiaba, me gustaba. Los consejos que daba aquel libro, yo pude verificar que daban fruto. Constituyeron para el preadolescente que yo era una autoayuda esencial. No se me olvidan. Por ejemplo, decía: *"Cultivemos la fortaleza del espíritu. Tengamos fe en el éxito. Pero necesitamos constantemente renovar nuestras fuerzas. Busquemos los manantiales más ricos de donde sacarlas y meditemos".* Yo siempre ando buscando manantiales para beber, para renovar fuerzas intelectuales, ideas. Permanentemente.

¿Actualmente también?

Sí, claro. Sobre todo ahora, con todo lo que estamos realizando en todos los sectores. Más necesario que nunca es tener ideas, conceptos, proyectos, y no es fácil, en medio de todos los frentes en los que estamos avanzando, hallar el tiempo de meditar, de pensar, de leer, de encontrar inspiración, imaginación. Pero yo trato de hacerlo. Este libro me enseñó mucho en ese sentido. En un momento dice: *"Procurémonos algunos ratos de aislamiento"* —yo lo hago con bastante frecuencia—, *"se vigorizará nuestra alma si periódicamente logramos aislarnos del medio habitual. La sabia costumbre de las vacaciones y los domingos pasados en el campo es la práctica agradable de este precepto. Acostumbrémonos a cambiar completamente de ambiente".*

¿Toma usted vacaciones?

Desde que ocupo este cargo, o sea desde febrero de 1999, no me he tomado un día de vacaciones. Ni uno solo. Jamás. La gente lo sabe. Ésta es una misión sagrada confiada por el pueblo; y hay tanto que hacer que sería casi una traición si yo me tomara un día de vacaciones. Se lo digo a veces, bromeando, a mis colaboradores que forzosamente están sometidos a mi mismo ritmo: *"Tomar vacaciones es un acto contrarrevolucionario"*. Es una exageración, claro.

Pero volviendo al sentido de su pregunta, el hecho de que yo no me tome vacaciones no me impide procurarme momentos indispensables de aislamiento y meditación. Esa *Enciclopedia* me dio indicaciones precisas sobre la forma de llevar a la práctica este descanso mental. *"Primeramente se procura tener bien libre todos los músculos, asegurándose que el cuerpo reposa con todo su peso; luego se entornan los párpados y se fija uno el propósito de adentrarse en sí mismo, es decir de interrumpir momentáneamente todo contacto con el mundo exterior"*. Yo me metí eso en la cabeza. Esto es educación de la voluntad.

¿Esa *Enciclopedia* proponía también una educación de la inteligencia?

Obviamente. Toda una parte muy importante insiste en la educación de la inteligencia. Para ello fijaba algunos principios. El primero de ellos: observar bien. Decía, por ejemplo: *"Tenemos que aumentar la potencialidad de los sentidos. Esto es desarrollar por un lado la agudeza y rapidez en las percepciones, y por otro nuestras aptitudes de observación. Seamos curiosos: escuchemos, miremos, toquemos. Es preciso que las personas sean lo más precisas. Así aprenderemos a desarrollar la memoria"*.

También subraya la necesidad de ser racionales: *"Disciplinemos la imaginación. No nos libremos a su fantasía, a sus invenciones novelescas. No nos dejemos encantar por sus espejismos, la imaginación debe servir a nuestros cálculos"*.

Por último, insistía en la importancia de afinar el sentido común, el discernimiento: *"El juicio nos ayudará a depurar el pensamiento y a justipreciar los sentimientos"*. Sin olvidar nunca que la base de un buen funcionamiento del espíritu reside en un cuerpo que debe ser sometido a las reglas de la higiene.

¿El objetivo de todos esos ejercicios y recomendaciones era prepararse para triunfar en la vida?

El libro definía un concepto de la vida. Le repito que yo leí esto, una y cien veces, en mis años 14, 17, 20, 25 y hasta más. Se trataba de forjar un carácter. Por ejemplo, en la introducción decía: «*Nos exaltamos ante las proezas de los atletas, y cada nueva hazaña de los ases del deporte nos entusiasma. Lo que nos debe maravillar no es el resultado conseguido y que aplaudimos, sino el esfuerzo y energía que han necesitado para conseguirlo. Toda persona normalmente dotada, y que no padezca entorpecimiento físico puede lograr esas proezas*».

Era como una educación al esfuerzo y a la perseverancia, a desarrollar el espíritu como el atleta desarrolla el músculo. El libro añadía: «*Si no nos han preparado para la lucha de la vida, es preciso que nosotros mismos lo hagamos. Al igual que el cuerpo, el espíritu puede volverse despierto, activo, vigoroso. Los ases de los negocios, de la política, de la ciencia, de las artes, son los atletas del espíritu*». Yo fui asumiendo esto, en verdad, con la mayor resolución.

La autoeducación.

Sí, la autoeducación. Y sigo en ello; todos los días estoy estudiando; no hay un día que yo algo no estudie. Soy adicto de la autoeducación, pero aplicando el principio de Montaigne que decía: "*Más vale cabeza equilibrada, que muy llena*".

¿Le fue útil esa *Enciclopedia* para construir su carácter?

Bueno, yo aprendía muchas cosas, con mi abuela, en la calle, en la escuela; me gustaba aprender, siempre me gustó mucho aprender. Pero esos conocimientos se acumulaban en mí con un gran desorden, como en todos los niños, y esa *Enciclopedia* me ayudó a organizarlos, a estructurarlos, a jerarquizarlos. Pero, sobre todo, a aquella edad de 11 y 12 años, cuando el preadolescente va indagando sobre sí mismo, su psicología, y va buscando también su personalidad, este libro me propuso respuestas concretas —y en mi opinión inteligentes— a las preguntas básicas que me planteaba.

En ese sentido, sin duda, esta obra me ayudó mucho a conformar una mentalidad, a desarrollar algunas facultades mentales. Por ejemplo, en un momento, dice: *"Los hombres superiores no lo han sido, sino tras una ruda disciplina, que voluntariamente se impusieron y que prosiguieron con tenacidad. Todo el que sepa cultivar sus facultades nativas debe forzosamente 'triunfar'."*

Cultivando la voluntad.

Sí, la voluntad es la facultad maestra. Está la inteligencia, claro, y los sentimientos, y otras facultades mentales. Pero la voluntad es la que nos fija el destino. Educación de la voluntad para fijar el destino. Y a lo largo de varias etapas de mi vida, yo fui elaborando mi ideal de vida.

¿Qué significaba para usted, en aquel momento, "triunfar en la vida"?

¿Qué quería ser yo en mi vida? El primer sueño concreto de objetivos que quise alcanzar fue: ser pintor. Me surgió siendo niño. Me puse a estudiar pintura. Al final lo dejé, aunque seguí pintando cosas...

¿Sigue usted pintando?

Sí, todavía pinto.

¿Al óleo?

Al óleo, al óleo. Acuarela pinté en una época, pero más nunca utilicé acuarela. Al óleo me gusta más. Le tengo que mostrar algún cuadro mío que quedó por ahí, que sobrevivió al huracán. En la cárcel pinté un cuadrito.[35] Y hay otro que hice cuando estábamos en el conflicto del golfo

---

[35] Se refiere al cuadro *"La Luna de Yare"*, pintado en 1993 cuando, después de la rebelión del 4 de febrero de 1992, se hallaba preso en la cárcel de Yare.

—el golfo de Venezuela— con Colombia. Muchos se perdieron; otros han reaparecido después. Ahora estoy pintando uno nuevo.

¿Admiraba usted a algún pintor en particular?

En verdad no llegué a desarrollar mis conocimientos en la pintura; estudié no más de un año, nociones básicas.

¿En Sabaneta había algún museo?

No, no había.

¿Había pinturas en la iglesia, por ejemplo?

No, tampoco; en la iglesia no había pinturas. Sí las había en cambio, en forma de reproducciones gráficas, en la Revista *Tricolor*. Y en otros libros, claro. Por ejemplo, había muy buenas reproducciones también en la *Enciclopedia Quillet*, y hasta un curso de pintura.

Esta obra insistía en la importancia del objetivo a alcanzar, que no debía ser materialista, buscando ganancias materiales, sino más bien idealista y altruista. Citaba una frase extraordinaria de Carnegie: *"El ideal por realizar no debe ser mezquino, necesita ser noble y elevado para interesarnos con pasión. Necesita que el intenso deseo que despierte en nosotros nazca más de los alientos del corazón que de los cálculos del espíritu. Nada puede realizarse digno de estima si no lleva una emoción animadora".* Y Carnegie añade esto: *"Toda vida sin más estímulo que el de reunir dinero es bien triste".*

Es curioso, porque era un empresario estadounidense que ganó mucho dinero aunque también fue un gran mecenas.

Debió arrepentirse de su pasado capitalista, porque fíjese lo que dice aquí: *"¿Queremos triunfar de verdad? Pero no al ser rico, que nada significa. Sino feliz y útil".* Y más adelante sostiene: *"Para ser superior a los otros hombres es necesario que un ideal superior nos exalte. No persigamos quimeras, busquemos resultados sólidos, pero inspirémonos en miras elevadas. Hagamos desde este punto y hora balance claro y sincero de nuestra vida, decidamos con vistas del pasado lo que debe ser el porvenir. Pero decidámonos a vivir de modo generoso y todo el mundo ganará. Nosotros y los demás"*. Yo leía esto con el mayor interés; lo subrayaba, lo anotaba, me lo aprendía y me lo aplicaba.

Es extraordinario que ese libro haya caído en sus manos a la edad en la que le era más útil, porque si lo hubiese encontrado siendo ya mayor, hubiese sido demasiado tarde... Encontrarlo a los 12 años, edad en la que la personalidad se está construyendo, ha sido sin duda de gran importancia para la estructuración de su comportamiento.

Adoro estos libros. Hasta cierto punto, yo también soy hijo de lo escrito. Hijo de *Tricolor*, hijo de *Quillet*... Y de muchas otras fuentes. Más allá del conocimiento, está el espíritu, la motivación. Lo principal que a mí me dio esta *Enciclopedia* fue la motivación.

CAPÍTULO 5

En el liceo de Barinas

El liceo O'Leary – Un muchacho "veguero" – Campo y ciudad –
Ecos de la guerrilla – El secuestro de Di Stefano –
La visita de De Gaulle – El asesinato de Martin Luther King –
Cursos de pintura – Buen estudiante – El amor a las ciencias –
Un "mensaje a García" – Asumiendo liderazgo –
La furia del béisbol – "Magallanero" – El "Látigo" Chávez –
Nueva meta: ser pelotero – Perdiendo la inocencia –
Los Ruiz Guevara – La política – ¿Ser militar? – Cambio de rumbo.

¿Cuándo se marchó usted a Barinas a estudiar el bachillerato?

A los doce años, en 1966. Raúl Leoni, de Acción Democrática, era entonces Presidente de Venezuela. Terminé la primaria y de inmediato me fui a Barinas. Me instalé en casa de mi tío Marcos, una casa modesta pero con espacio en donde vivía con su familia, su esposa Josefa, muy bondadosa, muy trabajadora, afrodescendiente, que cocinaba para todos nosotros, y con la que tuvo siete hijos. En ese tiempo sólo tenían a la primera hija, una niñita, Inés. Era una casita modesta. Tenía dos o tres habitaciones; Adán y yo dormíamos en una de ellas. Pero los fines de semana, regresábamos a Sabaneta a casa de la abuela.

¿Su abuela se había quedado en Sabaneta?

Sí, pero no aguantó. Al cabo de dos años, se vino a ocupar una casa que mi papá consiguió a dos o tres cuadras de la de mi tío. Y Adán y yo fuimos a vivir allí con ella, hasta que papá consiguió un puesto de maestro en Barinas y con mi mamá se mudaron para allá, con los hermanos más pequeños. Entonces Adán y yo fuimos a otra casa que mi tío alquiló, para mi abuela y nosotros dos, en la misma urbanización. Estábamos cerca todos.

¿Su tío seguía trabajando en obras públicas?

Sí, trabajaba en un despacho de obras públicas. Yo lo acompañé una vez a una inspección, le hacía preguntas, ayudaba incluso a tomar notas en un cuaderno, sobre las características de la obra, midiendo, etc. Era como un ayudante. No iba de niño bobo; nunca me gustó ser un muñeco o un jarrón chino.

¿Usted ya había estado antes en Barinas?

En una ocasión había venido, siendo alumno de primaria, a traer a un enfermo; alguien se enfermó en Sabaneta y mi padre, que tenía un carrito, se propuso llevarlo a una clínica de Barinas y me trajo como acompañante. Era una clínica privada, situada frente al liceo. Viniendo de Sabaneta, Barinas me pareció una metrópolis, con cosas que no había visto nunca en mi vida: edificios altos, grandes avenidas, plazas inmensas... Me llamaron la atención las aceras, muy altas... Tuve que esperar afuera, en la calle, y caminé por allí. Más nunca había vuelto. Ésa fue la única vez que estuve.

¿Qué impresión le causó la ciudad?

Por supuesto, me gustó mucho. Bolívar pasó por Barinas en 1813... Consiguió un pequeño ejército y se vino por los Andes, por caminos de montañas, bajó por Portuguesa, y halló en Barinas alimentos, agua, fábricas de uniformes y ropa para las tropas, fábricas de armamento, fábricas de fusiles, de bayonetas, caballería, ganado para alimentar a su ejército, maíz, avituallamiento; en fin, todo lo que es la logística de un ejército en campaña... La ciudad, aunque era un pueblo grande, muy rural y apacible, tenía un pasado glorioso, y eso se notaba.

Era una ciudad con historia.

Sí, era palpable. En todo caso yo, viniendo de Sabaneta y del campo, lo noté de inmediato. Barinas es una ciudad culta, de poetas y de escritores como Alberto Arvelo Torrealba, de juristas como Juan Antonio Rodríguez Domínguez; de generales guerreros como Pedro Pérez Delgado que fue más barinés que cualquier otra cosa; y, en la época de la Independencia, de insurrectos como el Marqués del Pumar.[1] También había gran tradición de cantores, algunos de fama nacional y hasta internacional, como el "Carrao de Palmarito".[2] El carrao es un ave del Llano, un pájaro cantor por excelencia cuyo trino es muy bonito. Desde los tiempos más lejanos, Barinas —como Mérida— tuvo una tradición de cantores y de poetas.

¿Conserva monumentos antiguos?

Es una ciudad, ya le digo, que tuvo una enorme importancia; se nota, en efecto, en su arquitectura; por ejemplo, el palacio El Marqués,[3] de tamaño parecido al de Miraflores, en Caracas, o al del Virrey de Lima, en Perú, o al de la Moncloa en Madrid; algo excepcional. Y también la cárcel antigua, de un tamaño inusitado. Se dice que hay sótanos y pasadizos por debajo de la cárcel y del palacio. Una leyenda afirma que había un túnel que iba desde el palacio El Marqués hasta el hato [*hacienda*] La Marqueseña; aunque nadie ha conseguido nunca hallar ese túnel.

En La Marqueseña existe otra leyenda en torno a un lugar donde había una paila muy grande volteada; una paila es como una gran olla de cocinar; en el Llano se habla de *"las pailas del infierno"* donde se cocinan las almas en pena... Entonces, esa paila boca abajo nadie, ningún ejército de los que pasó por ahí, la pudo nunca levantar; la halaron [*tiraron de ella*]

---

[1] Véase José León Tapia: *Tierra de Marqueses*, José Agustín Catalá Editor, Caracas, 1992.

[2] Juan de los Santos Contreras, conocido como "El Carrao de Palmarito" (1928-2002), célebre cantante llanero.

[3] Palacio colonial del siglo XVIII, residencia de José Ignacio del Pumar, primer Marqués de las riberas de Masparro y Boconó.

unos cien caballos, y no la pudieron alzar. Se dice que ésa es la boca de entrada del pasadizo que comunicaba la hacienda La Marqueseña con el palacio... Leyendas llaneras.

¿Ustedes se instalaron en el casco antiguo de la ciudad?

No. En un barrio más reciente, más moderno. La urbanización donde nosotros llegamos, la "Rodríguez Domínguez",[4] era como de clase media. Lo cual representaba, para nosotros, un salto social, un ascenso. De allá de Sabaneta, del nivel más bajo, a un entorno de casi clase media. Buenas calles, asfaltadas, servicio de agua, energía eléctrica. Comencé como una adaptación.

El hecho de perder el contacto con su abuela sería un poco traumático ¿no?

No había viernes que no saliéramos Adán y yo para Sabaneta, con mi tío, en su *jeep*. Nos llevaba el viernes e iba a buscarnos el domingo. Así que, de Sabaneta, uno se vino pero no se vino; nunca perdimos el contacto con la abuela ese primer año. En segundo año, ella ya se vino a vivir con nosotros. Ahí rendí tributo al amor, porque ella dejó sus pájaros, su patio, sus matas, sus amigas y sus amigos, su vida pues, sus raíces porque era como una planta, pero el amor por nosotros era tan grande que lo dejó todo para venirse a una casita donde no había un árbol, en una capital desconocida, en un ambiente totalmente diferente. Me imagino que a ella le costó.

¿Sus padres se vinieron también para Barinas?

Sí, también, ya le dije. Mis padres estaban preocupados por nosotros en la ciudad, y recuerdo que llegaron a una casita recién construida, en un nuevo conjunto de viviendas que hizo el Banco Obrero,[5] en el marco de

---

[4] Juan Antonio Rodríguez Domínguez fue el Presidente del Congreso Nacional que, el 5 de julio de 1811, tomó posición a favor de la Independencia absoluta de Venezuela y redactó el Acta de Independencia.

[5] El Banco Obrero (BO) fue una institución creada en Venezuela en 1928, cuya función era facilitar a los obreros pobres la adquisición de casas urbanas. Fue sustituido, en 1975, por el Instituto Nacional de la Vivienda (INAVI).

una política del gobierno. Era la Venezuela de los años 1960 —la *"Venezuela saudita"* se decía— con mucho petróleo. Y el Gobierno empezó a distribuir una pequeña parte de los recursos a algunos sectores; una estrategia para apagar todo intento de hacer una revolución o de fomentar a los movimientos de izquierda, bien fuera por la vía armada o por la vía electoral. La izquierda se empezó a apagar. Todos esos gobiernos fueron muy estables, a pesar de varias rebeliones militares y de las acciones de los movimientos guerrilleros. Éstos, a nivel político general, más allá de algún asalto, una emboscada, un secuestro, unos muertos, tuvieron poca capacidad para desestabilizar al Gobierno.

¿La guerrilla nunca logró controlar una zona importante?

No, para nada. Aunque hay que recordar que eran unos años muy convulsos en Venezuela. Unos años cuando todavía había, como en toda América Latina, luchas armadas.

En esa época ocurrió, en Caracas, el secuestro de Alfredo Di Stefano, jugador del Real Madrid, y uno de los futbolistas más célebres del mundo en aquel momento. ¿Lo recuerda?

Cuando eso sucedió, yo tenía 9 años y no sé siquiera si la noticia llegó a Sabaneta... Pero, claro, es un suceso bien conocido. Ocurrió en 1963 [*el 23 de agosto*]. Di Stefano había venido, creo, a jugar con el Real Madrid un partido amistoso [*contra el São Paulo de Brasil*]. Y un comando de las Fuerzas Armadas de Liberación Nacional (FALN) [6] consiguió secuestrarlo en su lugar de residencia [*el Hotel Potomac, hoy desaparecido, en la Urbanización*

---

6 Las Fuerzas Armadas de Liberación Nacional (FALN) fueron fundadas en 1962 para unificar los esfuerzos militares del Partido Comunista de Venezuela y el Movimiento de Izquierda Revolucionaria. El secuestro de Di Stefano estuvo a cargo del Destacamento "César Augusto Ríos", cuya dirección estaba en manos del *comandante Gregorio*, es decir Luis Correa; el segundo al mando era un joven —hijo de anarquistas españoles— que para la época dio mucho que hacer a las autoridades, Paúl del Río quien pasó a la historia como "Máximo Canales". Correa actuaba en representación de los comunistas y Canales de los *miristas*.

San Bernardino, al este de Caracas]. Aprovecharon la fama del que era entonces considerado como el "mejor jugador del mundo" —le llamaban la "Saeta Rubia"— para que, al secuestrarlo, la opinión pública internacional se hiciera eco de sus reclamos. Las FALN habían pensado, primero, en raptar a un célebre compositor, creo que Igor Stravinsky, de paso entonces por Caracas, pero como el hombre era muy mayor tuvieron miedo que se les muriera en las manos... Ellos no deseaban causar daño... El objetivo era protestar contra los gobiernos de Rómulo Betancourt y del dictador español Francisco Franco. Retuvieron a Alfredo Di Stefano unas 70 horas y luego lo liberaron, sano y salvo, creo que en la avenida Bolívar, cerca de la Embajada de España... Aquello se comentó mucho.

No era el primer deportista de celebridad mundial que vivía un secuestro, ¿verdad?

No, eso lo inventaron los cubanos del Movimiento 26 de Julio, en 1958. Raptaron, en [*el hotel Lincoln*] La Habana [*el 23 de febrero de 1958*], al piloto de Fórmula 1 —también argentino, por cierto, como Di Stefano— Juan Manuel Fangio. Y ese secuestro de 26 horas causó un auténtico seísmo mediático planetario. De ese modo, el mundo entero conoció la existencia de los insurgentes cubanos y de su jefe Fidel Castro. Las FALN venezolanas quisieron emular aquel evento, y lo consiguieron.

Sin embargo, según usted, no lograron arraigarse o implantarse en la sociedad venezolana.

No. La guerrilla logró acosar alguna ciudad, o una región, pero tuvo poco eco. En el estado Barinas, como le conté, la guerrilla se apagó rápido. Esos movimientos tenían un poco más de impacto cuando yo estaba en Sabaneta porque aquello era el campo. Ellos andaban por el monte y yo oía comentarios en las calles. Pero ya en la ciudad no; no se sentía.

También existía un contexto internacional con una serie de sucesos que, a pesar de que yo no era consciente de ello, tenían que ver con la

Teología de la Liberación, con la Guerra de Vietnam, con la muerte del "Che", con el Mayo 68 francés... Una serie de circunstancias que hicieron que los jóvenes de ese tiempo —por ejemplo mi hermano Adán— fueran muy activos y muy preocupados por el tema político.

Por aquellos años, el general De Gaulle,[7] presidente de Francia, vino a Venezuela.

Sí. Fue en tiempos de Raúl Leoni [*1964-1968*], creo que al principio del mandato de éste. No guardo ningún recuerdo personal, obviamente, de aquella visita [*de dos días, del 21 al 23 de septiembre de 1964*]. Yo tenía diez años... Pero sí, aquella visita del general De Gaulle fue importante, desde el punto de vista político, porque él había firmado, pocos años antes, los acuerdos con el Frente de Liberación Nacional (FLN) argelino que reconocían la independencia de Argelia [*en 1962*] después de una larga guerra que duró casi ocho años... De Gaulle vino dando una gira por toda América Latina[8] y eso era una forma de criticar la pretendida dominación de Estados Unidos sobre esta región... Pronunció un discurso en el Congreso Nacional, en Caracas, en el que denunció *"todas las hegemonías"* e hizo el elogio de las *"independencias nacionales"*, en una clara alusión a la necesidad de una "tercera vía". Ese viaje no le gustó a Washington. Por cierto, el general De Gaulle se alojó en el hotel Ávila[9] y como era muy alto, tuvieron que hacerle una cama especial...

---

[7] Charles de Gaulle (1890-1970), general francés que, durante la Segunda Guerra Mundial, lideró la resistencia contra la ocupación de su país por la Alemania hitleriana. En 1958, fundó la Vª República y fue presidente de Francia de 1958 a 1969.

[8] Esa gira duró más de tres semanas (del 21 de septiembre al 16 de octubre de 1964) durante la cual el general De Gaulle visitó diez Estados latinoamericanos, por este orden: Venezuela, Colombia, Ecuador, Perú, Bolivia, Chile, Argentina, Paraguay, Uruguay y Brasil.

[9] Diseñado por el arquitecto creador del Rockefeller Center y de la sede de la ONU en Nueva York, Wallace K. Harrison, el hotel Avila, de estilo tropical-colonial-venezolano, situado en la Urbanización caraqueña de San Bernardino, fue inaugurado por el presidente Isaías Medina Angarita, el 11 de agosto de 1942. Se hizo famoso en la década de 1960 y por sus habitaciones pasaron desde Nelson Rockefeller y Charles De Gaulle hasta Juan Domingo Perón y Fulgencio Batista.

Volvamos a su adolescencia. ¿Cómo fueron sus primeros contactos con el liceo?

Bueno, en junio de 1966 aprobé el sexto y último grado de primaria. También lo eximí, pero mi papá me dijo: *"Mire, como va para un liceo y el liceo es más exigente, es bueno que presente examen final"*. Así que presenté el examen final, una evaluación general de todo lo que habíamos visto en el año, como para entrenarme. Y aprobé. Llegué pues a Barinas, digamos, con aquellos laureles de haber sido un excelente alumno.

Ese primer año escolar, 1966-1967, en el liceo O'Leary[10] fue de un ambiente muy reducido, porque uno tenía todavía la mente más en el pueblo, en Sabaneta. De lunes a viernes me la pasaba prácticamente estudiando.

¿Tenía amigos?

Comencé a hacer amigos. Eran los compañeros que vivían cerca. Adán ya llevaba un año en Barinas, estaba en segundo año, y tenía como un radio de acción más amplio que el mío. Ese primer año, para mí, fue estudio, estudio y más estudio.

¿Era un liceo de buen nivel?

Era de muy buen nivel. El único liceo del estado, público. Tenía muy buena tradición. Excelentes profesores. Tuve la suerte de contar con docentes de alta calidad. Ese primer año, en verdad, mi vida estuvo dedicada enteramente a los estudios, una dedicación exclusiva, ni siquiera deporte.

¿Ya le gustaba el béisbol?

Siempre me gustó. Pero aún no tenía la pasión de practicarlo. Más allá de jugar una partida de pelota en la calle y tal…; pero ni estaba jugando

---

[10] Daniel Florence O'Leary (1802-1854), nacido en Cork, Irlanda, y oficial de la Legión Británica que luchó junto a Simón Bolívar por la independencia de Suramérica. Fue edecán del Libertador. Es autor de unas detalladadas *Memorias* en treinta y cuatro volúmenes que narran las principales campañas de Bolívar.

en el estadio, ni tenía compromiso con un equipo de rigurosa disciplina deportiva. No, yo tenía todavía la idea de pintar y me inscribí en la academia de pintura "Cristóbal Rojas", además de las clases de educación artística que recibía en el liceo con un profesor de apellido Ríos, muy buen docente.

¿Esos cursos de pintura en la academia cuántas veces a la semana eran?

Dos o tres veces a la semana, por la tarde.

¿Después del liceo?

Sí. Estudiaba en la mañana, de siete a doce, luego pasaba el transporte a recogernos, íbamos a almorzar a la casa y regresábamos a las dos o las tres de la tarde; generalmente, por la tarde, teníamos dos horas de clase, o educación física y deporte que me gustaba pero, como le dije, todavía no al nivel de la pasión que luego sentiría. Y después iba a la academia de pintura. Teníamos una profesora muy bonita que me puso a pintar primero acuarela, luego tinta con óleo y al final de ese año hicimos una exposición. Yo no obtuve premio, era un aprendiz... Había muchachos que llevaban ya tres y cuatro años estudiando. Recuerdo que el premio lo ganó un cuadro muy bonito, unos médicos atendiendo a alguien, una operación quirúrgica... Yo pinté un paisaje, la orilla de un río.

Usted venía del campo, ¿cómo fueron, al principio, las relaciones con sus compañeros de la ciudad?

En el liceo, después del susto inicial de un muchacho "veguero", un "venadito" del monte que llegó a la ciudad donde los jóvenes tenían otras formas de vida... Éramos muy pocos los que veníamos del campo. Los de la ciudad se creían superiores a los campesinos tímidos que estábamos entrando en una nueva dinámica social. Yo tuve la suerte de contar con mi hermano Adán que estaba ya en segundo año e iba dejando una estela de buen alumno, de buen compañero, y eso le abría a uno el camino. Adán fue siempre, para mí, una vanguardia. Él tuvo siempre buenos amigos que fueron siendo también míos.

Ese año conocí a Juanita Navas, una negra de buena estampa, mayor que yo, me gustó, estuve con ella un tiempo, hubo unos devaneos amorosos... Amores casi de niños...

¿Quedaba lejos el liceo de la casa donde vivían?

Sí, bastante lejos; y se organizó un transporte; la señora Paredes, que tenía una camioneta larga de transporte escolar nos llevaba y nos traía. A mí me daba pena que me llevaran; nunca dejó de darme vergüenza; no sé por qué... Pensaba que era mejor caminar.

¿En aquella casa, disponía usted de un lugar para estudiar?

Sí, había un patio con una mata de limón, una mesita y una sillita de esas de extensión; estudiaba ahí. A veces estudiaba afuera, en la calle, bajo los faroles.

Miles de alumnos, en muchos países de África, que no disponen de electricidad en sus hogares, aprovechan la luz de los faroles públicos. Por la noche, se ven racimos de niños estudiando bajo la luz de cada farol.

Nosotros no lo hacíamos por eso exactamente; a veces tan sólo, quizás, por el calor...

Usted se dedicó a estudiar seriamente.

Sí, ese primer año, le repito, mi vida fue: estudio, estudio y más estudio. Insisto, porque han surgido algunas versiones que distorsionan ese período de mi vida y no deseo prestarme a un juego irreal. Por eso quisiera repetirle lo siguiente: fui un muchacho simple, no fui ningún precoz intelectual prodigio que a esa edad leyó las "fuentes de la sabiduría", Rousseau, Montesquieu, no. En verdad, no fui un superhéroe, yo era flaquito, me decían "Tribilín", por la comiquita de Goofy, el *Tribilín* de Walt Disney. Bueno, "Tribilín" empezaron a decirme un poco más adelante; ese año todavía no me decían nada, no tenía sobrenombre; seguía siendo

"Huguito"; a veces me decían "Indio" en la plaza de la urbanización "Rodríguez Domínguez", un espacio abierto con unos banquitos donde nosotros salíamos en la noche a caminar, a pasear a la niña —me gustaba mucho pasear a Inés en su cochecito—, a saludar, a conversar con amigos de la vecindad; jugábamos pelota de goma, algunos jugaban básketbol que a mí nunca me gustó...

Lo suyo era estudiar.

Sí, estudiar. Me fui ganando rápidamente un prestigio entre los estudiantes del liceo y entre los profesores. Una profesora de geografía, en una ocasión, me dijo que pasara a explicar algo de los movimientos de la Tierra, lo hice y entonces ella, generosa, comentó: *"Bueno, muchachos, pueden quedarse con Chávez como profesor"*. No se me olvida porque era un reconocimiento para uno que estaba, en secundaria, haciendo el esfuerzo de continuar siendo el estudiante que había sido en primaria.

Sí, estudiaba mucho. Más allá de los manuales, me seguía acompañando la *Enciclopedia Quillet*. Me dio por investigar, quería ir más a fondo, y ahí conseguía el mundo, sacaba informes… Era más autodidacta que otra cosa.

Ese primer año, sección A, me tocó una profesora extraordinaria, Carmen Landaeta de Matera, una mujer inteligente, de buen carácter que daba una materia llamada "guiatura". La guiatura eran actividades como de socialización de grupo. Me cogió un cariño tan grande que me invitaba a su casa a hacer trabajo; vivía cerca del liceo, ya casada; me integró a un equipo para ayudarla en sus labores de guiatura… Me impactó mucho; todos los lunes nos leía "Un mensaje a García"[11]… ¿Usted conoce?

---

[11] *Un Mensaje a García* es un corto ensayo del escritor estadounidense Elbert Hubbard (1856-1915) publicado en 1899, que alcanzó un éxito excepcional editándose a 40 millones de ejemplares en 37 lenguas. Cuenta una historia real: la de un oficial estadounidense, Andrew S. Rowan, a quien el Presidente William McKinley, que estaba preparando la invasión de Cuba en 1898, confía la misión de tomar contacto con el general Calixto García, jefe de los insurgentes cubanos durante la guerra de 1868-1878, quien se hallaba en paradero clandestino, y de entregarle un mensaje para coordinar la lucha contra los españoles. Rowan consigue

No ¿qué es un "mensaje a García"?

Es la historia de una persona, durante la guerra de Cuba entre España y Estados Unidos [*1895 -1898*], a la que le dan un mensaje para llevárselo al general Calixto García, un jefe cubano revolucionario... y esa persona, sin dudarlo un segundo ni plantear ninguna objeción, después de vencer muchas adversidades le entrega el mensaje a García, o sea cumple con su deber.

Cuando, en Venezuela, tú dices: *"Mira, esto es 'mensaje a García'"*, significa que tienes que tumbar el mundo si es preciso para llevarle a alguien un mensaje. Aquella profesora nos explicaba eso, hacía dinámica de grupo... En el ejército, se usa mucho el "mensaje a García", y más tarde, en nuestra conspiración, utilizamos también esa expresión... Aquella mujer nos ponía a hacer dinámica de grupo, a investigar, en su casa, fuera de horas de clases. Ahí comencé a hacer una escuela de liderazgo; en Sabaneta ya había empezado, con aquellos discursos del Día de la Bandera, pero era otro ambiente...

Ahora era usted un adolescente.

Sí, ya era un adolescente, estudiando, socializando con gente mayor y de conocimiento mucho más avanzado, profesores de secundaria, licenciados, especialistas en un área; ya no era el simple maestro; era, por ejemplo, un profesor que te reta incluso al conocimiento. Era un desafío, y yo fui asumiendo como un compromiso el estudio de todas las materias. En inglés, por ejemplo, yo era un "taco" [un *"crac"*]; el profesor Hidalgo, me dio clase los tres primeros años; me gustaba el inglés, me sabía de memoria las lecciones del manual; me acuerdo: *"New York, here we are in New York..."*. Me lo aprendía de memoria; entonces claro, sacaba 20; acaso, alguna vez, un 18, pero eso era bajo para mí.

---

localizarlo y se lo entrega. Elbert Hubbard concluía que "lo que necesita la juventud" es "la inculcación del amor al deber" y simplemente "hacer bien lo que se tiene que hacer". En 1936, en Hollywood, se hizo una película, *A Message to Garcia*, realizada por George Marshall e interpretada por Wallace Beery.

¿Y las materias científicas?

Siempre me gustaron mucho las ciencias; la matemática, las leyes de la física, el círculo de Newton, el estudio de la luz... Hicimos un átomo en figura animada con sus distintas partículas: neutrón, protón, electrón... Empezamos también a estudiar el equilibrio; y un día le dije a mi abuela: *"Abuela ¿a que te pongo este limón en equilibrio sobre la cuerda de la ropa?"*. *"¿Cómo? ¡Tú eres loco!"*. Agarré un alambrito, se lo metí al limón como imitando la vara que lleva el equilibrista en el circo para andar sobre una cuerda muy delgada, y le dije: *"¡Ven para que veas el limón!"*. Se asomó: *"¡Ah pero no me dijiste que le ibas a poner ese alambrito!"*. *"Te dije que iba a poner un limón en equilibrio sobre la cuerda, y ahí está"*.

Usted hacía experiencias.

Sí, me gustaban; también me atrajo mucho la biología; hacíamos investigaciones sobre los helechos, buscaba hojas de las plantas para analizar las esporas en el microscopio. Hicimos una exposición sobre la fotosíntesis ilustrada con dibujos, carteleras... Generalmente constituíamos un grupo, y yo asumía la exposición del trabajo: cómo se comporta la luz del sol, cómo la energía viene del sol, cómo se va concentrando, cómo un mango no es sino concentración de energía... Lo explicábamos con nuestras palabras de aquel momento.

Fui formando, a los doce o trece años, con cierta rigurosidad, un espíritu de investigador, de científico... Creo que uno de los aportes de la secundaria fue haberme dado cierta rigurosidad en el estudio, la búsqueda de la verdad... Me apasionaba descubrir cosas... Obtenía excelentes notas.

Eso le daba prestigio en el liceo ¿no?

Y hasta fuera del liceo. En una ocasión, iba yo paseando por la plaza, con Juanita Navas de la que le hablé, y había un grupo de muchachos, mayores que yo, jugando básketbol, que no conocía, y oí clarito que, al pasar nosotros, uno dijo: *"Ese carajito que va ahí es un puñal"*. 'Puñal' aquí significa un "excelente estudiante"; yo era un "puñal", más que una espada… Tenía prestigio, y empecé a asumir como una responsabilidad de liderazgo…

¿No pasaba usted por un "empollón o un "sabelotodo", en opinión de los demás alumnos?

No lo creo; en absoluto. Al contrario, porque yo no era ni arrogante, ni distante, y siempre me preocupé de ayudar a los compañeros que tenían alguna dificultad. Explicarles con ejemplos que entendieran. Compartía lo que sabía. Les daba clases a algunos, en su casa, en horas extras de estudio, gratuitamente claro; agarraba la pizarra y me convertí en profesor de un grupito. Por ejemplo, recuerdo a un compañero, Luis, que estudiaba conmigo y repetía el curso, era uno de mis mejores amigos, mayor que yo y mucho más pobre que nosotros, vivía con su familia en un rancho [*una chabola*], su papá no caminaba, andaba postrado; yo lo motivé a estudiar y consiguió aprobar hasta tercer año… Luego… se suicidó, se mató por una novia, tendría yo unos dieciséis años y él dieciocho; se tomó unos veinte "salta pericos" [*petardos*] redonditos que estallan cuando uno los lanza, como pólvora… Nunca olvidaré aquella muerte, aquel velorio y aquel entierro… Todos los compañeros llorando… Un buen amigo, lleno de coraje… Momentos duros de la vida…

Si tuviera que resumir ese primer año de su estancia en Barinas, ¿qué diría?

Quizás lo más importante de ese primer año en esa ciudad a la que no conocía todavía, es que empecé a asumir, en mi pequeño entorno, cierto liderazgo. Un niño ya casi adolescente, asimilándose a la capital en un estrecho círculo de amigos, estudiando mucho, obteniendo excelentes resultados y asumiendo un liderazgo de grupo… El primer año fue eso.

¿Y la política?

Mire, en 1967, entré en segundo año. Adán estaba ya en tercero, tenía un grupo de amigos y comenzaron a llamarme la atención los temas de política que abordaban. Pero yo más bien era un muchacho al que le gustaba el estudio, el deporte y las actividades complementarias, el teatro, la música, el dibujo... Ésas eran mis inquietudes principales sin involucrarme demasiado en la política. Aunque, a la hora de los conflictos, manifestaciones y protestas, muy habituales durante ese tiempo, también me involucraba, pero como uno más. No me incorporaba en ninguna posición de liderazgo. En la placita frente a nuestra casa, por ejemplo, vivía la familia Mendoza, Adán iba mucho a ese domicilio, era amigo de Iván y de Yovani, y del mayor de los muchachos, Baudilio, que en ese tiempo era miembro de la juventud del recién nacido Movimiento de Izquierda Revolucionario (MIR); Adán e Iván se incorporaron a él. Y mi hermano trató de incorporarme a mí, pero yo tenía como un límite: oía, prestaba mucha atención, participaba en algunas discusiones, leía ciertos documentos que sacaban, pero nunca me incorporé como militante de aquel movimiento. En cambio, Adán sí, él empezó a militar temprano en la izquierda...

Ese año 1967 matan al Che...

Sí, en Bolivia, el 9 de octubre de 1967... Y a Barinas, ciudad muy provinciana, el impacto de aquella terrible noticia también llegó...

¿Cómo se informaba usted? ¿Tenía televisión?

No, nosotros no teníamos acceso a televisión. Aunque ya le dije que, en Barinas, existía un canal local, en blanco y negro; y mi tío Marcos poseía un televisor, pero lo tenía en su cuarto. Nosotros nunca nos sentamos a ver televisión; yo vine a ver televisión ya en Caracas siendo cadete...

Usted seguía oyendo la radio

Sí, oía, claro. Y ese octubre de 1967, comenzando el segundo año, recuerdo a Adán, a los hermanos Mendoza y a Asdrúbal Chávez, mi primo-hermano, en la placita, conversando sobre la muerte de Che Guevara y las informaciones que salían. Porque hubo una secuencia de noticias que duró varios días o varias semanas; es decir, primero, el Che apareció en Bolivia; luego, lo buscan en Bolivia; a continuación matan a varios guerrilleros; después cercan al Che, lo tienen acorralado... Era una secuencia, uno la iba siguiendo como una película... Incluso en alguna reunión donde comentábamos esos cables, dije: *"Bueno, seguro que Fidel manda unos helicópteros a rescatarlo... No puede permitir que lo maten"*. Le conté esto a Fidel, muchos años después [*en diciembre de 1994*], y él se reía, esa operación era imposible; claro, yo era un niño...

Aquel fue un primer impacto duro para nosotros. Incluso dibujé la cara del Che para que los muchachos la usaran en el esténcil y la reprodujeran; el esténcil era un sistema de reproducción de documentos, uno tenía que rayar un plastiquito con un buril...; y como sabía dibujar, me pidieron que hiciera el rostro del Che.

El año siguiente, 1968, fue, en el mundo, un año muy agitado; empezó con el asesinato, el 4 de abril, del líder negro Martin Luther King en Memphis, Tennessee... ¿Recuerda usted haber oído aquella terrible noticia?

Me imagino que la prensa debió mencionar ese gran crimen, pero no recuerdo haberme enterado en aquel momento. Seguro que los medios, en Barinas, no le dieron la importancia que se le dio al asesinato de [*John F.*] Kennedy, por ejemplo. Y considero que era, por lo menos, igual de importante... Ese asesinato mostraba el rostro más vil del racismo estadounidense.

¿Piensa usted que Martin Luther King marcó la historia?

Indiscutiblemente. Yo, después, me interesé mucho por Martin Luther King, uno de los principales líderes estadounidenses del Movimiento para la defensa de los derechos civiles. Fue también Premio Nobel de la Paz [*en 1964*], defensor de la resistencia no violenta a la represión racial, gran líder... No sólo de los Estados Unidos, sino del mundo entero. Líder pregonero de la igualdad, de la paz y de la justicia. Recuerdo que él había visitado la India [*en 1959*] y allí profundizó las ideas de la resistencia no violenta del gran nacionalista indio Mahatma Gandhi [*1869-1948*], cuyos principios se convirtieron en el centro de su propia filosofía de protesta no violenta.

Pronunció aquel célebre y emocionante discurso *"I Have a Dream"*...

Sí, Luther King dirigió [*el 28 de agosto de 1963*] la histórica "Marcha a Washington" del pueblo pobre, donde pronunció efectivamente ese famoso discurso *"I Have a dream"*, *"Yo tengo un sueño"*... Y allí se dispararon las posibilidades de que se atentara contra su vida... Mire, yo una vez estuve en Nueva York y me fui a recorrer el Bronx, un barrio negro y latinoamericano, y di varios discursos en unas iglesias... Pero me di cuenta muy pronto que la policía me saboteaba mis intervenciones... En cuanto me ponía a hablar, se apagaba la luz... No querían dejarme hablar... A mí también me hubiesen asesinado a los dos días, como mataron a Martin Luther King y a muchos otros líderes de Estados Unidos, para impedirles impulsar verdaderos procesos de cambio en ese país.

¿La Revolución Bolivariana reivindica a Martin Luther King como uno de sus inspiradores?

Yo digo que Martin Luther King luchó por los mismos sueños de igualdad, de justicia y de libertad, que Simón Bolívar. En su discurso de aceptación del Premio Nobel de la Paz [*el 10 de diciembre de 1964*], ese gran visionario habló de una utopía que actualmente está en curso en Venezuela. Dijo: *"Tengo la audacia de creer que los pueblos en todas partes pueden tener tres comidas diarias para sus cuerpos, educación y cultura para sus mentes, y dignidad, equidad y libertad para sus espíritus"*.

Martin Luther King era un revolucionario que inspira a pueblos y gobiernos en todo el mundo, y también a nuestra Revolución Bolivariana que trata de construir un país libre de discriminación, de pobreza y de guerra. Aquí se le rinde culto a Martin Luther King y tenemos excelentes relaciones con instituciones estadounidenses que prolongan su lucha contra el racismo y la discriminación como el "TransAfrica Forum", o líderes de la comunidad afro-estadounidense como Jesse Jackson, Harry Belafonte, Danny Glover, James Early...

Aquel mismo año 1968, también hubo la explosión del "Mayo" francés; luego, en agosto, la invasión de Checoslovaquia por las tropas soviéticas; la matanza de estudiantes en la Plaza de las Tres Culturas en México... ¿recuerda usted algún eco de estos acontecimientos en Barinas?

Tampoco conservo ningún recuerdo concreto de esos tres eventos que me cita. Me acuerdo en cambio que hubo una campaña electoral muy reñida en 1968, para la sucesión de Raúl Leoni [*de Acción Democrática*]; se presentaba Rafael Caldera, de Copei, que ganó por muy poca diferencia de votos; la izquierda presentó alguna candidatura, no sé si fue José Vicente Rangel;[12] y el Movimiento de la Izquierda Revolucionaria (MIR) y el Movimiento Electoral del Pueblo (MEP) organizaron algunos eventos en Barinas; no sé a quién apoyaban, ni si tenían candidato propio, pero recuerdo haber estado en varias actividades políticas, en particular en un acto en el que participaba Alí Primera;[13] fue la única vez que lo vi cantar.

Lo que los jóvenes de su generación más cantaban entonces eran las canciones de los Beatles ¿lo recuerda usted?

Sí, se oían las canciones de los Beatles, allí también; había gente que las cantaba, los *hippies* y otros muchachos, pero nosotros andábamos en otra honda. Los

---

[12] El candidato del Partido Socialista de Venezuela fue Alejandro Hernández; Luis Beltrán Prieto Figueroa, apoyado por la izquierda de AD, fue el candidato del Movimiento Electoral del Pueblo; y Miguel Ángel Burelli Rivas, respaldado por el "Frente de la Victoria", el de la Unión Republicana Democrática. El Partido Comunista de Venezuela, bajo el nombre de "Unidos para Avanzar", participó pero sin presentar candidato.

[13] Célebre cantautor venezolano (1942-1985), llamado el "Cantor del Pueblo" porque sus canciones de protesta denuncian los sufrimientos de los pobres y reclaman una sociedad más justa.

Beatles poco impacto tuvieron en nosotros ahí en nuestro barrio, ni en las clases populares. Yo, en ese tiempo, tenía el pelo a lo afro; y lo mío era el béisbol, el estudio; y en música: las rancheras, me sabía decenas de ellas.

¿De ahí le viene esa memoria suya, para recordar tantas poesías y tantas letras de canciones?

Canciones desde niño, ya le hablé de ello; quizá eso fue resultado de mi esfuerzo por convertirme en, como dice Quillet, un "atleta del espíritu", un "atleta de la mente"; aprenderse por ejemplo el poema de "Maisanta" que es bien largo pero me lo aprendí con unas reglas para enlazar un verso con el otro. Aunque eso fue más tarde, en ese tiempo lo mío eran las rancheras. Íbamos al bar de Antonia Volcán, una india bonita de Apure que cantaba en un bar de nuestro barrio, en Barinas; el bar se llamaba "Capanaparo", nombre indio de un río que significa algo así como "serpiente alargada".

En esa época, el acontecimiento político más importante a escala internacional era la guerra de Vietnam. ¿Recuerda usted haber oído hablar de ese conflicto?

Realmente no recuerdo ningún impacto fuerte de la guerra de Vietnam en esa ciudad del interior. Llegaban sin duda noticias, pero en mí no dejaron huella.

¿Manifestaciones contra aquella guerra?

No, y si las hubo yo no participé nunca en nada de eso. Yo vine a conocer la guerra de Vietnam en la Academia Militar.

Usted seguía sin tener intención de ser militante político...

Correcto. Y quisiera repetirle una cosa: no estaba militando en ningún movimiento. Se ha dicho que formaba parte de unas "células guerrilleras" llamadas "Che Guevara"… Falso. Absurdo. Yo tenía apenas 14 años… Se lo digo para que quede claro que, en esos años de bachillerato, nunca milité en ningún movimiento político. Sin duda era proclive hacia la izquierda, por proximidad sobre todo con Adán y su círculo de amigos, como los Mendoza, o Fernando Bianco…

Pero no participaba en ninguna escuela de formación política o algo así. A lo sumo, una que otra conversación de timbre político, como cuando la muerte del Che, por ejemplo, que nos impactó… Adán estaba mucho más metido, pero le hablo de mí. No, en verdad, yo llevaba una vida muy de muchacho normal. Es decir, frecuentaba esos círculos pero me aferraba sobre todo al estudio.

¿Cuándo comienza a apasionarse por el béisbol?

Bueno, el béisbol me gustó desde siempre, se lo he dicho, lo traía en el alma desde niño, ya en Sabaneta. Mi padre era muy aficionado, él mismo jugaba primera base y me contagió… Pero mi pasión por la práctica del béisbol comenzó a crecer y se consolidó en 1968 precisamente. En parte, fue consecuencia de nuestra mudanza. Porque, con mi abuela, nos cambiamos a la casita de papá que estaba muy cerca, como a 200 metros, en la avenida Bicentenario, frente a la placita. Allí vivíamos los tres; no teníamos casi nada; ni había en qué sentarse; una cocinita, una planchita…; empezamos a sembrar matas en el patio. Y entramos en contacto con nuevos vecinos. En particular con Alberto Martínez, un muchacho flaco que jugaba béisbol. En esa calle había un equipo que dirigía un tal Ignacio, un negro gordo de casi 20 años…

Al lado también vivía —y vive— un periodista, Rafael Guédez Acevedo, un hombre culto, conversador, sabio; era de Acción Democrática y escribía en el diario *El Espacio*. Me hice muy asiduo de esa casa; su esposa Rafaela, Doña Meche, hacía —y hace— unos exquisitos dulces… Es decir, el círculo se fue abriendo, uno salió como de una cápsula y empezó a explayarse. Me fui alejando de Sabaneta, ya ni siquiera había que ir los fines de semana. Aunque seguíamos yendo una vez al mes, a ver a mis padres, pero ellos ya estaban buscando la manera de venirse. Y al año siguiente se vinieron.

En esa época conoce usted a la familia Ruiz Guevara.

Sí, ahí aparecen los hermanos Ruiz que jugaban mucho al béisbol; sobre todo Vladimir; él estaba en cuarto de bachillerato, nos llevaba dos años, y uno lo veía como alguien mayor, tenía otro círculo de amistades, pero empezamos a jugar a la pelota, a las chapitas; hasta campeonatos de chapitas inventábamos, bateábamos con un palo de escoba…

Empieza usted a dedicarle más tiempo a la pelota.

Sí, bastante. Gracias a ese grupo de amistades, comienzo a participar en un equipo y a jugar béisbol contra conjuntos de otros barrios, La Coromoto, o La Aceleración, jugando ya con pelota dura; en Sabaneta jugábamos con pelota de goma. En el liceo también había un equipo y me puse a jugar en él con deportistas más expertos; el profesor-entrenador se llamaba Pérez, me seleccionó para un torneo escolar; yo me entrenaba duro, corría, bateaba y lanzaba, iniciándome en el béisbol ya más serio.

La pasión fue subiendo.

Sí, la pasión por el béisbol fue en aumento, y me dediqué a jugar por aquí y por allá, en cualquier momento. Sin bajar en los estudios. Pero ya practicaba otra actividad que no tenía en primer año, y eso me fue abriendo más espacios hacia otros amigos, otros círculos, otras familias… En tercer año, 1969, ya me integro al equipo de béisbol del liceo.

Además tenía amigos incluso en la parte baja de Barinas, cerca del río; comencé a hacerme amigo de los mejores peloteros, como Jorge Ramírez, y a entrar a un nivel superior. A los 15 años jugaba en la Liga superior de juveniles con algunos excelentes peloteros; recuerdo a un hombre moreno, muy fuerte, que bateaba duro, Carlos Daza, me tocó *picharle* una vez…

No pude, pero después lo dominé. Y otro, Lucio Bonilla, un gigantón... Vladimir, ya le dije, también jugaba muy bien béisbol y fue uno de los que me puso el nombre de "Tribilín", porque a él le decían "Popeye", "Popeye" Ilich. El padre, José Esteban Ruiz Guevara, era comunista, había creado la primera célula del Partido Comunista de Venezuela (PCV) en Barinas, y le puso de nombre Vladimir Ilich como Lenin, y a su otro hijo Federico como Engels... A otro le pusieron Marleni, por Marx-Lenin...

Vladimir me hacía recomendaciones, me entrenaba. A los pocos meses me incluyeron en el equipo del Sindicato de Transporte, el mejor. Yo *pichaba* y bateaba también, corría muy duro... En esa época, me entró un furor de fanatismo por el equipo Magallanes. En mi barrio había los del Caracas y los del Magallanes, titanes del béisbol, rivales irreconciliables.

Rivalidad histórica

Sí, son equipos históricamente opuestos: los "Leones" del Caracas y los "Navegantes" del Magallanes. Ahora [*desde la temporada 1969-1970*] el Magallanes tiene su sede en Valencia, pero en ese tiempo los dos equipos eran de la capital. Colosos del béisbol, eternos rivales y lo siguen siendo. En el barrio había los "caraquistas" y los "magallaneros"; y algunas noches nos poníamos con el radio a todo volumen a oír si ganaba uno o ganaba el otro; nos chiflábamos...

¿Cuándo empieza usted a admirar al "Látigo" Chávez?

Precisamente en esa época es cuando surge, en el adolescente que era yo, la imagen de Isaías "Látigo" Chávez, un jugador de béisbol genial. Empecé a identificarme con él, quizás por el apellido común y porque también era zurdo como yo... Leía mucho una revista deportiva: *Sport Gráfico* que publicaba, como toda la prensa, fotos del "Látigo" Chávez. Era pitcher [*lanzador*], jugaba en el Magallanes, claro; muy joven, 21 ó 22 años, y ya estaba en la Liga Mayor.

¿Jugaba en Estados Unidos?

Sí, jugaba en Estados Unidos y aquí también, en la Liga nuestra de Venezuela.

¿En las dos Ligas?

Bueno, ahora, con la exacerbación del béisbol-espectáculo y del béisbol-dinero, a muchos jugadores les prohíben jugar aquí aun siendo venezolanos; los contratan a precios millonarios para Estados Unidos y les imponen unas cláusulas que les prohíben jugar aquí. Algunos no las aceptan, y van y vienen porque la Liga de aquí dura tres meses y está concebida precisamente para que no coincida con la de Estados Unidos; terminando la de aquí, ellos abren allá.

El "Látigo" Chávez jugaba en las dos.

Sí, en las dos; y entonces ocurre una tragedia: el "Látigo" Chávez se mata en un accidente de aviación, el 16 de marzo de 1969; su avión se desplomó al despegar de Maracaibo... Recuerdo exactamente el momento en que me enteré: era un domingo, me levanto, voy a desayunar, prendo el radio y dan la noticia... Recibí un golpe fulminante, como si me hubiera llegado la muerte. Yo iba a cumplir 15 años y ese fin brutal del "Látigo" Chávez fue para mí un drama absoluto, me tocó el fondo del alma... Me hundí; no fui a clase ni el lunes ni el martes...

¿Era su ídolo?

Bueno, en ese momento sí; lo admiraba enormemente, era un modelo para mí. Y entonces, instruido quizás por la lectura permanente de la *Enciclopedia Quillet* y por mi texto-guía *"Para triunfar en la vida"*, me hice una promesa: *"Voy a seguir el camino del 'Látigo' Chávez"*. Lo prometí, como una forma de borrar su muerte, de querer de algún modo resucitarlo.

Se propuso usted una meta nueva.

Sí, ya mi objetivo dejó de ser la pintura y empecé a consagrarme con una enorme voluntad a elevar mi nivel deportivo, a correr, a fortalecer las piernas, a cuidar la alimentación, a estudiar las curvas, las rectas, el control… Me empeñé con mucha voluntad, física y mental. Llegué incluso a estudiar, en unos gráficos que conseguí en el Instituto de Deportes, cómo se agarraba mejor la pelota… Hay una protuberancia muy leve en las costuras de la pelota; yo soy zurdo, se pone un dedo aquí, se acopla; el otro en la otra costura; el pulgar por abajo, sin presionar… Y cuando vas a soltar la pelota… es un asunto de un microsegundo, hay que calcular en qué momento se empieza a dar el giro a la mano. La pelota sale, va girando… Y allá, a ocho o nueve metros —hay una distancia exacta—, la pelota empieza a caer y se hunde. Depende del giro que se le dé al lanzarla, con este músculo de la muñeca, y de la velocidad que se le imprima al dedo, y si tienes los dedos largos o no. Yo estudiaba hasta el largo de mis dedos. Analizaba a los bateadores.

¿Usted siempre fue *pitcher*?

Sí. Era mi sueño: *pitcher,* lanzador de pelota. *Pitcher* zurdo. Tenía revistas y fotocopias de unos libros. En medio del patio de nuestra casa de Barinas había una palmera, yo colocaba allí un *home,* como un tiro al blanco, y me ponía a lanzar piedritas o pequeños limones, tratando de pegarle a un rincón preciso. Y anotaba cuántos blancos hacía a tanta distancia. Es decir, me fijé esa nueva meta y marché hacia ella.

¿En qué equipo jugaba?

Primero con un círculo de amigos, del que le hablé, en el que estaban Alberto Martínez, el "Gordo" Ignacio, el "Gordo" Capulina, Iván Mendoza, Yovani Mendoza, Baudilio, Santiago, Pillo Millo, Julio Ataya, el "negro" Nano, Federico Ruiz "Quiebra Poceta", Silverio Martínez "Chepelo", mis hermanos Adán y Narciso, entre otros; organizamos un equipo: el de la avenida Carabobo. Aunque yo era de los menores, fui asumiendo el liderazgo; yo era el que dirigía pues. Y al poco tiempo, conseguimos que la Mobil nos ayudara.

¿La empresa estadounidense Mobil Oil Company?

Sí, ya no era Mobil Oil, sino simplemente Mobil.[14] Un profesor que me conocía, me dijo: *"Mira Chávez, la compañía petrolera quiere sacar un equipo de béisbol juvenil, ¿por qué no nos ayudas?"*.

Así que fui a la oficina de la Mobil, y nos dieron las franelas [*camisetas*], el uniforme y algunos guantes. Lo conseguí. Y la primera camiseta que vestimos formando ya un equipo serio, era de Mobil. Existe hasta una fotografía en la que llevo esa franela con el logo... Eso pareció una infiltración...

Lo reclutó el imperialismo...

Sí, me reclutó el imperialismo por vía de la Mobil... [*risas*] Imagínese, Hugo Chávez dirigiendo el equipo de la Mobil... Recuerdo que la "o" de Mobil era roja, y el símbolo un Pegaso, un caballo alado... Lo cierto es que ese equipo de la Mobil fue campeón durante dos años; casi no perdíamos. Por ejemplo, los del barrio Coromoto eran unos tipos gigantescos, pero nunca nos ganaron; el juego de nosotros era la astucia, como la guerrilla; éramos pequeños pero rápidos y agresivos, mientras ellos eran unos mastodontes pero torpes. Nosotros éramos como los muchachitos, los nuevos, los novicios, pero pronto nos hicimos célebres.

---

[14] Surgida de la quiebra, en 1911, de la célebre Standard Oil de John D. Rockefeller, la Mobil es una de las mayores empresas estadounidenses de hidrocarburos. En 1955, adopta el nombre de Mobil Oil Company, pero en 1963 lo simplifica para llamarse Mobil a secas, y lanza una gran campaña mundial para divulgar ese nombre. Quizás, en el marco de esa campaña, ofrece en Barinas, en los años 1966-1971, camisetas que llevan el logo de la marca a los equipos deportivos aficionados como el de Hugo Chávez. En 1999, la Mobil se fusionó con Exxon convirtiéndose en el actual grupo ExxonMobil.

¿Usted dirigía el equipo?

Yo era el *manager*, y le ganamos a todos los equipos hasta al más fiero, el de la orilla del río, el equipo de la playa en el que jugaban Jorge "el Pirata" Ramírez, Adolfo "Popo" Espinosa, "Sapo" Alemán... ¿Qué le parece ese nombre? [*se ríe*] El "Sapo" Alemán, un muchacho fuerte, catire, rubio, parecía un sapo... Ese equipo era considerado el mejor pero no podía con nosotros. En nuestro equipo había también muy buenos peloteros; uno que despuntaba era "Cara 'e cachapa",[15] así le llamaban. Había cada apodo... Era un gran amigo, tenía espíritu crítico, de protesta.

Había también otro equipo agresivo: el de los Reyes, donde jugaban Aníbal Reyes y Luis Reyes Reyes.[16] Aunque lo mejor de esa familia era su hermana, Virginia Reyes, hermosa negra; yo estaba medio enamorado de ella; lástima que no jugaba, pero asistía a algunos partidos, Virginia... Era un equipo apoyado también por una petrolera; un buen conjunto, ahí jugaba uno llamado el "Bisonte", un tipo fuerte y agresivo. Luis, *pichaba* muy bien y su hermano Aníbal, mayor que él, zurdo, era un buen bate, estuvo en el ejército también con nosotros. Creo que ellos tenían algún complejo racial, porque ahí casi no jugaba ningún blanco. A ellos, en Barinas, les decían los "Monos", comprenderá por qué...

¿Existía racismo contra los afro-venezolanos?

Había prejuicios, y los sigue habiendo. Pero quizás menos en los Llanos que en el resto de Venezuela. Usted sabe que aquí la Guerra Federal [*1859-1863*] fue un enfrentamiento de clases, una guerra de ricos contra pobres. Hubo grandes matanzas, tanto de un lado como del otro, o sea ricos aniquilando pobres como pobres aniquilando ricos. En los Llanos, eso se

---

[15] Comida criolla venezolana, la cachapa es una tortilla de maíz.

[16] Compañero de estudios y de béisbol de Hugo Chávez, Luis Reyes Reyes, oficial de aviación militar, participó en las rebeliones bolivarianas del 4 de Febrero de 1992 y del 27 de Noviembre de 1992. Después de la victoria electoral de Hugo Chávez en 1998, ha sido Gobernador del estado Lara y ministro de la Presidencia.

dio con mucha intensidad. Entonces aquellas viejas castas de aristócratas u oligarcas blancos quedaron degolladas por la guerra, diezmadas. Y los sobrevivientes tuvieron que mezclarse con los no-blancos; aprendieron a conocerse y a respetarse. Se produjo un mestizaje étnico y cultural. Claro, las clases no desaparecieron, seguía habiendo ricos y pobres, pero había más respeto, más consideración.

En Sabaneta, por ejemplo, había un señor, Pedro Hurtado, un hombre blanco y muy rico que vivía en la esquina de la plaza en una casa grande, una quinta, y sin embargo era amigo de mi padre, negro y pobre; lo recibía en su casa. Allí nos parábamos nosotros antes de ir al cine, y mi papá y Pedro Hurtado conversaban. Así que el racismo, existía evidentemente, pero no tomó en los Llanos la forma brutal y violenta de otras regiones.

En estos Llanos, al negro más bien se le ve con cariño. Si alguien dice: "¡mira, mi negra!" Más bien se trata de un llamado afectuoso. Recuerdo, por ejemplo, a mi amigo el "Negro Petróleo", le decíamos "negro", pero él se sentía orgulloso de serlo y en ninguna parte hubo alguna limitante porque era negro. O los negros Reyes que estudiaban en colegios privados, vivían en una casa grande, el papá trabajaba en la petrolera y la casa estaba siempre llena de gente, amigos, amigas, blancos, negros, indios, mestizos...

¿No había lugares —colegios, clubs, bares, hoteles, etc.— reservados sólo a los blancos?

No, eso no existía allí; no lo noté nunca, ni en Sabaneta ni en Barinas. Por ejemplo, yo era muy pobre e iba a la casa de Coromoto Linares, en la residencia de la Mobil, a darle clases de matemática, y la mamá y el papá, blancos ambos, de clase media, siempre me recibieron muy cariñosos. Yo entraba a la Mobil, que era una residencia como protegida, y nunca nadie me limitó el acceso.

Obviamente subsistían aquí o allá viejos rasgos discriminatorios, pero quedaban como fuera de sitio y fuera de tiempo; no eran la norma del comportamiento general. Por eso le digo que, aun cuando no han desaparecido los prejuicios sociales, ese nivel de racismo que se puede observar en otras sociedades y hasta en otras zonas de Venezuela, allí no existía.

Cuando dice que, por sus victorias en el béisbol, se hicieron "célebres", ¿significa que la prensa hablaba de ustedes?

No a ese nivel, la prensa no hablaba de nosotros; éramos "célebres" en nuestro entorno social, mediante "radio bemba",[17] en la esquina y en el barrio. La gente empezó a preguntarse: ¿este equipo de la Mobil y este Huguito Chávez "Zurdito de oro" de dónde salieron? No queda bien que yo lo diga, pero es verdad: el "Zurdito de oro" me llamaban y empecé a ser conocido más allá de nuestro barrio. Era tal mi celebridad local, que incluso la primera prostituta con la que me acosté, me dijo: *"¡Ah! ¿Tú eres el 'Zurdito de oro'?"*. Hasta el burdel llegó mi fama...

Y es que por radio —no por prensa— transmitían los partidos que hacíamos, en el marco de los juegos regionales, contra Portuguesa, contra Apure... Porque, como integrante del equipo del estado Barinas, ya en otro nivel, empecé a viajar; ya la camiseta no era Mobil, sino la de Barinas. A mí me gustó siempre el número cinco, me agradaba ese número. *"No hay quinto malo"*, decía mi abuela.

El número de la buena suerte en la cultura musulmana.

No lo sabía. Yo toda la vida usé el número cinco, o el once que también me gustaba. Entonces ese equipo nuestro, el de la Mobil pasó a llamarse "Radio Continental"; no sé qué ocurrió con la Mobil, algún conflicto antiimperialista... La Mobil no nos dio más el uniforme ni otras cosas para el juego, la pelota, el bate... Radio Continental era una emisora, y ya aquello comenzó a hacerse más público, conseguimos el uniforme, la camiseta con el logotipo "Radio Continental, 1390 kilohertz", eso es lo que ponía en la camiseta: *"Radio Continental 1390 kilohertz"*.

---

[17] "De boca en boca", o "de boca a oreja", método que consiste en difundir información por medios verbales, de persona a persona.

¿Ustedes eran juniors?

Sí, habíamos dejado de ser pre-juniors, y con Radio Continental estábamos en efecto en la Liga junior, un poco más fuerte. La Radio designó a un locutor, Alvarado se llamaba, a quien le gustaba mucho el béisbol, a un puesto como de súper manager; yo seguía siendo el manager, pero él nos ayudó mucho, tenía más conocimiento y aprendí mucho con él. No sólo nos ayudó en el campo, también nos permitió encontrar financiamiento para equiparnos porque éramos niños pobres; gracias a él obtuvimos los uniformes, los zapatos, todo el equipamiento pues. Alvarado tenía un programa de radio y empezó a darle publicidad a nuestro equipo. En algunas ocasiones narraba en vivo el partido, porque ya el juego no era en el campito de la Rodríguez.

¿Qué día jugaban? ¿Los domingos?

Sábados y domingos, siempre por la tarde. Porque no había luz; después, con los años, le pusieron luz eléctrica al campo, pero ya éramos mayores.

Tanta consagración al deporte repercutiría en sus estudios ¿no?

Bueno, a todas éstas, efectivamente, yo seguía estudiando, y dando clases, en las vacaciones, a los compañeros que reprobaban, que tenían que reparar materias; sin cobrarles nada. Ése era otro elemento importante: a los 15 años, yo seguía dando clase a algún compañero de mi misma edad, en su casa, en las noches o los fines de semana, por solidaridad, por ayudarlo a salir de abajo. Recuerdo a una muchacha, Inés Rosales, que me gustó mucho y tuvimos también alguna relación de amoríos, pero la matemática no le entraba, entonces yo iba a su casa a darle clase. Y a otra muchacha, Thaís Maldonado, hija del doctor Samuel David Maldonado, del Movimiento Electoral del Pueblo fundado por Prieto Figueroa, y candidato a alcalde en una ocasión.

Pero claro, mi nivel en los estudios empezó a bajar a medida que subía mi calificación de deportista. Y aquí debo admitir que la influencia de la *Enciclopedia Quillet* en el espíritu de aquel niño adolescente, tuvo un impacto tremendo, y hasta me ocasionó conflictos conmigo mismo.

¿Por qué?

Porque yo era buen estudiante, ya le dije, me gustaba estudiar; pero cuando comencé a caminar en concreto, como lo estipula la *Enciclopedia*, para triunfar en la nueva meta que me había propuesto, tuve que descuidar los estudios. Entonces me sentía mal conmigo mismo cuando sacaba una nota que no se correspondía con mi perfil histórico, digámoslo así...

No estaba usted a su propia altura.

En una ocasión, en tercer año de bachillerato, un profesor de matemática me llama y me regaña duro delante de los compañeros, porque saqué 18 sobre 20. Cuando en todos los exámenes, de primer y segundo año, sólo sacaba 20. *"¡Cómo es posible!"*, exclamaba el profesor. Lo mismo me pasó en inglés, cuando comencé a sacar 18, 17. *"Chávez, ¿qué le pasa?"*. En otras materias igual... Y es que estaba como poseído por la máxima pasión del béisbol...

¿Tanto se dedicaba usted al béisbol?

Mucho. Totalmente. Estaba en el tope del furor del béisbol; en el tope. Hay que darse cuenta de que yo era un muchacho de 16 años que ya había logrado, a punta de esfuerzos, meterse en la Liga Superior de Barinas, figurar en la primera línea regional y representar al estado en Campeonatos Nacionales.

Fui desarrollando buenas condiciones físicas. Yo era muy flaco, pero me puse a hacer ejercicio, a correr con tenacidad. Consecuencia: bajé las notas. En quinto año, ya mis notas estaban por 15, 14, 13... Incluso me reprobaron [*suspendí*] una materia, cosa que jamás había ocurrido. Mi padre me dijo: *"¿Qué te pasó?"*. Aunque, ya él sabía: el deporte.

¿Su abuela, estaba de acuerdo que usted hiciera deporte?

Sí, ella estaba de acuerdo. Curiosamente, a ella nunca le gustó el béisbol, ni jamás asistió a juego alguno; pero le gustaba que yo jugara.

¿Qué profesión deseaba que usted ejerciera?

Nunca manifestó deseo alguno como de orientarme hacia una carrera determinada.

Pero usted estaba decidido a ser pelotero.

Sin la menor duda. Eso se había convertido en un objetivo absolutamente prioritario y yo seguía progresando. En agosto de 1969, me seleccionaron para un campeonato nacional de béisbol junior; los jugadores debían tener hasta quince años cumplidos y menos de dieciséis; pero casi todos los muchachos iban con cédulas falsas. Lo hacían todos los equipos; era una pésima costumbre. Joel Suárez y yo fuimos los únicos de Barinas que llevábamos documentos con nuestro propio nombre, los demás iban con nombre falso... Tenían 17, 18 y hasta 20 años; el "Negro Petróleo", por ejemplo, tenía como 20 años.

O sea que usted era un niño de 15 años en medio de un grupo de jóvenes adultos.

Sí, y eso tenía sus inconvenientes y consecuencias, no sólo en el juego, en lo físico, sino en lo psicológico. Porque ese grupo tenía ya unos hábitos, digamos, de hombres maduros, hasta en el terreno de la sexualidad... Y uno tenía que exigirse... Ese grupo, por ejemplo, ya iba a un burdel...

¿Y usted?

Pues me vi casi obligado a ir con ellos, en grupo, a un burdel de Barinas... En ese tiempo eso era como normal; en cada pueblo grande había una "zona roja"... Y allá fuimos pues; cada quien buscó a su muchacha...

Fue mi primera experiencia… Con una prostituta pues, una trabajadora del sexo…

Así perdió usted su inocencia…

Sí, [*se ríe*] la inocencia la perdí en esa ocasión, ese año 1969… Recuerdo que esas damas nos acogieron con gran alegría porque, en esa ciudad provinciana, éramos ya —¿cómo decirlo?— unos pequeños famosos, los pequeños héroes de Barinas… Por primera vez, Barinas alcanzó la final contra Distrito Federal, contra Anzoátegui; llegamos en tercer lugar.

Recorriendo Barinas, me decía usted que solía reunirse con sus compañeros de liceo en dos cafeterías ¿las recuerda?

Cómo no. Eran más bien bares de muchachos, ya cuando estábamos en los años finales del bachillerato. Uno era "Noches de Hungría", nos reuníamos allí para estudiar o jugar una partida de dominó; la "Facultad" le llamábamos; *"Vamos para la 'Facultad' "*, decíamos. El otro se llama hoy "El Rincón Mexicano", pero antes era "El Capanaparo", y allí, con mucha frecuencia, nos reuníamos los del círculo de béisbol para comentar… El más político de todos los que jugábamos béisbol era Vladimir Ruiz… Estaba naciendo la Causa R [*Causa Radical*], el MAS [*Movimiento al Socialismo*], y las conversaciones de la juventud de esos años estaban como salpicadas por comentarios sobre un proceso político que comenzaba. Porque la guerrilla se acababa. Fabricio Ojeda, que ostentaba el cargo de Presidente de la Comandancia FLN-FALN, había sido asesinado, "suicidado", en los calabozos del Servicio de Inteligencia de las Fuerzas Armadas (SIFA), en Caracas [*el 21 de junio de 1966*] durante la presidencia de Raúl Leoni. Surgía el MAS en el ámbito de los intelectuales de clase media; mientras el MIR [*Movimiento de Izquierda Revolucionaria*] ya tenía una trayectoria más dura y un poquito más larga.

Vladimir se había ido a Barquisimeto a estudiar en el Instituto Pedagógico antes de que yo saliera de bachillerato, y regresaba en vacaciones o los fines de semana. En Barquisimeto, ya había nacido la primera célula de la Causa R y él traía algunas informaciones. Pero no eran sino eso, conversaciones de adolescentes donde los temas principales eran las muchachas y el béisbol, salpicados por algún comentario de política.

O sea que la política seguía interesándole poco.

Poco, en efecto. Aunque, como le dije, conocí al padre de Vladimir, José Esteban Ruiz Guevara, historiador que había estado en la guerrilla y luego cayó preso... Se habían mudado para la misma urbanización nuestra, a unos cien metros de mi casa. Él tenía una barba, comía "chimó" [*tabaco de mascar*] y era investigador, andaba estudiando comunidades indígenas y trabajaba en la gobernación, a pesar de ser un hombre de izquierda; sacaba una revista. También visitaba mucho la casa de los Giusti, Eliécer y Jorge; el padre, Carlos, era escritor y poeta...

¿Pero, conversaba usted con los padres?

Le voy a confesar algo: yo visitaba esas casas, la de los Ruiz Guevara y la de los Giusti, por mi amistad con los muchachos, claro, pero lo que me gustaba era oír a los viejos, que no eran tan viejos por cierto, tendrían entonces unos 40 ó 50 años apenas.

¿Y de qué hablaban?

Bueno, fíjese, José Esteban Ruiz Guevara era de Puerto Nutria, un pueblo mucho más pequeño que Sabaneta. Un día llegamos allá, a su casa familiar, con sus hijos, y nos sentamos a conversar, a tomar un vaso de agua, y de pronto me dice, sobándose la barba: "*Hugo, ¿tú sabes de quién es hijo Rafael, tu abuelo?*". Ya yo casi había borrado de mi memoria, por la dinámica de la vida, aquellas dudas de niño... Y comienza a hablarme de "Maisanta". Él había investigado bastante, nunca escribió nada pero le entregó sus notas a José León Tapia, el autor de *Maisanta, el último hombre a caballo*, esa historia novelada, basada en datos históricos recogidos entre el pueblo.

Él conocía la historia de "Maisanta"...

Sí, la conocía muy bien, había investigado, rescatado del olvido... Me condujo a su biblioteca, un cuartito donde tenía su maquinita de escribir y sus libros, y comenzó a contarnos lo que sabía de la historia de Pedro Pérez Delgado. Quizás tratando de sacarme información. Pero yo no sabía nada. Más bien creo que le dije: *"Parece que fue un hombre malo..."*.

En otra ocasión, Carlos Giusti,[18] el poeta, también me hizo un comentario: *"Tú no puedes quedar mal en los estudios, por respeto a la sangre que llevas del bisabuelo que te destruyeron..."*. Así yo descubrí que mi *taita* dejó una estela legendaria en los círculos intelectuales de Barinas conocedores de su historia...

Ahí fue cuando se me despertó de verdad la inquietud de la que le hablé sobre mis orígenes. Comienzo entonces a acercarme otra vez al río de la historia; le pregunto a mi madre, la cual tampoco sabía nada, más bien sólo la "leyenda negra", la parte mala de esa leyenda, inventada por los sectores que odiaban a "Maisanta".

He leído en algún lugar que su contacto con los Ruiz Guevara tuvo gran importancia en su formación política en el sentido de que, en la biblioteca del padre, usted descubre y lee libros políticos de autores —Maquiavelo, Marx— que le van a influenciar. ¿Es cierto?

Mire, le insisto en que *no* es cierto que la casa de los Ruiz Guevara haya sido para mí, a esa edad, como una escuela política. Quiero que quede claro: no es cierto. Todo eso es falso. Han especulado de que había en esa casa una especie de escuela de marxismo- leninismo y que yo —que tenía entonces quince o dieciséis años— la había juramentado. Jamás, falso, mentira. Bueno, alguna lectura, algunos artículos que uno leía en una revista, conversaciones de amigos... Nada trascendental. Más que las lecturas, lo importante fue el contacto directo con una persona, con

---

[18] Carlos José Giusti Vargas (1926-2004), poeta y cronista.

unos círculos y con una historia, en este caso la de "Maisanta" y por consiguiente la mía, y la de la Venezuela de principios del siglo XX. Eso fue importante porque uno fue siendo absorbido, para retomar la palabra, por la historia.

Pero hay declaraciones de José Esteban Ruiz Guevara confirmando la influencia política que recibió usted en su casa[19]...

Se han dicho muchas cosas... Él seguramente, anciano, confunde. Lo digo con mucho respeto, pero él se equivoca de momento. Porque yo, a Barinas, regresé en 1975 después de graduarme en la Academia Militar; y evidentemente, yo ya era otro; ya tenía veintiún años y una conciencia política... Entonces, siendo subteniente, volví a casa de los Ruiz Guevara y ya ahí sí, las conversaciones, las lecturas y las discusiones eran muy políticas... Pero en la época del bachillerato, no.

Hay ensayistas que hasta han afirmado que yo ingresé en la Academia Militar con los libros del Che Guevara bajo el brazo. Eso es totalmente falso. En esos años de bachillerato, de 1966 a 1971, le repito que lo que más me interesó fueron los estudios y el deporte. Mire, una vez me abordó, en el liceo, un muchacho que estudiaba en Caracas, y quería crear un movimiento socialista en el liceo; me invitó a una reunión, y no acepté. Así que, repito, jamás participé. Lo mío, esos cinco años, fue estudiar, jugar béisbol, y bueno una que otra novia, Juanita e Irene, dos novias que tuve. Creo que fui un buen muchacho, con las travesuras normales de un adolescente.

¿Qué leía usted?

Bueno, siempre me gustó la poesía, me agradaba hablar con los poetas, con Eduardo Alí Rangel, el poeta de mi pueblo, tenía afición de leer... Me gustaban los poemas costumbristas y me aprendí de memoria algunos

---

[19] En: Cristina Marcano y Alberto Barrera Tyszka: *Hugo Chávez sin uniforme*, Debate, Caracas, 2007.

larguísimos, los declamaba en el liceo, en reuniones... Siempre tuve afán de conocimiento, seguía leyendo mi eterna compañera, la *Enciclopedia Autodidáctica Quillet*, donde leía generalidades de la vida... Uno que otro periódico que llegaba a mis manos... Leí muchas novelas, obras de literatura, entre ellas recuerdo: *Doña Bárbara*, que era de lectura obligada, y *Cantaclaro*, de Rómulo Gallegos, y *Las Lanzas Coloradas*, de Arturo Uslar Pietri. También compré *La Casa Verde*, de Mario Vargas Llosa, para una tarea de literatura en clase, tenía que evaluarla, analizarla; y saqué 19 en el análisis de esa novela de "nuestro amigo" Vargas Llosa. Pero, más allá de lecturas de literatura general, me interesaban los ensayos de ciencias políticas o de filosofía. Un lector inquieto...

¿Cuándo surge en usted el deseo de hacer una carrera militar?

Surgió, digamos, por casualidad. En 1969, paso a cuarto año de bachillerato, y me hago muy amigo de un muchacho que no era deportista, José Rafael Angarita. Vivía muy cerca, en la misma urbanización. Era serio y estudiábamos mucho. Un día, estábamos terminando quinto, debía ser en mayo o junio de 1970, iba yo a cumplir dieciséis años, y él tendría como dieciocho, me dice: *"Vámonos a Caracas para la Academia Militar"*. Alguien se lo había sugerido, porque había venido a darnos una conferencia un oficial del Fuerte de Tabacare, de Barinas, promoviendo la Academia Militar y alentándonos a que nos inscribiéramos. Y mi amigo se anotó en una lista. A mí me sorprendió: *"¡Qué idea extraña! ¿Por qué?"*.

¿Qué pensaba usted de los militares?

Tenía una idea más bien negativa. Ya le conté mi impresión cuando mi padre estuvo preso en La Marqueseña... Representaban la represión, el abuso, la arbitrariedad. Para los círculos en los que yo me movía, el militar era un parásito. Era casi una consigna de la izquierda: militar = parásito.

Aunque también, como a todos los niños, me gustó jugar a la guerra. En el patio de mi abuela organizábamos batallas homéricas; con latas de zinc y tablas de madera erigíamos fuertes inexpugnables e inventábamos estrategias para cercarlos y conquistarlos. Me encantaban esos juegos de guerra... Pero una cosa era la distracción, y otra la realidad.

¿Su amigo se alistó?

Sí, él tampoco tenía nada que ver con la política, y ese mes de agosto de 1970 se fue para la Escuela Militar. Yo me quedé pensando...

¿Era una Escuela o una Academia?

Entonces se llamaba Escuela; hoy es Academia.[20] Resulta que precisamente ese año 1970, en aplicación del Plan "Andrés Bello", la Academia Militar entra en una fase de transición para convertirse en una Institución Superior. Hasta ese año 1970 aceptaban a muchachos con tercer año de bachillerato, que salían sin título universitario. Pero a partir de 1971, empiezan a exigir el bachillerato completo, y la formación de los oficiales cambia totalmente.

En aquel momento, yo estaba en el tope de mi béisbol; lo mío era béisbol, y también el estudio pero ya con notas, como le he dicho, que no convencían a mi padre, ni a mí mismo. Y mi amigo Rafael seguía con su empeño de que me fuera para la Academia; me explicaba que iba a pasar a ser una Escuela Superior de nivel universitario. Me dejó incluso un folletico... Vi que allí se jugaba béisbol y que los entrenadores eran, nada menos que Héctor Benítez Redondo y José Antonio Casanova, los "héroes del 41"[21]...

---

[20] La Academia Militar es el instituto de formación de oficiales más antiguo de Venezuela. La institución que le dio origen fue creada por la Junta Suprema de Caracas el 3 de septiembre de 1810. En 1903, bajo la presidencia del general Cipriano Castro, se crea la moderna Academia Militar, que comienza a funcionar el 5 de julio de 1910. En 1936, el general Eleazar López Contreras, Presidente, la sustituye por la Escuela Militar ubicada en La Planicie hasta 1949, cuando, siendo Presidente el coronel Carlos Delgado Chalbaud, pasó a ocupar su actual sede en la avenida de Los Próceres, Fuerte Tiuna, Caracas. En 1971, el presidente Rafael Caldera la reorganiza nuevamente como Academia Militar, con un nuevo programa de estudios, justo cuando ingresa en ella Hugo Chávez.

[21] En 1941, el equipo nacional de béisbol de Venezuela ganó el Campeonato Mundial celebrado en La Habana; los jugadores se convirtieron en ídolos populares y la prensa deportiva los calificó de "héroes del 41".

Pero usted no se decidía.

Yo tenía una gran incertidumbre. Y estando en quinto —último año de bachillerato— empezó a crecerme la angustia... ¿Qué carrera escoger, si lo que yo deseaba era ser pelotero? Adán, después del bachillerato, se había ido a Mérida, a la universidad; vivía en casa de unos primos de mi padre. Era la universidad más cercana a Barinas; Caracas era como el otro lado del mundo. Así que yo iba a seguir el mismo rumbo: para Mérida.

¿Su hermano le pedía que se reuniese con él?

Sí, él insistía y mi padre también. En la universidad, Adán se había metido a hippie, andaba con botas anchas y pelo largo... Tenía un grupo de amigos de izquierda, de su edad, y empezó a profundizar su participación en los movimientos contestatarios... Pero yo no sabía nada porque aquel movimiento [*el MIR*] era clandestino todavía, y él tenía una gran disciplina. Además, en esa universidad no se jugaba béisbol, el deporte que se practicaba creo que era el fútbol y lo que a mí me interesaba era seguir con el béisbol, hacerme profesional. Así que yo le daba vueltas en la cabeza: *"Dios mío, no quiero ir a Mérida"*.

Entonces, cuando se acerca febrero-marzo de 1971, comienzo a ver con buenos ojos la posibilidad de ingresar en la Escuela Militar, como única vía de ir a Caracas, acercarme al Magallanes, prosperar en el béisbol y después retirarme del Ejército y quedarme en la capital a jugar pelota. Mi principal deseo era jugar béisbol.

Para usted, en ese momento, triunfar en la vida era triunfar en el béisbol.

Correcto; ésa era la meta; como lo había sido la pintura en otra época.

¿O sea, usted no entró en la Escuela Militar con una intención política oculta?

No, no; vuelvo a repetir: lo que me llevó a ingresar a la Escuela Militar, fue la posibilidad de irme a Caracas a practicar béisbol. Lo demás es puro cuento, especulaciones. Se ha dicho, y publicado, que Ruiz Guevara me había adoctrinado, que yo pertenecía a un movimiento clandestino y que el Partido Comunista me infiltró en las filas militares... Puras falsedades, inventadas después del 4 de febrero de 1992, cuando surgieron cantidad de especulaciones, cuentos e historias...

A esa edad, yo ni siquiera había empezado a sentir con fuerza el llamado de la historia. Ciertamente, en Barinas en los años de bachillerato, comencé, como le dije, a oír cosas, a leer poemas, libros, el periódico *El Espacio*... Pero no hubo nunca profundización ni siquiera en el estudio de las grandes personalidades históricas, Bolívar, Zamora... Éstos eran más bien personajes, como digo yo, echados a patadas de los espacios de la historia oficial; casi ni se nombraban; Zamora era un "bandolero", Pedro Pérez Delgado, "bandolero".

¿Antes de la Escuela Militar había leído usted realmente a Bolívar?

Muy poco; es que, cómo le digo, la historia oficial más bien negaba casi a Bolívar. Yo me conseguí con Bolívar en la Academia Militar. Nosotros, en el liceo, estudiamos más la Historia Universal que la Historia Nacional. El manual de Historia Universal de bachillerato tenía más de mil páginas y era un método pedagógico pésimo; consistía en grabarse interminables listas de fechas y nombres... Sin embargo, uno tenía dentro de sí como semillas que estaban germinando, en base a muchas lecturas. Cuántas veces, por ejemplo, aquel niño, Huguito, se topó con Bolívar en las revistas mensuales *Tricolor*... Aparecía Bolívar en el discurso de Angostura, condecorando a Páez en las Queseras del Medio, muriendo en Santa Marta...

Había un terreno fértil.

Sí, creo que había un terreno fértil sin duda. Un terreno abonado, como preparado...Y esa suma de pequeñas lecturas fue acumulando una masa de inquietudes que luego, cuando llegué al epicentro de mi formación que fue la Academia Militar, con historiadores militares como el general

Jacinto Pérez Arcay,[22] por ejemplo, dio su fruto. Me convertí en asiduo visitante de la gran biblioteca de la Academia Militar; me metía a buscar libros, a leer proclamas, y aprendí a conocer bien a Bolívar.

¿Qué pensó su abuela de la idea de marcharse a la Escuela Militar?

No quería que fuera militar. Ella era muy de ir caminando y comentando en voz baja pero para que uno oyera: *"Eso no me gusta mucho"*, decía como hablándole a los pajaritos. Y me increpaba: *"¿Qué va a hacer usted allá? Es peligroso. Usted es muy disposicionero, demasiado rebelde, cualquier día se mete en un lío"*. Una vez, siendo yo ya cadete, la encontré poniéndole velas a los santos en un altarcito que ella tenía; me dijo: *"Le pido a Santa Rosa y a la Virgen del Rosario que usted se salga de eso"*. Nunca quiso que entrara en la Academia. A Adán tampoco le gustó, por supuesto. Mis padres se enteraron después de que ya todo estaba hecho. Lo organicé en plan secreto hasta que ya era un hecho. Llegó un telegrama a casa citándome a pasar los exámenes de ingreso a la Academia. Tuve que confesarles que debía ir a Caracas, que me iba para la Academia Militar. Mi padre, al principio, arrugó la cara. Pero mi madre estuvo de acuerdo. Y a mis hermanos menores también les gustó la idea.

¿Qué requisitos eran necesarios para entrar en la Academia?

El primer examen se hizo en Barinas, en el cuartel militar.

Una preselección.

Sí, una preselección. Nos hicieron sobre todo una revisión médica muy general y una entrevista psicotécnica; no hubo examen de educación física y deporte. El objetivo no era eliminar sino que la mayor cantidad de aspirantes se presentase a la Academia. No éramos muchos, unos quince o veinte, y casi todos fuimos a Caracas.

---

[22] Autor de: *El fuego sagrado. Bolívar hoy*, Edición CLI-PER. Caracas, 1980; *La Guerra Federal. Péndulo histórico bolivariano*, Caracas, 1997, 9ª edic., [1ª edic. 1974].

¿Había estado usted alguna vez en Caracas?

Nunca.

¿Ya había terminado el bachillerato?

No, aún no. Estaba terminando, eran los últimos días.

¿Pero, no era indispensable el bachillerato para ingresar en la Academia, según el nuevo plan de estudios?

Correcto. Y por desdicha tuve un problema en química; el profesor, Manuel Felipe Díaz, "Venenito" le decíamos, me "raspó" [*me suspendió*], me ·puso nueve sobre veinte. A pesar de eso, fui a Caracas a presentar los exámenes y salí bien. Pero no podía ingresar por causa de esa materia aplazada, no aceptaban alumnos con materias reprobadas.

¿Y entonces?

Es que además de los exámenes académicos, que aprobé, había una entrevista final; era como la última. Me convocaron por telegrama, y me fui a Caracas de nuevo en autobús. La entrevista la hacían unos oficiales superiores, un psicólogo y un cura. Recuerdo que me hicieron preguntas como ésta: "*¿Pertenece usted a un partido político?*". Yo tenía mucho cuidado en eso, y les dije obviamente que no. Era la verdad. "*Pero aquí pone que sí*", afirmó uno del jurado. "*Bueno*, contesté yo jodiendo, *al partido de los 'topocheros' de Barinas*". 'Topocheros' eran los que cortan 'topocho', plátano. Después me pregunta otro: "*¿Ha tenido usted relaciones sexuales con animales?*". Porque en el Llano era bastante común eso, con las burras; yo conocí a un hombre a quien llamaban "el burrero" que no dejó burra que no se "raspó". Yo nunca hice eso. Lo preguntaban para ver qué respuesta daba uno. El objetivo era ver qué contestaba el alumno, por qué quería ser militar.

Juzgaban su psicología, su personalidad.

Sí. Aprobé también ese examen, pero seguía sin poder ingresar por tener una materia reprobada. Entonces me dice un coronel: "*La única forma de*

que usted pueda entrar, de manera provisional, es siendo buen deportista; hemos
decidido darle entrada provisional a los que tengan algún problemita con alguna
materia reprobada, pero que demuestren ser buenos en algún deporte". Ahí es
cuando yo dije: *"Bueno, yo juego béisbol".* *"Pues vaya a demostrarlo".* Y me
manda al patio donde estaban los demás alumnos con materias reprobadas
pero que pretendían ser deportistas. Nos organizaron por grupos, y nos
llevaron a un campo de juego. Ahí descubrí que José Antonio Casanova,
cuarto bate del equipo de Venezuela, campeón mundial que le ganó a
Cuba en el año 1941, era el entrenador jefe; y el otro, más bajito, Héctor
Benítez, zurdo, cuarto bate también, era el segundo entrenador. Los conocía por foto, los admiraba y tenía hasta unas barajitas que vendían con los
rostros de cada uno. Porque recuerde que mi proyecto era ése: el béisbol,
las Grandes Ligas, el Magallanes... Lo militar era secundario.

Así que me dispuse a demostrar mis cualidades de pelotero. Pero dos
días antes, en Barinas, había lanzado un juego completo y tenía el brazo
destrozado; me estaba poniendo hielo...

¿Qué le pasaba?

Pues que ya yo, a esa edad, había comenzado a tener dolores de brazo,
aquí arriba, en el hombro. Es normal que a un lanzador de pelota le duela
el codo; si tú pichas [*lanzas*] ocho, nueve *innings*,[23] es frecuente que el codo
se resienta, pero cuando sufres en el hombro es grave, porque ese dolor
tiende a agravarse y al final hay que operar. En Barinas no había atención
médica para los peloteros. Sentía el dolor, me ponía hielo, el dolor se me
pasaba como cinco días después y seguía jugando. No quería decir nada,
pero eso comenzaba a preocuparme.

¿Se curó?

Pues no, ese dolor lo tuve mucho tiempo, hasta que, treinta años después,
Fidel Castro descubrió que era el manguito rotatorio, un grupo de

---

[23] *Inning*: Cada uno de los segmentos del juego de béisbol en los que se turnan los equipos
consecutivamente al ataque (al bate) y a la defensiva.

músculos y tendones que rodean las articulaciones del hombro. Fui una vez a pichar [*lanzar*] a La Habana, y después del juego no aguantaba el dolor; Fidel, que lo sabe todo, me tocó el hombro y diagnosticó: "*Eso es un desgarro del manguito rotatorio*". Al día siguiente me hicieron una radiografía y en efecto: era el manguito rotatorio.

Y eso le impidió jugar bien en la prueba de ingreso a la Academia.

Exacto, porque, como le dije, dos días antes yo había pichado en Barinas un juego completo y tenía bastante dolor. Así que caliento, y cuando me pidieron que lanzara fue un fracaso, sentí un calambrazo de dolor y tiré la bola como un piconazo, muy alto. Una decepción… Me sacaron. El examinador me dijo: "*Usted no puede jugar así; y si le duele el brazo, no puede pichar*". Ese día me condenaron a no pichar; nunca más piché hasta que me gradué de subteniente y que, a mi regreso a Barinas, empezaron a hacerme infiltraciones en el brazo. Piché todavía un año, pero después ya no podía más, el dolor era insoportable, el manguito se desgarró totalmente… Tuve que dejarlo.

Entonces, ¿no aprobó la prueba deportiva?

Sí, por una casualidad; porque Héctor Benítez era zurdo también, se me acercó y me dijo que intentara otra posición. Ahí decidí batear… Me defendí bastante. Al final, Benítez me dijo: "*Sirves para el béisbol. Te vamos a inscribir en la lista*".

O sea que ingresó en la Academia Militar casi por milagro.

Lo que es la vida. Ese día, en aquel pasado de mi primera vida, entre un millón de azares, las circunstancias hubieran podido llevarme a un destino sin duda muy diferente. Pero allí, en aquella situación mía, con una materia reprobada y en la incapacidad de pichar correctamente, un micrométrico asunto me trajo a este camino…

Podríamos casi decir: ese simple golpe de bate cambió el curso de la historia de Venezuela.

Fue una cosa chiquitica del azar. Es decir, si yo no hubiera podido batear en buenas condiciones —cuando lo mío era pichar— no entro en la Academia. Ser zurdo también me ayudó; porque Héctor Benítez me anotó en su cuadernito: *"Estamos buscando a un bateador zurdo. Así que lo vamos a recomendar; preséntese aquí en ocho días"*. Si por alguna casualidad yo no hubiese sido zurdo y hubiera fallado los tres batazos, me sacan. No hubiese ingresado en la Academia. No sería lo que soy y no estaríamos hablando de Revolución Bolivariana.

Pero seguía usted con una materia aplazada.

Claro, y quería terminar el bachillerato. Estudié duro, presenté el examen de química y saqué catorce. Con lo cual, el domingo 8 de agosto de 1971, ingresé en la Academia Militar.

Entraba usted con la intención de convertirse en pelotero, pero ese rumbo iba a cambiarse.

Sí, y tanto. Porque debo decir que inmediatamente me encantó la Academia y me adapté a mi nueva vida de cadete. En seguida me tomé muy en serio la misión de ser un soldado del Ejército fundado por Simón Bolívar. Me di cuenta que había llegado a donde tenía que llegar: a la Academia Militar. Aquel patio, aquella bandera, aquel uniforme, aquel fusil, aquellos cantos...

Todo eso lo transformó.

Ahí se produjo la metamorfosis. Hugo Chávez, "Tribilín", un muchacho simple, provinciano, de 17 años recién cumplidos ingresa a la Academia Militar sin casi ninguna motivación política. Entra para ser pelotero, lanzador, para formarse a la guerra del béisbol, y cuatro años después, en 1975, cosa sumamente extraña, sale siendo un subteniente revolucionario.

Ahí encontró su destino.

En verdad, uno nace varias veces; uno vive varias vidas. Cuando salí de la Academia Militar, en 1975, yo era otro, había renacido a un mundo distinto, a unas perspectivas distintas. Pasaron cosas por supuesto en lo personal, en lo político, en lo nacional, en lo internacional; quizá el mismo hecho de estar en Caracas y tener contacto con mucha gente... Además, la carrera militar es una carrera política, ciertamente política.

Vivió usted una transmutación.

Sin duda. Cuando salí como joven subteniente aún no había cumplido 21 años, los cumplí en Barinas, porque salí de la Academia el 8 de julio de 1975, y el 14 de julio me presenté de subteniente en el comando del cuartel de Barinas.

Volvía a esa ciudad, pero ahora venía con otro nivel. En apenas cuatro años —y cuatro años es muy poco tiempo— había adquirido una clara motivación política. Ahora sí me iba a conversar con el viejo Ruiz Guevara y lo invitaba y salíamos. Vladimir se había graduado de profesor de historia, y ya nuestro círculo abordaba discusiones de alto nivel político. ¡Regresé a Barinas politizado! ¿Y dónde me politicé? En la Academia Militar. No sólo en la Academia por supuesto, pero en esos cuatro años el epicentro de mi formación como joven oficial politizado fue la Academia. Sin ninguna duda.

Allí se produjo la maduración de un proceso.

Seguramente eso venía gestando, germinando, incubando, pero allí se produjo una explosión. Un estallido. Es como el volcán; para que estalle tiene que haber unas condiciones y una temperatura, si no hay eso jamás estallará... Así que yo no entré en esa Academia, como dicen algunos, con un libro del Che Guevara bajo el brazo, pero sí es verdad que salí con él. ¿Qué pasó en esos cuatro años? Aquí sería bueno detenerse un rato.

PARTE II

DE CUARTEL EN CUARTEL (1971-1982)

CAPÍTULO 6

Cadete en Caracas

Una dura adaptación – La dificultad de ser zurdo –
Superiores abusivos – Descubriendo Caracas –
"Chicho" Romero – Cerros pobres y barrios ricos –
Vivir en Catia – El Plan "Andrés Bello" –
Oficiales progresistas – Ser soldado –
En la tumba de "Látigo" Chávez –
Cantando, dibujando, animando – Felipe Acosta Carlez –
Adquiriendo liderazgo – Cursos y lecturas –
Un subversivo.

Usted ingresa en la Academia Militar en agosto de 1971 ¿verdad?

Sí. Como le dije, el 8 de agosto —era domingo— de ese año, entro a la Academia Militar siendo un muchacho simple, provinciano, pero que había pasado cinco años en una capital de estado, en un círculo exigente desde el punto de vista físico, deportivo, intelectual e incluso espiritual. Un alumno líder de grupo por ser de los que mejores notas sacaba. Y que llegó a darle clases particulares a muchachos de mayor edad, lo cual era un desafío. Fueron cinco años de mucho rendimiento, pero hasta cierto límite... Cuando aterricé en Caracas, me di cuenta de que había llegado a un punto de definición. En pocos meses modifiqué mis expectativas, cambié de panorama. Primero empecé a sentirme un soldado, después comencé a descubrir la política, los intelectuales, y a respirar una atmósfera bien excitante...

¿Cómo empezó su formación militar?

Ese primer año, se hizo una selección muy severa. Entramos casi doscientos aspirantes aquel 8 de agosto de 1971, y en noviembre, al final de tres meses de clausura durante los cuales no podíamos salir de la Academia, cuando nos entregaron la daga de cadete, más de la mitad de los candidatos ya habían sido eliminados.

¿Por qué?

No aguantaban el ritmo físico, ni el académico. Otros fueron abandonando porque no aprobaron las materias del propedéutico. Había, en primer lugar, una evaluación física, y los aspirantes que no obtenían un nivel suficiente tenían que marcharse. Todos los días: una hoja de evaluación. Y cada semana: exclusión de los que peores resultados sacaban. Veíamos como los reprobados se iban. Uno ya los conocía un poco y le dolía. Algunos de mi pelotón, dos o tres, fueron eliminados, y eso que éramos un buen pelotón, y que los *clases* —los *clases* son los brigadieres, o sea los cadetes de tercer y cuarto año— nos ayudaban.

¿Los cadetes procedían de una categoría social particular o eran representativos de la diversidad de la sociedad venezolana?

Eran bastante representativos aunque la gran mayoría procedía de los sectores pobres, de las clases medias bajas y clases bajas. Históricamente ha sido siempre así, y así lo sigue siendo. Uno que otro venía de las clases altas, pero generalmente desentonaba, el grupo lo rechazaba, lo tenía como un cuerpo extraño. La Armada era más aristocrática, pero el Ejército siempre ha sido muy popular, y lo sigue siendo. La Aviación asimismo es una fuerza con mucha gente del pueblo, la Guardia también.[1]

---

[1] La Fuerza Armada de Venezuela consta tradicionalmente de cuatro componentes: Ejército, Armada, Aviación y Guardia Nacional; a ellos se ha venido a agregar en fecha reciente la Milicia, una entidad de reserva que complementa la defensa nacional. La Guardia Nacional es un cuerpo esencialmente encargado del mantenimiento del orden interno del país y también del control de las aduanas.

La mayoría de los oficiales venezolanos procede de las clases humildes, especialmente en el Ejército.

En ese aspecto, Venezuela es bastante singular. La Fuerza Armada Nacional constituye un cuerpo esencialmente popular. Muy diferente a la tradición de las "castas militares" hereditarias que existen en otros países latinoamericanos —en Chile, por ejemplo— donde los hijos de las clases dominantes dirigen los regimientos de élite de las Fuerzas Armadas. En Venezuela, sin duda por tradición bolivariana, no existe discriminación social, ni racial que impida el ingreso de los jóvenes de las clases desfavorecidas a la Academia Militar.

Quizás por eso, aquí, la oligarquía siente animadversión hacia lo militar. Es una repugnancia histórica; las clases ricas ven un cuartel como cosa del populacho... A mí, los voceros de la oligarquía no me dicen "Presidente", sino el "teniente coronel"... Para ellos eso significa que uno es un "gorila", un atrasado... Nos creen inferiores.

¿Tradicionalmente, los altos oficiales de Venezuela se formaban primero en la Academia y después en el extranjero?

Después de la Academia había cursos de postgrado, la mayoría de ellos se realizaban aquí en Venezuela, en las escuelas superiores nuestras. Pero un pequeño grupo, casi siempre de privilegiados, se iba al extranjero, a Estados Unidos sobre todo. De mi promoción, sólo uno —por cierto muy inteligente—, fue a West Point.[2] Casi siempre terminaban captados por la CIA [*Central Intelligence Agency*]. Algunos iban para Europa, casos muy contados; yo estuve a punto de irme a Alemania a hacer un curso cuando era capitán.

---

[2] Ubicada a unos 80 kilómetros al norte de la ciudad de Nueva York, la *United States Military Academy at West Point* es una de las más prestigiosas academias militares de Estados Unidos.

¿Los cadetes eran todos venezolanos o venían también de otros países?

Venían muchachos de otros países. Era una tradición. Había colombianos, dominicanos, panameños, bolivianos... Recuerdo a un brigadier colombiano que es hoy oficial superior en su país. Una noche, ese brigadier me descubrió dormido... Al toque de silencio de las nueve de la noche... Debo decir que existía la libertad, para los aspirantes que quisieran estudiar, de ir a las aulas y de quedarse allí a estudiar hasta las doce máximo. A pesar del cansancio del día, yo siempre me quedaba hasta medianoche. Me calaba tres horas diarias de estudio adicional.

¿Se imponía voluntariamente esas horas suplementarias de estudio?

Sí, voluntariamente. También escribía cartas a la familia o arreglaba mis cuadernos. Me encanta el estudio, aprender. Tengo en permanencia un afán de leer, de estudiar, de saber... Una de las cosas que más lamento ahora, es que no tengo tiempo. Me han llegado no sé cuántos libros, ensayos recientes, artículos... Tengo un gran retraso en las lecturas... Estoy envidiando a Fidel[3]... Ojalá me pase a mí lo mismo que a él, que a los ochenta años me dé una cosa que no me muera, que siga ahí, y por fin tenga tiempo de leer a saciedad, reflexionar, escribir...

No creo que el propio Fidel esté de acuerdo... De todos modos aún le quedan a usted por lo menos 25 años...

Bueno... Mientras tanto hago trampas al tiempo para encontrar algunos momentos y ponerme a estudiar algún tema específico; por ejemplo, ahora estoy estudiando sobre todo problemas prácticos: los alimentos, la salud... O temas concretos: la delincuencia, la seguridad pública... Llegará el momento y hablaremos de eso.

---

[3] El 19 de febrero de 2008, a la edad de 82 años, Fidel Castro anunció que dejaba su cargo de jefe del Estado cubano por razones de salud. Pero siguió publicando sus "Reflexiones" en el diario *Granma*.

Sí, me contaba usted que un brigadier colombiano lo sorprendió dormido.

Exacto, aquel brigadier se llamaba [*Oscar*] González,[4] era jefe del pelotón de los nuevos, unos veinticinco más o menos, y pensé que me iba a castigar. Me despertó: *"¿Recluta, qué hace usted aquí a esta hora?"*. Eran como las tres de la madrugada... Los demás se habían ido. Cada media hora podían regresar a su dormitorio controlados. Los de guardia gritaban: *"Los que van a regresar a las once, salgan al pasillo"*. Yo solía quedarme hasta las doce, hora límite. Esa vez, me quedé dormido sobre los libros; hasta la luz la habían apagado. El brigadier estaba de guardia y entró, vio un bulto en la oscuridad, prendió la luz y me reconoció al instante porque yo era de su pelotón: *"¿Qué hace usted a esta hora, recluta?"*. No sabía qué responderle. Al final me dijo: *"Lo felicito, estaba usted estudiando y se quedó dormido. Es un buen cadete, un buen aspirante, pero ahora vaya a acostarse"*. Me fui corriendo a dormir.

¿Durante los tres primeros meses, ustedes no podían salir de la Academia?

No, no se podía. Uno pasaba, primero, cuatro semanas sin salir ni recibir visitas. Pero luego ya los familiares podían venir a vernos los fines de semana. Nosotros todavía no podíamos salir, pero ellos sí podían venir. Los viernes en la noche había película, cosa que me encantaba. Y los sábados y domingos: visita. Venían a vernos a un horario establecido, nos sentábamos en el casino, a oír música, a conversar.

¿Sus padres vinieron?

Vinieron. Mi abuela no, hasta ahí no llegó, me esperaba en Barinas. Mi mamá, cuando me vio, se puso a llorar porque me encontró muy delgado; yo parecía un esqueleto. En esas primeras semanas, tuve un problema que llegó a ser serio. Dado el ritmo de entrenamiento físico, volvió mi vieja

---

[4] Este brigadier, Oscar Enrique González Peña, ascendido a general en su país, llegaría a ser Comandante del Ejército de Colombia, de 2008 a 2010.

afección de la nariz. Después de días enteros bajo el sol, comencé a sangrar, en las noches sobre todo, a veces me despertaba medio asfixiado por la sangre... Al principio lo oculté, hasta que una mañana me vio un *clase* en el lavamanos, me agaché a lavarme los dientes y me puse a chorrear sangre por la nariz... Me llevaron a la enfermería. Pasé un apuro porque no me gustaba perder ni entrenamiento, ni nada; y no quería que me mandaran al hospital.

¿Lo podían haber excluido por eso?

Sin duda, pero los médicos diagnosticaron que no, que no era nada grave, que eso no disminuía mis capacidades físicas. Más tarde me cauterizaron y esos derrames se terminaron. Yo no me perdía un entrenamiento; muchas veces andaba en el campo con un algodón metido en la fosa nasal, porque era la hipersensibilidad de los vasos capilares, sobre todo del lado izquierdo. Fui al Hospital Militar y los médicos me dijeron que era producto de aquel golpe en Sabaneta contra el borde de la acera, nunca tratado. Bueno, ése fue un obstáculo de cierta importancia. Por lo demás nunca tuve problemas físicos.

¿Por qué estaba tan delgado?

Era flaco de naturaleza. Además, aunque había buena alimentación, el esfuerzo físico era considerable. Estaba hecho un esqueleto. Llorando, mi madre me dijo que mejor me regresara a casa... Hay unas fotos en las que se me ve flaquito, flaquito.

¿Tuvo otros problemas para integrarse en la Academia?

Bueno, tuve un problema con un superior, empeñado en llamarme "*Chávez vaca*".

¿Por qué?

Por ofenderme. Me decía: "*¡Usted es una vaca!*". Una estupidez. Me gritaba: "*¡Cadete Chávez vaca!*". Yo no le respondía. Una de las sanciones arbitrarias que imponían era que a uno le obligaban a pararse de cabeza, o sea con la cabeza en el suelo y los pies en alto y firmes.

¿Era una sanción habitual?

Era una sanción prohibida, pero algunos brigadieres la practicaban a escondidas. A varios les dieron de baja por eso. El general-director de la Academia era muy exigente, no lo permitía, deseaba acabar con esas viejas humillaciones físicas. Había otras formas de castigar pero algunos brigadieres —ya le dije, por envidia— se resistían al cambio. Había una rivalidad, nos llamaban los "sabiondos", los "licenciados", y algunos superiores se sentían humillados porque nosotros, los subalternos, los "muchachitos bachilleres", teníamos a veces más capacidad que ellos para resolver dificultades y encontrar soluciones. Aquello se convirtió en un problema porque ese *clase* insistía en que, hasta que yo no dijera que era *"Chávez vaca"*, no pararía; y yo no quise. No cedí, me quedé un tiempo largo cabeza abajo y pies en alto hasta que empecé a botar sangre por la nariz de modo espectacular... Ahí el tipo se asustó, me empezó a suplicar, me agarraba... Yo me dediqué a manipularlo... Sabía que no era nada grave; había aprendido a controlar mi hemorragia, me apretaba la ventanilla nasal aguantando la respiración y a los dos o tres minutos se paraba la sangre. Pero al ver al *clase* tan asustado empecé a respirar más fuerte y a botar más sangre para alarmarlo más. Él se acobardó totalmente. Temía que lo expulsaran. Más nunca me paró de cabeza, no se le volvió a ocurrir.

¿Eran frecuentes esos abusos?

No se permitían, pero ocurrían. Otro problemita que pasé: soy zurdo y tomo sopa con la cuchara en la mano izquierda. Eso no se toleraba. Nos querían enseñar las "buenas maneras" de mesa... El primer día que me senté en el comedor, agarré la copa con la izquierda. El brigadier se puso a gritar: *"¡Nuevo! ¿Cómo se le ocurre? ¡Es con la derecha!"*. Pero con la derecha no tenía el pulso igual, y de repente... *"¡Recluta, manchó el mantel!*

¡Lo lava inmediatamente!". Tuve que levantarme delante de todo el mundo, llevarme el mantel al patio para lavarlo... Había una perola y lo lavé bajo el sol... Para mí, eso no era una tortura porque me crié en una casa en la que, desde niño, tuve que trabajar, lavar la ropa, recogerla, plancharla... En la Academia, en ese tiempo, atormentaban a los zurdos. Tomar sopa con la mano derecha fue para mí un martirio; la mano me temblaba, la sopa se vertía, me salpicaba la camisa, manchaba el mantel, tuve que salir a lavarlo decenas de veces...

Ser zurdo también le plantearía problemas a la hora de utilizar un fusil, ¿no?

Sí. Fue un gran problema en el polígono de tiro. ¿Qué ocurre? La ventana de eyección del fusil se encuentra en el lado contrario de la mejilla, o sea en la parte derecha del fusil, para que la expulsión del casquillo no hiera el rostro del tirador. Hice un primer disparo con la zurda, apoyando la culata en el hombro izquierdo y colocando la mejilla justo contra la ventana de eyección, y casi me hiero. El oficial me dijo: *"Mire, zurdo, aprenda a disparar con la derecha, porque si no, a la larga, eso le puede costar la vista".* Y aprendí con la derecha.

Un buen consejo.

En este caso sí; allí no había fusiles para zurdos. En otras ocasiones, los brigadieres se mostraban excesivamente severos. Le cuento, por ejemplo, otra anécdota que viví en aquellos primeros días. Había un *catcher* que era de los mejores beisbolistas, un muchacho moreno de La Guaira, Francisco Peña Madrid, zurdo también, fuerte, afrodescendiente, después fuimos grandes amigos. Él y yo habíamos hablado bastante el día de mi examen de repesca, ya le conté, en el campo de pelota. Y un día, recién llegado a la Academia, voy saliendo del comedor y veo al negro Peña subiendo la escalera. Yo, civil todavía, sin haber asumido siquiera los códigos militares, lo llamo: *"¡Epa, negro! ¿Cuándo vamos a jugar béisbol?".* Él voltea, se ríe y no se da por aludido. A lo mejor ni me reconoció, porque yo estaba flaquito, con una gorra... Un brigadier me oyó y se me vino encima: *"¡Eh!, recluta, ven acá. ¿Cómo tú le vas a decir "negro" a un cadete?"* Me castigaron, me mandaron a dar vueltas al patio.

¿Por racismo?

Era absurdo, no tenía sentido. Era un hábito de familiaridad, casi afectuoso en el medio popular al que yo pertenezco y en el que me crié. Ese brigadier me atribuyó una intención que él sabía perfectamente que no existía. O sólo existía en su propia mentalidad. Aunque admito que hay que ser muy cuidadoso en el uso de ciertas palabras que pueden herir susceptibilidades.

¿Tuvo usted otros problemas?

Más que problemas, ocurrieron otros eventos. Por ejemplo, una vez mi amigo de Barinas, Vladimir Ruiz, que estaba estudiando en Barquisimeto, me manda una carta en un sobre grande de Aerocav, el correo aéreo. Estábamos en el patio, formados para la entrega del correo. Un brigadier repartía las cartas; a uno lo llamaban —*"¡aspirante fulano!"*— y salía volando a buscar su carta. En esa ocasión el que repartía las cartas era muy severo, Godoy Uriquín se llamaba, un catire maracucho [*de Maracaibo*] muy malo con los nuevos. Lo oigo que dice: *"¡General Hugo Chávez!"*. Me quedé quietico, no respondí. Volvió a llamar: *"¡General Hugo Chávez!"*. Yo, sin moverme, me decía: éste me está llamando "general" para burlarse de mí, no le voy a contestar.

Viendo que no le respondía, Godoy Uriquín gritó: *"Aspirante recluta Hugo Chávez Frías, ¿dónde está?"*. Ahí sí respondí: *"Presente"*. *"Venga aquí, nuevo* —me dice—, *véngase dando vueltas de carnero"*. La 'vuelta de carnero' es como la vuelta del gusano o de la oruga: uno se lanza poniendo la cabeza en el suelo y avanzando como una rueda, dando volteretas. A mí no me costaba nada eso, yo era un atleta, era livianito.

¿Por qué le impuso eso?

¡Ah! Porque a Vladimir, que era un jodedor, por fastidiar se le ocurrió escribir en el sobre: *"Comandante General Hugo Chávez"*. Para bromear y crearme problemas. A partir de ese día, el tal Godoy Uriquín cuando me veía solía decirme: *"¡General Hugo Chávez!"*. A Vladimir lo agarré apenas lo vi, en Barinas, en diciembre: *"Mira* —le dije—, *no se te ocurra más nunca, chico"*. Pero al final me divertí...

¿Le costó adaptarse?

Fue duro. El primer día es muy agitado, le ponen a uno no sé cuántas vacunas, le cortan el cabello —yo tenía el pelo a lo afro—, le ponen un uniforme y lo mandan a correr. Un cambio inmediato.

Uno pasaba los tres primeros meses concentrado, sometido a pruebas rigurosas, entrenamientos duros. Comenzamos a montar guardias de imaginaria;[5] fue una mutación de vida total. Me acordaba de *La ciudad y los perros*,[6] la novela de Vargas Llosa que transcurre en un colegio militar de Lima. Recuerdo el primer día, mi primer despertar: sonaron los tambores a las cinco de la mañana... Pensé que era un terremoto. *"¿Qué es esto?"* me decía yo, y eché a correr rápido, a vestirme, porque en unos minutos había que estar listo en el patio... Al cabo de esos tres meses, con cierta solemnidad, le entregaban a uno la daga y lo investían con el rango de cadete. Inspirándose en la antigua ceremonia de investidura de los caballeros medievales de antaño, nos entregaban el arma y el uniforme azul. Dejábamos de ser aspirantes para convertirnos en cadetes. Era una investidura de gala.

¿Asistían las familias?

Sí, mi papá y mi mamá vinieron... Recuerdo que esa noche salimos a Caracas, nos quedamos en un hotel de Sabana Grande, comimos en un

---

[5] Vigilancia o guardia que hacen, por turnos, uno o varios soldados durante la noche en el cuartel, para todo el edificio o para cada dormitorio.

[6] Mario Vargas Llosa: *La ciudad y los perros*, Seix Barral, Barcelona, 1977.

restaurantito, casi en la calle, no teníamos mucho dinero... Al día siguiente, domingo, fuimos a la Plaza Miranda; nos tomamos unas fotos... Paseamos todo el día por la capital. En la noche tuve que regresar a la Academia. Todo ese tiempo, estuve de guante y gorra, con el uniforme azul impecable.

¿Qué sentía usted?

Desde el primer día, noté que me seducían los símbolos patrióticos de la Academia. Me sentí como un pez en el agua. Aún hoy, cuando voy a la Academia percibo que llegué al vientre de una segunda madre. ¡Fue para mí una madre! Yo soy hijo de esa Academia, de esa *Alma Mater*, un recinto sagrado... ¡Hijo de la Fuerza Armada! ¡Yo nací ahí! Uno puede nacer varias veces. Uno nace primero del vientre de la madre, pero vuelve a nacer cuando ve la luz de las ideas y de la conciencia. En esa Academia fue donde comenzó todo... Aquella simbología me enganchó. Para mí, la Academia fue una bendición. Ésa es la palabra: una bendición, porque no sólo allí me sentí soldado, sino que, en ese recinto, surgieron en mí las motivaciones políticas. Eso fue una bendición para este proceso, y ojalá la historia nos absuelva para nuestro país.

¿Qué quiere decir?

Usted ve a todos esos oficiales, mayores, capitanes, tenientes, sargentos que son puros soldados. Creo que mi influencia hacia ellos no sería la misma. Es decir, aquí no hubiésemos podido romper el muro del Pacto de Punto Fijo por más debilitado que parecía en 1990, 1991 y 1992, si no hubiese sido por esa corriente militar que se unió al pueblo. Fue la chispa —"*iskra*" decía Lenin ¿no?— que prendió fuego a la pradera.

Pero independientemente de todo lo que pasó y del papel que ha jugado esa juventud militar bolivariana desde 1992, a lo largo de estos últimos veinte años, ahora, en este momento [*2009*], si yo no fuera militar, si yo fuera un presidente civil, difícilmente ese presidente civil pudiera tener la influencia que yo tengo sobre ellos. Esa particularidad ha sido muy importante, y además le ha dado al pueblo mayor fortaleza a la hora de las definiciones, porque sabe que cuenta con unos soldados dispuestos a todo, en caso de crisis como las que hemos pasado... y las que puedan pasar.

Volvamos a esos primeros meses de Academia ¿echó de menos a sus amistades de Barinas?

Al principio, mucho. Ocurrió algo que pudiera hasta ser un factor común a lo que sucedió cuando me vine de Sabaneta a Barinas a estudiar el bachillerato. Al llegar a Caracas pasó algo similar: nunca me separé de la situación anterior. Es decir, cuando me fui a Barinas guardé permanentemente relaciones, contactos y raíces con Sabaneta, con mi vida anterior. No sólo ir a ver a la abuela; me refiero a un espíritu, una esencia, como el árbol que no pierde su raíz.

Lo mismo pasó cuando me vine a Caracas. Durante esos cuatro años de Academia mantuve el contacto con mis raíces, con aquella Barinas, aquellos amigos, algunos ya dispersos en otras ciudades, aquellos deportistas. Cada vez que iba, regresaba a la placita de mi barrio como si no hubiera pasado nada, y aunque ya era cadete me quitaba el uniforme y retomaba mi puesto en la misma plaza, con la misma muchacha, los mismos amigos, las mismas misas de aguinaldo[7] en las madrugadas.

¿Usted nunca dejó de volver a Barinas?

Nunca. No dejaba de regresar allá. En cuanto se presentaba una ocasión, lo primero que hacía era agarrar un autobús y me iba. Allí retomaba la misma partida de pelota, los mismos diálogos ahora alimentados por la experiencia, las mismas tertulias en "Noches de Hungría", o en el "Rincón mexicano", "La Facultad"... Es decir, hubo un permanente volver sobre el camino. Creo que eso me alivió en ese proceso, me ayudó mucho.

---

[7] En los Llanos venezolanos, es costumbre, en época de Navidad, en diciembre, asistir con familia y amigos a "misas de aguinaldo". Se celebran al amanecer en las iglesias particularmente adornadas para esas fechas y la misa es acompañada de cantos populares; a veces se lanzan fuegos artificiales. El evento culmina al despuntar el sol.

Lo mantenía en sus raíces.

Y alimentaba lo nuevo con lo viejo. Era como un proceso dialéctico de sumatorias y de experiencias que nutrió las raíces a lo largo de todos esos años. En la Academia Militar, empecé a escribir cartas desde los primeros días de la primera semana del primer mes... Muchas se perdieron.

¿Se las mandaba a su abuela?

A la familia, a los amigos, a la abuela... Ella guardaba todas mis cartas en un baulcito... Escribir cada semana era una buena costumbre, aun cuando nos era impuesta por la Academia. Quizás lo hacían para ver qué escribía uno. Pero, en fin, era una buena usanza, a uno lo mantenía en contacto con la familia y además eso te obligaba a escribir, porque hay gente floja a la que no le gusta escribir. Luego llegaban las respuestas. Yo las iba archivando. Llegaban fotos de la novia, de la amiga, del hermano, de la mamá, y uno hacía un álbum o las ponía en el escaparate [*armario individual de cada cadete*].

¿Disponía usted de su propia habitación?

No, era un dormitorio colectivo para un pelotón de veinte o treinta cadetes, donde uno tenía su rinconcito y su propio escaparate.

Usted era un joven criado en la calle con toda libertad, esa vida disciplinada de la Academia ¿no le molestó?

Bueno, ya el colegio, el liceo y el deporte habían sido, para mí, excelentes escuelas de disciplina, pero además yo tomé la resolución voluntaria de cambiar. Una aceptación de la inevitabilidad del cambio. Por supuesto que extrañaba aquella libertad del muchacho en la calle, en el campo, en la pelota, en la casa, de comer la comida rica, exquisita que hacía la abuela, y de repente allá: el rancho... Recuerdo, por ejemplo, la sopa de cebolla. Eso me costó ir al calabozo.

¿Por qué?

Por rechazar la sopa de cebolla... Yo no paso la cebolla, no me gusta. Y por primera y única vez, siendo cadete, me castigaron a dormir en un calabozo. Me amotiné.

Como los marineros del acorazado *Potemkin*,[8] en Rusia, que rechazaron el rancho lleno de gusanos...

En el caso mío no eran gusanos, sino demasiada cebolla; y quisieron obligarme a tomar un tercer plato de sopa de cebolla.

¿Por sadismo?

Bueno, porque a un brigadier autoritario se le ocurrió. Todavía se veían muchas arbitrariedades en aquella Academia. Además había algo que se mantuvo largo tiempo: ya se lo dije, los cadetes más antiguos y algunos oficiales nos veían, a los del nuevo Plan educativo-militar, con un sentimiento de envidia porque éramos bachilleres y ellos no.

Eso les molestaba.

Se volvían agresivos. Para mí, que siempre fui contestatario, eso fue motivo de numerosos conflictos tanto en la Academia como luego en la vida profesional.

Pero usted se adaptó pronto.

Sí, fue sorprendente la manera casi automática con que me acoplé a aquello. Me adapté de inmediato a las reglas de la Academia; corría como un atleta, el esfuerzo físico no hacía mella en mí.

---

[8] En Odessa (Rusia), en 1905, los marinos del acorazado *Potemkin* se sublevaron, negándose a comer carne podrida. Su amotinamiento provocó la sublevación general de la Flota del Mar Negro en el marco de la Revolución de 1905 que fue el preludio de la Revolución bolchevique de 1917. El cineasta Serguei M. Eisenstein ilustró ese episodio en su célebre película *El Acorazado Potemkin* (1925).

Ni el levantarse tan temprano.

No, para nada. Más bien empezó a gustarme el toque de diana, y el andar rápido, corriendo, para ir a las salas de clase... Lo más difícil fueron esos tres primeros meses. Después ya teníamos permiso para salir y empecé a descubrir de verdad Caracas.

¿Recuerda usted su primera llegada a la capital?

Perfectamente. Llegué a Caracas asustado, en un autobús de pasajeros. Venía solo. Nunca se me olvida; cuando íbamos bajando entre las montañas, hay una curva, el autobús se pone de medio lado, y de pronto aparece Caracas. El autobús llegó muy temprano, en la madrugada; había salido de Barinas al anochecer y llegó aquí sobre las cinco de la mañana. Llegamos a la estación del Nuevo Circo, en medio del caos indescriptible de aquella terminal. En ese tiempo, la capital tenía unos dos millones de habitantes; hoy son más de cuatro; pero ya todos los cerros estaban llenos de ranchos [*chabolas, favelas*].

¿Le sorprendió el espectáculo de los ranchos?

No me imaginaba a Caracas así, literalmente cercada por un gigantesco cinturón de miseria derramándose por las colinas. Más tarde entendí que eso era el resultado de lo que técnicamente llaman el "éxodo rural", y que ese éxodo era consecuencia de la política de abandono del campo practicada por los gobiernos desde hacía decenios. A medida que el petróleo se convirtió en la fuente principal de ingresos del país, el campo, donde antaño se cultivaba —y se exportaba— café, azúcar, cacao y otros productos de la tierra, fue abandonado. El modelo petrolero acabó con casi toda la agricultura. La economía rural se colapsó, y decenas de miles de campesinos sin trabajo —que, en general, ya habían perdido sus tierras, acaparadas por los grandes hacendados—, se vieron obligados a abandonar el mundo rural.

Y emigraron en masa hacia Caracas.

Sobre todo a Caracas, pero no sólo. No existían servicios básicos en los pueblos, en materia de educación secundaria y superior, o de salud. Yo mismo me tuve que ir de mi pueblo natal, y no lo deseaba. Para poder estudiar bachillerato. Mis hermanos se vieron obligados a trasladarse a Mérida para ir a la Universidad. Otros, si necesitaban atención médica, se veían forzados a ir a Barquisimeto o a Caracas. El mundo rural estaba abandonado. Los muchachos del servicio militar obligatorio cuando iban a los cuarteles de las grandes ciudades o de la capital, y veían todos los servicios que allí existían, ya no regresaban al campo donde no tenían ni tierras, ni trabajo. Preferían vivir en los ranchos de los cerros, y no abandonados en las profundidades del país. El resultado es que el 80% de la población venezolana se concentra en la estrecha franja costera del centro-norte del país que es, además, una peligrosísima zona sísmica.

¿Ningún gobierno pensó en corregir eso?

El presidente Jaime Lusinchi [1984-1989] intentó algo, crearon algunos pueblos en el interior. Yo visité uno —Pueblo Bolívar— cuando era capitán en Elorza, cerca de la frontera con Colombia. Fue un fracaso. Trajeron a campesinos casi a la fuerza, y no les dieron ni tierras, ni ganado, ni crédito... Al poco tiempo, la gente empezó a marcharse, a escapar de allí.

¿Usted mismo ha pensado en alguna solución?

Para nosotros, desde el principio, ese problema del desequilibrio del país, de la desigual relación entre el campo y la ciudad, siempre lo consideramos central. Uno de los propósitos principales de nuestra revolución es ocupar el territorio venezolano de modo más equilibrado, más armonioso. Pensábamos —y seguimos pensando— que hay que descentralizar, revertir el flujo migratorio e incitar a la gente a volver al interior a reocupar el espacio rural. No es fácil. Hemos puesto en marcha un Plan de desarrollo integral para Venezuela. En diez años de Gobierno revolucionario, hemos recuperado un total de dos millones ochocientas mil hectáreas de tierras ociosas para ponerlas a producir. Se le da tierra a la gente, casa, herramientas de trabajo, microcréditos, cursos de agronomía y de economía agrícola, se instalan escuelas, dispensarios médicos, instalaciones deportivas, equipos culturales... La idea es que sean poblaciones sustentables, con agua corriente, electricidad, teléfono, televisión, internet, donde se pueda llevar una vida decente, con una calidad de vida superior a la que muchas familias tienen en los ranchos de Caracas.

Volviendo a su primer contacto con Caracas, ¿le impactó la capital?

El contacto con Caracas fue impresionante. Primero: el bullicio... Yo venía de una ciudad pequeña, Caracas era cien veces mayor que Barinas, y aquella algarabía de gente por todos lados, los autobuses, los peatones corriendo, los carros pitando, las motos... Daba vértigo. Tenía que acostumbrarme... Al principio me daba hasta cierto temor salir a la esquina. Poco a poco fui acoplándome a aquella dinámica social. Me asombró el tremendo contraste de una Caracas rica y una Caracas pobre, me chocó. Semejante disparidad no se veía en Barinas; mucho menos en Sabaneta. Me quedé aterrado cuando descubrí aquella masa de pobreza, y la rica y lujosa Caracas del Este. No me imaginaba que, en Venezuela, uno de los países más ricos del continente, pudiese existir una miseria tan insondable. Poco después empecé a preguntarme qué tipo de democracia era ésa, que empobrecía a una mayoría y enriquecía a una minoría. Me pareció injusto. Y percibí muy pronto que aquella ciudad, con ese reparto de riqueza tan increíblemente desigual, era un barril de pólvora que en cualquier momento podía estallar.

¿Conocía usted a alguien en Caracas?

No tenía familia, pero mi padre me había dado la dirección de un medio pariente nuestro, "Chicho" Romero, ex-marido de una hermana de mi madre, Joaquina; se separaron y él se vino a la capital. Había sido sargento en el ejército en la época de Pérez Jiménez. Le gustaba el béisbol y era —y sigue siendo— muy llanero, dicharachero, incansable conversador. Estuvo preso unos años por ser correo de la guerrilla; alguien lo denunció... No le comprobaron nada pero lo metieron en la cárcel.

Al llegar al terminal, aquel primer día, agarré un taxi, le indiqué la dirección al chofer: avenida Mohedano —no se me olvida— en La Castellana, una urbanización de la alta burguesía, al lado de Altamira. Estaba amaneciendo, hacía frío, yo cargaba una chaquetica de mi padre... Llegamos allá, me bajo y me quedo caminandito en el frío, esperando a que den las siete de la mañana. Era domingo, el examen en la Academia era el lunes. Llamo y me sale una morena. Le digo: *"Ando buscando al señor 'Chicho' Romero"*. *"Todavía no ha llegado —me contesta—, y no sé si venga a trabajar hoy"*. Le pregunto: *"Pero, ¿él trabaja aquí, verdad?"*. *"Sí —me responde—, es el chofer de la familia"*. Una familia rica pues. *"¿Usted quién es?"* me dice. *"Un pariente"*. Uno le decía "tío". *"¡Ah! ¿Es usted de Barinas?"*. Me invitó a entrar y me dio café con leche. Esperé un largo rato. Por fin llegó "Chicho", de casualidad porque venía a hacer una diligencia...

O sea, usted no estaba anunciado.

Mi papá le había avisado, pero él no estaba seguro de qué día llegaba, ni a qué hora. Me atendió muy bien. Salimos en el carro de la familia y me llevó a un hotel. Tenían varios carros y dos choferes; "Chicho" manejaba el vehículo para hacer diligencias, compraba cosas, llevaba a los niños... Dimos un paseo por Caracas, pasamos por la Academia: *"Mira —me dijo—, aquí es donde vas a estudiar"*. Le agradaba que quisiera ser militar porque él había sido suboficial. Al día siguiente, fue a recogerme al hotel, me llevó a la Academia y regresó en la noche a buscarme. Aun cuando no estaba metido en política, "Chicho" era un protestatario. Vino a visitarme varias veces durante los tres primeros meses en los que no se nos permitía salir de la Academia, y siempre me dejaba algunos bolívares.

Pero a los tres meses, ya le autorizaron a salir de permiso ¿no?

Sí. Pasados los tres primeros meses, los cadetes teníamos derecho a permiso ordinario los sábados por la tarde y los domingos. Los últimos meses de 1971 y los primeros de 1972, yo salía de permiso rapidito y me iba a casa de "Chicho". Vivía en la calle Colombia, en Catia,[9] en una casita muy humilde, como un rancho: un cuarto con una camita, un baño, una salita... Vivía con una mujer, y ésta tenía una hermana más joven que iba allí de vez en cuando pero que residía en La Guaira. Yo me fui atrincherando en esa casa... Incluso tuve una relación con la hermana, no recuerdo ahora cómo se llamaba...

¿Usted dormía allí los sábados por la noche?

Bueno, no estaba permitido. A las doce de la noche era obligatorio reportarse; nos llamaban los "cenicientos"... A menos que uno se ganara un permiso especial... Y yo empecé a ganármelo por el deporte. Así que podía dormir fuera. Llegaba a casa de "Chicho". A veces él no estaba, andaba trabajando, y la mujer me atendía. "Chicho" me consiguió ropa civil. Yo me quitaba el uniforme y aquella señora me lo planchaba. "Chicho" no paraba de avisarme: *"¡Cuidado con el uniforme!"*. Él mismo le puso un plástico para protegerlo: *"Tiene que estar impecable"*. Y a la mujer: *"¡Los guantes, por favor, se los lava y se los plancha!"*.

¿Los cadetes podían ir de civil?

No. Estaba prohibido. A menos que tuvieras estricto permiso. Al que veían de civil lo mandaban preso, y si reincidía lo botaban; era una falta grave. "Chicho" estaba en contra de eso: *"¿Cómo es posible que ustedes no puedan vestirse de civil? Eso es atrasado. Vístete de civil, chico; nadie te va a ver aquí"*.

---

[9] Catia es una inmensa parroquia, formada por muchos barrios populares del oeste de Caracas.

Usted desobedeció al reglamento.

A mí me gustaba el uniforme, pero me cambiaba a civil en cuanto llegaba a aquella casa. Cerca de allí, en la zona de la antigua Laguna de Catia, había un mercado, y los fines de semana había gente por todos lados. Recuerdo que, en la Academia, por primera vez, había probado *corn flakes* con leche, cambur [*plátano*] y azúcar. Me había gustado. Y "Chicho" y la mujer me compraban eso siempre para mi desayuno de los domingos... A pesar de que no era familia directa mía, había un cariño... Él me decía: *"Estás muy flaco, tienes que engordar un poco"*. Yo andaba siempre con hambre y con sueño.

¿Iba usted, de vez en cuando, a los barrios ricos del este de Caracas?

Sí, también aunque menos. Allí vivía, por ejemplo, la familia Massey; eran de Sabaneta y mi papá me había dado la dirección del doctor Víctor Massey. Trabajaba en el Congreso Nacional, estaba en la política, no era diputado pero estaba de asesor o de abogado tal vez en el partido, creo, Acción Democrática y vivía en Prados del Este. Fui allá, esperé un momento, llegó el doctor, me invitó a su biblioteca, hablamos un rato, tenía un hijo también en la Academia. Me regaló un libro que aún tengo, sobre el *Discurso de Angostura* de Bolívar, un análisis que había editado el Congreso Nacional.

Pero el barrio que mejor conocía era Catia ¿verdad?

Sí, Catia, un barrio popular, de gente muy humilde. "Chicho" vivía entre los menesterosos. Venía del campo y era un hombre pobre aunque trabajaba en una zona de ricos. Empezó a enseñarme su barrio. No lo hizo como un plan preconcebido, sino que ése era su mundo y, orgulloso de que yo fuera cadete, me llevaba cerro arriba. *"Ahora unifórmate* —me decía— *que vamos de visita. ¿Te acuerdas del 'pájaro' Víctor, de Sabaneta?"*. Yo ni me acordaba. *"Él trabaja aquí, vive en Kennedy"*. Kennedy es un barrio en lo alto del cerro, en Lomas de Urdaneta. Gente aún más pobre. Yo iba con mi uniforme azul, de guantes blancos y gorra, y allá nos tomábamos un mondongo [*una sopa espesa criolla*] y una cerveza. "*¡Quítate la guerrera!*" me ordenaba "Chicho", "*¡Que no se te manche!*".

Pudo usted observar la vida de los desamparados.

Sí, los olvidados. Aunque la gente vivía con mucha dignidad. Ningún gobierno se ocupaba de ellos. Recorriendo el cerro vi aquella miseria, las aguas negras corriendo por callejones oscuros, la basura acumulada, el hacinamiento, los niños de la calle descalzos, hambrientos, los mendigos, los excluidos, los desheredados... Empecé a ser impactado por la increíble desigualdad entre la Caracas rica de La Castellana, y la Caracas plebeya de aquellos cerros y de la indigencia. Pude verificar lo que Alí Primera dice en una de sus canciones que golpean la conciencia: "*La verdad de Venezuela / no se ve en el Country Club / La verdad se ve en los cerros / con su gente y su inquietud*".

¿Empezó usted a tomar conciencia...?

Descubriendo aquel desolador panorama social, empecé a tomar conciencia de que algo grave pasaba, que el país no funcionaba. En *Los Miserables*, Víctor Hugo afirma: "*La conciencia no es más que la acumulación de ciencia, es decir, de conocimiento*". Mientras más conocimiento se tiene acerca de un fenómeno, mayor grado de conciencia se adquiere. Por eso las tiranías del mundo siempre han querido mantener a sus pueblos en la ignorancia. Mantenerlos en la ignorancia es mantenerlos en la inconsciencia. Bolívar decía: "*Por la ignorancia nos han dominado, más que por la fuerza*". El que no sabe es como el que no ve. Y lo que yo veía en los cerros de Caracas me indignaba y me amotinaba el alma.

¿Conoció otros barrios populares?

Sí, ese primer año, empecé a extender mis contactos con el pueblo humilde de Caracas. Además de Catia, conocí, barrio adentro y barrio arriba, otra urbanización muy populosa: la "23 de Enero".[10] Un buen amigo, *pitcher* en el equipo de la Academia, Rafael Martínez Morales, vivía en el edificio 49, en los superbloques del "23 de Enero", con sus padres y sus hermanas. Nos hicimos amigos, él caraqueño y yo "veguero" [*provinciano*]. Y empecé a recorrer también ese barrio popular. Otro compañero, José Luis Vegas Rodríguez, vivía por Lomas de Urdaneta en uno de los superbloques gigantes. Poco a poco, me metí en la dinámica social de esos barrios populares, las fiestas, los amigos, las muchachas... Ahí se me fue confirmando la visión de un contraste tremendo. Porque una cosa es la pobreza y otra la miseria. *"La pobreza*, dice Victor Hugo, *es un cuarto oscuro donde se vive mal, pero más allá de ese cuarto, hay otro que está en la penumbra más completa, totalmente a oscuras: es la miseria"*.

Sin embargo, también encontré allí gente alegre, acogedora, buena, honesta, trabajadora. Comencé a familiarizarme con aquellas personas, a observar sus condiciones de vida, a preguntar: *"¿Y la escuela de los niños?"*, *"¿Y el médico?"*. Muchos niños sin escolarizar, muchas personas enfermas sin atención, sin comida... Eran días en los que ladraba la miseria mientras crecían la exasperación y la ira que luego se acumularían hasta el estallido social del 27 de febrero de 1989... Muchos me preguntaban: *"Pero ¿a ti no te da miedo venir aquí?"*. No era común ver a un cadete en un cerro.

¿Era peligroso?

Había violencia, sin ninguna duda. Porque, en general, donde hay miseria y pobreza y no existe esperanza, hay violencia. La criminalidad aumenta cuando el recurso a la violencia o al delito aparece como la única vía de resolver las necesidades vitales. No lo estoy justificando, lo constato. Y eso ocurría en aquella Venezuela opulenta de los años 1970, en plena euforia de la explosión de los precios del petróleo. ¿Cuántos padres

---

[10] Antes llamada "Dos de Diciembre", por el 2 de diciembre de 1952, día en que Marcos Pérez Jiménez tomó el poder, y rebautizada "23 de Enero" en recuerdo del 23 de enero de 1958, día del derrocamiento de Pérez Jiménez.

tenían que robar un pan para alimentar a sus hijos? ¿Cuántas muchachas terminaban teniendo que vender su cuerpo, prostituyéndose para poder ayudar a sus familias?

Pero, en esos cerros, la violencia sigue, y algunos dicen que ha aumentado en los últimos años.

Correcto, la violencia sigue.[11] La estamos combatiendo con mucha firmeza e importantes recursos. La curva de inseguridad se va reduciendo. El número de homicidios en Venezuela, por ejemplo, disminuyó, en 2009, de 4,14%. En Catia precisamente, en los últimos meses de 2009, gracias a la acción de la nueva Policía Nacional Bolivariana, el índice de homicidios se redujo en 71,43%. Claro, la inseguridad sigue existiendo pero no tiene las mismas causas sociales que entonces. Nadie hoy recurre a la violencia por falta de comida, o de cuidados médicos. Nadie hoy se ve obligado a prostituirse para alimentar a su familia... Las causas son otras, en particular el tráfico de drogas, las armas abundantes procedentes de algún país vecino en guerra interna desde hace decenios y que puede tener interés en desestabilizarnos. Sin hablar de los arreglos de cuentas entre bandas rivales de jóvenes narcotraficantes. No tengo duda de que muchas de esas bandas criminales son preparadas, financiadas, apoyadas por la burguesía venezolana y por nuestros enemigos internacionales y sus lacayos. La mayoría de las víctimas tiene entre 16 y 22 años de edad. No era así cuando yo era cadete, no había esas tasas de homicidios. Pero existía una tremenda violencia, quizás peor pues no nos olvidemos que la peor de las violencias es la pobreza impuesta a la gente, el empobrecimiento. Algunos se extrañaban de que me paseara tranquilo por esos cerros en uniforme.

---

[11] Según un estudio divulgado en 2009 por la organización civil mexicana Consejo Ciudadano para la Seguridad Pública (CCSP), Caracas sería una de las ciudades más violentas de América Latina por homicidios (96 homicidios al año por cada 100.000 habitantes). Fuente: Radio Netherlands, 2 de septiembre de 2009.

¿Ningún cadete vivía por allí?

Sí, ya le dije, algunos vivían en esos barrios, pero casi nunca salían uniformados. Todavía existía, en la Academia, esa norma de que no se debía ir uniformado a "sitios peligrosos". Los cerros eran considerados "sitios peligrosos". Claro, en Caracas había habido guerrillas urbanas, unidades tácticas de combate... Y todavía había algunas cosas que la dirección de la Academia Militar consideraba peligrosas para un cadete, como por ejemplo: montarse en autobús... Uno tenía que andar en taxi.

¿Quién estaba al mando de la Academia?

El director de la Academia era el general Jorge Osorio García, andino, un buen general, muy presente, se aparecía de pronto en el patio, en el comedor... Esa promoción mía —la "Simón Bolívar II"— había sido convertida prácticamente en conejillo de indias; éramos los primeros de un proyecto educativo: el "Plan de Estudio Andrés Bello"[12] —le hablé de él. Se pretendía que la Academia fuera una especie de universidad, por lo menos un Instituto Universitario con requerimientos académicos muy superiores a los de las generaciones anteriores. Se establecieron relaciones con otros polos de enseñanza superior: la Universidad "Simón Bolívar", la UCV [*Universidad Central de Venezuela*], la Universidad "Santa María", el Instituto Pedagógico de Caracas... Eso favoreció nuestros contactos con jóvenes universitarios en los sectores del deporte, de la cultura, del teatro...

Lo cual les permitiría, me imagino, salir de un entorno militar muy autocentrado ¿no?

Sí, eso fue muy enriquecedor, nos abría mayores horizontes y mejoraba bastante nuestra formación profesional. De la precedente Escuela Militar

---

[12] Véase, Rhony Rafael Pedroza Aguilar y Juan Francisco Escalona Camargo: *Influencia que tuvo la Academia Militar de Venezuela en la formación del Teniente Coronel Rafael Chávez Frías, comandante de la rebelión militar del 4 de febrero de 1992*, en particular en Cap. III "Plan de estudio Andrés Bello". Trabajo especial de grado, Academia Militar de Venezuela, División académica, Caracas, marzo de 2008.

salían bachilleres, en cambio nosotros ya entramos, en la nueva Academia, con bachillerato, y salimos Licenciados en Ciencias y Artes Militares. Además, era otro contexto: el de los años 1970, una década muy importante en la vida nacional; con Rafael Caldera de Presidente y gran rivalidad en la batalla de las elecciones de diciembre de 1973 que gana Carlos Andrés Pérez.

El general Osorio hablaba mucho con los brigadieres —le recuerdo que brigadier es el cadete de tercer año— que eran nuestros instructores, y éstos —al menos en ese grupo que me tocó— asumieron con seriedad la responsabilidad impuesta por el cambio educativo. Había, por ejemplo, ese brigadier colombiano [*Oscar González*] de quien le hablé, que era un "moralista", o sea le gustaba dar el ejemplo, predicar con la moral. También estaba Robert González Ferrero, un maracucho, más tranquilo, callado, exigente sin ser autoritario. El general Osorio velaba sobre aquello; y con nosotros, los nuevos, tenía un trato especial, nos retaba a ser los mejores. "*Ustedes serán los generales del año 2000*", nos decía. A mí empezó a grabárseme aquello; era lejos, faltaban treinta años para el año 2000, pero fui asumiendo. Ese general sabía crear un clima de superación, nos reunía con bastante frecuencia.

¿Qué más les decía?

Recuerdo una frase que usó mucho: "*Ustedes van a estar muchas veces en el barro, como una garza blanca en un barrial, pero levántense, no se arrastren como las serpientes, no se manchen*". Usaba unas metáforas muy buenas, muy simbólicas que a mí se me grabaron. Además nos decía que teníamos un compromiso, éramos la "*vanguardia de una nueva generación*".

¿Cuál era el objetivo a largo plazo de esa reforma?

Ese nuevo Plan Educativo Integral Militar Venezolano,[13] ya le conté, comienza en los años 1969-1970 siendo Rafael Caldera presidente. Se tra-

---

[13] El Plan Educativo Integral Militar para las Escuelas de Formación de Oficiales llevaba un nombre diferente según la institución docente. En la Academia Militar se llamaba "Plan

taba de la segunda gran reforma militar del siglo XX, la primera la hizo el general Cipriano Castro hacia 1904. Y Caldera la adoptó en la situación siguiente: hubo los primeros esfuerzos de pacificación del conflicto con la guerrilla, pero había sectores militares duros que se oponían a la pacificación, como ocurre hoy [*en 2009*] en Colombia en una dimensión mayor.

Deseaban la aniquilación de la guerrilla.

Correcto. Esa reforma hay que enmarcarla en ese contexto. No hay que olvidar, por otra parte —y hasta más bien hay que reconocer— que el doctor Rafael Caldera era un intelectual.

Tuve ocasión de conocerlo personalmente y de conversar con él en varias ocasiones, y ésa es la impresión que me causó.

Sí, Caldera tenía una formación intelectual de calidad; profesor universitario, autor de varios libros, un hombre de un nivel por encima del promedio de los políticos tradicionales, culto, muy admirador por cierto de Andrés Bello[14]... Lo que le quiero decir es que esa reforma no pudo haberse hecho sin...

Una estrategia política.

Claro, porque Caldera, aunque pertenecía a una corriente política conservadora [*Copei, Democracia Cristiana*], estaba empeñado en pacificar el país, en acabar con la guerrilla mediante un acuerdo de paz. Es decir, favorecía una visión progresista si la comparamos con las opciones más retrógradas de los militares duros de la derecha y la extrema derecha.

Andrés Bello"; en la Escuela de Formación de Oficiales de las Fuerzas Armadas de Cooperación (Efofac, Guardia Nacional), "Plan Simón Rodríguez"; en la Escuela de Aviación, "Plan Manuel Ríos"; y en la Marina, "Plan José María Vargas".

[14] Andrés Bello (1781-1865), eminente humanista, filólogo, educador y jurista venezolano que hizo una parte de su carrera en Santiago de Chile. Es autor, entre otras importantes obras, de una *Gramática del idioma castellano* y de *Principios del Derecho de Gentes*.

Caldera se apoyaba en los oficiales progresistas de las Fuerzas Armadas. En la propia Academia —y eso lo puedo decir porque lo viví— hubo una singular resistencia a los cambios, por parte de oficiales con mayor antigüedad y algunos alfereces. Pero tuvieron que ceder ante el impulso de un grupo de oficiales progresistas, empezando por el director, el general Osorio. Progresistas en el sentido de que nos dieron permiso para hacer lecturas libres, y nos hablaban de la Teoría del Desarrollo, incluían conferencias sobre visiones distintas a la tradicional militar de derechas o de extrema derecha, etc. En ese contexto nació el "Plan Andrés Bello" de reforma educativo-militar. Y estoy seguro de que eso vino de Caldera quien, sin duda, eligió hasta el nombre de Andrés Bello. Lo cierto es que se quería formar a un oficial de mayor nivel cultural académico, y con ello elevar el nivel general de la Fuerza Armada venezolana.

¿Usted se daba cuenta de que sus profesores eran oficiales progresistas?

Sí, yo tenía suficiente formación o, digamos, sensibilidad política para ver que se trataba de oficiales progresistas. Ese primer año, empezó a llamarme la atención. Y es que, además de los cursos, había algunas conferencias informativas cuyos temas me parecieron audaces para una institución como aquélla. Venían civiles y militares con gran preparación intelectual y una indiscutible apertura mental. Había completa libertad de discusión sobre temas de historia, de sociedad o de economía; no existían dogmatismos, o por lo menos todo se podía discutir, debatir, confrontar.

¿Quién organizaba esas conferencias?

Las organizaban unos oficiales de planta, de los cuales recuerdo, además del general-director Osorio, también al subdirector, el coronel Rojas Araujo, doctor en historia; el comandante Betancourt Infante, excelente instructor de historia; el teniente Pompeyo Torrealba; el capitán Ismael Carrasquero Zavala, y muy particularmente el general Jacinto Pérez Arcay, filósofo y maestro de esos que uno tiene toda la vida, quien me encendió la llama bolivariana. Siempre he dicho que él es el culpable de mi segundo nacimiento... Tenía libros y escritos...Yo me los bebía... Libros que son ideas, fuerza, combustible para la batalla ideológica. Porque una idea justa puede ganar batallas. Todo soldado debe estar animado por la ideología. Esos oficiales pertenecían a una corriente militar que se había constituido a la caída de Pérez Jiménez, y que estaban descontentos con la situación que el país vivía.

¿Eso era en 1971?

Sí, el primer año. Aun cuando no había llegado el país a su crisis máxima, existía ya un descontento difuminado importante. Yo lo fui descubriendo progresivamente. El caso es que, en el seno de la Academia, había un grupito de oficiales de planta, muy estudiosos, que eran concientes de ese descontento general y que disponían de una teoría crítica sobre lo que pasaba y cómo se debía corregir aquello. La prueba es que luego tuvieron una relación estrecha con nosotros.

Resulta curioso que el Gobierno confiara precisamente a esos oficiales progresistas una responsabilidad tan grande, poniéndolos en la Academia a formar a los nuevos cuadros militares ¿no?

Porque eran los mejores, los más brillantes. El Gobierno les retiró el mando de tropa y les confió una tarea difícil seguramente. Pero era un arma de doble filo, porque eran brillantes sin duda, pero descontentos. Había un descontento soterrado que después, poco a poco, fue surgiendo de distintas maneras y se fue transmitiendo a los cadetes.

¿En aquel momento existía un servicio militar obligatorio?

Sí, era obligatorio. Aunque, de todos modos, esa ley nunca se cumplía. Había hasta sanciones. Pero los hijos de los ricos nunca fueron al cuartel. Eran los pobres los que lo hacían; a veces casi los llevaban amarrados, los recogían como se captura al ganado, en los barrios pobres, en redadas

policiales, y los enviaban al cuartel. No había casi ningún verdadero voluntario. No recuerdo a un solo soldado que haya sido voluntario de
verdad; eran reclutados a la fuerza.

¿Ahora es un ejército profesional?

No, no es profesional. Pero lo hemos vuelto obligatorio de nuevo; obligatorio de verdad y para todos, aunque sea por un período más corto.[15]

¿A usted le agradaba el aspecto específicamente militar?

Empecé a estudiar la ciencia de la guerra, la ciencia militar y me gustó.
La historia militar me apasionó siempre: Alejandro Magno, Escipión el
Africano, Aníbal, Julio César, Napoleón (uno de los capitanes más grandes
de la historia); Bolívar, que fue un inmenso guerrero y un estratega genial;
Clausewitz,[16] uno de los principales teóricos de la guerra; Mao...

¿Leyó usted a Mao Zedong?

Sí, lo leí bastante. Circulaba entonces su *Pequeño Libro Rojo*[17] que recogía citas de él y extractos de sus discursos. Una de sus citas me impactó mucho,
decía: *"Las armas son un factor importante en la guerra, pero no el decisivo. El
factor decisivo es el hombre, y no las cosas. Determinan la correlación de fuerzas
no sólo el poderío militar y económico, sino también los recursos humanos y la
moral. El poderío militar y económico es manejado por el hombre".*[18] Fue como
una revelación: lo importante en una guerra, afirmaba Mao, es el hombre y la

---

[15] El gobierno venezolano aprobó en octubre de 2009 una reforma de la Ley de la Fuerza Armada, que incluye la Ley de Alistamiento Militar, que determina, como deber, que todos los
venezolanos entre 18 y 60 años presten como mínimo un año de servicio militar obligatorio.

[16] Carl von Clausewitz (1780-1831), teórico militar prusiano, autor de uno de los principales
tratados de estrategia militar, *De la guerra* (1832).

[17] Mao Zedong (1893-1976) era entonces Presidente de China y del Partido Comunista de
China; su "pequeño libro rojo" se publicó, por primera vez, en 1964.

[18] Cita sacada de Mao Zedong, "Sobre la guerra prolongada" (mayo de 1938), en *Obras
Escogidas de Mao Tse Tung*, Tomo II, Ediciones en Lenguas Extranjeras, Pekín, 1968.

moral, más que las maquinarias. Decía también que el Ejército debe sentirse, en el seno del pueblo, como un pez en el agua. Y que la base de toda victoria reside en la unión del Ejército y el pueblo, en una alianza cívico-militar.

¿Y Bolívar, lo leían también?

Obviamente, había grupos de estudios sobre las tesis de Bolívar. Recuerde que nuestra promoción se llamaba "Simón Bolívar II". Nos dieron un libro: los *Siete Documentos Esenciales*, de Simón Bolívar,[19] y nos pusimos a estudiarlos, a analizarlos. Yo le preguntaba mucho a Pérez Arcay, lo cubría a preguntas... Ahí empezó a crecer más aún mi admiración por Simón Bolívar, un hombre que nació rico, pertenecía a la burguesía de la época, era terrateniente, pero en el camino se hizo proletario, terminó pasándose para los pobres, y terminó como Cristo, crucificado, cumpliendo con su ley.

Así comencé a ser un pequeño bolivariano, me leía sus textos, aprendía de memoria frases de Bolívar: *"Tengamos una conducta recta y dejemos al tiempo hacer prodigios"*. Todas las semanas había cantos patrios con la banda marcial y a mí siempre me agradó cantar. Me gusta mucho el Himno del Ejército que empieza así: *"Adelante marchemos, valientes / al combate y al rudo fragor / por la Patria muy altas las frentes / despleguemos pujanza y valor"*. Es un himno bello y popular.

¿Quién lo compuso?

Inocente Carreño, un gran compositor venezolano contemporáneo.[20] Esa música, esos cantos patrios... A mí me empezó a vibrar por dentro ser militar y pronto me sentí soldado.

---

[19] Simón Bolívar: *Siete Documentos Esenciales*, Introducción y subtítulos por José Luis Salcedo-Bastardo, Presidencia de la República, Caracas, 1973. Incluye: Manifiesto de Cartagena (15 de diciembre de 1812); Manifiesto de Carúpano (7 de septiembre de 1814); Carta de Jamaica (6 de septiembre de 1815); Discurso de Angostura (15 de febrero de 1819); Mensaje al Congreso de Bolivia (25 de mayo de 1826); Mensaje a la Convención de Ocaña (29 de febrero de 1828); y Mensaje al Congreso de Colombia (20 de enero de 1830).

[20] *Himno del Ejército* (1962), música de Inocente Carreño, letra de Juan Ángel Mogollón.

Pero usted quería ser pelotero... Había integrado la Academia Militar, decía usted, porque ahí existían las condiciones que le permitían alcanzar su objetivo de dedicarse al béisbol profesional.

Correcto, pero la Academia cambió mi vida, produjo en mí una suerte de "transfiguración". Aun cuando era, por supuesto, la continuidad de las raíces de quien quiso ser pintor y seguía siéndolo, de quien quiso ser pelotero y seguía siéndolo, jugando en el equipo de béisbol de la Academia en el estadio universitario... A mí me habían incorporado en el equipo regular de la Academia, pasé a la selección, hicimos un grupito de amigos que se mantuvo muchos años. En él estaban: Peña Madrid, Guerra Pérez, Raúl Salmerón, el cabo Gustavo Mariño, buen pelotero y buen alférez. Teníamos una alimentación especial porque preparábamos los XIV Juegos Deportivos Interinstitutos Militares[21] que se celebraron en marzo de 1972 en Caracas, uno de los eventos más importantes de la vida militar académica. La Aviación casi nunca ganaba, los de la Marina eran bastante buenos. Nosotros y la Guardia éramos los mejores y eternos rivales. En esa ocasión, ganó la Guardia.

O sea, yo me sentía realizado, había cumplido mis sueños anteriores, no había tenido ninguna frustración pero la Academia me abrió un horizonte nuevo, ahora era soldado, cadete, iba a ser licenciado en la primera promoción de licenciados militares. Entonces, poco a poco, se me fue borrando la idea de ser pelotero profesional. A los tres meses de entrar en la Academia, cuando me entregaron la daga, ya yo tenía otro proyecto, había tomado una decisión: ser soldado.

Abandonó su promesa de seguir la vía del "Látigo" Chávez...

Sí, ya no quería, digamos, llegar a la meta de ser el nuevo "Látigo" Chávez e ir a las Grandes Ligas; ahora quería ser soldado... Eso me creó como

---

[21] Los cuatro institutos militares son: Academia Militar; Efofac (Escuela de Formación de Oficiales de la Guardia Nacional de Venezuela); Aviación Militar y Escuela Naval.

un remordimiento. Tenía por dentro un nudo, una deuda que se vino formando de la promesa aquélla, de la oración que yo le había hecho al "Látigo". La estaba olvidando. Me sentía mal por eso. Hasta que un día, salí de la Academia con mi uniforme azul y me fui caminando solo hasta el viejo Cementerio General del Sur, en Caracas. Había leído que allí estaba enterrado el "Látigo" Chávez. Ubiqué su tumba. Recé y pedí perdón. Me puse a hablar con la sepultura, con el espíritu que rodeaba todo aquello. Le expliqué que renunciaba a seguir sus pasos. Le dije: *"Perdón, Isaías, ya no voy a seguir ese camino. Ahora voy a ser soldado"*. Cuando salí del cementerio estaba liberado.

Se dedicó a ser soldado, pero usted no tenía ninguna experiencia propiamente militar.

No, ninguna; pero me fue gustando mucho la parte propiamente militar. Por ejemplo, me gustó el manejo del fusil, a pesar de que era zurdo y era más complicado para mí como ya le dije. A algunos compañeros les costaba; yo no, rápidamente aprendí a manejar aquella arma. Había que conocer las partes del fusil, desarmarlo y montarlo con los ojos cerrados. Saqué diez puntos y algún instructor me puso hasta como ejemplo. No recuerdo que me hayan puesto nunca como mal ejemplo o que me hayan castigado por haber hecho algo mal, o por flojo... No, rápidamente cogí el paso del bombo en la marcha y el ritmo militar. Me gustó, por ejemplo, la teoría del combate individual.

¿Había un curso sobre eso?

Claro: la regla del combate individual. Me acuerdo totalmente, era sobre la mejor técnica para el combatiente. Nos decían: conserve la serenidad, observe desde su posición, manténgase en silencio... A mí me gustaba aquello. Nos poníamos el uniforme de campaña, las botas de campaña... Rápidamente me acoplé a aquello, me sentí soldado rápido, rápido.

Encontró su vocación.

Creo que la conseguí.

¿Había tocado ya, antes, un fusil?

Nunca. Ni disparado. Jamás. No, lo mío era vender mis "arañas" por las calles, el dibujo, la pintura, la poesía y luego el béisbol. En la Academia, además del manejo del fusil, me gustaban mucho las marchas, caminar. Eran carreteras largas y uno iba a los dos lados del camino marchando pues, saliendo de Caracas hacia la montaña, hacia la presa de La Mariposa, a los campos de entrenamiento. Comencé primero a destacarme cantando; yo era como una rocola ambulante. *"Cante otra, recluta"*, me gritaba el brigadier, y yo cantaba canciones rancheras. Incluso le inventé una canción a un brigadier llamado Rosales Caña, murió siendo ya oficial. Él nos decía: *"Aspirantes, haced lo que yo digo, mas no lo que yo hago"*, porque era flojo físicamente aunque era muy inteligente y sus compañeros lo apodaron "El Rayo", por antífrase, porque no era muy rayo que digamos... Yo le cantaba la canción del "Rayo", pero le cambié la letra. En vez de decir: *"Me dicen 'el Rayo'/ mi nombre de pila/ es Mauricio Rosales"*, cantaba: *"Me dicen 'el Rayo' / mi nombre de pila / es Rosales Caña / soy amigo de los nuevos..."*.

"¡Cante la canción del 'Rayo'!", me ordenaba el brigadier colombiano, y yo arrancaba a cantar, caminando con el fusil. El brigadier Rosales Caña iba marchando con nosotros y con cara de enfado me decía: *"Recluta, ¡Te me presentas al llegar!"*. Pero no me hacía nada, me paraba firme un rato y nada más. Era buena persona; más bien le gustaba, en el fondo, esa canción...

O sea, usted empezó a hacerse conocer.

Sí, al menos en el grupo de los nuevos. Yo nadaba como pez en el agua en esa Academia. No sé por qué, pero aquello resultó ser lo mío. Disfrutaba como nunca... Todos éramos muchachos, esos jefes tenían apenas dos o tres años más que yo.

A los pocos meses, los llaneros empezamos a constituir un grupo. Primero con José Angarita, ya le hablé de él, mi compañero del liceo de Barinas que había ingresado en la Academia Militar un año antes que yo. Estaba en segundo año. Recuerdo que un día, a los dos nos agarró uno de tercer año —un brigadier— y nos dice: *"Bueno, vamos a ver cuál de estos cadetes se sabe un poema".* Yo me dije, a éste lo voy a sorprender, y le tiro un poema del Llano, no sé cual: *"La culpa la tiene el Llano"* o *"Desde el Llano adentro vengo",* creo que fue éste. Declamando le lancé: *"Desde el Llano adentro vengo / tamoleando este cantar / Cantaclaro me han llamado / quién se atreve a replicar".*

El brigadier se entusiasmó: *"¡Aplausos para este nuevo!".* *"¿Cómo se llama usted, recluta?".* *"Aspirante a cadete Hugo Rafael Chávez Frías".*

"Bueno, vaya al casino a tomarse algo fresco". Me gané el casino, y allí me fui a tomarme mi fresco con un dulcito...

¿Había otros llaneros?

Estaba también el catire Felipe Acosta Carlez,[22] que era de Guárico. Era mayor que yo, incluso había estado un año en la Universidad, pero acabó por venirse a la Academia. Tenía ya casi 20 años; era impulsivo, de tomar iniciativas. En poco tiempo se ganó el liderazgo. Le decíamos "Tarzán" por lo fornido que era. Una vez lo vi peleando con diez hombres y era difícil ganarle.

En el dormitorio, me tocó a su lado, escaparate con escaparate; porque cada uno tenía —ya le conté— en su rinconcito, un armarito de madera. La primera vez que nos hablamos, me dijo: *"Aja 'carajito'* —así me dijo: *'carajito*— ¿de dónde eres tú?".* *"De Barinas".* *"¡Ah! Eres llanero. Ven acá,*

---

[22] Felipe Antonio Acosta Carlez, militar nacido en el estado Guárico. Egresado de la Academia Militar en julio de 1975, fue uno de los fundadores del Movimiento Bolivariano Revolucionario 200 (MBR-200), prestó juramento bajo la sombra del Samán de Güere el 17 de noviembre de 1982 junto con Hugo Chávez, Jesús Urdaneta Hernández y Francisco Arias Cárdenas. Murió durante el Caracazo, el 28 de febrero de 1989. Hugo Chávez le dedicó un poema "Poesía a Felipe Acosta Carlez".

dame la mano pues". Y me tomó la mano, pero apretando muy duro, creí que los huesos se me iban a romper... Nos hicimos muy amigos, aunque los primeros días tuvimos algunos problemitas, porque él quería que las puertas de nuestros escaparates respectivos estuvieran hacia el lado mío; y yo las ponía en el medio. Yo defendía lo justo, y él deseaba apabullarme, imponerse. Hasta que, a los dos o tres días, empujó duro las puertas y me golpearon. Yo le respondí y también las empujé duro y lo golpeé. Entonces se me tiró encima, nos agarramos a lucha: *"¡Te voy a matar!"*, me gritaba. Pero aprendió a respetarme y terminamos siendo grandes amigos.

¿Contar con paisanos llaneros le ayudó a integrarse mejor?

Sin duda. Primero me fui haciendo amigos entre los llaneros, pero después, a los tres meses, cuando terminó el período previo, ya tenía buenos amigos de todos lados. Me adapté rápido, le repito. Incluso a limpiar el piso, una tarea que nos imponían. Por las mañanas era limpieza; las camas tendidas, el baño [*WC, retrete*] había que lavarlo a fondo. Muchos protestaban. En cambio, yo volaba, acostumbrado desde niño a limpiar la casa, a recoger la basura, a echarle agua a las matas; para mí no era un problema, pero los de Caracas, habituados a los apartamenticos, pasaban trabajo; otros eran flojos. A mí me gustaba que me mandaran a limpiar el piso o los vidrios de las ventanas. Uno se guindaba [*se izaba*], se lanzaba arriba y limpiaba los vidrios altos de las ventanas.

Además, para limpiar el piso con ritmo, Acosta Carlez y yo inventamos canciones. Era como un baile, nos alineábamos y se echaba la cera primero, luego uno le daba con el pie al trapo, una gamuza, y la cera se desplazaba con el trapo para sacarle brillo al piso que quedaba esplendoroso. Con el ritmo del movimiento de la limpieza, cantábamos, por ejemplo: *"Once años pa' ser bachiller* —los demás repetían en coro: *once años pa' ser bachiller / para piso venir a barrer"*. Ésa la inventé yo. Y como a la gamuza de limpiar también le decían *mustang* igual que al carro Ford Mustang, Acosta Carlez inventó otra copla que decía: *"Yo soñaba un 'Mustang' tener*

/ *y lo tengo y es para barrer".* Aquello se convirtió en una unidad amena, sin ningún superior autoritario que atropellara a los nuevos.

Había un buen ambiente.

Sí, un excelente ambiente. Yo me sentía bien. Más tarde formamos un grupito: "Shima" lo llamamos, a partir de las iniciales de cada uno de sus miembros. Lo constituíamos: Silva, Hugo, Isa, Mario y Antonio. Era como una mafia pero para el bien. Salíamos a fiestas juntos y a veces nos arrestaban a todos. Un día, en segundo año, se hizo público que habíamos constituido el grupo Shima. Nos dimos cuenta porque un alférez nos paró de cabeza en el patio y nos gritó: *"¡Acá, el grupo Shima!".* Estábamos en formación y me dije: *"¡Verga! ¿Quién nos puso la piedra* [delató]? *Si nuestro grupo es clandestino...".* Vuelve a llamar el alférez: *"¡Grupo Shima!".* Nadie responde. Silencio. A la tercera vez: *"¡Carajo!"* dice Silva Bonet, y contesta: *"¡Presente!".* *"Anjá ¿ustedes son pues el grupo Shima...? Vengan acá, reclutas, a dar vueltas al rodel".* Y nos puso a dar vueltas... Algo habíamos hecho; teníamos una guerra con otro grupo, "Las Águilas Negras" se llamaba. Juegos de muchachos: tumbar escaparates, rayar un libro, ¿qué sé yo?, esas vainas... Alguien nos delató. Pero bueno, al rato dice el alférez: *"¡Retírese Hernández Borgo!".* Y todos contestamos en coro: *"Del grupo Shima no se retira nadie. Los del grupo Shima mueren juntos".* O todos o ninguno. Éramos como los mosqueteros de Alejandro Dumas: "Uno para todos, y todos para uno". Ahí nos hicimos famosos.

¿Ese grupo se mantuvo durante el tiempo que pasó usted en la Academia?

No, eso sólo duró un tiempito; el grupo Shima fue efímero. Pero lo que me resultó muy útil fue mi aptitud al dibujo y a la pintura.

¿Y cómo podía servirle eso en una Academia Militar?

Bueno, no se olvide que el dibujo y la pintura eran disciplinas obligatorias en las Academias Militares desde hacía mucho tiempo. Su enseñanza se extendió por toda Europa a partir del siglo XVIII porque, de ese modo, los jóvenes suboficiales se familiarizaban con el concepto de perspectiva, muy útil en el arte militar moderno, en particular para los artilleros.

En nuestra Academia, cada semana, había competencia de la mejor cartelera. Las carteleras eran como unos pizarrones en el *hall* del dormitorio colectivo del pelotón. Allí se pegaban las listas, las informaciones, etc. Entonces me puse a dibujar, y el pelotón empezó a ganar competencias de carteleras. Yo no era el único que dibujaba, pero me destacaba en el arreglo. Por ejemplo, si era la "semana de la Academia", hacía un dibujo del busto del cadete, le ponía letras, otros dibujos... Resultado: el pelotón empezó a despuntar... y yo fui ganándome el respeto de los superiores. Gané incluso, ese primer año, el concurso de tarjetas navideñas.

¿Hacían tarjetas de Navidad?

Sí, cada pelotón tenía que realizar al menos una, y un jurado elegía la mejor. Hice una composición muy propia de la Academia, con la fachada del edificio y un árbol de navidad; me quedó bien bonita. Gané la selección interna del pelotón, y gané el concurso de todo el batallón de cadetes. Recuerdo que me convocaron al patio, era en diciembre; me llama el capitán —un capitán era ya una cosa grande—: "*¡Cadete Chávez!*". Acudí corriendo, asustado, preguntándome: "*¿Qué haría yo?*". Me recibe el capitán, comandante de la compañía, de apellido Zerpa, y me dice: "*Lo felicito, cadete. Se ha llevado usted el premio, y por consiguiente nuestra compañía ganó*". Al ganar yo triunfaba también la compañía. Así que nuestro pelotón estalló de júbilo. El capitán Zerpa me dijo: "*¿Qué desea usted de premio, cadete? ¿Una máquina de escribir?* —uno tenía obligación de poseer una máquina de escribir porque había un curso de mecanografía; si yo, hoy, sé escribir en un teclado de computadora es porque seguí ese curso de mecanografía— *¿o irse de permiso el fin de semana?*". No lo dudé un segundo: "*¡De permiso, mi capitán!*". Me fui a Barinas, me pagaron el pasaje. Y esa tarjeta, además, la repartieron a los familiares como tarjeta oficial de los cadetes ese año, imagínese, y abajo ponía: Chávez.

Gracias a sus aptitudes, usted era cada vez más conocido en la Academia.

Correcto. El cúmulo de algunas experiencias o habilidades desarrolladas en la vida anterior: el conocimiento de las tareas domésticas, el canto, la poesía, la pintura, el béisbol... al desplegarlas allí me permitieron destacar y distinguirme en el entorno de los nuevos reclutas. Había actividad cultural todos los jueves en la tarde, "actividades complementarias" se llamaban; era voluntario. Yo me metí en pintura, por supuesto, y me gané la amistad del profesor de arte, un civil viejito, bajitico, que ya murió, muy buen pintor, Quintanilla Ponce,[23] poeta además. Hacíamos cuadros, exposiciones.

¿Tanta actividad artística había en esa Academia Militar? Uno no se imagina a los oficiales recibiendo ese tipo de exquisita formación.

Se conoce mal a los militares. Se les caricaturiza y desfigura. Pero el caso es que allí había una buena y variada actividad artística, y comencé a destacarme en ella. A los tres meses, nos dispersaron; ya no éramos el pelotón de puros nuevos, eso se acabó; nos pasaron a las compañías A, B, C, primera, segunda y tercera. A mí me mandaron a la tercera compañía: "Águilas en el cielo". Me tocó un buen pelotón donde había cadetes de todos los años y buenos *clase*; estaba un brigadier muy inteligente llamado Rojas Díaz, después se hizo ingeniero. También estaban, por ejemplo, Ramón Carrizales,[24] cadete de segundo año, y Francisco Arias Cárdenas.

---

[23] Luis Felipe Quintanilla Ponce (1922-1988), artista, pintor, escultor, músico y profesor. Su pintura se caracteriza por una interpretación realista del paisaje y de temas como los bodegones, flores, figura humana, retratos y composiciones. Trabajó con predilección el paisaje andino. Su pintura ha sido descrita como "verticalismo impresionista". Entre sus obras en bronce destaca su "Monumento al cadete", ubicada en el Patio de Armas de la Academia Militar de Venezuela (Fuerte Tiuna, Caracas). Luego de su muerte, en un homenaje póstumo, la Academia Militar de Venezuela renombró su teatro con el nombre del Prof. Luis Felipe Quintanilla.

[24] Ramón Carrizales (n. 1952), fue Vicepresidente de la República, de enero de 2008 a enero de 2010. En diciembre de 2012, fue elegido Gobernador del estado Apure para el período 2013-2017.

¿Jesús Urdaneta no estaba?

No. Urdaneta era compañero mío, pertenecía a mi misma promoción "Simón Bolívar II", pero nunca estuvimos juntos en el mismo pelotón; él estaba en otro. Acosta Carlez tampoco. Y pasado un corto período, ya yo era cadete integrante de la sala de periódico.

¿La sala de periódico?

Sí, la sala de periódico era un grupo especial de cadetes que, en una sala de la Academia, hacían el periódico de la compañía. Escribíamos y publicábamos unas hojas, y hacíamos la cartelera de la compañía.

¿Era semanal?

La cartelera se cambiaba semanalmente; yo era el dibujante de la sala de periódico. Y eso me iba permitiendo extender mi radio de acción; entraba a la oficina del capitán. Que un nuevo entrara a la oficina del capitán era muy poco frecuente, pero a mí se me permitía. En diciembre, por ejemplo, la sala de periódico era la que hacía el pesebre, y yo era campeón en pesebre; hacía dibujos del niño Jesús y de los Reyes Magos, la estrella de Belén; todo ello con anime.[25]

También me incluyeron en un equipo de cadetes que preparaba eventos especiales, para cosas de arte y de cultura. Hacíamos cualquier cosa de adorno. No disponíamos de suficientes materiales, ni de recursos pero improvisábamos y resolvíamos. Ahí empecé a aplicar aquel pensamiento de Federico el Grande[26]: *"El hombre que pone el corazón en lo que hace, consigue recursos donde los incapaces se dan por vencidos"*. Una vez hicimos el árbol de navidad de la Academia. Era gigantesco, lo erigimos afuera, frente a la

---

[25] Anime: poliestireno extruido, material comúnmente utilizado para adornos.

[26] Federico II el Grande (1712-1796), rey de Prusia, uno de los máximos representantes del "Despotismo Ilustrado" del siglo XVIII. Conocido como el "rey filósofo", fue también un gran jefe militar que convirtió a Prusia en una potencia guerrera.

fachada. Pintamos las piezas, lo armamos y arriba le pusimos una gran estrella. Luego le colocamos un aparatico eléctrico y un cordoncito que recibe calor; de noche le pusimos reflectores, brillaba y se movía con la brisa.

¿Usted dirigía esos trabajos?

No, todo eso se hacía bajo el mando de Quintanilla que era un genio. Él diseñaba, nosotros éramos sus ayudantes. En la animación de eventos, preparábamos las tarjetas de invitación y atendíamos la llegada de los invitados como responsables del protocolo. Yo empecé a distinguirme también en eso. Por ejemplo, en cuarto año, me convertí en el animador oficial de los concursos de Reina de la Academia.

¿Se hacía un concurso de Reina de la Academia? ¿Había mujeres?

No, pero venían los familiares, traían a las hermanas, primas, amigas... Venían unas muchachas muy lindas. Cada año se elegía a la Reina, y yo terminé siendo el maestro de ceremonias del evento. Los brigadieres y los alféreces acompañaban a las candidatas, andaban con dos y hasta con tres bellas muchachas; los llamábamos los *"beautiful"*... Yo no, porque era el animador de la elección; era medio *"beautiful"* solamente... [*se ríe*]

¿Quiénes elegían a la Reina? ¿los cadetes?

No. Había un jurado; normalmente formaba parte de él un oficial, la esposa del general, profesores y civiles también. A veces invitaban a otras Reinas de belleza. Recuerdo que invitamos a una Miss Venezuela y fue miembro del jurado.

¿Se decía "Miss Academia Militar"?

No, era la Reina, la "Reina de la Academia Militar". Hasta hubo una muchacha, Maritza Sayalero, que se hizo muy amiga nuestra, porque primero fue elegida Reina de la Academia y luego alcanzó a ser Miss Universo. Nada menos. Yo, con un micrófono, era el maestro de ceremonias y conducía el acto sin miedo escénico ni nada de eso, animaba aquello, la gran fiesta pública de la Academia. Incluso una vez me llamó el general y me dijo: *"Le felicito, cadete, por lo bien que anima"*.

Se iba preparando para "Aló Presidente"...

En cierto modo... [*se ríe*] Esa experiencia de animación y de comunicación me sirvió. Me fue útil para ejercer un liderazgo. Me familiaricé con el micrófono, aprendí a dirigirme a un público amplio y diverso, sin estrés y sin aburrirlo demasiado. Adquirí mayor confianza en mí mismo, en mi aptitud a comunicar, a animar, a transmitir. Eso fue ya en cuarto año. Y era el resultado de un proceso de maduración acelerada que viví en la Academia, en lo personal, en lo profesional, en lo académico, en lo social y en lo político también. Una maduración en apenas cuatro años. El joven que regresó a Barinas de subteniente en julio de 1975 era muy distinto —con idéntica esencia, por supuesto— del que se marchara cuatro años antes. Había madurado, había experimentado un gran cambio. Ya cargaba una idea política por dentro que me había nacido ahí, en la Academia Militar. Mis amigos se sorprendían de mi mutación, mi metamorfosis, aunque nunca dejé de ser el mismo, pero mi evolución y mi transformación fueron espectaculares.

¿Se debía eso también a la calidad de los cursos que recibía?

En parte sin duda. Había un excelente nivel, en particular en ciencias. Hicimos un propedéutico científico. Adquirí una notable capacidad personal de reflexión, de abstracción, de análisis y de síntesis. Nos daba clases de química Alejandro Irrazábal, ya lo mencioné, excelente profesor, autor de los manuales de secundaria. Recuerdo que había una profesora, olvidé su nombre, de mucha calidad también que era coordinadora del curso "propedéutico científico", así lo llamaron, que duró tres meses y era de nivelación de conocimiento. Ahí veíamos, por ejemplo, metodología de la investigación, porque a las materias les dieron un carácter muy investigativo, era una línea del nuevo pensum académico del "Plan Andrés Bello". Teníamos un profesor de matemática, un tal Kuller, alemán sería, que casi nadie lo entendía. Aprobaba a muy pocos. Nos decía: *"Ustedes son treinta, y a lo sumo van a pasar tres: Rondón, García Carneiro y Chávez"*. Era un genio, pero yo le preguntaba: *"Profesor, ¿por qué no explica mejor? Nadie le entiende"*. Me contestaba: *"Eso es problema de ustedes..."*.

Recuperé conocimientos de química, de física; estudiamos "Introducción a la Sociología", "Introducción al Derecho", "Derecho Constitucional", "Introducción a la Economía", "Introducción a la Política", "Historia Universal", "Historia de las ideas políticas"... Eran conocimientos básicos, como elementales, pero a mí me resultaron extraordinarios.

¿Y en materia de teoría militar?

Teníamos, obviamente, cursos de teoría y de estrategia militar, de historia de la guerra... Esas materias me apasionaron; me puse a leer por mi cuenta a Clausewitz, a Bolívar como siempre, descubrí los interesantes recuerdos militares de José Antonio Páez,[27] vencedor de la batalla de las Queseras del Medio (1819), los escritos de Napoleón, Mao Zedong... Pude apreciar todo el interés de esos libros gracias a la calidad de los cursos que recibí de aquellos profesores de la Academia que se tomaron en serio el inicio de ese nuevo Plan de estudio. Eran docentes de máxima calidad. Además de militares, había profesionales de otras carreras: economía, derecho, ingeniería...

¿Profesores de alto nivel?

Sí. Por ejemplo tuve de profesor, ya le dije, a Jacinto Pérez Arcay, autor de varios libros sobre la Guerra Federal, entre ellos *La Guerra Federal, Causas y Consecuencias,*[28] una visión bastante de izquierda. Nos hablaba

---

[27] José Antonio Páez: *Autobiografía*, Ediciones Antártida, Caracas, 1945.

[28] Véase Jacinto Pérez Arcay: *La Guerra Federal. Consecuencias*. Colección Ezequiel Zamora y su tiempo, Nº 11, Oficina Central de Información, Caracas, 1977.

de Ezequiel Zamora y a mí me capturó aquello. También fue profesor mío el coronel Medina Rubio, un oficial de izquierda que nos daba Historia económica. Un día, en su curso, dijo clarito: *"En el año 2000, en Venezuela habrá socialismo democrático"*. Yo lo anoté en mi cuaderno y después me le presenté en el pasillo, y le pregunté: *"Mi Coronel, ¿qué es lo que usted quiso decir con esto?"*.

¿Un visionario?

Era un visionario sin duda; después se dio de baja e incursionó por el Movimiento al Socialismo (MAS). Era un cuadro de la izquierda, junto con Pérez Arcay y otros oficiales, progresistas pues. Luego estuvo en mi comando de campaña cuando ganamos las elecciones en 1998. Por otra parte, en la Academia, disponíamos de una excelente biblioteca.

Además de los libros de estudios, ¿qué leía usted?

Yo me iba a esa biblioteca de la Academia y leía sobre todo a Bolívar, sus textos, su correspondencia, análisis de su pensamiento, biografías de él... También, más tarde, por los años 1974 y 1975, cuando salía a la calle, los fines de semana, fui incluyéndome en círculos de estudiantes universitarios. En el barrio Los Chaguaramos solía ir al bar "El Águila", un lugar de discusiones revolucionarias... y de mujeres muy bonitas —apureñas, por cierto— que trabajaban ahí. Uno tenía doble motivación: las mujeres y la política. También iba a la Universidad a seguir algunos cursos. Me mezclaba con los estudiantes universitarios.

¿Y esos estudiantes universitarios lo aceptaban a usted, que era un militar, sin problemas?

Algunas broncas tuvimos. Yo me metía en la Universidad faltando al reglamento, porque iba sin uniforme, claro, vestido de civil. Allí debatía en algunos de los salones, con grupos de estudiantes. Empezábamos a discutir sobre la base de lecturas que hacíamos y algunos me atacaban:

"Tú eres militar, ¿qué sabrás tú?". Un estudiante me dijo una vez: *"Eres un gusano"*. *"¡No me ofendas!"*, le contesté, y casi terminamos a puñetazos. Así nos llamaban a los militares: *"gusanos"*. No lo entendía.

También discutíamos en casa de la querida y recordada amiga doña Carmen Daza, apureña, en la avenida La Facultad, en Los Chaguaramos. Yo llegaba a esa casa los fines de semana, me lavaban la ropa y hasta tenía un cuartico donde dejaba mi uniforme azul colgado. Su hijo Enrique Daza, que ya murió, era un hombre de izquierdas, aun cuando nunca participó en política, y conversábamos mucho. Me regaló la obra de ese gran revolucionario que fue Vladimir Ilich Lenin, *El Estado y la Revolución*, y se abrió un gran debate sobre si había que eliminar al Estado o no. Lenin decía: *"El Estado burgués se extinguirá..."*, y lo discutíamos... Luego leí *¿Qué hacer?*, de Lenin también, un librito fundamental que se lee rápido. Leí asimismo a José Martí, y de cuando en cuando a José Carlos Mariátegui;[29] no era muy conocido Mariátegui... Es decir, poco a poco me conseguí unos círculos externos a la Academia...

¿La política empezó a interesarle?

Empezó a apasionarme la ciencia política. En la Academia, utilizábamos el libro de Walter Montenegro, *Introducción a las doctrinas político-económicas*,[30] un clásico muy bueno. Pero comencé, por mi cuenta, a atesorar libros, de economía, de sociología y de política... Iba al centro de Caracas donde venden libros usados muy baratos. Allí compré un viejo y buen libro que me acompaña desde entonces: *Economía y Subversión*,[31] de John Kenneth Galbraith, que me ayudó enormemente a entender el tema de la economía.

---

[29] José Carlos Mariátegui (1894-1930), filósofo, escritor y periodista peruano, considerado como uno de los pensadores socialistas latinoamericanos más influyentes, autor de *Siete ensayos de interpretación de la realidad peruana* (1928).

[30] Walter Montenegro: *Introducción a las doctrinas político-económicas*, Fondo de Cultura Económica, Colección Breviarios, México, 1956.

[31] John Kenneth Galbraith: *Economía y subversión*, Plaza & Janés, Barcelona, 1972.

En su introducción, Galbraith decía lo siguiente: *"Este ensayo sostiene que la prueba de un éxito económico no es la cantidad que producimos, sino lo que hacemos para que la vida sea tolerable o agradable"*. En mi modesto criterio, Galbraith es uno de los mejores ensayistas sobre la economía y la sociedad del siglo XX. No se puede afirmar que sea un pensador socialista, pero es un progresista, un humanista profundo. Más tarde leí *El Nuevo Estado Industrial*,[32] ¡gran libro! Y recientemente he leído su última obra, su testamento intelectual: *La Economía del Fraude Inocente*.[33]

¿Descubrió usted a otros autores?

En otra ocasión, compré un libro que me pareció importante, *Evolución, marxismo y cristianismo en la obra de Teilhard de Chardin*.[34] Apasionante. Demostraba que el marxismo y el cristianismo podían andar de la mano, y empecé a discutir sobre ese tema.

¿Le habían hablado de Teilhard de Chardin?

No, nadie, para nada, pero el título me llamó la atención. Es decir, empecé a tener una motivación política, por no decir una *alta* motivación política. Que me venía de las conversaciones aquellas de la primera etapa de "Noches de Hungría" en Barinas, de lo que había leído y de lo que veía de las escandalosas desigualdades en Caracas. Empecé a tener contacto con distintos jóvenes que andaban en la política, y sentía ya una inclinación

---

[32] John Kenneth Galbraith: *El Nuevo Estado Industrial*, Ariel, Barcelona, 1980.

[33] John Kenneth Galbraith: *La Economía del Fraude Inocente. La verdad de nuestro tiempo*, Crítica, Barcelona, 1984.

[34] Claude Cuénot (y otros): *Evolución, marxismo y cristianismo: estudio sobre la síntesis de Teilhard de Chardin* (Plaza & Janés, Barcelona, 1971); traducción al español de: *Evolution, Marxism and Christianity: Studies in the Teilhardian Synthesis*, Garnstone Press, Londres, 1967. Textos de varios autores sobre las opiniones del jesuita francés, Pierre Teilhard de Chardin (1881-1955), filósofo y paleontólogo que se desenvolvió entre los campos de la ciencia y la religión. Entre los autores de este libro figura Roger Garaudy, entonces miembro del Buró Político del Partido Comunista francés, que aborda aquí el tema del diálogo entre marxistas y cristianos.

por la política, por la izquierda, por las ideas de izquierda. No hay duda. Yo tenía un sentido de la justicia, un sentido del equilibrio natural de la sociedad, y me daba cuenta de que, en definitiva, ser de izquierda es querer la justicia, la justicia social. Siempre había tenido esa preocupación, por mis experiencias de niño pobre, por la doctrina social de la Iglesia... Querer un mundo justo... Eso estaba profundamente arraigado en mí.

¿En qué medida la Academia le va a procurar elementos nuevos para fortalecer esa convicción?

Bueno, era más bien al contrario. Porque, si por una parte había algunos profesores progresistas, por la otra trataban de quitarme esas ideas, de lavarme el cerebro. La IV República decía: *"Los militares deben ser apolíticos!"*. ¡Nos querían arrebatar hasta el derecho a pensar! Yo siempre me rebelé contra eso. Recuerdo que nos metían en la sala del teatro y traían a instructores civiles y a algunos militares a darnos conferencias muy políticas; una parte de ellas orientadas a ponernos en guardia contra el marxismo y contra la izquierda. Nos hablaban del horror del socialismo y de las ventajas del modelo capitalista. Según ellos, el marxismo-leninismo era una ideología diabólica... Pero mi reacción era cada vez más a favor de aquellas ideas.

¿Por espíritu de contradicción?

Sí, pero también a causa de mi origen social, porque recordaba mi infancia en Sabaneta, el bachiller Rodríguez que desapareció... Las tremendas desigualdades que existían en Caracas, los niños macilentos que veía en los campos cuando íbamos de maniobras, mi deseo de justicia social, de igualdad, de liberación... Me di cuenta, un día, a dónde había llegado: al centro de formación de un ejército que se había enfrentado en las montañas a un grupo de idealistas que luchaban por una justa causa: la justicia social. Entonces comencé a sentir aquí dentro, en el corazón, un gran dilema... Lo solucioné el día que me dije: soy un subversivo.

Capítulo 7

Joven oficial .

Diario de un cadete – En la piel del Che Guevara –
Entrando en política – Viaje al Perú – Velasco Alvarado –
Omar Torrijos – Juan José Torres – El ejército y el pueblo –
Teoría del liderazgo – José Vicente Rangel – Adiós a la Academia –
Regreso a Barinas – "Bautizo" en un burdel –
En la frontera con Colombia – Ilich Ramírez "Carlos" –
"Jefe de captación" – Columnista en El Espacio –
Tertulias en "Noches de Hungría" –
El papel del individuo en la historia –
Un ensayo del Plan Bolívar 2000 – Nancy.

¿Recuerda usted el final de sus estudios en la Academia Militar?

Muy bien, porque a partir de segundo año, en 1972, empecé a anotar lo que hacía, mis actividades, algún comentario... Todos los años, compraba mi agendita y la rellenaba como si fuese un Diario, día por día. Escribía siempre. Conservé esa costumbre cuando fui subteniente, y luego teniente y capitán. En cambio, en primer año, cuando era nuevo, no tuve tiempo. Lamentablemente una parte de esa documentación se perdió, algún día aparecerá.

¿Se perdió o se la confiscaron?

La noche de nuestra rebelión [*el 4 de febrero de 1992*], los servicios de inteligencia arrasaron mi casa.

¿Qué se llevaron?

Todo, uniformes incluso. Tenía hasta un archivo de viejas revistas deportivas que coleccionaba. Las dos principales —*Sport Gráfico* y *Venezuela Gráfica* —, las compraba desde mis tiempos de cadete. Era un apasionado, sobre todo del béisbol; ahora me cambió la pasión al fútbol y al voleibol... También había dos revistas políticas muy buenas, cada una con su sesgo: *Zeta*, que se ha mantenido, pero que, en esa época, era una revista seria. Ahora es un puro panfleto. Ya entonces la dirigía Rafael Poleo,[1] ese mismo señor que actualmente reside en Miami. Y la otra cara de la moneda: *Resumen*, que dirigía Jorge Olavarría,[2] un hombre de la burguesía y un intelectual de grueso calibre que tuvo algunas posiciones interesantes en una época; estuvo muy cerca de Alfredo Maneiro,[3] fundador y máximo *dirigente* de la Causa Radical. Lo conocí mucho.

¿A Olavarría?

A Olavarría sí, vino a verme en prisión después del 4 de febrero [*de 1992*], y luego de mi excarcelación [*el 26 de marzo de 1994*] fui a su casa varias veces. Era un amigo. Muchos de aquellos amigos de entonces están ahora en la oposición porque pertenecen a la burguesía. Olavarría era un hombre muy inteligente, y en una ocasión, a principios de los años 1980, Alfredo Maneiro hizo una alianza táctica con él, incluso lo lanzaron de candidato presidencial de La Causa R. Y en plena campaña, en 1982, muere prematuramente Alfredo Maneiro.

---

[1] Rafael Poleo (n.1937), periodista, editor y propietario del diario *El Nuevo País* y de la revista *Zeta*. En 2008, se instaló en la Florida (Estados Unidos).

[2] Jorge Olavarría (1933-2005), político, abogado, periodista e historiador venezolano; apoyó a Hugo Chávez en su primera campaña electoral de 1998, pero pasó a ser opositor al chavismo a partir de 1999, aunque criticó el golpe petrolero de 2002-2003 y la actitud partidista de los medios de información.

[3] Alfredo Maneiro (1937-1982), político venezolano y guerrillero comunista en la década de 1960. Profesor en la Escuela de Comunicación Social de la Universidad Central de Venezuela. Fundó el partido obrerista La Causa Radical.

¿Usted conoció también a Maneiro?

Mucho. Estando en Maracay, de teniente, en los años 1978 y 1979.

Por el momento, se hallaba usted aún en la Academia, y me hablaba de su Diario.

Sí, de las páginas de mi Diario que se han conservado —gracias a una amiga, Herma Marksman,[4] que afortunadamente las pasó a máquina; aunque los originales de puño y letra existen—, éstas comienzan en septiembre de 1974, estando yo en cuarto año de la Academia y recién ascendido a alférez.

¿Usted escribía cada día?

Casi todos los días. En éste [*me muestra uno de los carnets*] describo buena parte de mi temporada en un campamento antiguerrillero. Otros Diarios se perdieron.

¿Y cómo se encontró éste?

La misma amiga lo tenía. Menos mal que Herma lo conservó todo, archivó... Es impresionante que esta mujer haya guardado esto durante tantos años...

Una prueba de afecto.

De verdad que sí, y de lealtad. Ahora me los ha hecho llegar... Esta dama es profesora de historia y le gusta mucho la investigación, posee una gran disciplina, es muy metódica con los documentos... Y aquí está el resultado:

---

[4] Herma Marksman (n.1949), historiadora venezolana, conoció en 1984 a Hugo Chávez y establecieron una relación sentimental que duró hasta 1993. Vinculada al Movimiento Bolivariano Revolucionario-200 (MBR-200) participó en la conspiración y en la rebelión del 4 de febrero de 1992. Ha publicado su versión de sus relaciones con Hugo Chávez en un libro de conversaciones con el periodista Agustín Blanco Muñoz, *Habla Herma Marksman. Chávez me utilizó*, Fundación Cátedra "Pío Tamayo", Caracas, 2004.

todo bien clasificado por fecha, por tema... Empiezo así: *"Fuerte Guaicai-puro, miércoles 11 de septiembre de 1974"*.

Un 11 de septiembre casualmente...

Sí, en efecto, se cumplía un año del golpe de Pinochet, en Chile, contra Salvador Allende... Escribo: *"Después de una marcha de doce kilómetros, ins-talamos el campamento en una zona boscosa. Armé mi carpa con Ordóñez Montero* —un compañero mío; le decían *"Repelente"* porque era un tipo con bastante soberbia—. *"Me nombraron comandante del primer pelotón. En la tarde, Ordóñez y yo dimos la instrucción de purificación de agua y verificación de plantas eléc-tricas; salió bastante bien, luego hice unas flechas y letreros para la circulación de vehículos"*. A mí me usaban los oficiales para hacer los carteles, las señales de tránsito, etc. Porque, como ya le expliqué, pintaba y me gustaba que tuviéramos el campamento bonito. *"Esta noche tengo tercer turno de ronda. He decidido iniciar este corto diario del período de campo con los nuevos de este año, será una semana y una experiencia más para mi vida. La lluvia cae suavemente. Tengo mucho sueño. Todos duermen. Silencio en el campamento"*.

El viernes 13 de septiembre se produce un detalle que es lo que le quiero resaltar: *"El teniente Serrano Zapata me designó para impartir a los aspirantes la instrucción teórica previa. Luego de hacerlo, me fui a una situación en la cual yo hacía el papel del Comandante Ernesto Che Guevara"*.

O sea, usted hacía de "malo".

Sí, yo era el "malo", el "insurgente"... Es significativo de cómo me veían a esas alturas en la Academia. Y a la vez, esos textos, escritos a la edad de veinte años, indican ya una inquietud social, casi podríamos decir: una inquietud pre-revolucionaria. Teníamos hasta un falso campamento guerrillero en el cual cantábamos canciones de protesta. Escribo: *"Gocé un puyero,[5] estoy ronco de tanto gritar, estoy escribiendo sobre una tabla uti-*

---

[5] Expresión venezolana, equivalente a: "Me divertí enormemente".

lizando la luz de una linterna de mano. A lo lejos se oye el croar de los sapos de una laguna cercana, se suma al canto de los grillos y caigo de nuevo en el recuerdo lejano de mi niñez, allá en mi pueblo: la abuela, los padres... Son las 8:25 de la noche...".

Tenía usted 20 años...

Recién cumplidos. Luego hay otra relación: *"Sábado 14 de septiembre. (...) Salimos a las 6 de la tarde directo a la cancha nocturna, ahí esperamos la cena que llegó retardada; estaban reunidos todos los nuevos algo nerviosos".*

¿Qué es una "cancha nocturna"?

La cancha nocturna es una vaina[6] que genera miedo. Hay que caminar de noche y enfrentar situaciones inéditas...

Sin luz...

Sí, a oscuras y puede pasar cualquier cosa. Además, para inquietarlos, inventábamos peligros inexistentes. Les decíamos: *"¡Cuidado con la caballería enemiga!".* Para probar su valor y su capacidad de reacción ante situaciones imprevistas. Algunos se preparaban con saña. Otros se petrificaban.

¿Cuánto tiempo llevaban esos nuevos en la Academia?

Tenían menos de un mes. Es un ejercitamiento duro; se meten a disparar y a que les disparen, etc.

¿Algunos abandonaban?

Muchos. No aguantaban esa experiencia. A otros, la dirección de la Academia los daba de baja por razones ideológicas.

---

[8] Venezolanismo de uso muy frecuente, equivalente a: "algo" o una "cosa".

¿Por razones ideológicas?

Así es. Si sospechaban que eran gente de izquierda que quería infiltrarse en la Fuerza Armada o que deseaba entrenarse para luego marcharse a las guerrillas, los botaban.

¿Hubo casos?

Recuerdo que al hijo de José Vicente Rangel[7] lo botaron por ser "hijo de comunista". Fue en 1973. Ese año había elecciones, y José Vicente era candidato a la Presidencia por el MAS [*Movimiento al Socialismo*]. Su hijo, Pepito, que se llama como él, José Vicente Rangel [*Ávalos*], ingresó ese mismo año en la Academia. Yo era entonces brigadier y me tocó ocuparme de él, estaba en el pelotón de nuevos que me atribuyeron. De ese modo conocí al padre porque, con su esposa Anita [*Ávalos*] —una inmensa escultora, chilena—, venían a visitarlo los fines de semana. Empecé a conversar mucho con José Vicente padre, de política, de la situación del país, de la izquierda, de la campaña electoral... Un oficial incluso me convocó para reprocharme de conversar tanto con un "comunista". Poco después me enteré de que, por intervención de la DIM [*Dirección de Inteligencia Militar*] y utilizando un falso pretexto, se había decidido expulsar de la Academia a Pepito Rangel. Avisé discretamente a José Vicente. No se pudo hacer nada...

¿Qué pensó usted de eso?

En mi Diario, el día en que Pepito se despidió de mí y se marchó, escribí: *"Hoy se fue de baja Pepito Rangel. Era una esperanza"*. O sea, yo lo veía como alguien que se podía haber incorporado a nuestro grupo crítico de la Academia. Una esperanza...

---

[7] José Vicente Rangel (n. 1929), periodista y hombre político venezolano. En 1973, 1978 y 1983 fue candidato (representando las dos primeras veces al MAS, y en 1983 al Partido Comunista) a la Presidencia. En 1998 apoyó a Hugo Chávez, y fue, de 1999 a 2007, ministro de Relaciones Exteriores, de Defensa y Vice-Presidente.

¿Recuerda usted algún otro caso de "exclusión ideológica"?

No, casi todos los que se iban de baja era porque no soportaban los trabajos físicos de los entrenamientos. Además del cambio de vida, eran pruebas difíciles, entrenamientos muy duros. A este respecto, escribo en mi Diario: *"Por el camino comenzó a llover fuertemente con truenos y relámpagos, no podíamos casi ni avanzar, patinábamos en el barro, yo pensaba que si nos costaba a nosotros cómo sería para los nuevos, asustados, tragando gas lacrimógeno, arrastrándose por debajo de alambres de púas y sintiendo los disparos de las ametralladoras que les pasan por encima; estos nuevos se van a morir esta noche"* (...) *"Por fin llegué al lugar donde debo establecer la fogata, una pequeña choza e instalar la situación en la que Dumas* [Ramírez Marquínez] *y yo haremos el papel de guerrilleros acampando".*

Seguía usted en su rol de "rebelde".

Sí, y le aseguro que no me desagradaba. Yo tenía ya una conciencia clara de lo que quería. Recuerdo que Carlos Andrés Pérez, después de haber tomado posesión de su cargo por primera vez, vino a la Academia, eso fue en marzo de 1974, y me acuerdo que, en mi Diario de entonces, escribí algo así como: *"Cuando veo al nuevo presidente, desearía que un día tuviese yo la responsabilidad de conducir la patria del gran Bolívar".* Algo así. Ya yo tenía aspiraciones concretas de ir hacia el poder. Y en septiembre de ese mismo año 1974, mire lo que escribo: *"Hoy es sábado y me pregunto qué estarán haciendo los jóvenes de mi edad en otras partes, aquellos que viven libres de sacrificios como éste; de seguro estarán 'bonchando'* [8] *en una discoteca con su 'pava'* [novia], *en el cine o divirtiéndose en cualquier sitio. Si supieran lo que estamos haciendo dirían que estamos locos, pero no estoy loco, sé muy bien lo que busco y lo que hago y por qué me sacrifico. Recuerdo en estos momentos un pensamiento del Che:* 'El presente es de lucha, el futuro nos pertenece' ".

---

[8] Venezolanismo: "pasarlo bien", "divertirse".

¿No temía que algún superior leyera eso?

Yo me cuidaba mucho de escribir todo lo que pensaba, pero de vez en cuando me salían algunas palabras...

Usted ya había leído, me dijo, el *Diario de Bolivia* del Che.

Sí, claro. También, en esa época, ya conocía *Pasajes de la Guerra Revolucionaria*,[9] libro en el que el Che narra la gesta de las guerrillas en Cuba contra Batista. Esa obra circuló aquí en una versión cuyo título era: *El libro verde olivo*.[10] Era el que yo tenía... Recientemente la viuda del Che, Aleida March, me envió un ejemplar de la primera edición de *Pasajes*... editado en Cuba a comienzos de los años 1960.

¿Se titulaba "*El libro verde olivo*"?

Sí, perdí mi ejemplar. Me lo había dado mi hermano Adán. Yo leía mucho. Estaba terminando esa etapa de formación militar y, en paralelo, me estaba imponiendo una especie de pre-formación política. Al mismo tiempo estudiando a Bolívar y leyendo mucho a Ezequiel Zamora. El coronel Pérez Arcay, mi profesor de historia, ya le dije, fue el gran motivador hacia lo que es el zamorismo y mi acercamiento a la figura de Zamora. Su libro *La Guerra Federal. Causa y consecuencias* resultó muy importante para mí. En Barinas, cuando cursaba bachillerato, había ido a una excursión de muchachos, por nuestra cuenta, a Santa Inés donde tuvo lugar la gran batalla que dio Zamora [*el 10 de diciembre de 1859*]. Así que yo estaba nutriéndome del conocimiento militar, nutriéndome de la teoría y de la praxis de conducir hombres... Porque uno también estudiaba teoría del liderazgo...

---

[9] Ernesto Guevara, *Pasajes de la Guerra Revolucionaria*, Ediciones ERA, México, 1969.

[10] Ernesto Guevara: *El libro verde olivo. Antologías temáticas*, Editorial Diógenes. México, 1970.

¿Había cursos de eso?

Claro, el liderazgo... Luego la materia cambió de nombre: "Mando y conducción"... En la Academia se hacía un esfuerzo grande, científico y humanístico, para formar líderes. Para mí resultó una escuela de liderazgo. Ahí aprendí que un verdadero líder tiene que estar en contacto con su pueblo, y que sólo en ese caso puede ser considerado como un auténtico estadista. Por mi experiencia particular —yo había sido un joven líder, *manager* de un equipo de béisbol de muchachos, etc.— esas enseñanzas completaron eficazmente mi formación... Nos educaron también con un método basado en la dinámica de grupo, llamado "Desarrollo de la inteligencia", excelente. Me resultó provechoso. Amplié algunas capacidades...

En aquel momento era la guerra de Vietnam. ¿Ustedes, en la Academia, comentaban por qué los Estados Unidos eran incapaces de ganar esa guerra a pesar de su poderío militar?

Lo que leíamos era un libro contra la guerra de guerrillas...

¿Un "Manual de contrainsurgencia"?

Correcto. Y ahí se revelaba la intención de manipular nuestras jóvenes mentes de cadetes, porque detrás estaba el Imperio...y un grupo de oficiales venezolanos que habían ido a hacer cursos a Estados Unidos.

¿A la "Escuela de las Américas"[11]?

Muchos oficiales fueron a recibir adiestramiento allá. Lo que le quiero decir es que era imposible que nos hablaran de la verdadera realidad

---

[11] La *United States Army School of the Americas* más conocida como *Escuela de las Américas*, instalada por Estados Unidos en la Zona del Canal de Panamá, cooperó durante decenios con multitud de gobiernos latinoamericanos, algunos de ellos dictatoriales. Sus cursos o entrenamientos incluían técnicas de contrainsurgencia, operaciones de comando y tácticas de interrogatorio. En 1977, Estados Unidos aceptó la demanda panameña de retirar del país la Escuela para reubicarla en territorio estadounidense, en Fort Benning, Georgia. Oficial-

de ese conflicto. En la Academia no se hablaba casi nada de la guerra de Vietnam, pero yo salía los fines de semana...

Y se informaba.

Pertenecía a un círculo situado en Prado de María, un barrio de Caracas. Allí, el dueño de casa, Raúl, familiar mío, del partido Acción Democrática, iba y venía con responsables "adecos" de cierta jerarquía. En esa casa había muchos debates, sobre todo en 1973-1974 cuando la campaña electoral de Carlos Andrés Pérez. Pero la tertulia más radical era en Los Chaguaramos, la del bar "El Águila". En esos cenáculos se discutía mucho, con argumentos... Además yo disponía de otros círculos fuera de Caracas, en Barinas, los amigos de Adán...

Cuando iba de vacaciones...

Sí, en cuanto había un fin de semana largo, agarraba un autobús y... a Barinas directo. ¿Cuáles eran mis actividades allí? Estaban naciendo la Causa R, el MAS [*Movimiento al Socialismo*], el Movimiento Ruptura, cara legal de la organización guerrillera que dirigía Douglas Bravo[12]... En esos ámbitos, había debates de verdad y circulaban muchos documentos. Nacía entonces la revista de la Causa R y se escribía sobre temas importantes, en particular sobre el proyecto de la "Gran Venezuela" que lanzó Carlos Andrés Pérez, el Quinto Plan de la Nación [*1976-1980*], el endeudamiento, la corrupción, la política petrolera, la situación internacional...

En una de las primeras reuniones, aún estaba yo en primer año de la Academia, leyendo documentos y prensa, me entero del viaje de Fidel

---

mente, la Escuela fue cerrada en 2000 durante el mandato del presidente Bill Clinton. Pero, en 2001, se inauguró el *Instituto de Defensa para la Cooperación de Seguridad Hemisférica* que parece heredera de la *Escuela de las Américas* aunque con mayor respeto por la democracia. En 2004, Venezuela cesó de enviar cadetes a esa institución estadounidense.

[12] Douglas Bravo (n.1932), político venezolano. Fue el guerrillero más famoso de Venezuela, fundador y comandante del Frente Guerrillero "José Leonardo Chirino" en la sierra de Falcón. Fundador del movimiento político Ruptura.

Castro [*en 1971*[13]] al Chile de Salvador Allende y al Perú de Velasco Alvarado.[14] Por primera vez, porque veo la foto de Fidel con el líder peruano,[15] tomo conciencia de que, a la cabeza de un gran país hermano, hay un general progresista y nacionalista que está llevando a cabo reformas importantes, y me intereso un poco por él.

Pero usted estuvo en Perú ¿verdad?

Sí, más tarde, en 1974, fui designado con una docena de cadetes de la Academia para ir al Perú a asistir a las ceremonias organizadas con ocasión del 150 aniversario de la batalla de Ayacucho [*9 de diciembre de 1824*]. Antes de salir para allá, me puse a leer y a documentarme sobre lo que estaba ocurriendo en ese país. Así descubrí el Plan Inca.[16] En Lima y en Huamanga [*capital del departamento peruano de Ayacucho*], pude intercambiar con cadetes de otros países además de los peruanos: panameños, colombianos, ecuatorianos, bolivianos, chilenos...

¿De qué hablaban?

Hablábamos sobre todo de la participación de los militares en los procesos políticos de los países latinoamericanos.[17] Conversé bastante con un cadete

---

[13] La visita de Fidel Castro al Chile de la Unidad Popular tuvo lugar del 10 de noviembre al 4 de diciembre de 1971.

[14] Juan Velasco Alvarado (1910-1977), Presidente del Perú de 1968 a 1975. A la cabeza de un *Gobierno Revolucionario de las Fuerzas Armadas*, nacionalizó los sectores clave de la economía (petróleo, pesca, minas, telecomunicaciones, energía) y realizó una importante reforma agraria. Fue derrocado el 29 de agosto de 1975 por un grupo de oficiales, y sustituido por el general Francisco Morales Bermúdez.

[15] A su regreso de Chile, el 4 de diciembre de 1971, Fidel Castro hizo escala en Lima y se entrevistó durante unas tres horas con el general Velasco Alvarado. Véase la conferencia de prensa dada ese mismo día por el líder cubano: (en inglés) http://lanic.utexas.edu/project/castro/db/1971/19711205-2.html

[16] *El Plan Inca. Proyecto Revolucionario Peruano*, del general Juan Velasco Alvarado, fue dado a conocer en Lima el 28 de julio de 1974 con ocasión del 153º aniversario de la Independencia del Perú. Léase el texto completo del Plan en: http://peru.indymedia.org/news/2006/02/25243.php

[17] En el relato que Hugo Chávez escribió sobre su viaje al Perú, titulado "Una bandera en Ayacucho", precisa que, sobre ese tema, él y sus compañeros, Dumas Ramírez Marquínez

chileno llamado Juan Heiss, le pregunté sobre el porqué del golpe militar de Pinochet ocurrido un año antes. No me supo contestar, se mantenía reservado, lo sentí incómodo... En cambio, los panameños expresaban con facilidad un ardiente anti-norteamericanismo.

¿Conoció al general Velasco Alvarado?

Sí, tuve ocasión efectivamente de saludar al general Juan Velasco Alvarado que pronunció un breve discurso y, a cada uno de nosotros, nos regaló y dedicó dos libritos: *El Manifiesto del Gobierno Revolucionario de la Fuerza Armada de Perú* y *La Revolución Nacional Peruana*, este último empastado de azul.[18] Pude comprobar las relaciones estrechas de Velasco con el pueblo peruano y con las Fuerzas Armadas de esa nación. Me leí esos libritos y me aprendí casi completos algunos discursos. Los conservé hasta que, después de nuestra rebelión [*del 4 de febrero de 1992*], me quitaron todo y se perdieron. Sólo me quedó uno: *Perú, ¿socialismo militar?*, de Juan Aguilar Derpich,[19] que sobrevivió y me acompañó siempre. Y unas fotos en las que se ven a algunos compañeros. Por ejemplo: Carlos Alfredo Escalona, llanero de Portuguesa; el sargento "Presto"; el peruano Francisco Hernández, otro peruano a quien yo llamaba "Fittipaldi",[20] porque manejaba muy rápido un Volkswagen y chocamos...

¿Ha vuelto a ver a alguno de aquellos cadetes?

No. He preguntado por esos muchachos y no he conseguido a ninguno en estos países. La noche de la despedida, estábamos brindando con pisco y a

---

y Carlos Escalona, "adelantamos algunas opiniones sobre el papel de los militares en la sociedad y particularmente, el apoyo incondicional que, en Venezuela, han prestado las Fuerzas Armadas al sistema democrático en los últimos dieciséis años". Véase en Hugo Chávez: *Un Brazalete Tricolor*, Vadell Hnos. Editores, Valencia-Caracas, 1992.

[18] De hecho, la *Constitución de la República Bolivariana de Venezuela*, de 1999, empastada de azul, se asemeja mucho al "pequeño libro azul" de Velasco Alvarado.

[19] Juan Aguilar Despich: *Perú, ¿socialismo militar?*, Editorial Fuentes, Caracas, 1972.

[20] Emerson Fittipaldi (n. 1946), piloto brasileño de Fórmula 1, campeón del mundo en 1972 y 1974.

mí se me ocurrió dar un discurso en la mesa. Dije algo así: *"Dentro de cincuenta años veremos si valió la pena ser soldado"*. No le gustó a nuestros oficiales; uno de ellos me llamó: *"Chávez ¿qué fue lo que usted dijo en la mesa?"*.

¿Qué representó para usted ese encuentro con el general Velasco Alvarado?

Primero, creo que fue un gran soldado, un gran patriota y un revolucionario. Su gobierno demostraba que las Fuerzas Armadas pueden constituir un factor de desarrollo y de cambio social para un país. Le dio al idioma quechua, en un gesto de justicia cultural y de reconocimiento de la cultura ancestral inca, el rango de lengua nacional. En varios aspectos, yo me sentí —y me siento— reflejado en su pensamiento. Eso me ayudó también a tomar conciencia de que debía existir una relación estrecha entre el pueblo y los militares. Era necesario, como dijo Mao, que el soldado se sintiese, en medio del pueblo, como el pez en el agua.

¿Y en política económica?

La Revolución peruana de Velasco Alvarado era un proyecto socialista. No me cabe duda. Realizó la reforma agraria más profunda del siglo XX en América Latina y estatizó los sectores estratégicos de la economía. Nacionalizó el petróleo, el gas, las minas... Alentó a los trabajadores a participar en la cogestión de las industrias nacionalizadas. Le dio mayor protagonismo al Estado, para que éste pudiera llevar a cabo políticas públicas en favor de las clases humildes, y todo eso manteniendo un espacio importante para el mercado, para el sector privado, la pequeña y mediana empresa. En una ocasión, por ejemplo, Velasco escribió lo siguiente [*lee*]: *"Cuando hablamos de oligarquía, no nos referimos, en absoluto a los industriales, ni a los empresarios que contribuyen a forjar la riqueza de este país, y que comprenden la necesidad de que el capital cumpla su responsabilidad social en el Perú... El pequeño y mediano industrial, y aun el gran empresario moderno, no integran esa oligarquía contra la cual estamos luchando... Son oligarcas los grandes propietarios del dinero y las finanzas que utilizan su poder económico*

para comprar un poder político que sirve a sus intereses económicos. Son oli-
garcas los que monopolizan la riqueza y forman verdaderas argollas financieras
para su solo beneficio... para aplastar a los pequeños y medianos industriales".[21]
Todo esto, podría decirlo yo hoy aquí, en Venezuela. Hago sin embargo,
retrospectivamente, una crítica.

¿Sobre esas decisiones económicas?

No, de carácter político. Su gobierno estaba constituido exclusivamente
por militares, no había ningún ministro civil. Pienso que fue un error.
Medité mucho sobre ello, me convencí de que la vía correcta era una alianza cívico-militar. Una alianza que, aquí en Venezuela, había teorizado
Fabricio Ojeda, intelectual, guerrillero y mártir de quien ya le hablé. En
su libro *La Guerra del Pueblo*, de 1966, Ojeda afirma: *"La base antifeudal y*
antiimperialista de nuestro Proceso Revolucionario plantea un género de Alian-
zas que está por encima del origen, del credo político, de la concepción filosófica,
de las convicciones religiosas, de la situación económica o profesional, y de la
afiliación partidista de los venezolanos. El enemigo común, su fuerza y poderío,
reclaman una lucha unitaria para vencerlo.(...) Son proclives para luchar por la
liberación nacional —añade Fabricio Ojeda y yo me asocio a su idea—, *las*
siguientes fuerzas: los obreros y campesinos, la pequeña burguesía, estudiantes,
empleados, intelectuales, profesionales, etc. La mayoría de los oficiales, sub-
oficiales, clases y soldados de la Fuerza Armada Nacional de aire, mar y tierra.
Los Industriales nacionales, los productores agropecuarios, los comerciantes
no importadores...". Yo digo que también algunos importadores, porque
nosotros importamos... *"Los productores no independientes, pequeños ar-*
tesanos...". En esta visión de Fabricio Ojeda, que comparto, todos estos
sectores, civiles y militares, tienen vocación a conformar una verdadera
Alianza nacional revolucionaria.

---

[21] Juan Velasco Alvarado: *La Revolución Peruana,* Editorial Universitaria, Buenos Aires,
1973.

En esa época también se interesa usted por la política que conducía, en Panamá, el general Omar Torrijos[22] ¿no?

Correcto. Son los años en que me empiezan a llegar también, en efecto, informaciones de Panamá, por vía de cuatro cadetes panameños compañeros míos de la Academia que me comentan la acción transformadora que está realizando allá el general Torrijos desde 1968. Me cuentan cómo unos coroneles, compañeros de Torrijos y que él había colocado en puestos importantes, trataron de darle un golpe de Estado en 1969 mientras se hallaba en México. Y cómo, con la ayuda de otros jefes de la Guardia Nacional y con el apoyo del pueblo, él pudo regresar muy pronto, retomar el control de la situación y proseguir las transformaciones sociales, la reforma agraria, su batalla por la recuperación del Canal en aquel entonces en manos de los yanquis...

Uno de esos cadetes, Antonio Gómez Ortega, me trajo en una ocasión unos ejemplares de la revista de la Guardia Nacional panameña y ahí leí varios discursos de Torrijos, el "general de la dignidad". Recuerdo su célebre frase: *"Yo no quiero entrar en la historia, quiero entrar en la zona del Canal"*. Se le veía también en unas fotos con campesinos y pude apreciar lo que era la popularidad de un oficial progresista a la cabeza de un gobierno popular. Muy diferente de Pinochet y de los generales reaccionarios chilenos, que detestaba.

Más tarde, leí bastante sobre Torrijos; en particular la biografía-reportaje *Descubriendo al general Torrijos*, del escritor inglés Graham Greene,[23] y otro libro extraordinario: *Mi general Torrijos*, de uno de sus colaboradores más cercanos, José de Jesús Martínez,[24] y se me quedó una frase en la que

---

[22] Omar Torrijos (1929-1981), general panameño, dirigió su país de 1968 hasta su muerte en un sospechoso accidente de avión. Firmó, en 1977, unos Tratados con el Presidente James Carter de Estados Unidos que permitieron a Panamá recuperar su soberanía sobre el Canal, el 31 de diciembre de 1999.

[23] Graham Greene: *Descubriendo al general Torrijos. Historia de un compromiso*, Editorial Emecé, Buenos Aires, 1985.

[24] José de Jesús Martínez (1929-1991), catedrático de filosofía, poeta y dramaturgo nacido en Nicaragua. Adquirió la nacionalidad panameña y fue sargento de la Guardia Nacional, guar-

el general panameño define lo que debe ser el auténtico liderazgo en la Fuerza Armada: *"El rango militar se otorga por decreto* —decía Torrijos—, *la jerarquía en cambio se conquista con acciones ejemplares. Tiene rango quien ordena: '¡Vayan!'. Tiene jerarquía quien dice: '¡Síganme!' "*. Esa diferencia se me grabó para siempre.

¿Estudió asimismo la experiencia del general Juan José Torres en Bolivia?

Mucho. Aunque lo de Torres fue antes, a principios de los años 1970. Su mandato fue muy corto [*7 de octubre de 1970 - 21 de agosto de 1971*], ni siquiera duró un año. Yo, después, leí mucho sobre esa experiencia de socialismo militar. Torres era mestizo, de origen muy modesto, y había sido un Ministro del Trabajo de gran sensibilidad popular. Este oficial de izquierda era Jefe del Estado Mayor de la Fuerza Armada Boliviana cuando los "rangers" bolivianos —ayudados por la CIA— matan a Che Guevara en La Higuera en octubre de 1967. Fíjese las paradojas de la historia. Con un grupo de intelectuales y de oficiales progresistas, el buen general revolucionario y socialista Juan José Torres elaboró un programa: el *"Mandato Revolucionario de las Fuerzas Armadas"*, y definió una *"Estrategia Socio-Económica del Desarrollo Nacional"*. Con eso disponían de una teoría de izquierda para gobernar. El pueblo conocía el carácter progresista del general Torres y se alzó junto con la poderosa Central Obrera Boliviana (COB) para evitar un golpe de Estado reaccionario [*conducido por el general Rogelio Miranda*]. Esa insurrección popular llevó a Torres al poder. Su gobierno militar de izquierda se apoyó en lo que llamaba los "cuatro pilares de la revolución": sindicatos de trabajadores, organizaciones campesinas, movimientos universitarios y oficiales progresistas.

Me imagino que eso le interesaría bastante

Sí, enormemente, porque se verificaba la necesidad de una unión cívico-militar. También tenía Torres una tesis interesantísima: el concepto de

---

daespaldas y persona de confianza del general Omar Torrijos. Autor, entre otros, de *Mi general Torrijos* (Editorial Contrapunto, Buenos Aires, 1987), Premio Casa de las Américas 1987.

"frontera interior". Él decía que hay que cuidar las fronteras exteriores pero que la "frontera interior" —el pueblo, la igualdad social, la justicia económica, el desarrollo— hay que cuidarla más todavía. Se pueden tener muy protegidas las fronteras exteriores, pero si se descuida la "frontera interior", aumentan la miseria y las injusticias, y estalla la sociedad. Como ocurrió en Venezuela en febrero de 1989 con el "Caracazo". En lo poco que duró su mandato, el general Torres nacionalizó una parte del sector minero, desarrolló la enseñanza, aumentó los salarios, creó el Banco del Estado... Al final fue derrocado [*el 21 de agosto de 1971*] por un grupo de oficiales de derechas comandado por el general Hugo Banzer a las órdenes de Washington. Torres partió al exilio, pero siguió siendo muy popular en su país, una esperanza para Bolivia. Tanto que, finalmente, fue secuestrado en Buenos Aires [*el 2 de junio de 1976*] y asesinado en el marco de la siniestra Operación Cóndor.[25]

O sea que, en medio de ese torbellino de ideas y de debates, usted se interesaba por lo que estaba ocurriendo en América Latina esos años...

Fueron años inolvidables, de lecturas, de discusiones... Y América Latina era tema de debate permanente... Aunque debo admitir que, en 1974, cuando estaba terminando mi carrera militar y había cumplido veinte años, también trataba de divertirme como todos los jóvenes de mi edad.

¿Cuáles eran sus diversiones?

Bueno, los sábados en la noche, por ejemplo, muchos cadetes, despojados del uniforme, llenábamos las discotecas de Caracas. A veces íbamos a la "Cueva del Oso"... Eran días de canciones que siempre recordaré de los Bee Gees, los Rolling Stones, los Beatles...

---

[25] La Operación Cóndor es el nombre del plan de coordinación de operaciones represivas contra opositores, elaborado conjuntamente por las dictaduras militares de América del Sur —Argentina, Bolivia, Brasil, Chile, Paraguay y Uruguay— entre sí y con Estados Unidos, llevada a cabo en las décadas de 1970 y 1980.

En ese momento, en Caracas, se estaba inaugurando el Poliedro.[26] Recuerdo haber visto, entrenándose en el gimnasio de nuestra Academia, a los boxeadores estadounidenses George Foreman y Ken Norton, que se enfrentaron en un combate histórico precisamente en el Poliedro.[27] Ganó Foreman que unos meses más tarde estaba en África, en la ciudad de Kinshasa, en el Congo-Zaire, peleando contra el gran Mohamed Alí, quien le noqueó en el inmortal "estruendo en la jungla" [*the Rumble in the Jungle*] organizado por el célebre promotor norteamericano de combates profesionales Don King. Mohamed Alí, que antes se llamaba Cassius Clay, era nuestro ídolo.

Era también la época de aquellas "películas de catástrofe" que llenaban los cines de espanto y escalofríos: *Terremoto, Aeropuerto 74, El Coloso en llamas, La Aventura del Poseidón*... Y estupendas películas de pánico: *Tiburón, El Exorcista, La Profecía*...

Pero lo que más me interesaba era la política. Hay que recordar que hubo, ese año 1974, acontecimientos mundiales muy importantes: en Portugal, en abril, se produjo la "Revolución de los Claveles" que trajo un viento fresco de Europa; los jóvenes oficiales y el pueblo portugués derrocaron la dictadura, comenzaron una revolución y emprendieron la descolonización de los territorios portugueses de África: Angola, Guinea-Bissau, Mozambique... Y en julio de ese mismo año 1974, cayó la dictadura fascista de los coroneles en Grecia. En agosto, renunció Richard Nixon, presidente de Estados Unidos, por el caso Watergate. La guerra de Vietnam aún seguía pero ya [*el 27 de enero de 1973*] se habían firmado los Acuerdos de París para poner fin al conflicto. Se había producido, en 1973, el "primer choque petrolero" con un aumento espectacular de los precios del petróleo,

---

[26] El Poliedro es un recinto diseñado y construido para albergar eventos y espectáculos, ubicado al sur de Caracas. Tiene un aforo de 13.500 personas sentadas. Lo inauguró el presidente Rafael Caldera el 2 de marzo de 1974.

[27] El combate, con el título mundial de los pesos pesados en juego, tuvo lugar el 26 de marzo de 1974 en Caracas. Venció George Foreman en el segundo round, por KO técnico.

lo cual tuvo evidentemente mucha repercusión en Venezuela. Un año antes, en septiembre de 1972, se habían producido los atentados de Munich[28] en medio de los Juegos Olímpicos, lo cual tuvo una repercusión mundial... Estamos hablando de una era pródiga en eventos, en acontecimientos...

El final del franquismo.

El final del franquismo efectivamente. Franco[29] muere en noviembre de 1975 —ya yo había salido de la Academia— y al poco tiempo [*en octubre de 1976*] el rey Juan Carlos y la reina Sofía vinieron a visitar Venezuela... Porque hay que decir que Venezuela siempre fue un país muy cuidado por las potencias, a causa de su riqueza petrolera. Los presidentes nuestros eran mimados en Estados Unidos y en Europa, sobre todo por los gobiernos de derechas. Era una neocolonia tratada con mano de seda.

¿En esos círculos que usted frecuentaba existía un interés por la política internacional?

La política internacional interesaba muchísimo, en particular todo lo que tenía que ver con América Latina, el imperialismo, Estados Unidos... Pero también seguíamos el día a día de las guerras en el sureste asiático —Vietnam, Camboya, Laos— y en Oriente Próximo, la cuestión palestina, el Líbano, la guerra de octubre de 1973 cuando Egipto y Siria lanzaron por sorpresa una ofensiva contra Israel que ocupaba parte de sus territorios... Pero sobre todo, debo reconocerlo, nos interesábamos por la política nacional; era lo que más nos motivaba naturalmente... Todas esas discusiones, yo las consideraba como una pre-formación, un propedéutico, un período previo a mi verdadera formación política.

---

[28] Atletas del equipo olímpico de Israel fueron tomados como rehenes y asesinados por un comando de la organización palestina "Septiembre Negro".

[29] Francisco Franco (1892-1975), general español, autor de un golpe de Estado, en 1936, contra la II República, lo cual desencadenó una guerra civil (1936-1939). Con la ayuda de los regímenes fascista de Italia y nazi de Alemania, Franco ganó esa contienda e instauró una cruel dictadura (1939-1978).

En 1975, usted se gradúa.

Sí, a los 21 años, el 5 de julio de 1975, día aniversario de la Independencia de Venezuela. El presidente Carlos Andrés Pérez me entregó la espada de graduado de la Academia. Me gradué de subteniente y salí de la Academia.[30]

¿Qué sintió al alejarse de la Academia Militar?

Acababa de pasar allí los cuatro años más decisivos quizás de mi vida. Ahí me hice bolivariano, descubrí el pensamiento político de nuestras "tres raíces": Simón Bolívar, Simón Rodríguez y Ezequiel Zamora. Y de allí salí con experiencia de liderazgo y con ideas ya prerrevolucionarias. Se dice a veces que entré en la Academia Militar con un libro del Che bajo el brazo. No es verdad. No entré con ningún libro, y menos con uno del Che. Lo que sí es verdad es que cuando salí de la Academia, sí lo hice con un libro del Che bajo el brazo. Tenía el rumbo trazado en mi mente, sabiendo hacia donde me dirigía.

Lo destinan a Barinas y empieza una nueva etapa.

Sí, pasé en Barinas mis dos primeros años de subteniente; en el Fuerte Tabacare, en el seno del Batallón "Manuel Cedeño".[31] De los nuevos subtenientes del año 1975, fui el único que llegué allí. Se inicia entonces una nueva etapa profesional por una parte, pero también una etapa política.

¿Cómo fueron sus primeros meses en el cuartel?

El trato con los demás oficiales no fue fácil al principio. Chocaba con ellos, no tanto por cuestiones ideológicas o políticas, sino por las cosas rutina-

---

[30] Hugo Chávez recibió el título de Licenciado en Ciencias y Artes Militares, en la especialidad de Ingeniería, mención terrestre.

[31] Manuel Cedeño (1874-1821), oficial del ejército de Venezuela que alcanzó el grado de General de División y tuvo una destacada participación en la Guerra de Independencia. Muere en la batalla de Carabobo el 24 de junio de 1821. Sus restos reposan en el Panteón Nacional de Caracas.

rias del cuartel. Aún existía allí el horrible prusianismo que impregnó a nuestro Ejército —¡y al de tantos países!—, durante mucho tiempo.[32] Una influencia venida de Alemania a finales del siglo XIX cuando Juan Vicente Gómez modernizó las Fuerzas Armadas. El reglamento seguía siendo muy prusiano. Los oficiales, por ejemplo, no podían comer en la misma mesa que los soldados. Era una corriente autoritaria, fascista-militar, basada en el atropello del ser humano. Todo lo contrario de la tradición fundada por Bolívar del "Ejército del Pueblo", de la unión pueblo y ejército.

Además, en aquel cuartel, yo era el único subteniente licenciado, los demás oficiales no lo eran, así que se trataba de una batalla generacional. Recuerdo que los primeros días, iba yo por el patio con aquella potencia de recién graduado comandando a unos soldados del Batallón anti-subversivo de Cazadores, y un capitán me gritó con ironía, como burlándose: "¡'Licenciado...'!". No le hice caso, seguí mandando mis tropas. Y él: "¡'Licenciado' Chávez!". Yo como si nada. Él otra vez: "¡'Licenciado'!". Lo oía, los soldados también, y notaba que los soldados estaban de mi parte. Empecé a saber lo que era ganarse a los soldados, a los sargentos, a la tropa que era el pueblo, muchas veces vejados por los viejos estilos de unos oficiales acostumbrados a maltratar a los subalternos.

---

[32] Con la guerra franco-prusiana (1870-1871), Francia, derrotada, dejó de ser considerada una importante potencia militar, y Prusia, vencedora, asumió ese rol. La táctica cerrada y el uniforme del conde Helmuth von Moltke se convirtieron, desde ese momento, en ejemplo a seguir entre muchos ejércitos. En Latinoamérica, la primera misión militar prusiana llegó a Chile, en 1885. Su éxito fue tan rotundo en la reorganización del ejército chileno, que varios países de la región decidieron imitar la lección, entre ellos Venezuela. En 1910 es inaugurada, en Caracas, la Escuela Militar en su sede de La Planicie por el presidente Juan Vicente Gómez. Con la intención de profesionalizar el Ejército Nacional, Gómez autoriza la llegada de una misión militar de instrucción, encabezada por el Coronel chileno Samuel McGill, quien cumplirá un papel preponderante en esta reorganización. Nombrado Instructor General del Ejército Nacional, el coronel McGill se dedica a formar a los futuros oficiales venezolanos. De formación netamente prusiana, McGill imprime al ejército venezolano el sello característico del modelo prusiano del casco de penacho y el paso de ganso. Esto, completado por la conocida germanofilia del presidente Gómez, vino a consolidar la influencia de la escuela prusiana en el ejército venezolano.

Entonces, aquel capitán se acerca y por fin me dice: *"¡Subteniente Chávez!"* Ahí sí me volteé: *"¡Mande mi capitán!"*. Aquello fue motivo de discusión en reunión de oficiales y en presencia del Comandante. Exigí una explicación: *"Pido permiso para hablar, mi Comandante"*. *"Siéntese teniente"*, me contestó. Yo insistí: *"Sí, pero permiso para hablar a mi capitán; quiero responderle"*. *"¡Siéntese, teniente!"*, me ordenó de nuevo. *"Mi comandante, no puedo quedarme callado"*, repliqué. *"¡Ah! bueno —me dijo el Comandante—, usted parece un abogado; se equivocó de carrera"*. Al final, terminé ganándome al Comandante que, en el fondo estaba de acuerdo conmigo.

¿Recuerda otras desavenencias?

Sí, otro choque que tuve fue el llamado "bautizo". Me llevaron a un burdel y allí un grupo de oficiales pidieron whisky, ron y mujeres. Terminé, por supuesto, con una mujer también y tomado. Y me "bañaron"... El "bautizo" consistía en "bañarme" con una botella de ron, y al final el "bautizado" pagaba... Todo aquello era bastante patético. Costumbres groseras, machistas, lamentables.

Le dieron la novatada.

Sí, alguien inventó eso. Me imagino que se hacía en otras partes. Pero a mí me chocaba porque tenía una percepción moral diferente. El Ejército, en mi concepción, era otra cosa. Pérez Arcay siempre nos repetía: *"No dejes nunca de ser cadete desde el punto de vista ético"*. Porque muchos esconden el código de honor y lo botan en cuanto salen de la Academia. Lo mismo nos decía el general Osorio, el director. Entonces, muy pronto, empecé a chocar hasta por tonterías. Esa fase —1975, 1976, 1977—, es de mucho vaivén en lo personal; caigo en una especie de dilema existencial, una incertidumbre: ¿sigo la carrera militar, o me voy a tiempo? Una vez le dije a Ruiz Guevara: *"A lo mejor me decido a pedir la baja y me salgo del Ejército"*.

¿Qué le aconsejó?

Que no podía salirme, que era más útil y más importante que siguiera en las Fuerzas Armadas. Me dijo: *"Mira Hugo, tú ahí, en el Ejército, vales más que veinte sindicatos en manos de la izquierda. No te puedes ir"*. Hablé con mi papá y también me dijo: *"¿Cómo te vas a ir?"*. Adán lo mismo: *"No te puedes ir. Eres uno de los nuestros ahí, en el Ejército"*. Pero yo les decía: *"Bueno, ¿qué plan hay? No tienen ustedes ningún plan; entonces ¿qué voy hacer yo aquí?"*.

¿Se sentía usted deprimido?

Mucho. De repente, aquella vida de cuartel empieza a aburrirme. Todo era muy rutinario. Y a veces absurdo. Por ejemplo, me prohibían jugar béisbol en un equipo civil. Nunca entendí eso. No cumplí la orden y me arrestaron. Hasta que un día le dije al Comandante: *"Mi Comandante, por jugar béisbol me arrestan, pero a los oficiales que se pasan las noches en el burdel de La Guayanesa y allí amanecen, eso se les permite. No entiendo"*. El Comandante al final me autorizó.

Pero, ¿había actividad antiguerrillera?

Muy poca. Un día, era un 1° de diciembre, llego al batallón y me dice el Mayor: *"Teniente, prepárese. Mañana sale usted para el Cutufí. Escoja a veinte soldados..."*. El Cutufí es la frontera con Colombia. El conflicto en la frontera con Colombia era apenas incipiente, había algunas presencias de grupos armados colombianos, pero nunca hubo enfrentamientos. Secuestraban a alguien, pero no era gran cosa. A mí no me tocaba ese patrullaje, ya lo había hecho, pero al día siguiente iba yo en un camión M-35 hacia la frontera.

¿Lo mandaron allí como una sanción?

No, no fue por sanción, el batallón tenía que estar allí con un pelotón permanentemente patrullando, la guerrilla colombiana ya tenía presencia. Sólo que a mí no me tocaba.

¿Ya había estado usted?

Sí, ya había estado, me mandaron de nuevo, pero me fui gustoso; salía de la rutina. Agarré mi pelotón: "¡*Vámonos!*". Llegamos a la selva del Cutufí, nos instalamos en una población llamada El Nula. Al día siguiente hubo un asalto a una bodega[33] y mataron a una gente. Acusaron a la guerrilla. Nos fuimos río abajo, pasamos como una semana por el río Sarare, llegamos casi hasta Guasdualito patrullando. Hicimos un campamento y pasamos la Navidad por esos montes. Muchos colombianos indocumentados y mucha tumba ilegal de árboles... La situación comenzaba a ser crítica en ese flanco de la frontera con Colombia. Allá me dio paludismo, regresé el 30 de diciembre con tremenda malaria.

En esa época, el 21 de diciembre de 1975, se produce en Viena, Austria, un acontecimiento espectacular y dramático que va a impactar al mundo entero y que concierne doblemente a Venezuela: la toma de rehenes de los ministros de la OPEP[34] —entre ellos el de Venezuela— por un comando pro-palestino dirigido por el venezolano Ilich Ramírez Sánchez, alias "Carlos". ¿Recuerda usted aquello?

Sí, muy bien; esa noticia convulsionó a toda Venezuela. Porque allí, en Viena, se hallaba en efecto, entre los rehenes, un ministro nuestro, Valentín Hernández Acosta,[35] y porque pronto se supo, como dice usted, que la acción la dirigía "Carlos"... Además, aquello, si no recuerdo mal, se prolongó durante varios días, de Viena creo que el comando con los rehenes

---

[33] Colmado, abarrotes, tienda de ultramarinos, establecimiento donde se venden principalmente productos alimenticios.

[34] Organización de Países Exportadores de Petróleo (OPEP) fundada en Bagdad (Irak) en 1960 a iniciativa del venezolano Juan Pablo Pérez Alfonso.

[35] Valentín Hernández Acosta (1925-1989). En 1974 fue designado, por el presidente Carlos Andrés Pérez, Ministro de Minas e Hidrocarburos y le tocó proceder a la nacionalización de la industria petrolera en Venezuela. Durante su secuestro en Viena, el grupo de rehenes lo designó como negociador con los secuestradores, ya que tanto él como "Carlos" eran venezolanos.

se fueron a Argel, y luego a Trípoli, y de nuevo volvieron a Argel donde liberaron a los ministros... Aquí todas las televisoras y todos los medios hablaban de ese asunto... Mantenían a la audiencia en vilo...

Más tarde, en marzo de 1999, acabando usted de tomar posesión de su cargo de Presidente, le envió una carta personal a "Carlos", que estaba ya detenido en una cárcel de París, y lo trataba de *"distinguido compatriota"*. Eso sorprendió mucho, porque "Carlos" había sido condenado por actos de terrorismo particularmente graves[36]...

Sí, ha habido toda una campaña venenosa contra mí por esa carta... Pero mire, yo ya he tenido ocasión de explicarme sobre eso... Le escribí en respuesta a una carta suya... No me pronuncio sobre los actos que él haya podido cometer, y que pueden haber sido odiosos, terribles... Nadie ignora que estoy en contra de la violencia y en contra del terrorismo... Lo que digo es que, como Presidente de Venezuela, mi obligación es interesarme por la situación de los venezolanos encarcelados en cualquier lugar del mundo... Por solidaridad patriótica. Sea cual sea el delito que hayan cometido o que se les reproche. Todos los países del mundo hacen eso. Los cónsules visitan a los detenidos, les prestan ayuda sin pronunciarse sobre el juicio o la sentencia. ¿Por qué no íbamos a hacer lo mismo nosotros con "Carlos"? Es un ser humano condenado a cadena perpetua... Yo sé lo que es estar en prisión...

Pero usted, en 2009, lo calificó de *"luchador revolucionario"*...

Y es verdad. ¿Acaso no lo es? Él asumió la causa palestina, una causa justa. Incluso se hizo palestino, arriesgó su vida por Palestina... Luchó

---

[36] El 15 de agosto de 1994, "Carlos" fue capturado en Jartum, Sudán, y entregado a la policía francesa. Trasladado a Francia, fue encarcelado en Poissy, Clairvaux y finalmente en la cárcel parisina de La Santé. En 1997, "Carlos" fue condenado a cadena perpetua por los homicidios de dos policías franceses y un ciudadano civil árabe, ocurridos en 1975. En 2011, en un nuevo juicio, fue acusado de la muerte de 11 personas y cerca de 150 heridos, en 1982 y 1983, en territorio francés. El 15 de diciembre de 2011, fue sentenciado a una nueva pena de cadena perpetua.

con la OLP [*Organización de Liberación de Palestina*] pero no era un jefe... La responsabilidad no es suya... Y sin embargo ahí está, pagando, en una cárcel con cadena perpetua... La policía francesa lo secuestró en Sudán, lo metió en un saco y se lo llevó a París... Así lo detuvieron... Y así no actúa la justicia... Le repito, para mí, "Carlos" es un combatiente. Obedeció a las órdenes...

Volvamos a Barinas. Cuando usted regresa de subteniente ¿se reencontró con sus amigos de siempre?

Sí, volví a los círculos de mis amigos, pero ya de militar. Recuerdo que un domingo los llevé a disparar... Estaba de guardia en el polígono de tiro del Fuerte Tabacare, y a estos camaradas de izquierda —mi hermano Adán, Vladimir Ruiz y otros compañeros que venían de Mérida, unos *hippies* "mechúos" [*melenudos*]— me los llevé a echar tiros con un fusil...

¿Estaba autorizado?

No, en absoluto. Los invité y echamos unos tiros. Nadie se enteró. El capitán era un amigo. En esa época comienzo una relación intelectual más cercana con el padre de los hermanos Ruiz que se convierte para mí en un profesor influyente, una referencia en materia de moral, de política y de ideología. Empiezo a hablar con él de todo, de Bolívar, de Ezequiel Zamora, de Simón Rodríguez, de la historia de Venezuela... En su modesta biblioteca, solía quedarme tardes completas leyendo. Allí leí *El Contrato Social* de Jean-Jacques Rousseau, obra fundamental. El libro de Jorge Plejanov, *El papel del individuo en la historia*,[37] me lo regaló Ruiz Guevara. Ese texto fue una brújula, la conciencia de la libertad del individuo.

---

[37] Jorge Plejanov: *El papel del individuo en la historia*, Editorial Intermundo, Buenos Aires, 1959. En esta obra, Plejanov enseña cómo Carlos Marx fue el que situó a la filosofía y a la historia sobre una base de riguroso orden científico, armando así al proletariado con un instrumento teórico de inmensa potencialidad transformadora. Refiriéndose a él, Lenin afirmaba: *"Lo que Plejanov ha escrito sobre filosofía, es lo mejor que existe en la literatura marxista mundial"*.

Saqué una máxima para toda la vida: se puede estar encadenado en una mazmorra, pero si tienes conciencia de que ése es tu papel en un proceso superior de liberación, entonces tu conciencia te hace libre. Eso lo entendí para siempre...

También encuentra usted entonces a su primera esposa ¿no?

En efecto, algo muy positivo es que ahí conozco a Nancy Colmenares, en 1976, y me enamoré de esa muchacha de 18 años.

¿Cómo la conoció?

Al comandante nuestro, en Barinas, le gustaba andar emperifolladito, vestido de blanco, y a su esposa le gustaban mucho las mundanidades. Por otra parte, ahí se organizaban cada año elecciones de Miss Barinas. Entonces, con la experiencia adquirida en la Academia, empiezo a ser animador de ese concurso. Así conozco a Nancy, porque una de las candidatas a Miss era una muchachita, Pilar, que era, con su hermana Moraima, íntima amiga de Nancy. Me gustó Nancy inmediatamente, era la más bonita. La otra, Pilar, también era linda, pero ya tenía novio, un teniente... A partir de ahí empezamos un noviazgo. Me enamoré de tal modo de Nancy que no tenía ojos más que para esa mujer. Y además el rechazo de mi madre ocasionó un conflicto muy duro.

¿Su mamá no estaba de acuerdo?

No. No le gustaba aquella muchacha. Peleé con mi mamá, me sublevé y se impuso —por supuesto— mi libre albedrío para el amor.

¿Y la política?

Bueno, yo andaba muy motivado ya por la política. Es decir, ya era de la Causa R. Mi amigo Vladimir era uno de los líderes de la Causa R y nos veíamos a cada rato, en reuniones políticas en el bar "Noches de Hungría". También subía a menudo a Mérida, que queda a tres horas de carretera, a reunirme con Adán. Íbamos a la Universidad, me encantaba meterme en La Hechicera,[38] participaba en discusiones políticas; muchos no sabían que yo era militar. Como le dije, en esa época, entre 1975 y 1977, hasta pensaba pedir la baja del ejército e irme a estudiar...

Entra usted en un período de incertidumbre, de vaivén...

Sí, de incertidumbre y de duda. Yo sentía cómo mi alma crujía de contradicciones, hasta que... Esto es muy importante, creo yo. Porque Ruiz Guevara estaba investigano sobre Pedro Pérez Delgado.

¿"Maisanta"?

Sí, el abuelo de mi madre. Ya hablamos largamente de él. Pero lo que quiero decirle es que Ruiz Guevara era de Puerto Nutrias, en la costa Apure, más abajo de Sabaneta, y esa historia también le interesaba. Me preguntó: *"Se dice que tu mamá es nieta de aquel hombre..."*. Le conté que, en mi infancia, era un tema tabú, y lo calificaban de "asesino"... Entonces él me habla de las luchas de clases de comienzos del siglo XX. Me dice: *"La historia es la historia de la lucha de clases"*. Me puse a leer a Marx y Engels, *el Manifiesto Comunista*. Ruiz Guevara nunca llegó a escribir ese libro sobre "Maisanta", pero le transmitió muchos datos al doctor José León Tapia que no era historiador profesional, sino médico; yo lo conocí en esos años.

La primera edición del libro de Tapia sobre "Maisanta", es del mes de agosto de 1974, aún estaba yo en la Academia. Pero lo compré en Barinas, siendo ya subteniente. Tapia era un investigador de caminos, de lo que llaman la historia viva; yo luego seguí su ejemplo.

Usted se puso también a investigar por su cuenta.

Sí, ya le dije, quise escribir un libro que nunca terminé, acumulé notas, grabaciones... Todo se perdió. El Dr. Tapia había recogido cosas, pero

---

[38] Uno de los núcleos de la Universidad de los Andes, en el que se halla la Facultad de Ciencias.

su relato era bastante novelado. Yo quería hacer algo más documental, más etnográfico, más respetuoso de la historia. Y ese reencuentro con el verdadero "Maisanta", como ya le conté, constituyó una fuente muy poderosa para el impulso político revolucionario que yo ya traía. Fue como una llamarada...

Eso le enrumbó.

Definitivamente. Encuentro mi camino. Gracias a esa investigación histórica llevada a cabo con método y con rigurosidad me doy entonces cuenta de dónde vengo y quién soy. Incluso fui a [el Palacio de] Miraflores varias veces, en Caracas, años más tarde cuando trabajaba en la Academia, siendo ya teniente y luego capitán; me metía en el Archivo Histórico a sacar fotocopias de cartas, viejas fotos, documentos de la época...

¿Toda esa documentación se perdió?

Sí, se perdió por los caminos... A lo mejor está en un cajón olvidado y cualquier día reaparece.

Volvamos a su primera experiencia de la vida de cuartel en Barinas; decía usted que se aburría.

Sí. Hasta tal punto que le pedí permiso al Comandante para escribir una columna en un diario local, *El Espacio*. Entre otras razones porque el jefe de redacción era un vecino mío, el doctor Guédez Acevedo, y su esposa Rafaela, ya le hablé de ellos. Tenía muy buena relación con ese matrimonio. Él me indujo a escribir. Y el Comandante, cosa extraña, me autorizó. Me preguntó: *"¿Qué nombre le va a poner a su columna?"* Y entre él y yo, escogimos: *"Proyección Patriótico Cultural Cedeño"*. Era una crónica semanal, salía los jueves y empezó a ser leída. Recogía el acontecer del cuartel.

¿Hablaba sólo del cuartel?

Del cuartel y de historia. Por ejemplo: ¿quién era Manuel Cedeño? Un gran soldado que murió en la batalla de Carabobo. Cuando le anunciaron a Bolívar: *"Murió el general Cedeño"*, exclamó: *"Ha muerto el bravo de los bravos de Colombia"*. También reportaba las actividades de los soldados, el deporte, el polígono, la actividad cultural...

¿Qué más hizo para salir de la rutina?

Me dediqué a captar candidatos para la Academia Militar.

¿A captar candidatos...?

Sí, le cuento. Estando yo recién graduado, nombraron "jefe de admisión a la Academia" a un teniente amigo mío, Pedro Salazar Monsalve, muy inteligente. Debía encontrar aspirantes a entrar en la Academia. Y él, desde Caracas, me designa...

Captador local.

Exacto. Me propone ante el General de la Academia. El General transmite la proposición a la Dirección del personal del Ejército cuyas oficinas estaban allí mismo. Y desde ahí salió la decisión oficial de designarme. En cada guarnición nombraron a un "jefe de la captación".

Salazar Monsalve conocía algunas de mis habilidades de oratoria. Me dijo: *"Encárgate de eso. Aquí están los prospectos de admisión..."*. Y yo lo agarré en serio. Siempre he agarrado las cosas en serio. Yo jugaba con ventaja porque conocía muy bien Barinas. Me fui al taller del "Tripa" —un amigo pelotero, mecánico— y le dije: *"Hay un autobús viejo en el batallón que tiene el motor fundido. Habría que repararlo..."*. El batallón no tenía recursos. Y el "Tripa", sin cobrarme un centavo, arregló el motor.

El jefe de deportes en Barinas, era el viejo Agustín Tovar —cuyo nombre le pusieron recientemente al estadio local de fútbol. Lo conocía bien—. Le dije: *"En el batallón hay 300 soldados que quieren hacer deporte".* Me contestó: *"Bueno, vamos a integrar el batallón a la ciudad y todos harán deporte".* Añadí: *"Tengo un autobús que necesita unos cauchos* [neumáticos]*".* Me consiguió los cinco cauchos, contando el de repuesto, y el autobús quedó como nuevo. Tuve la suerte de que un grupo de soldados eran buenos peloteros y constituimos un buen equipo.

Pero el estadio, en Fuerte Tabacare, no servía para nada. Volví a dirigirme a Agustín Tovar y consiguió los recursos para rehacerlo. Yo me llevaba a los soldados a unas sabanas bonitas, a arrancar la grama [*césped*] en tabletas. Buscamos arena roja en el río y se la pusimos. Los técnicos del IND [*Instituto Nacional de Deportes*] me ayudaron, establecieron las medidas, hicieron el *dogout* y el *backstop*. Todo costó muy poco, como dos mil bolívares. Lo pagaron ellos. ¡El estadio quedó maravilloso! El comandante no salía de su asombro.

No me extraña: el autobús, el estadio, el equipo...

Pero además, con ese autobús, empecé a dar conferencias de reclutamiento por todos los liceos del estado de Barinas, incluyendo el O'Leary donde me había graduado. Recuerdo que cuando llegué allá a dar una charla me encontré con una ex-novia mía, Irene Rosales, muy bella, que todavía estaba en quinto año porque se había casado, se divorció y regresó al liceo a estudiar... La vi, la llamé y la invité a un café.

Pero ¿no estaba usted "enamoradísimo" de Nancy y ninguna otra mujer existía...?

¡Aún no conocía a Nancy!... Después llegó Nancy y acabó con todo. [*Se ríe*]

¡Ah! Disculpe. Así que se lanzó en una campaña seria para reclutar candidatos a la Academia Militar.

Sí, muy sistemática. Fui a todos los liceos del estado. Incluso a los privados. Llevaba unas diapositivas. Y los muchachos formulaban preguntas, llenaban los formularios. En verdad hice una campaña motivacional. Por radio también; iba a Radio Barinas y a Radio Continental... Tenía entrada en esos lugares, conocía a casi todos los locutores. Bueno, ¿sabe usted a cuántos muchachos logramos traer ese año para la Academia? Más de cincuenta.

Un éxito.

Sin duda. Mi idea era también establecer, gracias a mis contactos personales, una relación más rica entre el cuartel y la ciudad, una ilustración de lo importante que podía ser la unión cívico-militar. Por ejemplo, organicé un núcleo agropecuario con la ayuda de mi hermano Narciso, graduado de perito agropecuario y que trabajaba en el Inagro [*Instituto Nacional de Agropecuaria*]. Le pedí que diera clases a los soldados gratuitamente. De repente el comandante empezó a ver que estaban sembrando tomate, maíz, parchitas, lechosas en un terreno ocioso detrás del cuartel. Criaban conejos. Nacho trajo un tractor y empezó a limpiar y a rastrear. Un día le dije al comandante: *"Vamos a hacer un acto de entrega de unos diplomitas a los soldados y quisiera que usted lo presidiera".* Lo presidió y se les entregó un diploma a su nombre, firmado por el director del Inagro. O sea, aproveché al máximo mis contactos para sacar el cuartel a la ciudad.

Anticipaba usted lo que luego de su elección, en 1999, sería el Plan Bolívar.

Sí, era ya un pequeño Plan Bolívar 2000[39]... Un embrión, porque yo tenía, de la relación que debe existir entre los soldados y la población, un concepto muy diferente del que entonces imperaba en nuestro Ejército. Me inspiraba en la gran tradición de Bolívar y de Zamora, y también en lo que habían realizado Velasco Alvarado en Perú y Omar Torrijos en Panamá: una cooperación de los militares y del pueblo, unidos para el desarrollo.

---

[39] Plan cívico-militar, lanzado en febrero de 1999 por el primer gobierno del Presidente Chávez, que pone al servicio de la sociedad los recursos de la Fuerza Armada con la finalidad de atender las necesidades sociales del país.

Pero tiene usted razón, en cierta medida, en efecto, comencé a poner en práctica lo que, después de nuestra llegada al poder en 1999, llamamos el "Plan Bolívar": misiones sociales de los militares en los barrios. Dar otra imagen de los soldados, diferente de la que la gente tenía que era: la represión, los golpes, el autoritarismo. Mostrar que los militares también le hacían la guerra a la pobreza, a la enfermedad, al hambre...

Los otros oficiales lo verían a usted con envidia ¿no?

No. Eran excelentes compañeros. Algunos incluso ayudaban. Otra cosa que hicimos, esta vez a favor de los militares, fue un plan de alfabetización. Mi papá era director del grupo escolar "24 de Junio", y mi mamá daba clases allí de educación de adultos por la noche. Con su ayuda empezamos un plan de alfabetización de los soldados.

¿Había soldados analfabetos?

Muchos. Había un analfabetismo terrible. La mayoría venía del campo y era analfabeta o tenía apenas primer o segundo grado. Muy pocos llegaron a sexto grado. Un bachiller era una estrella de Belén... Había que enseñarles a escribir a máquina. Otra cosa que hice fue ir a dar conferencias de historia en el liceo de Barinas. Los profesores me conocían. Mi papá también me invitó a su grupo escolar a darles charlas a los niños sobre Bolívar, sobre historia de Venezuela; y yo iba con mucho orgullo.

¿En uniforme?

Claro, uniformado siempre.

¿Organizó usted otras actividades?

Bueno, una elección de Miss. Como la de la Academia, siguiendo el esquema que se veía en televisión: el de Miss Venezuela. Las candidatas se presentaban una por una. Se juzgaba no sólo el físico, el cuerpo, sino también la mente, la cultura. En un sobre cerrado se colocaba una pregunta; la candidata escogía un sobre, yo lo abría: *"Señorita Petra Pérez, aquí está la pregunta"*. Siempre era muy fácil. Aunque una vez, en Elorza, yo era ya capitán —le estoy hablando de quince años más adelante, porque yo organizaba, donde estuviere, la elección de la Reina del pueblo con la misma mecánica, en medio de un gentío en la calle, puro veguero, campesinos a caballo, en burro... Esa vez pasé mucha pena ajena. A la muchacha más bonita le tocó una pregunta muy fácil: *"¿Qué escritor venezolano escribió* Doña Bárbara?"*. Estábamos precisamente en la placita "Rómulo Gallegos". Y a varios metros de un busto de Gallegos... Como la muchacha no contestaba, empecé a ayudarla, y le hice señas en dirección del busto. Ella mira para allá, y en la misma dirección había una casa de palmas grandes y un viejito, don Pepe, sentado ahí... Ella lo ve y me dice: *"¡Ah! Don Pepe..."* [*se ríe*]

¿Cuánto tiempo se quedó en el cuartel de Barinas?

De septiembre de 1975 hasta mayo de 1977. Se produjo un rebrote guerrillero en Oriente; y el Ejército tomó una decisión: nos mandaron a Cumaná. Eso influyó en mi vida.

¿Por qué?

Porque, en Barinas, se quedaba Nancy, mi amor... Regresé al cabo de un mes, de permiso, y estábamos desesperados Nancy y yo. Decidí ir a su casa a hablar con su mamá y pedirle permiso para llevármela.

¿A Nancy? ¿Para Cumaná?

Sí. Quiero mucho a esa viejita, Rosa Luciani de Colmenares, la mamá, pero aquello provocó una explosión en aquella humilde casa...

¿Por qué?

Yo estaba rompiendo todos los códigos. Era un rebelde hasta en eso... Tuve la osadía de ir a pedir a Nancy no para el matrimonio, sino para llevármela...

La mamá se puso a llorar. Nancy se quería ir; su hermano Carlitos se molestó, tuvimos un cruce duro de palabras; llamaron al hermano mayor, Rafael, que estaba de acuerdo: *"Hugo es responsable,* dijo, *va a responder por la muchacha".* Yo les garanticé que Nancy seguiría estudiando. Consultaron también a la hermana, Miriam, que en paz descanse: *"Ellos se quieren...",* dijo. Llamaron al papá que yo casi no conocía, don Darío Colmenares, ya murió, trabajaba en un Instituto público de Sanidad, de lucha contra la malaria... Total: me llevé a la muchacha, me llevé a mi mujer, pues.

Pero no estaban casados... ¿Sus padres estaban de acuerdo?

¿Los míos?

Sí.

Bueno, ya le dije que mi madre no, pero me rebelé y tuvo que entender que cuando el amor toca a la puerta... Mi padre estaba de acuerdo; hasta aceptó que me llevase su carro. A cambio, le dejé mi Volkswagen, un "escarabajo" rojo bien bonito que me había vendido el comandante Estrella y que tenía ruedas con rines de magnesio [*llantas de aleación*]. Como Cumaná quedaba tan lejos, decidimos intercambiar nuestros vehículos, mi papá que casi nunca viajaba se quedó con el Volkswagen, y yo me llevé su carro, un Dodge Dart que me duró muchos años. Nancy y yo estábamos muy enamorados. Y para Cumaná nos fuimos, a empezar otra etapa de mi vida.

Capítulo 8

En Cumaná

De clandestino con Nancy – Operaciones de contra-insurgencia –
Diario de campaña – ¿Irse a la guerrilla? –
La importancia de las comunicaciones – ¿Salirse del Ejército? –
Citando al Che Guevara – Cobarde emboscada –
Una guerrilla desconectada del pueblo –
El Ejército de Liberación del Pueblo Venezolano –
Una operación de inteligencia encubierta –
Pensando en la unión cívico-militar – ¿Un hijo ilegítimo? –
Leyendo a Lenin – Jesús Urdaneta –
Violencia y ética – Militares verdugos – Generales corruptos.

¿Cumaná era una ciudad de cuántos habitantes?

En ese tiempo, Cumaná [*estado Sucre*], en Oriente, debía tener unas 40 ó 50.000 almas, era una ciudad muy tradicional, de las más antiguas del continente, a orillas del mar Caribe, frente a la península de Araya. Es cuna del mariscal Sucre y tierra guerrillera por excelencia desde siempre. Derrotado Bolívar en el Centro, vencido en Occidente, con Cartagena [*de Indias*] tomada por los españoles que dominaban todo el arco Caribe-Pacífico y hasta Panamá, el Libertador se vino a Cumaná desde Haití, pasando por la isla de Margarita, y nunca los españoles pudieron controlar esa ciudad. Es tierra levantisca. En los años 1960 y 1970, por ahí andaba el Frente Guerrillero "Antonio José de Sucre",[1] detrás de cuyos últimos vestigios iba nuestro batallón.

---

[1] Entre 1970 y 1982, el frente guerrillero "Antonio José de Sucre", brazo armado de la organización Bandera Roja, operó en las montañas de Anzoátegui y Monagas. Entre sus co-

¿A quién conocía usted en Cumaná?

A casi nadie pero comencé a hacer amigos. Me encontré con el negro Reyes, de Barinas, que era sargento técnico, y con el teniente Brito Valerio, otro buen amigo. Una noche, vimos las luces del estadio encendidas y nos metimos. Descubrí que estaba pitcheando Argenis Bastidas, un muchacho de mi edad, también de Barinas. Había ido a los Mundiales de béisbol... Esperé a que terminase el juego y fui a saludarlo. Esa misma noche nos invitó a su casa, nos presentó a su señora, nos tomamos unas cervezas... Por vía de él, comencé a hacer amigos, sobre todo en el deporte. Él me consiguió un chance, en la Universidad de Oriente (UDO) en mayo y junio de 1977, y empecé a jugar béisbol, a tener relaciones.

No tenía contactos políticos.

Correcto. Ya yo estaba lejos de mis círculos políticos. Pero conversaba con Argenis, que era esencialmente deportista, trabajaba en el Concejo Municipal, y estaba lejos de ser un hombre de izquierda; y descubrí que en el equipo de la Universidad de Oriente había gente de izquierda.

¿Y en el cuartel de Cumaná, detectó usted a algún oficial de izquierda?

No. Estaba en una unidad de contra-insurgencia, eso y la izquierda era como agua y aceite. Además, yo era el más nuevo. Con el teniente Brito Valerio hablaba de algunas cosas pero nunca de compromiso... Recuerde que yo todavía estaba en el período...

¿De incertidumbre?

Sí, de incertidumbre, de vaivén; un dilema existencial.

---

mandantes guerrilleros figuraban Carlos Betancourt, Américo Silva, Tito González Heredia, Gabriel Puerta Aponte, Miguel Salas Suárez y Pedro Véliz.

¿Seguía usted pensando en darse de baja del Ejército?

Yo lo cuestionaba todo, y cada vez me sentía más de izquierda, más atraído por el movimiento revolucionario. Leía libros... En esa época, cerca de un puesto militar antiguerrillero, en el maletero de un viejo Mercedes negro desvencijado y tiroteado, que llevaba años olvidado y cubierto de polvo en medio de las matas, y que había pertenecido a unos enlaces de la guerrilla, descubrí una pila de libros marxistas en muy mal estado. ¡Un verdadero tesoro! Me los guardé, los arreglé y me los leí.

¿Recuerda algún título?

Sí, aún conservo algunos. Por ejemplo estaba: *El Imperialismo, fase superior del capitalismo*, del gran Lenin, una obra clásica fundamental pero que me interesó menos que *La estructura económica de Venezuela colonial*, del profesor Federico Brito Figueroa,[2] un autor que luego publicaría otro libro considerable, *Tiempo de Ezequiel Zamora*. Textos que me influenciaron enormemente.

¿Esas lecturas, lo sacaron de su incertidumbre?

No. Me volvió a llegar la onda, una línea cercana a la locura. En Cumaná también pensé pedir la baja. Y recuerdo que cuando me mandaron para la frontera con Colombia, en Cutufí, había escrito algunas observaciones: *"Esta zona es ideal para la guerra de guerrillas* —yo pensándome como guerrillero no como antiguerrillero—. *Si hubiera que abrir un frente guerrillero, esta zona es ideal por sus ríos, sus bosques, su selva..."*. Pero las guerrillas estaban derrotadas ya, política, social y militarmente, y pensé que era una locura. Sin embargo, en Oriente, donde quedaban focos guerrilleros y el frente estaba abierto, y donde yo tenía acceso a información de inteligencia, comencé de nuevo a fraguar... Me dije: *"Bueno, yo pudiera irme a la guerrilla"*.

---

[2] Federico Brito Figueroa (1921-2000), historiador y antropólogo venezolano, marxista, autor, entre otros libros, de: *La estructura económica de Venezuela colonial*, UCV-Ediciones de la Biblioteca, Caracas, 1978; y *Tiempo de Ezequiel Zamora*, UCV/EBUC, Caracas, 1981. Fue coordinador del Frente Constituyente de Cultura, que en 1997 diseñó el Programa Cultural del candidato Hugo Chávez.

¿Tenía usted realmente la tentación de pasarse al otro bando...?

Sí, absolutamente, a la guerrilla. El freno más poderoso que tenía era Nancy, una responsabilidad... Hubiese sido una locura.

No la quiso abandonar.

No. Ese factor fue quizá determinante: el amor.

¿Nancy vivía con usted en el cuartel de Cumaná?

No, no estaba autorizado. Sólo si uno estaba casado no había problema.

Pero usted no lo estaba...

No. Por eso empezaron las dificultades.

¿Qué dificultades?

Cuando llegué a Cumaná con Nancy, Argenis me consiguió un hotel. En él vivíamos como marido y mujer. Pero resultaba demasiado caro. Aguantamos como una semana. Hasta que un día... Le cuento: había un capitán, Piñero Moreno, que me quería mucho, y que conocía a Nancy desde Barinas. Una vez vino su señora de San Cristóbal a visitarlo; se hospedaron precisamente en ese hotel y me vieron con Nancy. El capitán se acercó, nos saludó y me preguntó: *"¿Cuándo llegó Nancy?"*. Yo nunca he tenido cara para mentir, siempre me ha costado, hasta cuando uno tiene que ocultar cosas por necesidad. Le conté todo. Y él: *"¿Dónde están viviendo?"*. *"Aquí en el hotel"*. *"¿Se casaron a escondidas?"*, me preguntó preocupado. Porque eso estaba prohibido; si un oficial se casaba escondido, lo arrestaban. Había que pedir permiso, mandar la foto de la muchacha, explicar quién era, una serie de formalidades... Bueno, el capitán me dijo: *"Chávez, no te preocupes, yo te guardo el secreto"*.

¿Pero no dormía usted en el cuartel?

No. Sólo cuando tenía guardia; pero claro, todos los oficiales dormían allí, sobre todo los que no tenían familia. Así que resultaba extraño que yo no durmiera en el cuartel. A los pocos días le dije al capitán: *"Estoy quebrado económicamente..."*. Mi sueldo no me alcanzaba. Le pregunté: *"¿Qué me recomienda? No he conseguido dónde meter a Nancy"*. Me dice: *"Me acaban de dar una residencia en guarnición, un apartamentico, y hay un cuarto vacío. Me estoy mudando, llévate a Nancy para allá y diremos que es una prima de mi señora..."*. Nos mudamos rápido, pero yo tenía que entrar y salir del edificio escondido. Estaba rompiendo un código... Y como el Comandante vivía también en esos edificios acabó por enterarse. Me llamó y me ordenó que me marchase de allí: *"¡No puede tener ahí a una mujer!"*. *"¡Es mi mujer, mi Comandante!"*. Se puso rojo, furioso. Al capitán Piñero Moreno le tocó lo suyo también, lo arrestaron. Me dio mucha pena. Al final, conseguí otro apartamento más barato, como una pensión, y nos fuimos... Vivía con Nancy pero no podía llevarla al cuartel, ni al casino militar.

¿Sólo casado se podía ir?

Sólo casado. Eso me creó muchas dificultades, a pesar de ser yo un oficial trabajador y responsable. Si hubiera sido un irresponsable o un flojo me trituran. Antes de ese problema, yo disponía de una especie de protección, y tenía buenos cómplices, hasta superiores, capitanes y tenientes, que entendían mi situación, me ayudaban e incluso algunos me prestaban dinero... Mi sueldo era muy bajo, y todavía me faltaba año y medio de subteniente, antes de ascender a teniente.

En poder adquisitivo de hoy ¿qué representaba su sueldo en aquel momento?

Era un sueldo muy bajo; en poder adquisitivo de hoy, no le puedo hacer una comparación objetiva, pero eran sueldos ridículos.

¿Suficiente para hacer vivir a una familia, por ejemplo?

No, para nada; el de un subteniente no. El caso es que, en aquel mundo tan formalista, me convertí en un apestado.

Usted rompió la norma.

Estaba fuera del orden, pero muy enamorado. Y un día decidieron mandarme de operaciones por varios meses —septiembre, octubre y noviembre de 1977— y Nancy se queda en Cumaná.

¿Varios meses?

Sí, varios meses; es decir, uno iba cuarenta días, volvía, se quedaba tres
o cuatro días y regresaba a las operaciones.

¿En qué consistían las operaciones?

Había un rebrote guerrillero. Eran los últimos reductos de una guerrilla
creada por Bandera Roja que no había aceptado la propuesta de pacificación hecha por el ex-presidente Rafael Caldera [*1969-1974*]. El nuevo
Presidente, desde 1974, era Carlos Andrés Pérez. Había sido ministro del
Interior [*de 1959 a 1964*] de Rómulo Betancourt y era un hombre de mano
dura, adepto de la línea intransigente: *"Disparen primero, averigüen después"*. "Desaparecer" gente, torturar... Hubo mucha represión y "guerra
sucia". El siniestro Henry López Cisco[3] era entonces jefe de operaciones
de la DISIP [*Dirección de los Servicios de Inteligencia y Prevención*[4]]. Y estaban
también los cubanos...

---

[3] Henry López Cisco, funcionario de la DISIP (Dirección de Servicios de Inteligencia y Prevención), organismo policial, acusado por el Ministerio Público venezolano de la "masacre
de Yumare" ocurrida el 8 de mayo de 1986, durante la presidencia de Jaime Lusinchi, en el
estado Yaracuy donde fueron asesinados nueve estudiantes. También está acusado de participación en la masacre de Cantaura, ocurrida en octubre de 1984 contra uno de los últimos
destacamentos guerrilleros de Venezuela, en el estado Anzoátegui, donde 23 insurgentes
fueron asesinados.

[4] Organismo de inteligencia y contra-inteligencia interior y exterior de Venezuela entre 1969
y 2009. Fue disuelto el 4 de diciembre de 2009, por el presidente Chávez y sustituido por
el Servicio Bolivariano de Inteligencia (SEBIN).

¿En las guerrillas?

¡No! Los terroristas cubanos, anticastristas al servicio de la CIA como Orlando Bosch y Luis Posada Carriles[5] que eran aquí jefes en la DISIP. Posada Carriles era nada más ni nada menos que jefe de los Comandos Operacionales de la DISIP. Y había también asesores militares israelíes. Yo los vi. Bosch, Posada Carriles y sus comandos actuaban en operaciones con armas de guerra, de noche y de día, secuestraban, torturaban, violaban, mataban, incendiaban cosechas, aterrorizaban a los campesinos... ¡Hacían de todo! Y dentro de esa línea de aniquilar los últimos reductos de la guerrilla y borrarlos del mapa, el Ejército toma la decisión, en septiembre de 1977, de enviar a mi batallón a sumarse a la guerra sucia contra las guerrillas.

¿Era usted un especialista de la lucha antiguerrillera?

No. Yo, ya le dije, me gradué en Comunicaciones. Llevaba de distintivo en mi uniforme: una estrellita y las banderas de comunicaciones. El oficial de comunicaciones tiene una relación de trabajo directa con el Comandante de un batallón. Es el encargado de todo el sistema de comunicaciones tácticas, se ocupa de la central telefónica, de los radios, etc. En operaciones, va siempre con el Comandante. En ese tiempo, Comunicaciones aún no era un arma, era un simple servicio. Yo era jefe del pelotón de Transmisiones en el Batallón de Cazadores "Manuel Cedeño", del que ya le hablé y con el que me trasladé a Cumaná.

---

[5] Orlando Bosch (1926-2011) y Luis Posada Carriles (n. 1928), cubanos contrarrevolucionarios, dos de los más conocidos terroristas formados por la CIA, acusados por los gobiernos de Cuba y de Venezuela de haber cometido numerosos atentados con el objetivo de derrocar el gobierno de Cuba. Se les acusa, en particular, de ser los autores intelectuales del sabotaje que, el 14 de octubre de 1976, provocó la explosión en vuelo de un avión de Cubana de Aviación y la muerte de 73 personas.

¿Un batallón son 100 hombres?

No, un batallón de cazadores son 320 a 330 efectivos. Cien hombres es una compañía, un batallón tiene tres compañías.

Y esas operaciones de contra-insurgencia ¿en qué lugar eran?

Nuestro campamento de operaciones se hallaba en el Hato Las Flores, cerca de Barcelona [*capital del estado Anzoátegui*]; a unos 20 kilómetros hacia el sur. Lo recuerdo bien porque, revisando algunos documentos, encontré este otro Diario que esa misma amiga [*Herma Marksman*] conservó y retranscribió a máquina. Lleva por título: *"Operación de Guerrilla, octubre-noviembre 1977"*.

Como el Che, un "Diario de campaña"...

Bueno, no se puede comparar. Yo tenía esa costumbre desde la Academia. ¿Recuerda que le hablé de ello? Pero fíjese, el original de este Diario estaba escrito de puño y letra, y lo debe tener esa amiga. Si me permite, le leo un extracto. No es muy largo: *"Viernes 21 de octubre de 1977. Hemos establecido el campamento, comunicaciones, rancho, duchas, letrinas, primeros auxilios... Es indispensable formar equipos de trabajo con un jefe en cada equipo, acá adolecemos de falta de jefes a nivel de tropa, los clases son los cabos, salvo raras excepciones no saben mandar. En esta guerra estamos trabajando muy mal, falta coordinación, faltan informaciones, falta experiencia, falta mística... Muy importante es el asunto de la alimentación, establecer la ración mínima para cada individuo y cuidar por ella; que todos reciban lo mismo. Un buen jefe debe estar pendiente de los más mínimos detalles, debe estar en todo. Presenciar un interrogatorio, oír de labios de un muchacho que ha estado luchando al lado de la guerrilla ha sido esta noche una nueva experiencia. José Domingo Centeno, dijo llamarse, y su nombre de combate "Rafael", estuvo en el asalto a Urica, un pueblo por allá, los conoce a ellos, en oportunidades me pareció sincero pero estoy seguro que trataba de confundir al Comandante Carlos Barreto, de la División de Inteligencia Militar (DIM); se lo llevaron a esperar a sus compañeros. ¿Cómo estará mi negra? Cada día me convenzo más que la amo, mi negra".*

Nancy...

Sí, Nancy Colmenares... Sigo leyendo: *"En fin, la vida continúa... Nuevas experiencias; esperar, esperar... ¿Será eso lo que debo hacer?"*.

Al día siguiente era sábado y escribí lo siguiente: *"Es la primera vez que estoy en una operación de guerrillas, por lo tanto me he propuesto refrescar los conocimientos teóricos que tengo como licenciado en arte y ciencias militares acerca de este tipo tan peculiar de guerra idealizada por Mao Tse-tung y Ernesto Che Guevara. Esta guerra comenzó en Venezuela hace muchos años y han desfilado por ella una gran cantidad de seres humanos de diversa índole, oficiales y soldados del Ejército en su mayoría, guerrilleros en su minoría, aún subsisten otras condiciones y bajo otras circunstancias, y aquí estoy yo cumpliendo con un papel insignificante, si se quiere, que podría ser más grande y productivo"*.

¿Pensaba usted que podría ser *"más grande y productivo"* en la guerrilla?

Ya le dije, en esos días yo estaba pensando de nuevo, en efecto, irme para la guerrilla. Por supuesto no podía escribirlo. Andaba pensando en esa locura. Yo estaba en el puesto de mando de la guarnición del Batallón Cedeño en Cumaná. Llevaba ya seis meses en Cumaná, desde mayo. Había hecho amistades, ya le conté.

¿Pero tenía usted algún contacto con la guerrilla?

Bueno, andaba en contacto con unas personas que tenían enlaces con la guerrilla pero en las ciudades; estudiantes y hasta un profesor de la Universidad de Oriente, etc.

De eso no hablaba usted en su Diario, claro.

No, en absoluto. Pero escribía todos los días. Y hablaba de la guerrilla. Por ejemplo, escribí esto: *"Tomada la población de Oricual por 20 hombres armados a las 23 horas del 23 de octubre de 1977, dieron mitin y estuvieron allí por dos horas"*. —El tal "Oricual" era Orijuán, en Anzoátegui—. *"Están presentes donde menos se les espera. 'Muerde y huye'. A las tres de la mañana nos llegó el mensaje. Inmediatamente movilización, raciones de combate, camiones, radio, persecución, agresividad... Resultado: negativo. Se esfumaron. Estas acciones militares selectivas de la guerrilla no están destinadas a obtener un triunfo verde oliva, sino más bien a generar procesos crecientes de autodestrucción, desgaste y pérdida de credibilidad contrarrevolucionaria. Por la tarde, llegó aquí, al puesto de comando, el capitán Manzanares con su compañía".*

¿Hubo algún combate?

El lunes 24 de octubre, hubo un encuentro sin heridos, lograron escapar todos. Yo, como oficial de comunicaciones de ese puesto de comando, tenía dos radios, y me llegaban todos los mensajes. Así que me enteraba de todo porque tenía que cifrar o descifrar los mensajes. Escribí en mi Diario: *"Lograron escapar todos. Se le fueron al capitán Pérez González. El guerrillero, teniendo el apoyo de las masas campesinas, será difícil de derrotar. El Comandante viajó a Maturín, llegó con noticias nuevas, órdenes del general, no el del pueblo soberano, hace años que murió el general Zamora, 'Ezequielito', lo mataron, lo enterraron y con él se fue la revolución federal. Otro fue mi bisabuelo, el general Pedro Pérez Delgado, el 'Americano', 'Maisanta', tampoco pudo. De ahora en adelante somos el comando del Centro de Operaciones Tácticas y yo el oficial de comunicaciones. Mi negra me hace falta".*

Seguía pensando en Nancy...

Sí, sencillamente el amor. El amor en tiempos de guerra... Y también seguía escribiendo pero ya un poco más explícito... Por ejemplo: *"Martes 25. Mañana nos vamos para San Mateo, más hacia el sur. Anoche llevé a Manzanares a su punto de partida hacia el Turimiquire, monte adentro, llovió a cántaros. El combate de ayer fue cerca de aquí, en el Hato La Centella. Nuestra táctica es mala, así lo creo. Hoy llegó el pelotón de la incursión, los SWAT,[6] con Parra Pereira,*

---

[6] En Estados Unidos, SWAT (*Special Weapons and Tactics*) es una unidad de policía militarizada para operaciones especiales de gran peligro. En Venezuela, los grupos tácticos semejantes

pero no vino Piñero, la logística, con él envié una carta a mi negra. Es positivo lanzar operaciones cerca de la carretera bien seleccionada, contar con vehículos todoterreno. Uno, dos Vietnam en América Latina... Tampoco pudo".

¿Es una alusión al Che Guevara?

Fíjese, ya yo me estoy definiendo. Bueno, en mi fuero interno estoy definido, y además me atrevo a escribir estas cosas. Era un cuadernito que yo metía en mi equipo de campaña, lo escondía ahí pues y llevaba algunos libros. Escribí esto: *"Uno, dos Vietnam en América Latina. Tampoco pudo. Bienvenida sea la muerte. Villa, Che, nuevos gritos, nuevas manos. También, al igual que quien deliró sobre el Chimborazo debió haber sentido la sensación de haber arado en el mar".* Estoy efectivamente hablando de Bolívar y del Che. Y fíjese lo que viene después: *"No importa, aquí puede ser. Todos los que no pudieron, que regresen".*

O sea Ezequiel Zamora, "Maisanta", Pancho Villa, Zapata, Sandino, Che Guevara....

Todos. Ahora, fíjese lo que viene aquí. Yo escribía todos los días. Y, a partir de un momento, la cosa se puso más caliente. Nos mudamos a un pueblito bonito, San Mateo. Y se decidió que el puesto de comando se ubicara en un parque ferial. Un parque ferial era un sitio de exposición de ganado. Yo critiqué mucho eso porque estaba demasiado cerca del pueblo.

¿Y qué importancia tenía eso?

Es que, a menos de 200 metros había una barrera electromagnética, líneas de alto voltaje, y eso dificultaba las comunicaciones. Era imperativo que mantuviésemos el contacto radial con Maturín que quedaba como a cien

---

a los SWAT son las Brigadas de Acciones Especiales (BAE) pertenecientes al Cuerpo de Investigaciones Científicas, Penales y Criminalísticas (CICPC), antiguamente Policía Técnica Judicial (PTJ) creada en 1958 y suprimida en 2001.

kilómetros, quizás más, y con las tres o cuatro otras compañías desplegadas. Tuve una discusión con el Comandante cuando estábamos en el Hato Las Flores. Un día, el Comandante me dice: *"Chávez, nos han ordenado movernos hacia el sur. Usted quédese aquí, en el puesto de mando, que yo me voy con el teniente de inteligencia Graterol Cabrita, a buscar una ubicación más al sur"*. Le contesté: *"Mi Comandante, usted me disculpa, pero yo debería ir en esa misión"*.

¿Por qué?

Porque la doctrina establece que el oficial de comunicaciones debe inspeccionar el futuro puesto de comando para asegurarle al Comandante las comunicaciones. No se puede poner un puesto de mando en una cueva profunda donde no lleguen las ondas, o en una zona muy abierta donde te puedan bombardear las antenas, por ejemplo.

¿Qué le dijo el Comandante?

Me dijo que no. Me respondió: *"Yo sé mi trabajo, usted no me va a estar enseñando a mí"*. Me ordenó que me quedara. Pasaron tres días y nos trasladamos del Hato Las Flores a San Mateo. Ellos se habían instalado en el puesto de ganadería que tenía energía eléctrica, tenían una neverita...

No tuvieron en cuenta su advertencia.

No. Y cuando llego allá y empiezo a bajar mis pertrechos y mi radio, lo primero que veo, ¡ay mi madre!, es la línea de alta tensión que viene de la represa del Guri[7] y pasa por ahí mismo a 50 metros.

¿Eso es malo?

Pésimo, porque se traga la señal electromagnética. La fuerza de esa energía de alta tensión distorsiona la radio. Cuando yo prendo el radio, lo que se

---

[7] El embalse de Guri, en el estado Bolívar, es el más grande de Venezuela. Allí se encuentra la Central hidroeléctrica "Simón Bolívar", la segunda mayor de América después de la de Itaipú que se halla entre Brasil y Paraguay. Su construcción se inició en el año 1963 y empezó a funcionar comercialmente en 1978.

En la televisión, proclamando la rebelión militar del 4 de febrero de 1992.

Cmdte. Hugo Chávez Frías
Líder del MBR-200

Tres imágenes del 4 de febrero de 1992 el Comandante Chávez hace un llamad a sus compañeros para que depongan la armas y pronuncia sus célebres palabras "Compañeros: Lamentablemente, po ahora, los objetivos que nos planteamo no fueron logrados...".

En su celda de la cárcel de Yare (1993).

Con un grupo de oficiales presos, portando el brazalete tricolor, en la cárcel de Yare en 1993 (Hugo Chávez es el primero a la izquierda, de pie).

Con sus compañeros de detención en la prisión de Yare, 1994
(Hugo Chávez es el primero a la izquierda).

Hugo Chávez en su celda de la prisión de Yare,
poco antes de su excarcelación en 1994.

Hugo Chávez, convertido en la personalidad más popular de Venezuela, rodeado de periodistas el día de su excarcelación, 26 de marzo de 1994.

Hugo Chávez aclamado por el pueblo caraqueño a su salida de prisión, el 26 de marzo de 1994.

*Hugo Chavez recorre triunfalmente las calles de Caracas el día de su liberación,
26 de marzo de 1994* (en la foto de abajo, en primer plano, Nicolás Maduro).

Hugo Chávez preparando un discurso en Barquisimeto, en 1998.

El primer encuentro con Fidel Castro en La Habana, el 13 de diciembre de 1994.

oía era: *"pruuuuu..."*. Eso tiene un nombre: interferencia eléctrica... Se lo dije al Comandante. Y me contestó: *"Bueno, tú verás cómo lo resuelves, ése es tu problema"*. Al final, le pedí: *"Deme permiso, me voy para aquel cerro, a un kilómetro"*.

¿Para instalar su radio allí?

Sí, ahí instalé mi radio en una carpa de comunicaciones. Pero le avisé: *"Usted sabe que yo, allá, con diez soldados que no son tropa de combate sino de comunicaciones, estamos en riesgo de que una escuadra guerrillera nos asalte de noche y acabe con las comunicaciones. Usted verá"*.

Fidel me contó que cuando él atacaba un puesto del Ejército de Batista, lo primero que hacía era destruir las comunicaciones.

Claro, lo he leído. Destruir las antenas, los radios... Todo eso lo consigné en mi Diario. Y más adelante hablo de apoyo logístico, pero digo, fíjese: *"Para un total de 324 hombres, el batallón es mucha gente y poca efectividad. Falta moral, falta conciencia. Los soldados no sienten ni comprenden la razón de ser de esta lucha, simplemente porque sus intereses, como clase social, no coinciden con los objetivos de esta lucha. La guerrilla, en cambio, generalmente cumple con estos requisitos necesarios para sobrellevar sacrificios, privaciones y soledades"*.

Lúcido. ¿Qué edad tenía usted?

Recién había cumplido veintitrés años.

Tenía usted que escoger entre tres opciones: quedarse en el Ejército, sumarse a la guerrilla, o consagrarse a Nancy.

Ese amor por Nancy era muy fuerte. Mire lo que escribí: *"Mi negra está bien lejos... Si pudiera estar con ella, sentir su calor, ser feliz con ella, en verdad la amo, me es difícil vivir sin ella"*. Quise mucho a Nancy. Fíjese lo que escribo: *"Puede ser que algún día te traiga conmigo, negra, y aprendas conmigo y triunfes conmigo o mueras conmigo"*. Porque yo me decía: ¿cómo la voy a dejar? Me la llevo.

¿A dónde? ¿A la guerrilla?

Era mi gran tentación. En mi Diario, narro a ese propósito cosas operativas: *"La guerrilla continúa. Ellos son unos veteranos. Gabriel Puerta, Andrés Cova, Carlos Betancourt, el viejo Ruperto, conocen muy bien el terreno, tienen apoyo pero una gran desventaja: están divididos. Unión, unión, o la anarquía os devorará. Mi pueblo sigue igual. Estamos en lo mismo. Mi pueblo pasivo. ¿Quién agitará la llama? Se puede hacer un gran fuego".* Es una alusión a una canción revolucionaria que en esos años sonaba mucho. Dice de agitar la llama para hacer un fuego, pero la leña está mojada, no hay condiciones, no hay condiciones, no hay condiciones... *"Maldita sea, escribo yo, ¿cuándo las habrá? ¿por qué no crearlas? Los militares empuñando su espada en defensa de las garantías sociales, allí está la esperanza, quizás"*.

Ya tenía usted esa idea.

Sí, ahí ya la expreso con claridad. Pero, además, en aquel momento escribí lo siguiente: *"Esta guerra es de años y 'nos da la oportunidad de convertirnos en el escalón más alto de la especie humana' "*.

Una alusión a la frase de Che Guevara que define al revolucionario.[8]

Célebre frase. Y añadí: *"Tengo que hacerlo aunque me cueste la vida. No importa, para eso siento que nací, ¿hasta cuándo podré estar así, me siento impotente, improductivo, debo prepararme para actuar"*.

Debía tomar una resolución.

Sí, una marcha sin vuelta atrás. Y es lo que sigo sintiendo aún hoy, después de treinta años...

---

[8] Ernesto "Che" Guevara: *El Diario del Che Guevara en Bolivia,* extracto del día 8 de agosto de 1967.

Pero no se fue a la guerrilla.

Tenía ese dilema. Después ocurrió algo que me tumbó definitivamente la idea de irme para la guerrilla: una emboscada donde mataron a siete soldados mal matados, es decir una emboscada sin sentido. Yo vi a los muchachos, uno se murió en mis brazos prácticamente. Eran unos soldados-campesinos y los mataron por matarlos, sin ningún sentido ya de guerra ni de objetivo.

¿La guerrilla los mató?

Sí, pero se cometieron muchos errores. Lo sabía porque, al ser oficial de comunicaciones, conocía todos los mensajes. Llegaban codificados y yo los descifraba...

¿Cayeron en una emboscada?

Sí, y esa emboscada a mí me movió el piso [*me conmocionó*]. Tanto que, durante esas operaciones, se me ocurrió conformar la primera célula del ELPV [*Ejército de Liberación del Pueblo Venezolano*] —que fue el embrión del EBR-200[9] [*Ejército Bolivariano Revolucionario-200*]—, con un grupo de soldados de mi pelotón de comunicaciones. Esa célula se componía de cuatro hombres: Mario Núñez Hidalgo, sargento; Agustín Moros, cabo primero; José Rodríguez Toro, cabo; y Esteban Silva, soldado raso, el más campesino... acompañaron a su líder.

¿Usted los conocía bien?

Claro, eran mis soldados, dábamos la vida los unos por los otros. Todos eran campesinos, de Portuguesa, de Barinas, de Yaracuy... Incluso, mire,

---

[9] El EBR-200 fue un movimiento subversivo fundado por Hugo Chávez en 1977, al pie del Samán de Güere, con ocasión de la conmemoración de los 200 años del natalicio de Simón Bolívar. En 1982, el EBR-200 se convertiría en el Movimiento Bolivariano Revolucionario-200 (MBR-200) que reclutó a oficiales y a suboficiales para preparar una insurrección contra la política neoliberal del presidente Carlos Andrés Pérez.

hay una anécdota con esos soldados. Resulta que, después del juramento, regresamos a la guarnición y los tres más antiguos, Núñez, Moros y Toro, se iban de baja en esos días. Así que les dieron un permiso y el sargento Núñez Hidalgo, un soldado extraordinariamente bueno, volvió al cuartel retardado. Se emborrachó, se encamó con una muchacha en Cumaná y no regresó. Al cabo de dos días, tuvimos que ir a buscarlo... Le faltaba una semana para irse de baja... Entonces lo meten en el calabozo, con una sanción severa, y le quitan la jerarquía. Lo degradan. Hablé con el Comandante. Pero fue inútil: *"Hay que dar el ejemplo, me dijo, usted no puede defenderlo"*. Le dieron de baja de simple "soldado raso". Se fue llorando. Momentos antes de irse, yo sabía que le iban a entregar su carnet. Porque cuando un soldado se va, le dan el carnet de reservista en el que se anota su jerarquía y su conducta, y eso le sirve para buscar empleo.

Y a él, con una mala nota en el carnet, le arruinaban la vida.

Exacto. Ese carnet es como una hoja de vida. Si te ponen "mala conducta" estás perdido...

Usted ¿no lo podía ayudar?

Tomé una decisión. Yo sabía que, en la oficina del capitán de personal, estaban todos los carnets. Entonces, esa noche me metí a ladrón. Ahora lo digo, después de treinta y pico de años no me van a hacer nada... Me levanté de madrugada, hablé con un soldado que también era de los nuestros, secretario de esa oficina y que tenía las llaves, y con su complicidad abrí la gaveta del capitán, saqué —me puse guantes por supuesto para no dejar huellas—, el carnet de Núñez Hidalgo, me lo llevé, lo enterré en el campo de béisbol y me fui a dormir.

Al otro día se prende el lío. *"¡Se perdió el carnet de Núñez!"*, gritaba el capitán, *"¡Fue Chávez!"*. Casi me le voy encima: *"¡Me ofende usted!"*. Parece que alguien me vio esa madrugada... Por supuesto negué, negué y negué. Lo cierto es que Núñez se fue sin carnet... Unos días después, desenterré el documento y cuando fui a Barinas me paré en Guanare donde vivía Núñez, toqué la puerta, salió el muchacho en un shortcito: *"Toma tu carnet"*. Ponía: *"Sargento del Ejército Venezolano"*, firmado por un general de brigada. De ese modo, conservó su grado. Se le saltaron las lágrimas...

Tenía usted una relación especial con la tropa.

Siempre la he tenido. En aquel cuartel, varias veces un capitán me llamó la atención porque yo andaba poniendo música de Alí Primera en el patio o en el comedor, cuando estaba de guardia. Había comprado en el IPSFA [*Instituto de Previsión Social de la Fuerza Armada*] un reproductor grande, portátil, de baterías, de cintas, uno de aquellos bichos grandotes de los años 1970, y ponía canciones de protesta. A la tropa le hablaba de Bolívar en el desayuno, almuerzo y cena. Así que, a los soldados de mi pelotón, los iba ganando a mis ideas...

Y por eso, con cuatro de ellos, fundó usted aquel Ejército de Liberación del Pueblo Venezolano.

Sí, como le dije, andaba yo con un huracán por dentro, desesperado, quería hacer algo. Para darle una idea de mi estado de espíritu, fíjese lo que escribía en mi Diario, por ejemplo, el 25 de octubre de 1977: *"Vietnam, uno y dos Vietnam en América Latina. ¡Bolívar, Che Guevara, vengan! ¡Regresen! Aquí puede ser".* Más lejos escribo: *"Esta guerra es de años, hay que hacerlo aunque me cueste la vida, no importa, para eso nací, hasta cuándo podré estar así (...) me siento impotente, improductivo, debo prepararme para actuar".* Y así fue como decidí pasar al acto. La noche del 28 de octubre, en el Cerro el Zamuro, a ese racimo de cuatro soldados —Núñez Hidalgo, Moros, Toro y Silva— les planteé que formásemos una "célula bolivariana". Juramenté al grupo, y constituimos, como le conté, la primera célula de lo que llamamos el Ejército de Liberación del Pueblo Venezolano, Eco, Lima, Papa, Víctor, en código alfabético (ELPV). En plenas operaciones antiguerrilleras...

¿Cuál era su proyecto?

Lo primero que hicimos fue enterrar unas granadas, para lo que pudiera suceder, por si tuviésemos que irnos a las montañas... Aunque tampoco teníamos una estrategia y unos objetivos muy claros. Yo era un rebelde sin causa. Con el tiempo, lo veo más como un gesto quijotesco de protesta contra una situación general de las cosas, del país...

¿Por qué no se fueron al monte?

Porque debo confesar que, afortunadamente, nos falló un contacto, un profesor de la Universidad de Cumaná que no se presentó. Si se llega a establecer ese contacto, me convierto en guerrillero. Lo cual hubiera sido una locura en verdad, porque a esas alturas ya no había condiciones en Venezuela para una guerrilla. Y a las pocas semanas, me trasladaron para Maracay...

¿Eso fue después de la emboscada?

Sí, recuerdo clarito que fue después de la emboscada, porque esa emboscada, como le dije, a mí me movió el piso.

¿Por qué?

Porque me preguntaba qué clase de guerrilleros eran esos que mataban a simples soldados.

A pobres campesinos, gente modesta.

Sí, pero además no los mataron en un enfrentamiento. Los soldados iban en un camión de volteo, algunos dormían... Y fueron masacrados. Yo tenía cierta simpatía por esos guerrilleros, pero cuando vi a los muertos... Estaba en el puesto de comando en San Mateo, en Anzoátegui, y de cuando en cuando me enviaban a la ciudad de Barcelona donde hay un puesto logístico militar grande, a buscar raciones de combate y munición.

Quedaba a casi una hora de San Mateo. El día de la emboscada, da la casualidad que me hallaba en Barcelona, cuando siento que aterrizan unos helicópteros en el patio grande del cuartel "Pedro María Freites",[10] se baja el Comandante De la Costa de Parra, del Batallón "Pedro Zaraza", que yo conocía por reuniones. Me ve y me dice: *"¡Vengan! ¡Ayúdennos a bajar a estos heridos!"*. Salimos rápido hacia los helicópteros, a socorrer a los heridos, y vimos a unos muertos... Nunca se me olvida; bajé a un soldado herido, nos miramos, lo agarro, lo cargo, un chorro de sangre... Me dice: *"¡No me deje morir!"*. Lo tranquilicé: *"No te vas a morir, chico"*. Y salí volando... Pero se murió. Pregunté después, y me informaron que un tiro lo había atravesado, se desangró...

Eso le impactó.

Mucho. Cuando se fueron todos, agarré mi camión, mis dos o tres soldados, y nos fuimos a toda velocidad al puesto de comando. Me metí en mi carpa de comunicaciones y empecé a intercambiar mensajes... Después, en la soledad de la noche, reflexioné y me dije: *"¿Qué guerrilla es ésta?"*.

¿Tenía usted información sobre esa guerrilla?

Sabíamos que pertenecía al Frente guerrillero "Américo Silva",[11] de Bandera Roja, y poco más. Era la información que nos daba la Inteligencia militar.

¿Usted intervenía directamente en el terreno?

No, ya le dije que era oficial de comunicaciones. Aunque un día le pedí al Comandante: *"Mire, quiero participar en alguna operación"*. Y él, quizás por

---

[10] Pedro María Freites (1790-1817), oficial venezolano, héroe de la Guerra de Independencia, fusilado por los españoles a la edad de 27 años.

[11] Américo Silva (1933-1972), dirigente marxista, uno de los fundadores, en 1960, del MIR (Movimiento de Izquierda Revolucionaria) y posteriormente, en 1970, de Bandera Roja. Muerto en combate contra la Guardia Nacional.

librarse de mí, me mandó a una operación de inteligencia encubierta con el teniente Parra Pereira que tenía un grupo de comandos de élite al que llamábamos SWAT. Llegamos a un pueblito donde estaba muriéndose el abuelo de una guerrillera y la Inteligencia quería saber si ella vendría o no a visitarlo, para capturarla. El comando estaba desplegado con un camión del MOP [*Ministerio de Obras Públicas*], simulaban una cuadrilla civil, pero todos con pistolas. Había otro camión detenido en las afueras supuestamente arreglando una línea eléctrica. El teniente Parra y yo estábamos en primera línea, en contacto visual con la casa donde se velaba al viejo. Yo rogaba que no viniera la guerrillera, pero tenía que cumplir mi misión.

Lo conté en mi Diario: *"Anoche salí a montar una operación con Parra Pereira, fue el sábado 29 de octubre de 1977. Resulta que el abuelo de la guerrillera Ciriaca Carvajal, natural de este pueblo, está enfermo de gravedad. Piensa el Comandante que la Ciriaca puede venir. Arleo y Urbina* [unos tenientes o subtenientes], *salieron a montar velas* ['montar vela' era una operación de vigilancia.] *Yo salí con el grupo Swat, al pueblo, de civil, "accidentamos" el vehículo, andábamos en un carro viejo de obras públicas, del MOP, íbamos diez en un camión, y lo accidentamos, y nos dispersamos por las embriagadas y bulliciosas calles del viernes nocturno de San Mateo. Compramos una botella de ron, había que andar con todas las de la ley, parrandeando. Parra Pereira con un cuatro,*[12] *y yo cantando. Asemejábamos un par de borrachitos pueblerinos. Nos sentamos en una esquina, y nos pusimos a cantar 'No basta rezar' "* [una canción revolucionaria de Alí Primera]. Había mucha gente en la calle, en la esquina, porque en esos pueblos del interior, los sábados, la gente, las familias, madre, abuela, hijos, se sientan en la puerta mientras los jóvenes andan caminando por ahí, en bicicleta. Empezamos la canción que dice [*canta*]: *"No, nooo, no basta rezar / hacen falta muchas cosas para conseguir la paz / Cuando el pueblo se levante y que todo haga cambiar / Ustedes dirán conmigo: no bastaba con rezar / No, nooo, no basta rezar / Y rezan de buena fe y rezan de corazón / pero también reza el piloto cuando monta en avión / para ir a bombardear a los niños de Vietnam / No, nooo, no basta rezar".* [*Se escucha de pronto el canto de un gallo*].

---

[12] Instrumento musical típico venezolano de la familia de la guitarra; tiene cuatro cuerdas.

¡Se puso a cantar también el gallo!

¿Se da cuenta? Él estaba oyendo. Estamos en frecuencia. [*Vuelve a cantar el gallo*] Es el gallo barítono. ¿Sabe cómo se llama?

¿"Llanero"?

No. "Fidel" se llama. [*Se ríe*].

¡Ah, ya entiendo la complicidad!

Somos viejos cómplices, cómplices de la montaña. Toda la tarde estaba callado, ¿se da cuenta? Y de repente se pone a cantar, y además en el mismo tono. ¿Qué pasó gallito? [*vuelve a cantar el gallo*] ¡Ay, pero se soltó! [*se ríe*] Bueno, le decía que la gente en aquel pueblo nos oyó cantar, se acercaron, nos aplaudieron y una señora salió a ofrecernos café. Los pueblos de Oriente son muy hospitalarios pero muy levantiscos también. Son pueblos guerrilleros en el alma. Por eso la guerrilla duró allá un poco más.

¿Usted, más tarde, luego llegó a conocer a algunos de los que estaban en esa guerrilla?

Sí. Bueno conocí a Gabriel Puerta Aponte, ya en prisión.

¿Y a Carlos Betancourt?

Carlos Betancourt era otro. Pero estaban divididos, quedaron como 40 nada más; y de ésos, unos 20, dirigidos por Puerta Aponte, fundaron "Bandera Roja", mientras los demás constituyeron "Bandera Roja marxista-leninista" [*se ríe*].

Volvamos a su operación de inteligencia ¿qué pasó cuando terminaron ustedes de cantar?

Cuando acabamos, cuál fue nuestra sorpresa al ver que la gente de las esquinas se emocionaron a tal punto que nos ofrecieron cigarrillos y de todo. Tuvimos que repetir la canción, nos pidieron que cantáramos más y me solté a cantar como este gallo... [*se ríe*].

Estábamos a una cuadra de la casa de la Ciriaca, porque nuestra misión era vigilar la casa. De ese modo tuve la oportunidad de entrar en contacto con la gente del pueblo, sencilla, sincera, terreno donde germina fácilmente la amistad sin ningún tipo de interés. Amanecí durmiendo en el camión, la Ciriaca no vino y lo constaté con cierta alegría; menos mal que no vino.

¿Había mujeres en esa guerrilla entonces?

Sí, aquí en Venezuela siempre, y en el mundo, ha habido mujeres en la batalla. Ésta era famosa, Ciriaca, la "negra Ciriaca", dicen que era muy bella y muy valiente. Esa Ciriaca incluso, es lo que nos contaban, era muy hábil y logró penetrar unidades militares con mujeres que ella comandaba. Sacaban información... Luego, cuando la detectaron, se fue al monte pero antes dirigía un grupo de mujeres urbanas, de ciudades, de pueblos. Después se enfermó.

¿Habla usted de eso en su Diario?

Sí, claro. Y también de la necesidad de tener el apoyo del pueblo. Por ejemplo, escribo: "*Es indispensable dejar el sentimentalismo o por lo menos sus manifestaciones externas si se quiere sobrevivir a esta guerra. Otra cosa: el apoyo del pueblo es indispensable, pero para lograrlo es necesario ganar y conservar su motivación haciendo converger en un punto único los intereses de ese pueblo y los objetivos de la lucha. Es necesaria la elaboración de programas que atraigan la simpatía del pueblo, más llamativos que los existentes. Ahora bien cuáles son actualmente los intereses de ese pueblo, ¿tierras?, ¿armas?, ¿misas?, ¿igualdad? La tierra actualmente ya no es el objetivo primordial del campesino. ¿Por qué? Simplemente porque el campesino ya no está en el campo, según la última encuesta...*".

¿Qué encuesta?

Se hizo una encuesta que demostraba que 70% de la gente que se quedaba en el campo eran ancianos. Quedaban allí amarrados por su gran amor a la tierra y por el deseo de morir bajo el mismo cielo que los vio nacer. El resto se marchó a las ciudades a buscar real; real es el dinero. En esa época, había una moneda aquí, vieja, que le llamaban el real.

¿La guerrilla se movía por allí como un pez en el agua?

Pues fíjese que no. Al contrario. Me di cuenta de que la guerrilla estaba totalmente desconectada de la realidad social. Y llegué a la conclusión de que ya no tenía ningún sentido; ni la guerrilla vieja, ni ninguna guerrilla nueva que uno pudiera crear.

Ahí usted abandona la idea de crear una guerrilla.

Sí. Partiendo de esa constatación y a causa de mi amor por Nancy, yo me freno. Luego se produce la emboscada y los muertos... Esos guerrilleros matando a soldados humildes... ¿Qué causa puede justificar semejante crimen? A partir de ahí, clausuré cualquier posibilidad de locura que me había nacido en el Cutufí y en Cumaná y en ese período operacional antiguerrillero, de darme de baja del Ejército. O sea que mi incertidumbre disminuye, opto por seguir la carrera militar y comenzar un proceso revolucionario por dentro, ya con la idea de una alianza cívico-militar.

¿Por quién votaban los campesinos?

Fíjese, hay algo que llamaba la atención: la mayor parte de los campesinos, gente pobre, manipulada, votaban por los adecos. Acción Democrática regalaba cuatro bloques [*ladrillos*] de hormigón, una plancha de zinc, unos realitos, una bolsa de comida... Populismo. Pero quizás, en el fondo, la culpa no era del pueblo, víctima de una manipulación. Desde entonces tuve claro que había un pueblo bueno y noble, pero manipulado. Por eso, en mi Diario, con cierto pesimismo, escribí: *"Esto queda de tu pueblo*

Guaicaipuro, y del tuyo José Leonardo [José Leonardo Chirino], *esto queda de tu pueblo Miranda, esto queda de tu pueblo Bolívar, esto queda de tu pueblo Zamora, Negro Pérez, Arévalo Cedeño... Vamos, ya es hora, y no de dormir".*

Usted, en realidad, escribía un Diario de meditación política.

Sí, un Diario político. Escribía de noche. Me gusta mucho escribir y fui narrando la operación en la que participé desde el puesto de mando.

¿Cuánto tiempo pasó usted en esas operaciones antiguerrilleras?

Como está escrito en este Diario, desde el 20 de octubre de 1977 hasta casi diciembre. Ésa es una de las razones por las cuales estoy completamente seguro de que ese joven [*Salomón Fernández*[13]] que anda diciendo que es mi hijo, no lo es. Hasta mi hija Rosinés, que tiene 11 años, me pidió que me hiciera un examen de ADN. Yo le expliqué: si tuviera la menor duda me haría el examen. Pero no porque, según el expediente científico que mandé a buscar, el muchacho habría nacido el 13 de noviembre 1977, o sea encontrándome yo, como mi Diario lo demuestra, en la lucha antiguerrillera. La mamá de él afirma que me conoció cuando yo trabajaba en Maracay y que fuimos novios unos meses, pero que después a mí me cambiaron y ella nunca más supo de mí. Dice que yo no supe que ella estaba embarazada, que me buscó por varios cuarteles...

¿Usted no la conoció?

Mire, yo todo el año 1977 lo pasé en el monte. Desde que empezó ese año estuve, primero, en la frontera con Colombia. Y luego con ese batallón en operaciones antiguerrilleras.

¿Estuvo usted en Maracay antes?

Jamás. Fui a Maracay cuando terminó esta operación a finales de noviembre, o sea ya había nacido ese muchacho... Nosotros fuimos relevados.

---

[13] Léase: "Hugo Chávez niega tener un hijo ilegítimo", agencia EFE, 11 de junio de 2008.

Regresé de las operaciones antiguerrilleras a Cumaná a final de noviembre de 1977. Y entonces es cuando me anuncian que me transfieren para Maracay. Recuerdo que me vine con Nancy. Ya nosotros vivíamos juntos. Éramos pareja pero seguíamos sin estar casados. Yo empecé a asumir responsabilidades muy joven, tenía 23 años y ella 20. Me enamoré de Nancy y, ya le conté, como decimos en el Llano: "me la llevé". Juntos nos presentamos en Maracay. Eran días de pre-navidad, ya había fiestas. Y un capitán, mi primer jefe allí, me confió la primera tarea en Maracay: que lo ayudara a preparar la cena navideña. Él me conocía desde cadete, y sabía que yo dibujaba. Así que recuerdo que ese mes de diciembre lo pasé dibujando adornos de navidad para el batallón. Ese muchacho [*Salomón Fernández*] ya había nacido casi dos meses antes. Su mamá dice que me conoció antes, pero es imposible, a menos que se preñe a distancia...

Bueno, el único caso conocido, según los Evangelios, es el de la Inmaculada Concepción... Pero, volvamos a su Diario.

Sí, fíjese, precisamente ese 13 de noviembre yo escribo: "*Hay que ser exigente. Hay que exigir mucho de los hombres para obtener poco, eso lo dijo Simón Bolívar. El buen jefe debe ser exigente y justo, no confianzudo y campechano, debe ser admirado y respetado por su gente. Reanudo estas notas después de quince días, a veces no me queda tiempo, durante el día tengo muchas ocupaciones...*". Es que la guerra se movía, nos desplazamos a varios sitios. "*En la noche ya estoy cansado, estos días ha habido muchos movimientos, informaciones, operaciones, escudriñamientos, velas, alcabalas desde el último ametrallamiento en el kilómetro 52*". Eso quedaba como a dos kilómetros; había un cruce de carretera con un puesto de la Guardia y lo ametrallaron. "*Los guerrilleros han optado por ocultarse, han sido vistos en alguna parte, pintaron un puente, se comieron una res, hablaron con un capataz. No me extrañaría en absoluto que nos dieran una sorpresa entre hoy y mañana. En estos días lo más importante para mí ha sido la actividad desplegada y las experiencias adquiridas, la administración de dinero, cantina y raciones me ha enseñado mucho a hacer estos menesteres muy importantes para un líder".* Me nombraron jefe de administración de la ración y la cantina de los soldados. *"En el campo de las comunicaciones también me ha enseñado mucho el aspecto práctico; me he dado cuenta de que no todo lo sé en mi rama".* Bueno, eso es lógico, estaba empezando.

Estaba usted adquiriendo experiencia.

Sí, seguía observando y analizando las condiciones bajo las cuales se desarrollaba el proceso histórico de la lucha de guerrillas en este país. Yo cargaba manuales, estudiaba y comparaba con lo que estaba percibiendo. Y había llegado a la conclusión de que el grupo Bandera Roja, dirigido por Gabriel Puerta Aponte, estaba encuadrado dentro del llamado "proceso causal" de la insurgencia. El "proceso causal" es la base de una serie de acciones y de fases coordinadas para lograr un objetivo final. Se trata de realizar acciones para desencadenar eventos, catalizar la transformación de las causas, y hacerlas pasar de causas pasivas a causas activas.

Existen dentro de lo más recóndito del pasivo espíritu de nuestro pueblo, desengaños, rencores, frustraciones cuyo añejado letargo ha mantenido sepultadas las potencialidades revolucionarias de los hijos de los generales Bolívar, Sucre, Cedeño, Zamora y tantos otros cuya sangre aún fresca cae dispersa a lo largo y ancho de llanos, valles, selvas y montañas de Venezuela, y suplica anhelante nuevos cuerpos y nuevos corazones que sepan llevarla tibia y vibrante hacia su verdadero destino. Se trata entonces de despertar esas causas, transformarlas en un inicial elemento detonante para la reacción en cadena que echará por tierra todos los elementos adversos y concluirá con "la toma del cielo por asalto" y el triunfo de la revolución proletaria.

Bella expresión: *"tomar el cielo por asalto"*.

¿De quién es que no recuerdo? ¿Sería de Lenin?

No. Es de Carlos Marx, una referencia a la Comuna de París.[14] Pero lo que usted escribe ahí era muy explícito. Quizás demasiado. ¿No temía que lo leyera alguien y le preguntase: ¿qué es esto?

Sí, y me di cuenta que me pasé de la línea roja. Por eso escribí aquí la respuesta a esa supuesta pregunta de algún investigador: *"Considero indispensable para nosotros, los militares, colocarnos en ese nivel de meditación para conocer la estrategia y por consiguiente la táctica a usar por el enemigo"*. Es una defensa que escribí ahí para engañar al adversario.

Como si fuese una referencia al manual de contrainsurgencia de la Academia.

Correcto. Porque en este Diario lo que consigno, en efecto, son informaciones más que todo militares de operaciones. El Diario se componía de dos cuadernos manuscritos. Lo dice aquí, al final: *"El Diario continúa en otro cuaderno"*. Pero ese segundo cuaderno se extravió y con él información valiosa. Eran dos cuadernos; lo recuerdo clarito, llené uno y empecé el otro que se perdió. Ojalá aparezca algún día. Recuerdo que, ya de regreso, en el cuartel de Cumaná, hice una revisión de todo lo escrito, y añadí unas conclusiones de todo ese período.

Su Diario es también una reflexión sobre la situación del país; las causas de la guerrilla; el porqué de la insurgencia; la relación entre la guerrilla y la población; y sobre el ejército. Globalmente es usted muy crítico con la forma en que el ejército conduce las operaciones militares.

Le faltaba mística. Había movimientos exagerados de tropas, ruidosos. Los jefes no daban la talla. Aunque tampoco idealizo a la guerrilla. Hago su crítica. Critico a ambas partes, a las fuerzas nuestras y a las fuerzas guerrilleras. Entonces es donde comienzo a visualizar que hay otras vías. La vía, por ejemplo, que resume la frase de Bolívar sobre los militares empuñando su espada... Y es lo que hicimos durante los veinte años

---

[14] Carlos Marx en carta a Ludwig Kugelmann, Londres, 12 de abril de 1871.

posteriores: trabajar dentro del ejército, creando las células bolivarianas, y terminó siendo de importantes proporciones. Sin duda, el "elemento detonante" del que hablo yo en este Diario fue el del 4 de febrero de 1992. Una "acción detonante" prevista ya por un joven subteniente en 1977... Fíjese si eso viene de lejos.

¿Qué libros leía usted en aquel momento?

Estaba leyendo *¿Qué hacer?* de Lenin y, claro, el *Diario del Che en Bolivia*.

¿Informó usted a otros oficiales amigos que había creado el Ejército de Liberación del Pueblo Venezolano?

Habíamos juramentado de guardar el secreto, pero asumí el riesgo de confiar en un joven oficial, dos años mayor que yo, llanero, de mi misma promoción, que manifestaba también ideas críticas y con quien había establecido amistad: Jesús Urdaneta Hernández.[15] Le conté que había constituido ese grupo. Me sinceré con él. Le confesé que estaba decepcionado de la vida militar y que estaba pensando en marcharme del Ejército.

¿Qué le dijo Urdaneta?

Se mostró interesado. Me dijo que teníamos que seguir hablando. Que no debía salirme de la Fuerza Armada. Le contesté que entonces teníamos que empezar a pensar en crear un movimiento en el seno del propio Ejército. Los dos estábamos de acuerdo en que lo de las guerrillas no era lo nuestro, no se correspondía con nuestras ideas. Nos pasamos toda una noche hablando de política, discutiendo con gran excitación intelectual. Ahí empezó a gestarse lo que, quince años más tarde, desembocaría en la rebelión del 4 de febrero de 1992.

---

[15] Jesús Urdaneta Hernández (n.1952), miembro fundador, el 17 de diciembre de 1982, del Ejército Bolivariano Revolucionario-200, junto con Hugo Chávez, Raúl Isaías Baduel y Felipe Antonio Acosta Carlez. Participó en la rebelión del 4 de febrero de 1992 y en la campaña electoral de 1998 que vio la victoria de Chávez. Fue Director de la DISIP. Actualmente está retirado de la política.

Quiero hacerle dos preguntas: ¿cómo explica usted que la guerrilla se mantuviese en esa zona, cuando había desaparecido del resto del país? Por otra parte ¿cómo los guerrilleros conseguían sobrevivir si, como dice usted, estaban desconectados de la realidad social?

Eran pequeños grupos que estaban en sus últimas.

¿En sus últimas?

Sí, esa emboscada es la última del período guerrillero venezolano. Quizá cargué en mis brazos al último soldado muerto por la guerrilla venezolana. Era sencillamente como un árbol que está muriendo de muerte natural pero que aún se mantiene en pie.

¿Calificaría usted a esas guerrillas de "foquistas"?

Bueno, muchas de aquellas experiencias, en toda América Latina, fueron catalogadas de "foquistas". Porque se fundaban en una implantación, digamos artificial, de un grupo armado en un territorio rural —preferentemente abrupto y de acceso difícil en las montañas—, a partir de donde se lanzaban operaciones militares, esencialmente emboscadas o ataques a pequeños puestos militares, y se pensaba así dinamizar la participación de los sectores campesinos en el proceso. Eso tuvo éxito precisamente en la Revolución Cubana. Pero en ningún otro lugar funcionó. El gran error del "foquismo", en mi opinión, reside esencialmente en la falta de un trabajo previo y serio de la organización revolucionaria con las masas populares del teatro de operaciones. Eso le fue fatal, por ejemplo, al Che Guevara porque no tuvo tiempo de hacerlo y de articularse mejor con las masas campesinas bolivianas. Fue atacado demasiado pronto.

¿Qué pasó con aquellos guerrilleros venezolanos?

A los pocos años se acogieron a la pacificación. Uno de ellos, su jefe, Gabriel Puerta Aponte, está hoy, con su grupo, en la extrema derecha.

¿Se refiere usted a Bandera Roja?

Sí, Bandera Roja, que se reclamaba de la línea más dura del marxismo-leninismo y había hecho escisión del MIR [*Movimiento de Izquierda Revolucionaria*] por considerarlo "revisionista", pero que, en realidad, estaba infiltrada hasta los tuétanos desde siempre. Puerta Aponte era considerado como uno de los líderes de mayor renombre en el Frente guerrillero de Oriente, y acabó apoyando el golpe de Estado contra nosotros del 11 de abril de 2002. Es todavía líder, aunque de Bandera Roja no queda casi nada. Ahora está en la extrema derecha. Me pregunto: ¿fue siempre un infiltrado? O simplemente traicionó. Hoy, él y su grupúsculo están apoyando a los candidatos de Acción Democrática, reciben dinero de la embajada estadounidense... Aquellos últimos vestigios de esa guerrilla eran unos grupos artificiales.

¿Los veía usted como una necrosis de la guerrilla?

Sí, algo ya engangrenado, putrefacto. Usted me preguntaba cómo conseguían sobrevivir. La información que teníamos es que vivían de robar ganado y de secuestrar a alguna gente y cobrar rescates.

¿Diría usted que se convirtieron en forajidos?

Sí, el término despectivo que se usaba era "bandoleros", y realmente creo que, en ese momento, eran más bandoleros que guerrilleros.

Muchas guerrillas han tenido una reputación heroica, y sin embargo —Che Guevara lo cuenta en sus diarios—, ha matado a veces a soldados que eran gente del pueblo humilde. Por ejemplo, en el *Diario del Che en Bolivia*, vemos que los soldaditos bolivianos son, en su mayoría, indígenas, pobres, y la guerrilla les dispara y a veces los mata. ¿No es una constante de la guerra de guerrillas?

Sí, pareciera una contradicción pero se explica de la siguiente manera: como dice Gramsci, la sociedad civil burguesa asume las riendas del Estado y de lo que Gramsci llama la "sociedad política", dentro de la cual están las Fuerzas Armadas, subordinadas a un Estado burgués. Pero las clases ricas no van al Ejército, sino como oficiales; por eso la tropa está siempre constituida por gente del pueblo común. En América Latina es una constante, los soldados de Bolivia son los indios bolivianos, los hijos del pueblo, los más humildes. En Venezuela igual. La clase dominante controla el poder militar, y utiliza la Fuerza Armada para preservar sus intereses de clase.

En contra de los intereses de las clases populares.

Correcto. La clase rica utiliza a los pobres para frenar a los mismos pobres. Nosotros, en Venezuela, desde 1999, hemos invertido ese proceso, ya no hay soldados aquí para defender los intereses de las clases ricas. Por eso digo que el nuestro es un ejército revolucionario, y cada día será más revolucionario. A algunos, eso todavía les remueve algo ahí dentro pero, bueno: o lo aceptan, o se van. No hay proceso irreversible, no podemos decir que la Revolución Bolivariana es irreversible. Pero por el momento, aquí estamos nosotros para seguir empujando y que no revierta.

Entre aquellos soldados que vi muertos y que enfrentaron a las guerrillas venezolanas no había un solo joven de las clases ricas defendiendo los intereses de su clase. Gracias a un mecanismo de ideologización —o más bien de des-ideologización—, de lavado de cerebro, con los manuales de antiguerrilla, adoctrinaban a los oficiales, la mayor parte de ellos de clase media y media baja o baja, y sobre todo a las tropas. Usaban a los pobres contra los pobres. Por eso Bolívar decía: *"Maldito el soldado que vuelve las armas contra su pueblo"*. Sin embargo, nada de eso justifica la forma en que aquellos guerrilleros —algunos de los cuales terminaron en la extrema derecha—, masacraron a esos soldados.

Usted piensa que la guerrilla debe comportarse, en la guerra, según ciertas leyes de comportamiento ético.

Exactamente. Si no ¿en qué se diferencian unos y otros? Un revolucionario debe tener una concepción ética del uso de la violencia. No sólo, obviamente, respetar a los inocentes, sino una moral de la guerra elevada, ejemplar, un comportamiento intachable con los prisioneros, jamás recurrir a la tortura... Porque del lado del Ejército, torturaban, "desaparecían", mataban sin juicio...

¿Fue usted testigo de eso, en el seno de las Fuerzas Armadas?

De uno y otro lado hubo excesos, como los hay desgraciadamente en casi todas las guerras. Pero un verdadero soldado debe tratar de mantener la guerra en el marco de la ética. Para eso están las Convenciones de Ginebra, el respeto de los derechos humanos. Y, por su parte, un revolucionario debe ser incapaz de torturar a alguien, mucho menos de matar o de mandar matar a gente indefensa.

Para contestar a su pregunta, recuerdo que una vez, estaba yo en San Mateo, una patrulla de la DIM [*Dirección de Inteligencia Militar*] trajo a nuestro campamento a unos hombres detenidos, unos campesinos muy flaquitos. Los acusaban de ser guerrilleros y los metieron en un local. En la noche, empecé a oír ruidos, gritos, alaridos... Me acerqué y vi que los estaban torturando, un viejo coronel los golpeaba con un bate forrado con una manta. Aquello me escandalizó, armé una bronca y me opuse. Le arranqué el bate de las manos. Al menos esa noche los campesinos se libraron de la tortura. Pero al día siguiente, cuando pregunté, me dijeron que se habían llevado a los prisioneros... A los pocos días llegó la información de que los habían "suicidado"...

Ignoraba que, en Venezuela, se hubieran cometido crímenes típicos de las dictaduras militares latinoamericanas de la época. ¿Era frecuente eso?

Aquí no se podía protestar pacíficamente. El régimen reprimía usando tanto la violencia más abierta —disparos, golpes, gases lacrimógenos, etc.—, como la violencia oculta; mataba disimulando, como liquidaron a muchos opositores. A un líder estudiantil del barrio popular "23 de Enero" de Caracas, por ejemplo, lo mataron mientras jugaba básquetbol en una cancha; dijeron que había sido consecuencia de un atraco... Dirigentes campesinos eran "desaparecidos", líderes políticos eran lanzados al mar desde helicópteros...

Pero Venezuela era una democracia...

Sí, formalmente sin duda; pero en aquellos años, las atrocidades cometidas por los cuerpos de represión del Estado eran semejantes a las que se cometían en las dictaduras. En el Ejército había mucha corrupción... Unos años antes, en 1965, ya "desaparecieron" a Alberto Lovera,[16] dirigente del Partido Comunista de Venezuela, cuyo cadáver apareció en las playas de Puerto La Cruz... Poco después, en junio de 1966, Fabricio Ojeda —le hablé de él— fue detenido por el Servicio de Inteligencia de las Fuerzas Armadas (SIFA), conducido a un calabozo del Palacio Blanco, frente a Miraflores, y "suicidado". Y en 1976, mataron a palos a Jorge Rodríguez, el padre de Jorge,[17] que era Secretario general de la Liga Socialista.

¿Existía corrupción en el Ejército?

En ese tiempo, un 99% de los generales eran corruptos. Y casi todos —hay excepciones honrosas— eran borrachos. La mayoría de los ministros de Defensa eran designados por los cogollos de los partidos dominantes: Acción Democrática y Copei. Los Comandantes del Ejército, de la Marina,

---

[16] Alberto Lovera, profesor y dirigente político venezolano de izquierda, Secretario general del Partido Comunista de Venezuela. Detenido el 17 de octubre de 1965 por funcionarios de la Digepol del gobierno adeco de Raúl Leoni, Lovera es trasladado a las instalaciones de esa policía en "Los Chaguaramos" (Urbanización de Caracas) donde es torturado y asesinado. Su cuerpo desfigurado apareció en las redes de un pescador el 27 de octubre de 1965.

[17] Jorge Rodríguez (n.1965), médico psiquiatra y político venezolano, hijo del líder de la Liga Socialista de idéntico nombre, asesinado por fuerzas policiales del Estado el 25 de julio de 1976. Jorge Rodríguez hijo ha sido Presidente del Consejo Nacional Electoral (2005-2006), Vicepresidente de Venezuela (equivalente a Primer Ministro) (2007-2008), Alcalde del municipio Libertador de Caracas (2009-2015) y Coordinador del Partido Socialista Unido de Venezuela (PSUV).

de la Aviación y de la Guardia Nacional eran nombrados por las cúpulas partidistas. Y luego venían a cobrarles: *"Mira, eres Comandante del Ejército gracias a nosotros, así que ahora arrima la brasa para mi sardina"*. A muchos los comprometían antes de nombrarlos. Algunos llegaron incluso a tener el carnet del partido político gobernante... La Casa Militar[18] estaba al servicio de las amantes del Presidente de turno, o al servicio de grandes burgueses. La residencia presidencial en la isla de La Orchila ¿qué era? Un burdel. ¿Y el Palacio de Miraflores? Una casa de negocios... Era tal el descaro que tres ministros de la Defensa consecutivos, recuerdo, huyeron del país porque había autos de detención contra ellos.

¿Eran civiles o militares?

Militares claro, y habían sido jefes del Ejército. Hubo el célebre caso Margold,[19] por ejemplo, de unas municiones yugoslavas...

¿Se enriquecían con los abastecimientos?

Sí, con los abastecimientos militares o haciendo negocios con la clase política; habían tomado el IPSFA [*Instituto de Prevención Social de la Fuerza Armada Nacional*], y utilizaban sus fondos financieros para todo. La corrupción generalizada del mundo político penetró en el seno de las Fuerzas Armadas. Muchos oficiales robaban parte de su presupuesto y desviaban para su uso personal equipos y abastecimientos destinados a la tropa. Robaban de mil maneras. Algunos oficiales superiores hasta se

---

[18] En varios países de América Latina, la Casa Militar es una administración (constituida esencialmente por militares de las diferentes armas) de apoyo a las funciones del Comandante Supremo de las Fuerzas Armadas que ostenta el Presidente. Asume también la función de protección y seguridad del Presidente y de las altas autoridades del Estado.

[19] El «caso Margold» fue una estafa surgida de un contrato de suministro de municiones a las Fuerzas Armadas de Venezuela que éstas suscribieron con la Corporación Margold, la cual recibió el pago completo por un lote de municiones de artillería de 105 mm que nunca fueron entregadas. El contrato se firmó con una proveedora del Ejército, Gardenia Martínez, protegida por oficiales del entorno del presidente Carlos Andrés Pérez.

enriquecían con la comida de la tropa. Lo constaté en varios de los cuarteles en los que estuve. Yo lo denunciaba, porque aquella inmoralidad contrastaba con los principios y valores bolivarianos que me inculcaron en la Academia. Me rebelaba contra tanto cinismo e hipocresía. Toda esa corruptela era el resultado de una crisis política general y de una tremenda descomposición moral. Sobre todo moral.

De ese modo, permitiendo que algunos oficiales se enriquecieran, los partidos políticos compraban la docilidad de las Fuerzas Armadas.

Claro. Rómulo Betancourt, en los años 1960, se propuso acabar con las Fuerzas Armadas desde el punto de vista moral.

¿Esa corrupción empezó con Rómulo Betancourt?

Sobre todo desde esa época, cuando cae Pérez Jiménez en 1958 y ocurren unos fermentos revolucionarios en el seno de las Fuerzas Armadas: primero el "trejismo", luego las dos rebeliones militares de izquierda: el "carupanazo" [*mayo de 1962*] y el "porteñazo" [*junio de 1962*], seguidas de deserciones de decenas de oficiales de izquierda, ligados esencialmente al Partido Comunista de Venezuela, que se van a las montañas... Entonces comienza aquí un "maccarthysmo" criollo, una persecución dura en el seno mismo de la Fuerza Armada. Betancourt usaba una frase: *"A los militares hay que tenerlos contentos con las tres 'c': caña* (licor, alcohol), *cobre* (dinero) *y culo* (mujeres, sexo, depravación)"*. Convirtieron a los cuarteles en borracheras. Los mejores oficiales que conocí desde cadete y luego en las guarniciones no alcanzaban nunca el grado de general.

¿Estaban los puestos ya ocupados?

No, no; sólo llegaban a ese grado supremo los adecos y los copeyanos. Había que pasar por las horcas caudinas del Congreso y comprometerse con los políticos. Era algo aberrante. Uno oía a los oficiales superiores decir: *"Hay que aprender a jugar dominó, jugando softbol no se asciende"*. Un capitán, por ejemplo, me decía: *"Hay que aprender a 'campanear'* [20] *un whisky"*. Lo importante eran las relaciones sociales... Había que codearse con gente importante, aprender a quemarse el pecho haciendo parrillas... Y tener el "don de mando": *"¿Dónde le mando el whisky?"*. *"¿Dónde le mando el regalo?"*... La situación la resumía una frase horrible aceptada por todos, aun cuando algunos protestábamos en silencio: *"La carrera militar llega hasta teniente coronel"*.

¿A partir de ahí la decisión de ascenso era puramente política?

Sí, política. Eso ahora se acabó; yo estuve, por ejemplo, anoche hasta tarde revisando las listas de ascensos; ahí las tengo todas, para el grado de coronel, capitán de navío, general de brigada, contralmirante, vicealmirante, general de división y hasta algún general en jefe... Y no hay ninguna incidencia partidista, a nadie se le ocurre mandarme una recomendación...

Pero si, por ejemplo, ¿tal oficial no es socialista o si tal otro no es revolucionario...?

No, para nada. Sólo vale el mérito, sus calificaciones, su desempeño en los cargos actuales. Por supuesto, su seriedad, su profesionalismo...

Resulta difícil de creer...

Pues se lo aseguro. No nos parecemos a la caricatura que, de nosotros, han hecho nuestros adversarios. Aquí ya no existe el partidismo aquél. Por ejemplo, siendo yo capitán, esto era Sodoma y Gomorra. A un grupo de generales los llamaban: los "Blanca Ibáñez". Blanca Ibáñez era la amante del presidente Jaime Lusinchi [*1984-1989*], y ella decidía, revisaba las listas de los ascensos.

---

[20] Expresión usual en Venezuela: hacer tintinear los hielos en el vaso de whisky.

¿Fue la dama que llegó a vestirse de general?

Sí, esa señora. En una ocasión se puso un uniforme, no era de general, creo que sólo llegó a vestir una simple guerrera militar. Yo estaba en la frontera en ese tiempo, no vi la foto pero me llegaron los comentarios. Tenía mucho poder esa mujer. La conocí cuando llegué aquí a Palacio el último año del mandato de Lusinchi; era una mujer altiva, dura, le tenían mucho miedo; la vi por esos pasillos y en actos durante el año 1988. Lusinchi y ella se marcharon en 1989 cuando, por segunda vez, asumió Carlos Andrés Pérez.

Pero nos hemos adelantado mucho, le propongo volver a Cumaná, a final de los años 1970, cuando se termina mi estancia en esa ciudad y me marcho para Maracay.

Capítulo 9

En Maracay

**Viviendo en un ranchito – El Batallón "Bravos de Apure" –
Un discurso de Fidel – Boda con Nancy – Douglas Bravo – Tanquista –
El Movimiento Ruptura – Hugo Trejo - William Izarra –
Alfredo Maneiro. La fragmentación de la izquierda –
Fidel Castro y Cristina Maica – Canción protesta en el cuartel –
¡Arrestado! – Un oficial progresista – Entrenando a reclutas –
Lecturas políticas – Cristo, revolucionario radical.**

¿Cuándo se marcha usted para Maracay?

A finales de 1977. Un día, en Cumaná, estando de guardia en el cuartel, se presenta el teniente José María Morales Franco, a quien llamábamos, en la Academia Militar, "Willy Mora". Hablamos un rato y, al despedirse, me dice: *"Tú eres de comunicaciones como yo ¿cuántos años llevas en Cumaná?"*. Le respondí que dos años y medio. *"¿Y cómo te sientes? ¿Te gustaría irte?"*. *"En verdad sí —le digo—, pero tengo que esperar hasta julio a ver si me ascienden a teniente"*. Entonces él, que andaba loco por salir de Maracay, del Batallón "Bravos de Apure" donde lo estaban matando a punta de sanciones, me propone: *"¿Por qué no hacemos un intercambio directo? Tú para Maracay y yo a Cumaná"*. *"Me parece difícil que lo hagan —le digo— entre un teniente y un subteniente"*. Y añado: *"No tengo ningún tío general que nos ayude"*. Ahí me dice: *"Si me das tu autorización, le planteo a mi tío que nos logre un cambio directo"*. ¡Él sí tenía un tío general!

¿Usted lo conocía bien?

Mucho. "Willy Mora" es un personaje. Hace poco, cité su nombre en un *"Aló Presidente"*, y a los tres días me dice el jefe de Casa Militar: *"'Willy Mora' se alojó en el Círculo Militar. Afirma que no va a pagar nada, que usted lo mandó a llamar y que hasta que no lo atienda no se va"*. Ése es "Willy Mora".

Un hombre atrevido.

Cuando éramos cadetes, cantó una vez en la inauguración de unos Juegos Inter-Institutos y terminó en el calabozo... Se puso a interpretar *"Rosa, Rosa"*, una canción de Sandro[1] cuya letra dice así: *"Ay, Rosa, Rosa tan maravillosa / como blanca diosa, / como flor hermosa / tu amor me condena / a la dulce pena de sufrir... Ay, Rosa, Rosa dame de tu boca / esa furia loca / que mi amor provoca / que me causa llanto / por quererte tanto, sólo a ti..."*. Le dedicó la canción —¡con esa letra!— a la esposa del general, una señora muy hermosa... Willy llevaba capa azul —era de la estudiantina— y al final, se quitó la capa y la tiró como un torero a los pies de la señora... El general, un andino de esos que no se reía con nadie, se enfureció. Ahí mismo le gritó: *"¡Al calabozo!"*.

En otra ocasión, Willy nos invitó a una sesión de brujería. Nos puso a jugar la guija[2] [*practicar espiritismo*], se disfrazó de cacique Chemare y llamaba a los espíritus... Otra vez, siendo cadetes, en Caracas, salimos en grupo, de civil pero sin permiso, y nos metimos, con unas amigas, en una discoteca, "La Cueva del Oso", en la Plaza Venezuela. Nos disimulamos bien, en una esquina, en la penumbra, con las muchachas para que nadie nos viera. De repente hay un *show*, y aparece un tipo con liquilique cantando. ¡Era "Willy Mora"!... Nos ve, termina su canción y grita en el micrófono: *"Dedico mi segunda canción al brigadier Chávez Frías, al brigadier Pérez Isa..."*. ¡Nos citó a todos!

---

[1] Sandro (1945-2010), cuyo verdadero nombre era Roberto Sánchez, fue un destacado cantautor argentino de baladas románticas y de música pop latina, célebre en toda América Latina.

[2] El juego de la guija (o ouija) consiste en utilizar un tablero empleado en espiritismo que tiene las diez cifras y las letras del alfabeto alrededor del centro, sobre el que se desliza un vaso u otro objeto que se detiene en cada letra para transmitir así un mensaje supuestamente proveniente del más allá.

¿Consiguió finalmente que lo cambiaran para Maracay?

Sí. A comienzos de diciembre de 1977, sorpresivamente me llega un radiograma: *"Subteniente Hugo Chávez, presentarse en el Batallón Blindado
'Bravos de Apure', Maracay. Nombrado oficial de comunicación"*. A los pocos
días estaba yo en Maracay. Me recibió el teniente Camejo: *"No tienes idea
de donde has llegado"*. Para mí, aquello fue una segunda escuela.

¿Nancy fue con usted?

Sí, me traje a Nancy. Llegamos a Maracay, bella y gran ciudad. Nos alo-
jamos en el barrio "Francisco de Miranda", en un ranchito [*chabola*] de
"Chicho" Romero que tanto me había ayudado en Caracas. Gracias a él,
obtengo un alivio porque Nancy podía quedarse en familia, aun cuando
la casa era un simple rancho de lata y cartón. "Chicho" manejaba una
camionetica de transporte público en Río Blanco. Ese mismo diciembre,
Nancy quedó embarazada, aunque no lo supimos hasta enero; el hermoso
resultado sería mi hija Rosa Virginia.

Empieza entonces otra etapa.

Exacto. Ahí arranca, en efecto, se puede decir, otra etapa de mi vida.

¿Qué fue del "Ejército de Liberación del Pueblo de Venezuela"?

Cuando me marché para Maracay, yo mismo, "Comandante" de aquel
"ejército", vivía un dilema existencial y pensaba salirme de la Fuerza Armada... Los soldados que lo componían ya se habían ido de baja... Eran
tropas regulares, alistadas. Sólo quedamos dos: Silva y yo. Los otros tres
se marcharon: Moros, Toro y... se me olvida el tercero...

Núñez.

Correcto. Mario César Núñez Hidalgo. Sargentos los tres. Sólo me quedó
Silva que era cabo. Ese "ejército" entró en un congelador... Le voy a contar

una anécdota... Pasan treinta años y, en un "Aló Presidente", hablo de ese "ejército" y digo: *"Ese 'ejército' duró un mes porque me vine a Maracay y los muchachos se fueron".* A los pocos días, voy al Llano con ocasión del comienzo de la perforación de un pozo de gas. Había mucha gente; me bajo del helicóptero, saludo y un oficial de la Guardia Nacional se me acerca: *"Comandante,* me dice, *hay un sargento de mi escuadrón que quiere hablar con usted".* Pensé que era un suboficial con problemas personales, y le digo: *"Mira, déjame cumplir la agenda, y al final lo atiendo".* Pero le pregunto: *"¿Qué problema tendrá?".* Me responde: *"No, sólo quiere hablar con usted. Está aquí".* Y aparece un sargento, gordito, pelo blanco: *"Mi Comandante, el sargento Toro se presenta".* Le veo la cara: *"¿Tú eres...?".* *"Sí,* me dice, *del Ejército de Liberación del Pueblo Venezolano".* Casi se pone a llorar. Y añade: *"Allá, mire, aquel alto de pelo blanco es Núñez".* Volteo, veo a Núñez que estaba de civil, lo llamo, y sin palabras nos dimos un abrazo, emocionados. Me dice Núñez: *"Mi Comandante, tengo a tres mil reservistas organizados aquí en Portuguesa. El 'ejército' ha crecido...".* Aquellos muchachos lloraban. Me informaron: *"Moros está en San Felipe".* A los pocos días vinieron aquí, a Miraflores, toditos. Apareció también Silva que estaba en Barinas, donde tiene una finquita. Llegó flaquito: *"Estaba pasando hambre",* nos dijo. Le donamos un tractorcito. Me contaron: *"Estuvimos siempre pendientes de lo que usted hacía, y el 4 de febrero* [de 1992] *quisimos sumarnos a la rebelión. Nos llamábamos: la reserva".* Así que aquel 'ejército' nunca se disolvió. El domingo siguiente, en el "Aló Presidente", rectifiqué: *"Le informo al país que el Ejército de Liberación del Pueblo Venezolano nunca murió".*

¿Estando ya en Maracay, se encontró con algún amigo?

Bueno, al cabo de un tiempo, apareció en mi horizonte un viejo amigo de Sabaneta: el negro Piña. Un viernes por la tarde, andaba yo, uniformado, haciendo compras en el Centro Comercial Capcimide, y de repente oigo: *"¡Huguito!".* En mi pueblo me dicen "Huguito"; mi papá es Hugo, yo soy "Huguito". Era el negro Piña, sobrino de mi padrino Eligio Piña, de quien le hablé, que me contaba cosas de Bolívar.

¿Era de su edad?

No, el negro Piña era un poco mayor. Es locutor, tiene un vozarrón... Estaba jugando bowling con unos amigos y me invitó... Metí las compras —una leche, unos tomates, un kilo de carne... —, en el maletero del carro y me quedé a jugar bowling. ¡Pobre Nancy! A las cinco de la madrugada regresé a casa... Entonces no había teléfono celular... Con el calor se habían dañado la carne, los tomates, la leche... Nancy me recibió súper brava: "*¿Dónde estabas tú?*". Le expliqué.

Pero, ¿se reencontró con compañeros de la Academia?

Sí, en el batallón me reencontré con un grupo de antiguos alumnos de la Academia: Antonio Hernández Borgo, González Guzmán y Pedro Ruiz Rondón que en paz descanse. Pedro y yo teníamos una afinidad ideológica: de cadetes, oímos juntos el discurso que pronunció Fidel Castro [*el 28 de septiembre de 1973*] al regresar de la India, después del golpe de Estado que derrocó, en Chile, al gobierno de Unidad Popular de Salvador Allende. Fidel estaba en la India cuando derrocan a Allende. Pasó por Guyana y Trinidad y Tobago, antes de participar, en Argel, a la IV Cumbre de los No Alineados, y de ahí fue para la India.

Y para Vietnam.

Sí, la India y Vietnam. Después de Argel hizo escala primero en Irak y luego en la India. Él mismo me contó que, aquel 11 de septiembre, estaba cenando o estaba reunido con Indira Gandhi[3] cuando le informan del golpe y de la muerte de Allende. Luego va a Vietnam y cuando regresa a La Habana, pronuncia un importante discurso. Ruiz Rondón y yo lo oímos en directo.

---

[3] Indira Gandhi (1917-1984), mujer política india. Fue Primer Ministro de 1966 a 1977, y de 1980 a 1984. Era hija de Jawaharlal Nehru, Primer Ministro de la India. No tenía ningún lazo familiar con el Mahatma Gandhi. Fue asesinada el 31 de octubre de 1984 por dos de sus guardaespaldas de confesión sikh.

¿Es el discurso en el que cuenta con detalle cómo se desarrolló el golpe de Estado y cómo Salvador Allende luchó con las armas en la mano?

Sí, da todos los detalles del golpe. Es cuando dice: *"¡Si cada trabajador y cada campesino hubiesen tenido un fusil en sus manos, no habría habido golpe fascista!"*. Ruiz Rondón y yo nos grabamos eso, que confirmaba en mi mente la necesidad de una alianza cívico-militar revolucionaria. Toda la vida, cada vez que nos encontrábamos: *"Si cada trabajador..."*, decía yo, y él respondía: *"...y cada campesino..."*. Se portó muy bien el día del golpe contra nosotros [*el 11 de abril de 2002*]. Se hallaba en Maracaibo y tomó el control de Fuerte Mara. Después lo nombramos Comandante de la Brigada Blindada en Valencia, era Coronel... Murió de repente... de un cáncer.

La tradición militar en Maracay era más severa ¿no?

Aquello era una forja. Inmediatamente sentí el rigor del cambio. De un batallón en Cumaná donde la disciplina era relajada, y donde no se seguían con rigor los reglamentos ni las normas, pasé a una escuela de capitanes de primera línea como Alvarado Pinto, Jon Díaz, Pedro Salazar Monsalve, Yanoguiski Hernández, etc. Un segundo Comandante, Salazar, muy bueno, y el Comandante Luis Pulido.

Ese año me tocó guardia el 31 de diciembre. "Chicho" se fue a Barinas a pasar las fiestas, y nos quedamos solos, Nancy y yo, en el rancho. Recuerdo que los vecinos me preguntaban: *"Teniente ¿no le da pena vivir en ese rancho, entre nosotros los pobres?"*. El Comandante se enteró...

¿De que vivía usted ahí?

Sí, de que vivíamos en un rancho, y de que yo tenía una mujer. Me llamó y hablamos. Un día se apareció en el rancho.

¿Nancy estaba embarazada?

Sí, pero ni se notaba. El Comandante Pulido apareció a ver cómo vivía el subteniente Chávez. Cosa que él estilaba; solía visitar a sus oficiales en su casa. Nos sentamos, le ofrecimos café y se marchó impactado. Al día siguiente me llamó: *"¿Piensa usted casarse con su novia?"*. *"Sí, mi Comandante"*. Me dijo: *"Bueno, pase el permiso"*.

¿Qué permiso?

El permiso es la autorización que un oficial debe obtener del Ejército para poder casarse. Hay que presentar un informe, buscar no sé cuántos documentos... Pero al final, en julio de 1978, llegó el permiso. Nos casamos en agosto de ese año, Rosa Virginia nació poco después. Es la mayor. Más tarde, con Nancy, tuvimos otros dos hijos: María Gabriela y Hugo Rafael... El padrino de mi boda fue el capitán Alvarado, mi jefe de compañía.

¿Se integró usted sin problemas en ese nuevo entorno?

Sí. Desde los primeros días me sentí bien allí. A Rosa Virginia, del Comandante para abajo, todos le decían "Maisantica". Ya empezaba yo a investigar sobre "Maisanta". Todavía no tenía el impulso desatado de buscar la huella de aquel hombre, pero poseía referencias de que había sido un oficial del Ejército de Cipriano Castro y que se había ido a la guerrilla contra Juan Vicente Gómez. Había leído el libro de José León Tapia [*Maisanta, el último hombre a caballo*] y había hablado de ello con José Esteban Ruiz Guevara.

¿Sus incertidumbres existenciales desaparecieron?

No se crea. Ese mismo diciembre de 1977, fui a Barinas y recuerdo que todavía tenía el dilema. Hablo con Adán y le digo: *"Sigo pensando en irme de baja"*. Adán casi se enfada: *"¿Hasta cuando vas a insistir en eso?"*. *"Quiero estudiar"*, le digo. Había pedido permiso para estudiar en el IUPFA [*Instituto Universitario Politécnico de la Fuerza Armada*], incluso compré unos libros de física y de análisis, y presenté examen. Me gustaba la ingeniería; quería ser ingeniero electrónico. *"Usted está loco"*, me dijo el Mayor Alfonso. Rellené los formularios, pero nunca pude ingresar en el IUPFA. Así que le insisto a Adán, con cierta firmeza, que quiero estudiar y que me ayude a conseguir cupo en la Universidad. Ya él se había graduado; era profesor en la ULA [*Universidad de los Andes, Mérida*], y se había casado.

¿De qué era profesor?

De matemática y de física. Siempre fue buen estudiante, muy dedicado, serio y humilde. Entonces me vuelve a insistir: "*Pero ¿cómo te vas a ir? Si eres para nosotros, en la izquierda política, como una esperanza. Mira como está el país*". "*Precisamente por eso me quiero ir*". Ahí se pone muy serio: "*Es que no te puedes ir del Ejército, Hugo*". Por primera vez me revela que milita en un movimiento, el PRD-Ruptura [*Partido de la Revolución Democrática-Ruptura*] que era la vitrina legal del PRV-FALN [*Partido de la Revolución Venezolana-Fuerzas Armadas de Liberación Nacional*], fundado, en 1966, por Douglas Bravo y Fabricio Ojeda después de romper con el Partido Comunista.

El PRV tuvo una gran influencia intelectual en los círculos de izquierda de Venezuela en esa época ¿no?

Sí, una gran influencia; por los conceptos políticos, económicos y sociales que elaboraron: sobre la exclusión social, la negritud...; o sobre el petróleo; o sobre la necesaria alianza entre América Latina y el mundo árabe-musulmán... También porque en él militaban intelectuales de la talla del escritor y artista Carlos Contramaestre, el novelista Salvador Garmendia [*1928-2001*], el doctor Bernard Mommer,[4] el arquitecto Fruto Vivas, Alí Rodríguez... Mi hermano Adán había sido miembro del MIR [*Movimiento de Izquierda Revolucionaria*], pero se salió y fue captado para el PRV, hacia 1973, por un profesor suyo, Juan Salazar, un físico amigo de Douglas Bravo.

---

[4] Licenciado en Matemáticas y doctor en ciencias sociales de la Universidad de Tübingen (Alemania), considerado uno de los mejores especialistas mundiales en el área de los hidrocarburos. Autor, entre otros libros, de *Petróleo global y Estado nacional*, Comala.com, Caracas, 2003.

¿Douglas Bravo ya no estaba en las guerrillas?

No. Siguiendo una estrategia del Partido Comunista de Venezuela, Douglas había fundado [*en 1962*] en la sierra de Falcón, el Frente guerrillero "José Leonardo Chirino" en el que estaban, entre otros, Alí Rodríguez y Teodoro Petkoff. Douglas era el comandante de esa guerrilla. Luego fundó, como le acabo de decir, el PRV-FALN. En esos años [*1977-1978*], de los que estamos hablando, su frente guerrillero se había disuelto pero Douglas no se había acogido a la pacificación y estaba todavía clandestino; Alí Rodríguez también. Ellos llevaban tiempo planificando el proyecto de infiltrar la Fuerza Armada con la idea también de constituir una alianza revolucionaria cívico-militar. Ésa era una de las misiones del grupo Ruptura que siempre fue muy serio, aunque muchos de sus dirigentes andaban clandestinos en las ciudades.

¿Qué pensó usted del proyecto de Douglas y del PRV?

¿La idea de infiltrar el Ejército?

Sí.

Me parecía poco realista. En el seno de las Fuerzas Armadas existía una cultura anti-marxista muy fuerte, y cualquier intento de ese tipo les daba la sensación a los militares, incluso a los progresistas, de que querían manipularlos. Yo era partidario, igual que Douglas, de una alianza cívico-militar, pero mi idea era que el movimiento debía iniciarse y surgir en el seno mismo de la Fuerza Armada Nacional, en el interior.

En aquel momento, dentro de las Fuerzas Armadas ¿sabía usted si existía algún movimiento de ese tipo?

Bueno, yo no tenía conocimiento de ello. Intuía que había, entre la oficialidad joven, un gran descontento porque, como ya le dije, el nivel de corrupción de muchos oficiales superiores era escandaloso. Y el mal gobierno del país también era muy preocupante. Pero yo era entonces un joven oficial, aislado, sin muchos contactos con oficiales de otras guarniciones. Así que ignoraba lo que se podía tramar en tal o cual cuartel.

¿Por qué había tanto descontento? El país se desarrollaba, el nivel de vida aumentaba, las clases medias se extendían...

Eso era en apariencia. La realidad de Venezuela seguía siendo la pobreza muy extendida, y la inmensa corrupción existente en las capas dirigentes. La democracia era una simple fachada, detrás de la cual gobernantes y hombres de negocios habían establecido un pacto mafioso para enriquecerse mutuamente a niveles inimaginables... Piense que, a raíz de la guerra árabe-israelí de 1973, los precios del petróleo se habían acrecentado de manera desorbitada. El crudo nuestro que estaba, creo, a 1,76 dólares por barril en 1970, triplicó a 3,56 dólares en 1973, y pasó, en 1974, cuando Carlos Andrés Pérez llegó al poder, ¡a 10,31 dólares! ¡Los recursos del país se multiplicaron casi por diez! Y además, en 1976, Carlos Andrés nacionalizó el petróleo. Una excelente decisión, muy positiva en términos de soberanía. Pero que agravó el problema, porque los nuevos y cuantiosos recursos del Estado no sirvieron para reducir las desigualdades. Al contrario, se acentuaron las diferencias entre pobres y ricos, aumentó el sentimiento de injusticia...

Uslar Pietri escribió que *"entre 1973 y 1984, Venezuela recibió, sólo por la explotación del petróleo, más de 200 mil millones de dólares, que es el equivalente de veinte Planes Marshall"*.[5]

Y un solo Plan Marshall[6] sirvió para reconstruir toda Europa destruida por la Segunda Guerra Mundial, así que imagínese... Aquí, eso disparó la

---

[5] Arturo Uslar Pietri: *Golpe y Estado en Venezuela*, Editorial Norma, Bogotá, 1992.

[6] El Programa de Recuperación Europeo (ERP por sus siglas en inglés), llamado también Plan Marshall (por el apellido del Secretario de Estado norteamericano de la época, George Marshall) fue lanzado por la Administración del presidente Harry Truman (1945-1952) para

corrupción. Todo aquel que tenía una pequeña parcela de poder se puso a robar descaradamente... Los recursos que se hubiesen podido consagrar al desarrollo social y al progreso de las clases más olvidadas se despilfarraron. Una buena parte acabó en los bolsillos de los privilegiados de siempre. Eso creó un malestar infinito en muchos intelectuales, militantes políticos... Y en el seno de la Fuerza Armada, en particular entre la joven oficialidad.

Por eso surgieron otras conspiraciones militares en esa misma época ¿no?

Sí, aunque yo no lo supe entonces. Le conté los alzamientos, en 1962, en Carúpano y Puerto Cabello, organizados por oficiales de la Fuerza Armada apoyados por militantes de izquierda —del Partido Comunista y del MIR— y donde las fuerzas insurgentes cívico-militares fueron masacradas. Desde finales de los años 1950, antes incluso de que triunfara la Revolución en Cuba, el Partido Comunista de Venezuela (PCV), al que entonces pertenecía Douglas Bravo, definió una línea estratégica con respecto a la Fuerza Armada. Su objetivo era incorporar oficiales para sumarlos al proyecto revolucionario. En pocos años, decenas de oficiales, cuyo origen social eran las clases populares, fueron captados por el PCV. Muchos de ellos participan al "Carupanazo" y al "Porteñazo". Al fracasar estos alzamientos, muchos oficiales sobrevivientes eligen la vía guerrillera, se van a las montañas, participan en la creación de las Fuerzas Armadas de Liberación Nacional (FALN), y varios de ellos llegan a convertirse en Comandantes de diversos Frentes guerrilleros.

¿Qué ocurría mientras tanto en el seno del Ejército?

Bueno, ya le dije que después de esos dos alzamientos hubo, dentro de la Fuerza Armada, una depuración feroz. Era la época de Rómulo Betancourt

---

la reconstrucción de 16 países de Europa occidental después de la Segunda Guerra Mundial. El monto total de la ayuda se estima en unos 13.000 millones de dólares.

y Raúl Leoni, muy aliados a Estados Unidos y ejecutores de su política anticomunista y anticastrista. Los Servicios de Inteligencia perseguían sin piedad a cualquier simpatizante de izquierda dentro de la Fuerza Armada. A pesar de ello, quedaba la influencia de una personalidad fuera de lo común: el Coronel Hugo Trejo, de quien también ya le hablé.

El líder del alzamiento militar del 1° de enero de 1958.

Correcto, que preparó el levantamiento popular y la caída del dictador Pérez Jiménez tres semanas después. Trejo tenía un lema que repetía: *"Democratización de las Fuerzas Armadas e integración al pueblo de Venezuela"*. Adquirió mucho prestigio, y entonces el nuevo gobierno lo saca de la Fuerza Armada y lo manda de embajador al extranjero. Pero su influencia entre los militares permaneció e incluso fue aumentando en los sectores descontentos. Escribió un libro esencial, *La Revolución no ha terminado,*[7] que se leía mucho y circulaba por los cuarteles. Se hablaba del "trejismo", una corriente que defendía la unión de los militares con el pueblo. Cuando Trejo regresó a Venezuela, a finales de los años 1960, restableció contacto con muchos oficiales del sector crítico que más tarde se sumarían a nuestro Movimiento Bolivariano Revolucionario.

Usted lo conoció bien, me dijo.

Sí, pero mucho más tarde. Cuando él, después del "Caracazo" [*27 de febrero de 1989*] decide reincorporarse a la lucha política y crea su organización: el Movimiento Nacionalista Venezolano Integral (MNVI). Y sobre todo, después de nuestra rebelión del 4 de febrero [*de 1992*] y de nuestro encarcelamiento en la prisión de Yare. Él nos apoya, nos defiende, asume nuestros planteamientos políticos. Yo lo conocí cuando ya él era viejito, con su pelito totalmente blanco; aprendí mucho conversando con él, me hablaba de Bolívar y de la manera en que Acción Democrática había traicionado la democracia. Era un gran líder, un sembrador de rebeldía.

---

[7] Hugo Trejo: *La Revolución no ha terminado*, Vadell Hnos. Editores, Valencia-Caracas, 1977.

Y entre los oficiales jóvenes ¿había gente conspirando?

Sí, aunque yo lo ignoraba, un prestigioso oficial de la Fuerza Aérea Venezolana, el coronel William Izarra,[8] había creado, hacia 1978-1979, el grupo R-83 [*Revolución 83*] integrado por oficiales jóvenes. Posteriormente, en 1980, Izarra también creó otra organización clandestina: ARMA (Alianza Revolucionaria de Militares Activos) que fue importante, la integraban una centena de oficiales de la Fuerza Aérea con excelente formación ideológica. Ese grupo no llegó totalmente a madurez porque Izarra fue delatado y expulsado de la Fuerza Armada. Pero sembró semilla revolucionaria.

William Izarra estableció contactos a escala internacional.

Sí, muchos. A principios de los años 1980, Izarra y otros oficiales de su grupo viajaban, sin permiso de sus superiores, al extranjero, a países donde había experiencias consideradas entonces como progresistas y en las que participaban los militares.

Él tuvo contactos con Saddam Hussein y con Muammar Kadhafi ¿no?

Bueno, no sé si con ellos personalmente, pero sí, en esa época viajó clandestinamente a Bagdad y tenía vínculos con el Partido Baas[9] de Irak. Estuvo

---

[8] William Izarra (n. 1947) coronel de la Fuerza Aérea, completó su formación en Estados Unidos. En una de sus primeras misiones, con 19 años, le encargaron de liquidar una columna guerrillera procedente de Cuba. Dos milicianos fueron apresados, y le ordenaron interrogarlos. Allí se encontró con el teniente cubano Antonio Briones Montoto, quien le dijo que no había desembarcado en Venezuela por obligación, sino por solidaridad internacionalista (léase el testimonio de William Izarra en: http://www.aporrea.org/ideologia/a23001.html). Después de escucharlo, Izarra comienza a cuestionar lo que había aprendido en la Academia Militar. Entra en contacto con el grupo de Douglas Bravo y empieza a conspirar dentro de las Fuerzas Armadas. Luego se une a Hugo Chávez. Es padre del periodista Andrés Izarra (n. 1969), varias veces ministro de Comunicación y ex-presidente del canal Telesur.

[9] El Partido Baas Socialista Árabe, fundado en 1947 en Damasco, tiene por objetivo la unificación de los Estados árabes en una única gran nación gobernada con base en la doctrina socialista y apoyándose en la laicidad. El Baas se dividió en varias tendencias, dos de ellas, hostiles entre sí y muy alejadas de las tesis originales del baasismo, llegaron al poder —una

asimismo en Libia cuyo líder ya era entonces, desde la revolución de julio de 1969, el coronel Muammar Kadhafi. También viajó a Cuba. Todas esas experiencias políticas le interesaban, y eso más tarde nos fue útil.

También tenía contactos con Douglas Bravo ¿verdad?

Sí, se conocieron por el hermano de Izarra, Richard, un periodista muy polémico que dirigía *Reventón*, una revista de izquierda. El coronel Izarra y Douglas Bravo se veían en secreto. Ya Douglas había roto con el Partido Comunista porque reivindicaba elementos teóricos diferentes de los de la ortodoxia del pensamiento soviético. Él recurría a nuestra historia nacional y adoptaba planteamientos inspirados de Simón Bolívar, Simón Rodríguez, Ezequiel Zamora y otros pensadores nuestros. Esa "repatriación" de la teoría revolucionaria era del agrado de los militares, muchos de los cuales se sentían bolivarianos, y eso facilitó la difusión en los cuarteles del concepto de insurrección liderada por una alianza cívico-militar. El proyecto de Douglas era captar a oficiales de la Fuerza Armada para incorporarlos a la estrategia del movimiento revolucionario.

¿Su hermano Adán trató de integrarlo a usted al grupo de Douglas?

Es normal que lo intentara. Yo le dije una vez más: *"Para que no me dé de baja del Ejército, dime qué es lo que están ustedes preparando"*. Me contesta: *"Hugo, no estoy autorizado para hablarte de nada, por disciplina; pero debo confesarte que he informado, y mis jefes saben de ti, quién eres y qué piensas"*. Y añade: *"¿Quieres reunirte con Douglas Bravo?"* ¡Claro que quería![10]

---

en Siria en 1963, y la otra en Irak en 1968— mediante golpes de Estado. En 1979, Sadam Hussein (1937-2006) es elegido Presidente de Irak y se mantiene en el poder hasta su derrocamiento tras la invasión de su país por Estados Unidos en 2003.

[10] *Versión de Adán Chávez*. En una entrevista realizada por el autor en Barinas, el 11 de mayo de 2009, el hermano del Presidente, Adán Chávez, nos dio su propia versión de este primer contacto de Hugo Chávez con el Movimiento Ruptura y con Douglas Bravo:

¿Cuál era la atmósfera política en ese momento?

Adán Chávez: Oficiales jóvenes ya se reunían, ya había un germen de ese Movimiento Bolivariano en el Ejército, y compartíamos muchas de estas teorías. En el seno del PRV, hay que reconocérselo a Douglas y al equipo que dirigía el Partido, se discutía en ese momento el tema de la unión cívico-militar. Se pensaba que, para poder llegar al triunfo de un movimiento revolucionario, se necesitaba conformar un movimiento cívico-militar... Ya había fracasado la guerrilla, y otros intentos anteriores y posteriores. Los candidatos de la izquierda a las elecciones —José Vicente Rangel fue uno de ellos—, sacaban apenas el 2% o el 3%... Por ahí no se veía posibilidad. Entonces Douglas era uno de los mayores defensores de la unión cívico-militar, de la necesidad de establecer lazos con el Ejército... Pero había que buscarlos, y el Ejército era como impenetrable. El PRV tenía ya algunos contactos, uno de ellos era William Izarra y ya existía el grupo ARMA. En ese momento, comenté que yo tenía un hermano militar, un oficial muy joven pero con un pensamiento progresista, y que él estaba también en algo parecido con otros jóvenes oficiales, o sea que no era él sólo, era un grupo de muchachos que se reunían, tenían inquietudes.

¿Usted conocía a los demás oficiales?

No, yo conocía solamente a mi hermano, pero era lo que él me comentaba. Yo transmití eso al Partido. Y unos días después coincidió que nos conseguimos con Hugo de vacaciones en Barinas. Fuimos a jugar bolas criollas y a tomarnos unas cervecitas con los amigos. Y después de jugar, él me llama aparte y me dice: *"He estado pensando algo. Definitivamente me voy del Ejército, no aguanto más, no me calo más esta vaina, oficiales corruptos..."*. Le dije: *"No, tú no te puedes ir del Ejército"*.

Y menos en ese momento...

Exacto. *"No, ahora no te puedes ir del Ejército"*. Él me dice: *"¿Cómo que no? Quiero que me ayudes a conseguir un cupo en la universidad, quiero estudiar ingeniería"*. *"¡No, le insisto, no te puedes ir del Ejército!"*. *"Pero ¿por qué?"*. Lo invité a que nos fuéramos caminando los dos solos y le revelé que, coincidencialmente, nosotros, en el PRV, estábamos discutiendo la tesis de la unión cívico-militar, le dije con detalles qué era el PRV, y lo que estábamos haciendo y que incluso ya los jefes estaban analizando. Ahí le planteé la situación, o sea, que ellos, los jóvenes oficiales progresistas, eran la vía directa para entrar al Ejército con una línea política revolucionaria de transformación auténtica. Le dije: *"¿Cómo te vas a ir? ¡Tienes que esperar! Por lo menos, espérate a ver qué es lo que vamos a hacer"*. A Hugo le gustó mucho la idea.

Eso lo sacó del dilema de salirse o no del Ejército.

Sí, porque él estaba ahí sin encontrar el camino y preocupado por las situaciones. Ya lo habían amonestado varias veces porque se enfrentaba a oficiales superiores que estaban cometiendo actos ilegales, corrupción... Entonces, cuando le planteo esa posibilidad, recuerdo que a él le emocionó la idea. Me dijo: *"Bueno, así ya es otra cosa. Vamos a ver qué hacemos"*. Me fui inmediatamente a Mérida, planteé la necesidad de tomar una decisión urgente, porque él me había manifestado que quería irse del Ejército; teníamos que resolver rápido. El jefe nuestro en Mérida era el "Toby". Se llama Alberto Valderrama pero le dicen el "Toby" de toda la vida. Era profesor en la Facultad de Ciencias, es biólogo. Y uno de los miembros también del Comité Central Estadal en Mérida, era Juan Salazar, profesor mío de Física, y fue quien me captó directamente ahí mismo, en el Departamento de Física, incluso fue mi

Douglas Bravo era como una leyenda ¿no?

Sí, ya era legendario Douglas.[11] Ese mismo mes de enero de 1978, o quizá febrero, vino Adán a Maracay y nos vimos con el contacto, "Harold", que unos días más tarde me introduciría cerca de Douglas. Era profesor de matemáticas, amigo de Adán, de verdadero nombre Nelson Sánchez y quedó como enlace. Nos reunimos en el Parque Aragua.

Usted de clandestino.

Sí, clandestino, sin uniforme. Ya, a partir de ahí, tengo una doble vida: una dentro del Ejército y otra clandestina. A los pocos días estaba yo en Caracas. Fui en el Volkswagen, cambiamos de carro en algún sitio y me llevaron a una casa en una zona del Sur de Caracas. Ahí conocí a Douglas Bravo.

¿Fue su primer encuentro con Douglas?

El primero. Ahí empiezo a asumir que tengo un papel que jugar.

---

tutor de tesis de grado. Ellos me autorizaron a hablar con Hugo. En esa época, él ya era capitán, estaba en Maracay, ahí en el...

¿En la unidad de Blindados?

Sí correcto, en la unidad de Blindados. Un fin de semana, fui desde Mérida hasta Maracay ya con instrucciones precisas. Fui en autobús colectivo y llegué un sábado en la madrugada. Él me vino a buscar, y fuimos a su apartamento. Le dije: *"Me autorizaron para que hablara contigo, pero ya sabes todo. Tenemos un contacto aquí, que se va a encargar de que tú hables directamente con Douglas Bravo, el jefe del Partido..."*.

¿Seguía Douglas en la clandestinidad?

Sí. Salía muy poco, daba unas declaraciones de prensa y se escondía. Hugo me dijo: *"Bueno, vamos a echarle pichón. Me parece muy buena la idea de un movimiento cívico-militar, vamos a definir las líneas de trabajo"*. Ese mismo día, me comuniqué con el contacto, un compañero que usaba como nombre de guerra "Harold". Nos reunimos los tres en un pueblito cercano a Maracay, en un barcito, simulando que estábamos tomando cervezas. Lo dejé con "Harold", ya el contacto hecho, y regresé a Mérida. Dos días después, se reunió con Douglas y a partir de ahí se estableció una relación que duró.

[11] Véase Douglas Bravo: *Douglas Bravo Speaks. Interview with Venezuelan Guerrilla Leader*, Pathfinder Press, Atlanta, 1970.

Una misión.

Una misión en el marco de esa organización, Ruptura, de Douglas. Y vuelvo a preguntar: "*¿Cuál es el plan?*". Douglas me responde: "*El plan es la insurrección cívico-militar-religiosa*". Esa idea me gustaba porque coincidía con lo que yo pensaba desde hacía tiempo. Y decidí incursionar por ese camino. Me pongo entonces a leer documentos, textos y manifiestos de Douglas Bravo, a participar en reuniones en Maracay, en Valencia, en Caracas.

¿Siempre clandestino?

Siempre clandestino, claro. Esa actividad cerró la alternativa de irme de baja del Ejército. Asumí un rol en el seno de ese movimiento Ruptura para el largo plazo, para una insurrección general cívico-militar. Yo siempre creí en eso. Por esa época leí con gran interés un libro de ensayos recopilados por un sociólogo mexicano, Claude Heller, titulado *El Ejército como agente de cambio social*[12] en el que se afirmaba: "*En aquellas circunstancias en que los militares consideran el liderazgo civil como corrupto, incompetente o de algún modo incapaz de hacer frente a las tareas fundamentales del gobierno, aumenta correlativamente su motivación para desempeñar ellos mismos tales funciones*". Esa frase, como se imagina, me impactó en el contexto degradado y corrupto de aquellos años de Venezuela, bajo las presidencias de Carlos Andrés Pérez, Luis Herrera Campíns[13] y Jaime Lusinchi. Pensaba, por contraste, en las experiencias de Velasco Alvarado en Perú, de Torrijos en Panamá y de Torres en Bolivia. Todo eso contribuyó también a que me atrincherara en los valores de soldado. Yo no era un mal soldado, pero me decía: tengo que ser el mejor, y rodearme de compañeros con el mismo propósito. Porque estaba solo.

---

[12] Claude Heller (comp.): *El Ejército como agente de cambio social*, Fondo de Cultura Económica, Col. Tierra firme, México, 1979. El volumen reúne una serie de trabajos sobre la intervención militar presentados durante el XXX Congreso Internacional de Ciencias Humanas en Asia y África del Norte, realizado en México en 1976.

[13] Luis Herrera Campíns (1925-2007), abogado, dirigente del partido Copei (demócrata cristiano), elegido en los comicios del 3 de diciembre de 1978, fue Presidente de Venezuela durante el período 1979-1984, sucediendo a Carlos Andrés Pérez (Acción Democrática) y precediendo a Jaime Lusinchi (AD).

Tenía que constituir una red.

Claro, y para constituir esa red, para atraer a mí a otros militares, tenía que ser de los mejores oficiales y estudiar más. Entonces comienzo a prepararme, a leer...

¿Recuerda algunas lecturas de esa época?

Son años en que compro libros para estudiar el socialismo. Y leo también obras polémicas de actualidad, como: *Venezuela, una democracia enferma,*[14] de Antonio Stempel, o *Los peces gordos,*[15] de Américo Martín, que describía el funcionamiento de las nuevas oligarquías corruptas a la sombra del poder. En ese libro podíamos leer, por ejemplo, lo siguiente: *"Con el petróleo amanece en Venezuela otro tipo de propiedad como objetivo del robo realizado desde el poder. (...) El doctor de ahora pacta sus comisiones a medianoche, recibe ofertas en el silencio de una oficina donde los ruidos naufragan en las espesas alfombras y se hace socio de una compañía anónima pero pidiendo que se le mantenga el secreto".* Los negocios sucios, con la complicidad de los gobernantes, enriquecían aún más a los ricos que amontonaban fortunas colosales, mientras los pobres, del dinero del petróleo, sólo recibían migajas.

¿Se acuerda de algún otro libro?

Sí, por ejemplo, uno de Sanín, *Cuando el hombre no camina,*[16] cuyo título era una burla del eslogan de campaña de Carlos Andrés Pérez: *"Ese hombre sí camina".* Sanín escribió luego otra obra de gran éxito: *La Venezuela saudita.* Asimismo recuerdo haber leído: *Después del túnel,*[17] de Diego Salazar,

---

[14] Antonio Stempel: *Venezuela, una democracia enferma. Apuntes para el estudio del desarrollo político venezolano,* Editorial Ateneo de Caracas, Caracas, 1981.

[15] Américo Martín: *Los peces gordos,* Vadell Hnos. Editores, Valencia, 1977.

[16] Sanin (seudónimo de Alfredo Tarre Murzi), *Cuando el hombre no camina,* Vadell Hnos. Editores, Valencia, 1976.

[17] Diego Salazar: *Después del túnel,* Editorial Ruptura, Caracas, 1975.

que narra la evasión [*el 18 de enero de 1975*] de veintitrés guerrilleros del cuartel San Carlos.[18] Esa fuga demostró que existían presos políticos en Venezuela, contrariamente a lo que afirmaba Carlos Andrés Pérez. Leí otros libros, por ejemplo: *El Poder está en Usted*,[19] que compré en agosto de 1978. Me pareció extremadamente interesante, lo leí y lo releí. Es un libro de autoayuda. Lo estudié con gran seriedad. Fue una época luminosa ¿sabe? Yo diría que fue una de las mejores épocas de mi vida.

Porque se clarificó su destino...

Sí. Conseguí mi camino pues. Estaba asumiendo un compromiso revolucionario. Además, mi mujer se hallaba embarazada, nació Rosa, ascendí a teniente y estaba en un verdadero batallón al que me sentía orgulloso de pertenecer: el "Bravos de Apure" que, en aquella época, disponía de tanques franceses AMX-30.

Usted decide mejorar su calidad militar.

Sí, me propuse ser el mejor en mi especialidad. Y eso que, al principio, tuve problemas.

¿Qué clase de problemas?

El primer conflicto empezó cuando me nombraron jefe del Pelotón de Transmisiones del Batallón Blindado "Bravos de Apure". El Comandante Luis Pulido, un hombre severo pero muy humano, me llama y me dice: *"Sus compañeros opinan muy bien de usted, por consiguiente lo voy a nombrar comandante de un pelotón de tanques, porque me faltan oficiales...".* Yo no sabía

---

[18] Este edificio militar colonial de Caracas —hoy monumento histórico nacional— fue utilizado como prisión militar y política hasta 1994. Hugo Chávez estuvo encarcelado en ella después de la rebelión del 4 de febrero de 1992 y hasta su traslado a la cárcel de Yare (estado Miranda).

[19] Claude M. Bristol (y Harold Sherman), *TNT. El Poder está en usted*, Editorial Central, Buenos Aires, 1976 [Traducción de *TNT-The Power Within You*, Prentice-Hall, Nueva York, 1953].

nada de tanques, y menos de los AMX-30 que son los más complicados. Le replico con mucho respeto: *"Comandante, perdóneme pero no soy de tanques, usted sabe que soy de transmisiones".* *"¿Qué me quiere decir con eso? ¿Que no acepta?".* *"Es que no sé nada de tanques".* *"Mire Teniente, ¡es una orden! Así que vaya y se presenta al capitán Alvarado Pinto. Queda usted destinado en la 3ª Compañía de Tanques".*

Era una orden.

No me quedó más remedio que obedecer. Me presenté al capitán Alvarado, buen oficial. Después descubrí que era masón.

¿Había muchos masones en las Fuerzas Armadas?

Los había y los sigue habiendo. Una corriente de masones... Este capitán también trató de captarme. Un día me vio darle una moneda a un soldado, y me llamó: *"¿Por qué le da dinero a los soldados?".* *"Se va para la calle, mi Capitán, y no tiene un centavo".* Entonces me invita a conversar sobre el tema. Me dijo: *"¿Por qué no viene conmigo a una reunión de masones?..."* Le respondí: *"Déjeme pensarlo".* Lo cual significaba que no, y no insistió.

¿Cómo se integró al pelotón de tanques?

No me dieron uno, me dieron dos pelotones, seis tanques enormes... Cada tanque tenía un libro de mantenimiento grueso como una guía telefónica... Si se rompía un repuesto había que mandar a comprarlo a Francia. Yo estaba bastante desorientado. El Capitán me tranquilizó: *"Apóyese en los sargentos y en sus compañeros".* Me puse a estudiar los tanques. Me metía en ellos día y noche, con los sargentos y los soldados.

No debía ser fácil.

No lo era, por eso decidí cambiarme de arma. Pasar de Comunicaciones a Blindados. Pedí por escrito mi reclasificación. Y me inscribí para un curso básico de Blindados. Me la pasaba estudiando, y quedé número uno.

No es que yo sea ninguna lumbrera, pero cuando decido hacer algo, me dedico plenamente a ello. Los sargentos habían seguido, en Francia, unos cursillos... Habían estado en los talleres de la SOFMA [*Société Française de Matériels d'Armement*], la empresa constructora, y estudiado a fondo el Manual de funcionamiento operativo del tanque. Cuando me tocaba estar de guardia, en las noches, les preguntaba delante de una pizarra: "*¿Cómo funciona el circuito de enfriamiento del motor? ¿Cómo funciona el tiro en línea recta? ¿Y el tiro curvo? ¿Cómo se calcula la distancia?*"... Les preguntaba de todo. Estudiaba a fondo. Todas las tardes me ponía a leer sobre el concepto de la "guerra blindada", analizaba las experiencias de las guerras del Medio Oriente, de la guerra árabe-israelí... Al final, gané el premio de mejor instructor de tanques.

Le gustaron los blindados.

Sí. Ya yo tenía mi camino escogido y estaba fraguándome en ese horno que era ese batallón. Me ascendieron a teniente. A Luis Pulido, en julio de 1978, lo ascendieron a coronel y se marchó. Le entregó el batallón al nuevo Comandante, Hugo García Hernández, severo en la disciplina.

En ese tiempo, se termina el mandato de Carlos Andrés Pérez.

Sí, se acababa su primer mandato. En diciembre de 1978 hubo elecciones y ganó Luis Herrera Campíns. Carlos Andrés hablaba de la "Gran Venezuela" pero favoreció la corrupción más grande que se recuerde. Entregó un país endeudado. Por eso, en su discurso de toma de posesión, Luis Herrera afirmó: "*Recibo una Venezuela hipotecada*". Esa frase pasó a la historia. Mientras tanto, yo andaba en reuniones permanentes con Douglas Bravo.

¿En el Movimiento Ruptura?

Sí, y un tiempo después me eligieron miembro del Comité Central del PRV-Ruptura. Llegué a una reunión y Douglas me lo comunicó: "*Mira, 'José Antonio'* —era mi nombre de batalla—, *propuse, y fue aprobado por unanimidad, que formes parte, aunque no asistas a ninguna reunión por razones obvias, del Comité Central del PRV-Ruptura".*

Pero usted simpatizaba también con la Causa R ¿no?

Sí, el segundo semestre de 1978, mi radio de acción política se amplió, en plena campaña electoral conocí a Alfredo Maneiro, Secretario General de la Causa R.

¿En qué circunstancias?

Con Nancy, dejamos el rancho donde vivíamos y nos instalamos en un apartamentico que conseguí gracias a un compañero. Ahí nació Rosa. A los pocos días, Maneiro vino a ese apartamento. El enlace era mi amigo de Barinas, Federico Ruiz, el hermano de Vladimir. Nos encontramos en la plaza Bolívar de Maracay, yo iba con mi carro delante; Maneiro, con otro dirigente de La Causa R llamado Pablo Medina[20] y Federico venían en un jeep detrás. Maneiro manejaba con mucho cuidadito por la orilla de la carretera. Llegamos a mi casa, subieron, era una planta alta, nos pasamos todo un día conversando.

¿Qué le dijo Maneiro?

Primero, me dijo algo así como que, conmigo, ellos *"habían encontrado la cuarta pata de la mesa".*

¿Qué quería decir?

Que ya tenían las "tres primeras patas": la clase obrera —sobre todo en Ciudad Guayana[21] —; la clase media y los intelectuales; y ahora, con la

---

[20] Pablo Medina fue uno de los fundadores y Secretario general de la Causa Radical. Fue igualmente diputado en 1993 y uno de los fundadores de Patria para Todos (PPT) cuando se dividió la Causa R. Actualmente integra el Frente Social Cívico-Militar, opositor a la política de Hugo Chávez.

[21] La Causa R, desde su origen en 1971, consiguió crear un bastión obrero y una base electoral en el complejo siderúrgico Sidor, situado cerca de Ciudad Guayana (estado Bolívar).

Fuerza Armada que yo representaba, conseguían "la cuarta pata". Ellos hacían un importante trabajo de masas, y eso me interesaba para el proyecto de alianza cívico-militar al que yo pensaba seriamente. Para instruirme en ese tipo de tareas, incluso me mezclé, clandestino, con un grupo de militantes de la Causa R que, en ese tiempo, se metían en los barrios populares de Caracas, como Catia por ejemplo, a difundir octavillas y pegar afiches por las calles.

¿Qué más le dijo Maneiro?

Que un revolucionario debía tener dos principales cualidades: profunda convicción ideológica, y eficacia total en la realización de sus misiones. Dos aptitudes poco fáciles de encontrar, finalmente, en un militante. Cuántas veces he recordado esas palabras de Maneiro... Desde que estoy en la Presidencia, muchas veces he comprobado cómo algunos compañeros, a los que se les confían tareas fundamentales, se revelan —por torpeza, por ineptitud o por flojera—, incapaces de realizarlas. O se olvidan de que éste es un gobierno revolucionario al servicio del pueblo, y se comportan como pequeños sátrapas burocratizados, cuando no corruptos...

Buena observación de Maneiro.

Sí, muy buena. Tenía un gran sentido de la estrategia. Me habló de la necesidad de crear una vanguardia porque, sin ella, el movimiento popular por impetuoso que fuese fracasaría. Él había teorizado eso en su libro *Notas negativas.*[22] Retirándose ya —no se me borra—, me dijo: *"Mire, Chávez, no se olvide nunca de que esto es para largo..."*. Él sabía —yo se lo comenté— que me reunía con Douglas Bravo y con la gente del movimiento Ruptura. Incluso empecé a plantear la unidad de todos esos movimientos, cosa que siempre fue imposible; pasaron los años, llegó el 4 de febrero [*de 1992*], y no se logró la unidad con las izquierdas. Nos alzamos nosotros

---

[22] Alfredo Maneiro: *Notas negativas,* Editorial Venezuela 83, Caracas, 1971.

solos prácticamente, el movimiento militar; después de tratar, por muchas vías, de constituir un movimiento de masas, un movimiento político, con la clase obrera, los estudiantes, los campesinos, las masas en las ciudades. ¡Fue imposible! No hubo manera... A lo mejor, Maneiro me vio muy impetuoso, y por eso me aconsejó: *"No se vaya a comprometer con ningún movimiento de corto plazo, sería un fracaso. Esto es para largo, una década por lo menos, recuérdelo siempre"*.

¿Trató usted de juntar a Maneiro y a Douglas Bravo?

Sí, yo me reunía por separado con cada uno de ellos. Era absurdo. Y empecé a decirles: — *¿Por qué no tratan de unirse?* — Pero no hubo manera, cada uno rechazaba la idea de encontrarse con el otro. Tampoco el grupo de militares que Hugo Trejo había constituido quería reunirse con nosotros, los oficiales bolivarianos. Ni siquiera eso. Cada organización hablaba mal de las demás. Todo era división, dispersión... Un desastre. Pasó el tiempo, y cuando se produjo el "Caracazo" [*el 27 de febrero de 1989*], toda la oposición de izquierda seguía fragmentada, desintegrada, dividida en mil pedazos, una torre de babel... Llegó la rebelión del 4 de febrero [*de 1992*] y nosotros, los militares revolucionarios, tuvimos que lanzarnos solos a la acción porque ninguna organización política de izquierda consiguió ponerse de acuerdo con las demás para sumarse a la Revolución Bolivariana. Todas tenían la misma obsesión: hegemonizar el movimiento revolucionario, y ese objetivo prioritario les conducía a pelearse unas con otras... Una tragedia... Razón tenía Bolívar cuando reclamaba: *"Unión, unión o la anarquía nos devorará"*, y cuando afirmaba: *"Solamente la unión nos falta para completar la obra de nuestra regeneración"*. La segmentación, la discordia, la falta de visión histórica de la izquierda, su incapacidad para unirse, son algunas de las razones principales de la frecuente victoria de las derechas en América Latina.

¿Qué diferencias de doctrina había entre el Movimiento Ruptura y la Causa R?

Yo diría que Maneiro y la Causa R se proponían, a largo plazo, la organización de una gran huelga general que desembocase en una insurrección de la clase obrera, apoyada por algunos sectores de la Fuerza Armada, lo cual debía permitir la llegada al poder de un gobierno revolucionario de los trabajadores.[23] Mientras que Douglas Bravo y Ruptura apostaban, como ya le dije, por un levantamiento revolucionario cívico-militar para derrocar el orden corrupto existente e instalar en el poder un gobierno bolivariano, patriótico y revolucionario. Las dos opciones me parecían legítimas e interesantes. Y había posibilidad, estoy convencido de ello, de realizar una síntesis unitaria entre las dos posiciones. Pero las divisiones y rivalidades eran tan fuertes que llegué a preguntarme, con cierta preocupación, si cualquier día también se pelearían conmigo. Lo cual me podía poner en peligro si alguien revelaba o delataba mi condición de militar. En cualquier caso, ante esas luchas fratricidas empecé a pensar, aunque confusamente, que finalmente el movimiento debía surgir en el seno mismo de las Fuerzas Armadas. Y que ese movimiento, por esencia bolivariano, tenía vocación a unificar y a monitorear la necesaria alianza cívico-militar.

¿Por eso, mientras tanto, usted seguía constituyendo su propia red en el ámbito militar?

Sí. No sólo militar, comienzo también a hacer amistades en el deporte, en la cultura, en la Universidad, y a organizar actos artísticos incluso en el patio del batallón. Había un suboficial músico que dirigía la banda marcial. Se apellidaba Maluenga, de Barinas, tocaba arpa. Tenía una orquestica también y se ganaba la vida tocando por aquí y por allá. Un día le digo: *"Maluenga, ¿por qué no empezamos a presentar espectáculos en el batallón?"*. Los viernes había película, y antes de la película podíamos presentar unos grupos, media hora. Así hicimos. Una noche llevamos a Cristina Maica que tenía entonces unos 15 años...

---

[23] Véase Alfredo Maneiro: *Ideas políticas para el debate actual* (selección de textos realizada por Marta Harnecker), Editorial El perro y la rana, Caracas, 2007.

¿Quién es?

Una gran cantante. Recuerdo que Maluenga me dijo: *"No se olvide de ese nombre: Cristina Maica. Esa carajita va a ser una gran cantante"*. No se equivocó; es de las mejores. Fidel se enamoró de ella. Cuando vino [*en octubre de 2000*], almorzamos en la Cancillería, invitamos a Cristina y cantó; se paseaba por las mesas... Interpretó una canción muy popular: *"La vecina"*. Es la historia de una mujer celosa que le canta a su rival: *"Con lo mío, mío, mío; con lo mío no se meta... que para un desafío hay que ser mujer completa"*. Fidel, todo el tiempo mirándola. Termina el canto, Fidel la abraza y me dice señalándola: *"Con lo mío, mío, mío... Con lo mío no se meta"*. Me alertó que yo no me metiera... La Cristina quedó impactada por Fidel.

Un día llevamos también a Reyna Lucero. Aún no había grabado su primer disco, no era muy conocida. Amiga de Maluenga. Otras veces las cosas eran más complicadas.

¿Por qué?

Verá, una noche me recomiendan invitar al negro Liendo y su grupo musical "Cuero, Madera y Costa" (Cumaco) de afrodescendientes, con tambores y bailes. Era en el patio y aquello estaba lleno de soldados. Después del baile de las muchachas, Liendo, con su guitarra, se puso a cantar... Estaba presente un grupo de oficiales. Liendo empieza con una canción romántica, pero ya la segunda es una canción protesta de Alí Primera, bien candente. Un estudiante le habla a un soldado y le dice algo así: *"No sé por qué piensas tú, soldado, que te odio yo, si somos la misma cosa, soldado, yo y tú"*.[24] Los soldados, que son pueblo, se pararon [*se pusieron de pie*] a aplaudir con entusiasmo... Yo miraba para el grupo de oficiales... Después Liendo va y canta: *"Comandante Che te mataron"*. Y cinco canciones

---

[24] Adaptado del poema del autor cubano Nicolás Guillén (1904-1989) "Soldado, aprende a tirar...", del libro de poemas *Cantos para soldados y sones para turistas* (1937).

más de candela... Pensé: *"Me metí en tremendo lío"*. Pero no; los oficiales tranquilos. Por supuesto felicité a Liendo e invité a los artistas al casino de oficiales. Y finalmente eso no impidió que me nombraran jefe del casino de oficiales y administrador.

¿Nadie le llamó la atención por esas canciones protesta?

En un primer tiempo, no. El Comandante García Hernández no había estado en el patio, se quedó trabajando hasta tarde en el comando. Pero me mandó a llamar: *"Me ha llegado la novedad de que en el patio cantaron canciones de protesta"*. Le dije: *"Sí, mi Comandante, invité al señor Liendo, pero no sabía que iba a cantar esas canciones"*. Me dice: *"Que no se repita"*. Y añade: *"Porque hay que cuidar el batallón. Pero déjeme decirle: no estoy en contra de ese tipo de música. Quiero que lo sepa"*. Y me pregunta: *"¿Va usted para su casa?"*. *"Sí"*. *"Bueno, véngase conmigo"*. Me llevó en su camioneta protocolar, una Ford larga. En el camino, me dice bajitico para que no lo oyeran el escolta y el chofer: *"Usted es un hombre de ideas progresistas ¿verdad?"*. Ya yo estaba comprometido en el movimiento Ruptura con Douglas. Le digo: *"¿A qué se refiere?"*. Porque en el Ejército siempre hubo corrientes progresistas, nunca murieron totalmente, y él andaba en una de ellas. Me contesta: *"Lo veo a usted progresista. Siga así. Pero tenga cuidado, hay mucho sapo* [chivato]. *Así que salúdeme al señor Liendo, pero por favor no lo vuelva a traer"*.

Le expresó cierta complicidad.

Sí, ese Comandante García Hernández fue quizá quien mejor me entendió en toda mi carrera. A pesar de que era un carajo muy jodido. Un día me arrestó.

¿Por qué?

Fue con ocasión de unas elecciones. En el marco del Plan República, García Hernández nos había mandado a la ciudad de San Carlos a apoyar, desde el punto de vista logístico, las elecciones [*del 3 de diciembre de 1978*] que ganó Luis Herrera Campíns, de Copei. Tuvimos un desempeño correcto. Seis meses después, [*el 3 de junio de 1979*] fueron las elecciones de Concejos municipales, y regresamos. Yo era oficial de logística, y el Comandante me mandó adelante, a buscar alojamiento para los soldados... Yo siempre trataba de obtener lo mejor, me metía en la Gobernación: *"Tienen que apoyarnos, nos faltan vehículos, no podemos dormir en el suelo..."*. Pasé dos días coordinando... Hubo un buen apoyo del gobierno —adeco— de ese Estado, y obtuve instalaciones de primera para las tropas, buen comedor en una escuela agrícola, buenas camas, vehículos... Incluso un hotel para los oficiales. El batallón venía en columna; conseguí unas motos de tránsito y fuimos a esperar a la columna para que el batallón entrase en San Carlos con la solemnidad que se merecía. Hasta conseguí que la banda de música de la Gobernación le tocase la bienvenida...

Entonces, ¿por qué lo arrestaron?

Es que conocí a una muchacha... Yo pecador me confieso. Una catira muy linda que trabajaba en el Registro Electoral. Yo había cumplido mi misión incluso más allá de lo previsto, y me hallaba libre. Llevaba dos o tres días sin descansar, y salí esa noche con la muchacha. Nos quedamos hasta un poco tarde y me tomé quizá dos o tres tragos. Nunca me emborraché, jamás en mi vida. En la mañana, voy a dar novedades al comandante. Me le acerco: *"Mi Comandante, buenos días"*. Él siente seguramente aliento alcohólico. Y me dice: *"¿Dónde estaba usted anoche?"*. Le digo: *"Salí con una amiga y me tomé unos tragos"*. *"Está arrestado"*. *"Entendido"*. Cuarenta y ocho horas de arresto. Después me llamó y me preguntó: *"¿Por qué falló?"*. Le digo: *"Mi Comandante, acepto la sanción, pero todavía no sé por qué me sancionó, cumplí con todas mis responsabilidades. El resto era tiempo personal libre. Usted me felicitó por escrito. Pareciera que hay una contradicción..."*. Pero él me insiste: *"¿Por qué incumplió mi orden?"*. *"¿Cuál orden?"*. *"¿No oyó la orden que di en reunión cuando dije que ningún oficial saliera de las instalaciones sin mi permiso"*. Le digo: *"No participé en esa reunión"*. *"¿Entonces*

*usted ignoraba la orden?". "Sí. Tenga la seguridad de que, si hubiese sabido...
aunque pasara por mi lado Sofía Loren...".* Entonces me dijo: *"Bueno, de vez
en cuando hace falta una sanción".* Me recordó que el reglamento indica: *"El
desconocimiento de una orden no implica su no cumplimiento".* Pero añadió:
"Lo lamento mucho".

¿Eso lo consoló?

García Hernández era un oficial que me apreciaba bastante. En un momento, escribe una apreciación sobre mí, y pone —disculpe la inmodes-
tia— lo siguiente: *"Posee relevantes condiciones para el mando, que lo hacen
un excelente conductor de hombres. Goza de gran prestigio y ascendiente sobre
sus soldados. Es honesto, franco, leal y sincero; es meticuloso en la supervisión
de las órdenes que emite. Altamente responsable. Se le puede asignar cualquier
misión acorde a su grado. Es progresista, tiene la mente abierta a nuevas ideas,
y dispuesto a superarse".*

¿La calificación de "progresista" no podía causarle problemas?

Tal como él lo presenta, no. Porque es en el sentido de alguien que desea
progresar, y no en el sentido político.

¿Usted seguía ensanchando el círculo de sus amistades?

Sí, se ampliaban mis relaciones sociales en Maracay. Estaba yo en plena
forma, imagínese: el Movimiento Ruptura y Douglas Bravo por un lado,
La Causa R y Alfredo Maneiro por el otro. Y en medio de ese crecimiento
espiritual, personal, moral, político, me dio por pintar y por escribir. Es la
época en que escribo cuentos, relatos cortos. Escribí incluso uno que mandé
para el concurso de cuentos del diario *El Nacional*, un concurso anual que tenía
mucho prestigio; eso se vino abajo estos últimos años. En la Fuerza Armada
también había un concurso de historia. E hice una investigación sobre "Maisanta" que resurge entonces en mi camino con más claridad.

¿En qué sentido?

En el sentido de que la vida y ejemplo de aquel viejo guerrillero, bisabuelo mío, va a tener más influencia en mi trayectoria personal que otros contactos políticos. Por ejemplo, seguía viéndome con Douglas y con Maneiro. Pero mucho más que la influencia de esas personalidades vivas, algunas legendarias, sobre aquel joven de 24 años, la principal influencia la ejerció un muerto, junto con Bolívar y su pensamiento: Pedro Pérez Delgado "Maisanta". Ya andaba yo en busca de las raíces históricas. No sólo mías, sino que, de lo mío salté a lo colectivo, al Ejército, y más allá al país.

¿Seguía usted jugando al béisbol?

Sí, en Maracay aparece también el deporte. A través de "Chicho" Romero, me meto a jugar béisbol. Pero el batallón era mi primera responsabilidad de todos los días.

¿Su principal preocupación?

Absolutamente. Recibo el premio de mejor instructor de la unidad de tanques. Siempre me gustó la pedagogía. Cuando llegaban los reclutas me los llevaba al fondo del cuartel a unas microcanchas donde no había mucho espacio para disparar. Los nuevos tienen que atravesar corriendo unas alambradas mientras se les dispara cartuchos de fogueo. Pero el cartucho de fogueo si se dispara de cerca quema. Entonces ¿qué hacía yo? Mandaba buscar limones pequeños, los metíamos en cal mojada y quedaban pintaditos de blanco. Luego ponía a los tiradores a lo largo de la ruta. Recluta que llegara manchado de blanco estaba "muerto", tenía que pasar otra vez la cancha. Los reclutas volaban...

¿Eso servía para los tanques?

No, era la instrucción individual, luego venía la de tanques. Hacíamos un campo minado con minas con cal. Y tanque que pisara... Era para enseñar a los conductores. Con los sargentos hacíamos también ayudas de instrucción, dibujos. Con madera y con anime simulábamos partes del tanque para explicar mejor. Teníamos creatividad. Los viernes había mantenimiento. Había que engrasar el tanque, limpiarlo... Desde las cinco de la mañana estaba uno metido en los tanques, lleno de grasa. El Comandante venía a pasar revista: *"¡Abra la batería!"*. Para ver si tenía agua. *"¡Mida el aceite!"*. Le hacía preguntas a los soldados. A veces sancionaba a algún pelotón, a mí me tocó varias veces quedarme el sábado repitiendo el mantenimiento. O felicitaban: *"Permiso especial para el pelotón"*. Después de la revista, los oficiales nos íbamos con el Comandante, a jugar bolas criollas o dominó en el casino. Era una buena costumbre, una confraternidad; se olvidaba la disciplina.

¿Los soldados de esa unidad de tanques, eran voluntarios?

No. En ese tiempo todavía se hacía el servicio militar y a los reclutas los destinaban según las necesidades de los servicios. Varias veces fui a buscar reclutas, a entrevistarlos, para seleccionar. Cada oficial trataba de llevarse a los mejores. A veces había jóvenes con problemas psicológicos, pero la mayoría eran buenos muchachos. Muchos desempleados se presentaban porque no tenían donde estudiar, estaban excluidos de estudios, de trabajo, etc. Era una forma de buscar un camino aunque fuese por un corto tiempo.

¿Detectó usted a algún otro oficial progresista?

Recuerdo que había un abogado, el Dr. López, que visitaba el batallón los viernes por la tarde. Era un intelectual que había militado en el Movimiento Electoral del Pueblo... Con él organizamos unas Cooperativas de consumo. Cada oficial aportaba una suma, luego íbamos al mercado popular y comprábamos para todos. En otra ocasión él, el teniente Alastre y yo nos planteamos cómo solucionar, con medidas colectivas, el problema de las viviendas de los oficiales. López era sin duda un hombre de izquierda.

Un día, por algún comentario que hizo, el servicio de inteligencia del Comando superior le prohibió entrar al batallón. Cosa extraña, porque López nunca hablaba explícitamente de política. El propio Comandante García, en reunión pequeña, nos confesó que no estaba de acuerdo, aunque tenía que cumplir la orden.

¿Había un servicio de inteligencia?

Sí, claro. Mi compañero Salazar, el de la captación de aspirantes, apodado "Pedro el malo", era el oficial de inteligencia de ahí. A mí me vigilaba bastante porque veía que yo leía... En esos días, llegó un señor a vender libros en el cuartel y compré algunos. Al rato, Salazar me llamó: *"Supe que compraste unos libros"*. Le dije: *"¿Cómo se enteró? ¿Me anda usted vigilando?"*. *"No, pero recuerda que soy el oficial de inteligencia y me entero de muchas cosas"*. *"Bueno, ¿y qué tiene eso que ver con mis lecturas?"*. Yo lo enfrentaba. Después me pregunté: *"¿No será esto una operación de inteligencia?"*.

¿Lo qué? ¿Los libros?

¡Ajá! Para observar lo que cada cual leía. Lo cierto es que compré varios libros, sobre las grandes corrientes políticas del siglo XX. Eran cuatro y aún los conservo: *Comunismo: de Marx a Mao Tse-tung*; *Fascismo: de Hitler a Mussolini*; *Capitalismo: de Manchester a Wall Street*; *Socialismo: de la lucha de clases al Estado providencia*.[25] Los autores eran varios. El más interesante era Iring Fetscher,[26] autor de los tomos sobre el comunismo y el socialismo ¿Lo conoce usted?

---

[25] Se trata de una enciclopedia política en cuatro volúmenes: Iring Fetscher, *Comunismo. De Marx a Mao Tse-tung*; Ernst Nolte, *Fascismo. De Mussolini a Hitler*; Iring Fetscher, *Socialismo. De la lucha de clases al Estado providencia*; Diether Stolze, *Capitalismo. De Manchester a Wall Street*, editados por Plaza & Janés, Barcelona, 1975.

[26] Iring Fetscher (n. 1922), profesor de ciencias políticas y de filosofía social en la Universidad de Francfort (Alemania) de 1963 a 1988. Especialista de Jean-Jacques Rousseau, Hegel y Marx, y autor de una decena de libros traducidos en varias lenguas.

No.

Es un politólogo alemán muy interesante... Los cuatro tomos forman una Enciclopedia política. Los estudié muy de cerca. Ahí empiezo a reflexionar sobre el socialismo primitivo, los primeros cristianos y el mensaje socialista de Jesucristo. A propósito de la Judea del siglo VIII antes de Cristo, Iring Fetscher escribe lo siguiente: *"En tiempo de gran tirantez interna y externa, a la vista de la creciente miseria de los pobres y la máxima concentración de la riqueza en pocas manos, aparecieron los grandes profetas y exhortaron a la reversión de aquellas condiciones. En el año 765 antes de Cristo, apareció el más antiguo y acaso el más grande de aquellos profetas: Amós, y lanzó en nombre de Jehová su maldición contra los ricos: 'Quiero enviar a Judea un fuego que aniquilará los palacios de Jerusalén... porque vendieron al justo por dinero y al pobre por un par de zapatos' "*.[18] Y añade Fetscher: *"Idénticos tonos hallamos en Oseas y, sobre todo, en Isaías: '¡Ay de aquellos que añaden una casa a otra y un campo a otro, hasta que deja de haber espacio y ellos solos poseen la región!' "*.[27]

Muy interesante,[28] está en la línea del "Sermón de la Montaña".

Sí, pero es de mucho antes. Aunque luego llega Cristo y confirma esa línea. Escribe Fetscher: *"La doctrina de Jesús y el cristianismo primitivo. Las capas sociales en las que Jesús encontró primeramente partidarios de la nueva doctrina fueron las mismas en las que se reclutaban los esenios[29] (...) Jesús condenó a los ricos, sin ulteriores diferenciaciones, con duras palabras como se demuestra en las expresiones del 'Sermón de la montaña', tal como aparecen en el Evangelio de Lucas, que transcribe el texto más antiguo y auténtico: 'Sed bienaventurados*

---

[27] Amós, 2: 5-7.

[28] Isaías, 5: 8.

[29] Los Esenios eran una congregación judía considerada por algunos como el germen del cristianismo. El historiador francés Ernest Renan (1823-1892) llegó a afirmar que "el cristianismo fue en gran medida el esenismo triunfante". Algunos historiadores sostienen que Jesús tenía relaciones con ellos. Se les conoce mejor desde el descubrimiento, en 1946, de los "Manuscritos del Mar Muerto".

vosotros, los pobres, porque vuestro es el reino de Dios. Sed bienaventurados vosotros, los hambrientos, porque seréis hartos. Sed bienaventurados vosotros, los que lloráis, porque reiréis... Pero, por contra, ¡Ay de vosotros, los ricos!, porque tenéis lejos vuestro consuelo. ¡Ay de vosotros, los que estáis hartos!, porque pasaréis hambre. ¡Ay de vosotros, los que aquí reís!, porque lloraréis y aullaréis' ". [30]

La Iglesia acomodó a Jesús y lo puso como un bobo... Cuando, en verdad, Cristo era un revolucionario radical.

---

[30] Lucas, 6, 20-25.

CAPÍTULO **10**

Conspirando y reclutando

El agua mansa – *El poder está en usted* –
La victoria sandinista en Nicaragua – Marx y Bolívar –
Vuelvan caras – La primera microcélula – Captando cadetes –
La teoría de las crisis – Viaje a la República Dominicana –
De vuelta a la Academia – Edward De Bono –
"Herramientas del pensamiento" – Primera aparición en televisión –
El "show" de Popy – Consejos de Hugo Trejo –
El general Olavarría – Semillero de revolucionarios –
La muerte de la Mamá Rosa – Un poema y un juramento.

Mi impresión es que, al final de los años 1970 y principios de los años 1980, vive usted —en lo personal, en lo intelectual y en lo profesional—, una especie de eclosión. Se produce una afirmación de su personalidad, una mayor confianza en sí mismo, en sus cualidades, en sus potencialidades. Parece usted maduro para pasar al acto.

En esos años —1978, 79 y 80—, en efecto, siento como un conjunto de disparadores, en lo espiritual, en lo ideológico, en lo político... Aunque siguen siendo años de estudio y de reflexión. Pero ya comienzo en serio a preparar informes políticos y ponencias sobre temas militares para las reuniones con Douglas Bravo y el comando del PRV-Ruptura. Ya era el movimiento Cívico Militar, aún no era el MBR-200. También recuerdo haber leído mucho a Alfredo Maneiro, bastante más intelectual que Douglas; aunque respeto intelectualmente a Douglas. Esta obra de Maneiro, por ejemplo, [*muestra el libro*] *Notas Políticas,* constituyó una lectura de consulta de aquellos años. Son las ideas de Maneiro, sus discursos, "notas negativas", así las llamaba él. Murió de un infarto fulminante, con menos de 50 años.

Esto [*muestra un folleto*] es un discurso de Maneiro del año 1971. Ellos sacaban una revista cultural llamada *La casa del agua mansa,* una expresión tomada de un verso de Bertolt Brecht que dice más o menos: *"El agua mansa en movimiento triunfa contra la roca dura, con el tiempo".* El agua no horada la *piedra* por su fuerza sino por su constancia. Era parte de nuestra filosofía: no convertirse en cascada, todavía. Vendrán las cascadas, vendrán los torbellinos, pero, por ahora: agua mansa. ·

Eran los días de investigar sobre "Maisanta", de leer mucho sobre la historia para entender mejor todo el proceso de la Venezuela del siglo XX. Porque a nosotros nos enseñaron —sólo a medias—, la "historia heroica" nada más, y únicamente la del siglo XIX. Como si el siglo XX no hubiera existido...

No se hablaba de historia social, sólo de "historia heroica".

Para nada. Solamente la "historia heroica": las batallas, las guerras, los acontecimientos sin entramado social o económico. Por esa época leí un libro —ya le hablé de él— que tuvo importancia para mí: *El poder está en usted.*[1] En él, una frase de Víctor Hugo se me grabó para siempre: *"No hay en el mundo nada más poderoso como una idea cuya hora llegó...".* Yo leía esto en Maracay, en agosto de 1978... Este libro me ayudó mucho a madurar, como aquella Enciclopedia de Quillet, comenzando yo a ser padre de familia, teniente ya con responsabilidades, etc.

---

[1] Claude M. Bristol (1891-1951), *TNT: El Poder está en usted,* Ed. Central, Buenos Aires, 1969.

En julio de 1979 es la victoria sandinista en Nicaragua. ¿Recuerda usted si eso se comentó en esos círculos políticos que frecuentaba?

Claro. La victoria sandinista significó para nosotros un impulso muy positivo. Seguimos aquella epopeya con sumo interés. La toma de Managua... Yo andaba, en esa época, en reuniones con Douglas. Ya hablamos de todo esto: apareció el coronel Hugo Trejo y un grupo de oficiales nacionalistas. Comenzamos a reunirnos con ellos. Apareció William Izarra, militar activo todavía. Y entramos en contacto con un grupo, que ya le cité, llamado ARMA, Asociación Revolucionaria de Militares Activos. Luego ese movimiento se lo llevó el viento; algunos se incorporaron al nuestro, otros se fueron.

Eran también días en los que me consagraba a la pintura. Pinté unos cuadros... Es decir, yo andaba en una plenitud esplendorosa...

Desde un punto de vista sentimental, intelectual, profesional, político...

Sí, en todos los aspectos: profesional, político, cultural... Y me puse a pintar de nuevo. Este cuadrito que retrata el rostro de José Antonio Páez [*exhibe el cuadro*] ganó un premio en la Brigada Blindada, en Valencia, en un concurso de cuadros pintados por oficiales... Este otro lienzo —*Sombra de guerra en el Golfo*— representa el patio del cuartel de Maracay que sigue igualito como si el tiempo no hubiera pasado. Le voy a decir cómo lo pinté. Era la vista del patio desde la ventanita de mi cuarto. Abría la ventana y veía la cuadra de la tropa de la compañía de mando, un baño de soldado, un depósito de armas y el patio de formación; y de este otro lado: una hilera de estructuras.

Lo pinté en circunstancias particulares: corría el año 1980, íbamos a salir para la frontera, por un conflicto con Colombia. A punto de estallar la guerra, nos mandaban a la frontera por el golfo de Maracaibo. Yo salía al amanecer con un pelotón de tanques que ya estaban listos. Me levanté muy temprano, abrí la ventana, hacía frío, y de pronto vi el cielo encendido, de un rojo ardiente, y exclamé: "*¡Dios mío, la guerra!*".

¿Parecía un paisaje de bombardeo?

Sí, pero era un fastuoso amanecer.... De repente percibí la crudeza de lo que pudiera ser una guerra... Y me dije: "Si vuelvo vivo voy a pintar cuadros". Y cuando regresé pinté esta vista. Después me lo traje a la Academia Militar, al año siguiente, cuando volví de capitán. Al maestro Quintanilla, mi profesor de pintura, le gustó; me dijo: *"¿Me permites que le haga un retoque?"* —Yo esto jamás lo había confesado—. Me comentó: *"El cuadro está bello, Chávez, pero déjame hacerle un retoque"*. Y le hizo estos oscuros aquí, unas sombras que son árboles y le dan al cuadro una dimensión especial. Como un ojo que se abre. Bueno, fueron años esplendorosos, con un ritmo de crecimiento en todos los órdenes.

¿Sacaron ustedes alguna lección de la victoria sandinista?

Para nosotros, la Revolución Sandinista constituyó un gran impulso en ese julio de 1979. Recuerdo que, en reunión de la dirección del PRD, presidida por Douglas, analizamos la experiencia y la importancia de la unión del pueblo con las fuerzas armadas. Los sandinistas demostraban cómo una fuerza guerrillera era capaz —como el caso cubano— de derrotar a un ejército regular. ¿Por qué? Porque ese ejército no tenía apoyo popular. Era utilizado por un tirano para atropellar a su pueblo, y eso, a un ejército, le crea una gran debilidad. También analizábamos mucho lo de Mao: el pueblo es al ejército como el agua al pez.

¿En esa victoria de la guerrilla sandinista, Douglas, por ejemplo, encontraba justificación para la estrategia guerrillera o no? ¿Pensaron ustedes en relanzar las guerrillas?

No. La renuncia a las armas era irreversible.

¿La victoria sandinista no vuelve a darles ganas de regresar a las armas?

No, en absoluto, porque aquí las guerrillas venían saliendo de la derrota. Y además, Venezuela no era Nicaragua, la Fuerza Armada venezolana no era el ejército de Somoza. Aquí no había condiciones. Es más, creo que nunca las hubo para que un movimiento guerrillero brotara con fuerza. El Che Guevara estuvo evaluando venir a Venezuela antes de ir a Bolivia, y por diversas consideraciones prefirió irse a los Andes bolivianos. Nunca hubo aquí condiciones realmente objetivas.

¿Ni siquiera en los años 1960, cuando los cubanos estuvieron combatiendo con las guerrillas venezolanas?

Incluso a esos cubanos los sorprende el ejército venezolano allí, en el desembarco, y mueren algunos. El comandante Arnaldo Ochoa y otros tienen que replegarse, se van por Falcón y luego, al poco tiempo, retornan a Cuba. Bueno, fíjese en el infeliz destino de algunos de los líderes: Gabriel Puerta Aponte, uno de los grandes jefes de aquella guerrilla, o Teodoro Petkoff, ¿dónde están hoy? En la oposición sistemática a la revolución, en el bando reaccionario... El único de aquellos líderes que uno respeta porque mantuvo la altura es Douglas Bravo. Bueno, y algunos otros como, por ejemplo, Alí Rodríguez que siempre ha sido consecuente con sus ideas. Lamentablemente no había, en realidad, un trabajo de masas... Por otra parte, Nicaragua era y sigue siendo un pueblo heroico de campesinos (y de grandes poetas), mientras que aquí, como ya le dije, los campesinos se vinieron todos a las ciudades en los años 1960, los campos estaban prácticamente solos.

Tampoco se puede comparar el sistema político dictatorial de Somoza con la "democracia imperfecta" de aquella Venezuela, me imagino.

Eran sistemas muy distintos. Aunque aquí hubo tortura y represión, las situaciones no eran comparables. Venezuela, por más que fue expoliada y robada, sin embargo los gobiernos disponían de recursos económicos para distribuir algo a la ciudadanía, mantener un mínimo equilibrio, una mini estabilidad. Por ello sin duda, la dirigencia de las guerrillas, en un proceso de revisión intensa, tanto Douglas como Maneiro —y quizás Maneiro con más profundidad que Douglas, porque Douglas nunca avanzó más allá de pequeños grupos—, no fueron capaces de crear un movimiento guerrillero poderoso.

Alfredo Maneiro se orientó —recuerdo que discutían el tema de Catia y el de los movimientos revolucionarios en Caracas y en los barrios populosos de las grandes concentraciones urbanas— hacia el trabajo con la clase obrera en Guayana, en los Matanceros de Sidor. Y también un gran trabajo con los intelectuales. Sacaban, ya se lo dije, la revista *El Agua Mansa*. Recuerdo haber enviado una carta... De lo cual me arrepentí porque la escribí de puño y letra, una imprudencia. Exclamé: "*¡Dios mío! He violado los códigos de seguridad*". Luego me informaron que el propio Maneiro quemó la carta después de haberla leído.

¿Qué decía en esa carta?

Era un reclamo, una sugerencia, como se quiera llamar, porque me llega la revista y había un capítulo titulado: "Los Fantasmas de la Casa del Agua Mansa". Cuando empiezo a leer, veo que los "fantasmas" eran Marx, Lenin, el Che, etc. pero por ningún lado estaban Bolívar, ni Simón Rodríguez, ni Zamora... Les escribí para que incluyeran a los "fantasmas" nuestros. Siempre vi como un error el intento de apuntalarse en el pensamiento de grandes figuras internacionales, olvidando nuestras raíces, nuestro arraigo bolivariano.

Hay un sentimiento marxista muy crítico con respecto a Simón Bolívar, basado en un célebre texto de Marx sobre el Libertador.[2]

En efecto, pero todo lo que Marx escribió no es palabra santa. Además redactó aquello —un artículo para una Enciclopedia norteamericana— basándose en otros textos, segundas o terceras fuentes.

---

[2] Karl Marx, "Bolívar y Ponte, Simon", *The New American Cyclopaedia*, Vol. III, 1858, reeditado en Karl Marx, *Simón Bolívar*, Sequitur, Madrid, 2001.

Muchos marxistas ignoran la riqueza del pensamiento revolucionario autóctono latinoamericano.

Creo que ha sido uno de los grandes errores. Fidel ha denunciado con frecuencia el desconocimiento de la obra de ese inmenso revolucionario que es José Martí. Sólo Mariátegui,[3] aunque murió muy joven, trató de teorizar un marxismo original con raíces nutridas en la realidad latinoamericana.

Usted ha hecho de las fuentes latinoamericanas un rasgo original de su pensamiento.

He tratado. Le voy a relatar una anécdota que me contó, en la cárcel, un abogado. Algo que él vivió cuando era joven, siendo estudiante de derecho y militante de izquierda. Su organización lo mandaba a la guerrilla, a Guárico, los fines de semana...

¿Sólo los fines de semana?

Sí, muchos estudiantes lo hacían, ingresaban al Partido Comunista y éste les confiaba misiones de guerrilla urbana o de guerrilla rural por unos días, en vacaciones o los fines de semana. Se iban a las guerrillas en los Llanos. Allí no había base social, y eso se compensaba con estos estudiantes de las ciudades.

¿Qué le contó el abogado?

Me cuenta que, con unos quince guerrilleros a caballo y unos fusiles, llegan a Corozopando, un pueblito del estado Guárico, cerca del río Apure, sabana adentro, en invierno. Toman el pueblo en el que había dos policías; los meten presos, les quitan los viejos fusiles, unos Mauser. Reúnen a

---

[3] José Carlos Mariátegui (1894-1930), escritor, filósofo, periodista y activista político peruano. Murió a los 35 años. Su pensamiento y su obra han tenido una gran influencia en los intelectuales de izquierda latinoamericanos. Su libro más importante es: *Siete ensayos de interpretación de la realidad peruana* (1928).

los habitantes del pueblo, unas doscientas personas ¡y plas! la arenga. El trabajo de masas pues. A él, como era estudiante y escribía bien, los jefes le dan la misión de pintar con *spray* en las paredes de casas derruidas: mensajes, grafitis... Él se pone a hacer pintadas por todas partes, y cuando regresa a la plaza: no hay nadie. La guerrilla se había esfumado. Y se habían llevado su caballo también. Sale corriendo pero se pierde en la sabana durante varios días. Por fin logra ubicar en un monte a los guerrilleros, los alcanza y los otros le preguntan: *"¿Dónde estaba usted, camarada? ¡Puso en peligro a la patrulla!"*. Él se defiende: *"Estaba cumpliendo la orden"*. Le abren un juicio. Lo sientan frente al primer y al segundo comandantes. Como era estudiante de derecho se defendió bien. Insistió: *"Estaba cumpliendo mi misión, haciendo las pintadas"*. Le preguntan: *"¿Y qué estaba pintando?"*. Responde: *"¡Viva Lenin!"*. Entonces el segundo comandante le pregunta: *"¿Y quién es Lenin?"*. Ahí irrumpe el primer comandante: *"Lenin es nuestro jefe de Caracas, así que vamos a perdonarle..."* [*risas*] Tenían un desconocimiento total de la historia revolucionaria. Quizá este abogado exagera un poco, pero eso revela lo que aquí pasó. Nunca hubo trabajo ideológico a fondo.

¿En eso también había una diferencia con Nicaragua?

Sí. Pero además, insisto, las condiciones económicas de Venezuela no eran las de Nicaragua, uno de los países más pobres del mundo. Venezuela era —y sigue siendo— una nación pobre pero con mayores recursos. Un país, como ya le comenté, prácticamente sin clase campesina, sin sectores campesinos. Pero, por supuesto, ese triunfo sandinista nos animó mucho. Aunque nosotros seguíamos estudiando el tema de la alianza del pueblo con el ejército. Ésa era nuestra referencia y nuestra brújula.

¿Usted seguía en Maracay?

Sí, yo paso tres años en ese Batallón "Bravos de Apure", y más o menos todas estas actividades políticas, intelectuales y culturales se mantienen.

Ahí es cuando me pongo a escribir... Hace poco aparecieron, en un maletín, unos manuscritos míos, unos cuentos, y entre ellos: *El Brazalete Tricolor*. Lo redacté en esos años de Maracay. También escribí otros como *Vuelvan Caras* que recoge la vida de los soldados y alude a la época de "Maisanta", primeros años del siglo XX.

Esa expresión "Vuelvan caras" ¿la crea usted?

No, no, esa expresión viene de una batalla de la guerra de Independencia, la batalla de Las Queseras del Medio, en los Llanos, en la que José Antonio Páez se enfrentó al general español Morillo. Fue en 1819. Páez utiliza la "estrategia de simula" aplicada a la caballería. Finge que se retira; Morillo lo persigue con su caballería, pero de repente: *"¡Vuelvan caras!"*. En un manejo muy hábil del caballo y de la lanza, los perseguidos se dan la vuelta, enfrentan a sus perseguidores desprevenidos y dispersos, y los derrotan. Una proeza bélica. Desde la otra orilla del río Arauca, Bolívar contempló esa acción, y redactó un parte dirigido a los "valientes soldados del Ejército de Apure". Los condecoró con la Cruz de los Libertadores. Fueron 150 hombres. Se vuelven, cruzan el río a caballo con sus lanzas y sorprenden al enemigo acampado en una mata en la ribera de enfrente. De ahí viene la expresión: "¡Vuelvan caras!".

¿Esos cuentos, los escribía usted para presentarlos a algún concurso?

Bueno, *Vuelvan Caras* lo escribí efectivamente para mandarlo a un concurso.

¿El que organizaba el diario *El Nacional*?

Correcto, pero no sé si lo leyeron. Nunca me respondieron. Luego, en esa misma época, escribí otro que se titula *Mauricio*.

¿Para otro concurso?

No, éste no. Lo escribí para mí. Es una fantasía. Un cuento metafórico sobre la necesidad del retorno de Simón Bolívar.[4]

¿Por qué "metafórico"?

Era una forma de expresar una angustia. No podía hacerse de otra manera. No podía ponerme a escribir en un libro todo lo que pensaba. Me echan del Ejército...

Mientras que mediante sus cuentos o sus pinturas...

La expresión artística me permitía evitar la censura. Así que, para resumir, en esa época decido asumir más mi papel en un proceso revolucionario

---

[4] Éste es el cuento *Mauricio*: «I. La tierra estaba reseca. Había pasado ya mucho tiempo desde el último aguacero. Los molinos abandonados ya no giraban al paso amigo del viento. Los que fueron grandes ríos navegables sólo conservaban un último aliento, y sus bosques yacían devorados por huracanes de fuego. La tierra estaba cansada, seguía esperando en silencio, ya sin gritos ni lamentos. Su cuerpo pasaba de mano en mano, se reducía y fragmentaba cruzado por profundas grietas. Su fertilidad se había extinguido y ya no podría ni alimentar a sus hijos con el fruto de sus entrañas. Casi 20 décadas habían pasado desde el parto fecundo de Carabobo. Hombres y mujeres sobrevivían en aquel submundo de desolación. Eran arrastrados por las horas, sin vestigios de esperanza. Hasta las escuelas eran escombros, y los niños deambulaban sin rumbo fijo buscando alimentos donde robarlos. Nadie se preocupaba tan siquiera por descubrir aquel mogote grande de monte bajo el cual había una figura humana con un brazo en alto levantando una espada rota montada sobre un caballo decapitado por el tiempo. ¿Qué teniente era éste? Éste es un teniente fatídico, solamente el loco Mauricio hacía varios años se atrevió en noche de plenilunio a llegar hasta el mogote grande; abrió un paso entre el monte tupido, hiriendo sus manos con las espinas, hasta que se topó con aquella olvidada figura. Siempre había sentido que ese sitio lo reclamaba, pero nunca se había atrevido a aproximarse hasta aquella noche en que Mamá Inés lo sorprendió absorto como en mil noches atrás mirando hacia el sitio iluminado por la luna y le colocó una vieja linterna sobre la mano izquierda y una peinilla con doble filo para su defensa contra los bichos del monte: *"Andá Mauricio, vete al mogote y que Dios te bendiga"*. Mamá Inés no podía olvidar que aquella mañana muy de madrugada en que parió a su hijo, hacía ya más de catorce años, ella oyó un trueno muy raro, y un rayo cayó sobre el mogote grande de monte.

II. Mauricio trabajó con furia por largo rato hasta descubrir la base sólida de concreto de forma rectangular, y hacia los cuatro lados consiguió igual número de bancos, también de concreto. Del lado norte, palpó una placa metálica y alumbró con la linterna, pudo medio leer cinco letras, pues las demás ya no existían: *"Padre"*. Luego trepó a la estatua y la limpió de maleza y bejucos, montó sobre el anca del caballo y se imaginó al galope cabalgando por sus sabanas, le acarició el cuello truncado y lloró por el corcel descabezado. Agarró con fuerza la mano de la estatua sobre el mango de la espada y quiso agitarla en alto hasta que se percató de su rigidez. Se puso furioso al darse cuenta que la espada estaba partida por la mitad. Bajó de un salto, subió nuevamente y trató de obligar a aquel hombre de piedra a que agarrara el machete con doble filo. Acarició su rostro y lo vio mil veces hasta que la linterna no pudo ayudarlo más. Entonces siguió palpando los surcos sobre la amplia frente, la larga nariz aguileña, el arco levantado de la ceja izquierda y aquellos ojos vacíos, huecos, sucios. Pensó hasta en sacarse los suyos para prestarlos al hombre de la espada rota, pero pronto se dijo que Mamá Inés se pondría furiosa si le llegaba sin ojos. Más tarde, mientras amanecía, Mauricio contaba a la Mamá Inés que había descubierto a su padre oculto en el mogote grande de monte. Le reclamó su mentira al negarle que tenía padre pero la perdonó al instante porque la quería muchísimo. Le dijo que conversaron. Le habló del caballo blanco correlón, de la espada larga que apuntaba al cielo, de los ojos vacíos de su padre, y por último, ya casi dormido en los brazos de la madre, le aseguró que, aunque ella siempre se refería a su padre como un ingrato sin sentimiento, él pronto tendría pruebas del tamaño inmenso del corazón de aquel hombre.

III. Mauricio volvía cada noche al mogote grande de monte y reclamaba al hombre que veía como su padre, le gritaba hasta el cansancio, le suplicaba, le lloraba, quería oír su voz, quería que lo abrazara, quería llegar con él sobre el gran caballo blanco a casa de Mamá Inés para demostrarle que sí tenía corazón. Tardó mucho para convencerse de que la estatua no le oía ni le respondería. Entonces tomó una decisión, una noche se llevó un viejo cincel y un martillo del cajón que siempre estaba bajo la cama de Mamá Inés, y después de llorar, pedir mil perdones y hacer otras mil promesas, procedió con sumo cuidado a sacar del lado izquierdo del duro pecho un trozo de piedra a la que daría la forma exacta de un gran corazón. Debajo del viejo topochal, lo sorprendió Mamá Inés tallando la piedra y teniendo de modelo un corazón dibujado en un viejo y destartalado libro de anatomía. Se le hincharon las manos y perdió varias uñas martillando y llorando. Se fue a la quebrada de la Madre Vieja y pulió las aristas con agua y arena. Cogió un temblador y quiso animarlo con una descarga eléctrica. Después de todo ese tratamiento, aquel corazón ya no parecía de piedra. Para darle vida, Mauricio se cortó una vena y recogió su misma sangre en una lata vieja. Allí sumergió su gran obra maestra y pasó largas horas con su madre, en vela, esperando un solo latido que apagase su pena.

IV. Una noche muy oscura, la Mamá Inés se fue para siempre. Los años y el hambre vencieron a la noble vieja. Entonces Mauricio, quien no había vuelto al mogote grande de monte, decidió enterrarla allí donde su padre la viera. Y en el ataúd de vieja madera, colocó sobre el pecho de su madre muerta aquel corazón que ya no era piedra. Lo sintió palpitar cuando entre sus manos lo oprimió con mucha fuerza. Al tercer día, estaba Mauricio mirando hacia el mogote grande de monte cuando un estruendo sacudió la tierra. Era como un trueno largo que venía del fondo de las cavernas. Y al instante, un rayo partió en dos la profunda oscuridad e iluminó los campos, la tierra se agrietó y comenzó a levantarse. Transcurrieron 33 días con sus noches y fueron 33 truenos con sus rayos que conmovieron al mundo. La tierra temblaba, se agrietaba y se levantaba cada vez más.

V. Los indígenas volvieron del silencio milenario gritando que la ira de los Dioses se volvía contra los hombres por haber usurpado sus tierras y arrasado sus campos. Se congregaron varias tribus al mando de sus caciques y se apoderaron del mogote grande de monte el cual ya era un alto promontorio. Lo limpiaron con las manos y adoraron al hombre de piedra con un hueco en el pecho y la espada rota sobre el caballo descabezado. Mauricio trataba de explicarles que aquel era su padre y que Mamá Inés estaba enterrada a sus pies. Alguien dijo haberlo visto en sus noches de delirio y aquella tarde cuando arrastraba el cajón de su madre muerta hacia el mogote grande de monte. Entonces le nombraron cacique. Le vistieron como tal y comenzaron a adorarle como "el hijo del hombre de piedra".

VI. Nunca se supo de dónde llegó aquel grupo de hombres y mujeres muy rubios con los ojos claros y hablando en lenguaje extraño. Trajeron aparatos muy raros y los instalaron sobre el mogote que ya era montaña, tomaron muestras del suelo, del monte, del agua que manaba por una grieta y reverdecía los campos, grabaron el trueno, filmaron el rayo y al hombre de piedra, y por último al cacique Mauricio le tomaron muestras de su sangre buena. Después, se empeñaron en tapar las grietas, trajeron grandes máquinas aéreas y sobre la montaña dejaron caer toneladas de piedras, concreto y arena. Pero cada noche volvía aquel estruendo y se estremecía la tierra y al amanecer siempre aparecían nuevas grietas. El hombre de la espada rota estaba tan alto que no le alcanzaba a Mauricio una sola noche para ir a acariciarle y a rogarle que no se le fuera con su Mamá Inés. Cuando no tuvo más fuerza, dejó ya de subir y volvió a las noches en vela mirando a lo alto llorando de pena. Los hombres extraños siguieron luchando contra aquello que ya era un palpitar por toda la tierra y hasta le dispararon con unos cañones de boca muy grande. Aviones inmensos dejaron caer cohetes y bombas. Tropas de muy lejos en paracaídas cayeron al monte. Pero cada noche el mogote crecía y palpitaba con fuerza de siglos.

VII. La noche número 33 reventó la tierra. Estaba muy oscura pues había luna nueva. La sacudida fue completa y violenta, y después del trueno vino una tormenta. Llovió a cántaros durante largas horas y al salir el sol, allí donde estuvo el mogote grande de monte que después fue montaña, un gran corazón se elevaba hacia el cielo y palpitaba con fuerza. La lluvia fue sangre y corría por las grietas abiertas de la madre tierra. Mauricio miró la figura inmensa, y entonces lanzó un grito que cruzó el espacio y fue a rebotar contra las praderas: "Padre ¿eres tú?". Luego oyó una voz que salió de la profundidad del corazón, y una gran sonrisa iluminó su rostro cansado de noches en vela: "Sí, hijo, soy yo, Simón Bolívar, y al resucitar en medio de vosotros, mis primeros votos son por la felicidad de la patria".

VIII. Ese otro día, al salir el sol, un gran caballo blanco relinchó sobre la ancha meseta que se extendía ahora desde el lugar desde donde emergió el inmenso corazón hasta más allá de los lejanos horizontes de la patria. Un hombre muy joven jineteaba en pelo con una espada muy larga en alto, rompiendo el viento y con uniforme de general en jefe. Era Mauricio».

que requería desarrollar muchas habilidades. Era una capacitación permanente. Y comienzo a buscar oficiales, porque yo solo no iba a hacer una rebelión. Ahí aparece el teniente Alastre —que después participó en la rebelión del 4 de febrero de 1992—. Era teniente y venía llegando de Francia, de hacer un curso; era especialista en tanques.

¿Cómo se estableció el contacto?

Una noche, estábamos de guardia, y él me consigue leyendo un libro político... No sé cuál. Ya éramos amigos, él jugaba béisbol también. Al verme leyendo aquel libro, me dice: *"¿Sabe usted que mi papá, el viejo Pedro Alastre, fue guerrillero?"*. Yo le pregunto: *"¿Cómo es eso?"*. *"Sí, me dice, mi papá fue del Partido Comunista. Cuando mi mamá estaba preñada de mí, los detuvieron a los dos; a él lo torturaron, y después se fue a las montañas?"*.

De ese modo, empecé a acercarme a él políticamente. Otro día le pregunto: *"Mira y ¿tú papá? ¿Más nunca lo has visto?"*. *"No, me contesta, está enfermo en Puerto Cabello. Mis padres se separaron. Son de Humocaro"*. Humocaro Alto, en Lara, por la montaña, un pueblo muy guerrillero. De ahí era también Argimiro Gabaldón.

¿Quién?

Argimiro Gabaldón, hijo del general José Rafael Gabaldón [*1882-1975*], protagonista de un alzamiento —la "gabaldonera" [*abril-mayo de 1929*]— en la época de Juan Vicente Gómez. Argimiro era hijo de ese viejo general. Se hizo guerrillero a principios de los años 1960. Murió en la montaña, en el estado Lara, de un accidente. Un día, en diciembre de 1964, estaban limpiando armamento, a un guerrillero se le escapó un tiro y mató a Argimiro...

¿Con Alastre crea usted un primer núcleo?

Alastre y yo conformamos una primera "microcélula", llamémosla así. Al poco tiempo, llegó al batallón otro subteniente, Carlos Díaz Reyes —que también estuvo en la rebelión del 4 de febrero de 1992—. Por casualidad, me entero de que su padre era igualmente un viejo comunista de Los Teques... Y por ahí empiezo a hablar con el muchacho: "*¿Y tú papá? ¿Cuándo viene?*". Un día llegó el viejo al cuartel... Con Díaz Reyes, Alastre y yo, ya éramos tres... Incluso recuerdo que un fin de semana, a algunos compañeros del Comité Central, entre los que estaba "Harold" —ese profesor de los Andes, cuyo nombre real es Nelson Sánchez— mi enlace con Douglas, les dije: "*¿Quieren ver los tanques?*". Y entramos al batallón con el pretexto de ir para el campo de softbol... Yo lo que quería era mostrarles que ya teníamos una célula. Vino Alastre y hablamos con ellos. Les dije: "*Todos esos tanques, algún día los sacamos para una rebelión*". Se impresionaron.

¿Esa célula fue aumentando?

Sí. En nuestro cuartel había un polígono de tiro, y muchas unidades de otras guarniciones iban allí a disparar. Yo aprovechaba cada vez que venía, por ejemplo, un batallón de paracaidistas. Les preguntaba: "*¿Qué necesitan?*". "*¿Quieren café?*", etc. Me relacionaba con ellos, los atendía, establecía contactos, amistades... También, en Maracay, se halla la Escuela de Aviación. Y allí estaba, de instructor de vuelo, mi amigo Luis Reyes. Yo lo visitaba. En una ocasión, lo invité a una reunión con Douglas. Habíamos decidido comenzar en serio la conformación de un aparato, montar una organización militar revolucionaria dentro de la Fuerza Armada. Luis asumió la tarea de comenzar a formar cuadros en el seno de la Fuerza Aérea, y yo en el Ejército. No descansamos. Le estoy hablando de antes de 1980, sobre todo 1978, 1979. Trabajamos duro en eso, captando oficiales y cadetes. Casi 20 años...

La situación favorecía su tarea ¿no?

Claro, la situación del país se iba deteriorando. La economía se degradó, la corrupción se desbocó. Carlos Andrés Pérez termina su mandato a principios de 1979, y deja a Venezuela endeudada, quebrada. Viene el "enfriamiento" de la economía decidido por su sucesor Luis Herrera Campíns [*1979-1984*], de Copei. Y se produce el "viernes negro" [*18 de febrero de 1983*] cuando se devaluó estrepitosamente el bolívar y cambió la historia económica de Venezuela. La crisis estalló brutalmente ese día, pero venía madurando como un volcán. Ahí afloró la pobreza, el desempleo, el subempleo, la corrupción... Es lo que, en alguna ocasión, he calificado de "teoría de las crisis", esa acumulación de crisis unas sobre otras. Venezuela entró en situación de entropía, un grado de desorden y de caos que tiende a escapar a todo control. El país se convirtió en un sistema totalmente entrópico, sin capacidad para detener el desorden en todos los sectores. La crisis moral vino a añadirse a la crisis económica; y ambas se unieron, siguieron degradando el sistema, y aquello se fue convirtiendo en una crisis política y social; tocó la médula social y la médula política.

¿Sentían ustedes la urgencia de actuar?

Sí. Pero recordando el aviso de Maneiro: aquello había que dejarlo madurar. Para que nuestra idea llegase a su hora. Mientras tanto, nosotros avanzábamos, pero lentamente. Como el agua mansa, sin prisa pero sin pausa. Y en ese entorno, en mi vida personal siguen ocurriendo cosas. Un buen día de 1980, nace María, mi segunda hija, después de Rosa; yo estaba todavía en el batallón...

Siempre en Maracay.

En Maracay. En esa época viajé a la República Dominicana, a Santo Domingo, esa hermosísima ciudad del Caribe. Fui a jugar béisbol y softbol, a una competición internacional... Gobernaba entonces ese país un Presidente que luego, en pleno ejercicio del poder, se suicidó [*el 3 de julio de 1982*], Antonio Guzmán Fernández, del Partido Revolucionario Dominicano (PRD), que había sido el partido de Juan Bosch,[5] aunque éste se había salido en 1973 y había fundado el Partido de la Liberación Dominicana (PLD), más a la izquierda.

---

[5] Juan Bosch (1909-2001), fundador del Partido Revolucionario Dominicano (PRD), exiliado durante la dictadura de Trujillo (1939-1961), elegido Presidente en 1962 pone en marcha una serie de reformas sociales progresistas y es derrocado por un golpe militar el 25 de septiembre de 1963. Funda en 1973, el Partido de la Liberación Dominicana (PLD).

Allí descubro los versos de ese inmenso poeta dominicano: Pedro Mir [1913-2000]. Autor de un poema —*"Si alguien quiere saber cuál es mi Patria"*— que me aprendí y que he citado mucho. Es muy largo, pero hay unos versos que vale la pena recordar: *"Si alguien quiere saber cuál es mi patria no la busque, no pregunte por ella. No, no la busque. Tendrá que pelear por ella…"*.

A pesar de su actividad política, usted no dejaba el béisbol.

No, al contrario, me consolido como miembro del equipo de béisbol y softbol del Ejército para competencias nacionales e internacionales. Participé en unos juegos Inter-Fuerzas en Maracay, y quedamos campeones en Barquisimeto.

¿Cuándo regresa usted a la Academia como instructor?

En 1981. Un buen día, en marzo, me llama Humberto Prieto, el nuevo Comandante, y me dice: *"Chávez ¿usted pidió cambio?"*. *"No"*, le digo. Los cambios normalmente son en agosto… Pero él me dice: *"Pues de todos modos me alegro por usted, porque ha sido cambiado, va para Caracas, a la Academia Militar"*.

¿Cómo recibió esa noticia?

Por una parte me agradaba regresar a la Academia que tenía un significado particular para mí. Pero me vine con pesar porque, en verdad, yo estaba feliz en aquel batallón. A veces uno se cansa de estar en el mismo sitio, pero yo no, el "Bravos de Apure" era para mí especial. Todavía hoy lo veo desfilar y me vibra el alma. Su himno es un canto patrio, un himno perfecto. Dejar Maracay significaba también alejarme de nuestra organización que seguía desarrollándose.

¿En qué sentido?

Ya teníamos ramificaciones en los paracaidistas. Yo había empezado a conversar con Jesús Urdaneta y Felipe Acosta Carlez que estaban en los paracaidistas. Nos reuníamos. No había compromiso alguno sino una identidad, un sentimiento común de protesta. Ellos, en verdad, no tenían aún mucha claridad política, sólo manifestaban un rechazo hacia lo establecido y un choque con las viejas generaciones de oficiales. No tanto por la situación del país, a pesar de que crecían por todas partes las protestas. Yo trataba de orientar aquello políticamente, pero de hombre a hombre, uno y uno, en su casa... Los fines de semana íbamos a veces a la playa con nuestras esposas, la mayoría estábamos casados, con niños chiquiticos. Entonces era conversar, unas cervezas, caminar por la playa o irnos a trotar en el campo y hablar.

¿Cómo fue su retorno a la Academia?

Bueno, ese mismo mes de marzo de 1981, de un día para otro, me presento en la Academia Militar. Recuerdo que estaban en Juegos Inter-Institutos y ese regreso mío a la Academia, vino como anillo al dedo... Se lo he dicho varias veces, hay ocasiones en que pareciera que todo conspira para ayudarme, como si hubiera un plan oculto o una conspiración... Llego a la Academia en pleno auge personal, ya de teniente con dos años de antigüedad, me falta año y medio para ascender a capitán, pero vengo "cuajado"... Luis Pulido [*Comandante del Batallón "Bravos de Apure"*] nos decía: *"Quiero bizarros oficiales"* y yo traté de convertirme en un "bizarro oficial"... En lo político ya había dado pasos importantes en la fragua... En lo personal, estaba casado, con dos hijas ya... Todo marchaba viento en popa, y con esa brisa a favor llego a aquel patio otra vez, el patio de honor, el código de honor, los cadetes ideales... Lo vi clarito: aquí está "el nido de las águilas"... A partir de ahí, me resultó evidente que la Academia tenía que ser el nido... ¿cómo dicen ustedes?

La cuna de la revolución.

La cuna de la revolución, el nido de águilas... Nuestro movimiento cayó allí en tierra fértil. Llegué y me nombraron comandante de un pelotón de cadetes hasta julio de 1981. Todos esos meses tuve que hacer un esfuerzo más o menos duro para acoplarme a las condiciones físicas, porque en los batallones de tanques no se hace mucho deporte. Aquí había que hacer trote cada mañana. Y siendo un oficial de planta, uno es como un cadete más, tiene que hacer lo mismo que hacen ellos, al menos físicamente. Los primeros días tuve que apretar duro.

¿Empezó usted a hacer trabajo político?

Sí, muy pronto. Allí estaba ya Acosta Carlez que había venido antes que yo. Había un grupo de buenos amigos: Brito Valerio, amigo de Cumaná, y Luis Edelmiro... El Comandante del cuerpo de cadetes era el coronel Troconis Peraza, un andino... Desde el punto de vista político, percibo pronto el potencial que hay... Así que empiezo a hablar con algunos cadetes, me olvido de los oficiales y me dedico a hacer amistades, a ser buen compañero con los subalternos, a tratar de ser un buen superior. Me dije: aquí están los muchachos llenos de cualidades, ya no son los reclutas del ejército.

Son futuros oficiales...

Van a ser oficiales, van a estar treinta y pico de años en la Fuerza Armada.

Es decir, el destino puso a su disposición, como en una bandeja, a los hombres que usted necesitaba para su proyecto.

Exacto. Es como si se hubiese planificado. Comienzo entonces a "trabajar" con los cadetes. Empiezo una campaña de captación para la revolución.

¿Estaba claro para usted que quería hacer una revolución?

Bueno, estaba claro que había que cambiar radicalmente aquello, había que refundar Venezuela. Pero todavía no había una estructura, ni un movimiento. No había nada orgánico aún. Estábamos buscando cuadros... Al poco tiempo ya comienzan a aparecer los primeros enrolados. Uno de los primeros con los que conversé y se incorporó fue el actual general Euclides Campos Aponte. Alisté también a Blanco La Cruz que era alférez mayor. Otro de los enganchados iniciales fue Frank Morales, que después estuvo en la rebelión del 4 de febrero [*de 1992*], guariqueño. Quedamos integrados con el compromiso de mantener contactos para seguir evaluando. Esos primeros muchachos que fui captando eran sobre todo llaneros. Porque comencé a organizar actividades culturales, formé un conjunto de arpa, cuatro y maracas; monté un taller de pintura, me metí al equipo de béisbol... O sea, la misma dinámica. Yo andaba encendido.

¿Se puso usted de nuevo a organizar concursos de Reinas?

¡Sí! [*risas*] De nuevo empiezo a trabajar con las Reinas. Otra vez fui maestro de ceremonia. En ese tiempo recuerdo que nuestra Reina, Astrid Carolina Herrera, resultó luego Miss Mundo en Londres, en 1984. Le hicimos tremendo acto en el patio de honor; los animadores éramos Gilberto Correa y yo. Imagínese, ¡Gilberto Correa, uno de los más grandes animadores de televisión!

¿Ustedes la habían detectado primero?

Sí, antes que nadie. Fue Reina de los cadetes en 1982, creo; luego participó en el concurso de Miss Venezuela, y por fin en el de Miss Mundo.

En Caracas, retoma usted contacto con sus antiguas amistades.

Sí, reactivo mis viejos lugares: Los Chaguaramos, "El Águila", etc. Vuelvo a mis viejos correderos, allá en Prado de María, incluso a veces me alojaba en esa casa. Mis amigos, algunos seguían siendo estudiantes, otros ya se habían graduado, varios eran profesionales. Iban apareciendo otros lugares para las reuniones clandestinas con Douglas Bravo, con el equipo de la Causa R; en particular Pablo Medina. No me vi con Alfredo Maneiro por razones de seguridad, él se replegó y dejó en contacto conmigo a Pablo Medina.

¿Cuándo asciende usted a capitán?

En julio de 1982. Obtengo el N° 5 de mi promoción. Venía de los últimos lugares; de teniente yo había sido como el N° 40, entre ochenta compañeros... En ese tiempo llegó de director de la Academia el general José Antonio Olavarría, un hombre de clase alta.

¿Cuál era exactamente la función de usted en la Academia?

Era instructor, daba clases de táctica, de historia, de juegos de guerra, de liderazgo... Me encantaba dar clases. A veces no podía ni dormir, preparando mis cursos. Era una de las maneras de acercarme a los muchachos. Yo era todavía bastante joven, tenía 28 años.

¿Qué experiencia tenía de la pedagogía?

No se olvide que mis padres eran maestros. Recuerde que fui alfabetizador, y ya en el liceo, en Barinas, había dado clases a varios compañeros. Como le he dicho, siempre me gustó enseñar, educar. Pero también, en la Academia, seguí algunos cursos de formación a la didáctica. Recuerdo una anécdota. Una vez me seleccionaron para hacer un curso de "desarrollo de la inteligencia".

¿"Desarrollo de la inteligencia"?

Sí, muchos bromeaban. A unos cuantos tenientes de la Academia, entre los que estaban Arévalo Méndez Romero —que luego fue embajador en Madrid y Buenos Aires—, Alexis Velásquez, Quarry Blanco el "Novillo Negro"... nos mandan a hacer ese curso. El presidente Luis Herrera Campíns había creado un "Ministerio de la Inteligencia"; el ministro se llamaba Luis Alberto Machado.

Todos los días íbamos al Parque Central a un curso que coordinaba Corina Parisca de Machado, esposa de uno de los Machado-Zuloaga, y Thaís Aguerrevere, de los Aguerrevere y Zuloaga. Familias de la alta burguesía venezolana. Olavarría nos manda seguir ese curso para que nos convirtamos, en el seno de la Academia, en multiplicadores del método.

¿Qué método?

Por ejemplo, una de las herramientas para analizar un documento, un hecho o una situación, se llamaba CTF (Considerar Todos los Factores). Se decía: *"Aplícale un CTF a eso"*... No eran malas las herramientas. Otra era el PNI (lo Positivo, lo Negativo y lo Interesante). El PNI sobre un hecho, una opinión o un evento; evaluar el PNI para tomar decisiones. Cosas así. Eran las teorías, difundidas a escala internacional, de un tal Edward De Bono.[6] ¿Ha oído usted hablar de ese caballero?

¿El inventor del "pensamiento lateral"?

Sí, ése. Edward De Bono era un gurú, asesor de grandes empresas como Coca-Cola. Escribió un libro muy célebre: *Seis sombreros para pensar*. Bueno, el caso es que voy al curso. Había civiles y militares. Olavarría estaba muy pendiente, asistía de vez en cuando; era muy amigo de la Corina y de la Thaís, y del ministro Machado incluso.

¿Usted lo conocía bien, a Olavarría?

No, no tenía ningún trato con él. Él era el General Director, y yo apenas teniente. Al final, termina el curso, entregan los diplomas, y me dice la Corina: *"Hugo, quiero que me acompañes a la televisión, porque nos está esperando Napoleón Bravo"*. Yo nunca había salido en televisión. Había un programa a mediodía en el Canal 4, Venevisión, llamado "Buenos días Venezuela", supercélebre. ¿Sabe quién es Napoleón Bravo?

---

[6] Edward de Bono (n. en 1933) es un especialista en ciencias cognitivas. Autor de unos 70 libros traducidos en más de 50 países. Entre ellos: *Aprende a pensar por ti mismo* (Paidós, Barcelona, 1997); *El Pensamiento creativo* (Paidós, Barcelona, 1994); *El Pensamiento Lateral: manual de creatividad* (Paidós, Barcelona, 1991), y *Seis sombreros para pensar* (Granica, Barcelona, 1988).

No, un animador de televisión me imagino.

Archiconocido. Supercélebre. Hoy está en Miami. Fue uno de los que dirigió el "golpe mediático" dentro del golpe de Estado del 11 de abril del 2002... Leyó, en la televisión, el decreto de nombramiento del "presidente" golpista: *"Hoy Venezuela amaneció distinta..."*. Era muy joven entonces.

¿Aceptó usted la invitación?

Bueno, me planteaba un problema. Le dije a Corina: *"No puedo, soy militar activo y tengo que respetar unas reglas"*. Había unos oficiales más antiguos que yo en el curso, por ejemplo el teniente Roberto Fajardo Miranda, y generalmente se respeta la antigüedad para una cosa así. *"No, me dice ella, tú eres el que tiene que ir"*. Ella seleccionó a cuatro o cinco alumnos graduados de su curso de "Desarrollo de la Inteligencia" para que la acompañaran al programa. Como para demostrar: *"Vean ustedes, estos militares eran unos brutos, y ya no lo son tanto..."*.

¿Qué hizo usted?

Le digo: *"Corina, en primer lugar vamos a llamar a Fajardo, que es el más antiguo..."*. Lo llamó inmediatamente: *"Roberto, Thaís y yo hemos decidido que Chávez nos acompañe"*. *"No hay problema"*, respondió Fajardo. Entonces le pedí a Thaís: *"Llama al general Olavarría. Eres amiga de él. No puedo salir en televisión de repente, me van a arrestar..."*. Al instante lo llamó: *"José Antonio, tenemos que ir a la televisión, nos están esperando, y quiero llevar a Chávez"*. *"Pásamelo"*, le pide Olavarría. Me pongo al teléfono y me dice: *"Chávez, vaya; pero no hable nada de política. ¡Mucho cuidado...! Voy a estar pendiente"*. Salimos rápido para el canal.

¿Primera vez que salía usted en televisión?

Sí, la primera vez. Era una entrevista en vivo.

¿Iba usted de uniforme?

Sí, claro, uniformado. De teniente, pues. Ellas empiezan a explicar. Viene el Napoleón y me pregunta: *"Mi teniente, ¿usted cree en el desarrollo de la inteligencia...?"*. No recuerdo qué carajo le respondí. [*Se ríe*] Pero él insiste: *"¿No cree usted que desarrollar la inteligencia en el ejército es peligroso...?"*. *"¿Por qué peligroso?"*, le digo. *"Bueno, porque después los subalternos pueden desconocer a los superiores"*. Ahí le di una respuesta *"de Grandes Ligas"*: *"No, todo lo contrario, el desarrollo del pensamiento contribuye a fortalecer la disciplina. Nosotros somos militares de una nueva era, un nuevo tiempo: el del desarrollo de las ideas"*.

Eso le gustaría al general Olavarría ¿no?

¡Vaya si le gustó! Olavarría estaba viendo el programa con unos oficiales y parece que aplaudieron. Cuando regresé allá, me estaba esperando: *"¡Teniente, le felicito! ¡Siéntese! Qué bueno, estos tenientes de ahora qué bien hablan en televisión..."*. Se puso a echarles vaina a unos coroneles, entre los que estaba Ítalo Alliegro...

Se ganó usted una fama.

Sí, ahí me la gané. *"¡Chávez en vivo en televisión!"*. Todos los tenientes estaban impresionados. Vieron el programa. Y Olavarría además mandó reponer la grabación para que todo el mundo la viera en las aulas de clase y hasta en el comedor... La Academia disponía de un circuito cerrado de televisión. A mí me daba pena ya...

Se hizo usted aún más célebre en la Academia.

No sólo en la Academia... Porque, al poco tiempo llega "Popy"... ¿Sabe usted quién era "Popy"?.

No tengo idea.

El payaso "Popy", que interpretaba el actor y cantante Diony López,[7] tenía un programa muy popular para niños —el *"Show de Popy"*— en Radio Caracas Televisión. En esa emisión intervenían también las "popynas", unas muchachas muy bonitas... Al general Olavarría le gustaba mucho ese programa. Un día me llama: *"Mire, teniente, 'Popy' quiere hacer una emisión dedicada a la Academia, con las 'popynas' pues..."*. Y me pide que imagine el programa con "Popy". Así que nos sentamos "Popy" y yo a pensar en cómo hacerlo. Se me ocurrió lo siguiente: *"Vamos a hacer un desfile de los cadetes, grábenlo para que el mundo vea..."*. "Popy" le pidió permiso al general. Éste aceptó: *"Lo que diga Chávez..."*.

¿Lo hicieron?

Sí, pusimos a desfilar al batallón, filmamos, grabamos en el comedor, en el patio... Y transmitieron el programa como tres veces.

Se convirtió usted en un personaje popular.

No se puede usted imaginar. Nosotros vivíamos en Caracas, por Baruta, en un edificio de apartamentos. Mis hijas eran pequeñas. Había muchos niños viviendo allí. Ese día llego, y se pusieron todos a gritar: *"¡El amigo de 'Popy'!"*. Tremenda fiesta me armaron...

Ampliaba usted su radio de acción...

Es una anécdota. Pero eso me mostró, por una parte, la importancia de las comunicaciones de masas. Por otra parte, quizás eso ayuda a entender el cúmulo de cosas que uno iba sumando por dentro, adquiriendo toda clase de experiencias...

---

[7] Dionisio López Ramos (1946-2010), cantante de música infantil, presentador de televisión y actor cómico, famoso por su personaje de payaso *Popy* desde 1971.

En el ámbito político, ¿tenía usted contactos fuera de la Academia?

Los que ya le cité: mis contactos con el grupo Ruptura de Douglas, y las redes de militantes ligados a Alfredo Maneiro. Aunque, sí, lo nuevo e importante en esos años, es que intensifico bastante mis relaciones y mis reuniones con el coronel Hugo Trejo. Él vivía entonces aquí, en Caracas; y además tenía, cerca de la capital, una casita en la playa, en Macuto. Con frecuencia yo iba para allá con mi esposa y las niñas para darnos un baño y quedarnos una noche. Conversaba mucho con Trejo. Él sacaba sus papeles, sus carpetas. Traté una vez, cuando estaba en Maracay, de reunirlo con Douglas Bravo y lo logré. Hasta compuse un "verso de la unidad": *"Comandante Trejo, comandante Bravo / Juntos haremos la Revolución, ¡carajo!"*. Pero aquello no cuajó. Trejo me ayudó mucho en el manejo de lo que pudiéramos llamar los "detalles técnicos" de la conspiración.

¿Qué "detalles técnicos"?

Por ejemplo, me decía: *"Hugo, a la hora de hablar con los oficiales, ten mucho cuidado en esas reuniones con los que toman alcohol. Se les va la lengua..."*. Y añadía: *"Y mucho cuidado también con los que nada toman... ¡pueden estar anotándolo todo!"*.

O sea que había que desconfiar de todo el mundo.

Exacto. Me decía: *"Cuidado con los teléfonos..."*. Me advertía: *"Tienes que prepararte mentalmente para lo peor, para estar preso, para ser interrogado bajo tortura. Ve entrenándote. Eso te puede ocurrir"*. Le hice caso al viejo. Me preparaba. Él me sometía a veces a prueba: *"Si te preguntan esto ¿qué contestas? Si te preguntan lo otro ¿qué respondes?"*. Me preparó a fondo. Tenía una gran experiencia. Lo recordé siempre. Varias veces fui interrogado, y esa preparación me sirvió.

¿Finalmente, le resultó útil ese curso de "desarrollo de la inteligencia"?

Pues mire, comencé a aplicar las técnicas de Edward De Bono, en materia de Historia Militar. Puse a los cadetes a evaluar, por ejemplo, las guerras que había entonces en Centroamérica (en El Salvador, Guatemala y Nicaragua). Les dije: vamos a hacer un análisis de la situación en particular de Nicaragua. Estábamos en 1982, en pleno apogeo del Gobierno sandinista.

En lucha con la Contra...

Bueno, quizá aún no había comenzado la Contra con mucha fuerza ¿no? Pero era, digamos, el impulso positivo de la Revolución Sandinista. Además estaba la guerra en El Salvador, la del Frente Farabundo Martí... Así que nos pusimos a evaluar aquellos conflictos, con esas herramientas.

Un tema políticamente "peligroso" ¿no?

Sí, pero era un riesgo calculado. Olavarría era un hombre con inclinaciones intelectuales, con cierta cultura. Pasaba revista por las aulas, y me vio en esa dinámica. Yo disponía los pupitres de los cadetes en círculos, por grupos, leyendo periódicos, recortando noticias. Un día, entra Olavarría por sorpresa al aula: *"Chávez, siga. Como si yo no estuviera aquí. Siga"*. Yo estaba citando precisamente a Mao Zedong: *"El pueblo es al Ejército, como el agua al pez"*. Y a Bolívar... Al final, los cadetes, entusiasmados por el trabajo y el método, llegaron a una conclusión: la importancia, en los conflictos de ese tipo, del apoyo popular a la Fuerza Armada. Yo me dije: *"Este general me va a botar de aquí"*.

¿Qué hizo Olavarría?

La clase se termina, y me llama al pasillo: *"Chávez —me dice—, lo felicito. Usted es el único que está aplicando los métodos. He pasado una semana observando y no veo a nadie aplicando el método, excepto usted"*. Y añade: *"El viernes, en la próxima reunión de los instructores, quiero que haga usted una exposición del método 'Herramientas del Pensamiento' "*. Así se llamaba. *"Entendido, mi General"*. Preparé a fondo mi exposición. Llega el viernes. Olavarría dirige la reunión: *"Exponga, Teniente"*. Con un proyector, comienzo a explicar cómo la clase se condujo y las conclusiones de los cadetes: el pueblo y el Ejército.... Utilicé las herramientas —el CPF, el PNI...— las puse de relieve. Y termino mi exposición. Se levanta entonces un Coronel que era instructor invitado y oficial de inteligencia; el General le da la palabra y el Coronel declara, clarito y raspado, que yo estaba "induciendo a los cadetes a la subversión".

¿Nada menos?

Nada menos. Así mismito. Murmullo en la sala... Yo me dije: *"¡Verga!"*...

Lo desenmascararon...

Sí, estaba empezando y ya me descubren [*se ríe*]... De inmediato levanto la mano. Olavarría me dice: *"No hace falta que intervenga, respondo yo"*. Y se tira una ardiente defensa de mí. Aplastó de reproches al Coronel... Lo dejó chiquitico. Le dijo: *"Por eso nosotros no progresamos y el Ejército está estancado. Estos jóvenes oficiales del Plan 'Andrés Bello' son las nuevas generaciones..."*.

Un hombre interesante, el general Olavarría...

Lo respeto mucho. Incluso, siendo ya Presidente, lo llamé una vez, y lo nombré Jefe de la Comisión negociadora con Colombia. Él estudió el tema de fronteras. Es un patriota, y además un hombre de cuna rica. Cuando salí de la cárcel, me invitó a su casa a un desayuno —vive en la Lagunita Country Club, uno de los distritos residenciales más exclusivos de Caracas—, y me dio, de buena fe, algunas recomendaciones... para tratar de moderarme, claro. Incluso salimos a caminar: *"Quiero que te vean caminando conmigo para que la gente se quite la idea de que eres un demonio"*. Un hombre inteligente.

¿Habló usted con ese Coronel que lo acusaba?

Sí, cuando salimos al patio, el Coronel me llamó: *"Teniente, usted sabe que tengo razón"*. Le dije: *"El que tiene razón es mi General. Yo estoy cumpliendo una orden. Hice un curso de desarrollo de inteligencia, y lo aplico"*. Este Coronel trabajaba en la Policía Militar; era un tipo muy malcriado, uno de esos coroneles a la antigua... Después nunca más lo vi, creo que no volvió a la Academia, ignoro si Olavarría lo sacó... Bueno, anécdotas ¿no?

Significativas.

Yo tenía un cuaderno grueso, negro, grande, donde llevaba las notas, de puño y letra, de todas las clases, cadete por cadete. Lástima que no sé dónde está... Marcaba, con unos códigos muy míos, la posibilidad de que tal cadete pudiera incorporarse a nuestro movimiento. Casi nunca me equivoqué. Detecté, por ejemplo, a Ronald Blanco La Cruz y a muchachos como Oswaldo Aquino Lamón... La Academia se convirtió en eso: una cuna, un semillero de revolucionarios.

Por esa época fallece su abuela ¿no?

Sí, en lo personal, en enero de ese año 1982 muere mi abuela Rosa Inés... Eso me golpeó muy, muy duro.

¿Seguía usted en contacto con ella, escribiéndole como cuando era cadete?

No sólo eso, iba a verla a Barinas. Había ido ese mismo diciembre de 1981. La vi tan mal que dejé a Nancy y a las niñas en casa de mis suegros, y me instalé en el cuartito donde ella estaba en una camita... Busqué una colchoneta, la puse al lado... Pasé toda esa Navidad con ella. Le hice su pesebre, le gustaba que se lo hiciera... Le di masajes por la espalda, le dolía mucho, tenía los pulmones ya destrozados...

¿Habló usted con los médicos?

Sí, hablé con un médico, me avisó: *"No le queda mucho tiempo de vida"*. El 26 de diciembre, yo tenía que regresar a la Academia, era Teniente todavía. La despedida fue muy dolorosa, el abrazo... Me puse a llorar. Algo me indicaba que no la volvería a ver con vida... Me fui llorando. Nancy y las niñas se quedaron. Yo, en Caracas, tenía que montar dos guardias de fin de año... Llamaba por teléfono a cada rato, preguntando cómo seguía... Mi hermano Adán estaba a su lado... Ella seguía muy mal, con muchos dolores... Y fíjese como son las cosas... Monté guardia el 31 de diciembre, hablé con Adán en la noche, con ella no, porque no podía pararse [*ponerse de pie*]; entregué guardia el día siguiente 1° de enero a las nueve de la mañana. Antes de entregar mi guardia, llegó el Coronel Tovar Jiménez a pasar revista. Era un buen hombre, le decíamos "el Caballo" porque corre como un demonio, andaba en una corriente nacionalista cercana a la de Hugo Trejo de quien era muy amigo. Aproveché para decirle: "*Mire mi Coronel, mi mamá vieja que me crió está muy mal...*". Le expliqué... Yo era director de Cultura y Deportes. Me dijo: "*Aquí no tenemos juegos ahorita, así que, en cuanto regresen los demás oficiales y los cadetes de permiso, el 5 ó 6 de enero, te vas por varios días a ver a tu abuela*".

Aún tenía usted que esperar cinco o seis días...

Yo me desesperaba. Decidí irme a visitar precisamente al coronel Hugo Trejo, porque la rebelión que él comandó en 1958 ocurrió un 1° de enero. Fui a darle el año nuevo, a su casa de la playa, en Macuto. Recuerdo que me dijo: "*¡Este año asciendes a Capitán! Así que prepárate...*". En la tarde, regresé; pero yo cargaba un carro viejo con un motor que quemaba mucho aceite y botaba humo... Casi no subía, no tenía fuerza, se detenía... Me fui a Villa de Cura a ver a Ana [*la hija de "Maisanta"*]. Llegué en la noche, llamé a Barinas: "*¿Y la vieja?*". "*Sigue mal*". Me quedé esa noche en casa de Ana. En la mañana del día 2, llamé otra vez: "*Sigue muy mal*". Tenía que regresar a Caracas esa misma tarde, porque debía presentarme a trabajar el 3. Andaba yo un poco desaliñado, sin afeitar y con el cabello un poco largo. Salí a buscar una barbería cualquiera por la Plaza Bolívar... Cuando regresé me encontré a Ana llorando... "*Llamó tu hermano... Acaba de fallecer*".

Me vine a duras penas a la Academia, aquel carro no llegaba a Barinas. Llamé a Adán: "*No sé cómo voy a ir, porque aquí un 2 de enero no se consigue autobús... Voy al terminal a ver*". Conseguí un pasaje en un autobús que iba de Caracas a Trujillo pasando por Guanare, Boconó. Mi hermano vino a recogerme a la alcabala de Guanare y nos fuimos a Barinas.

Enterramos a mi vieja el 3 de enero de 1982. Ahí, prácticamente sobre su tumba, pensando, me uniformé de verde oliva, me la llevé al hombro con los muchachos, caminamos hasta la iglesia, le hicimos su funeral y la fuimos a sembrar. Y es cuando, inmediatamente, escribo el poema del que le hablé, unas líneas que son como definitorias, como un "patria o muerte", un juramento o una promesa, porque termino diciéndole:

«...*Y entonces, / la sonrisa alegre / de tu rostro ausente, / llenará de luces / este Llano caliente / y un gran cabalgar / saldrá de repente. / Y vendrán los federales / con Zamora al frente, / y el catire Páez / con sus mil valientes, / las guerrillas de 'Maisanta' / con toda su gente. /* (Entonces me viene el "patria o muerte") *O quizás nunca, mi vieja, / llegue tanta dicha / por este lugar. / Y entonces, / solamente entonces, / al fin de mi vida, / yo vendría a buscarte, / Mamá Rosa mía, / llegaría a la tumba / y la regaría / con sudor y sangre, / y hallaría consuelo / en tu amor de madre / y te contaría / de mis desengaños / entre los mortales. / Entonces, abrirías tus brazos / y me abrazarías / cual tiempo de infante / y me arrullarías / con tu tierno canto / y me llevarías / por otros lugares / a lanzar un grito / que nunca se apague*".

En suma, un canto a ella y a la rebelión.

Un momento muy doloroso, me imagino.

Uno de los más duros de mi vida. Pero, como dicen los poetas y los artistas: *"the show must go on..."*, la función debe continuar. Así que, al día siguiente, me volví a Caracas con Nancy y las muchachas.

Hoy su abuela estaría orgullosa de usted ¿no?

Creo que sí. Aunque, al principio, me decía: *"Sálgase de ahí, usted no sirve para militar"*.

¿Cambió luego de opinión?

Sí, ya no lo decía. Al final le gustó; cuando llegué a Barinas graduado, se puso contenta: *"¡Ay, qué bonito te ves con ese uniforme!"*.

PARTE III

RUMBO AL PODER (1982–1998)

Capítulo 11

Hacia la rebelión

Capitán de paracaidistas – La rebelión del sancocho –
El discurso del 17 de diciembre de 1982 –
"Bolívar tiene que hacer en América todavía" –
El Juramento del Samán de Güere –
Creación del Ejército Bolivariano Revolucionario (EBR) –
El "Viernes Negro" –
Jefe del Departamento de Cultura de la Academia Militar –
La visita del Papa Juan Pablo II – La muerte de Torrijos –
El bolivarianismo, una vía revolucionaria latinoamericana –
Expansión del EBR – Contra la idea de que "el Partido manda al fusil" –
El "árbol de las tres raíces" –
El Movimiento Bolivariano Revolucionario-200.

Usted asciende a capitán en julio de 1982 y vuelve a dejar la Academia Militar ¿verdad?

Sí, ya le dije, asciendo a capitán el 5 de julio de 1982. Y en agosto me mandan a Maracay de nuevo. Esta vez a los paracaidistas. Allá estuve tres meses, hasta diciembre, como Comandante de una compañía del Batallón "Antonio Nicolás Briceño" que, diez años después, en febrero de 1992, fue el batallón con el que me alcé.

Cuando llegué, a finales de agosto, me presenté al Coronel Manrique Maneiro —el "Tigre", le decían, porque tenía los ojos "rayados"— un veterano paracaidista. Me dijo: *"Chávez, sé quién es usted porque tiene aquí compañeros como Acosta Carlez y Urdaneta que lo quieren mucho...".* Y añadió: *"Deseo que se incorpore a mi Estado Mayor. No tengo sino a dos coroneles, porque a nadie le gusta venir a los paracaidistas".*

Usted no era paracaidista.

No. Bueno, tenía mi curso básico de paracaidismo de alférez, pero más nunca había vuelto a saltar de un avión. Yo era de transmisiones y de blindados. En cambio, compañeros míos como Jesús Urdaneta y Felipe Acosta Carlez eran oficiales de paracaidismo. Ellos, aunque seguían otros cursos, volvían a los paracaidistas. Por eso, los que no eran paracaidistas de carrera, cuando los mandaban allá, les entraba pánico a una lesión, a un accidente, a la muerte... Yo no, estaba dispuesto a cualquier cosa. El "Tigre" Manrique me explicó: *"No tengo en mi Estado Mayor ni G1, ni G2".*

¿Eso qué es?

El G1 es el oficial encargado del personal, y el G2 es quien dirige las operaciones de inteligencia militar y guerra electrónica. Así que me nombró G2 y me convertí en el responsable de la Inteligencia. Eso sí, le avisé: *"Mire, mi Coronel, yo me tengo que ir en diciembre, para seguir un curso avanzado. Sólo puedo estar tres meses". "No hay problema, Chávez, conságreme ese tiempo. Ayúdeme a organizar mi Estado Mayor". "Entendido, mi Coronel".* Y ahí me quedé esos tres meses. Fue un trimestre muy especial. Allí estaban, como le dije, Jesús Urdaneta y Acosta Carlez.

¿Es el mismo Acosta Carlez del que ya me habló?

No, un hermano de él, Felipe Antonio, que murió. Lo mataron durante el "Caracazo" [*27 de febrero de 1989*]. Allí empezamos a rehacer viejos grupos, a reunirnos. Luis Reyes Reyes estaba en la Fuerza Aérea, Pedro Emilio Alastre en los blindados. Los visité, fui constituyendo un grupito aquí, otro allá. Entretanto, mis relaciones con Douglas Bravo seguían tensas. Se organizaron varios entrenamientos de paracaidismo y le dije al Coronel: "*Cada vez que haya saltos, quiero ir*".

¿Le gustaba saltar?

Empecé a reentrenar, e incluso hice un salto —en Caicara del Orinoco—, muy riesgoso. El Coronel me avisó: "*Mira Chávez, ese salto es muy peligroso. Yo no lo voy a hacer; el Estado Mayor va a aterrizar en el* Hércules. *Vente con nosotros*". Le respondí: "*No, mi Coronel, soy Capitán y ¿qué dirían mis compañeros?*". Me fui con éstos en un avión pequeño, un *Caravan* [*Cessna 208*], y salté. Fue horrible, había un viento de veintitantos nudos,[1] fuera de todas las normas de seguridad.

¿No se suspendió el ejercicio?

No. Teníamos que saltar. Había un grupo de altos oficiales de no sé qué país que vino a ver la demostración de un salto sobre las aguas del Orinoco y sobre el aeropuerto de Caicara y Cabruta, dos pueblos situados a ambos lados del río. Era una operación de enlace con la División de Infantería de Selva que venía por tierra. Toda una maniobra pues. Nuestra misión consistía en saltar y tomar el aeropuerto.

¿Hubo heridos?

Sí, un alto nivel de lesionados, varios fracturados; yo me di un buen golpe contra el asfalto, me paré *knocked out*... Pero ocurrió algo peor, porque cuando hay mucha brisa, el paracaídas, al tocar tierra, tiende a no apagarse, el viento lo infla y arrastra al paracaidista... Recuerdo que un soldado cayó boca abajo, el paracaídas lo arrastró por el suelo de la pista de aterrizaje y le arrancó media cara... Tuvimos que correr detrás de él, si no el paracaídas lo mata en la arrastrada... Otros tuvieron peor suerte: un teniente de los nuestros cayó sobre una mata y alborotó una colmena de abejas africanas asesinas... Casi se muere.

---

[1] Corresponde a un viento de fuerza 6, o sea de 40 a 50 km/h.

¿De las picaduras?

Sí, se le metieron por el cuello, la nuca... Un helicóptero lo evacuó a urgencias... Se salvó de milagro. La nube de abejas asesinas se quedó ahí dando vueltas... Urdaneta y yo nos pusimos a recoger heridos, un lesionado aquí, un fracturado allá... Los observadores se hallaban en una tarima, a la sombra, tomando agua fresca, asistiendo al espectáculo, tranquilos... Y de repente, Urdaneta me dice: *"Mira, compadre, las asesinas van directo a la tribuna"*. *[Se ríe]* Aquello fue cómico. Todos salieron huyendo... Allí quedaron las gorras, los refrescos... Y nosotros gozando.

Risas y miedo.

Recuerdo mucho ese salto. También otro que hicimos en El Pao. Aunque esa vez tuve un problema con el Coronel Manrique.

¿Qué problema?

Fue el segundo día, estábamos medio fastidiados. Después del salto, regresamos al comando, y un teniente coronel que era el oficial de logística, lanzó: *"Mi Coronel, ¿por qué no nos comemos un sancocho de gallina?"*. Manrique aprobó: *"Buena idea, ¡Chávez, toma cien bolívares, anda a buscar la gallina, y compra todo para un sancocho!"*. Obedezco, compro la gallina, llego al campamento, y entonces aquel teniente coronel me dice: *"Ahora, ¡encárgate de preparar el sancocho!"*. No me gustó nada esa vaina. Me negué. Le dije: *"Comandante, yo cumplí la orden del Coronel. Aquí está la gallina y todo lo necesario. Pero no voy a hacer el sancocho. Usted es el oficial de Logística y le corresponde a usted. Yo soy oficial de Inteligencia"*. Al final encontré a unos soldados y les pedí: *"Vengan acá, ¿saben ustedes hacer sancocho?"*. *"Sí, mi Capitán"*. *"Bueno, pues, el Comandante quiere un sancocho, ¡háganle ese sancocho!"*. Yo no sabía cocinar; de haber sabido a lo mejor hasta lo hubiera hecho. Pero no me gustó su tono, su prepotencia. Así que me fui.

¿Él era su superior?

Sí, él era teniente coronel y yo solamente capitán. Pero los dos éramos oficiales del Estado Mayor; por consiguiente, en esa operación, teníamos el mismo nivel de estatus.

¿Qué dijo el "Tigre" Manrique?

Recuerdo que me fui a la enfermería a visitar a unos lesionados. Y cuando estoy hablando con ellos, llega el Coronel, rojo de la ira porque el comandante le había metido casquillo. Me dice: *"Ven acá Chávez, móntese en el jeep y véngase conmigo"*. Él mismo iba manejando. Llegamos adonde estaban los soldados.

¿Los que hacían el sancocho?

Sí. *"Mira, me dice, ¿tú crees que así se hace un sancocho? Mira donde lo están haciendo, consiguieron en el monte una lata vieja, manchada de carbón, quemada y sucia"*. Agarra una cuchara y saca la gallina que estaba aún llena de plumas. Y parado firme, me grita: *"¿Tú crees que eso es un sancocho?"*. Entonces yo me rebelé, y en el mismo tono de voz, le respondo: *"Mi coronel, yo no soy 'capitán sancochero' "*. [*Se ríe*].

¿Cómo se lo tomó?

Se le cambiaron los colores. *"Ah, me dice, ¿no eres 'capitán sancochero'?"*. *"Soy de Inteligencia —le respondo— y estamos en operaciones, el comandante es quien ha debido prever la logística, él es quien quiere sancocho. Yo no. Estoy perfecto con mi ración de combate; soy un soldado de combate, mi Coronel, y usted también"*. Aquel comandante era gordo y flojo, le gustaba mucho comer y pelar la pava... Y terminé: *"Así que, si quiere sancocho, que lo haga él. Yo no lo voy hacer"*.

¿Era la primera vez que se disputaban?

Sí. Nunca habíamos tenido ninguna discusión. Jamás. Él estaba contento con mi trabajo, con la Ayudantía y la Inteligencia; era inteligencia estratégica, de paracaidismo. Tenía que identificar las zonas de salto eventuales en Colombia, en Guyana, en otros países vecinos; y le actualicé todo aquello. Pero, a partir de ahí, no me habló más; no me mandó a llamar nunca más. El hielo. La política del hielo. Terminan las maniobras, volvemos a Maracay. Y a los cinco días, el "Tigre" Manrique me manda a buscar. Yo me dije: estoy arrestado, seguro. Me presento ante él, y me ordena: *"Ayudante, tienes media hora para presentarte de civil". "¿Por qué, mi Coronel?".* Y ahí declara: *"Porque... ¡nos vamos a tomar unas cervezas y a olvidar el incidente!"* [*Risas*].

No se lo esperaba.

No, en absoluto. Nos tomamos varias cervezas, no muchas, y hablamos. Reconoció: *"Tenías razón, a ese comandante le gustan demasiado los sancochos, y me dejé llevar por él".* Se disculpó. *"Quiero ratificar mi confianza en ti".* Y añadió: *"Mira Chávez, te oigo hablar de Bolívar y veo que cargas algo por dentro; eres distinto a los demás oficiales...".*

O sea que el conflicto generó un mayor acercamiento.

Sí. Un gran acercamiento, porque pasan varios días y me llama: *"Chávez, mañana es 17 de diciembre* [aniversario de la muerte, en 1830, de Simón Bolívar], *quiero que se reúna todo el regimiento y que tú digas unas palabras".* Ese 17 de diciembre de 1982 fue quizás el acontecimiento de más relevancia en los meses pasados en los paracaidistas. Ya yo venía conversando individualmente, como le dije, con los compañeros. Con Urdaneta y Acosta, aunque nada concreto aún. También en la Fuerza Aérea, había un capitán que era médico, del equipo de Douglas, Carlos Zambrano... Así que ese 17 de diciembre, a las doce y media del día, los dos batallones —una compañía de comando y una de comunicaciones—, estaban formados en el patio. Raúl Isaías Baduel, que entonces era teniente, comandaba la compañía de comunicaciones; Jesús Urdaneta era capitán en el Batallón Chirino, y Felipe Acosta Carlez capitán en el Batallón Briceño. Hubo primero un minuto de silencio. Inmediatamente después un Mayor, maestro de ceremonia, anunció: *"Palabras a cargo del Capitán Hugo Chávez Frías"*. Voy al micrófono y el Mayor me dice: *"Chávez, ¿dónde está tu texto? ¿No tienes escrito el discurso?"*. *"No, mi Mayor, voy a hablar sin notas"*. Yo no escribo discursos. [*Se ríe*].

No era su costumbre.

¡No! Y eso no se podía hacer. *"¿Cómo te atreves?, me dice calladito, el reglamento exige que tienes que tener escrito el discurso"*. Le contesto, también en voz baja: *"Es que el Coronel me lo anunció anoche muy tarde"*. *"¡Pues tuviste toda la noche para escribirlo!"*. *"No, no escribí nada. Ni voy a leer nada"*. Él estaba furioso: *"¡Qué bolas tienes! Bueno, después hablamos... Ahí está el micrófono"*. Todo el mundo estaba esperando.

El altercado era en directo.

¡En vivo! Delante de centenares de militares formados delante de nosotros. Y se me ocurre comenzar con una frase de José Martí: *"¡Así está Bolívar en el cielo de América, vigilante y ceñudo, sentado aún en la roca de crear, con el Inca al lado y un haz de banderas a los pies; así está él, calzadas aún las botas de campaña, porque lo que él no dejó hecho, sin hacer está hasta hoy; porque Bolívar tiene que hacer en América todavía!"*.[2] Ese pensamiento, yo lo recitaba completo, y a cualquier cuartel que llegaba, lo primero que hacía era pintar la cara de Bolívar; los soldados me ayudaban.

Así que por ahí empecé; mi discurso no quedó grabado porque no grababan nada, pero recuerdo el concepto, desarrollé la idea más o menos de esta manera: Martí termina diciendo: *"Porque Bolívar tiene que hacer en América todavía"*, y yo me hago preguntas: *"¿Cómo no va a tener que hacer Bolívar en América todavía, cuando tenemos un continente poblado de miseria?"*. Por ahí me voy... Aunque me cuidé mucho de no referirme a lo interno, al gobierno venezolano.

---

[2] Discurso pronunciado en la velada de la Sociedad Literaria Hispanoamericana, el 28 de octubre de 1893, y publicado en *Patria*, Nueva York, el 4 de noviembre de 1893.

Usted se situó en términos generales.

Sí, globalizando la unidad de América Latina. Estamos hablando de finales de 1982, y yo, desde 1978, llevaba ya cuatro años de reuniones permanentes con Douglas Bravo y con su comando político, analizando documentos... Sin olvidar que yo estaba estudiando a Bolívar desde que era cadete... Ya poseía mi artillería intelectual propia, tenía mis conceptos personales.

¿Cuánto tiempo habló?

Aproximadamente una media hora. Aquello no era un *Aló Presidente*... [*se ríe*]. Fue a la una de la tarde, y cuando terminé había un ambiente eléctrico, tenso. El Coronel Manrique nos llamó, y allá fuimos trotando. A su lado, el Mayor de personal estaba furioso —se llamaba Flores Guilland y lo apodaban "el Gato", lo mató un soldado por cierto; no era mal hombre, ni mal oficial, era de derecha...— , y me dice en voz alta: *"Chávez, parecías un político"*. En esa época, llamarle "político" a alguien era como un insulto; como si le dijeran a uno: "corrupto", "mentiroso" o "demagogo". Estábamos parados, el Coronel ahí, Urdaneta, Acosta, los Comandantes, los Capitanes, los Tenientes, más de treinta oficiales alineados en semicírculo en torno al Comandante. Todo el mundo lo oyó. Yo le iba a responder pero Acosta Carlez, que era rápido como un rayo, le dijo con voz de trueno: *"Mi Mayor, ¿cómo que 'político'? Lo que pasa es que somos capitanes de la promoción 'Simón Bolívar', capitanes bolivarianos, y cuando hablamos como habló Chávez, ustedes se mean en los pantalones..."*. Yo nunca le hubiera dicho eso.

¡Enorme!

De verdad. Había conflictos todavía, entre las nuevas promociones de licenciados y los viejos oficiales. Ya se lo mencioné. Eso se mantenía.

A causa del recelo.

Había recelo, cierto complejo. Ellos trataban de desmeritarnos. Y nosotros, nos defendíamos contra esa permanente agresión, a veces exagerando las palabras. Entonces, cuando Acosta Carlez le dice eso al "Gato" y se va a prender el lío, el Coronel grita: *"¡Silencio!"*, y asume, con una mentira piadosa, una responsabilidad, declarando: *"Miren, señores, todo lo que el Capitán Chávez ha dicho, me lo había repetido anoche en mi despacho; y yo le autoricé. Así que pido disciplina. Ha sido un discurso interesante; que cada quien reflexione sobre Bolívar y sobre este acto patriótico. Pueden retirarse".*

Un gesto de solidaridad.

Sí. Después me llamó, caminamos. Me repitió: *"¿Te das cuenta que cargas algo por dentro?"*, y añadió: *"¡Ten cuidado, ten mucho cuidado!"*.

Eso ocurrió, dice usted, el 17 de diciembre de 1982, ¿no es ese día también cuando realizan ustedes el Juramento del Samán de Güere?

Sí, ese mismo día. Porque justo después del conflicto, Felipe Acosta Carlez, furioso, andaba como un potro desbocado, y me llamó: *"Mira, compadre, vamos a echar un trote, para calmarnos y hablar".* Llamamos también a Jesús Urdaneta y a Raúl Isaías Baduel, éste sólo era teniente pero estaba entonces muy cerca de nosotros y le teníamos afecto por su nivel intelectual y por sus cualidades humanas. Nos fuimos los cuatro a trotar [*hacer jogging*] hasta La Placera donde están unas granjas de pollos y de cochinos. Después, al regresar, nos dirigimos hacia el monumento a Bolívar del Samán de Güere,[3] que estaba como a dos kilómetros, y allá, bajo el árbol, hicimos el juramento. Cuando regresamos al regimiento era ya de noche.

---

[3] El samán, también conocido como el árbol de lluvia (*rain tree*), es característico de los trópicos americanos. Posee una envergadura monumental, llega a medir 60 metros de altura y su copa puede alcanzar los 80 metros de diámetro. Durante sus campañas militares en la región, Simón Bolívar descansó a la sombra de este Samán de Güere, que sigue vivo. Por eso se erigió, en ese lugar histórico, un sencillo monumento. Los historiadores relatan que el 3 de agosto de 1813, Simón Bolívar y sus tropas, en plena "Campaña Admirable" reposaron bajo el resguardo del Samán de Güere. Bolívar dijo: "Tal vez el alma de este árbol —se refería al Samán de Güere—, y los espíritus de nuestros indígenas, nos llenen de más coraje para culminar la gloria que pertenece a nuestra patria".

¿Ese juramento estaba premeditado o surge de modo improvisado?

No, llegamos al Samán y nos paramos; y yo entonces les propuse un juramento; juramento que, bueno, inventamos allí mismo.

¿Pensando en el Juramento de Bolívar en el Monte Sacro de Roma?[4]

Sí, parafraseando, por supuesto, a Bolívar en el día aniversario de su muerte, pronunciamos las siguientes palabras: *"Juro por el Dios de mis padres; juro por mi patria; juro por mi honor que no daré tranquilidad a mi alma ni descanso a mi brazo hasta no ver rotas las cadenas que oprimen a mi pueblo por voluntad de los poderosos. Elección popular, tierras y hombres libres, horror a la oligarquía".*

Una referencia a Bolívar y también a Ezequiel Zamora.

Sí, porque, como ya le dije, aunque se hablaba oficialmente mucho de Bolívar, icono de la identidad política venezolana, en realidad la esencia del mensaje del Libertador no se aplicaba; era puro formalismo. Y es que, en aquella Venezuela, a Bolívar, igual que hicieron con Cristo, lo falsificaron. Y de Ezequiel Zamora ni digamos, estaba prácticamente borrado de la historia oficial. Así que decidimos rescatarlos. Bolívar comenzó a tomar su espacio al frente de un movimiento bolivariano y revolucionario.

La tradición oral venezolana, así como los testimonios escritos de científicos como Alexander von Humboldt y Agustín Codazzi, dan cuenta de que el Samán de Güere era sagrado para los arawacos y también para otras tribus caribes que llegaron a apoderarse de la zona. Las mujeres daban a luz bajo la sombra del Samán y se habla de encuentros de líderes tribales para sellar alianzas.

[4] El 15 de agosto de 1805, en compañía de Simón Rodríguez y Fernando Toro, Simón Bolívar, el futuro Libertador, de apenas 22 años de edad, asciende a la histórica colina romana del Monte Sacro y jura por la libertad de Venezuela: *"Juro delante de usted; juro por el Dios de mis padres; juro por ellos; juro por mi honor, y juro por la patria, que no daré descanso a mi brazo ni reposo a mi alma, hasta que haya roto las cadenas que nos oprimen por voluntad del poder español".*

¿Se puede decir que es el acto inicial de la Revolución Bolivariana?

Desde el punto de vista simbólico, sin duda. Aquello fue el punto de arranque formal del movimiento. A partir de ese juramento empezamos a trabajar con gran seriedad... Ahí decidimos comenzar a captar a otros oficiales en base a un principio riguroso: sólo aceptaríamos a un nuevo candidato en base al consenso. Ninguno de nosotros podía integrar a un nuevo miembro por su cuenta. Era una precaución indispensable. Y exactamente ese diciembre de 1982 nace el EBR, el Ejército Bolivariano Revolucionario, que también significaba: Ezequiel Zamora, Simón Bolívar y Simón Rodriguez. Más tarde lo cambiamos por Movimiento Bolivariano Revolucionario (MBR-200).

¿Por qué "200"?

Bueno, al comienzo, los cuerpos de Inteligencia explicaban que nos llamábamos "EBR-200" porque éramos doscientos... Lo cual nos hacía reír y recuerdo que comentábamos: *"Ojalá fuéramos 200..."*. No éramos más que un puñado... En realidad es porque estábamos entrando en el año del doscientos aniversario del nacimiento de Simón Bolívar [*nacido el 24 de julio de 1783*]. Y, en ese marco, agarramos el 200 y se lo anexamos al nombre de EBR.

¿Cómo empezaron a organizarse?

Empieza a estructurarse el movimiento en sus escalones de capitanes, que éramos los más antiguos —tenientes, subtenientes y cadetes— porque también comenzamos a trabajar en la Academia Militar. Constituimos pequeños grupos. Ya veníamos, como le he contado, trabajando individualidades. Al poco tiempo, convocamos una reunión a la que asistieron, además de nosotros cuatro: Ronald Blanco La Cruz, subteniente de paracaidistas; Pedro Alastre López, teniente en los blindados; y Luis Reyes Reyes, de la Fuerza Aérea. Ya éramos pues un grupo de siete oficiales. Entonces decidimos conformar el comando del movimiento Ejército Bolivariano Revolucionario (EBR). El año 1982 termina de esa manera, y cuando amanece 1983, yo me encuentro haciendo un curso avanzado en la Escuela de Blindados, en Caracas.

Ese año 1983 hubo elecciones para sustituir al Presidente Luis Herrera Campíns ¿no?

Sí, hubo elecciones a finales de ese año, que ganó Jaime Lusinchi, de Acción Democrática. Pero, sobre todo, ése es el año del "Viernes Negro" [*el 18 de febrero de 1983*], el colapso económico, la fuga masiva de capitales y la crisis de la deuda externa —responsabilidad también del gobierno anterior de Carlos Andrés Pérez— que condujeron a una violenta devaluación de la moneda nacional; se pasó de 4,30 bolívares por dólar a 15 bolívares por dólar... Un traumatismo.

¿Estaba usted en Caracas cuando eso se produce?

Sí, yo estaba siguiendo ese curso avanzado de Blindados. Era un curso presencial, en el Fuerte Tiuna. Allí pasé unos seis o siete meses y aproveché para seguir haciendo proselitismo de forma tal que se incorporaron al movimiento algunos oficiales del curso.

¿Conseguía mantener el secreto? ¿Nadie había descubierto esas conexiones?

Absolutamente nadie. Eso se mantuvo así, casi invariablemente hasta el 4 de febrero de 1992, con una que otra excepción. Pero, fíjese, esas excepciones nunca pusieron en riesgo la marcha del movimiento.

Cuando el curso de Blindados termina, ¿se queda usted en Caracas?

Cuando termina el curso, en julio de 1983, yo obtengo el número uno, y me nombran instructor en la Escuela de Blindados. Ahí logro incorporar a varios compañeros de curso: Pedro Ruiz Rondón, Willy Fernández, Pérez Isa, José Angarita... Todos capitanes. Luego llegan los cursos de cadetes, y yo continúo en contacto muy cercano con la Academia donde sigo dando clases a los cadetes. Me quedaba a 50 metros de la Escuela de Blindados; cruzando la calle estaba la Academia...

O sea que ¿estaba usted de instructor en la Escuela de Blindados y, a la vez, de profesor en la Academia Militar?

No, yo me quedo de instructor en esa Escuela desde julio de 1983 hasta comienzos del año 1984, y de un día para otro, como en ocasiones anteriores, se produce un cambio anormal. Me llega una orden: *"Preséntese mañana en la Academia"*. Me presenté.

Era como una promoción.

Correcto. Una vez más regresaba a la Academia. Eso significaba, usted comprenderá, mejores posibilidades... Porque no es lo mismo estar de Capitán en una unidad fronteriza aislada que estarlo en el corazón del sistema... Además, modestamente lo digo, yo adquiría cada día mayor prestigio, había sido primero en ese curso... Incluso me propusieron dar clase en la Escuela Superior del Ejército, a oficiales superiores... Pidieron un instructor a la Escuela de Blindados; y lo lógico hubiera sido que el viejo Coronel Ojeda mandara a un coronel a darle clases a los tenientes coroneles... Pero Ojeda decidió: *"¡Que vaya Chávez!"*. Así que agarré mis mapas y de repente estaba allí, dándoles clases a altos oficiales...

¿De qué daba clases?

De táctica y de estrategia. Era un preparatorio antes de comenzar el curso de Estado Mayor.

¿Y en la Academia?

Allí me nombraron jefe de la Oficina de actividades culturales o del Departamento de Cultura, no recuerdo el nombre exacto... Ya yo había sido jefe de la Oficina de deportes... El director de la Academia, en ese momento, era el General Peñaloza Zambrano. Inmediatamente, como no había ni programas, empecé a elaborar con mucha motivación un plan de estudios, a fijar los objetivos, las metas, en música, en teatro...

¿Cuánto tiempo estuvo en esa actividad?

Pasé unos seis meses en el Departamento de Cultura. Organizando exposiciones de pintura, intercambios del orfeón, la estudiantina, elecciones de las reinas... Hasta llevamos al conocido cantante y compositor Simón Díaz,[5] un Día de las madres... Estuve en eso hasta julio de 1984 cuando recibí uno de los honores más grandes de mi vida, porque yo no era ni siquiera un Capitán antiguo, cumplía apenas dos años de Capitán. Y de repente me nombran Comandante del curso militar. Un curso que normalmente comanda un Capitán de los más veteranos, por respeto a la antigüedad... Ese año escolar 1984-1985 fue extraordinario.

¿Seguía usted practicando deporte?

Claro. A todas ésas, yo seguía jugando béisbol con los cadetes, en el equipo.

¿En el equipo de la Academia?

Sí, el de la Academia. Incluso había competencias inter-universitarias. No podía participar en los campeonatos inter- institutos militares, pero sí podía jugar en los inter-universitarios como egresado. Porque, en la Liga Universitaria de Caracas, se aceptaban hasta cinco egresados. Así que jugábamos contra buenos equipos: la Universidad Central, la Universidad "Santa María", el Pedagógico... Yo me eché a ese equipo encima, de ahí le viene el nombre de: el "Famoso".

¿El "Famoso"?

Sí. Ese nombre lo inventé porque teníamos un equipo débil, no poseía mucho pitcheo, ni un buen catcher. No gozábamos de artillería eficaz. Casi

---

[5] Simón Díaz (n.1928), célebre cantante y compositor de música popular venezolana. Es considerado como el padre de la "tonada", música típica de los Llanos. Ha sido galardonado con prestigiosos premios tanto en Venezuela como en el extranjero (Latin Grammy Award 2008). Una de sus composiciones más conocidas es "Caballo viejo".

nunca ganábamos. Entonces, para tener más ánimo, me puse a invocar a "Maisanta": *"¡'Maisanta', ayúdame!"*, y los cadetes también se pusieron a invocar a "Maisanta".

Pero, ¿por qué el "Famoso"?

A eso voy. Un día, en el patio, estaba yo comandando el batallón de oficial de día, y el equipo de béisbol, mi equipo, jugaba esa tarde. Entonces, como tenía que mandar a comer ya a los integrantes del equipo, antes que el resto del batallón, dije: *"Los del 'famoso' equipo de béisbol, salgan acá..."*. Era irónico, su fama era que no ganaba nunca... Bueno, desde entonces le llaman el "Famoso".

En esa época, el Papa Juan Pablo II visita Caracas ¿se acuerda usted?

Lo recuerdo muy bien. Fue a finales de enero de 1985. Se quedó tres días. Llegó una tarde de tremendo calor. Lo recibió en el aeropuerto el presidente Jaime Lusinchi y, por cierto, le rindió honores un destacamento de cadetes de nuestra Academia. También recuerdo que hizo declaraciones muy hostiles contra la Teología de la Liberación que calificó de "grave desviación", y estigmatizó a los líderes de esa escuela: Gustavo Gutierrez, Leonardo Boff, Jon Sobrino, Ernesto Cardenal, Ignacio Ellacuría quien sería asesinado en 1989 en El Salvador... Aquella visita de Juan Pablo II se instrumentalizó mucho políticamente. El empresariado conservador trató de capitalizar el fervor popular, en alianza con el clero más retrógrado, pero la gente más tecnócrata y más "moderna" del Opus Dei se lo disputó. Nosotros observamos que el Papa terminó aquella visita con un discurso en la muy obrera Ciudad Guayana en el que reclamó el *"fin de las injusticias sociales"* en Venezuela. En eso estábamos totalmente de acuerdo.

Juan Pablo II regresó a Venezuela en febrero de 1996 cuando estaba de Presidente Rafael Caldera, y recuerdo que, en un discurso que dio en el teatro Teresa Carreño de Caracas, de nuevo denunció el *"aumento dramático de la pobreza que desemboca a menudo en auténtica miseria"*.

¿Lo conoció usted?

Sí, me entrevisté con él el primer año de mi primer mandato. Me recibió en el Vaticano el 1° de octubre de 1999. Él ya había realizado su célebre viaje a Cuba de enero de 1998. Lo invité a que regresara de nuevo a Venezuela, pero como sabe falleció en 2005...

Volviendo a principios de los años 1980, el general Omar Torrijos había muerto en 1981. ¿Recuerda aquel momento?

Perfectamente. Torrijos murió el 31 de julio de 1981. Me hallaba yo en la República Dominicana jugando béisbol por segunda vez, participando en un torneo. Recuerdo que, después de un juego, fuimos con un grupo de oficiales a una piscina... Era un club militar. Y ahí nos llegó la noticia: el accidente de avión... Me causó un golpe brutal. Muchos historiadores sostienen que fue un sabotaje de la CIA. Murió aquel oficial revolucionario que rescató para su pueblo el Canal. Pensábamos mucho en él, en su ejemplo.

¿Fue Torrijos un ejemplo para usted?

En un momento sí, sin duda. Ya le hablé de eso. Su ejemplo nos estimulaba para seguir haciendo un trabajo intenso de formación política, de estudio político... Porque, fíjese, a todas éstas hay que subrayar lo siguiente: yo siempre insistí en la importancia del tema ideológico; en las reuniones con Douglas Bravo y su equipo del PRB; en las reuniones con Alfredo Maneiro y su equipo; en las reuniones con Hugo Trejo y su equipo... Siempre puse hincapié en el tema ideológico del bolivarianismo.

¿En el sentido de considerar una vía revolucionaria autóctona, latinoamericana?

Correcto. Torrijos representaba, en cierta medida, eso. Y sobre esta base ideológica, el bolivarianismo —es importante decirlo—, decidí crear el movimiento que nace, en 1982, en el Samán de Güere. Un movimiento que se dispara en 1983, 1984 y 1985. Esos tres años son de expansión de nuestro movimiento en el seno de la Fuerza Armada, sobre todo en el

Ejército y, con otro ritmo, en la Fuerza Aérea donde estaban Luis Reyes Reyes y Wilmar Castro Soteldo.

Estos oficiales que se van integrando a su movimiento, me imagino que eran también partidarios de una vía revolucionaria autóctona, venezolana, bolivariana, y contrarios a cualquier experiencia de tipo marxista ¿no?

Absolutamente. Yo comencé a percibir, desde muy temprano, 1978 ó 1979, en algunos compañeros con los que podía hablar de política en base a su sentimiento de inconformidad, que cuando, con infinito cuidado, citaba el nombre de Douglas Bravo, por ejemplo, o el de Alfredo Maneiro, el rechazo era absoluto. El marxismo era visto como algo muy hostil, muy negativo. El grupo de compañeros no estaba preparado para ir hasta ese nivel.

¿Sabían ellos que usted los conocía?

No, no. Había que tener mucho cuidado. Luego me di cuenta de que algunos estaban preparados para recibir el impacto; por ejemplo, Reyes Reyes que hasta asistió a varias reuniones con Douglas Bravo... Pero también él pronto se distanció del grupo. El capitán Dumas Ramírez se reunió asimismo, en una ocasión, con Douglas, y me dio su opinión: *"Son hombres del pasado..."*. Comencé a sentir, incluso en los oficiales más cercanos a mí, un rechazo. Me di cuenta de que, por esa vía, no íbamos a avanzar. El marxismo era lo más opuesto a la esencia de la Fuerza Armada; resultaba imposible hacer una síntesis de Marx o Lenin y la idiosincracia prusiana de nuestra formación militar. Además, en los círculos políticos marxistas caraqueños, se manejaba de manera general la tesis del "brazo armado". Yo siempre discutía esa tesis, y opinaba que teníamos que constituir un movimiento cívico-militar.

Ellos consideraban que las Fuerzas Armadas debían ser un mero instrumento.

Sí, el "brazo armado" para la rebelión. Pero únicamente el brazo, el cerebro eran ellos... Se basaban en la vieja idea maoísta de que "el Partido manda al fusil",[6] y que la Fuerza Armada debe ser controlada directamente por el Partido. Yo no estaba de acuerdo. Lo expresé varias veces y sentí cómo Alfredo Maneiro se fue alejando... Quedé en contacto con Pablo Medina. Pero luego muere Maneiro y en el seno de la Causa R toma importancia una personalidad, Jorge Olavarría [1933-2005], que realmente nunca consideré como un hombre de izquierda.

Comencé entonces a distanciarme, a bajar la frecuencia de las reuniones con esos grupos, y a intensificar en cambio el trabajo en el seno del Ejército.

La idea de sus amigos militares, supongo, era que las Fuerzas Armadas debían conducir el movimiento.

Había un rechazo a colocarse, así sin más, a la orden de una organización política. Sencillamente esa idea no se aceptaba. Existía el temor de ser utilizados como "tontos útiles"... Yo sin embargo pensaba que teníamos que avanzar hacia una síntesis de las dos posturas y construir, repito, un movimiento cívico-militar. Pero por el momento, como le digo, me consagré a consolidar nuestro movimiento dentro de la Fuerza Armada. Sugerí la idea de que nos pusiéramos a estudiar plenamente a Bolívar y a hurgar en su pensamiento.

¿Partiendo de sus textos o de estudios críticos?

Los dos. Releer y estudiar sus textos era un indispensable regreso a la fuente madre, al manantial original, a los fundamentos. Pero los análisis de historiadores y eruditos también eran necesarios. Leímos, por ejemplo, varios libros fundamentales: *Introducción a Simón Bolívar,*[7] de Miguel Acosta Saignes; *Bolívar,*[8] de Indalecio *Liévano Aguirre; Bolívar de*

---

[6] "Nuestro principio es: el Partido manda al fusil, y jamás permitiremos que el fusil mande al Partido", *en* Mao Zedong, *Problemas de la guerra y de la estrategia*, 1938. Véase en www.laeditorialvirtual.com.ar/Pages/MaoTseTung/Mao_GuerraEstrategia.htm

[7] Miguel Acosta Saignes: *Introducción a Simón Bolívar*, Siglo XXI, México, 1983.

[8] Indalecio Liévano Aguirre: *Bolívar*, Ediciones Cultura Hispánica, Madrid, 1983.

carne y hueso,[9] de Francisco Herrera Luque; *Bolívar: Pensamiento Precursor del Antiimperialismo,*[10] de Francisco *Pividal;* y *El Culto a Bolívar,*[11] de Germán Carrera Damas, entre otros. Se nos apareció, con toda claridad, el estadista, el visionario de la integración latinoamericana; estudiamos sus decretos sobre la distribución de tierras baldías... Tratamos de definir y precisar una ideología bolivariana porque, para nosotros, en aquella situación, constituía la herramienta teórica perfecta: ningún militar la podía rechazar, tenía sustento histórico y contenía todos los elementos revolucionarios que necesitábamos para movilizar a los oficiales descontentos.

¿Se interesaron por Miranda, el "Precursor"?

Sí, también estudiamos mucho a Francisco de Miranda, su *Colombeia,*[12] su visión de Europa, su proyección geopolítica... Igualmente a Sucre... Profundizamos en la historia de Venezuela, en la resistencia indígena, la figura de Guaicaipuro... Hurgamos asimismo en el pensamiento del maestro Simón Rodríguez, su visión social, sus ideas éticas, educativas, económicas... En el de Ezequiel Zamora... Nos propusimos ensamblar las principales ideas de cada uno de ellos para constituir un cuerpo de doctrina original, un pensamiento político revolucionario y a la vez profundamente venezolano. Poco a poco, aquello fue cuajando. De ese modo conformamos el "árbol de las tres raíces" como concepto ideológico fundamental, uno de los principales nutrientes de nuestro proyecto político.

---

[9] Francisco Herrera Luque: *Bolívar de carne y hueso, y otros ensayos,* Ateneo de Caracas, Caracas, 1983.

[10] Francisco *Pividal*: *Bolívar: Pensamiento Precursor del Antiimperialismo,* Ateneo de Caracas, Caracas, 1983.

[11] Germán Carrera Damas: *El Culto a Bolívar,* Universidad Central de Venezuela, Caracas, 1969. [Reeditado por Editorial Alfa, Caracas, 2003.]

[12] Francisco de Miranda y Josefina Rodríguez de Alonso: *Colombeia,* Ediciones de la Presidencia de la República, Caracas, 1978. Véase también: *Francisco de Miranda, Palabras Esenciales,* Ministerio de Comunicación e Información, Caracas, 2006.

¿Fue una idea suya?

¿Cuál?

La del "árbol de las tres raíces".

Sí, debo inmodestamente reconocerlo. Propuse ese concepto y hasta diseñé el árbol... También dibujé el primer logotipo del EBR-200: representé un brazo, un puño y un sable con su empuñadura que formaban una E... una B, una R y un 200... Luego me pareció demasiado militarista y lo desechamos; además, tácticamente, no era conveniente utilizarlo. Pero yo llegaba hasta ahí, a pensar en cómo darle forma gráfica a la ideología... Esos años 1983-1985 fueron de expansión de nuestro movimiento que se fue multiplicando, sobre todo en la Academia donde se incorporan Ronald Blanco La Cruz, Diosdado Cabello, Jesse Chacón, Edgar Hernández Behrens, Moreno Acosta, Florencio Porras, Moro González que murió, y Llanos Morales que lamentablemente se mató en una avioneta... Ya éramos como 8 ó 10 oficiales y unos 20 ó 30 cadetes, cada uno de los cuales iba atrayendo a un compañero o a un amigo...

¿Francisco Arias Cárdenas ya se había incorporado?

No, Arias se incorpora luego, en 1985. Él estaba regresando de un curso de post-grado en Colombia y en aquel momento, como ya le comenté, andaba en el movimiento político ARMA [*Alianza Revolucionaria de Militares Activos*]. Pero no directamente con William Izarra, el fundador, sino con el entonces Coronel Ramón Santeliz. Eran grupos de discusión más bien, no tenían muchos cuadros. En cambio, para nosotros, insisto, la Academia fue un semillero. Se cumplió lo que yo había previsto cuando llegué: *"Si no es aquí no es en ninguna parte; aquí está la posibilidad máxima"*.

¿Y aquello se mantenía secreto?

Sí, y eso que a veces hasta provocábamos... Por ejemplo, cuando íbamos trotando, con el Coronel al frente, yo delante cantaba el canto de Zamora:

"El cielo encapotado anuncia tempestad.../ Oligarcas temblad, ¡viva la libertad!" .Y los cadetes —¡ciento y pico!— repetían en coro. El día que se cumplió el centenario de la muerte de Ezequiel Zamora, el 10 de enero de 1985, toda la madrugada la pasamos pegando en el bloque del Curso Militar, arriba, con letras gigantes de anime, la frase: *"Mi general Zamora, a cien años de tu muerte, tu canto sigue con nosotros"*. Era una conspiración abierta.

¿No le dijeron nada?

Sí, me llamó el Coronel: *"¿Qué significa esto?"* *"Mi Coronel, es el aniversario del asesinato de Ezequiel Zamora"*, le dije. *"No entiendo muy bien eso*, me contestó. *Así que lo quitas pronto; mañana no quiero verlo"*. Lo tuvimos que desmontar. Pero andábamos llenando de símbolos toda la Academia. Aquel fue también el año de las banderas negras. Las que usaba José Antonio Páez, tenían la calavera, pero lo más importante no era la calavera...

Era el lema: ¡*Libertad o muerte!*

Correcto. *"Libertad o muerte"*. Esas banderas andaban por todos lados. Símbolos, cantos... Fueron años de expansión, hasta julio de 1985. Esos cadetes —los "Centauros" los llamamos— se gradúan. El movimiento sigue abriéndose, extendiéndose. Incluso habíamos organizado un Primer Congreso Nacional del movimiento con unos veinte delegados representando diferentes territorios. Esa idea de los congresos me vino observando lo que hacía el PCV [*Partido Comunista de Venezuela*], anoté cómo los organizaban, plagié el método de ellos... Teníamos el país dividido en regiones a las que pusimos puros nombres indígenas. Por ejemplo: "Comando de Área Revolucionaria (CAR)-Guaicaipuro" era el centro, Miranda, Vargas y Caracas; el "CAR-Variná", era Barinas y Apure; el "CAR-Mara" era Zulia; el "CAR-Timotocuicas" era los Andes, etc. Luego desarrollamos el Proyecto Nacional "Simón Bolívar", definimos las líneas estratégicas de planificación, estudiábamos mucho la economía, los problemas del agro, las cuestiones educativas, el urbanismo, la salud, las relaciones internacionales...

¿Cuántos congresos organizaron?

Creo que cinco. Los hacíamos siempre en fin de semana, sábados y domingos. El último lo hicimos en Maracay, en 1989, después del "Caracazo", y no volvimos a organizar ningún otro por razones de seguridad.

¿A esos congresos, invitaban ustedes a dirigentes de otros partidos?

A los congresos no, pero a reuniones nuestras sí. Vinieron por ejemplo, gente de La Causa R como Pablo Medina y Andrés Velásquez;[13] algunos del PRV ligados a Douglas Bravo; intelectuales independientes... La idea de estrechar vínculos con civiles de izquierda era reafirmar nuestra obsesión de avanzar hacia una unidad cívico-militar.

¿Elaboraban ustedes documentos teóricos?

Sí, redactábamos documentos. Hacíamos agendas para las reuniones, sacábamos fotocopias, elaborábamos tesis sobre el pensamiento de Bolívar, ya le dije. Pedíamos trabajos precisos: *"Ustedes dos se encargan de llevar a la reunión de tal día una exposición del pensamiento de Zamora"*. Incluso decidimos, en nuestro congreso de San Cristóbal, en 1986, sacar un periódico, *Alianza Patriótica*, pero pasó igual que con la revista *El Agua Mansa* de la que le hablé [*ver cap. 9*], se escribía sobre todos los líderes revolucionarios mundiales —el Che, Marx, Lenin, Mao, etc.— y no se citaba a un solo venezolano, ¡ni siquiera a Bolívar! Creo que quemé los 200 ejemplares que me mandaron... Me puse furioso. No hubo segunda entrega...

¿Y todo eso sin que los servicios de Inteligencia Militar los descubriesen?

Bueno, llegó un momento en que nos dimos cuenta de que nos vigilaban y tuvimos que destruir una parte de nuestros documentos. La Inteligencia, en efecto, empezó a cazarnos, y nos vimos obligados a hacer desaparecer informes, papeles...

---

[13] Andrés Velásquez, ex-líder sindicalista, fue candidato de La Causa R a la Presidencia en 1983, 1988 y 1993. Actualmente es Diputado en la Asamblea Nacional y milita en la oposición al presidente Hugo Chávez.

¿Ustedes se imponían consignas de confidencialidad?

Muy severas. Llegamos hasta el extremo de amonestar a oficiales. Claro, con un lenguaje figurado, pero teníamos un comando que funcionaba, reconociendo méritos y sancionando. Por ejemplo, un militar que faltaba a una reunión sin causa justificada, le llegaba una amonestación, breve.

Imponían una disciplina.

Sí. Y también imaginábamos la evolución de la situación del país. Y fíjese qué casualidad, recuerdo que, en casi todos esos sondeos de opinión, entre los miembros de nuestro movimiento, aparecía ya la idea de una rebelión hacia los años 1990, 1991 ó 1992, o sea diez años más tarde. Era lo que ellos tenían en la mente pues.

Anticipaban lo que luego ocurriría, diez años después.

Correcto. Nuestra gente pensaba en una década. Era producto del debate y de las discusiones. No había inmediatismo en nadie. Era la conciencia de que había que trabajar mucho, y aguardar mejores condiciones. Incluso algunos de nosotros, en varias reuniones, dijimos: *"Ojalá que la clase política venezolana logre sacar el país de su atolladero, nos ahorraríamos nosotros tener que intervenir..."*. No queríamos hacer un movimiento por hacerlo. ¿Me entiende?

Ustedes se veían como un recurso o una alternativa, y sólo se proponían actuar en el caso de que la situación del país siguiera degradándose.

Claro. Si los que gobernaban, mediante un acuerdo político, cambian de rumbo y sacan el país del abismo, nosotros nos ahorrábamos una intervención. Pero Venezuela seguía hundiéndose en la pobreza, en la miseria, en la corrupción y en la entrega de los recursos del país.

¿Se interesaban ustedes por las cuestiones económicas?

Enormemente. Estudiamos con gran atención los procesos económicos. Muchos miembros de nuestro movimiento fuimos a estudiar en las universidades, a buscar mayor conocimiento, más herramientas de análisis político, social y económico. Leíamos mucho. Es la época en que Samuel Moncada, profesor de historia en la Academia Militar, publica su libro *Los huevos de la serpiente*,[14] y le obligan a renunciar a su cargo de docente, lo sacan de la Academia porque cuenta con todo detalle la historia de Fedecámaras [*la patronal venezolana de grandes empresarios*] por dentro. Yo estaba de oficial de planta cuando se publicó ese libro. Así fuimos madurando a lo largo del período 1980-1985, hasta más allá de lo que habíamos previsto. Yo me quedaba sorprendido. Tanto es así que, en 1986, organizamos otro congreso nacional para darle más fuerza a nuestras ideas. Ya éramos unos quince oficiales que acudimos, algunos desde distancias lejanas, bien preparados para esa reunión. Y crecíamos tanto que, en 1986, decidimos frenar nuestra expansión por considerar demasiado riesgoso seguir desarrollándonos.

Estadísticamente, el peligro de delación aumenta en proporción al número de miembros.

Es matemático. Por eso dijimos: vamos a frenar la expansión y a prohibir la incorporación de más nadie por un tiempo prudencial. Y vamos a dedicarnos a consolidar lo que tenemos, hombre por hombre, estructura por estructura. Así que re-analizamos todo: las células, los Comandos de Áreas Revolucionarias, la ideología, el carácter cívico-militar, el aspecto revolucionario... Porque algunos compañeros entraban sin tener una idea muy clara de la identidad de lo que éramos y había que precisarles que aquello no era un movimiento de derechas... Luego eso afloró, sobre todo en la prisión [*1992-1994*]. Algunos no aguantaron mucho, no poseían una conciencia política sólida; otros, después de salir de la cárcel, se pasaron a la oposición.

---

[14] Samuel Moncada: *Los huevos de la serpiente. Fedecámaras por dentro*, Editorial Alianza Gráfica, Caracas, 1985.

Y con el tiempo, algunos incluso se hicieron opositores, como Jesús Urdaneta o Raúl Isaías Baduel.

Jesús Urdaneta nunca tuvo firmeza ideológica, eso es todo. Es un hombre débil ideológicamente, y eso el enemigo lo capta pronto. Igual ocurre con Baduel. Bueno, Baduel nunca participó en verdad intensamente en nuestro movimiento. Acudía a algunas reuniones, y luego, cuando llega el 4 de febrero de 1992, no actuó, decidió pasar a la reserva... Ya venía dando muestras de debilidad... Pero en fin, llegará el momento y hablaremos, si lo desea, de estas personas. Regresando a 1986, lo que quería subrayarle es la expansión muy acelerada que nuestra organización experimentaba. Ahí es cuando decidimos cambiar el EBR-200 en MBR-200 [*Movimiento Bolivariano Revolucionario-200*]. Cambiamos de la "E" de Ejército por la "M" de Movimiento porque decíamos: "Como ya tenemos un grupo importante en la Fuerza Aérea, no podemos definirnos sólo como del Ejército". Además había también compañeros de la Marina; pocos, pero los había; y asimismo había movimientos civiles incorporados. Por eso decidimos cambiar el nombre. Nos convertimos en el MBR-200... Y con ese nombre llegamos a la rebelión del 4 de febrero de 1992. Aunque antes, tendremos que hablar del "Caracazo".

CAPÍTULO **12**

El *"Caracazo"*

Tres años en Elorza – De vuelta a Caracas – En la Seconasede –
Viaje a Guatemala – Estudiando Ciencias Políticas –
Vuelve Carlos Andrés Pérez – El "Gran Viraje" –
El 27 de febrero de 1989 – Causas del "Caracazo" –
Impacto en las Fuerzas Armadas – Muerte de Felipe Acosta Carlez –
Sospechoso – En la Escuela Superior de Defensa –
Guerra de nervios en Los Pinos – El general Peñaloza –
Maniobrando – ¡En la Proveeduría! – La "conspiración invisible" –
Al mando de los paracaidistas de Maracay.

**En 1985, a usted lo apartan de la posición que tenía en la Academia Militar
y lo transfieren lejos de Caracas, a Elorza (estado Apure), una ciudad que se
halla en el lejano oeste de Venezuela, en los confines con Colombia. ¿Por
qué ese alejamiento?**

Quizás pensaron que así me desterraban... [*se ríe*]. La razón era bien sencilla: efectivamente, mantener en secreto la existencia de nuestro movimiento resultaba cada vez más difícil, y nuestras actividades, a pesar de las
precauciones, acabaron por llegar a los oídos de la Dirección de Inteligencia Militar (DIM). Ésta supo, seguramente por el general Julio Peñaloza,
enemigo declarado nuestro, que impartíamos charlas de carácter muy
crítico en la Academia. Pero, por otra parte, no eran discursos marxistas
sino relativos a Bolívar, a Miranda, a la gesta histórica venezolana, y eso

era difícil de prohibir y de sancionar. Además, los oficiales que estábamos implicados en ello, éramos considerados como los más brillantes de las nuevas promociones. La Fuerza Armada no podía privarse de toda una generación. Por eso la DIM no nos detuvo, ni nos acusó de "subversivos", sino que no nos confiaron mando de tropas en las ciudades centrales y nos dispersaron a través de la inmensa geografía de Venezuela con la esperanza de que nos desconectáramos los unos de los otros.

¿Le sorprendió ese alejamiento?

No tanto. Porque tampoco lo percibí como un castigo. Al contrario. Me recomendó para ese puesto Ramón Carrizales, que era un gran oficial de caballería y un amigo. Me confiaban una responsabilidad militar importante en un lugar estratégico: la frontera con Colombia. Recuerdo que cuando me llegó la orden de traslado para Elorza, recogí mis corotos [*trastos*], salí de la Academia, agarré mi catanare [*coche viejo*] azul, arranqué el motor y exclamé: *"Misión cumplida"*. La gestación estaba en marcha y el parto que venía nada iba a detenerlo. El Movimiento Bolivariano Revolucionario-200 era la expresión de lo más puro de los sueños de la muchachada militar de los años 1970 y 1980, una juventud heroica.

¿Qué lecciones sacó de su estancia allí?

Estuve en ese bello Apure casi tres años. Primero, en Elorza. Era jefe de la guarnición de la ciudad y del Escuadrón de Caballería Motorizada "Francisco Farfán".[1] Comandaba una Unidad Fundamental Aislada, así se llama. Es decir, no tenía superiores en 500 kilómetros a la redonda. Me sentía como pez en el agua en el Capanaparo, en las Sabanas del Viento, el Barranco Yopal, el Caño Caribe, el Cubarro, el Cinaruco... En medio

---

[1] Francisco Farfán (?-1841), coronel del Ejército de Venezuela durante la Guerra de Independencia. Combatió, bajo las órdenes de José Antonio Páez, en las batallas de Las Queseras del Medio (1819) y Carabobo (1821).

de esos llanos en donde nací... Fue como regresar al nido, a la cuna, a los orígenes... Allí viví una de las épocas más felices de mi vida, de mayores realizaciones en lo militar, en lo social y en lo político. Elorza se convirtió en una especie de laboratorio sociológico donde empecé a experimentar en vivo nuestras tesis con respecto a la relación fuerza armada-pueblo. Lo que nunca antes había hecho.

O sea ¿Elorza le sirvió, digamos, para poner a prueba sus teorías sobre el gobierno de la sociedad?

Sí, porque allí me vi obligado a resolver situaciones concretas. Tenía más tiempo para reflexionar, y me puse a leer y a estudiar, ya que los problemas por solucionar eran precisos y reales, no virtuales, ni simplemente teóricos. Aquello era un micro laboratorio humano, donde se me planteaban incógnitas del mundo económico y social muy específicas. Claro, normalmente, esos problemas no tenía por qué resolverlos yo o mi guarnición. Por eso, al principio, cuando se me ocurrían ideas para ayudar, pedía permiso a mis superiores que estaban lejos. Y la respuesta siempre era: "*No, no, ésa no es su tarea, capitán. Lo suyo es custodiar la seguridad de la frontera*". Y yo, por dentro, me decía: "Dios mío, ¿pero la seguridad no tendrá alguna relación con la situación de los indígenas muriéndose de hambre por aquí? ¿O con los pescadores fluviales explotados por los armadores? ¿O con este pueblo viviendo en la miseria...?". Claro que tenía que ver. Porque eso es lo que el General Juan José Torres y los militares socialistas de Bolivia de comienzos de los años 1970, llamaban: la "frontera interior". Y preocuparse por esa "frontera interior" formaba parte de mi misión de custodiar, de manera más inteligente, creo, la seguridad de aquel territorio. Así que decidí no volver a consultar, ni a pedir permiso, y me consagré a resolver las dificultades concretas que se planteaban en esa zona.

¿Qué problemas?

Por ejemplo: el problema del latifundio o el de la explotación del hombre por el hombre. Allí me di de golpe, cara a cara, con el tema indígena.

Ya le hablé de ello, el drama de los indígenas de esa región; los indios cuivas y yaruros; aquella terrible tragedia que vivían todos los indígenas de Venezuela, que sólo viéndola uno la podía entender. En ese sentido, Elorza fue, repito, un laboratorio social. Ahí me probé en el liderazgo ya no militar con cadetes o soldados, sino en una aglomeración de distintos grupos, estudiantes, indígenas, deportistas, jóvenes... Un pueblo, pues, de verdad. Una micro sociedad; como una sociedad grande pero en una maqueta del país.

¿Cómo era Elorza entonces?

Un pueblo típico de la Venezuela olvidada: una polvorienta calle principal, un hotelito, unas tiendas de dueños sirios, varios restaurantes de propietarios colombianos, y al final del pueblo, como a unos diez kilómetros: el cuartel militar. En las afueras: barriadas de desvencijados ranchos donde vivían los cuivas y los yaruros. El característico drama de la miseria de estos pueblos llaneros abandonados: *Doña Bárbara* pues, o *Casas Muertas*, de Miguel Otero Silva.[2] Y el mismo mundo político pero en micro, más fácil para entender los manejos del Pacto de Punto Fijo. Corrupción a todos los niveles, un pueblo sin gobierno, desatendido, sin programas sociales de ningún tipo. Escuelas sin agua, sin pizarrón, sin pupitres, sin baño, sin comida... Un hospitalito sin médico y sin medicinas. No había nada, hasta el hielo había que llevarlo de San Cristóbal... Un pueblo ignorado, sin agua potable, con carreteras destrozadas, que para salir de allá en invierno era imposible. En un país tan rico...

¿Y qué hizo usted?

Era el jefe militar pero tuve que convertirme en líder social. Saqué a los soldados de la rutina del cuartel para que se integraran a la vida de aquella

---

[2] Miguel Otero Silva (1908-1985), gran intelectual progresista y uno de los principales escritores venezolanos de la segunda mitad del siglo XX. Fundador del diario *El Nacional* (1942) y magistral autor, entre otras novelas, de: *Casas muertas* (1955), *Oficina n°1* (1960), *La muerte de Honorio* (1968) y *Cuando quiero llorar no lloro* (1975).

sociedad. Imaginé una serie de programas cívico-militares de desarrollo. Nos fuimos por esas sabanas a buscar a los pobres y a organizar equipos, pescadores que salían al río a faenar... Allí, las fiestas folklóricas del 19 de marzo, día de San José, son muy importantes, acuden los mejores cantantes de música llanera. Entonces no era así. Nosotros aprovechamos el interés colectivo por esas fiestas, para organizar a la gente, sacarla de su letargo. Empezamos a pedir voluntarios que contribuyeran con dinero o con trabajos para financiar la organización de las fiestas. Por ejemplo, comenzamos a recolectar vacas viejas y flacas, y las engordábamos para venderlas, y el dinero iba a la alcancía de la Junta de fiestas. Poníamos templetes en las esquinas para la venta de comidas todos los fines de semana, y algún licor y una música; Luis Lozada "El Cubiro" —que en paz descanse— cantando joropos allí para animar, y lo que quedaba de dinero: a la alcancía. Aquel pueblo empezó a cobrar vida. La gente se relacionaba entre sí. También trabajé bastante con los indígenas cuivas y yaruros. Me metía en las profundidades del Cajón de Arauca, entre las profundas barrancas del caño Cubarro.

¿Con sus soldados?

Sí. Comandaba una patrulla de militares barbudos que más bien semejaban ser guerrilleros... Yo mismo me iba pareciendo cada día más al personaje desharrapado de Lorenzo Barquero en *Doña Bárbara*... Con la ayuda de una gran etnóloga, Arelis Sumavila, aprendí a conocer a los indios, a apreciar y respetar sus costumbres y su cultura, pasé semanas viviendo en la sabana con ellos y como ellos. Asimismo aproveché, ya le conté, para indagar mucho sobre "Maisanta", cuyo recuerdo seguía vivo y fresco en la memoria de muchos ancianos de por allá. Eso fue muy importante: profundizar en mis raíces familiares. Y en la historia, la geografía y la cultura de los Llanos.

Entonces, fue un "destierro" fecundo ¿no?

Sí, muy fecundo. Yo me reconstruí anímicamente en aquel laboratorio. Salí muy fortalecido. Aquello influyó mucho y confirmó la idea que tenía sobre la necesaria cooperación entre los militares y la sociedad civil. Las experiencias vividas allí eran lo que necesitaba para tener una visión más completa, integral, de la Venezuela real. Aunque hasta allí siguió persiguiéndome la DIM...

No le perdían la pista.

¡No me soltaban...! [*Se ríe*]

¿Qué ocurrió?

Nosotros, por precaución, habíamos decidido suspender las captaciones de nuevos oficiales para el Movimiento. Pero un teniente de los nuestros [*Ramón Valera Querales*] me pidió que le autorizase a terminar el trabajo de adhesión que estaba realizando con un subteniente. Se lo permití. Y resulta que ese subteniente, nervioso, temeroso, se fue a hablar con su Comandante y le confesó todo. Citó mi nombre. No lo supe en ese momento, pero me percaté que, de repente, unos agentes empezaron a seguirme por todos lados.

¿Tenía usted en su posesión documentos o papeles comprometedores?

Eso era lo grave: guardaba en mi habitación documentos muy importantes, libros, cuadernos de anotaciones... Da la casualidad que, cuando me enteré de la delación, me acababan de operar de un ojo y estaba fuera, en Fuerte Tiuna [*Caracas*]... Menos mal que pude avisar a unos amigos y "limpiaron" mi habitación, quemaron todos los documentos peligrosos. Se pudo hacer a tiempo; al día siguiente, en una avioneta, llegaban a Elorza unos agentes de la DIM y de la DISIP que lo registraron todo. No encontraron nada. Pero cuando regresé a Elorza, me quitaron el comando; me quedé sin tropas, sin presupuesto, sin nada. Aunque la DISIP siguió vigilándome; en uno de sus informes incluso me vinculaba con las guerrillas colombianas, y afirmaba que yo estaba preparando ¡una rebelión de los indígenas! [*Se ríe*].

¿Mantenía usted el contacto con los demás cuadros del MBR-200?

Era más difícil, claro, por las distancias y la vigilancia a la que seguíamos sometidos. Pero esos obstáculos no nos impidieron organizar, en mayo de 1986, nuestro tercer Congreso Nacional del MBR-200 en San Cristóbal, capital del estado Táchira, adonde acudí bajo el pretexto de unas maniobras de blindados... Durante ese congreso se discutieron las principales concepciones sobre cómo debíamos actuar, esencialmente la expuesta por Arias Cárdenas y la mía...

Ahí parece que hubo tensiones entre usted y Arias Cárdenas.

Arias se incorpora a nuestro Movimiento unos meses antes de ese congreso, a finales de 1985. Es un hombre con una excelente formación intelectual y con experiencia conspiradora en el seno del Ejército. Pero, al principio, hubo disensiones entre nosotros, desacuerdos sobre los métodos de trabajo, sobre la línea ideológica, sobre la estrategia de sumar militares y civiles... Durante el congreso, esas desavenencias estallaron y se produce una discusión fuerte sobre el tema de la incorporación y la participación de organizaciones populares a nuestro movimiento... Pero ello no nos impidió avanzar y adoptar finalmente los principios filosóficos del Movimiento, basándonos en el pensamiento de Bolívar, de Miranda, de Simón Rodríguez y en la visión social de Ezequiel Zamora: las cuatro nutrientes de nuestra filosofía política y de nuestra acción.

Después de este Congreso de 1986, pudimos disponer de una organización de verdad para preparar la insurrección cívico-militar. Y era indispensable, porque ya en los meses siguientes, ahora sí, se desencadenó la presión de los servicios de Inteligencia contra mí. Además, los generales Ítalo del Valle Alliegro, Manuel Heinz Azpurua y sobre todo Carlos Julio Peñaloza Zambrano me la tenían jurada.

Sin embargo, a usted lo transfieren de nuevo a Caracas ¿no?

Sí, pero más tarde. En 1986, asciendo a Mayor; y un día, al regresar de una zona de indios yaruros con una pequeña unidad que comandaba, cuyos soldados —harapientos, melenudos, barbudos— tenían realmente aspecto de veteranos guerrilleros, se presenta a pasar revista el general Arnoldo Rodríguez Ochoa. Se sorprendió por nuestro aspecto. Pero conversamos largamente, y al final me propuso que fuese su ayudante en San Juan de los Morros [*capital del estado Guárico*], puerta de los Llanos Centrales. Acepté. Y apenas unos meses después, lo nombraron Secretario nacional de Seguridad y Defensa, y me trajo consigo a Caracas como jefe de su ayudantía. De ese modo, por unas insólitas coincidencias, de un día para otro, reaparecí en la capital.

¿En qué fecha?

Llegué a mediados de 1988, era el final de la presidencia de Jaime Lusinchi. En un santiamén, pasé de las orillas del Arauca a las riberas del Guaire; todavía me quitaba garrapatas... Una vez más, fue como si alguien hubiera conspirado en mi favor. Como si todo fuese una conspiración cósmica. El destino moviendo fichas en el tiempo preciso y con el ritmo adecuado... Heme aquí de nuevo en la capital... Mis oficinas estaban en el Palacio Blanco [*frente al Palacio de Miraflores, en Caracas*], ubicación del Seconasede [*Secretaría del Consejo Nacional de Seguridad y Defensa*]. Se trataba de una posición importante. Algunos generales no lo aceptaron. Y poco después, para desterrarme de nuevo, ese mismo Consejo me despachó a Centroamérica a realizar un curso internacional de asuntos civiles.

Allí, en aquel momento, había tres conflictos muy violentos: en El Salvador con la guerrilla del Frente Farabundo Martí de Liberación Nacional (FMLN); en Nicaragua con la "Contra" antisandinista financiada por Washington; y en Guatemala con las guerrillas de la Unidad Revolucionaria Nacional Guatemalteca[3] (UNRG).

Sí, existía una situación muy conflictiva en toda la región. Los Estados Unidos —gobernados entonces por [*Ronald*] Reagan [*1981-1989*]— estaban muy implicados en esas tres guerras y apoyaban, por política antimarxista y

---

[3] Resultado de la alianza, en 1982, de cuatro grupos guerrilleros de izquierdas: el Ejército Guerrillero de los Pobres (EGP), la Organización Revolucionaria del Pueblo en Armas (ORPA), las Fuerzas Armadas Rebeldes (FAR) y el Partido Guatemalteco del Trabajo (PGT).

anticomunista, a las fuerzas más retrógradas y reaccionarias de la región. Yo estuve en Guatemala que llevaba ya casi veinte años de guerra con represiones cruentas y masacres de civiles por parte de dictadores militares como en el corto período de gobierno del general [*Efraín*] Ríos Montt [*1982-1983*]. Durante su breve presidencia hubo masivas violaciones de los derechos humanos. Se estima que causó unos 200.000 muertos, en su mayoría indígenas indefensos. Un verdadero genocidio. Todo ello con el beneplácito de Washington. Cuando estuve allí, aunque el conflicto continuaba, la democracia había sido restablecida y gobernaba un demócrata-cristiano, el presidente Vinicio Cerezo [*1986-1991*]. Pero las tensiones y la violencia eran perceptibles. Las intentonas de golpe militar, lideradas por oficiales reaccionarios, se sucedían.

¿Cuánto tiempo estuvo?

Fueron unos tres meses. Me mandaron a Guatemala de un día para otro, para sacarme de Venezuela. Me fui por disciplina, con el corazón partido. Dejaba a mi mujer, mis hijos... Participé en un curso internacional de perfeccionamiento en asuntos civiles para oficiales de Estados democráticos. Nuestro instructor principal era un alto oficial gringo, en realidad puertorriqueño...

Unos meses más tarde, en el mundo, se producían cambios importantes. Por ejemplo, en febrero de 1989, cayó la Revolución Sandinista.

Sí, el Frente Sandinista perdió las elecciones de febrero de 1989 y con esa derrota se termina, en ese país, el primer período revolucionario comenzado en julio de 1979 con la entrada de las columnas guerrilleras en Managua y el derrocamiento de la dictadura de [*Anastasio*] Somoza. Ese año 1989 también vio, en junio, las manifestaciones de protesta en la Plaza Tienanmen de Pekín, y sobre todo, en noviembre, la caída del Muro de Berlín. ¡Se tambaleó el planeta! Más tarde [*en diciembre de 1991*] se desintegró la Unión Soviética fundada por Lenin... Parecía que se apagaba en el mundo toda esperanza de cambio, de revolución...

Al regresar usted de Guatemala ¿reanima el MBR-200?

Estábamos a finales de 1988 y, a mi regreso al Seconasede, me vigilaban estrechamente. A pesar de ello, desde el Palacio Blanco y Miraflores, comencé a reactivar cosas, grupos, comandos... El Movimiento había disminuido bastante, estaba de capa caída... Me encontré con todo desactivado, o casi todo... Eso me desanimó mucho. Llegué incluso a pensar que todo se acababa... Y me volvió a entrar el dilema de irme...

¿De salirse del Ejército?

Sí. Porque llevaba ya tres años lejos de la capital, y desde que había regresado a Caracas la vigilancia sobre mí se acentuó. Comenzaron las presiones. Tuve que bajar la actividad obligatoriamente. Hubo asimismo deserciones en nuestro Movimiento, gente que se dio de baja, algunos líderes se fueron al exterior... Por ejemplo, a Ronald Blanco La Cruz lo mandaron a Estados Unidos, de oficial instructor a la Escuela de las Américas; Luis Reyes Reyes tuvo que irse también a una oficina de la Fuerza Aérea en Miami, tenía que tratar de salvar a un hijo enfermo que luego, tristemente, falleció... En fin, nuestro Movimiento se dispersaba... Entonces decidí estudiar Ciencias Políticas en la universidad, y llegué a pensar, incluso, efectivamente, en salirme del Ejército y pasarme a la lucha política civil.

¿Se puso usted a estudiar Ciencias Políticas?

Sí, aproveché mi estancia en el Seconasede para ponerme a estudiar, a partir de julio de 1990, una maestría de Ciencias Políticas en la Universidad "Simón Bolívar". Me acababan de ascender a teniente coronel, aproveché, pedí permiso y el general Rodríguez me autorizó.

Los cursos tenían lugar en las instalaciones del Valle de Sartenejas, en Baruta [*un municipio elegante del Este de Caracas*]. Ninguno de mis profesores era de izquierdas, excepto uno; yo discutía mucho con ellos, y con algunos aprendí bastante. Un día, un docente me preguntó: *"¿Qué tiene usted en la mente, Mayor?"*. *"Ideas, profesor, ideas"*, le respondí. Y aquel hombre, muy conservador, se alarmó: *"Me preocupan esas ideas suyas; con ese uniforme..."*. Mi objetivo principal era estudiar, formarme, aprender lo más posible sobre la política, la economía, la sociedad... Recuerdo que el general Pérez Arcay, mi maestro, me repetía: *"¡Estudia! ¡Estudia!"*. Constantemente me insistía: *"Debes aprender mucho. Un día serás jefe de Estado, y debes ser un buen jefe de Estado"*. Yo no aspiraba para nada, personalmente, a ser jefe de Estado. Lo que quería era que las cosas cambiaran.

¿Se especializó en algún tema particular?

Bueno, empecé a preparar una tesis, y me inscribí en un postgrado. Una de las materias que tomé fue: "Proyectos nacionales, planificación y desarrollo". En ese marco realicé un trabajo sobre el VIII Plan —lanzado por Carlos Andrés Pérez— cuyo nombre era *El Gran Viraje*.[4] Ese "gran viraje" fue el que impusieron el capitalismo hegemónico mundial y el Fondo Monetario Internacional mediante un severo plan de ajuste estructural que acabó provocando la protesta popular y la explosión del "Caracazo".

¿Sobre qué tema era su tesis?

Sobre la transición. En la Maestría, ya había hecho varios trabajos en esa dirección.

¿Estudiaba usted las transiciones políticas aquí en Venezuela o también en el extranjero? La transición española, por ejemplo.

Sí, varias. Uno de mis trabajos de Maestría fue precisamente sobre la transición española, del franquismo a la democracia... Y uno de los libros que más consulté fue el de un profesor francés, Maurice Duverger.

---

[4] *El Gran Viraje. Lineamientos generales del VIII Plan de la Nación (1990-1995)*, Oficina Central de Coordinación y Planificación (CORDIPLAN), Caracas, 1990.

Un gran especialista en Derecho Constitucional.

Su libro se titulaba: *Instituciones políticas y Derecho Constitucional.*[5] Me llamó la atención el planteamiento de Duverger. Ése fue el libro central que tomé como referencia. Me lo recomendó un profesor de izquierda que había entonces. Ahora esa universidad se elitizó casi totalmente.

¿La "Simón Bolívar"?

Sí, es pública, del Estado, pero la fueron elitizando. Entonces había buenos profesores y, como le dije, varios de izquierda. Las materias que escogí y los trabajos que efectué en la Maestría estaban orientados hacia el movimiento político que estábamos impulsando. Había una gran actividad política en el país. Hablamos de los años 1988-1989. Recuerdo que, el día del "Caracazo", 27 de febrero de 1989, aunque estaba enfermo con mucha fiebre, fui a la Universidad como casi todos los días... Salí de Palacio en mi carrito. La Universidad "Simón Bolívar" queda por el sureste de Caracas. Llegué allí y no había clases, se suspendieron, habían comenzado los saqueos...

¿Qué le interesó en la transición española?

Bueno, el papel que jugó, como una especie de cuarto poder, el rey Juan Carlos de Borbón, según la visión de Duverger que yo asumí también porque el planteamiento me pareció lógico. En aquel momento, el rey no era el Poder Legislativo, ni el Ejecutivo porque no era jefe de Gobierno, ni el Poder Judicial, luego era como una especie de cuarto poder. El rey jugó un papel importante, incluso se vio [*el 23 de febrero de 1981*] cuando el intento de golpe de aquel coronel de la Guardia Civil [*Antonio*] Tejero.

¿Lo ha comentado usted alguna vez con el rey Juan Carlos?

Pues sí. Años después, en una conversación con él en Madrid, le toqué el tema de aquella transición. Me confesó que, cuando iba a jurar la nueva

---

[5] Maurice Duverger: *Instituciones políticas y Derecho Constitucional*, Ariel, Barcelona, 1988.

Constitución democrática de 1978, tuvo una conversación con un amigo jurista, porque tenía una duda. Él pensaba: *"Yo juré la Constitución de Franco, y ahora voy a jurar esta otra. ¿Será legítimo?"*. Pero el asesor le explicó: *"Es absolutamente legítimo en el marco precisamente de una transición política que supone un cambio constitucional y un cambio político"*. Sí, me hizo ese comentario.

¿Qué otros trabajos realizó en la Universidad?

Bueno, también trabajé el tema económico. Recuerdo haber hecho una investigación sobre el caso Sidor de Ciudad Guayana [*estado Bolívar*] y el movimiento político que, al calor de las empresas siderúrgicas del Estado venezolano, había nacido allí. Yo tenía fuertes conexiones con ese movimiento político dirigido por militantes de La Causa R formados por Alfredo Maneiro. Ellos me pasaron documentos que me sirvieron mucho, para elaborar mi trabajo de investigación sobre el caso Sidor de Guayana. Hice una crítica de las políticas neoliberales; ya se empezaba a hablar de privatizaciones... Estudié ese nuevo actor político que fue naciendo al calor de las luchas obreras, los "matanceros" y su historia, lo cual le confirió a mi trabajo bastante interés porque yo prácticamente asumía la voz de los "matanceros".

Otro trabajo que hice fue más sensible, incluso mi profesor de universidad quería publicarlo en un folleto. Le rogué que no lo hiciera, porque si lo publicaban me iba a traer problemas; yo era militar activo.

¿Usted, en la Universidad, no tenía problemas con los otros estudiantes?

No, ninguno. Acuérdese que estamos hablando de 1988, y que antes de la rebelión del 4 de febrero yo no era conocido públicamente.

Pero los estudiantes ¿no lo rechazaban por ser militar?

No, en absoluto. Había otros militares. Unos que eran de derecha, otros de izquierda. Recuerdo a un coronel de la Guardia... Yo me cuidaba mucho para no dejar ver mi preferencia política. Pero con los estudiantes convivía perfectamente. Había una gran amistad con la mayoría, unas muchachas muy bonitas, hasta un cura, un empresario... Me hice muchos amigos, los profesores... Hace poco me encontré con una señora: *"Hugo ¿no te acuerdas de mí? Soy la secretaria del Rectorado".* Porque yo me metía en la administración... Soy como soy... Me gusta ser amigo de todo el mundo, hacer amistades, independientemente del color, de la clase social. Igual me desenvolvía en salones de la burguesía, conversando con las "élites", que allá entre los indios del Capanaparo. La vida militar da para eso. Tú andas un día con los soldados, que en buena parte eran analfabetas, campesinos, y de repente, estás en Miraflores, invitado a una reunión...

¿Recuerda a algunos profesores?

Sí, a varios de ellos... Tuve, por ejemplo, de profesor, a Luis *Matos Azócar* que había sido [*en 1984-1985*] ministro de Planificación en el gobierno de Jaime Lusinchi. Él fue quien me solicitó que publicara el trabajo. Era un líder adeco, después fue ministro también de Carlos Andrés Pérez, y era asesor del sindicato CTV [*Confederación de Trabajadores de Venezuela*]. Luis *Matos Azócar* fue un pensador progresista dentro de las filas de Acción Democrática, muy inclinado hacia la clase obrera, cercano a algunas tesis de izquierda. Mi trabajo, cuyo título era *"El Gran Viraje en medio de la tormenta"*, le sorprendió y quería publicarlo en forma de folleto. El Gran Viraje, como le dije, no era sino la política económica hacia el neoliberalismo: entregarse totalmente al Fondo Monetario Internacional.

Yo le apliqué un modelo matemático. Conseguí el *software*, y lo aplicaba a punta de lápiz, con unas tablas que yo mismo elaboraba para medir la viabilidad de los proyectos nacionales. Lo había sacado del libro de Varsavsky, que tiene un capítulo sobre viabilidad y explica un método, que después, en la cárcel de Yare, Jorge Giordani me explicaría más detalladamente y de manera computarizada... También tres economistas argentinos, Calcagno, Sáinz y De Barbieri, diseñaron un modelo matemático para medir la viabilidad de un proyecto nacional. Yo lo apliqué al "Gran Viraje", pero a punta de lápiz, de madrugada, no tenía computadora... Y el resultado fue: es inviable.

¿Qué otro trabajo suyo recuerda?

Bueno, en unas libretas abordé el tema de la geopolítica interna, "la geometría del poder", a partir de la tesis de otro profesor francés, Paul Claval.[6] Analicé la geometría venezolana del poder, la división político-territorial. Ahí le entraba, con muchas críticas, al tema de las autonomías municipales. Los municipios poseen grandes extensiones territoriales y no tienen poder para garantizar la presencia del Estado y de la ley que les permita garantizar las políticas de desarrollo de esos inmensos territorios, algunos de ellos fronterizos. El único poder que se ve allí es un alcalde y un concejo municipal que no disponen de recursos, ni personales, ni humanos, ni financieros, ni jurídicos... O sea son incapaces de hacer que se cumpla una ley, y de llevar allí las políticas del Estado.

¿En los estados de Venezuela, no hay lo que, en Francia, se llama un prefecto, o, en España, un gobernador civil que representa localmente al poder central?

Bueno, en cada estado hay un gobernador y en cada ciudad un alcalde.

¿Pero no hay un funcionario que representa al Estado federal en cada estado?

No, realmente en buena parte del país nadie representa al Estado federal. Algunos emisarios que pasan por allí... Pero, bueno, ése es otro problema que habría que entrarle a fondo de manera detallada.

Volviendo al asunto, yo avancé en mi tesis y en mi compromiso académico.

---

[6] Paul Claval (n. 1932), geógrafo francés, autor de importantes trabajos teóricos de epistemología de la ciencia geografica. Su concepto de "geometría del poder" lo desarrolla en su libro: *Espacio y Poder* (Fondo de Cultura Económica, México, 1990).

¿Cuánto tiempo estuvo usted en la Universidad?

Año y medio. Porque luego vino "la tormenta en Los Pinos" y, realmente, no pude. Pretendía hacer mi tesis en paralelo, pero cuando vi que la pretensión del Alto Mando del Ejército de acabar con mi carrera iba en serio, tuve que dedicarme a fondo al Movimiento Bolivariano. Así que opté por arreglar primero ese problema, y dejar para más tarde la tesis.

Pero luego ya no tuvo tiempo...

Bueno, aún llegué a entregar unos primeros avances de mi anteproyecto sobre cómo lograr una transición hacia un nuevo Estado. Tema general de mi tesis. Aunque topaba además con otra dificultad: ¿cómo un militar activo elabora una tesis sobre una transición? ¿Transición hacia dónde? Era meterse en más profundidades y problemas... Y eso, francamente, en aquel ámbito académico, constituía para mí una dificultad suplementaria, un freno. Así que, considerando todos los aspectos del problema, yo no me daba prisa para terminar esa tesis.

¿Esos estudios en la Universidad le fueron útiles?

Mucho. Aprendí enormemente. Y me sirvió en otra ocasión para hacer una investigación sobre la evolución de la Bandera venezolana. Me convertí en un experto. Hasta publiqué, en el Seconasede, un folletito sobre el estandarte nacional y su evolución desde el de Miranda de 1810. Hicimos un acto; inauguramos un Salón de las Banderas. Eso fue meses después del "Caracazo"; vino Carlos Andrés Pérez, y el general me dijo: *"Tú eres el experto, explícale al Presidente"*. Pasábamos delante de las banderas y yo iba contando la historia de cada una de ellas. Recuerdo que cuando llegamos al estandarte de las ocho estrellas, le dije: *"Señor Presidente, ésta es la bandera a la cual usted decretó incorporar una octava estrella, cosa que nunca se pudo cumplir en su primer mandato: la bandera de Angostura de las ocho estrellas..."*. Y Carlos Andrés me contestó: *"¡Ah! tiene razón Mayor, me está recordando algo importante: la octava estrella...".* Le estaba hablando, en código, de la estrella bolivariana[7]...

¿Tuvo usted otros contactos, en aquella época, con el Presidente Pérez?

Carlos Andrés me conocía. Incluso en Miraflores, me vio por los pasillos varias veces. Una noche me encontró trabajando en una computadora en la oficina de seguridad; él andaba pasando revista, entra y me dice: *"¿Qué hace aquí, a estas horas, Mayor Chávez?".* *"Un trabajo de la Universidad* —le digo—. *No tengo computadora, y el Mayor Frank González* —era el Jefe de Seguridad— *me prestó ésta...".* *"¿Qué estudia usted?".* *"Ciencias Políticas, Presidente".* *"¡Ah! ¿Le interesa la política?",* me preguntó con desconfianza...

Ustedes, en el MBR-200, estaban esperando la crisis terminal del Estado para actuar.

Sí. Pero no se avizoraba ninguna crisis grave. En realidad, el sistema estaba en crisis permanente pero daba muestras de gran flexibilidad y de capacidad para sobrevivir. Tenía, como se dice, una mala salud de hierro. Al final de la presidencia de Lusinchi, empezó la campaña electoral para su sucesión, y Carlos Andrés Pérez se lanzó a la batalla con aquel lema: *"Ese hombre sí camina".*

Y ganó.

Sí. El día que ganó Carlos Andrés [*el 4 de diciembre de 1988*] lo pasé en Miraflores, acuartelado. Recuerdo que, cuando terminó el acuartelamiento, salí a caminar y observé que había un lío en la puerta de Palacio: un grupo

---

[7] El 20 de noviembre de 1817, Simón Bolívar decreta que "a las siete estrellas que lleva la bandera nacional de Venezuela, se añadirá una, como emblema de la provincia de Guayana, de modo que el número de las estrellas será en adelante el de ocho". La disposición del Libertador tuvo uso y vigencia de 1817 a 1821 cuando quedó derogada por una Ley del 4 de octubre de 1821. El 9 de marzo de 2006, la Asamblea Nacional aprobó la inclusión en la bandera de una octava estrella en cumplimiento del decreto del Libertador.

de partidarios de Carlos Andrés, borrachos casi todos, con un camión, trataban de entrar al Palacio y embistieron con el vehículo contra la reja. Acudieron los soldados y un teniente golpeó a uno de los borrachos, entonces bajé, intervine y se llevaron presos a los alborotadores. Luego me fui en mi carro a dar unas vueltas por la ciudad. Había una algarabía en todas partes, gente tomando, celebrando... El pueblo no se daba cuenta de que Carlos Andrés no iba a solucionar nada. Me fui a dormir muy desmotivado. Me dije: hace diez años, Carlos Andrés abandonó la Presidencia acusado de "corrupto", y ahora regresa, reelegido Presidente con una altísima votación... Con manipulaciones mediáticas le robaron al pueblo incluso la memoria, lo lobotomizaron... Y las izquierdas siguen divididas, ineficaces, ineficientes... ¿Qué esperanza le queda a este país? Me acosté totalmente desanimado, con ganas de salirme del Ejército, de terminar mis estudios en la universidad y ver qué hacer en la calle, cómo activar movimientos.

Pero poco después, ese mismo pueblo se alza y se produce el "Caracazo".

Sí. Empieza el gobierno de Pérez y viene, casi inmediatamente, el "Sacudón". ¡Oh, sorpresa! Y ese huracán —triste, por los muertos y el dolor—, activó las fuerzas internas que habíamos venido preparando.

¿Por qué se produce el "Caracazo"?

Bueno, ya le dije que la atmósfera política, económica y social se había degradado mucho. El país avanzaba sin rumbo ni timonel. El sistema político se hallaba en estado de putrefacción. El discurso de la clase política del Pacto de Puntofijo se desgastó por completo, su liderazgo y su demagógico populismo se agotaron... Después del derrocamiento de Pérez Jiménez [*el 23 de enero de 1958*], Venezuela cayó en manos de una clase política que, sencillamente, se arrodilló ante la burguesía y el imperialismo. Los Presidentes Rómulo Betancourt, Rafael Caldera, Carlos Andrés Pérez... Los partidos del Pacto de Punto Fijo [*Acción Democrática y Copei*] traicionaron a la ciudadanía. En cuanto a la izquierda revolucionaria que se había ido a las guerrillas en la década de 1960, fue golpeada muy duro. La izquierda política también cometió graves errores, por sus divisiones, sus viejos rencores, sus rencillas... Las organizaciones de izquierda no se ponían de acuerdo, no conseguían unirse... La clase política, en su conjunto, no estaba a la altura de lo que el país necesitaba. Algo olía a podrido en aquella Venezuela... Y todo se deterioró más en la década de 1980.

¿De qué manera?

Primero se produjo, al final de la presidencia de Luis Herrera Campíns [*de Copei*], ya se lo comenté: el "Viernes negro" [*18 de febrero de 1983*]. Una brutal devaluación de la moneda y una gravísima crisis financiera y económica. La gente se asustó. La tasa de crecimiento se desplomó. La deuda pública, en cambio, se disparó a pesar de los importantes ingresos de la exportación de petróleo. Venezuela tuvo que declararse insolvente y someterse a la tutela y a los dictados del Fondo Monetario Internacional (FMI). Ya era un país dependiente, con soberanía limitada, pero a partir de entonces lo fue mucho más.

¿Cambió la situación bajo la presidencia de Jaime Lusinchi, entre 1984 y 1989?

No, al contrario; le hablé de eso. Durante el período presidencial de Jaime Lusinchi [*de Acción Democrática*], la crisis económica siguió agravándose. Hubo nuevas devaluaciones de la moneda nacional, el bolívar.[8] La incapacidad del gobierno para atenuar los efectos de la crisis sobre el pueblo disparó la insatisfacción de la sociedad. Además, la opinión pública criticaba la nefasta influencia de Blanca Ibáñez, la secretaria privada y amante de Lusinchi. Como en la víspera de la Revolución Francesa con María Antonieta la "Austríaca", aquí el descontento popular se focali-

---

[8] El bolívar fue devaluado oficialmente a Bs. 7,50 por dólar (dólar preferencial), pero había otro tipo de devaluación a Bs. 14,50, y el valor del dólar que circulaba en el mercado paralelo se cambiaba por unos Bs. 30.

zó en Blanca Ibáñez. El pueblo la odiaba. Se decía que el Presidente no mandaba en Miraflores, y que, en realidad, el poder lo tenía "Blanquita", hija de inmigrantes colombianos... La legitimidad del Pacto de Punto Fijo se derrumbó. Los ciudadanos fueron tomando conciencia del clientelismo, del favoritismo y de la corrupción generalizada. Aumentó mucho el malestar social, el hambre, la prostitución, la mendicidad, la inseguridad, la criminalidad... Todos los signos de una crisis social extrema. Se multiplicaron las huelgas y las manifestaciones. El gobierno respondió con persecuciones contra el pueblo, violencias contra los estudiantes, "desapariciones" de líderes políticos, asesinatos de dirigentes obreros, atropellos contra los campesinos... Se produjo, en Mérida, una verdadera insurrección popular, conocida como el "Meridazo" que el régimen tardó una semana en aplastar.

Ocurrió también lo que se llamó la "noche de los tanques". ¿Lo recuerda usted?

Perfectamente. Ese extraño hecho, nunca aclarado, sucedió [*el 26 de octubre de 1988*] en plena campaña electoral de Carlos Andrés Pérez, hallándose el Presidente Lusinchi fuera del país. Un grupo de oficiales y soldados con tanquetas de guerra llegaron sorpresivamente al Palacio de Miraflores, rodearon también la sede del Ministerio del Interior en la esquina de Carmelitas, donde se encontraba el ministro [*Simón Alberto Consalvi*] presidente interino en ausencia de Lusinchi, y La Viñeta, una residencia presidencial situada cerca del Círculo Militar, en Fuerte Tiuna. Fue algo muy extraño que encendió todas las alarmas. No fue para nada una inocentada. Porque, en aquel momento, guiado desde la embajada estadounidense en Caracas, existía también un movimiento militar de extrema derecha, conformado principalmente por oficiales de alta graduación, que conspiraba para dar un golpe de Estado preventivo... y evitar que la izquierda se anticipara en la toma del poder.

¿Participó usted en esa "noche de los tanques"?

En absoluto. Aquella noche, yo estaba jugando una partida de softbol en el estadio de Pagüita... Habían transcurrido apenas dos o tres semanas de mi regreso de Guatemala, pero en efecto fui señalado como uno de los "responsables" de aquel preocupante movimiento de tropas... Absurdo...

Eran momentos convulsos

Sí, agitados, confusos y violentos... Por aquellos días ocurrió también la masacre del caño Las Coloradas, en El Amparo[9] [*estado Apure*], donde comandos especiales de la DISIP asesinaron a catorce pescadores... Lusinchi terminó siendo tremendamente impopular. Más tarde, en 1991, él y Blanca fueron juzgados y condenados por corrupción.

Sin embargo, para sustituir a Lusinchi, los electores volvieron a elegir, en diciembre de 1988, a un candidato del mismo partido: Carlos Andrés Pérez, de Acción Democrática. ¿Cómo lo explica usted?

Resulta bastante inexplicable, ya se lo comenté. Aunque quizás fuese por su carisma personal, el peso de su liderazgo incluso a escala internacional. Y también porque él, de su primer mandato [*1974-1979*], había dejado el recuerdo, en categorías sociales modestas, de algunos avances positivos. No se olvide que, gracias a los considerables ingresos aportados por los dos primeros choques petroleros,[10] surgió una "Venezuela Saudita" del

---

[9] La Masacre de El Amparo, ocurrió el 29 de octubre de 1988 durante el gobierno de Jaime Lusinchi, en las cercanías de esa localidad situada en el municipio Páez (estado Apure) en la frontera con Colombia. Murieron 14 pescadores asesinados por miembros de un comando específico de las fuerzas de seguridad del Estado integrado por tropas del Ejército y por efectivos de la DISIP y de la Policía Judicial (PTJ).

[10] El primer choque se produjo en octubre de 1973, durante la guerra israelo-árabe. Los Estados árabes miembros de la OPEP, reunidos en Kuwait, decidieron reducir la venta de hidrocarburos a "los países que apoyan a Israel". En unas semanas, los precios del barril pasaron de 3 dólares a 18. El segundo choque tuvo lugar en 1979 con ocasión del triunfo de la "Revolución Islámica" del Ayatollah Jomeini en Irán.

despilfarro, con mucho dinero circulando y una falsa ilusión de opulencia. Con desigualdades abismales: por un lado, multimillonarios ociosos enriquecidos gracias a la corrupción, y por el otro muchas personas pobres pasando hambre, comiendo incluso perrarina [*croquetas para perros*]... Carlos Andrés nacionalizó las industrias del hierro y del petróleo. Creó la gran empresa Petróleos de Venezuela (PDVSA). Impulsó una ley contra los despidos injustificados y propuso el salario mínimo... Era un tradicional caudillo populista, pero clamaba que era "socialista"; y cierto es que, en 1975, lo eligieron Vicepresidente de la Internacional Socialista... Todo esto fue creando la entelequia de que era un "hombre de progreso", un "amigo del pueblo".

Pero una vez reelegido, cambió de discurso.

Totalmente. Casi de la noche a la mañana efectuó el "gran viraje". Asumió el 4 de febrero de 1989. Y el 16 de febrero, ante la sorpresa de sus propios seguidores, declaró que le iba a aplicar inmediatamente al país, sin anestesia, una "terapia de choque" neoliberal exigida por el FMI. Apoyándose en su ministro de Fomento, Moisés Naím,[11] y su ministro de Planificación, Miguel Rodríguez Fandeo, y aconsejado por Jeffrey Sachs,[12] uno de los grandes fanáticos entonces del ultraliberalismo, Carlos Andrés, ese día, anunció las ominosas medidas del "paquetazo neoliberal": liberalización del comercio, supresión del control de cambios, privatizaciones masivas de empresas públicas, recortes drásticos en los programas de ayuda social, fuertes aumentos de los precios de los productos y servicios de primera necesidad... De todas esas decisiones, las que peor le sentaron al pueblo fueron dos: el aumento de los precios de los productos derivados del

---

[11] Moisés Naím (n. 1952), economista y columnista venezolano. Autor de varios ensayos sobre cuestiones económicas. Escribe sobre asuntos internacionales en el diario *El País* (Madrid) y, de 1996 a 2010, fue director de la revista *Foreign Policy* (Washington).

[12] Jeffrey Sachs (n. 1954), economista estadounidense, aconsejó las "terapias de choque" neoliberales en Bolivia (1985), Venezuela (1989), Polonia (1989) y Rusia (1991).

petróleo; la subida —¡un cien por cien!— del precio de la gasolina; y el alza —¡un treinta por ciento!— de las tarifas del transporte público. Las clases populares, que tres meses antes habían votado por Carlos Andrés, acogieron este salvaje "plan de ajuste estructural" como una puñalada traicionera...

¿Cuándo empiezan las protestas?

En cuanto el gobierno aplica las medidas. O sea unos diez días más tarde. El domingo 26 de febrero, el ministerio de Energía y Minas anuncia que el alza de los precios de la gasolina y el incremento de las tarifas de los transportes públicos entrarán en vigor a partir del día siguiente: lunes 27 de febrero. Un final de mes... Cuando los trabajadores ya no tienen un centavo... Fue la gota que derramó el vaso. A las 6 de la mañana de ese lunes, en Guarenas, municipio de la periferia de Caracas, los primeros trabajadores que debían tomar los autobuses para venir a la capital, no aceptan el alza de los pasajes y se rebelan. Se enfrentan a los transportistas. Ahí comienza todo. La gente dice: *"¡Basta!"*. Y es la explosión, el inicio de la revuelta: *"¡No al FMI!"*. Los habitantes de una urbanización vecina, "Menca de Leoni" [*hoy "27 de Febrero"*], espoleados por la exasperación social, se suman a la insurrección de los viajeros. La furia popular se desata. Arden algunos autobuses. Las escasas fuerzas de policía se ven desbordadas. Los disturbios se extienden como reguero de pólvora por los cerros y zonas populares como El Valle, Catia, Antímano, Coche.... Muchos almacenes y comercios son saqueados por un pueblo que tiene hambre. A primera hora de la tarde, el levantamiento se ha propagado al centro de Caracas y a varias ciudades del interior. Aquello no fue sólo un "Caracazo", fue un "Venezolanazo", porque la rebelión popular se extendió por todo el país. Ciertamente su epicentro estuvo en Caracas, pero se extendió a Barquisimeto, Cagua, Ciudad Guayana, La Guaira, Maracay, Valencia, los Andes... Presa del pánico, el gobierno decreta el toque de queda, activa el "Plan Ávila" que coloca la capital bajo ley marcial y custodia del Ejército habilitando a los militares a que hagan fuego con armas de guerra contra los manifestantes civiles. Se reprime, pues, con la mayor brutalidad esa rebelión social, se cometen verdaderas masacres en los barrios pobres, repitiendo la consigna de Rómulo Betancourt: *"¡Disparen primero, averigüen después!"*.

¿Dónde estaba usted cuando estalla el "Caracazo"?

Había pasado la noche en el Seconasede, en el Palacio Blanco y, como le conté, amanecí con fiebre y malestares, fuertes dolores en las articulaciones. Mis hijos tenían lechina [*rubéola*] y yo ya me vine la víspera contagiado. El médico confirmó que era una enfermedad viral muy infecciosa, y que no podía quedarme. Me mandó a casa. Yo no tenía mando de tropa, ni sabía que la revuelta ya había empezado. Así que me fui primero a la Universidad y, como le dije, viendo que habían suspendido los cursos, me marché a mi casa. Residía entonces, con Nancy y mis tres hijos, Rosita, María y Huguito, en San Joaquín [*estado Carabobo, a unos 100 kilómetros de Caracas*], acabábamos de comprarnos una modesta casita allá. Uno de mis vecinos y compañero del MBR-200, el Mayor Wilmar Castro Soteldo, fue quien me dio la noticia: *"¿Qué hacemos?"*, me preguntó. Pero aquello nos pillaba descoordinados. No se podía hacer nada.

¿No lo habían previsto?

Por supuesto. No teníamos ningún plan. Fue desesperante. Llegaba por fin el momento y la oportunidad que tanto habíamos esperado, y fuimos incapaces de entrar en acción. Recuerdo que hablé por teléfono con Arias Cárdenas y le dije: *"El pueblo se nos adelantó. Salió primero"*. Ese despertar del pueblo nos pilló dispersos. No disponíamos siquiera de un sistema de comunicaciones para contactarnos entre miembros del MBR-200. Sólo algunos pudieron hacer acciones a nivel individual para tratar de frenar la masacre. Varios oficiales que recibieron la orden de abrir fuego contra el pueblo se negaron, y ordenaron a sus tropas que no le disparasen a la gente. Pero fueron una minoría...

¿Cuántas víctimas hubo?

Nunca se supo. Corrió mucha sangre aquel día. La cifra oficial es de unos trescientos muertos, pero probablemente hubo varios miles, enterrados en fosas comunes, masacrados. Y no por un ejército invasor. Por nuestras propias fuerzas policiales y militares. Llegué a ver niños destrozados por los disparos de nuestros soldados. Incluso, en una clínica con personas en tratamiento mental, balearon a los pacientes. El gobierno mandó traer militares del interior del país y los utilizó como una tropa invasora, como si nuestro Ejército fuese la Fuerza Armada del Fondo Monetario Internacional. Muchos oficiales que participaron en la represión sintieron remordimiento y vergüenza. Se lo reprochaban mucho. Unas semanas después, en una reunión de oficiales, les recordé la conocida frase de Bolívar: *"Maldito sea el soldado que vuelve las armas contra su pueblo"*. Sin poderme aguantar, les solté: *"Nos ha caído la maldición de Bolívar. ¡Estamos malditos!"*.

¿Fue muy fuerte el impacto en las Fuerzas Armadas?

Nos dolió muchísimo. Marcó a nuestra generación; dejó huellas imborrables. En el seno de la Fuerza Armada fue donde ese "sacudón" tuvo, a largo plazo, el mayor impacto. Recuerdo que, meses más tarde, una noche, al entrar en el Palacio Blanco, un oficial se me acercó: *"Mi Mayor, me dijo, al parecer usted anda en un movimiento, y quiero ingresar en él"*. Por razones de seguridad, negué; pero le pregunté por qué deseaba adherirse. El teniente me contó lo siguiente: *"El 27 de febrero de 1989, me hallaba prestando seguridad en las inmediaciones de Miraflores y detuve a unos muchachos que estaban asaltando una panadería. Eran una docena, casi todos adolescentes. Los llevé presos. Dejé que se comieran el pan robado porque me confesaron que tenían hambre... Les di agua... Pasé con ellos varias horas conversando. Me contaron lo mal que vivían en los ranchos, la pobreza, el desempleo, el hambre... Me suplicaban: "Teniente, ¡libérenos!". No podía hacerlo, debía esperar órdenes. Llegó una comisión de la DISIP para interrogarlos... Los entregué. Los montaron en una furgoneta y se los llevaron. Unas horas después, bajando por una calle vecina, me los encontré a todos: ametrallados, ejecutados..."*.

Aquel oficial quedó destrozado... Redactó un informe. Sus jefes le ordenaron que se callara, que no era problema suyo, que se trataba de meros delincuentes, y que había que salvar la democracia... Este oficial pertenecía a la Guardia Presidencial, o sea un militar de total confianza del aparato pero, a partir de ese día, estuvo más cerca de nosotros que del gobierno. El régimen se aprovechó del "Caracazo" para aterrorizar a los pobres y hacer un escarmiento. Para que no volvieran a amotinarse. Ese día, se cometió la mayor masacre de la historia de Venezuela del siglo XX. Ese día, la "democracia" venezolana perdió la máscara y reveló su rostro represor más odioso. Porque, luego de que la rebelión se hubo apagado, en los primeros días de marzo, el gobierno prosiguió su sistemático y criminal ejercicio de terrorismo de Estado. No debemos nunca desconocerlo. Era una dictadura disfrazada de democracia. Por eso digo a menudo que nos está prohibido olvidar.

¿Hubo víctimas entre sus amigos militares?

Sí, desgraciadamente, entre las víctimas también había compañeros nuestros. Y, entre ellos, Felipe Acosta Carlez, uno de los fundadores del movimiento bolivariano, leal compañero y gran amigo. El 1° de marzo me dieron la noticia: *"¡Mataron a Felipe Acosta Carlez!"*. No está claro cómo murió; estoy convencido que el Alto Mando y la DISIP, sabiendo que era uno de los dirigentes de nuestro movimiento, aprovecharon la confusión reinante para tenderle una trampa y liquidarlo.[13] Quizás, si yo no hubiese estado enfermo esa semana, la policía política me hubiera liquidado a mí también.

---

[13] En un libro, Chávez precisa: *"Para nosotros lo mandaron a matar y hay fuertes indicios de eso. Acosta Carlez era el más combativo de nosotros, el mejor soldado desde el punto de vista de combate, un hombre de armas tomar y siempre lo tenían con cuidado. Lo matan en El Valle en circunstancias muy extrañas [...]. Él era oficial Jefe de servicios de la Academia Militar. El Jefe de Servicios no puede salir de las instalaciones, y de la Academia Militar menos, porque en caso de conflicto es el último que designa el Ejército. Sólo en caso de guerra abierta se van los cadetes a combate con sus oficiales en mando. Entonces a Felipe le dan una misión, se la da el general Heinz Azpurua, enemigo declarado nuestro de muchos años. Este general nos venía siguiendo el paso...".* Agustín Blanco Muñoz, *Habla el Comandante*, Fundación Cátedra "Pío Tamayo"-CEHA-IIES-FACES, Universidad Central de Venezuela, Caracas, 1998, p. 124. [En este libro, los hechos referidos a Acosta Carlez están erróneamente atribuidos a Acosta Chirinos]. [N. del A.]

¿Ahí es cuando usted le dedica un poema?

Sí, ese mismo 1° de marzo, le escribí un poema.[14] Aquella tragedia me enlutó el alma y mi pena se derramó sobre la hoja de papel. Aunque se lo dediqué a él, en realidad pensé en todas las víctimas. Pero a la vez, ese dolor actuó como un disparador. La explosión popular del "Caracazo" rompió la losa que encerraba a Venezuela en un sepulcro colectivo. Porque, por otra parte, si consideramos el panorama internacional, ese levantamiento popular fue admirable.

¿En qué sentido?

El "Caracazo" es, en mi opinión, el hecho político de mayor trascendencia del siglo XX venezolano. Y, en ese sentido, marca el renacimiento de la Revolución Bolivariana. Recuerde que, ese mismo año 1989, se hundía el

---

[14] *"Mataron a Felipe Acosta,/ a Felipe Acosta Carlez,/ la tormenta de los pueblos/ se desató por las calles./ No quedaba nada en pie/ desde Petare hasta El Valle,/ Caracas tenía sed / y la sed era de sangre./ ¡Ay balazo! en un instante/ te llevaste a mi compadre./ El río Guárico llorando/ corre entre sus palmares/ y los morros de San Juan/ se estremecen verticales/ por los caminos del Llano/ se apagaron los cantares/ y hasta el viento en la sabana/ se detuvo aquella tarde./ Yo no lo quería creer/ se lo juro por mi madre/ si apenas antes de ayer/ te vi allá en el Alma Mater/ con toda tu humanidad/ entraste a mi salón de clases/ y gritamos como siempre:/ ¡Maisanta que son bastantes! / Mataron al catire Acosta,/ al catire Acosta Carlez,/ Quien lo mató no imagina/ lo que vendrá en adelante/ ni la fuerza que palpita/ dentro de la tierra madre/ en el alma de estos pueblos/ que tienen siglos con hambre/ peleando a tambor batiente/ contra el colonialista infame,/ Ésos no tendrán perdón,/ llámense como se llamen./ Mataron al catire Acosta,/ al catire Acosta Carlez,/ ¡epa! no te me vayas ahora,/ no te me vayas compadre,/ que el Cacique Guaicaipuro/ reunió tribus del valle,/ que José Leonardo Chirino / ya levantó su negraje/ que en los Llanos del Apure/ compadre, despertó el catire Páez/ que al Mariscal Sucre vieron/ cruzando el río Manzanares,/ que Rafael Urdaneta / se abrió hacia los medanales,/ que ya Piar en Angostura/ cabalga con su pardaje,/ que mi General Bolívar/ ayer mismito en la tarde/ recibió a Ezequiel Zamora/ con todos sus Federales,/ que el cielo está encapotado/ anunciando tempestades,/ no te nos mueras ahora,/ ¡no te nos mueras compadre!/ Mataron a Felipe Acosta,/ a Felipe Acosta Carlez,/ oigan su grito indomable./ Y la boca del cañón/ cuando lancemos ataque/ y la defensa enemiga/ cuando la quiebre el infante,/ cuando mil paracaidistas/ caigan en los terrenales,/ cuando hagan temblar la tierra/ cien divisiones de tanques/ y cuando la caballería/ lance su carga salvaje,/ oigan al catire Acosta,/¡oigan su grito indomable!".*

muro de Berlín... y se levantó Caracas contra el FMI. Cuando en las esferas intelectuales internacionales se hablaba del "fin de la historia" y cuando aquí todo el mundo, ya no sólo políticamente sino también financiera y económicamente, estaba rendido ante el Fondo Monetario y el Consenso de Washington, se alzó una ciudad y todo un país. Con esa rebelión de los pobres, con esa insurrección de las víctimas seculares de la desigualdad y de la exclusión, con esa heroica sangre popular comenzaba una nueva historia en Venezuela. Porque, apenas diez años después, vendría nuestro gobierno bolivariano a proponer fórmulas alternativas... Venezuela se alzó a contracorriente de la ola neoliberal... Y nosotros, en el Ejército, entendimos que ya no podíamos dar marcha atrás.

En lo personal, me dije: *"Ahora no me voy del Ejército, aunque sólo seamos cinco los que le entremos a tiros a Miraflores una noche, de aquí no nos vamos callados"*. Lo mismo me dijeron los demás. Nuestro movimiento se relanzó, creció, pasó a la ofensiva, se consolidó... Reactivamos las reuniones... Aunque el gobierno también, a partir de ahí, comenzó a golpearnos duro y a presionarnos porque nos convertimos en una amenaza abierta y desafiante.

¿Cómo les presionaron?

Dentro de los cuarteles empezó una "guerra sucia" contra nuestro movimiento, trataron de desprestigiarnos ante los jóvenes militares. Comenzaron a llamarnos despectivamente los "Comacates" [*Comandantes, Mayores, Capitanes y Tenientes*]; dijeron que éramos una "secta"... Llegaron incluso, a final de ese año 1989, el 6 de diciembre, con ocasión de realizarse, por primera vez, elecciones de gobernadores y alcaldes,[15] a acusarme de tener

---

[15] Los efectos del "Caracazo" se hicieron sentir en esas elecciones del 6 de diciembre; pese a que se mantenía el bipartidismo de AD y Copei, se produjeron victorias sorprendentes en los estados Aragua y Bolívar, siendo elegidos Carlos Tablante, del Movimiento al Socialismo (MAS), y Andrés Velásquez, de La Causa Radical (LCR). Por otra parte, la abstención alcanzó el 54,9%.

planificado para el día de Navidad el asesinato de Carlos Andrés Pérez y de oficiales del Alto Mando. Un invento indignante para alarmar al Presidente y sacarnos de Miraflores, a mí y a otros oficiales. Nos detuvieron. Todos teníamos el grado de Mayor. Le llamaron a eso: la "noche de los Mayores".

¿Y consiguieron sacarlo de Miraflores?

Sí, a finales de ese año 1989, me sacan del Palacio bajo esa acusación.

¿Adónde lo transfirieron?

Me consignaron en Maturín [*capital del estado Monagas, a más de 500 kilómetros al este de Caracas*]; no podía salir de esa ciudad sino con un permiso especial. Estaba de oficial para asuntos civiles en la Brigada de Cazadores. Pero al poco tiempo conseguí regresar a Caracas para seguir un curso de dos años de Comando y Estado Mayor en la Escuela Superior de Defensa, en Los Pinos, Fuerte Tiuna. Comencé ese curso en octubre de 1989 y lo terminé en julio de 1991. A duras penas porque aquello fue una guerra...

¿Una guerra?

Bueno, una rebelión de alumnos contra la decisión del Jefe del Estado Mayor del Ejército —general Carlos Julio Peñaloza Zambrano— que ordenó impedir a toda costa que yo y un grupo de compañeros nos graduáramos. Estábamos señalados de andar conspirando. Nunca habían podido demostrarlo. Y ya me habían detenido por eso en varias ocasiones, lo cual no impidió que ascendiera a Comandante [*teniente coronel*]. Entonces ellos se dijeron: *"No pudimos impedir que ascendiera, así que ahora la única forma de frenar a Chávez y a su grupo, es que fracasen en el Curso de Estado Mayor"*.

¿Quién estaba detrás de eso?

Me imagino que el plan era del Alto Mando Militar. Sus ejecutores eran la DIM [*Dirección de Inteligencia Militar*] y un grupo de oficiales superiores instructores en ese curso, y me tenían el ojo puesto con la misión de hacerme fracasar por cualquier medio, disciplinario, académico o... hasta físico. El que más me detestaba era el propio Peñaloza Zambrano. Figúrese que, el día que me agarraron preso [*el 6 de diciembre de 1989*] este general me hizo venir a su despacho de la Comandancia y me invitó a echarnos un ¡duelo a tiros!

Como en una película del Oeste...

Me dijo: "*Mayor Chávez, sabemos que usted está a la cabeza de un movimiento revolucionario, así que vamos a entrarnos a tiros aquí los dos para evitar que corra la sangre afuera. Usted es llanero y yo soy gocho [andino]. ¿Anda usted armado?*".

¿Qué hizo usted?

Afortunadamente mantuve la calma: "*Sí*, le contesté, *ando armado siempre, pero no voy a entrarme a tiros con el Comandante del Ejército... ¿Qué le pasa, mi General?*". Porque nos conocíamos bastante, de los tiempos de la Academia cuando él era director siendo yo capitán, e incluso me había felicitado... Entonces, de repente, se me derrumba: "*Perdóname Chávez, estoy fuera de mí. Es que me tienen hostigado, dicen que andas en un movimiento... Ve a que te interrogue allá fulano que es policía...*".

No pudieron impedir que yo ascendiera. Y como había sido el número uno de mi promoción cuando ascendí al grado de Mayor, me tocaba ascender a Teniente Coronel también de número uno, porque mis calificaciones estaban ahí, objetivamente... Por otra parte, ellos no tenían ninguna prueba contra mí, ni nadie declaró nunca contra mí nada, todo lo contrario. Entonces lo único que pudieron hacer fue cambiarme de orden de mérito, impedir que fuera número uno. Fui número 12. Pero ascendí. Ahí es cuando Peñaloza decide: "*¡Hay que impedir que se gradúe!*". Eso generó una verdadera guerra... Hasta un gringo... Porque venían oficiales de otros países...

¿De instructores?

No, de alumnos. Un oficial estadounidense que seguía el curso, harto de aquel ambiente, protestó ante su Embajada y pidió que lo devolvieran a Estados Unidos. No aguantó las tensiones. Había también un oficial italiano, otro guatemalteco... Los instructores se la pasaban gritando, hostigando, humillando... Recuerdo que, harto también de los gritos, un oficial argentino le lanzó las hojas de un examen a la cara de un instructor, el coronel Indriago, y casi lo expulsan. Muchos compañeros no soportaron y, a mitad de curso, ya se habían dado de baja más de diez... Eso me indignaba y me dolía.

¿Se sentía usted responsable?

Claro, porque cortaban otras cabezas, pero el objetivo número 1 era yo. Un instructor me dijo que yo era el *"polo de atracción negativa"* del curso, y que la orden de Peñaloza era que no me graduara. Para intentar neutralizarme, hasta trajeron en pleno curso a unos 80 oficiales norteamericanos... Un factor más de disociación y de conflicto. Adrede, me ponían en unos equipos hostiles, seleccionaban a los compañeros de mi grupo para meter cizaña... Una vez, como labor de inteligencia, nos mandaron a leer y comentar la novela sobre los últimos días de Bolívar, *El General en su Laberinto*, de Gabriel García Márquez, para ver qué decíamos, si nos delatábamos por inadvertencia. Sabían que existía un movimiento bolivariano...

Era una guerra de nervios, psicológica.

Sí, me tenían toda una guerra interna; hasta arrestos padecí. Y no sólo eso. También trataron de eliminarme.

¿Eliminarlo físicamente?

Sí. Una noche fuimos a una fiesta; un oficial guatemalteco se pasó de tragos y tuve que conducirlo a su hotel de Fuerte Tiuna en mi carro. Al llegar me confesó: *"Comandante, yo a usted nunca lo voy a traicionar, pero me están pagando en dólares para que lo vigile y grabe cualquier conversación suya. Sépalo, lo andan cazando. Lo están acechando y lo quieren liquidar. Tienen un plan. Ándese con mucho cuidado. Yo voy a cobrar los dólares, pero jamás lo voy a traicionar. Usted es un patriota"*.

¿Cómo eran los cursos?

Algunos instructores eran excelentes, pero duraron poco. Al general José Luis Prieto, que era instructor —luego fue, en un gobierno mío, ministro de Defensa [*julio 2002-enero 2004*]—, lo echaron por hacer "comentarios"... Desde el punto de vista académico fue un desastre. Yo me inscribí con la expectativa de mejorar mis estudios anteriores, y de aprender la gran estrategia, la ciencia de conflictos modernos en base a lo que estaba ocurriendo en el mundo.

Por ejemplo, empecé ese curso en octubre de 1989 y apenas dos meses después [*el 20 de diciembre de 1989*] se produjo la invasión y el bombardeo de Panamá por Estados Unidos, y el derrocamiento de su presidente Manuel Noriega. En esa hermana república —la del Congreso Anfictiónico[16]— tan apreciada por Bolívar... A mí se me ocurrió preguntar: *"¿Vamos a hablar de la invasión de Panamá?"*. Nada, ni un comentario. Luego, estando en último año, comenzó [*el 16 de enero de 1991*] la primera guerra norteamericana contra Irak, la llamada operación *Desert Storm*, la "Tormenta del desierto". Tampoco hubo comentario. Nada de nada. Absurdo.

---

[16] El Congreso Anfictiónico de Panamá (en recuerdo de la Liga Anfictiónica de Grecia antigua) fue convocado desde Lima por Simón Bolívar, el 7 de diciembre de 1824, con el objeto de buscar la unión o confederación de todos los nuevos Estados surgidos de lo que antes fueron los virreinatos españoles en América. El Congreso sesionó en ciudad de Panamá del 22 de junio al 15 de julio de 1826. Asistieron representantes de la Gran Colombia (que abarcaba los actuales Colombia, Ecuador, Panamá y Venezuela), Perú, Bolivia, México, y las Provincias Unidas del Centro de América (Guatemala, El Salvador, Honduras, Nicaragua y Costa Rica).

¿Su objetivo era obtener un ascenso?

No, en julio de 1990, como me correspondía, había sido ascendido a Teniente Coronel, y, ya le dije, número 1 de mi promoción. Si terminaba ese curso de Estado Mayor, era muy difícil que me negaran un comando de batallón.

Tener mando de tropa ¿era el objetivo que buscaba?

Correcto. Eso era lo que estaba buscando, y lo que estaba en juego: ir a comandar tropa. Para eso uno es comandante. Porque, además, si no aprobaba me rayaban prácticamente de la carrera. El oficial que no aprueba un curso de Estado Mayor le dan una raya para el expediente profesional.

¿Cómo soportaban sus compañeros aquel acoso?

Mal. La mayoría eran buenos amigos y eran solidarios. Pero los menos preparados académicamente, los más débiles, empezaron a perder los nervios y a reventar guayas.[17] Botaron del curso a una docena de oficiales... Como una tormenta, aquello se fue transformando en ciclón de fuerte intensidad... Nos trataban pésimo. Nos ponían grabadoras disimuladas debajo del pupitre... Nos tenían como en una Escuela militar. Todos los días, a las cinco de la mañana, nos obligaban a trotar hasta la Plaza Venezuela en medio del tráfico; luego los oficiales, tenientes coroneles tenían que regresar en short y franelilla [*camiseta*], pidiendo taxi... Un tratamiento indigno... Una mañana de mucho tráfico, un autobús sin frenos se precipitó sobre nosotros... Tuvimos que saltar... Ese día, al regresar a la Escuela, hubo un conato de insubordinación colectiva. Yo me paré y dije: "*¡Ya no somos cadetes de 18 años!*".

¿Qué edad tenía usted?

Unos 35 ó 36 años. A partir de ahí, un grupo de nosotros decidimos no trotar. Una rebeldía abierta pues. Cuando ellos salían a trotar, nosotros

---

[17] El término "guaya" es una tropicalización de la palabra inglesa "wire" (cable); "reventar guayas" significa "estallar" en el sentido: "estallan los nervios", o "lo sacaron de quicio".

nos íbamos a caminar. Y el grupo de los que caminábamos, empezó a crecer; llegamos a ser más de treinta. Nos arrestaron. Era una rebeldía asumida.

¿La dirección de la Escuela no trataba de negociar con ustedes para apaciguar el ambiente?

Bueno, algo hicieron en ese sentido. Un día, estábamos en el aula cuando se asoma un sargento y me hace unas discretas señas. Pido permiso para ir al baño y salgo un momentito. El sargento me dice que viene de parte del Inspector General de las Fuerzas Armadas, número dos del Ministerio de Defensa y superior de Peñaloza. Me pasa un papelito: el Inspector General me espera en el Ministerio de Defensa. Y el sargento añade: *"Que nadie se entere que va usted para allá"*. Vuelvo al aula y le digo al instructor: *"Mi Coronel, me siento mal, permítame ir al hospitalito unos minutos"*. El hospitalito quedaba al lado. Salgo y, en el carro del sargento que estaba escondido, nos vamos. Damos primero unas vueltas para despistar la vigilancia. Llegamos al ministerio, me meten por la parte de atrás en un ascensor directo a la oficina. Entro, y me encuentro con el Inspector General... y el director de la Escuela de Estado Mayor. Pensé en una encerrona; que me iban a llevar preso. Recuerdo que le dejé una nota a un compañero: *"Si no regreso es que estoy preso"*. Porque nadie sabía dónde estaba. Pero me equivocaba. El Inspector General me dijo: *"Estamos preocupados por lo que está pasando. Te pido, delante de mi amigo el Director de la Escuela, que cumplas con la disciplina, estudies y apruebes los exámenes que te quedan. Te garantizo que no te van a expulsar"*. Les respondí: *"Mi General, usted sabe lo que está pasando, no voy a dar detalles pero pido que dejen en paz a mis compañeros y nos traten como se debe"*. Me dijeron que no me preocupara. Esa reunión ayudó a bajar un poco la presión… No terminó la guerra, pero disminuyó la conflictividad.

O sea que las cosas se calmaron.

Algo, pero sólo un tiempo. Porque el general Peñaloza seguía obstinado en que yo fracasara. En ese curso, no se podía suspender en tres materias. Si te raspaban [*suspendías*] dos, te daban chance de reparar las dos veces. Pero si suspendías una tercera materia, no la podías recuperar, y te echaban.

¿Suspendió usted alguna?

Me rasparon dos y las reparé las dos, pero a la tercera maniobré. Cuando vi que me iban a raspar la tercera y que no iba a poder evitarlo, me vine para el Palacio Blanco y le dije a mi general Arnoldo Rodríguez: "*Me van a botar de la Escuela por orden de Peñaloza, es una arbitrariedad…*". Le conté lo que estaba pasando: "*Usted sabe que no soy hombre a quien le raspen una materia, ya me han raspado dos, voy por la tercera; me han arrestado dos veces; me tienen hostigado; le están pagando incluso a oficiales extranjeros para que atestigüen contra mí…*". Yo sabía que este general Rodríguez estaba enfrentado a Peñaloza Zambrano y a Ochoa Antich, enfrentamiento viejo. El general Rodríguez me pregunta: "*¿Tienes ropa civil?*". Le digo: "*No, pero la consigo*". "*Bueno, pues vente de civil para acá a mediodía, vamos a almorzar con un amigo…*". Regresé y nos fuimos a almorzar. Llegamos a un restaurán de una urbanización del Este y veo, esperando en una mesita, al general Herminio Fuenmayor, curruña [*compadre*] de Carlos Andrés Pérez y jefe de la DIM, la Inteligencia Militar. Los tres íbamos de civil, porque ellos también estaban conspirando, enfrentados a Peñaloza.

Usted aprovechó las rivalidades entre ellos.

Correcto. Me beneficié de las fracturas internas del generalato. Pero tuve que maniobrar en el filo de la navaja. Tomamos asiento, un traguito, y empieza a hablar el general Rodríguez: "*Chávez, llamé a Herminio, jefe de la DIM, para que le cuentes lo que me dijiste*". Yo empiezo: "*Mi General, si alguien no le pone coto a esto, va a haber un problema grave en el Ejército… Se está cometiendo un atropello no sólo contra mí sino contra mis compañeros de curso. Ya han botado injustamente a diez o doce. Hay una situación de presión insoportable, nos tratan como si fuéramos aspirantes a cadetes, etc. Me han arrestado porque me negué a correr, etc.*". Fuenmayor me hizo varias preguntas y me dijo: "*Pero, Chávez, se dice de ti que estás en un movimiento que quiere tumbar al gobierno…".* "Usted *sabe que eso es mentira,* le contesté, *la realidad es que hay un enfrentamiento entre generales y esa rivalidad está causando fisuras en todos los niveles inferiores del Ejército, entre los comandantes, los capitanes, etc. Estas tensiones en el Ejército son muy peligrosas porque la situación social del país, después del 'Caracazo', no da para mucho. Esto puede explotar, ustedes lo saben".* Fuenmayor me escuchó pensativo y no hizo ningún comentario, sólo me dijo: *"Bueno, ándate tranquilo y no te metas en líos".* Terminamos de almorzar y nos fuimos.

¿Esa reunión sirvió para algo?

Las consecuencias de ese encuentro fueron inmediatas. Al día siguiente en la mañanita, a la hora de clase, siete de la mañana, llega Peñaloza hecho una fiera, gritando: *"¡Aquí hay un poco de sapos* [chivatos]!".* En la madrugada, le había llegado un radiograma de Inteligencia Militar alertándole sobre los peligros de fractura en el Ejército, instándole a tomar acciones para reducir tensiones… O sea, repitiéndole casi lo mismo que le dije al general Herminio Fuenmayor. Aquel hombre andaba hecho una furia, y yo riéndome por dentro, diciéndome: *"¿Si éste supiera que fui yo el que le monté la piedra?".* Él sospechaba de cualquiera menos de mí. Desconfiaban de unos "sapos" ahí que eran del DIM, pero nadie podía imaginar que yo había soplado las novedades. Sólo algunos compañeros sabían, Urdaneta y los otros.

¿Se redujeron las tensiones?

Sí, bajaron, el hostigamiento disminuyó. Y a los pocos días, revienta un enorme escándalo. Peñaloza, quizás en represalias contra esa intervención de la DIM, en todo caso en el marco del conflicto interno en el seno del Alto Mando Militar y del enfrentamiento de éste con el mando político, choca con Carlos Andrés Pérez. Porque el Congreso cita a Peñaloza por un asunto de compra fraudulenta de municiones.[18] El Presidente le orde-

---

[18] "Venezuela ha acusado a la empresa española de armamento Santa Bárbara de incumplir un contrato de suministro de municiones, valorado en 4,5 millones de dólares. El acuerdo entre el

nó que no acudiera. Pero Peñaloza se presentó en el Congreso con unas carpetas y las entregó a unos diputados, denunciando unos supuestos hechos de corrupción cometidos por una dama cubana llamada Gardenia Martínez, de la Corporación Margold, amiga de la amante de Carlos Andrés Pérez, Cecilia Matos... En sus declaraciones en el Congreso, Peñaloza acusó a la Corporación Margold de haber estafado al Estado en unos cinco millones de dólares por municiones pagadas y no entregadas. Resultó que el principal accionista de esa Corporación Margold era nada menos que Orlando García, amigo de cuarenta años del Presidente Pérez, jefe de la seguridad presidencial... y amante de Gardenia Martínez.

¡Qué ambiente!

Una atmósfera de decadencia y de fin de régimen... Un dirigente adeco [*Gonzalo Barrios*[19]] llegó a declarar: *"Venezuela es un país en el que no hay ninguna razón para no robar"*. Y en otra ocasión afirmó: *"La Constitución es como Sofía Loren, se la puede violar mil veces"*. Machismo primitivo, descaro, corrupción, inmoralidad pública, delicuescencia, descomposición... Todo esto en un país aún traumatizado por el "Caracazo" y agobiado por las protestas sociales... El caso es que destituyen a Orlando García obviamente; también al general Herminio Fuenmayor, de la DIM, por unas declaraciones que hizo y por estar implicado en un asunto paralelo de narcotráfico;[20] y sobre todo destituyeron a Peñaloza. Ése fue un día

---

Ejército venezolano y Santa Bárbara se realizó a través de una intermediaria, Corporación Margold, representada por la cubana Gardenia Martínez". *El País*, Madrid, 4 de junio de 1991.

[19] Gonzalo Barrios (1902-1993), miembro fundador y uno de los principales dirigentes del partido socialdemócrata Acción Democrática (AD).

[20] "El presidente venezolano Carlos Andrés Pérez, destituyó al director de Inteligencia Militar (DIM), general Herminio Fuenmayor, por el grave error de dar declaraciones políticas sin autorización, después de que un lujoso automóvil de su propiedad fuera incautado a un presunto narcotraficante. El lujoso automóvil BMW del director de la DIM fue encontrado en poder de Edwin Rincón Rodríguez, principal implicado en el reciente decomiso de 621 kilogramos de cocaína en la alcabala de Peracal, en la frontera del estado del Táchira con Cúcuta". *El Tiempo*, Bogotá, 14 de junio de 1991.

histórico. Cuando vi la noticia en la televisión, exclamé: *"¡Verga! ¡Se va Peñaloza antes que yo!"*.

Lo vivió como una victoria personal.

Claro, era el resultado en cierta medida de mi maniobra con el general Rodríguez y de aquel almuerzo conspirativo... Pero, al día siguiente de su destitución hubo el acto de transmisión, y ahí cometieron un error... Si usted, en esas circunstancias, destituye a un jefe del Ejército, no le hace un acto público... Si le castigo ¿cómo luego le voy a dar la cancha de un Patio de Honor y dejarle hacer un discurso? Nosotros asistimos al acto, me senté adrede en la primera fila, cerca del atril donde iba a hablar. Peñaloza empieza su discurso: *"El 'Tigre' Clemenceau dijo: 'La guerra es un asunto demasiado serio para dejárselo sólo a los militares' ", y yo afirmo: la política es una cosa demasiado seria para dejársela sólo a los políticos"*. Era directo contra Carlos Andrés Pérez. Varios canales de televisión retransmitiendo en vivo el discurso... Cuando termina Peñaloza, me paro y voy directo hacia él. Me ve, y se echa para atrás, pensando quizás que lo iba a agredir... Lo felicité: *"Mi General, ¡qué buen discurso! Enhorabuena"*. Se me quedó mirando, no sabía si me estaba burlando de él; al final me dijo: *"Chávez, oíste bien lo que dije ¿verdad?"*. *"Sí, mi General"*. Muy inteligente, Peñaloza Zambrano, y con algunas ideas progresistas; le gustaba el pensamiento progresista, pero a otro nivel, por supuesto.

¿Logró usted obtener el diploma de la Escuela de Estado Mayor?

Sí, aprobé el curso, aquello terminó a favor nuestro. Ganamos esa guerra, y el que acabó fuera del Ejército fue Peñaloza... Así son las cosas... Como si la mano invisible siguiera dirigiendo mi destino ¿no? Todo conspiró para que aquel conflicto se resolviera a mi favor. Pérez Arcay cita mucho una frase de no sé quién: *"Cuando quieres realmente una cosa, todo el Universo conspira para ayudarte a conseguirla"*. [Paolo Coelho]. Y, a las pocas semanas, después de cruzar esa especie de laberinto, recibo el mando del batallón de paracaidistas de Maracay.

¿Tan pronto?

Bueno, en verdad, no tan rápido. Pero siguió la "conspiración invisible". Porque terminé el curso de la Escuela de Estado Mayor y me mandaron... a cumplir funciones en el Servicio de Proveeduría de las Fuerzas Armadas. ¡Increíble! Fue una cachetada para mí.

¿Por qué?

Porque era oficial de comando, oficial de blindados; había terminado mi curso con excelente currículo. Me tocaba comandar un batallón de tanques...

Y no se lo dan.

¡No! Recurren a oficiales que ya habían comandado otros batallones y los rotan. En cambio, a mí y a otros de mis compañeros, nos dejan fuera. Me mandan, el 17 de julio de 1991, a la Proveeduría. Que era para oficiales de carrera logística... Fue un golpe... Era obvio que la Inteligencia Militar no quería que tuviese mando de tropa. A toda costa seguían tratando de apartarme.[21] Pero bueno, me presento en Catia, donde estaba el comando de la Proveeduría que no me necesitaba en absoluto. Estuve sin hacer nada, paseando por los pasillos, pensando... Y tres semanas después, el 13 de agosto de 1991, por instrucciones del general Fernando Ochoa Antich, nuevo Jefe de Estado Mayor del Ejército, me nombran primer comandante del Batallón de Infantería de Paracaidistas "Coronel Antonio Nicolás Briceño" en el cuartel Páez, en Maracay.

---

[21] Lo confirma el general Herminio Fuenmayor, jefe —de febrero de 1989 a junio de 1991— de la Dirección de Inteligencia Militar (DIM): "Chávez no representaba ningún peligro pues, como a los otros comandantes, los habíamos sacado de la línea de mando. Estaban en las proveedurías militares, no tenían mando". Semanario *La Razón*, Caracas, 29 de noviembre de 2009.

¿Qué pasó en esas tres semanas?

La "conspiración invisible"... Me presenté en la Proveeduría decidido a asumir mi travesía del desierto otra vez... *"Ya vendrán tiempos mejores"*, me decía. Además, el MBR-200 estaba ya desplegado, no dependía de que yo tuviera un comando, pero, claro, era el jefe del Movimiento... Teníamos ya un bojote [*montón*] de capitanes comandando compañías de tanques, de infantería, de cadetes; varios comandantes recibiendo batallones, como Francisco Arias Cárdenas, Jesús Urdaneta, Joel Acosta Chirinos, Jesús Ortiz Contreras y otros más. Aunque algunos, como Dumas, se echaron atrás: *"Conmigo no cuentes, me dijo, es una locura"*. En verdad lo era. Pensar racionalmente era apartarse del proyecto. Como dice Unamuno: *"Todo lo vital es irracional, y todo lo racional es antivital porque la razón es esencialmente escéptica"*.[22] Era un toque de locura. Una locura creadora, pues.

¿Pero cómo llegó entonces al mando del batallón de paracaidistas de Maracay?

Porque a veces el destino te da un regalo... Pasaron varias cosas. Como en la Proveeduría no tenía nada que hacer, me dediqué a ir a la Academia, a los actos de recepción de mis compañeros. Andaba oyendo y conversando. Siempre que iba a la Academia, retomaba fuerzas. Me vigilaban y me hostigaban, pero, en la Academia, yo tenía el mundo hecho: amigos y amigas por todos lados. De ese modo, una tarde asistí al acto de nombramiento de Comandante del Batallón de cazadores "Coronel Genaro Vásquez", de mi compañero Jesús Ortiz Contreras, y conversé con él sobre mi problema.

Que no le habían dado mando de tropa.

Correcto. Unos días después, voy a visitarlo a Chaguaramal, estado Miranda, y me dice: *"Compadre, te están llamando de la Comandancia"*. Él había

---

[22] Miguel de Unamuno (1864-1936): "Todo lo vital es irracional y todo lo racional es antivital, porque la razón es esencialmente escéptica", *Del Sentimiento trágico de la vida,* Madrid, 1913.

hablado unas noches antes con el nuevo ministro de la Defensa, el general Fernando Ochoa Antich, en una fiesta en la Academia Militar donde su esposa, Mahuampi de Ortiz, era profesora. Ochoa le preguntó: *"¿Dónde está Chávez?"*. Ortiz le informó que me habían mandado a la Proveeduría... Ochoa no lo sabía y le pidió: *"Dile que quiero hablar con él"*. Ortiz me llamó y me lo comunicó, pero yo le dije: *"No quiero hablar con Ochoa, dile que estoy bien aquí"*. Entonces, hallándome en Chaguaramal, me llama un coronel de la Comandancia e insiste: *"Mire, Comandante, el ministro de la Defensa lo quiere ver"*. *"Está bien*, le digo, *¿cuándo?"*. *"El lunes"*. Voy. Me manda a pasar Ochoa. Nos conocíamos desde la Academia. Me dice: *"Chávez, conocemos su trayectoria; lo de la Proveeduría tiene que ser un error, porque usted es un oficial de tropa. Lo que ocurre es que usted tiene que cambiar su carácter, acoplarse mejor..."*. Claro, ellos sabían que había un malestar en un grupo grande de compañeros, y el liderazgo mío les causaba problemas...

Trataban de obtener su colaboración para calmar los ánimos.

Exactamente. Por eso Ochoa Antich mantuvo un discurso conciliador: *"Chávez, ayúdeme a que se acabe esa guerrita en el seno del Ejército"*. Le dije: *"Mi General, lo que ocurre es que se meten conmigo, y yo no me meto con nadie"*. Entonces, delante de mí, por el teléfono interno de ellos, llamó al general Pedro Rangel Rojas, jefe de Estado Mayor, y le dijo: *"Rangel, aquí tengo a Chávez, te lo mando a tu oficina, dale un cargo en el Ejército, tú sabrás dónde"*. Allá me fui.

¿Ese general Rangel era amigo o adversario suyo?

No, era un adversario declarado. Lo conocí mucho cuando yo era Jefe de Cultura en la Academia, y él comandante del cuerpo. Me llamaba "paisano" porque es de Guasdualito... Así que llego y me dice: *"Mira paisano, ayúdame; vamos a recuperar la calma en el Ejército, vamos a pacificarlo"*. *"Bueno, mi General*, le contesto, *haré lo que pueda y hasta donde pueda, soy un simple Teniente Coronel, ustedes son los Generales"*. Entonces me pregunta:

"¿Adónde te gustaría ir de Comandante?" Le respondo: *"Donde usted quiera"*. *"Quiero que vayas... cerca de tu esposa y de tus hijos. ¿Dónde es?"*. *"En San Joaquín, Carabobo"*. *"Bueno, vete para tu casa, a descansar unos días, yo te haré llamar"*. Me fui a mi casa. Pero antes, pasé por la oficina del Jefe del Departamento de Oficiales, a ver a mi amigo Frank González —el mismo que había sido Jefe de Seguridad en Miraflores y me prestaba la computadora— y le dije: *"Aquí está mi número de teléfono, cuando te avisen de adónde me destinan, llámame"*.

Como a los tres días, ya era agosto de 1991, me llama Frank y me anuncia: *"Mi Comandante, no le voy a explicar mucho, pero hay un batallón de paracaidistas vacante, y casi nadie quiere ir. ¿Usted le echaría bolas [se atrevería]?"*. No lo dudé un segundo: *"Anótame en la terna"*. Ese mismo día, en la tarde, me volvió a llamar: *"Lo han nombrado Comandante del Batallón de Paracaidistas 'Coronel Antonio Nicolás Briceño', en el cuartel Páez de Maracay. Mañana mismo preséntese allá"*. Y allí me aparecí al día siguiente. Recibí el Batallón en un acto protocolar, y me tiré un discurso que por ahí andan fragmentos porque se grabó... Después dañaron la grabación, estando yo preso...

Se cumplía por fin su objetivo.

Cuando recibí el mando de aquel batallón de tropas de "boinas rojas", la frase que me salió de adentro, con el estandarte de ese batallón de élite en la mano, fue: *"¡Se jodieron!"*. Lo pensé aunque no lo dije, por supuesto. Quinientos y pico de hombres bien entrenados, en un sitio estratégico como Maracay, cerca de Caracas, y además un grupo de oficiales del MBR-200 ya colocados en posiciones de mando; nuestro Movimiento maduro para el alzamiento... Y todo un pueblo reclamando una rebelión...

Capítulo 13

La rebelión del 4 de febrero de 1992

Teniente coronel de paracaidistas en Maracay –
El Frente Patriótico – Intento de asesinato – La rebelión –
Capturar al Presidente Pérez – Los Planes A, B y C –
Jesús Ramón Carmona – Historia y destino – El mito Chávez –
La boa – El papel del individuo en la historia –
El Proyecto Nacional "Simón Bolívar" –Bolivarianismo y socialismo
– ¿Por qué fracasa la rebelión? – La rendición – *"Por ahora"* –
Nace una esperanza – Rebelión en Caracas vs golpe de Moscú –
Un encuentro con Gorbachov – Apoyo popular –
¿Un "golpista"?

Después del "Caracazo", el Movimiento Bolivariano se reactiva.

Sí. El contexto socio-político cambia, se endurece. Las protestas sociales se multiplican. Pero también, y mucho, la represión: por ejemplo, sólo en el año 1991 hubo unos veinticinco estudiantes asesinados por el régimen... Se agravó el deterioro social, económico, moral... Todo eso contribuía a crear las condiciones objetivas favorables a una acción como la nuestra. Se oía venir el inevitable huracán. Nada podía detenerlo... Ya le expliqué. Y, en efecto, en nuestras filas, el "Caracazo" nos despertó. Nuestro Movimiento estaba medio aletargado, y se revitalizó con mucha fuerza. El trabajo de tantos años comenzó por fin a dar frutos. ¿Cuánto tiempo había pasado? Dos decenios de forja, desde 1972. Dos decenios... Primero, la génesis, el embrión; después, la larga y lenta gestación; posteriormente, la toma de conciencia, el proselitismo, la extensión; luego, el doloroso parto del 27 de febrero de 1989 cuando las calles de Caracas se anegaron de sangre; y finalmente ese 4 de febrero de 1992 que partió en dos la historia venezolana, y de donde brotó la patria. En verdad, el país se estaba hundiendo. Y la juventud militar no podía soportar aquel naufragio...

¿Cuál era la principal motivación? ¿Tomar el poder?

No había ambición personal de nadie. Ninguno de nosotros quería el poder por el poder. La principal razón que nos movía era eso: la pobreza del pueblo en los barrios, en los cerros, en los campos... Nos sentíamos soldados de un pueblo y no cancerberos al servicio de la oligarquía y de sus amos gringos.

Si la situamos en el panorama internacional de la época, la rebelión del 4 de febrero aparece como muy a contracorriente de la marcha del tiempo.

Sí, a contracorriente, en efecto, de las ideas dominantes de aquella época. Por todas partes se afianzaba entonces el neoliberalismo, la "revolución conservadora" de Margaret Thatcher[1] y Ronald Reagan.[2] El gran salto hacia atrás... En contraste, nuestro movimiento, dando ejemplo de conciencia histórica, clamó con el pueblo venezolano: *"¡No!"* al Fondo Monetario Internacional y *"¡No!"* al neoliberalismo.

Concretamente, cuando usted llega a Maracay para comandar el batallón de paracaidistas, ¿ya estaba todo listo para pasar a la acción?

Cuando [*el 28 de agosto de 1991*], recibí el mando del Batallón de Paracaidistas "Antonio Nicolás Briceño", en Maracay, los oficiales de mi promoción ya controlaban los cuarteles de Maracaibo y de otras ciudades. Tenían tropas, compañías bajo sus órdenes; con tanques y armas pesadas... Con-

---

[1] Margaret Thatcher (1925-2013), conocida como "La Dama de Hierro", fue Primer Ministro del Reino Unido de 1979 a 1990.

[2] Ronald Reagan (1911-2004), Presidente de Estados Unidos de 1981 a 1989.

tábamos con el apoyo activo de los mejores oficiales jóvenes... Condición indispensable para actuar...

Pero usted, ese batallón de paracaidistas, no lo conocía bien. ¿Cómo podía fiarse de él?

Bueno, eso no se hizo de la noche a la mañana... Fueron meses de intenso trabajo... Llevé al batallón para el terreno, saltamos en paracaídas repetidas veces... Yo el primero... Me di a conocer, conversé con los oficiales... Pronto, varios de ellos se sumaron al Movimiento: Jesús Suárez Chourio, Celso Canelones Guevara, Jorge Durán Centeno... Sargentos como Julio Marciales Casanova... Al poco tiempo, tenía a ese batallón en la mano... Dispuesto a todo. En cada una de mis arengas a los soldados, lo repetía de manera casi transparente. Les recordaba el propio lema del batallón: *"Si la patria peligra, vibrarán nuestras banderas y volaremos como las águilas"*. Venezuela estaba en peligro, debíamos actuar ¡ya!

¿Sus superiores no le llamaban la atención?

Nunca me dijeron nada. Yo mismo, a veces, me preguntaba: *"¿Estarán sordos los jefes? ¿No comprenden lo que digo?"*. Algunos no entendían porque se la pasaban borrachos...

Apenas unas semanas después de llegar usted a Maracay, se produce en Haití un golpe de Estado militar contra el presidente Jean-Bertrand Aristide, que el mundo entero condena. ¿Le hizo eso reflexionar sobre cómo sería recibido un eventual alzamiento militar contra Carlos Andrés Pérez?

Ese golpe de Estado en Haití tiene lugar el 30 de septiembre de 1991, un mes exacto después, en efecto, de mi toma de mando en Maracay. Aristide era un líder muy popular y progresista, tenía toda nuestra simpatía, había sido triunfalmente votado un año antes [*el 16 de diciembre de 1990*]; era el primer Presidente de Haití elegido democráticamente... Lo conocí, por cierto, personalmente en 2008 [*el 3 de septiembre*], en Pretoria, durante una visita a África del Sur donde vive exiliado desde que la Administración yanqui de [*George W.*] Bush lo volvió a derrocar en 2004 [*el 29 de febrero*]. En 1991, el general Raoul Cédrars, que era el jefe del Ejército, lo tumba y forma una Junta militar que va a masacrar a miles de personas... Era una Junta típicamente militarista, "gorilista", de extrema derecha. Lo contrario exactamente de nosotros.

En aquel momento varios Estados democráticos pensaron en una intervención armada para volver a colocar al presidente Aristide en el poder. Creo que Venezuela estaba entre ellos ¿no?

Sí. Carlos Andrés se movilizó bastante, con el Primer Ministro de Canadá [*Brian Mulroney*], y hubo un proyecto —el "Plan Caribe" se llamaba— de intervención militar en el marco de la OEA [*Organización de Estados Americanos*] que Washington y el presidente [*George H.*] Bush, padre, hicieron abortar. En aquel momento, yo me hallaba en El Pao, en maniobras, reentrenándome a saltar en paracaídas, porque hacía años que no lo hacía... Allí recibí la orden: *"Preséntese urgente en Maracay"*. Reunieron a todos los comandantes y nos explicaron el "Plan Caribe"...

¿Qué misión tenía usted?

Me confiaron la misión de saltar, con mi batallón, sobre Puerto Príncipe, la capital de Haití, tomar el aeropuerto y protegerlo para permitir el aterrizaje de las fuerzas aliadas aerotransportadas. Pero nunca llegó esa orden. El plan se suspendió. En nuestro Movimiento, nos concertamos y llegamos a pensar que, en cuanto nos dieran esa orden, sería el momento de alzarnos... Tuvimos que esperar una nueva ocasión... Y seguimos nuestra preparación.

¿Con qué soportes políticos contaban, fuera de las Fuerzas Armadas?

Seguíamos trabajando con gente de la Causa R como Pablo Medina, Alí Rodríguez, Ebert José *"el Cojo"* Lira, Julio Marcelino Chirinos *"el Cabito"*,

Lucas Matheus, Andrés Velásquez... Y gente del MEP [*Movimiento Electoral del Pueblo*] como Eustoquio Contreras. También teníamos el apoyo de casi todos los militantes del efímero Frente Patriótico que, a raíz del "Caracazo", se constituyó en 1989 en torno a Luis Miquilena, hombre de gran prestigio entonces y con una larga experiencia de militante de izquierda.[3]

En la dirección de ese Frente también estaban: Douglas Bravo; Pedro Duno, profesor de filosofía; William Izarra, oficial marxista recién salido de la Fuerza Aérea; Juan Liscano, escritor, presidente del Frente; Lino Martínez, ex-comandante guerrillero; y el abogado Manuel Quijada, que había participado en las sublevaciones militares de 1962, y era el coordinador general. La idea del Frente era de conformar, en ese momento crítico del país, un movimiento cívico-militar, inscribiéndose en la tradición de la disidencia venezolana desde Ezequiel Zamora... O sea, crear un instrumento político capaz de reunir un amplio abanico de fuerzas civiles para asociarse a la Fuerza Armada en el deseo de cambiar el rumbo de las cosas.

¿Tuvieron ustedes contactos con ese Frente?

Sí, claro; con discreción obviamente, porque estábamos —yo en particular— muy vigilados. Pero nos vimos, nos encontramos y sincronizamos algunas actividades. El Frente, por ejemplo, elaboró unos manifiestos

---

[3] Luis Miquilena (n. 1919), líder del sindicato de conductores de autobuses de Caracas en los años 1940. Fue militante del Partido Comunista de Venezuela (PCV), aliado del gobierno del general Isaías Medina Angarita (1941-1945) y firme opositor al presidente Rómulo Betancourt y al dictador Marcos Pérez Jiménez. Rompió con el PCV y, junto a los hermanos Eduardo y Gustavo Machado, fundó, en 1946, una organización comunista antiestalinista: el Partido Comunista Venezolano Unitario. Con el profesor Salvador de la Plaza, conocido como el "monje rojo", Miquilena ayudó a revivir la tradición del nacionalismo socialista que ejerció una gran influencia en los sectores de la izquierda venezolana a partir de los años 1940. Se retiró de la vida política en los años 1960, y regresó a ella treinta años después cuando conoció a Hugo Chávez y su proyecto político. Durante los primeros años del gobierno de Chávez, Miquilena tuvo importantes cargos en la Administración Pública, fue Presidente de la Asamblea Constituyente en 1999 y Ministro del Interior (1999-2002). Pero graves desacuerdos condujeron al presidente Chávez a romper políticamente con él. Desde entonces, Miquilena milita en la oposición a la Revolución Bolivariana.

titulados *Tres décadas de frustración* que se difundieron en la prensa y proponían la convocatoria de una Asamblea Nacional Constituyente para elaborar una nueva Constitución, reivindicación nuestra fundamental. Pero aquello no duró ni siquiera un año... Las personalidades que lo integraban procedían de horizontes muy diferentes, a veces opuestos y enfrentados... Se había constituido en la atmósfera del post-"Caracazo" y, pasada la emoción, las fuerzas que lo componían se volvieron a dispersar... Eternos demonios de la izquierda venezolana... Mantuvimos el contacto con algunas personalidades: Douglas, Izarra, Miquilena, Duno, etc. Y nos distanciamos definitivamente de otras que pretendían ser de extrema izquierda, como Gabriel Puerta Aponte de Bandera Roja, y resultaron muy peligrosas. Incluso planearon mi asesinato...

¿Su asesinato?

Sí. Me enteré más tarde, estando ya en la cárcel después del 4 de febrero. Me lo reveló directamente uno de los encargados de asesinarme... Estábamos allí conversando, se me acerca este hombre [*el sargento Iván Alexander Freites*[4]] y me confiesa: *"Ahora que lo conozco me doy cuenta de que me engañaron. Me persuadieron que usted había traicionado la revolución, que la estaba vendiendo al Alto Mando, y me designaron para matarlo".* Me dio escalofríos...

¿Cómo querían asesinarlo?

Ocurrió en diciembre de 1991, un grupo de jóvenes militares me fueron a buscar una noche a mi casa con el pretexto de que deseaban conversar conmigo del Movimiento Bolivariano. Con gusto acepté y nos fuimos en el carro de ellos. Llegamos a una carretera solitaria, oscura, pararon el carro y discutimos. Ahí es donde ese hombre me iba a matar. Pero no lo

---

[4] Véase Iván Freites: "Recibí instrucciones de matar a Chávez el 4F", *Chamosaurio*, Caracas, 4 de febrero de 2010.

http://chamosaurio.com/2010/02/04/%E2%80%9Crecibi-instrucciones-de-matar-a-chavez-el-4f%E2%80%9D/

hizo. Todos eran soldados, y no se atrevieron... Jesús Suárez Chourio ya me había puesto en alerta: *"Comandante,* me dijo, *una traición se prepara. Me preguntaron si yo podía sacar el batallón sin su consentimiento...".* Me preocupé. Pero no supe, en ese momento, que unos capitanes ligados a Bandera Roja [*en particular, el capitán Antonio Rojas Suárez*] estaban planificando mi asesinato.

Entendimos que el Movimiento había sido infiltrado... Así que nuestra rebelión se lleva a cabo en circunstancias que la dificultan: traición de uno de los nuestros [*el capitán René Gimón Álvarez*] y conspiraciones de muerte contra mí.

¿Por qué eligieron el 4 de febrero?

No lo eligimos, los acontecimientos nos lo impusieron... Yo estaba en contacto con el teniente Pérez Ravelo "El Indio", un oficial de la Casa Militar, en la Presidencia, encargado de darme la señal del regreso de Pérez.

El Presidente se hallaba en el extranjero ¿no?

Sí, él venía regresando de Davos, Suiza, del Foro Económico Mundial, vía Nueva York. Nos pusimos en alerta en cuanto Carlos Andrés salió de Caracas para Davos... Estuvimos reunidos con nuestra gente de la Fuerza Aérea, Luis Reyes Reyes, Francisco Visconti, etc. Y el domingo [*2 de febrero*], al filo de medianoche creo, Pérez Ravelo me llamó. En clave, me dijo: *"Mi tío llega tal día a tal hora...".* Al saber que el avión del Presidente aterrizaba en la madrugada del 4 de febrero, decidimos activar la operación y que la acción sería esa misma noche, antes del amanecer del día 4.

¿En qué consistía la acción?

Mientras en varias ciudades, los oficiales miembros del MBR-200 —Francisco Arias Cárdenas, Jesús Urdaneta, Blanco La Cruz, Ortiz Contreras, etc.— tomaban con sus guarniciones el control de los puntos estratégicos, nosotros, desde Maracay, avanzamos por tierra, en vehículos y con blindados, hasta Caracas, distante de unos ochenta kilómetros.

En la capital, varias unidades tenían objetivos precisos: una, comandada por Joel Acosta Chirinos, debía tomar el control del pequeño aeropuerto militar de La Carlota, en el centro de la ciudad; otras, tomar el Fuerte Tiuna y el Ministerio de la Defensa con misión de apresar al Alto Mando Militar; otras más, ocupar el Palacio de Miraflores [*edificio donde se encuentran el despacho oficial del Presidente y la sede del Gobierno de Venezuela*] y La Casona [*Residencia oficial del Presidente de Venezuela*]; otras unidades debían apoderarse de los principales canales de televisión. Por mi parte, con los hombres bajo bajo mi mando, nos dirigimos al Museo Histórico Militar, situado en un cerro que domina el centro de Caracas, donde nos recibieron a tiros...

Pero, ¿no actuaban ustedes por sorpresa?

No, a causa de una traición, como le dije... Estaban al corriente... Aunque ignoraban qué tropas se habían alzado... Ahí usamos una estratagema: conseguí hablar con el oficial de guardia y lo convencí que veníamos a ayudarles, a reforzar la protección del sitio... Ocupamos aquello sin un disparo y sin derramar sangre. Soy enemigo de las balaceras a ciegas... Pero constaté que no se habían instalado los equipos de transmisión indispensables para comunicar con los demás jefes del alzamiento y con el país... Ya que mi misión consistía en dirigir y coordinar el conjunto de las operaciones a nivel nacional desde ese puesto de comando, al que también debía incorporarse Arias Cárdenas una vez que se hubiese desplazado en avión desde Maracaibo.

¿El objetivo principal era apoderarse del Presidente?

Bueno, el objetivo político principal era tumbar al gobierno y tomar el poder. Pero, para alcanzarlo, la vía más efectiva, según nosotros, pasaba por capturar al Presidente a su llegada al Aeropuerto Internacional de Maiquetía [*a unos 30 kilómetros de Caracas*]; y detener luego a todo el Alto Mando Militar. El objetivo no era militar sino político y la concreción más determinante de tal objetivo era la captura del Presidente para someterlo a juicio, y no su eliminación física. Insisto en esto.

Una vez conseguido eso, presentaríamos al país, por televisión, al Presidente detenido y ordenaríamos a los comandantes de las guarniciones que no se habían sumado a la rebelión, que obedecieran a las nuevas autoridades. Entretanto, en varias ciudades, nuestros compañeros del MBR-200 ya estarían haciéndose con el poder local y controlando la situación... Pero el plan no funcionó.

¿Por qué?

Como le dije, nuestro proyecto fue delatado por un oficial [*el capitán René Gimón Álvarez*] que se pasó al adversario. Aunque no conocía los detalles, ni sabía dónde y cómo se produciría el golpe... Pero reforzaron las precauciones. En el aeropuerto de Maiquetía, por ejemplo, tomaron toda clase de medidas; el general Fernando Ochoa Antich, ministro de Defensa, acudió personalmente a recibir a Carlos Andrés y constituyó una fuerza de protección con tropas de la Guardia Nacional y efectivos de la Armada... No pudimos... Protegieron bien al Presidente. La gente nuestra no consiguió actuar. Pero la operación no se detuvo. Optamos por el plan B.

¿En qué consistía?

En tenderle una emboscada a la caravana presidencial en un túnel de la autopista Maiquetía-Caracas. Habíamos previsto obstruir la vía quemando un carro... Tampoco se pudo. Las fuerzas de protección eran muy superiores a las nuestras. Tuvimos que pasar al Plan C.

¿Tenían un Plan C?

Sí. Consistía en apresar al Presidente en La Casona o en el Palacio de Miraflores. Carlos Andrés fue directo a La Casona, pero allá nuestro ataque chocó con los numerosos defensores y se prolongó... Le avisaron y Carlos Andrés se desvió. Se vino directo para Miraflores. Llegó a Palacio, entró y, a los pocos minutos, aparecieron nuestros tanques... Así que, en un momento, estuvo a nuestra merced... O sea, nuestro plan funcionó. Porque, repito, el objetivo era capturarlo, conducirlo al puesto de comando del Museo Histórico Militar, y presentarlo al país: *"¡El Presidente está preso!"*. Era un buen plan. Con pocas probabilidades de éxito, y lo sabíamos.

Fracasa porque no pudieron apresar a Carlos Andrés.

Exactamente. Consigue escapar de la encerrona... Un año después, estando yo en la cárcel de Yare, vi por televisión al almirante [*Mario Iván*] Carratú Molina, jefe de la Casa Militar, contar que cuando empezaron a sonar los disparos y llegaron nuestros blindados a Miraflores, este almirante aprovechó para extraer de Palacio al Presidente por la plaza Bicentenario, con la buena suerte que ahí tenía que haberse hallado un tanque nuestro... y ¡no estaba! La orden era acordonar todo el Palacio... Gracias a la ayuda del Almirante, Carlos Andrés logró escabullirse disimulado en un carrito cualquiera... Carratú contó que, cuando iban subiendo hacia la Cota Mil,[5] el Presidente Pérez, furioso, repetía: *"La culpa la tiene Carmona. ¡Llamen a Carmona!"*. [*Se ríe*].

¿Quién es Carmona?

Jesús Ramón Carmona había sido ministro suyo. Si usted observa las fotos de cuando Fidel vino a Caracas en enero de 1959 y habló en el Aula Magna de la Universidad Central, se ve a un joven dándole la bienvenida: es Jesús Ramón Carmona. En aquel momento era dirigente estudiantil y presidente de la Federación de Centros de la Universidad Central de Venezuela. Pasan los años y Carmona se convierte en ministro de Carlos Andrés Pérez.

---

[5] Autopista de circunvalación de Caracas, situada a mil metros sobre el nivel del mar.

¿Usted lo conoció?

Sí, lo conocí en Apure, un invierno. Estaba yo patrullando por un río con mis soldados, y de repente me informan: *"Una lancha se quedó sin combustible"*. Mandé a auxiliarla. Al rato llega la embarcación y un hombre con pelo-de-guama [*sombrero llanero*]: era Jesús Ramón Carmona. Nos saludamos. Ya llevaba yo más de dos años en Elorza, y me conocían de reputación... El hombre resultó muy conversador; se presentó: *"Soy abogado, tengo un bufete en Caracas..."*. Me llamó la atención por su locuacidad y su rapidez mental. Después siguió su ruta. Posee un hato en la región, es apureño... Me dio una tarjetica y la guardé. Al poco tiempo, me nombran presidente de la Junta de Fiestas de Elorza. Y comienzo a buscar contactos para pedir apoyo...

Y se acordó de Carmona.

Correcto. Una de las personas que llamé fue el doctor Jesús Ramón Carmona. En una ocasión, vine a Caracas y hablé con él. Trabajaba en el Ministerio de Transporte y Comunicaciones; su sobrino era Viceministro en el gobierno de Lusinchi. Gracias a él, conseguí para Elorza uniformes de béisbol, pelotas, unas máquinas para arreglar las carreteras... Acudió a las fiestas; incluso llevó al ministro, Juan Pedro del Moral. Total: Carmona y yo nos hacemos íntimos...

Amigos para siempre...

No, porque cuando me vine de allá, más nunca lo volví a ver. En diciembre de 1988, gana Carlos Andrés las elecciones; y a los pocos días se organiza, en la sede del Consejo Supremo Electoral, la ceremonia de proclamación de los resultados oficiales. Acudo de ayudante del general Arnoldo Rodríguez, miembro del Alto Mando. En medio de un bullicio de periodistas y cámaras, oigo: *"¡Chávez!"*. Era Carmona: *"¿Qué haces aquí?"*, me pregunta. *"Soy ayudante del General, ¿y tú?"*. *"Soy amigo de Carlos Andrés"*. ¡Nada menos!

Me presentó a unos amigos suyos, una patota [*pandilla*] de adecos: Henry Ramos Allup, Antonio Ledezma, Alberto Federico Ravell... toda la chusma de CAP [*Carlos Andrés Pérez*]. Constituían su comando de campaña. Carmona era el coordinador del comando, un hombre astuto. Ellos estaban llegando al Gobierno... Me pregunta: *"¿Tú dónde estás?"*. *"En el Palacio Blanco"*. *"¡Hombre! Enfrente de Miraflores... Bueno, por el momento te quedas ahí, voy a estar muy cerca..."*. Y, señalando a mi General, me sondea: *"Tu jefe ¿es de los nuestros?"*. El general Rodríguez era más bien copeyano, pero ¿qué le podía contestar? *"¡Claro que es de los nuestros!"*. [*Se ríe*].

Eso lo tranquilizó, me imagino.

Sí, y me permitió iniciar una operación de engaño que nos fue muy útil hasta el 4 de febrero. Porque Carmona tenía influencia en el presidente Carlos Andrés Pérez. Entonces me da su teléfono y añade: *"Tu General y tú están invitados al brindis que hay después, en pequeño comité, aquí mismo..."*.

En ese tiempo, el presidente del Consejo Electoral, Carlos Delgado Chapellín, era un hombre que no podía estar sin tomarse un whisky; cualquier acto era pretexto para echarse un trago... Termina la proclamación de los resultados, y el General me dice: *"Vámonos"*. *"No, mi General —le digo—, estamos invitados para el brindis con el Presidente"*. *"Oye, Chávez, me estás mamando gallo [tomando el pelo], si a ti te tienen más bien como un revolucionario..."*. *"Pues para que usted vea"* [*risas*]. Él sabía algo, pero me protegía. *"No te metas mucho, me decía, que te andan cazando; y no hables tanto, que hablas demasiado..."*.

¿De ese modo conoció usted a Carlos Andrés?

Así fue. Le dije al General: *"Quédese, un amigo nos invitó; en serio"*. Nos metimos para un saloncito; no había más de veinte personas: Carlos Andrés, su comando de campaña, el presidente del Consejo Electoral y unas cuantas personalidades. Nadie del Alto Mando. Los únicos militares éramos mi General y yo. Entramos timiditos... Busqué a Carmona;

estaba hablando acalorado. Es un hombre efusivo, extrovertido. Me ve, me llama e, inmediatamente: *"Carlos Andrés, quiero que conozcas al mayor Chávez, amigo mío. Y al general Arnoldo Rodríguez. Vamos a brindar..."*. Nos quedamos hasta que se fue el Presidente electo, las tres de la madrugada... El General me dijo: *"Chávez, ignoraba que eras amigo de esa gente. Me tienes sorprendido..."* [risas].

Usted se iba infiltrando...

Me fui acercando al centro del poder. Dos meses más tarde [*el 2 de febrero de 1989*], a sus 66 años, Carlos Andrés tomó posesión de su cargo. Vino Fidel Castro por cierto; lo vi en la ceremonia, muy cerquita; era la primera vez que lo descubría en persona... El Presidente anunció su gobierno; a Carmona lo nombró Procurador General de la República. Pero a los pocos meses lo ascendió a ministro de Secretaría de la Presidencia, con oficinas en Miraflores... Así que yo me la pasaba en sus despachos, tomando café, haciendo llamadas telefónicas, efectuando mis trabajos de la universidad... Varias veces llegó Carlos Andrés y me encontró ahí, ya se lo conté. Por eso, cuando sucedió el episodio de la bandera, pude darme la libertad de hablarle del estandarte bolivariano y de la octava estrella... Existe un video incluso, donde se me ve dándole explicaciones al Presidente... O sea, me convertí en un familiar, tenía un pase para acceder al Palacio sin problema... Gracias a Carmona, me fui haciendo un espacio en Miraflores. Y cuando [*el 6 de diciembre de 1989*] me detuvieron, acusándome de estar preparando un golpe y de querer asesinar al Presidente, la única persona que me defendió fue Jesús Ramón Carmona.

Esa acusación fue la causa de que lo sacaran de Miraflores y lo destinaran a Maturín ¿no?

Sí, me mandaron para Maturín... Pero no había pasado una semana cuando me llama Carmona y me pide que regrese a Caracas porque... me han concedido una condecoración, y se organiza un acto. ¡Inaudita sorpresa!

Acudí, y allí estaba el propio Carlos Andrés Pérez que me impuso la Medalla del Seconasede [*Secretaría del Consejo Nacional de Seguridad y Defensa*]. El Seconasede dependía del ministro de Secretaría, o sea de Jesús Ramón Carmona... Por eso Carlos Andrés, el 4 de febrero de 1992...

Acusa a Carmona.

Claro. No sabía que el alzado era yo, pero, zorro viejo, siente que la cosa va por ahí... Entiende, retrospectivamente, que los informes de los servicios de Inteligencia anunciando la preparación de un golpe y acusándome de ser el instigador eran ciertos... Seguramente Carmona, en diciembre de 1989, lo convenció de que todo lo que se decía contra mí era mentira... O sea, esa "amistad" con Carmona me vino como anillo al dedo... Confirmando lo de la conspiración invisible...

Como si la historia, una vez más, lo estuviera ayudando en el camino hacia el poder.

Aquello fue como una cancha de infiltración,[6] dura pero cortica. Mientras que yo venía de una cancha de infiltración larga de veinte años...

¿Nunca se desalentó?

Jamás. Una voz interior mantuvo siempre viva, en mí, la esperanza de cambiar las cosas para construir una Venezuela más justa. Le cuento una anécdota: en mis años de travesía del desierto, estando en Elorza, vine una vez a Caracas y pasé por la Academia Militar. En un pasillo, me encontré con el profesor de Filosofía de la Guerra, Argenis Paredes. Me dijo algo que me impactó: *"Tienes que estar consciente de que, por estos espacios de la Academia, se ha creado un mito en torno a ti. Eres un mito... Aliméntalo Chávez, aliméntalo"*. Me sorprendió... Ese consejo no cayó en oídos sordos.

---

[6] Una cancha de infiltración es un campo de entrenamiento militar en el cual se realizan prácticas como franquear, en un tiempo limitado, diferentes obstáculos: zanjas, vigas de equilibrio, neumáticos ardiendo, salto de vallas, etc.

"Aliméntalo..."

Cuanto más me atacaban y me perseguían, más contribuían a alimentar el mito... Todo fue producto de eso... Ya le digo, como una gran conspiración... Volvemos a Marc Bloch... Claro, uno puede ser ayudado por la historia hasta donde la propia historia lo permite. Ella va imponiendo condiciones que resultan como un juego de azar... Siempre sentí que, en ese permanente juego de azar, contaba con altas probabilidades de que se realizaran las cosas... Porque se precisan condiciones indispensables... Si yo hubiera nacido en 1930 e ingresado en la vieja Escuela Militar, nunca hubiese sido el coronel Chávez... ¿Qué hubiera podido hacer en la Venezuela de los años 1950? Poca cosa...

Si hubiese nacido en el mismo lugar y en las mismas condiciones, pero en otro contexto histórico, ¿cree usted que no hubiese tenido el mismo destino?

Estoy convencido de ello. Pero es bueno hacerse la pregunta, por lo menos desde un punto de vista teórico, y buscar respuesta. Nunca he sentido mi progreso en la vida como el resultado de una predestinación... Ya le dije que jamás me sentí predestinado para hacer la revolución. Siempre tuve conciencia de la fragilidad de las cosas.

¿En qué sentido?

Varias veces estuve a punto de morir. ¿Qué hubiera pasado si, por ejemplo, de niño, me hubiera devorado una serpiente?

¿Cuándo?

Tendría yo unos meses. En casa de mi abuela. Yo estaba en mi cunita durmiendo... No me acuerdo, claro, pero me lo contaron... Mi abuela se había retirado a su cuarto. Y mi madre, que se quedó limpiando unas vasijas, oyó en el silencio de la noche un ruido silbante: *"Ssss..."*, *"Ssss..."*. Empezó a buscar y de pronto vio, en el suelo, dando vueltas alrededor de mi cuna, ¡una enorme *boa constrictor*! ¡Una tragavenados! Sin dudarlo, a pesar de la repugnancia que le inspiraba la serpiente, dio un salto y me arrancó de mi cuna... Un tío mío, Ramón Chávez —hermano de mi abuela— que estaba allí pasando la noche, acudió a los gritos y, a palos, mató a la boa. Más de tres metros medía; y ancho como la goma de un carro... Lo colgó por la cola de lo alto de una viga y su cabeza tocaba el suelo... Un monstruo impresionante... Me hubiese tragado crudo enterito.

¡Increíble! Buen reflejo el de su madre...

Dos veces me dio la vida.

¿Y me decía usted que pudo morir en otras ocasiones?

Sí, otra vez casi me ahogo en un río, soy mal nadador...

¿También en Sabaneta?

No, en Santo Domingo [*estado Mérida*]. Estaba con un grupo de cadetes, de vacaciones, en julio de 1972. Fui a bañarme con José Angarita, muy buen nadador del equipo de natación de la Academia Militar, un hermano suyo, Dumas, y unas amigas... De pronto rompió a llover muy duro; nos refugiamos bajo un puente; retumbaban truenos, estallaban relámpagos... Una tormenta violenta de esas de montaña... En un santiamén, el río creció; las aguas bajaban con infernal estruendo... José nos lanzó entonces un desafío: *"A ver quién llega hasta aquella piedra; cobarde quien no lo haga"*. Se tiró el primero y llegó a la piedra; su hermano, un gigante, se lanzó también y la alcanzó; no tuve más remedio que zambullirme... A mitad del trayecto, la fuerza terrible de la corriente me arrastró, no pude hacer nada, sentí que me ahogaba... Angarita me salvó la vida. Se arrojó al río, me agarró por un pie y me arrastró hasta la piedra... Si no me sujeta, me ahogo, tenga la seguridad. La pregunta entonces es: si el cadete de segundo año Hugo Chávez se hubiese ahogado ese día de julio de 1972, ¿qué hubiera pasado en Venezuela? ¿Se hubiera dado esta revolución? Mi respuesta es: sí.

No es seguro.

¿No es seguro?

No. Porque conocí la Venezuela de los años 1980 y 1990, cuando el descontento social era enorme y existían condiciones objetivas para una insurrección general, y sin embargo no se veía quién —partido o personalidad— podía crear las condiciones subjetivas que permitiesen esa insurrección.

¿Usted vino aquí en qué época?

La primera vez hacia 1980. Conocí a varios dirigentes políticos, intelectuales, periodistas y artistas, casi todos de izquierdas. Mi impresión era que la mayoría de esas personas —hay excepciones notables— hablaban mucho pero, de pasar al acto, nada... En realidad, parecían más aptas para consumir una cantidad increíble de whisky que para asumir una revolución...

La "República del Este"[7] le llamaban [*se ríe*]. Intelectuales de botiquín pues. Veladas donde la gente recomponía el mundo, con puras palabras; muy de izquierda y todo eso, pero en realidad hacían poco para cambiar esta sociedad tan injusta. Yo también los conocí muy bien...

A veces, cuando existen las condiciones objetivas de un gran movimiento social, es preciso el catalizador de una personalidad singular para que surjan también las condiciones subjetivas y se produzca el estallido. Es el rol aglutinante del líder, aunque parezca poco marxista decirlo, pero sin la voluntad y el carisma de un líder, las divisiones persisten y las cosas no cambian. ¿Qué hubiera sido de los poderosos movimientos sociales estos últimos años en América Latina sin la presencia de una generación excepcional de líderes: Lula en Brasil, Rafael Correa en Ecuador, Evo Morales en Bolivia... En Cuba, en los años 1950, ese líder histórico fue Fidel Castro. En Venezuela, en los

---

[7] Al este de Caracas se sitúan las urbanizaciones más ricas de la capital.

años 1990, en condiciones muy diferentes, ¿no cree que ese rol lo asumió usted?

Fíjese, a partir del "Caracazo", se sabía que algo iba a ocurrir... Se veía venir. El país entró efectivamente en una situación que podemos calificar de pre-revolucionaria. Incluso es posible que, si no se hubiese producido la rebelión nuestra del 4 de febrero, Venezuela hubiera caído más adelante en una guerra civil... No sé si jugué un papel particular en ese momento; lo cierto es que una serie de factores me colocaron en una posición decisiva... Fidel siempre me dice: *"Chávez, ¡cuídate! Si te pasa algo, esto se lo lleva el diablo".* Creo que exagera. Él piensa también que, en ciertas circunstancias, algunos individuos tienen un papel cristalizador, y sin ese elemento casi químico, en definitiva, el proceso no se produce, no fermenta.

Volviendo a la acción del 4 de febrero. Concretamente ¿cómo movilizó usted a su batallón de paracaidistas? ¿Les explicó que iban a dar un golpe de Estado?

Sospechaban que preparábamos una acción. Pero no podíamos pregonarlo, ni dar detalles precisos... Recuerde que estábamos muy vigilados... Los hombres, más o menos, estaban al corriente; habíamos hecho un importante trabajo político, estaban concientizados, se adherían al proyecto bolivariano... Habíamos trabajado bastante lo ideológico, lo bolivariano, lo zamorano, lo robinsoniano, el "árbol de las tres raíces"... Les repetía siempre un lema: *"El día que la Patria peligre...".* Y ellos respondían en coro: *"¡Volaremos como las águilas!".* Cuando llegó el momento, hasta se peleaban por participar en la acción.

¿Eran voluntarios?

Todos voluntarios, claro. Le voy a contar una anécdota. Cuando planificamos la rebelión, entre las mil cosas en las que tuvimos que pensar estaba la eventualidad de un ataque por retaguardia, contra nosotros, de tanques procedentes de Valencia. Establecimos un plan para bloquear las dos direcciones de aproximación eventual de esos blindados hostiles: por el túnel de La Cabrera y por la carretera vieja que pasa por Güigüe... La víspera del Día D [*lunes 3 de febrero*], le pedí a Jesús Urdaneta, comandante de un batallón de paracaidistas, que se quedara en Maracay y protegiera nuestras espaldas. Urdaneta me llamó: *"Compadre, me das una orden, pero no dispongo de armas antitanque... Déjame algunas y tiradores"*. Entonces le ordené al sargento Marciales, miembro del MBR-200 y tirador e instructor de tiro de cañones antitanque: *"Diríjase de inmediato a la posición del Comandante Urdaneta para apoyarlo con una escuadra de tiradores antitanques y suficiente munición"*. Nosotros, batallón élite de paracaidistas, disponíamos de numerosos AT4,[8] unos lanzacohetes portátiles antitanques de alta precisión. Eran como las cinco de la tarde... Me voy, paso revista, ando pendiente de cualquier detalle porque ya eran las horas finales, con la tensión al máximo; que no fallara nada, que nadie entrara al cuartel, que nadie saliera, que nadie delatara...

¿Había, en su cuartel, militares hostiles a la rebelión?

Sí, gente que ignoraba lo que estábamos preparando, y hasta gente contraria a nuestra acción. Así que tomamos una serie de precauciones, primero en interno... Sabíamos qué oficial íbamos a detener, y qué hacer con el otro batallón que no estaba comprometido...

¿Recurrieron a la violencia?

No, afortunadamente, no hubo hechos de sangre. Fuimos muy cuidadosos... Bien, en ese momento, estaba verificándolo todo, los autobuses para venir a Caracas, los armamentos... Un chequeo completo... Y en eso, veo al sargento Marciales que seguía ahí. Lo llamo irritado: *"¿Por qué no has salido? Es urgente. Urdaneta te está esperando"*. Me responde: *"Mi Comandante, permiso para hablar"*. *"¡OK! Dime"*. *"Mi Comandante, usted*

---

[8] Lanzacohetes antitanque de fácil manejo por un soldado individual, de calibre 84 mm y de uso para una sola vez, fabricado por la empresa sueca Bofors.

sabe que me hice soldado profesional en este batallón. Aquí he hecho mi vida de soldado". Esto con lágrimas... Y agrega: *"Mi Comandante, se lo ruego, si me toca morir hoy quiero morir con mi batallón"*. El hombre no quería quedarse en la retaguardia... Le di un abrazo: *"¡Muchacho! Quédate conmigo, pues"*. Salió volando a buscar su tropa.

¿Y Urdaneta?

Lo llamé: *"Compadre, te voy a mandar las armas y los hombres con el sargento John Muñoz que es administrador y no sabe nada del movimiento, ojo con él..."*. Urdaneta lo que hizo fue meterlo preso [*risa*].

O sea que los hombres preferían sumarse a la rebelión activa, y no quedarse en posiciones de menor riesgo ¿no?

Todos querían participar... Aunque la mayoría, hasta ese momento, ignoraba a qué peligros se exponía... Oficialmente estábamos saliendo para unas maniobras de saltos en El Pao, previstas realmente para el día siguiente... Ésa fue otra de las "divinas casualidades" que nos sirvió, porque no era extraño estar moviendo tropas ese día... Fíjese, qué cuadradito nos salió todo al final.

Pero sus hombres intuían que el objetivo era otro...

No eran tontos. Nadie, ese día, quería quedarse en el cuartel. Le doy otro ejemplo. Esa misma tarde, al ratico, pensando en todo, le digo a un sargento: *"Mire, vaya a la Enfermería... Hay tres soldados enyesados. Llévelos al Hospital Militar; invente una consulta, lo que sea, déjelos en el hospital. Esos hombres no pueden venir a Caracas, pero no es bueno que se queden aquí solos"*. Va el suboficial a la Enfermería, regresa y me dice: *"No hay nadie..."*. Se habían quitado el yeso para mezclarse con los demás...

¿En qué momento decide usted informar a sus hombres que el objetivo real es una rebelión contra el gobierno y una tentativa de toma del poder?

Cuando consideré que todo estaba listo, mandé formar al batallón y me dije: *"A estos muchachos no puedo llevarlos engañados. Voy a probarme en un segundo. Si mi liderazgo es de pacotilla, los soldados, aquí mismo, me meten preso. Voy a decirles qué es lo que vamos a hacer".* Informé a los oficiales: *"Quédense ahí pendientes, porque voy a anunciar lo que vamos a hacer. Confío en esos muchachos".* Me paré en el medio del patio, frente a los hombres alineados y grité: *"La Patria está en peligro. ¿Qué haremos?".* Un solo clamor retumbó: *"¡Volaremos como las águilas...!".* Entonces les expliqué: *"El país está en esta situación...".* Un discurso político pues. Y les anuncié: *"Hay una rebelión militar en marcha. Vamos a tumbar al Gobierno".*

¿Cómo reaccionaron?

Con un bramido de apoyo que resonó en todos lados. Todavía se me espeluca el cuerpo. En el fondo, sabían... Por mis discursos, mis conversaciones... Todos se apuntaron... Hasta los del calabozo querían sumarse... Empezaron a golpear las puertas de sus celdas... *"¡Sáquenos de aquí, Comandante!"* [*Se ríe*]. Los mandé liberar, les di un fusil... Hasta el perro, que era la mascota, se alistó [*risas*].

¿Les avisó usted que era una operación arriesgada?

Se les dijo, obviamente; aquello no era un entrenamiento ni unas maniobras; cargábamos munición real, se corrían riesgos mortales. Como, de hecho, el resultado lo demostró. Era una operación de audacia, incluso temeraria porque éramos una minoría, comparados al conjunto de la Fuerza Armada Nacional. Ni un solo general con mando de tropas estaba con nosotros. El grado más alto era teniente coronel. No había tampoco ningún oficial de la Armada, ni de la Guardia Nacional...

¿Cómo explica eso?

Por la separación, la división de las diferentes armas en compartimientos estancos. Consecuencia de los alzamientos de 1962, el "Carupanazo" y el "Porteñazo". Rómulo Betancourt cambió la política militar y suprimió la Escuela Básica donde convivían y se conocían los cadetes de las cuatro armas [*Ejército, Armada, Fuerza Aérea y Guardia*]. Nosotros no conocíamos a nuestros compañeros de promoción en el seno de la Armada o de la Guardia. Nunca tuvimos ningún contacto serio. Con la Aviación era diferente, porque los paracaidistas constituíamos como un enlace, un nexo entre el Ejército y la Fuerza Aérea.

¿Habían elaborado ustedes algún documento político para difundir en caso de éxito?

De eso le quería hablar. Mire, éste es el maletín de comandante [*me lo muestra*] que llevaba en mi vehículo el día de la rebelión. Está muy golpeadito; me lo confiscó la DIM y me lo devolvieron hace dos años... Es como la caja de Pandora que se abrió... Mire lo que hay: las llaves de mi casa, las del carro, libretas de notas, el brazalete, fotografías, mi última chequera... del Banco Industrial... Me quedaban 25.000 bolívares... Fue lo que le dejé a Nancy la víspera de la acción. Era lunes... De repente, ya con uniforme de campaña, pensé: *"¡Dios mío! Si me pasa algo..."*. Fui al banco... Saqué todo lo que tenía, para Nancy, los niños... Cosa difícil: dejar a la esposa, a los hijos, el hogar... Pero bien dice Bolívar: *"El que lo abandona todo por ser útil a su país, no pierde nada, y gana cuanto le consagra"*...

¿Qué me quería mostrar del maletín?

Sí, lo que deseaba enseñarle es este documento: una síntesis del "árbol de las tres raíces" que redactamos en los días previos a la rebelión. Se titula: *Proyecto Nacional Simón Bolívar. Gobierno de Salvación Nacional. Líneas generales para su construcción*. Lo elaboramos en el batallón, y lo pasó en su computadora el teniente Lugo Salas.

¿Puede resumir sus puntos principales?

Empezábamos con un pensamiento de Thomas Jefferson[9]: *"El árbol de la libertad debe regarse de cuando en cuando con sangre de patriotas y tiranos. Es*

---

[9] Thomas Jefferson (1743-1826), tercer Presidente de Estados Unidos (1801-1809). Fundó en 1792, junto con James Madison, el Partido Republicano. Fuertemente influenciado por

su abono natural". Y luego una explicación: *"¿Cuál es la razón de que estemos, aquí y ahora, anunciando y promoviendo cambios profundos al comenzar la última década de este siglo perdido...?".* Hacíamos alusión al "sistema EBR", de Ezequiel [*Zamora*], [*Simón*] **B**olívar y [*Simón*] **R**odríguez, las tres raíces.

¿Hacían ustedes alguna alusión al socialismo?

No. Era prematuro. En ninguna parte hacíamos referencia explícita al socialismo. Aunque había elementos... Por ejemplo, decíamos: *"Los objetivos del Proyecto Bolívar se inscriben en las más palpitantes necesidades humanas individuales y colectivas, no solamente de orden material sino que también abarcan las necesidades de orden político y de orden cultural...".*

Eso es muy "varsavskyano", de Oscar Varsavsky [*1920-1976*], un profesor argentino que, en su influyente libro *Proyectos Nacionales*,[10] establece que un diseño socialista debe elaborarse en base a las necesidades reales de la población. *"En la satisfacción de tales necesidades se ubican los fines últimos. Todos los demás objetivos y metas temporales y secuenciales se subordinan a aquello. En el horizonte del Proyecto Nacional Simón Bolívar pueden visualizarse las siguientes necesidades y objetivos (...) Objetivos sociales: garantía de las supremas libertades individuales y sociales, distribución justa del ingreso, garantía de la aplicación adecuada y de tiempo de la justicia. Máximo grado de seguridad para el individuo, su núcleo familiar y la sociedad entera.*

Objetivos culturales: educación e instrucción, deporte masivo y medios de recreación, identidad nacional, oportunidad para la creatividad y la invención artística y científica; medio ambiente armonizado para la vida y el trabajo.

Objetivos políticos: soberanía nacional y un digno puesto del país como actor internacional. Participación gradual en la toma de decisiones que afectan

---

el pensamiento ilustrado, fue un defensor del Estado laico y liberal. Autor principal de la Declaración de Independencia de Estados Unidos.

[10] Oscar Varsavsky: *Proyectos Nacionales, Planteos y Estudios de Viabilidad*, Ediciones Periferia, Buenos Aires, 1971.

al grupo social; libertad política y una auténtica democracia". De esto, hicimos un resumen en las últimas horas y lo repartimos a todos los jefes del Movimiento.

¿Qué primeras medidas hubiesen tomado de haber triunfado el alzamiento?

Para la conducción del país, si hubiera triunfado la rebelión, habíamos preparado decretos de aplicación inmediata. Los habíamos elaborado trabajando con intelectuales revolucionarios como Kléber Ramírez, Pablo Medina y otros. Queríamos crear un Consejo General Nacional, integrado por militares y civiles, que designaría al nuevo Presidente y pondría en marcha una Asamblea Constituyente para refundar Venezuela y la democracia.

¿Ya venían pensando ustedes en una Asamblea Constituyente?

Sí, porque recuerde que, desde 1990, esa cuestión se planteó mucho en Colombia y dio lugar a un debate amplio que nosotros seguimos con mucho interés. La gente del M-19[11] [*Movimiento 19 de abril*], negociaba entonces con el presidente Virgilio Barco el fin de la guerrilla, y ponía como condición para deponer las armas que se eligiese una Asamblea Constituyente. La Constitución vigente era muy poco democrática puesto que, entre otras cosas, no autorizaba la existencia de más de dos partidos [*Conservador y Liberal*].

La idea fermentó en el pueblo colombiano y la recogieron, en particular, los estudiantes con movilizaciones gigantescas a nivel nacional. Ellos propusieron la idea de la "Séptima urna" o "Séptima papeleta", no recuerdo, para que, aprovechando las elecciones generales [*del 13 de marzo*] de 1990, los electores dijesen si querían o no una Asamblea Constituyente.

---

[11] Una de las tres principales guerrillas colombianas, junto con las FARC (Fuerzas Armadas Revolucionarias de Colombia) y el ELN (Ejército de Liberación Nacional); se fundó en 1970 y se autodisolvió en 1990.

Como lo propuso Manuel Zelaya en Honduras.

Sí, igual, con la diferencia que a Manuel Zelaya, por únicamente proponer eso, le dieron un golpe de Estado en 2009 y lo tumbaron.

Mientras que, en Colombia, se aprobó la idea ¿no?

Sí, se aceptó. Y empezó una inmensa discusión sobre la nueva Constitución. Incluso uno de los jefes del M-19, Antonio Navarro Wolff, fue copresidente de esa Asamblea que redactó la nueva Carta Magna [*promulgada el 4 de julio de 1991*]. Nosotros, en la Fuerza Armada, teníamos contactos con organizaciones de izquierda colombianas y seguíamos muy de cerca el proceso, las discusiones, las proposiciones, los cambios... Nos pusimos a estudiar eso muy seriamente, e integramos esa idea de convocar a una Asamblea Constituyente en nuestra estrategia de gobierno si triunfaba la rebelión. Pero, como se sabe, nuestro alzamiento no tuvo éxito entonces.

¿Qué es lo que no funcionó?

Principalmente: no conseguimos apresar a Carlos Andrés Pérez. Y todo estaba calculado en torno a ese objetivo. Segundo: el Ministerio de la Defensa y el Alto Mando supieron, por la traición de uno de los nuestros, como le dije, que una sublevación era inminente, y habían tomado precauciones extremas. Tercero: hubo fallas constantes en la comunicación entre nosotros; yo mismo que debía coordinar el conjunto del alzamiento no disponía, como ya le dije, de los equipos técnicos indispensables; y algunos miembros de nuestro Movimiento, en ciudades del interior, tuvieron un comportamiento indeciso o no pudieron hacerse con el control de sus cuarteles. Cuarto: en esas condiciones, los oficiales nuestros de la Fuerza Aérea consideraron demasiado peligroso hacer volar sus aviones. Quinto: los grupos civiles cuya misión era ayudarnos a tomar, en Caracas, el control de las emisoras de radio y televisión, no aparecieron...

En cambio apareció en la televisión, a las cuatro de la madrugada, el Presidente Pérez dirigiéndose al país. Eso le dio un vuelco definitivo a la situación ¿no?

Indiscutiblemente. Esas imágenes de Carlos Andrés, difundidas cada cinco minutos, hicieron que los oficiales que dudaban si sumarse o no a la rebelión, se paralizaran o tomaran definitivamente partido en favor del Gobierno.

¿En qué momento entendió usted que todo estaba perdido?

Prácticamente en ese instante. Aunque, en varios lugares, los combates proseguían...

Sin embargo, usted tomó la decisión de rendirse.

Sí. Demasiadas cosas habían fallado... Donde yo estaba, el Museo Histórico Militar, los equipos de comunicación que debían permitirme comunicar con las demás unidades insurrectas del país nunca llegaron... Me encontré aislado, desprovisto de contacto con el resto del Movimiento. Para evitar mayor efusión de sangre, hacia media mañana del 4 de febrero, me comuniqué con el general Ramón Santeliz Ruiz y le informé que deponíamos las armas.

El general Fernando Ochoa Antich me contó que, antes de deponer las armas, usted lo llamó por teléfono y le propuso que, *"para lavar el país de la corrupción"*, él encabezara el alzamiento. ¿Es cierto?

¿Cuándo le dijo eso?

Lo entrevisté en octubre de 1992.[12]

Ochoa Antich se confunde. Él conocía el ambiente de irritación y protesta que existía en el Ejército. Aquello era como una olla de presión a punto de

---

[12] Véase Ignacio Ramonet: "Derniers carnavals", *Le Monde diplomatique*, París, noviembre de 1992.

estallar... Incluso había rumores de que él mismo, con un grupo de oficiales, tenían intenciones golpistas.[13] Y, en ese momento, toma la decisión de enviarme, para negociar nuestra deposición de armas, precisamente a dos generales cercanos a nuestro Movimiento: Fernán Altuve Febres y Ramón Santeliz Ruiz, amigos los dos de Arias Cárdenas... O sea que yo veo ahí un signo, un mensaje... Y cuando me conducen a Fuerte Tiuna, Ochoa Antich me invita incluso a almorzar y conversamos horas. Le hablo de la situación del país, de la desidia del gobierno, de la corrupción; bueno, de todo lo que él sabía, y de nuestro deber de oficiales bolivarianos de poner un término a esa escandalosa situación. Pero nunca le hice esa propuesta.

Algunos historiadores le reprochan haberse quedado inactivo en el Museo Militar y no haber ayudado a la toma del Palacio de Miraflores.

Sí, se ha dicho mucho. Mis adversarios se han cebado con ese tema. La realidad es que la toma de Miraflores nunca fue misión mía; lo mío era, ya le dije, comandar y coordinar todo el alzamiento, en Caracas y en el conjunto del país. Lo teníamos perfectamente planeado, hasta el mínimo detalle. Pero la delación del capitán René Gimón trastornó nuestros planes. A partir del 3 de febrero, el Alto Mando empezó a desarmar a muchos batallones dispuestos a alzarse, les quitaron los fusiles a los soldados, desmontaron las baterías de los vehículos, retiraron los radios de los tanques, confiscaron las municiones... La Policía Militar estaba en todas partes. De ese modo, por ejemplo, el Batallón Blindado Ayala, decisivo porque, con el apoyo de tropas de infantería, debe tomar Miraflores, queda desprovisto de radio y de munición. A pesar de eso, un grupo de oficiales nuestros, en una acción de audacia suicida, se apodera de él y atacan Miraflores aunque están incomunicados y sin proyectiles. Les es imposible coordinarse entre ellos, ni con el comando central mío, ni con mis paracaidistas enviados a las cercanías del Palacio... Esa traición de

---

[13] Véase Ángela Zago: *La rebelión de los ángeles*, Warp Editores, Caracas, 1992.

Gimón fue decisiva en Caracas; de no ser por ella, nuestro plan hubiera funcionado, estoy seguro.

¿Cuántas víctimas hubo?

Se calcula que unos 35 muertos, militares, policías y civiles. Entre ellos, varios compañeros muy queridos de mi batallón... Otros resultaron gravemente heridos. Por ejemplo, el teniente Freddy Rodríguez "el Mocho", un muchacho a quien le di la misión de tomar la Comandancia de la Marina, que queda en Diagonal con Hospital de Clínicas Caracas, y casi me lo matan, le metieron seis tiros, perdió tres dedos de la mano... Está vivo porque lo hirieron al frente de la clínica y lo operaron ahí mismo. Si no, hubiera muerto, en cualquier otro lugar se desangra...

Al deponer usted las armas, ¿se termina la rebelión?

No. Porque al no disponer de equipos de transmisión, como le dije, no pude informar personalmente a todos los nuestros... Me llevaron preso al Fuerte Tiuna. Ahí me enteré de que los combates seguían en Maracay, Valencia, Caracas, y que el generalato se disponía a ordenar el bombardeo de las posiciones nuestras... Protesté, le reproché a Ochoa Antich que iban a cometer una masacre inútil. Me propuse negociar directamente la rendición de mis compañeros... Urdaneta había cortado sus líneas telefónicas, dispuesto a morir allí con su batallón... No podía hablar con él...

¿Es cuando le proponen que hable por televisión?

Sí. El almirante Rodríguez Citraro me dice entonces: "*¿Por qué no lanza usted, vía los medios, un mensaje de rendición a todos sus hombres?*". Obviamente acepté.

A usted, el gran público no lo conocía ¿verdad?

No, claro, para nada.

El pueblo venezolano lo conoce cuando interviene ese día en la televisión ¿no?

Correcto. Ese día es cuando la mayoría de la gente me descubre.

Allí en Fuerte Tiuna.

Sí, en Fuerte Tiuna, en el edificio sede del Ministerio de la Defensa. Yo estaba preso, pero la situación era comprometida para el gobierno y para mí también porque había mucha gente mía dispersa. Y, como le decía, los aviones F-16 tenían orden de bombardear el comando de la Brigada de Tanques de Valencia. También habían mandado a bombardear, en Maracay, el comando de los paracaidistas. Los muchachos estaban atrincherados, rodeados por todos lados, desconectados, sin comunicaciones... Entonces me enfrenté al grupo de generales y les dije: *"Permítanme rendir a mi gente. ¿Cómo van ustedes a bombardearlos ahora, si ya estamos rendidos?"*. Y me responden: *"¡Pero es que ellos no se rinden!"*.

¿Estaban esperando órdenes?

Claro, y de allí es que surge la idea de que yo les hable. Primero empezaron a darme un teléfono; y yo pedí: *"Bueno, denme la guía telefónica de los cuarteles"*. Pero obviamente los comandantes no se hallaban al lado del teléfono. Unos estaban, por ejemplo en Valencia, con los tanques en la calle. En Carabobo, un grupo de estudiantes de la universidad se fueron al cuartel, los oficiales les dieron armas y todos estaban en la calle... Tomaron un comando de la policía, unos barrios se alzaron, murieron varios estudiantes, o sea la rebelión no estaba apagada e incluso amenazaba con extenderse a los sectores populares. Diversos grupos anárquicos empezaron a sumarse espontáneamente... Lo cual me preocupaba mucho porque ya había habido muertos, y aquello hubiera podido terminar en una masacre del pueblo desarmado y otra masacre de nuestras tropas dispersas, soldados sin comandos, sin comunicaciones...

¿Por eso decide usted dar personalmente la orden de rendición?

Entonces, en efecto, es cuando surge esa idea de que yo les hable a nuestros muchachos. A ese almirante que estaba cerca, recuerdo que le dije: *"Mire, llamen a Radio Apolo* —Radio Apolo ponía música mexicana y música venezolana, se oía mucho en los cuarteles—, *y permítanme mandarle un mensaje a los comandantes que están allá, a mis compañeros"*. En Valencia, Radio Apolo se oía por todo el centro; hoy no sé si existirá todavía Radio Apolo... Y ahí es cuando el almirante me contesta: *"No Chávez, Radio Apolo no. Esto va más allá de Radio Apolo. ¿Tú serías capaz de hablarle al país llamando a la paz y a la calma a tus tropas?"*. *"¡Pues claro!"*. Le contesté. Entonces llamaron a la televisión. Ésa fue una decisión que se tomó sin consultar a Miraflores. Porque si consultan a Carlos Andrés Pérez...

Lo rechaza.

Obviamente. Político viejo... Mientras que aquellos oficiales actuaban obligados por una circunstancia. Carlos Andrés había dado la orden que yo no saliera vivo de mi observatorio, o que me mataran en cualquier momento después de que yo saliera de allí. Algunos oficiales lo sabían y me mandaron a alertar. Lo cierto es que ahí es cuando yo me dirijo al pueblo... Cerca del mediodía era.

¿Cuánto duró su intervención?

Como 50 segundos.

¿Improvisó totalmente?

Ellos exigían que redactara un texto: *"Tienes que escribir para que veamos lo que vas a leer"*. Querían verificar lo que iba a decir. Me negué: *"No voy a escribir"*. Dirigiéndome al viceministro de Defensa, le dije: *"Si es así, no llamen a nadie. Les he dado mi palabra de honor. Estoy rendido, mi General, y lo que voy a decir es llamar a rendición"*. *"Bueno, pero los periodistas te van a hacer preguntas..."*. *"No respondo a preguntas"*, les prometí. Como todo el mundo tenía interés en que aquello se acabara, porque la sangre seguía derramándose, aceptaron. Entonces me asomo a una puerta y veo ahí cien cámaras... Jamás en mi vida imaginaba yo hablar ante tantas cámaras de televisión.

Además, en directo.

Sí, en vivo, y con la tensión que había a esa hora en la calle.

¿Usted no había hablado nunca por televisión?

Había hablado, ya le conté, pero en un programa de diversión [*"El show de Popy", en Radio Caracas Televisión*], en un estudio. Nunca en tan dramáticas circunstancias... Aquí era otro escenario; se trataba de enviar un mensaje a todo el país en una situación trágica.

¿Cómo es que le dejaron hablar en vivo?

La urgencia... Ellos, como yo, querían a toda costa evitar el derramamiento de sangre... Había prisa... No quedaba tiempo para hacer varias tomas... Cada minuto era fundamental. Exigí salir con mi boina roja, mi uniforme... Con dignidad. No quería presentarme con aspecto de vencido... Me acordé del general Manuel Noriega cuando los yanquis que invadieron Panamá y lo derrocaron, lo arrestaron [*el 3 de enero de 1990*] y lo presentaron a los medios en camiseta, desmoralizado, derrotado...

Su intervención duró poco más de un minuto, pero en ese corto instante pasó a convertirse en la figura de un salvador nacional. ¿Nace ahí el "mito Chávez"?

Se ha escrito mucho sobre esa aparición mía aquella mañana y sobre las palabras improvisadas que pronuncié.[14] De pronto, toda mi experiencia

---

[14] Éstas son, textualmente, aquellas palabras: *"Primero que nada quiero dar buenos días a todo el pueblo de Venezuela, y este mensaje bolivariano va dirigido a los valientes soldados que se encuentran en el Regimiento de Paracaidistas de Aragua y en la Brigada Blindada de Valencia. Compañeros:*

de años de comunicador, hablando en público, animando fiestas, eligiendo Reinas y todo eso, me resultó muy útil. También me ayudó el subconsciente diciéndome cosas, porque cuando yo voy a hablarle al país, recuerdo que salí con las manos atrás, y una voz interior me dijo: *"Van a pensar que estás esposado".* Saqué las manos y las puse así un ratico y después las bajé. O cuando iba a decir "movimiento cívico-militar", pero no, dije: *"movimiento militar bolivariano".* Hablé natural. Y creo que la gente —¡todo el país estaba viendo la televisión!— apreció, simpatizó. Asumí pública y personalmente la responsabilidad de la rebelión... y de su fracaso. En este país, donde nunca ningún dirigente político había reconocido cualquier responsabilidad en los mil fracasos que agobiaban a Venezuela, esa sinceridad impactó. Pero el "mito Chávez", en cierta manera, ya estaba en marcha. Ya le hablé de ello. Sólo que se circunscribía a algunos sectores: la Academia Militar, los jóvenes oficiales, Elorza, unos círculos de la izquierda... Esa intervención, en aquellas circunstancias, con todo el país en vilo, alimentó el mito a escala nacional...

Algunas de sus palabras sonaron como una promesa, en particular el célebre: ***"por ahora"...***

Sí, se creó una esperanza en el pueblo. Inconscientemente, significaba que volveríamos...

¿Cuándo se dio usted cuenta de que esa intervención suya le había convertido en una personalidad popular?

Al cabo de muy poco tiempo. La primera señal que nos llegó del pueblo fue en carnavales, o sea pocos días después. El disfraz de carnaval más

---

*Lamentablemente, **por ahora**, los objetivos que nos planteamos no fueron logrados en la ciudad capital. Es decir, nosotros, acá en Caracas, no logramos controlar el poder. Ustedes lo hicieron muy bien por allá, pero ya es tiempo de reflexionar y vendrán nuevas situaciones y el país tiene que enrumbarse definitivamente hacia un destino mejor. Así que oigan mi palabra. Oigan al comandante Chávez, quien les lanza este mensaje para que, por favor, reflexionen y depongan las armas porque ya, en verdad, los objetivos que nos hemos trazado a nivel nacional es imposible que los logremos. Compañeros: Oigan este mensaje solidario. Les agradezco su lealtad, les agradezco su valentía, su desprendimiento, y yo, ante el país y ante ustedes, asumo la responsabilidad de este movimiento militar bolivariano. Muchas gracias".*

usado fue el de "Chavito". Los niños se disfrazaban con uniformito, boina roja y fusil de juguete... Estaba en la cárcel, viendo televisión y de repente veo a una periodista en la calle y un "carajito" chiquitico disfrazado de "Chavito" en una parada de autobús, con la mamá. En vivo, la periodista le pregunta: "*¿De qué vas disfrazado?*". Y, con una cara seria, el niño: "*¿Eres boba? ¡No ves que soy Chávez!*" Andaba alzado el niño; Chávez no era sólo el disfraz, era una actitud rebelde. La muchacha le pregunta entonces: "*¿Y dónde está Chávez?*", y el "Chavito" contesta: "*Anda por ahí, por los árboles...*". Incluso hubo mujeres que se disfrazaban de "Chávez"... Luego, también me enteré que, en las fiestas de Elorza, el 19 de marzo, día de San José, el pueblo decidió poner, a la cabeza del desfile, un caballo blanco sin jinete, solo, con los aperos rojos: el gran ausente... Por todas partes, empezaron a llegarnos testimonios de adhesión popular. Una solidaridad indescriptible. El instinto del pueblo... La respuesta del pueblo.

¿No se esperaba usted ese tipo de reacción?

En verdad, jamás. Porque el pueblo no me conocía... De pronto, mi nombre empezó a aparecer en las vallas, en los cerros... Aunque nuestro alzamiento militar no logró su objetivo, favoreció el despertar del pueblo. Y, nueve meses más tarde [*el 27 de noviembre de 1992*], se produjo el estallido de otro alzamiento dirigido por el contraalmirante Grüber Odreman. De nuevo tembló Venezuela... lo cual demostraba que el descontento de los militares patriotas con respecto a la clase política venezolana se mantenía. El pueblo ocupaba las calles sin temor a la represión. El miedo desapareció... El "establecimiento", el viejo régimen o, para usar una expresión francesa, el "*ancien régime*" estaba roto en pedazos.

Unos meses antes de ese 4 de febrero de 1992, en agosto de 1991 se había producido, en Moscú, un golpe de Estado militar que fracasó pero que precipitó la desaparición de la Unión Soviética. ¿Tuvieron ustedes en cuenta esos acontecimientos?

Los recuerdo muy bien. En una ocasión [*el 26 de septiembre de 2008*], estábamos en Rusia, participando en una reunión con el presidente Dmitri

Medvédev en Orenburgo, cerca de la frontera con Kazajistán, y Vladimir Putin, el Primer Ministro, insistió, como amigo, que pasara por Moscú, y estuvimos toda una noche conversando...

¿Con Putin?

Sí. En un momento le dije: *"Mira, ya esto parece las reuniones mías con Fidel, sin límite de tiempo, ni apuro..."*. Conversamos de política, de economía, de la situación en el Cáucaso... Era ya de madrugada cuando abordé el tema de los procesos históricos en los últimos veinte años. Y le recordé precisamente lo que usted me está preguntando.

Lo del golpe de Estado militar contra Mijaíl Gorbachov.

Sí. El 19 de agosto de 1991 ocurre el golpe de Estado en Moscú contra el presidente Gorbachov que estaba de vacaciones en Crimea. Nosotros, aquí, como comando político... No se olvide que yo no era el jefe del Movimiento, había un Directorio constituido por el comandante Arias Cárdenas, el comandante Luis Reyes Reyes, el comandante Castro Soteldo, el capitán Ronald Blanco La Cruz y yo. Había un Comando militar en el que estaba el mayor Alastre, y un Comando civil donde estaba Alí Rodríguez. Así que nuestro Movimiento era muy colegial. Como dice Fidel: *"Chávez no era general, ni tenía a su mando las instituciones militares, fue una insurrección desde abajo"*. Recuerdo que evaluábamos con interés aquel golpe de Estado en la todavía Unión Soviética.

¿Con opinión positiva, o negativa?

En aquel momento, se lo digo francamente, con un sentido favorable. Eso nos alentó. Uno sabía que el golpe lo daba un grupo de militares opuestos al desmembramiento de la Unión Soviética y a la marcha política que conducía fatalmente hacia la subordinación de la Unión Soviética al imperio de los Estados Unidos. Se lo expliqué a Putin cuando abordé ese tema tan sensible con él, de modo muy cuidadoso pero sin pelos en la lengua, en base a la amistad que hemos venido haciendo. Hay que recordar que Putin fue uno de los hombres más cercanos de Boris Yeltsin, fue su mano derecha. Yeltsin, que era entonces Presidente de Rusia, fue quien tomó la decisión de enfrentarse al golpe de Estado, subido en un tanque, y en tres días hizo fracasar aquel pronunciamiento. Surge ahí Yeltsin como figura política y a la vez muere políticamente Gorbachov. Más tarde [*en agosto de 1999*], Yeltsin nombró a Putin Presidente del Gobierno de Rusia, y cuando renunció [*el 31 de diciembre de 1999*] lo designó sucesor suyo. Aunque en seguida [*el 26 de marzo de 2000*], Putin ganó democráticamente las elecciones presidenciales. Así que Putin estuvo muy cerca de aquellos acontecimientos y le comenté que, cuando se produjo ese golpe de Estado en Moscú, yo estaba precisamente recibiendo el mando de un batallón de paracaidistas en Maracay y me preparaba a organizar nuestra rebelión militar...

Pero los golpistas de Moscú eran unos archiconservadores...

Mire, la campaña mediática que se desató en el mundo fue de tal magnitud que los medios de comunicación occidentales lograron que la opinión pública catalogara a quienes querían mantener la línea del socialismo y se resistían al derrumbamiento o, como dice Fidel, al apuñalamiento por la espalda de la Unión Soviética, de "conservadores". Mientras llamaba "progresistas" a los otros... Una operación mediática de gran magnitud. Recuerdo que le confesé a Vladimir Putin que, desde aquí, habíamos visto con pesar la desaparición de la Unión Soviética, igual que habíamos lamentado la derrota del gobierno sandinista de Nicaragua en las elecciones de [*25 de febrero de*] 1990, o la caída del Muro de Berlín [*el 9 de noviembre de 1989*] y la desaparición en cascada, en Europa del Este, como por un efecto dominó, de los gobiernos del llamado "socialismo real".

Pero ustedes, me dijo, aún no se reivindicaban del socialismo.

Cierto. Nosotros no habíamos levantado aún la bandera del socialismo. Pero ésa era nuestra inclinación desde el principio. Mirábamos a Cuba y a Nicaragua como referencias cercanas y, más allá, a la lejana Unión Soviética como un aliado potencial... Cuando cayó derrotado el gobierno de Daniel Ortega recibimos un golpe muy duro... Claro, nuestro movimiento, en lo militar, tenía una fuerza propia impulsada por el bolivarianismo. Nuestra organización propiamente militar, revolucionaria, insurgente, no se vio afectada por esos acontecimientos internacionales. Pero en la evaluación política, aquella atmósfera de "fin del socialismo" obviamente nos afectaba. Particularmente en nuestros proyectos internacionales con respecto a la orientación que queríamos darle a la política exterior de la nueva Venezuela, buscando nuevos escenarios...

Y sus aliados civiles ¿cómo vivieron aquellos momentos?

Después de aquel traumático agosto de 1991, estuvimos observando la situación interna de Venezuela que siguió degradándose los meses de septiembre, octubre y noviembre. En diciembre, estuvimos a punto de sublevarnos, y ahí se produce la destrucción, la desmembración de la Unión Soviética. Eso también nos golpeó. Suspendimos la rebelión aquí por otras razones, pero ello terminó de congelar cualquier intento insurgente de la izquierda civil venezolana. Nuestros aliados se paralizaron, a pesar de que sabían que nuestra rebelión militar venía.

¿Sintió que los partidos políticos se desmoralizaban?

Sí, aquellos golpes fueron demoledores para toda la izquierda mundial... En ese segundo semestre de 1991, noté un decaimiento terrible en nuestros compañeros civiles de izquierda. Mucho más noqueados que nosotros. Se les notaba una especie de desmoralización, de abatimiento, de desaliento... Se acentuaron sus divisiones internas... Todo eso tuvo consecuencias negativas el 4 de febrero...

¿Qué consecuencias?

Cuando, la madrugada del 4 de febrero, desde la azotea del Museo Histórico Militar que domina el Palacio de Miraflores y Caracas, empecé a llamar a los grupos civiles de izquierda que debían sumarse a nuestro alzamiento y no obtuve ninguna respuesta, me quedé mirando solitario la ciudad... Salimos solos prácticamente. Nos encontramos sin la izquierda política, sin el movimiento popular... Ésa fue una de las causas por las que decidí deponer las armas. El pueblo que debía unirse a nuestra acción se quedó encerrado en sus casas, y los líderes políticos que durante años y años habíamos conocido, no se movieron. Los pocos que quisieron hacerlo no tuvieron cómo... Incluso cuando llamé a rendición y dije: *"Asumo la responsabilidad por este movimiento..."*. Recuerdo clarito que iba a añadir: *"Asumo la responsabilidad de este movimiento cívico-militar..."*. Pero le quité lo "cívico", porque aquel día fue un movimiento únicamente militar. Ninguno de esos civiles de izquierda salió a ayudar al movimiento bolivariano. Aunque, en el fondo, desde que nació, desde el primer día, era un auténtico movimiento de raíces populares, cívico-militar y revolucionario... En verdad, las izquierdas vivían un momento de gran desmoralización.

En esa época también en El Salvador y en Guatemala, las guerrillas deciden abandonar la lucha armada y entrar en negociaciones.

Claro, las guerrillas se quedan sin apoyos internacionales y optan por reclamar acuerdos de paz... Primero, en Guatemala, en la dinámica de las negociaciones de Esquipulas [*1986-1987*], el Acuerdo de Oslo para la paz de [*29 de marzo*] 1990; y más tarde, en El Salvador, el Acuerdo General de Paz de [*16 de enero*] 1992... Se terminaban aquellas largas y cruentas guerras. Se cambiaba de época. La Unión Soviética desapareció y, como dice Fidel, Cuba se quedó como una trinchera solitaria...

¿Piensa usted que Gorbachov fue el responsable del derrumbe de la URSS?

A partir de 1985, empezamos a ver cómo la Unión Soviética iba tambaleándose. La *Perestroika* y la *Glasnost*, ideas de Gorbachov, quizás necesarias pero aplicadas con gran desorden, provocaron un desconcierto general en aquel inmenso país justo cuando el Presidente de Estados Unidos Ronald Reagan [*1981-1989*] lanzaba la mayor ofensiva anticomunista contra la Unión Soviética: el neoliberalismo, en lo ideológico; y en lo militar: el rearme masivo y "la Guerra de las Galaxias"... Los dirigentes soviéticos cometieron muchos errores.

¿Conoció a Mijaíl Gorbachov?

Lo conocí hace unos años en Moscú. Un día de gran frío y mucha nieve, pidió hablar conmigo y conversamos varias horas. Me pareció un hombre muy inteligente. Realmente pude constatar lo que siempre pensé: ese hombre, de buena fe, quiso salvar la Unión Soviética. Pero cometió errores estratégicos terribles... Incluso se lo dije: *"Usted, como capitán del navío, trató de salvar un barco que se hundía, y ya no había forma".*

Todo eso, lo ocurrido en la Unión Soviética y el retroceso general de las izquierdas en el mundo, ¿no lo alentó a abandonar su proyecto de insurrección militar?

No, porque en medio de todo aquello —fin de la Unión Soviética, desmoralización de la izquierda de América Latina, repliegue del socialismo, salto de talanquera[15] [*transfuguismo*], etc.— yo, recuerde, acababa de ganar la batalla de Los Pinos contra el Alto Mando Militar y salí graduado de la Escuela de Estado Mayor, lo cual significó para mí, un triunfo moral y político... Además, coincidió con que algunos de los líderes de nuestro Movimiento empezamos a asumir puestos de mando. Es decir, nuestra organización insurgente marchaba en sentido contrario del movimiento político general, se fortalecía en el medio de una tormenta; tenía, por tanto una dinámica propia, era independiente de lo que estaba pasando...

¿Estaba más integrado a la experiencia nacional y menos ligado a lo que ocurría en el mundo...?

Sí. Eso lo preservó del esquema de la Guerra Fría. No teníamos ningún tipo de compromiso, ni de conexión con aquellos acontecimientos internacio-

---

[15] En Venezuela se dice que un político "salta la talanquera", cuando es tránsfuga o sea cambia de bando, renuncia a su partido para inscribirse en otro.

nales. Nuestro movimiento tenía su propia fuerza moral, su propia sangre, su propia dinámica... lo cual nos daba una gran confianza. Mientras que las organizaciones civiles de izquierda —mucho más dependientes, en lo ideológico, de sus aliados internacionales—, se replegaban. Salvo algunas excepciones individuales, como Alí Rodríguez que asume pero que no tenía comando de masas ni nada, toda la izquierda venezolana terminó replegada... Así que, para resumir, aquellos eventos de la Unión Soviética nos preocuparon, nos impactaron, pero no frenaron para nada una dinámica que venía desde los años 1970. Nosotros nos habíamos encargado de crear las condiciones objetivas, dentro del Ejército y de la Fuerza Aérea sobre todo, para una rebelión que terminó siendo la más importante... Si usted investiga sobre las rebeliones militares en Venezuela, comprobará que la más poderosa, en cuanto a alcance territorial...

¿Fue la de febrero de 1992?

Sí, la del 4 de febrero. En alcance territorial y en cantidad de hombres y equipos movilizados. Y también en alcance social e ideológico. Porque el "Carupanazo" [*4 de mayo de 1962*] fue sólo una insurrección militar muy puntual, limitada a la ciudad de Carúpano [*estado Sucre*]. Y el "Porteñazo" [*2 de junio de 1962*] fue igual, en Puerto Cabello, y únicamente participaron un batallón y un grupo de oficiales que no tenían plan. Lo nuestro no. Fue un movimiento que se estuvo preparando durante casi veinte años.

¿Cómo lo interpretó la sociedad venezolana?

Ya le dije, el pueblo se identificó con nuestro Movimiento, indiscutiblemente. Cosa que no siempre ocurre con respecto a la Fuerza Armada, usted lo sabe. Sobre todo en América Latina donde ha habido tantas experiencias gorilistas antipopulares. Al respecto, recuerdo una noticia que la televisión difundió el 4 de febrero... Ese día transmitieron muchas imágenes que no vi obviamente, pero después, en la cárcel, nos trajeron grabaciones. A tres cuadras del Palacio de Miraflores se rindió el último reducto nuestro: un teniente, con el que no pude comunicarme, se resistía a deponer las armas hasta que no recibiera una orden mía. Disponía de treinta o cuarenta soldados, de mi batallón, y se habían atrincherado en un edificio. Por fin los convencen que tienen que entregarse, y cuando vienen bajando con sus armas, una señora en una esquina, en medio de un grupo, grita: *"¡Ay, pero si son unos niños!"*. Y al ver a aquellos soldados con boina roja y brazalete, entregándose con la cabeza bien alta, la gente espontáneamente rompió a cantar el himno nacional: *"Gloria al bravo pueblo que el yugo lanzó..."*.

En muestra de solidaridad...

Aquello fue un golpe al hígado del sistema, un golpe moral. Provocó una efervescencia, un despertar... A las pocas semanas, el 10 de marzo, llamaron a cacerolazo nocturno, con un grito bien explícito: *"¡Hoy es 10, son las 10, vete ya Carlos Andrés!"*. Empezaron a circular papelitos —no había celulares ni Twitter todavía—; era el "radio bemba", se difundían consignas de boca en boca, desde las zonas más pobres hasta las más ricas. La gente apagaba las luces, prendían intermitente y ¡dale cacerolas!... Nosotros, en la cárcel del San Carlos, nos sumábamos a aquella protesta popular golpeando las puertas que casi las tumbábamos... A los pocos días, una madrugada, nos sacaron de allí y nos llevaron para la prisión de Yare [*estado Miranda*]. Porque el San Carlos está en pleno Caracas y miles de personas se amasaban en el exterior, día y noche, en muestra de apoyo. Empezaba a decirse que había dos centros de poder: Miraflores y San Carlos...

La cárcel lo hizo aún más popular.

Sí. El aldabonazo del 4 de febrero despertó a la gente: *"Con el pueblo*, canta Pablo Neruda, *despertó Bolívar, y con él la idea de una Patria"*. Las masas se pusieron en movimiento, organizándose, tomando conciencia. Luego aquello se fue haciendo proyecto, durante los años 1994, 1995, 1996, 1997;

empezamos a reelaborar una alianza de militares, de grupos sociales y de partidos de izquierda que acabó por conducirnos a la insólita victoria electoral del 6 de diciembre de 1998. Insólita porque eran todos contra mí: todos los medios de comunicación contra Chávez, el gran capital contra Chávez, Washington contra Chávez... Hasta los principales candidatos adversos se unieron contra mí[16] y nos robaron muchos votos. Gracias a la fuerza del pueblo, franqueamos los obstáculos, les pasamos por encima a todos y no pudieron ignorarnos. Siempre les dije a mis electores: *"La única forma que reconozcan nuestra victoria es que les ganemos por nocaut".* Y ganamos por nocaut.[17]

A pesar de sus victorias electorales democráticas, a causa del 4 de febrero, algunos le siguen llamando "golpista".

Sí, hay quien todavía nos llama "golpistas"... Algunos, muy confundidos ideológicamente, parten de un principio, dicen de nosotros: *"Son militares, luego son de derecha, son gorilas".* Es un error. Nosotros nunca pensamos en constituir una Junta Militar. Jamás quisimos dar un golpe de Estado militar clásico para atropellar los derechos democráticos y los derechos humanos. Nunca. Somos antimilitaristas y antigorilistas. Jamás fuimos golpistas. Insurgimos para colocarnos al lado del pueblo venezolano, como militares transformadores. A veces se calificó nuestra rebelión de "nasserista".[18] No lo era, no tendría sentido, pero sí en la medida en que teníamos un proyecto social, hasta socialista, un pensamiento

---

[16] Unas semanas antes de las elecciones, los partidos tradicionales de Venezuela, Acción Democrática y Copei, retiraron su apoyo a sus respectivos candidatos (Irene Sáez por Copei y Luis Alfaro Ucero por Acción Democrática) para apoyar a Henrique Salas Römer tratando de evitar así la anticipada victoria de Hugo Chávez.

[17] Hugo Chávez, candidato del Movimiento Quinta República (MVR) ganó con 56,20% de los votos. Henrique Salas Römer, de Proyecto Venezuela, obtuvo 39,97%.

[18] En referencia al Presidente de Egipto Gamal Abdel Nasser (1918-1970), coronel que participó en el golpe de Estado del 23 de julio de 1953 que derrocó al rey Faruk, abolió la monarquía, proclamó la República y buscó unificar el mundo árabe.

panamericanista, o sea bolivariano, y una posición antiimperialista. Somos patriotas revolucionarios. "Golpistas" son los que se unen a la oligarquía para atropellar a su propio pueblo; "golpistas", los que pretendieron instalar el 11 de abril de 2002 una dictadura en Venezuela; "golpistas" los apátridas que se arrodillan ante el imperialismo norteamericano. Nosotros somos bolivarianos, revolucionarios, socialistas, antiimperialistas... Y cada día lo somos más.

Capítulo 14

La cárcel fecunda

En el cuartel San Carlos – Se dispara la popularidad –
"Dos puestos de mando: Miraflores y el San Carlos" –
Alzamientos de tenientes – El rebullicio – El juicio –
El *"cha cha Chávez"* – En Yare – Sigue la conspiración –
Elaborando documentos – La "propaganda sucia" –
Puñaladas en prisión – Apoyo de los "carapintadas" –
Un mensaje (implícito) de Fidel – El *Libro Azul* –
Por un Foro Nacional – Por una Asamblea Constituyente –
Católicos progresistas – *Cómo salir de este laberinto* –
¿Qué es la revolución? – ¿Qué es el socialismo? –
El socialismo bolivariano – La corrupción ayer y hoy –
La rebelión del 27 de noviembre – La manipulación –
Los "días del desierto" – Lecturas de la cárcel –
La caída de Carlos Andrés Pérez – Elección de Rafael Caldera –
Ministros del MAS – ¿Un nuevo ciclo revolucionario? –
Retomando los estudios – Transiciones y Constituyentes.

Después del 4 de febrero, ¿dónde lo encarcelan a usted?

Primero en el cuartel San Carlos, un viejo edificio militar, colonial, del siglo XVIII, que se halla en pleno Caracas, cerca del Panteón Nacional. Después, nos trasladaron a la cárcel de Yare, no lejos de la capital pero ya en el estado Miranda.

¿El cuartel San Carlos era una cárcel?

Bueno, estaba en desuso pero servía a veces de prisión para los detenidos políticos. Cuando nos encerraron allí, había un grupo de soldados presos en un ala por causas menores, pero hacía mucho tiempo que esa cárcel no se usaba para oficiales. De repente llegamos como 300 oficiales.

¿Trescientos?

Por lo menos. Nos separaron según el grado militar. Los capitanes en un alerón por allá, eran cientos, y los tenientes igual. A los comandantes nos pusieron aparte. En toda la prisión se oía un rumor constante de gritos, consignas y también, de noche, cantos.

¿Los maltrataron?

Muy pronto empezaron los interrogatorios en los sótanos del edificio de la DIM [*Dirección de la Inteligencia Militar*], en Boleíta.[1] Hubo presiones e incluso violencias, sí. Algunos compañeros se derrumbaron, trataron de quitarse responsabilidades... Descubrimos que muchos carecían de formación ideológica sólida. Pero la mayoría se comportó con entereza y dignidad. Poco a poco nos fuimos imponiendo. Hasta que llegó un momento en que tomamos, de hecho, el control de la cárcel. Adquirimos un enorme peso, incluso moral, ante quienes nos guardaban, también militares. Fíjese que, un día, el coronel jefe de la cárcel me manda llamar a su despacho y me dice: *"Mira Chávez, que no se entere nadie, pero aquí está mi esposa y mis hijos que quieren conocerte"*. Y de un cuartito salieron la esposa y los dos hijos. Me pidieron que les firmara un autógrafo, se tomaron fotos conmigo... [*se ríe*]. Estando en prisión, firmé millones de autógrafos y fotografías...

---

[1] Una urbanización de Caracas.

O sea, ¿en la cárcel, su popularidad siguió creciendo?

Se disparó. Al principio no lo sospechaba. Estaba aislado, destrozado, y me quería morir de pena. Me sentía como muerto en verdad. Porque era como una muerte, la muerte de la carrera militar, del cuartel... Se acabó todo, ¡Dios mío! Pensaba en mis compañeros caídos en los combates del 4-F, y estaba como arrepentido de haber liderado aquello... *"¿Qué hicimos?"*, me preguntaba yo constantemente. Entré en duda, una duda existencial terrible. Hasta que, después de varios días de aislamiento sin hablar con nadie, entró un capellán militar, el padre Torbes, con un ejemplar diminuto de la Biblia y, como para consolarme, me leyó el Salmo 37 de David: *"Los inicuos han desenvainado una espada misma, y han doblado su arco, para hacer caer al afligido y pobre, para degollar a los que son rectos en [su] camino. Su propia espada entrará en su corazón, y sus propios arcos serán quebrados".*[2]

Me lo marcó y me dio la Biblia a escondidas. Él se puso de espaldas, porque había una cámara de vigilancia en la celda, y al fingir que me abrazaba, me dijo al oído muy bajito: *"Ánimo, levántate, el pueblo te quiere; tú no sabes lo que está pasando afuera; no tienes idea hijo; en la calle eres un héroe nacional".* Y del bolsillo de la sotana sacó una copia de un falso billete que andaba circulando en el que, en vez de la cara de Bolívar, habían pegado mi rostro... Nunca se me olvida ese cura. Me enteré así del tremendo impacto popular que había tenido nuestra acción. Ahí empezó mi resurrección.

Una encuesta pública que se hizo el día siguiente del 4 de febrero dio como resultado: un 90% de simpatía hacia su Movimiento...

La cárcel se convirtió en el epicentro de un torbellino político... Aquí tengo algunos documentos originales de aquella época: dibujos, canciones, oraciones...[*me los muestra*]. Hay un libro escrito por dos periodistas

---

[2] David, *Libro de los Salmos*, Salmo 37, "El camino de los malos", versículos 14, 15.

cubanos: *"Chávez nuestro..."*,[3] pues ese título está tomado de una oración que alguien imaginó en aquellos días y que empezaba así: *"Chávez nuestro que estás en la cárcel..."*. Se llegó a decir en los medios —y lo atestiguan las hemerotecas—, que había *"dos puestos de mando en Venezuela"*, uno en Miraflores, el otro en el San Carlos.

¿Por qué?

La gente venía masivamente, como en peregrinación, a traer regalos, comida... Con su olfato o su instinto político tan peculiar, el pueblo percibió que lo del 4 de febrero no era un golpe militar clásico, que era algo diferente, realizado por una generación de jóvenes oficiales muy representativos del pueblo... Consecuencia: El San Carlos estaba permanentemente rodeado de miles de personas. Desde los primeros días, aquella cárcel fue un auténtico torbellino, se convirtió en un centro de poder, desde el punto de vista simbólico y desde el punto de vista real.

A los pocos días, me llamó de nuevo el coronel jefe de la cárcel. Era un buen hombre, tenía unos perros grandotes... Me dijo: *"Chávez, ayúdame. Me faltan seis meses para jubilarme. Me mandaron para acá; vine a pasar mi último año tranquilo. Y ahora me veo envuelto en esta situación..."*. Le pregunté: *"¿Y cómo quiere usted que lo ayude? Esto es un polvorín, ¿no ve usted a esa gente allá afuera...?"*. En el exterior se concentraban miles de personas... Hasta fogatas prendían. La guardia les lanzaba gases lacrimógenos, pero volvían... Eran miles y miles. Mientras más los reprimían, más gente aparecía.

A las autoridades no les quedó otra opción que autorizar visitas abiertas. Así que la prisión se llenaba a tal punto que más bien a veces, esos días de visita, uno quería tener alguna privacidad con la familia. Las celdas se llenaban de gente. Algunos venían con instrumentos de música, otros con papeles para que se los autografiara, o con mensajes políticos... La primera vez que vinieron mis hijos, apenas pude darles un abrazo y sentarlos en las piernas.

---

[3] Rosa Míriam Elizalde y Luis Báez: *Chávez nuestro*, Casa Editora Abril, La Habana, 2004.

¿Su familia sabía que usted se iba a alzar el 4 de febrero?

Me cuentan que, cuando le fueron a decir a mi padre —que estaba jubilado, retirado de la política y poseía una finquita de cochinos y cuatro vacas en Barinas—, que yo estaba implicado en un "golpe" militar en Caracas, parece que dijo: *"No, imposible; mi hijo Huguito no se mete en eso".*

¿Y su madre?

Mi madre en cambio, cuando los vecinos se lo dijeron, se puso a caminar y a llorar, muy nerviosa. Comprendió al instante. Fíjese lo que es la madre, tiene una percepción... En el fondo conoce quizá más a uno. Parece que dijo: *"No me sorprende. Sí, Hugo tiene que estar en eso".* Cuando me vio en televisión, y que no sólo estaba en eso sino que era uno de los jefes, imagínese usted... Luego, ella, todo el tiempo que estuve preso se la pasaba en marchas de protesta, dando discursos por todos lados.

¿Su esposa? ¿Sus hijos?

Era la parte dolorosa, la esposa, los hijos, el hogar. Yo era muy de la casa, a pesar de todo, muy de llegar a pasar con ellos el máximo tiempo disponible. Entonces, claro, tuve de inmediato la solidaridad de mi esposa y de mis hijos. Aunque ellos estaban pequeños. Recuerdo que, con el mayor, Hugo, durante una de sus primeras visitas al San Carlos, salimos a caminar al patio y de pronto el niño, que tenía unos 9 años, me dice: *"Papá, mis amigos del equipo de béisbol, te mandan saludos".* Y añade así, como un reclamo: *"Tú estás preso, pero ¿dónde están los soldados de tu batallón? ¿Por qué no vienen a rescatarte?".* Oiga, ¿cómo le explicaba a aquel niño que el batallón se acabó, y que los soldados estaban todos presos?

¿Él conocía a sus soldados?

Muy bien. Se la pasaba en el batallón. Yo me lo llevaba. Hasta en el avión llegué a montar a Hugo para que viera cómo nos tirábamos en paracaídas en Maracay. Le decía: *"Mira el casco rojo, es el mío".* Saltábamos a veces en un campo de entrenamiento arado, limpiecito, entonces él se ponía allá abajo con los soldados de tierra y cuando yo saltaba y caía, al tocar tierra, el carajito ya estaba al lado mío y me ayudaba a recoger el paracaídas... Esa pregunta de mi hijo me dejó pensativo... De pronto, en la cárcel, uno se llenaba de temores, de preocupaciones por la familia, los hijos...

¿Seguía usted cobrando su sueldo?

Sí, nos pagaban el sueldo, claro. Éramos militares activos, y tenían que pagarnos el sueldo, y conservamos nuestros derechos, seguro social, etc.

¿Y en los cuarteles, los militares les apoyaban?

Mucho. El impacto moral de nuestra acción en las filas militares, fue mayormente positivo. Contábamos con la protección solidaria y silenciosa de muchos compañeros que nos daban información, y a la vez desinformaban al adversario. Nos protegían de muchas maneras.

¿Le sorprendió esa solidaridad?

Bastante. Aunque Albert Camus, en *El hombre rebelde*, dice: *"Yo me rebelo, luego nosotros somos"*. Y ahí el *nosotros* se despertó, el *nosotros* reprimido, congelado... Esa situación nos llevó a convertir la prisión en escuela, en laboratorio de ideas, en taller político, en comando político donde se pensó, se discutió y se elaboraron propuestas políticas para el país. Aunque debo decirle que las primeras horas de la prisión, yo me quería morir.

¿Por el fracaso de la acción?

Sí, los amigos muertos... Cuando me empecé a enterar de que murió éste, que murió el otro... Fallecieron tantos soldados... El fracaso... Verme encerrado en aquel sótano solitario de la Inteligencia Militar.

¿Los mantuvieron incomunicados?

Sí. Los primeros veinte días, a nosotros, los comandantes, nos encerraron en un sótano muy frío, aislados los unos de los otros e incomunicados casi totalmente, en aquellos sótanos de la DIM. Nos ponían la comida en el suelo. Dormíamos también en el suelo. Congelados, porque bajaban el aire acondicionado al máximo de frío. Teníamos todo el día la luz prendida; uno no sabía qué hora era, si de día o de noche; perdimos la noción del tiempo. Uno calculaba más o menos la hora por las comidas. Estábamos incomunicados. Cada quien en un calabozo aislado. Sin ninguna noticia. Sólo, muy de vez en cuando, nos llegaban algunos papelitos.

¿Temió por su vida en ese momento?

Sí. Es más, existía la orden de eliminarme. Desde el mismo 4-F se dio la orden de eliminarme. Recuerdo que, al "Cuartel de la montaña" [*en realidad el Museo Histórico Militar*] donde me detuvieron, llegó un coronel que trabajaba en Miraflores y me conocía. Me dijo: "*Chávez, el Presidente dio la orden de que no salgas vivo de aquí...*". Era típico de Carlos Andrés Pérez. No se olvide, ya se lo comenté, que había sido ministro del Interior de Rómulo Betancourt, y ese gobierno se trajo a los "gusanos" de Miami, entre otros a Posada Carriles, quienes, como dice José Vicente Rangel, inventaron en Venezuela la funesta práctica de los "desaparecidos".

¿Eso se inventó en Venezuela? Pensaba que había sido en Guatemala.

No, fue aquí. Mucho antes que en cualquier otra parte, Guatemala o Argentina... Aquí, en los años 1960 y 1970, y seguramente muchos años atrás, se practicó la "desaparición" masivamente. Todavía hay muchas personas que nunca aparecieron. Y no necesariamente gente de las guerrillas. Varios líderes políticos fueron apresados y "desaparecieron", ya le hablé de algunos. Aquellos gobiernos se especializaron en la tortura, la simulación de suicidios y la "desaparición". Varios dirigentes políticos e incluso jefes militares aparecieron "suicidados" en los sótanos de la Inteligencia Militar...

Y a usted ¿intentaron matarle?

Sí, por orden del Presidente. Pero ahí se formó, en torno a mí, una coraza. Porque le puedo asegurar que ningún militar de los altos o medios mandos compartió esa intención. De hecho, me protegieron. Salí del Museo Histórico en un vehículo civil, manejado por un general uniformado. Dieron varias vueltas y pusieron delante un jeep militar para simular que yo iba en él y evitar a los francotiradores con orden de liquidarme. Me sacaron agachado, y además con mi fusil. El general que me llevaba preso me dijo: *"Llévate el fusil y la pistola, porque nos pueden matar a todos, incluso a mí..."*.

O sea que usted iba preso pero con su fusil.

Sí, me dejaron mis armas. Por el peligro. Entregué mi fusil ya en el Ministerio de Defensa, y también la pistola y una granada de mano que llevaba. Como le dije, teníamos la protección solidaria de muchos militares. Y eso fue creciendo. Sobre todo la tropa y los jóvenes oficiales. Más tarde, algún militar incluso entró a vernos en la cárcel de manera clandestina... Una vez, en el San Carlos, apareció un coronel que nosotros respetamos mucho, afrodescendiente, paracaidista, Higinio Castro, y me dijo: *"Chávez, quiero hablar contigo, pero en el baño. Porque aquí tienen cámaras..."*. Me encerré en el baño con él y me propuso: *"Mira, estoy dispuesto a retomar las fuerzas que quedaron dispersas. Viene otro movimiento... Estamos retomando la lucha..."*. Se puso a la orden, siendo coronel, siendo superior [*Chávez era teniente coronel*]. Le di dos o tres nombres y empezó a constituir una red. Porque quedaron muchos oficiales y unidades comprometidas que no se sumaron a la rebelión del 4-F por distintas razones. Y seguían pensando que había que hacer algo. Recuerdo que, a los pocos días, un joven teniente, Álvarez Bracamonte, se alzó por su cuenta en Fuerte Tiuna, tomó un puesto y se llevó más de cien fusiles y ametralladoras.

¿Con qué intención?

Se fue clandestino con un grupo de civiles y soldados. Dejó un discurso, un mensaje... No fue el único: en Táchira, otro teniente trató de hacer lo mismo, pero lo agarraron. Y en Bolívar, otro oficial se disponía a hacer igual... Era la "tenientada" que despertaba. Después descubrimos algo: como a los comandantes nos tenían aislados de los capitanes, éstos mandaron órdenes a los tenientes que se fueran de los cuarteles y se llevaran las armas que pudieran y pasaran a la clandestinidad. Al parecer, aquello respondía a una consigna venida del San Carlos... Pero nosotros no habíamos sido consultados. Hasta que, por fin, organizamos el Comando bolivariano y empezamos a poner orden. Porque aquello era un movimiento anárquico.

¿Qué fue de esos tenientes alzados?

El primero de ellos, Raúl Álvarez Bracamonte, se hizo famoso, llegó a ser diputado nuestro... Varios meses después de su alzamiento lo capturaron... Pero consiguió lanzar, en video, mensajes de movilización dirigidos a la población. Lo publicamos en el periódico que creamos entonces y que se llamaba, no podía ser de otro modo: *Por ahora*. El muchacho se expresaba bien. La noticia decía: "*Habla el teniente Álvarez Bracamonte: Al bravo pueblo venezolano*".

¿Pensaron alguna vez en evadirse?

En aquel momento no. No hubiera tenido sentido. Pero más tarde sí, cuando empezamos a montar una nueva rebelión. Porque, de hecho, dentro de la cárcel, muy pronto comenzó a cocinarse una nueva conspiración. Empezaron a llegar mensajes de la Fuerza Aérea, que no se había alzado el 4-F; de otros oficiales del Ejército que estaban en una segunda línea o que fueron subiendo; de la Marina también llegaron. En fin, una avalancha de adhesiones. Es cuando empezó a decirse que había "*dos centros de poder*": Miraflores y el San Carlos. También se reanudaron los contactos con múltiples movimientos populares. Desde partidos políticos —como La Causa R o el MAS— que habían estado incluso comprometidos con nosotros el 4-F y se habían echado para atrás a última hora. No costó mucho restablecer el contacto porque algunos de sus dirigentes conocían a nuestros familiares, esposas, hermanos, amigos...

¿Algunos de esos dirigentes vinieron a la cárcel?

Más tarde, cuando estábamos en Yare, vinieron desde Teodoro Petkoff hasta [Enrique] Ochoa Antich, el hermano del general, y todos los dirigentes del PCV. Luis Miquilena fue asimismo un visitante frecuente. Y Jorge Giordani, que era entonces dirigente del MAS y el gran referente de esta organización en cuestiones de economía. También tomó contacto conmigo, José Vicente Rangel.

¿José Vicente vino a verle en prisión?

No entró. Él tenía entonces un programa de televisión. Me mandó un conjunto de preguntas, consiguió introducir clandestinamente —¡en la sotana de un cura!— una cámara miniatura y grabamos. Editó aquella entrevista con tanto talento que parecía que estábamos los dos juntos hablando en mi celda. Pero no la pudo difundir. Se lo prohibieron. Hicimos dos entrevistas, ninguna pudo pasar. Entonces Rangel, con mucho tino político, convocó en su casa a los periodistas y les proyectó la entrevista. Eso tuvo un impacto gigantesco... También había conseguido entrar, haciéndose pasar por una prima mía, Laura Sánchez, periodista de *El Nacional* y gran amiga, que me hizo una entrevista...

¿Ustedes siguieron conspirando?

Nunca cesamos. Como le dije, la prisión se convirtió en el epicentro de una nueva conspiración y de un gran movimiento político y moral que aún no tenía cauce ni orientación clara. Era como un "rebullicio", decimos aquí. El gobierno lo sabía. En medio de ese torbellino, se producen eventos como el "apagón" por no sé cuántos minutos, y el "gran cacerolazo" de la noche del 10 de marzo de 1992. El pueblo, en las calles, gritaba: *"Hoy es 10, son las 10. ¡Vete ya Carlos Andrés!".* Eso era *vox populi.* La prensa escribía [*lee un diario de la época*]: *"Carlos Andrés es tan sordo que sigue bailando bolero pegadito con la banca internacional, mientras las cacerolas vacías no paran de tocar el ritmo del 'chá, chá, chávez' ".*

¿Toda esa agitación es lo que provocó la orden de trasladarlos?

Exacto. Para alejarnos y sacarnos de Caracas nos llevaron a Yare. Temían una nueva explosión. Y no se equivocaban; aquello estaba a punto de un estallido.

¿No había un juicio pendiente?

Había un juicio, pero nosotros nos negábamos a ir al tribunal. Nos declaramos presos políticos y dijimos: *"No reconocemos al tribunal".*

¿Dentro de la cárcel, ustedes seguían organizados como Movimiento Bolivariano?

Sí, claro. Ya de manera abierta. Le expliqué que hicimos un Comando, empezamos a imponer algunas medidas y algunas normas. Recuerdo que, al final, el coronel jefe del San Carlos nos autorizó, a los comandantes, a reunirnos con los capitanes todos los jueves en el patio del cuartel, o sea reconstruimos el Comando del Movimiento Bolivariano. Yo se lo había pedido: *"Mi coronel, éste es un movimiento que tiene 20 años. Nosotros no estamos improvisando...".* Y él aceptó. Era su interés porque los capitanes más jóvenes eran más radicales y en el trato con el coronel a veces eran muy duros. Mientras que nosotros, más maduros, no. Lo respetábamos en lo personal. Aquellos capitanes o tenientes, insultaban a los guardias, les tocaban cacerolas, les tiraban la comida al patio... Por eso le aconsejé: *"Creo que debería autorizarnos. Nosotros somos los jefes de esos muchachos. Aunque usted tenga tres estrellas, ellos no lo reconocen, entiéndalo. Somos sus jefes desde que eran cadetes"*. Y él, inteligentemente, autorizó que mantuviéramos contacto con ellos, nos reuniéramos en Comando y nos organizáramos. Nombramos un oficial de Operaciones, un oficial de Inteligencia, el comité del Movimiento Bolivariano, y comenzamos a organizar la estrategia jurídica.

¿Tenían ustedes abogados?

Yo no quería pero llegaron varios... Unos eran conocidos, otros se presentaron voluntarios. Entre ellos estaba Cilia Flores,[4] muy activa. Ahí la conocí, que nos ayudó mucho. Ninguno pidió dinero. Menos mal, porque no teníamos como pagar. Finalmente acepté porque muchos jóvenes habían incursionado en la rebelión sin ser cuadros fundamentales. Además, había como diez mil soldados presos...

¿Diez mil?

Mire, la rebelión del 4 de febrero de 1992 es la más grande en cuanto a cantidad de unidades, cantidad de hombres, extensión geográfica y en cuanto a profundidad política de toda la historia venezolana. A los soldados los detuvieron y los tuvieron presos en los cuarteles, en el Fuerte Tiuna, en el gimnasio, en el estadio...

¿Ellos también iban a ser juzgados?

Algunos sí, pero a la mayoría, a las pocas semanas, les dieron de baja a todos.

¿Les dieron de baja del Ejército?

Muy indignamente los sacaron. Hasta una foto vi, que me dio gran dolor, en *shorts* los sacaron, algunos hasta descalzos... Los echaron a la calle, como "traidores"... Pero la responsabilidad era nuestra, de los oficiales,

---

[4] Cilia Flores (n. en 1953), abogada, fue presidenta de la Asamblea Nacional (2006-2011), y Procuradora General de la República. Esposa de Nicolás Maduro.

sobre todo de los comandantes. Así que, con el Comando político, empezamos a organizarnos. Le dimos luz verde a un grupo de muchachos para que fuera al tribunal a imponerse del auto de detención porque era el camino a su liberación.

¿De qué manera?

En verdad, el gobierno no podía mantener a 300 oficiales en prisión. Desorganizaban al Ejército... Así que empezaron a liberarnos. Unos 150, o sea la mitad, salieron a las pocas semanas pero tenían que ir a imponerse del auto de detención. Por eso aceptamos que un abogado los defendiera. Teníamos todo un equipo jurídico. Los oficiales se imponían del auto de detención e iban llegando las órdenes de excarcelación por no tener responsabilidad directa.

Teóricamente, sólo habían cumplido órdenes.

Claro. Defendimos esa posición y los alentábamos. Muchos se negaron a irse, a algunos tuvimos que convencerles, incluso ordenarles: *"Tu misión es volver al Ejército"*. Si varios de ellos son hoy generales es gracias a haber vuelto a las filas militares. En cambio, los que teníamos ya el proyecto político a fondo, nos quedamos en la cárcel. No era cuestión de marcharse. Con el apoyo masivo, además, que estábamos recibiendo del pueblo.

En esa época yo me hallaba en Caracas y pude ver cómo empezaron a aparecer pintadas a favor de usted en todos los barrios.

Sí, casi inmediatamente. Y chistes de todo tipo, incluso disfraces... Como era febrero, pocos días después fue carnaval, y el disfraz que abundó era el de paracaidista... Muchos niños vestían uniformes moteados y boina roja... Ya le conté. Pero debo decir, además, que el San Carlos se convirtió en centro de los más disímiles movimientos —de derecha y de izquierda— buscando contacto con nosotros. Esa cárcel fue asimismo un lugar de mucha espiritualidad, de muchos debates, de mucha reflexión. Nunca escribí tanto como en aquella celda.

¿Escribía usted para alguna revista?

Para muchas. Recuerdo un artículo titulado "Guerra sucia contra el MBR-200" que escribí para *El ojo del huracán*.[5] También redactaba volantes para repartir en las calles, o textos [*manuscritos*] que había que sacar en máquina [*de escribir*] y contribuciones para los Círculos Bolivarianos... También redactaba textos para grabar... Todo ese material se enviaba, muchos no llegaban, los requisaban... Yo escribía muchísimo en las noches, en las madrugadas.

¿Elaboraban ustedes documentos teóricos?

Sí, ya le digo, análisis de fondo, informes... Y para el periódico del que le hablé: *Por ahora*. En él publicamos un importante documento que, no es casualidad, se titulaba: *"¿Qué hacer?".*[6] Escribíamos: *"Levantemos la dignidad como bandera y esperemos nuevas situaciones. Por ahora, vamos a organizarnos. Nada es gratis, ¡basta ya! La patria nos reclama, aceptemos el reto. Enfrentemos la 'guerra sucia' contra el MBR-200".*

¿Sacaban esos documentos de la cárcel?

Casi todas las semanas, familiares, amigos o algunos oficiales —incluso de nuestra custodia— llevaban esos mensajes, bien sea a cuarteles o a personas precisas en la calle. También nos traían documentos. Incluso uno de nuestros guardianes, el capitán Ríos Vento, se sumó al Movimiento. Él era quien nos trancaba la puerta cada noche; en realidad nos cuidaba y velaba para que no nos pasara nada.

Más tarde, en Yare, llegué a grabar no sé cuántos mensajes en mi celda. Estaba prohibido, claro, pero, por ejemplo, David Ayala, periodista de *Últimas noticias*, entró y grabó clandestinamente, con una minigrabadora, alguna conversación conmigo. Incluso grabé un mensaje sonoro para una

---

[5] Revista de análisis que dirigía Teodoro Petkoff.

[6] Alusión a la célebre obra de Lenin *¿Qué hacer?* (1902).

Primer encuentro de Ignacio Ramonet con Hugo Chávez.
Palacio de Miraflores, Caracas, 18 de septiembre de 1999.
Créditos foto: *(DR)*

*Maximilien Arvelaiz, Ignacio Ramonet y Hugo Chávez en las primeras sesiones
de grabación de estas conversaciones. Los llanos de Barinas, abril de 2008.*

Créditos foto: (DR)

Hugo Chávez comenta un documento mientras Ignacio Ramonet graba.
Los llanos de Barinas, abril de 2008.
Créditos foto: *(MA)*

Ignacio Ramonet grabando una conversación con Hugo Chávez.
Terraza del apartamento privado del Presidente, palacio de Miraflores, Caracas, 2009.
Créditos foto: (MA)

Hugo Chávez dibujando el "mapa estratégico" bajo la mirada de Ignacio Ramonet.
Residencia de La Casona, Caracas, 2010.
Créditos foto: *(MA)*

Maximilien Arvelaiz, Ignacio Ramonet y Hugo Chávez durante una de las últimas sesiones de trabajo para este libro. Residencia La Casona, Caracas, 2010.
Crédito foto: (DR)

Ignacio Ramonet escuchando y grabando un comentario de Hugo Chávez.
Terraza del apartamento privado del Presidente, palacio de Miraflores, Caracas, 2009.
Crédito foto: *(MA)*

*A contraluz, Hugo Chávez e Ignacio Ramonet conversando en un hato
del estado Barinas. Abril de 2008.*
Créditos foto: (MA)

operación de propaganda bastante original. Una iniciativa popular... Se lo entregamos a un grupo de jóvenes que iban en autobuses de las líneas extraurbanas. Por ejemplo, el viaje de Caracas a Barinas dura entre ocho y diez horas en autobús; entonces un joven tenía la misión de convencer al chofer de que difundiera durante el trayecto el mensaje grabado del comandante Hugo Chávez...

¿Dentro del autobús?

Sí, a los pasajeros que iban en la carretera... Y funcionó. Los viajeros aplaudían. A más de uno de esos jóvenes lo llevaron preso; pero la gente pedía copias... Se desató una fuerza que estaba contenida. Este pueblo realmente despertó, toda su herencia histórica se disparó.

Me hablaba usted de "guerra sucia" contra el MBR-200 ¿en qué consistía?

Una "propaganda sucia" más bien. Porque el afán de ellos era neutralizar al MBR-200 como opción de cambio. Pero tuvieron que tener en cuenta las directrices del "mago" del marketing político David Garth;[7] este estadounidense afirmaba que era casi imposible levantar la imagen de Carlos Andrés Pérez. Garth recomendó que lo que había que hacer, por consiguiente, era deteriorar la imagen del Movimiento Bolivariano. A tal efecto desataron esa "guerra sucia" multiplicando las acciones ofensivas y presentando a la opinión pública que el MBR-200 era un movimiento *dirigido a dar un golpe clásico y establecer una dictadura militar*. Se publicaron listas de personas que íbamos a llevar a un estadio y fusilar... Listas que jamás existieron, pero se publicaron como "auténticas". Pretendieron haberlas incautado en nuestros "archivos secretos", en computadoras... Difundían esas mentiras de las más diversas maneras, por prensa, radio y televisión. Una verdadera operación de desinformación de gran envergadura que, bueno, continúa hasta hoy.

---

[7] Conocido estratega estadounidense de comunicación política. Dirigió, en 1978, la campaña electoral de Luis Herrera Campíns, que resultó vencedor y fue Presidente de Venezuela de 1979 a 1984.

¿Cómo reaccionaron ustedes?

Nosotros respondíamos afirmando que los comandantes del MBR-200 estábamos unidos por un profundo sentimiento de hermandad; que nos unía la idea de liberar a nuestra patria de la opresión; el deseo de hacer de nuestro país una patria libre y soberana de hecho, bajo los designios del pensamiento bolivariano; el deseo de liberar a nuestro pueblo de los corruptos y politiqueros de oficio. Replicábamos haciendo toda una defensa del movimiento. Y usábamos también todos los recursos de la contra-información.

¿Cuáles, por ejemplo?

Para darle un ejemplo, recurríamos a la cultura popular. A la música venezolana, la música llanera... Lo que le gusta al pueblo. Se empezó a difundir el *Corrido de Maisanta*, *"Chávez es bisnieto de Maisanta"* decían los llaneros... Lo que instalaba nuestra rebelión del 4-F en la continuidad histórica de las luchas populares venezolanas. Empezaron a salir corridos como el titulado: *"Carta al comandante Chávez"*, del cantante llanero Cristóbal Jiménez.

¿Usted lo conocía?

¿A Cristóbal Jiménez? Mucho. Es del Llano y nos conocíamos de fiestas y parrandas. Cuando vino la rebelión escribió y grabó ese corrido. Tiene una letra muy bonita [*canta*]: *"Ay mi comandante Chávez, por su claridad en la vida / está en una prisión, por el sueño de Bolívar"*. Y al final se despide así: *"Ya para despedirme, pido a Dios que te bendiga / y esta frase luminosa, del padre Simón Bolívar: / el que lo abandona todo a la patria / no pierde nada y gana cuanto le consagra"*.

También otro cantante, Luis Lozada "el Cubiro", que murió ya, conocido mío de parranda allá en Barinas, grabó un bello joropo: *"Aquel 4 de febrero, calurosa madrugada"*...

¿Esas canciones se permitían?

No, en absoluto; las prohibieron. Pero el pueblo las cantaba y todo el mundo las oía en la calle. Las censuraron en la radio, pero ¿quién iba a prohibirle al pueblo que las cantara? Y eso era mucho más eficaz que la campaña de ellos en prensa, radio y televisión contra nuestro Movimiento.

Concretamente ¿cómo elaboraban ustedes los documentos del MBR-200? No debe ser fácil trabajar colegialmente en la cárcel...

Formábamos dos comandos: el comando de Yare y el comando del San Carlos, porque nos dividieron.

¡Ah! ¿No los llevaron a todos a Yare?

No, nos separaron. Una madrugada, en el San Carlos, a punta de gas lacrimógeno y de represión, nos sacaron de nuestras celdas a diez de nosotros [*Hugo Chávez, Francisco Arias Cárdenas, Díaz Reyes, Ronald Blanco La Cruz, Duarte Mariño, Iván Freites, Gerardo Márquez, Luis Valderrama, Pedro Emilio Alastre López*] y nos mandaron a Yare. Otros se quedaron en el San Carlos y algunos fueron al Fuerte Tiuna.

Pero, para contestar a su pregunta, le diré que esos documentos los elaboramos a base de miles de horas de reflexiones, de discusiones... Noches enteras discutiendo hasta la madrugada... Nos organizamos en grupos de trabajo por temas. En Yare, éramos diez nada más, pero teníamos cuatro grupos.

¿Podían reunirse? ¿No estaban encerrados en celdas individuales?

No, estábamos en un pasillo con celdas muy pequeñitas que daban todas a ese pasillo, y que no estaban trancadas. Nosotros mismos manejábamos el candado. Había un acuerdo tácito entre los custodios y nosotros. Y cumplíamos. En las noches, teníamos la llave del candado, el último que se acostaba trancaba, o sea, nosotros mismos nos encerrábamos por dentro.

Con la llave adentro ¿eh? Hasta que vino el golpe de 27 de noviembre [*de 1992*], y cambiaron las circunstancias... A veces nos quedábamos hasta la madrugada en el patio leyendo o viendo una película. Teníamos nuestra cocina allá mismo, nos rotábamos para cocinar. Mis compañeros sufrían cuando me tocaba cocinar, porque cocino pésimo... Pedí clemencia... Supliqué: "*Quiero preservar la salud de todos. Pónganme los lunes*"...

¿Por qué los lunes?

Porque los domingos las familias traían mucha comida, y quedaba... O sea, el lunes bastaba con calentar las comidas. Eso sí, aprendí a hacer un buen café... Y bueno, uno tenía que lavar los platos, limpiar en la mañana... Nos permitían mandar a comprar el periódico con algún soldado...

Yare no es una cárcel militar, es una cárcel común ¿no?

Sí, es para presos comunes, de las peores... Pero reservaron un ala para nosotros, un ala *ad hoc*, que dicen. Aquello fue una escuela.

¿Se mezclaban ustedes con los reclusos comunes?

Hablábamos con ellos a distancia desde el patio. Estaban en los pisos de arriba. Nosotros en la planta baja. El bloque tenía como cuatro pisos. Así que, a veces, estaba sentado en mi celda, frente a la ventana y no era raro ver bajar un potecito, una latica... La amarraban y la lanzaban o la dejaban caer con un mensaje adentro. Y a veces con mensajes muy hermosos.

¿De apoyo a ustedes?

De apoyo pleno ¡todos! Esos presos estaban con nosotros. Un día, estábamos jugando futbolito Arias Cárdenas y yo, y los presos nos alentaban, y de pronto un preso gritó: "*Cuando tumben a Carlos Andrés ¿qué van a hacer con nosotros?*".

¿Qué le contestaron?

Díaz Reyes, un mayor que tenía un espíritu muy jovial y mucho humor, le dijo: *"No, un preso es un preso; los delincuentes se quedarán presos"*. El recluso, decepcionado: *"Entonces ¡nos jodimos!..."*. Los otros empezaron a gritar: *"Estamos contigo Chávez. Considérennos"*... Sabían que no los íbamos a olvidar. Convivíamos con ellos, y su situación a veces era muy dura. Oíamos como los reprimían. Una madrugada, estaba leyendo en mi cuartico, solo, y el techo de la celda era tan bajito que uno, con un esfuerzo, lo tocaba. De repente oí que corrían arriba, sonaban sillas caídas... Estaban golpeando a uno. Sentí como una puñalada, agarré no sé qué cosa para golpear el techo, gritando: *"¡Déjenlo, no lo maten!"*.

¿Los custodios?

No. Era entre ellos. Pleito entre presos. Sentí esa muerte ahí. Oí a ese hombre morir; gritaba: *"¡Ay mi madre!"* y con ese grito se apagó. Le metieron no sé cuántas puñaladas. Y yo oyendo la muerte que se lo llevaba. Nunca lo olvidaré. Lo dejaron tirado en el suelo. Al día siguiente lo sacaron en la mañana...

¿Cuántos presos había en esa cárcel?

Cerca de dos mil.

¿Dónde se sitúa Yare?

En los Valles del Tuy, ya le dije, como a una hora del centro de Caracas. Es un sitio muy caluroso, le llaman "el hornito".

¿Es para los delincuentes de Caracas?

De cualquier parte del país. Un lugar duro. Pero teníamos nuestras libertades, los familiares, las visitas... Para nosotros aquello, le repito, fue en verdad una escuela. Era trinchera y escuela, escuela y trinchera. Era fuego y fuego. Fue centro de conspiración y centro de mando político y militar. Desde allí, Arias Cárdenas, Alastre López y yo le mandábamos miles de cartas a medio mundo. Empezamos a dictar lineamientos. Mucha gente venía a la cárcel a preguntarnos: "¿*Qué hacemos? ¿Cómo nos organizamos?*". Nos repartíamos el trabajo, eran demasiadas cartas. Mensajes a movimientos sociales, a comités bolivarianos. Estos comités, considerados ilegales, eran perseguidos. Teníamos el periódico: *Por ahora* —ya le hablé.

¿Era clandestino ese periódico?

Sí, claro, ilegal total. Pero se dispararon las imprentas clandestinas de todo el país... Con un gran esfuerzo, sin recursos, sin dinero. Más adelante elaboramos un documento que era una importante propuesta: *Cómo salir de este laberinto.*

¿Recibían cartas de adhesión, de aliento?

Cantidades. De adhesión, de aliento, de información, de felicitaciones... Claro, la Inteligencia Militar detectaba mucho y detenía algunas cartas, las desviaban... Pero la gente, con mucho coraje, nos las mandaba por todos lados. Las mujeres se las metían por allá abajo, y en el pecho, o en la comida que nos traían, dentro de una torta... Cartas de niños, niñas, de hombres, de mujeres, etc. De gente que nos decía, por ejemplo [*lee una carta*]: "*Bolivarianos, que Dios les dé fuerza, virtud y poder para que logren todos sus objetivos. Mi esperanza y mi confianza las dejo en manos de ustedes. ¡Viva la buena democracia! Mi corazón está con ustedes*". Después, cuando me liberaron, salí disparado y estuve dos años por todos esos pueblos.

¿Pudo hablar con los autores de esas cartas?

Sí, los conocí a casi todos, y muchos —no la totalidad— se metieron en el Movimiento.

¿Y del extranjero? ¿Le llegaron muestras de solidaridad de América Latina, de algún grupo político, de algún dirigente? ¿O no se entendió el sentido de la rebelión en el exterior?

No se entendió. Que yo recuerde, directamente, en esos meses de prisión, a nosotros no nos llegó ningún mensaje de movimientos de izquierda.

Nos llegaron más bien mensajes por vía de la derecha. Incluso llegó una vez una carta y una invitación a unas reuniones organizadas en México por un movimiento que nosotros desconocíamos, el del estadounidense Lyndon LaRouche,[8] de extrema derecha. Nos mandaron unos informes que parecían interesantes, muy documentados. Yo hasta le pedí a mi hermano Adán que asistiera, y allá fue con otra gente de aquí. Cuando regresó me dijo: "*Eso es extrema derecha*". Cortamos inmediatamente toda relación.

También nos llegaron mensajes del movimiento argentino de los "carapintadas", del coronel Seineldín,[9] etc. Y el gobierno, aquí, empezó a tratar de asociarnos —eso lo manejó muy bien para sus intereses la prensa dominante—, a la extrema derecha. Se empezó a decir: "*Chávez es el 'carapintada' venezolano*". Desde Buenos Aires hasta Washington, ese argumento comenzó a circular. La consecuencia fue que los movimientos de izquierda empezaron más bien a tomar distancia... Todo eso ocurría, digamos, en el contexto general de repliegue, de desmoralización y de división de la izquierda internacional de que ya hemos hablado.

Y teniendo en cuenta que Carlos Andrés Pérez, dirigente de la socialdemocracia, gozaba además de gran influencia internacional en toda la izquierda.

Sí, ya lo hemos comentado también, él tenía una excelente imagen en la izquierda internacional. Tanto es así que, fíjese, traje para mostrarle estos libros que son los que yo leía en la cárcel; son los ejemplares de entonces, anotados y subrayados. [*Nos los muestra*].

---

[8] Lyndon H. LaRouche (n. en 1922), ideólogo estadounidense, ex-trotskista, fundador del US Labor Party, formación política de extrema derecha que posee ramificaciones internacionales.

[9] Mohamed Alí Seineldín (1933-2009), coronel argentino que participó en varios alzamientos militares contra gobiernos constitucionales con grupos de oficiales nacionalistas-peronistas-católicos llamados "carapintadas" en alusión al uso de crema de enmascaramiento facial usada tradicionalmente por las fuerzas especiales y, en este caso, por los insurrectos.

¿Los mismos?

Los que sobrevivieron. Muchos otros se quedaron en el camino, en allanamientos... Pero quería enseñarle éste, mire, aquí pone: *"Cárcel de Yare, julio 1993"*. Me llegó a la prisión recién publicado. El autor es Tomás Borge,[10] y entre los días 18 y 20 de abril de 1992 —¡Dios mío, no habían pasado sino dos meses de la rebelión!— él le hace una entrevista a Fidel Castro en La Habana.

Se lo menciono porque, precisamente, en una de sus preguntas, Tomás Borge hace un reconocimiento a la figura de Carlos Andrés Pérez. La pregunta es la siguiente: *"Uno de los dirigentes políticos de este continente que más ha trabajado por la integración, la estabilidad del poder y otros aspectos propios de las democracias de América Latina está pasando especiales dificultades, me refiero a Carlos Andrés Pérez, ¿qué reflexiones hace usted sobre esto?"*.

Y en su respuesta, Fidel dice: *"Es muy lamentable todo lo que ha ocurrido en Venezuela, pero prueba precisamente la crisis que van a desatar en América Latina la política de* shock *y las imposiciones de Estados Unidos y del Fondo Monetario. Lo que ocurre en Venezuela es consecuencia evidente de la política económica del* shock, *de las imposiciones, de las medidas y de los principios impuestos por Estados Unidos y el Fondo Monetario. Ahí tienes un clarísimo ejemplo: Venezuela es el país más rico de América Latina, Venezuela no es un país que vive del azúcar; Venezuela es un país que vive del petróleo, que recibe más de 12 mil millones de dólares cada año por el petróleo; Venezuela es un país de enormes recursos energéticos como la energía hidráulica además del petróleo; Venezuela es un país de enormes recursos minerales, de hierro, bauxita... Es un país privilegiado por la naturaleza. ¿Qué explicación pueden tener las explosiones sociales en Venezuela como no sea la comprobación de lo que hemos venido diciendo sobre las consecuencias que trae para América Latina esa política, y que la situación en América Latina se hace insostenible?"*.

---

[10] Tomás Borge: *Un grano de maíz. Conversaciones con Fidel Castro*, Fondo de Cultura Económica, México, 1992.

Al leer eso, yo anoté aquí: *"Fidel habla de 'explosiones sociales' en Venezuela, no habla de 'golpe de Estado' "*. Me quedé absorto, y con prudencia, me pregunté: ¿será que Fidel sabe algo?

Fidel hacía el mismo análisis que ustedes de la situación, y expresaba cierta comprensión implícita.

Claro, prudente, porque no nos conocía. Pero era evidente que no había, en su respuesta a Borge, ninguna crítica hacia nuestra acción, nada. Recuerdo clarito que, cuando leí esto en la cárcel le comenté a Alastre López, mi compañero más cercano: *"¿Será que Fidel sabe algo?"*. En todo caso, yo lo tomé, en Yare, como un mensaje de Fidel hacia nosotros. Un mensaje indirecto porque no hay que olvidar que Fidel mantenía buenas relaciones con Carlos Andrés Pérez, vino a su toma de posesión, yo lo vi, me pasó a tres metros en el Palacio Blanco… Fidel hubiera podido entrar a defender a Carlos Andrés, pero ¿cómo va a defenderlo, sabiendo que Carlos Andrés es quien está detrás del paquete neoliberal del Fondo Monetario y de Estados Unidos? Sobre todo Fidel, seguramente bien informado a esas alturas, ya sabía que nuestro Movimiento era un movimiento de izquierda.

Anoté al pie de página: *"Fidel no defiende a CAP, apunta a las causas, ni nombra a Carlos Andrés, a pesar de que tenía buenas relaciones con él"*. Este libro de Borge lo leí en julio de 1993, y —respondiendo a su pregunta—, pudiera ser el único mensaje indirecto, que se recibió del exterior, digamos, de fuerzas de izquierda. Porque, más allá de los de nuestro pueblo, no recuerdo que nos haya llegado ni un solo mensaje directo de ningún movimiento de izquierda.

¿Y la izquierda venezolana? ¿Cuándo empieza a expresar su interés por el Movimiento?

Bueno, acuérdese que antes de la rebelión había una serie de contactos con varias organizaciones, ciertos sectores. Inmediatamente después del 4-F, algunas corrientes, digámoslo así, se sienten fortalecidas, sobre todo la Causa R, quizá el movimiento más sólido, un pequeño partido de cuadros que hasta tenía algunos diputados —uno de ellos era Aristóbulo Istúriz—, y hacían bulla. Tenían presencia, como partido, en el Congreso, y detentaban una Gobernación, la del estado Bolívar. Disponían de cierto espacio político y se habían ganado algún respeto. Era uno de los partidos cuya dirección política, casi toda, estuvo al tanto de los preparativos para la rebelión desde hacía varios años...

Así que, en el seno de la izquierda —digamos, partidista—, La Causa R, o para ser más preciso, una corriente de La Causa R, se fortaleció; y desde los mismos días iniciales de la prisión, empezaron a llegarnos testimonios, contactos, mensajes, expresiones de apoyo a los familiares incluso, y empezaron a prepararse muchos documentos y acciones políticas.

¿Y el MAS? ¿Y el Partido Comunista?

En el seno del MAS, que ya estaba muy absorbido por el sistema, algunos dirigentes se pronunciaron a favor, otros en contra. Se dividieron. En cuanto al Partido Comunista, se pronunció a favor. Pero más allá de esos partidos, que eran organizaciones de cuadros y no de masas, lo que despertó fue el sentimiento popular y sobre todo el bolivarianismo...

Decía usted que Bolívar estaba ahí, en el pueblo, pero "desactivado", y que bastaba "tocar una tecla" para que despertase ¿no?

Y esa tecla la tocamos el 4-F... Entonces se destapó el bolivarianismo que el pueblo venezolano lleva dentro de sí, en el corazón, en el alma, a través de las distintas manifestaciones culturales que tiene el pueblo: murales, volantes, canciones, dibujos, periódicos...

La rebelión aceleró la descomposición del sistema, y Carlos Andrés Pérez finalmente fue destituido en mayo de 1993 ¿no?

Sí, se aceleró la descomposición. El llamado Pacto de Punto Fijo empezó a deshacerse y comenzaron a surgir propuestas, entre ellas la solicitud de renuncia del Presidente. Nosotros, ya antes de la rebelión, habíamos elaborado un documento con algunos lineamientos: *"el Libro azul"*. Eso empezó a circular. Nuestra principal propuesta política era llamar a una Asamblea Constituyente.

¿De dónde le venía a usted esa idea?

Ese planteamiento había sido hecho, antes de nosotros, por el Frente Patriótico de Douglas Bravo, William Izarra y Manuel Quijada. Fueron los primeros en llamar a una Asamblea Constituyente. Nosotros retomamos esa idea, la introdujimos en nuestros lineamientos y en la cárcel empezamos a desarrollarla más, a estudiarla más... Esos documentos nuestros son públicos, están en los archivos, hemerotecas, etc. La idea tomó cuerpo en la calle, en la gente y se fue transformando en un imperativo popular de llamar a una Asamblea Constituyente.

¿Cómo reaccionó el gobierno ante esa proposición?

El sistema se negaba, y Carlos Andrés Pérez, con mucha habilidad, designó a un llamado Consejo Consultivo en el que figuraba, entre otros, un historiador venezolano que después, cuando cae Pérez, sería Presidente interino: Ramón J. Velásquez. Ese Consejo Consultivo, en plena efervescencia del país después de la rebelión, elaboró un documento y unas propuestas al Presidente. Y precisamente una de ellas era llamar a una Asamblea Constituyente, y también desmontar las políticas económicas del Fondo Monetario. O sea retomaba nuestras proposiciones...

¿Las aplicaron?

Ni una sola de esas recomendaciones fue acogida por el gobierno. Al contrario, el poder más bien relanzó la represión y la persecución política. La represión en las calles y la represión selectiva.

Lo cual les incitaba a ustedes a seguir conspirando ¿no?

Exactamente. Como consecuencia de la represión, el fermento insurreccional creció. Un grupo de líderes de distintos movimientos populares comenzó, como se dice, a tocar a la puerta del cuartel. Empezaron a llegarnos a la cárcel mensajes de los preparativos de una nueva insurrección que se preparaba para julio. Comenzaron a aparecer nuevos líderes en los cuarteles, algunos en contacto con nosotros en el Ejército. En la Marina, el almirante Grüber Odremán. En la Aviación, el general Visconti y los oficiales Reyes Reyes y Castro Soteldo. Estos dos últimos, pertenecientes a nuestro Movimiento Bolivariano, no habían sido detenidos porque la Fuerza Aérea, como le dije, no pudo rebelarse el 4-F.

¿Tenían ustedes contactos con la Iglesia Católica?

Había un grupo de obispos muy cercano a nosotros. Surgió un movimiento de obispos que luego fue defenestrado por la cúpula católica. Uno de ellos era Mario Moronta, arzobispo de Caracas, de izquierda sin dudas, progresista. Después que ganamos nosotros, en 1999, a él lo mandaron a la frontera como castigo, a San Cristóbal... Había otros sacerdotes progresistas... Salieron a hablarle a la gente, a arengar al pueblo, por la televisión... Además venían a visitarnos a la cárcel el obispo Mario Moronta, el padre Arturo Sosa de los Jesuitas; el padre Jesús Gazo un viejito también Jesuita, muy corajudo, dirigía una organización de Derechos Humanos... También teníamos el apoyo de la comunidad evangélica...

¿Es importante la comunidad evangélica?

En Venezuela es importante. Y siempre hemos estado a favor de la libertad de culto. La comunidad evangélica nos apoyaba. Pero asimismo buscábamos el apoyo de cantidad de sectores sociales organizados: los movimientos sindicales; el movimiento estudiantil universitario, de izquierda, que había salido a la calle el 4-F; el Movimiento Vecinal Organizado;

profesionales; Colegios y Academias; sector empresarial; sector campesino; incluso en el Alto Mando Militar teníamos algunos amigos; etnias autóctonas; mundo científico e intelectual...

¿Y los intelectuales?

Bueno, debo decir que, cuando la conspiración comenzó a fermentar de nuevo, en paralelo surgió un conjunto de propuestas de la Universidad Central. Y apareció un grupo de intelectuales, encabezados por Francisco Mieres, ya fallecido, buen amigo, luchador incansable, entre los cuales figuran, entre otros: Adina Bastidas, quien llegó a ser Vicepresidenta,[11] y Yadira Córdoba, que fue Rectora de la Universidad Bolivariana. Hay que mencionar también a un grupo de profesores universitarios, entre los cuales destacan Jorge Giordani y Héctor Navarro, que publicaron un documento: *"La UCV al país"*, con un conjunto de propuestas en el mismo sentido que las nuestras. Ellos pidieron permiso y vinieron a Yare a hacer la exposición de sus propuestas a los militares.

¿Así conoció usted a Giordani?

Sí, ahí lo conocí. Por cierto, no lo dejaban entrar, porque en la lista de las personas autorizadas él figuraba con el apellido *Giordano*, y no Giordani. Como no coincidía exactamente, el guardia no le permitía pasar. Tuvimos que convencerlo que era el mismo, tenía la foto en su cédula... Pero tuvo que esperar como una hora afuera.

Por fin entró, lo saludé: *"¡Ah!, es usted Jorge Giordani. Lo he leído mucho"*. Se alegró. *"Conozco sus libros* —le dije—. *A través de ellos llegué a Varsavsky"*. Y empezamos a conversar... Giordani tiene un libro muy bueno, *Planificación y Estado*,[12] con una visión muy próxima de la que uno siempre había

---

[11] En Venezuela, actualmente, cargo equivalente a Primer Ministro o Presidente del Gobierno.

[12] Jorge Giordani: *Planificación, Ideología y Estado. El caso de Venezuela,* Vadell Hnos. Editores, Caracas, 1986.

intuido, y había comenzado a desarrollar los instrumentos de la planificación militar con grandes conocimientos de estrategia y de geopolítica.
La visión de Giordani, sus conocimientos, las conversaciones con él me
ayudaron mucho en mi reflexión y en la elaboración de propuestas.

¿Prepararon ustedes un programa?

Sí, en Yare, publicamos, en julio de 1992, una propuesta sencilla pero
programática, titulada, ya le dije: *"Cómo salir de este laberinto"*. Era una
propuesta surgida al calor del debate. Salió en forma de un periodiquito
de una hoja, *El Correo Bolivariano* se llamaba, un periódico volante [*nos
muestra un ejemplar*]. Éste es uno de los ejemplares que circuló entonces,
guardado celosamente por la Inteligencia Militar, con este símbolo que le
dibujamos en colores amarillo, azul y rojo: *"MBR-200"*. En el documento
hacíamos un conjunto de propuestas, y decíamos incluso cómo lograr-
las. Entre otras cosas, proponíamos que se convocase un Foro Nacional.
Porque nuestro objetivo político seguía siendo la formación de un frente
cívico-militar con la inclusión de otros sectores políticos y de otras fuerzas
sociales. Los militares no debíamos actuar solos.

¿Se inspiraron de obras marxistas clásicas?

Bueno, el marxismo era la tela de fondo, el *background*, pero concretamente,
para la elaboración de ese documento, a mí me ayudó mucho el estudio, en
la cárcel, de varios libros. Entre ellos, estos dos [*nos los muestra*]: *Proyectos
Nacionales*, de *Óscar Varsavsky*, un pensador argentino socialista que vivió
en Venezuela varios años, ya le hablé de él; y este otro: *Planificación de
situaciones*,[13] de Carlos Matus [*1931-1998*], un economista chileno, también
socialista, que fue ministro de Salvador Allende, vino a Venezuela, vivió
aquí muchos años y falleció aquí.

---

[13] Carlos Matus: *Planificación de situaciones*, Fondo de Cultura Económica, México, 1980.

En aquellos días de cárcel, yo andaba estudiando mucho, sobre todo eso: proyectos nacionales, objetivos sociales, planificación estratégica... Ya había estudiado esas cuestiones, en particular cuando hice el postgrado de ciencias políticas en la Universidad "Simón Bolívar".

¿Qué proponían ustedes?

Tratábamos de exponer ideas nuevas... En la calle había mil propuestas, entre otras la de una nueva rebelión, y nosotros sabíamos que eso, políticamente, era difícil. Sólo con un movimiento de mucha fuerza en la calle hubiera sido posible, pero el riesgo de violencia era enorme y nos planteábamos, además, la responsabilidad de hacer propuestas pacíficas. Deseábamos una salida pacífica.

Por eso buscábamos ideas sobre cómo generar acciones concretas que a su vez estimularan a otros sectores políticos capaces de transformarse en auténticos operadores y propulsores de cambios. En los dos libros que le cité encontré algunas de las respuestas que buscábamos y las expusimos en nuestro documento *"Cómo salir de este laberinto"*.

Ahí es donde hablan del Foro Nacional y de la Constituyente.

Correcto. En ese documento escribíamos lo siguiente, permítame que le lea algunos extractos:

"El MBR-200 propone a la nación, como salida pacífica:

1) La reunión en un Foro Nacional de los diversos sectores de la vida social, política y económica del país representados por voceros de reconocida honestidad y moralidad pública.

2) Un referéndum 'liberador' designado de esta manera porque sería este acto político el que soltaría las amarras a la actual situación y abriría un cauce de rápida evolución constructiva hacia escenarios de amplia participación signados por el alto perfil de protagonismo de la población venezolana.

La consulta popular deberá cubrir simultáneamente los siguientes aspectos:

a) Revocatorio del mandato presidencial;

b) Delegación por parte del Congreso Nacional al Foro Nacional de la facultad constitucional que le autorice a elegir un gobierno de emergencia en vez de un Presidente provisional. Y a convocar a elecciones de la Asamblea Nacional;

c) Designación de un Gobierno de emergencia —una Junta patriótica bolivariana—, en un lapso no mayor de cinco días después de haber sido aprobado el referéndum;

d) Inmediatamente después de designado este Gobierno de emergencia será juramentado por el Foro Nacional e iniciará sus funciones en substitución del Presidente de la República;

e) A los 30 días de haber iniciado sus funciones el Gobierno de emergencia, serán electos, en votación universal directa y secreta, los miembros de la Asamblea Nacional Constituyente la cual deberá ser instalada en un lapso no mayor de 15 días a partir de su elección;

f) La Asamblea Nacional Constituyente asumirá las funciones del Congreso Nacional, y tendrá a su cargo la elaboración de una nueva Constitución, único instrumento bajo cuya inspiración legítima la nación entera debe comenzar a construir definitivamente un nuevo modelo de sociedad".

Con este cronograma estábamos definiendo un camino... Evidentemente, nosotros sabíamos que, desde el punto de vista institucional, lo que *Varsavsky* llama la "viabilidad institucional" era prácticamente imposible. Pero lanzamos estas ideas porque queríamos apresurar una salida.

¿Por qué había que apresurarse?

Estábamos muy preocupados por las características que empezaba a tomar la rebelión que se anunciaba. Teníamos información de que las fuerzas de derecha estaban preparando un golpe de Estado clásico, a lo Pinochet; con el peligro, incluso, de una guerra civil.

¿Por eso pensaban en un gobierno de transición?

Sí, propusimos un gobierno de transición fruto de la fusión cívico-militar y publicamos el programa mínimo de ese gobierno. Pensábamos que el Foro Nacional debía definir las medidas de corto plazo necesarias para generar una nueva situación donde el "equilibrio fenoménico" —éste es un término muy de Matus— permitiera la transición evolutiva hacia fases posteriores de profundas transformaciones estructurales. Con el objetivo de implementar un modelo de desarrollo hacia una nueva sociedad creativa y solidaria.

En total, elaboramos tres documentos importantes que definían, en lo esencial, el nuevo curso que imaginábamos para Venezuela: el *Libro Azul*, el *Proyecto Nacional Simón Bolívar* y *Cómo salir de este laberinto*.

¿Exponían ustedes el modelo económico que deseaban implantar?

Decíamos —y eso figura en los documentos citados— que había que *"echar las bases y poner en marcha un nuevo modelo de desarrollo que supere el actual esquema de dominación económica y social"*. Insistíamos en la necesidad de revisar *"a fondo el paquete económico"* y adoptar *"un conjunto de medidas cuyo objetivo vital sea reducir drásticamente los niveles de pobreza de la gran mayoría de la población, para ello se requiere poner en marcha una serie de proyectos sencillos, viables y coherentes en dirección a los siguientes objetivos sectoriales:*

1) reducir el costo de la vida hasta un umbral mínimo tolerable;

2) incrementar el empleo productivo mediante la autoconstrucción de viviendas, planes de saneamiento ambiental, reforestación, suministro de servicios básicos, agricultura, etc.

3) Lograr un adecuado nivel de autoabastecimiento y seguridad alimentaria, mediante la creación a escala nacional y regional de un sistema simplificado y funcional de producción, circulación, distribución y consumo de los bienes y artículos básicos y de primera necesidad".

Anunciaban ya lo que iba a ser la Misión Mercal[14]...

Así es. No puedo olvidar que había mucha hambre. Una cosa terrible el hambre, la desnutrición... También proponíamos *"desarrollar un proyecto nacional de cooperativas y autogestión dentro de un subsistema de nuevas formas económicas, específicas que se oriente definitivamente hacia un modelo de economía solidaria"*. E insistíamos en que había que *"reducir significativamente el inmenso déficit fiscal, mediante una profunda reforma impositiva que tienda al logro de una justa redistribución del ingreso y una racional reducción del gasto público"*.

Constato que no se habla de socialismo...

No, en efecto, no aparece para nada la palabra 'socialismo'. Hay que tomar en cuenta el contexto mundial. Y hasta, cuando pedimos la "reducción del gasto público", nos dejamos atrapar por lo que era una corriente dominante, incluso en el seno de la izquierda... Fue una contaminación... Cosa elemental en un grupo de presos redactando papeles. Pero, en fin, estaba lo estratégico: la Asamblea Constituyente. Y lo importante: que se desarrollara un proceso de transición para darle cauce a un amplio proyecto de educación popular orientado a lograr una profunda participación de la población en la planificación, preparación y desarrollo de los diversos proyectos que orientaran la transición. Con la intención de someter a revisión la carta de intención firmada con organismos financieros internacionales para el pago de la deuda externa. En suma, estábamos proponiendo una verdadera revolución.

---

[14] La Misión Mercal (Mercado de Alimentos) es uno de los programas sociales incentivados por el gobierno bolivariano. Creada oficialmente el 24 de abril de 2003, está destinada al sector alimentario. El programa consiste en dotar almacenes y supermercados con alimentos y productos de primera necesidad a bajos precios para que sean accesibles a la población más necesitada. Los alimentos están subvencionados y llegan sin intermediarios, de manera que los precios ofrecidos suelen tener un descuento de entre el 30% y el 45% de los observados en las otras cadenas de distribución.

¿Cuál es su concepción de la revolución?

Pienso que una revolución debe ser algo muy práctico. Uno de los errores que se cometieron en muchos intentos revolucionarios del pasado, es que se quedaron en lo teórico. Le dieron excesiva importancia a la elaboración teórica, y muy poca a la dimensión práctica. Y yo creo que una revolución requiere un gran esfuerzo dialéctico de teoría sin duda, pero también de praxis. Es más, mi convicción es que la praxis, definitivamente, es lo que hace, o no hace, que una revolución lo sea de verdad. Es la 'praxis transformadora' la que cambia una realidad. Por lo menos es lo que estamos experimentando aquí, en Venezuela, desde 1999.

Algunos opositores le reprochan querer construir el socialismo sin el acuerdo explícito del pueblo.

Tratan de confundir a la opinión pública. Van repitiendo que estoy introduciendo de contrabando una reforma [*de la Constitución*] que fue "rechazada por el pueblo" [*en el referendum del 3 de diciembre de 2007*]. Dicen que estoy tratando de introducir el socialismo cuando el pueblo dijo "no" al socialismo... Eso no es cierto. Recuerde que la base ideológica fundamental de mi campaña electoral presidencial del año 2006 era el "Proyecto Nacional Simón Bolívar". Con esas ideas recorrí toda Venezuela repitiendo muy claramente a los electores: "*¡Vamos por el camino del socialismo!*", lo dije un millón de veces. Y gané aquella elección presidencial [*del 3 de diciembre de 2006*] con el 63% de los votos. Durante la campaña electoral, a lo largo de todo el año 2006, definí con la mayor claridad, las siete líneas estratégicas fundamentales del primer Plan Socialista de la Nación. Hasta se publicó un folleto: "*Programa de Gobierno del candidato Hugo Chávez, Septiembre de 2006*" y se difundieron millones de ejemplares.

¿Me puede recordar cuáles son esas siete líneas estratégicas?

Las Siete Líneas Estratégicas para el Proyecto Nacional "Simón Bolívar" y la Venezuela Socialista son: 1) la nueva ética socialista; 2) la suprema felicidad social; 3) en lo político, la democracia protagónica revoluciona-ria; 4) el modelo productivo socialista; 5) la nueva geopolítica nacional; 6) Venezuela, potencia energética mundial; y 7) la nueva geopolítica internacional.

Nadie puede decir que ignoraba que al votar por mi candidatura en 2006, estaba votando por una vía hacia el socialismo. Este proceso siempre ha sido transparente. Si no lo fuera estaríamos engañándonos a nosotros mismos. Transparente y legal. Todo aquí se hace en el estricto marco de la legalidad constitucional. Nunca he tomado —y no tomaré nunca— ninguna decisión que no esté enmarcada en la Constitución Bolivariana. Es una cuestión de elemental ética política.

¿Qué es el socialismo, para usted?

Rómulo Gallegos escribió: *"Llanura venezolana, toda horizontes como la es-peranza, toda caminos como la voluntad"*. Para mí, el socialismo es como la llanura venezolana: todo un horizonte, todo un camino, como nuestra voluntad, como nuestro empeño. Y añado: el socialismo debe ser inven-ción nuestra.

¿En qué sentido?

En el sentido de que hay —la historia lo demuestra— muchos socialismos y que Venezuela y la sociedad venezolana poseen unas características muy singulares. No queremos aplicar dogmas concebidos para otras situacio-nes, en otros contextos. Lo que estamos inventando —aquí y ahora— es el modo de encajar dos cosas: un socialismo de nuevo cuño, por una parte; y por la otra, una sociedad venezolana en plena mutación. Encajarlos de manera dialéctica para que el uno vaya modificando a la otra, y recíproca-mente. Esa doble transformación, que está en marcha, es lo que llamamos Revolución Bolivariana.

A ese propósito, me gustaría saber ¿qué relación establece usted entre la Revolución Bolivariana, el socialismo y la independencia nacional? Porque insiste bastante en el carácter "nacional" y en la importancia de las Fuerzas Armadas.

Voy a tratar establecer una relación entre esos tres conceptos. En la senda del desarrollo, llega un momento en que los pueblos se hallan ante una bifurcación y tienen que elegir entre dos senderos: el del capitalismo o el del socialismo. Son los dos únicos caminos que existen. Nosotros hemos elegido el socialismo. Pero, como le dije, el socialismo tiene sus propias variantes, y no deseamos copiar ningún modelo socialista, queremos inventar nuestro modelo. Yo no soy ningún teórico, no soy Lenin, ni Marx, ni Mariátegui. Pero me gusta estudiar, leer, reflexionar, y he venido desarrollando algunos conceptos inspirándome de grandes intelectuales venezolanos, latinoamericanos o universales. Por ejemplo: Simón Bolívar, gran pensador presocialista; Simón Rodríguez que escribió esa obra maravillosa: *Luces y virtudes sociales,* donde critica al capitalismo, al especulador y lanza ideas fundamentales de un proyecto socialista para Suramérica. O el brasileño José Ignacio Abreu e Lima,[15] otro socialista prodigioso. Y obviamente Cristo, el verdadero Cristo, el revolucionario, el más grande socialista.

¿El mensaje de Jesús es socialista?

El cristianismo auténtico es una de las mayores fuentes del socialismo moral. Los valores socialistas están resumidos en un mandamiento de Jesús: *"Ama a tu prójimo como a ti mismo. Amaos los unos a los otros".* El supremo valor del socialismo es el amor. El capitalismo es sinónimo de ambición, de egoísmo; por eso puede haber odio hasta entre hermanos, que dejan de serlo porque unos explotan a otros. En el capitalismo todo

---

[15] José Inácio de Abreu e Lima (1794-1869), general brasileño que participó activamente en las guerras de independencia de la Gran Colombia junto con el Libertador Simón Bolívar.

ser humano es considerado como un objeto o una mercancía. La consigna del capitalismo es: *"¡Sálvese quien pueda!"*. Mientras que la del socialismo sería: *"¡Salvémonos todos! Abrazados los unos a los otros como hermanos"*. El amor contra el odio. Socialismo ético. Eso debe impregnar y determinar todo el nuevo comportamiento del ciudadano revolucionario. Hay que cambiar de espíritu. *"Sin transformación del espíritu*, decía Trotsky, *no hay transformación del hombre"*. Sólo así puede surgir el *"hombre nuevo"* que reclamaba el Che Guevara, el hombre —y la mujer por supuesto— socialistas del Siglo XXI. No puede haber revolución, en verdad, si no logramos la transformación del espíritu. Lo demás es secundario, aun cuando importante. Por eso concibo el socialismo ante todo como moral. No puede ser sólo un modelo económico, perdería el alma.

¿Y lo social?

Bueno, claro, luego hay un "socialismo social", valga la redundancia, basado en la lucha por la igualdad, por una "sociedad de iguales", luminoso concepto de socialismo puro acuñado por Bolívar en Angostura. Todas las misiones que hemos lanzado —ya son más de treinta en estos últimos años—, representan la esencia de nuestro proyecto socialista en lo social. Su objetivo es ir sacando al pueblo del fondo de la pobreza e ir generando una igualdad no sólo establecida por ley, sino además practicada en los hechos. Eso nos ha permitido construir un blindaje social que protege a los más débiles y les ayuda a salir de la miseria.

O sea, usted le ve, al socialismo bolivariano, dos dimensiones: moral y social.

No, hay más frentes. Además de lo moral y lo social, nuestro socialismo tiene otros componentes: en particular, obviamente, el económico y el político. El socialismo económico es: la nacionalización de los sectores estratégicos de la economía, el desarrollo de las cooperativas, la participación de los trabajadores a todos los niveles de organización y de gestión de la empresa, la banca pública, etc. ¿Dónde reside el socialismo político?

En la democracia. No la democracia burguesa o liberal, sino la democracia "participativa y protagónica" definida por nuestra Constitución.

¿Hay otros componentes?

Sí, nuestro socialismo tiene, además, una dimensión territorial. Hablamos de un "socialismo geográfico" porque existen injusticias territoriales, desigualdades de desarrollo según los espacios. Y debemos impulsar una visión radical de la geografía, más dinámica, transformadora. El territorio no es algo muerto, debemos imaginar un socialismo territorial.

Y en fin, en mi concepción, nuestro socialismo tiene también un componente militar: el socialismo militar. Conjuntamente con el pueblo, la Fuerza Armada participa en la construcción del proyecto nacional. No sólo garantizando ese proyecto nacional, sino construyéndolo efectivamente con el pueblo, la mano en la mano, en una estrecha unión cívico-militar. Sólo de ese modo la independencia nacional —para abordar este tercer concepto— es posible. En el marco del capitalismo dependiente —único capitalismo que aquí se instaló—, nunca fue posible. Estábamos condenados a la indigna situación de ser un país dominado, dependiente, corrupto: una colonia. Eso se terminó.

¿Y la corrupción?

Siempre la hemos combatido con la mayor severidad. En los años de Yare ya definimos un plan muy concreto para enjuiciar a los corruptos y acabar con la corrupción restaurando en todos los frentes la moral ciudadana. Eso era un clamor.

Hoy también, según los medios, sigue habiendo corrupción...

Reconozco que, infelizmente, sigue habiendo corrupción. Es cierto. Pero fíjese lo que le voy a decir, a ver cómo se lo explico bien: a pesar de que, en aquel entonces, la prensa de la oligarquía no hacía un gran esfuerzo para destapar la corrupción, era de tal magnitud que salpicaba por todas

partes... Hoy en cambio, la prensa —casi toda en manos de la oligarquía—
anda con una lupa buscando cualquier hecho de corrupción o inventán-
dolo o simulándolo... Y apenas encuentra algún caso que denunciar.

En aquel entonces, el esfuerzo de las autoridades era más bien tratar
de tapar muchas cosas. Hoy es al contrario, nuestro gobierno trata de
destapar la corrupción y sancionarla. En aquellos años de Carlos Andrés
Pérez, la gente en las calles —lo dicen las encuestas de la época—, no
paraba de quejarse: *"¡La corrupción nos está acabando!"*. Hoy en cambio,
la corrupción, en las encuestas, casi ni aparece como problema colectivo.
Eso es interesante evaluarlo.

No es lo que dice *Transparency*, una organización internacional...

Sí, nos acusan de que éste es el gobierno más corrupto y que hoy existe
mayor corrupción. Pero esa campaña es sistemática, parcial y malinten-
cionada. Es todo menos objetiva.

**El diario *El Nacional* publicó que, en la Asamblea de la SIP [*Sociedad Interame-
ricana de Prensa*], declararon que *"Venezuela es el segundo país más corrupto
de América Latina"*.[16]**

No me extraña. Y es curioso que lo hayan declarado *segundo* y no primer
país... Aquí, todos los días la televisión y el conjunto de los medios de la
oligarquía hablan de lo que llaman la "boliburguesía", los nuevos ricos...
Y sin embargo, insisto, no es una preocupación del pueblo... Le repito
que, en las encuestas de opinión, eso casi no aparece o con muy pequeño
porcentaje. Fíjese que incluso la oposición, que cuenta con un promedio de
30 por ciento de apoyo popular, ni siquiera lo presenta como problema nacional. Y uno pudiera pensar que ése es un problema que ellos señalarían...
En verdad, aún cuando no tengo datos estadísticos a la mano, le aseguro
que la corrupción ha disminuido de manera notable, empezando por los

---

[16] *El Nacional*, Caracas, 6 de octubre de 2008.

altos funcionarios del gobierno. Personalmente ando muy pendiente de la gente que trabaja conmigo, los ministros, las instituciones, los bancos del Estado... Por más fallas que tengan y aunque aún pueda haber algún caso lamentable... Le puedo garantizar que la corrupción ha disminuido, no se puede comparar...

¿Con el nivel de corrupción de antes?

Así es, no hay comparación posible. Mire, aquí mismo, en el Palacio de Miraflores, había un patio que llamaban la "suite japonesa", era famosa. Ahí se celebraban toda clase de fiestas, negocios, brindis con champaña, whisky, mujeres... Era Sodoma y Gomorra pues. Yo estuve trabajando aquí, ya se lo conté, los últimos meses de 1988 y casi todo el año 1989; me metía por todos lados, miraba, oía, tenía una red interna incluso de oficiales y civiles, hasta que, en diciembre del 1989, me sacaron de aquí preso, acusándome de que iba a matar a Carlos Andrés, ya se lo relaté... Y le puedo asegurar que la corrupción llegaba a lo más alto del Estado.

Al parecer, sin embargo, sigue habiendo bastante corrupción en las aduanas...

Las aduanas... Seguramente sigue habiendo corrupción allí pero ahora están militarizadas, y es mucho más difícil que haya corrupción en los mandos militares... Aunque, bueno, ahí está el caso de Baduel[17] y hay otros casos de oficiales que se están investigando... Pero es que, antes, la corrupción militar se realizaba en la compra de armas, a base de comisiones... Ahora todo eso está bajo control. Por eso colocamos la lucha contra la corrupción como una prioridad de nuestro proyecto bolivariano. En todos

---

[17] Raúl Isaías Baduel (n. 1955), uno de los cuatro fundadores (entre ellos Hugo Chávez) del Movimiento Bolivariano Revolucionario-200 (MBR-200). Fue Comandante General del Ejército venezolano desde enero de 2004 hasta julio de 2006, y ministro de la Defensa de junio de 2006 hasta julio de 2007. El 7 de mayo de 2010 un tribunal de Caracas le condenó a 7 años y 11 meses de cárcel por "*la apropiación indebida de 30 millones de bolívares y 3,9 millones de dólares*" durante su gestión como ministro.

nuestros documentos insistíamos en la "dureza irrenunciable" contra la gangrena de la corrupción, y hay que seguir haciéndolo así, aunque ahora el contexto ya no es el mismo.

Volviendo a sus años de prisión, 1992-1994, usted habló antes de *"peligro de guerra civil"*. ¿Existía realmente ese peligro?

Claro que existía. Nosotros estábamos convencidos que si no se realizaba el entendimiento entre los militares bolivarianos y las corrientes populares, y si los intereses de las minorías oligárquicas continuaban imponiéndose, el proceso de conflictos sociales violentos seguiría en expansión indetenible, en una terrible espiral que podía llevar efectivamente al país a una cruenta guerra civil. Así lo explicamos entonces a la prensa y en varios textos que publicamos. Les alertamos que venían nuevos alzamientos.

¿Estaban ustedes al corriente de los preparativos de la rebelión del 27 de noviembre?

Esa segunda rebelión se hizo inevitable desde el momento en que aquel gobierno ciego, insensato, se negó a hacer las reformas necesarias. Y no sólo el gobierno, porque detrás estaba Estados Unidos, aquí mandaba el embajador de Estados Unidos y su misión militar mandaba sobre nuestros Altos Mandos militares. Y también estaba la más rancia oligarquía que no deseaba cambios por supuesto, no quería para nada una Asamblea Constituyente, ni ningún cambio estructural en lo económico, ni revisar el programa que nosotros proponíamos. Porque esa oligarquía *pitiyanqui* —como yo la llamo ahora— manejaba las reservas internacionales, manejaba el Banco Central, los Bancos del Estado, las grandes compras de armas, la importación... Pero, poco a poco, casi todo el país empezó a exigir cambios. Hasta el mismo partido de gobierno [*Acción Democrática*], quizás por instinto de supervivencia, comenzó a plantear la necesidad de revisar el paquete de medidas de *shock* del Fondo Monetario. Pero Carlos Andrés, ni quería, ni podía hacerlo, estaba amarrado...

¿Por las instituciones financieras internacionales?

Sí, el FMI, el Banco Mundial, la patronal venezolana... Se negaban a renunciar a las privatizaciones, a la congelación de los salarios, a la liberación de los precios del combustible, de la energía, de los alimentos, etc. Esa actitud, esa ceguera hizo inevitable el movimiento que condujo a la segunda rebelión. Nosotros, internamente, comenzamos a sentir resquebrajamientos.

¿En el seno del Movimiento Bolivariano?

Sí, un grupo de compañeros —no voy a nombrar a nadie—, sostenían que lo que habíamos hecho por las armas estaba hecho ya, y que no tenía ningún sentido irrumpir de nuevo. Eran debates con mucho respeto pero con influencias exógenas.

¿Qué influencias?

Grupos de izquierda metidos a fondo dentro de las cárceles por vía familiar de algunos oficiales o por contacto directo con otros. Pensaban en las próximas elecciones para elegir gobernadores, para elegir al próximo Presidente. Y no les convenía para nada un nuevo alzamiento. Igual que no quisieron apoyar la primera rebelión del 4 de febrero, mucho menos deseaban estimular un segundo movimiento armado. Aspiraban a montarse en la ola para ir al proceso electoral y, bueno, ocupar espacios...

¿Pero ustedes tenían conocimiento concreto de lo que se estaba preparando?

Sí, siempre tuvimos conocimiento. La mayoría de los compañeros en la prisión en Yare apoyaba una segunda rebelión. Nombramos un enlace para comunicarnos con los compañeros del San Carlos: los comandantes Joel Acosta, Jesús Urdaneta, etc. Los capitanes Ronald Blanco La Cruz, Edgar Hernández Behrens, etc. Los tenientes Diosdado Cabello y toda la tenientada.

El enlace fue haciendo su trabajo con ese grupo de compañeros militares, y con otros civiles también, miembros del Movimiento Bolivariano

Revolucionario, que tenían contactos con organizaciones políticas. Así fue como nos enteramos que venía una nueva rebelión prevista, al principio, para julio. Incluso, le dieron el nombre de "Movimiento 5 de Julio", día de la fiesta nacional de Venezuela.

¿Quién lo lideraba?

Los nuevos líderes eran de rango superior a nosotros, almirantes, generales... Y comenzaron a asumir aquello desde el punto de vista jerárquico, sin tomar en cuenta la variable política y el imaginario colectivo. No entendieron que ya los comandantes Arias, Urdaneta, Chávez, etc. no éramos sólo tenientes coroneles, éramos una referencia política para el pueblo.

¿Eso causó problemas?

Obviamente. Porque la unidad se resquebrajaba. Un grupo de oficiales del Ejército, tenientes, capitanes, decidieron no participar en el movimiento, se retiraron...

¿Por qué?

Porque en una reunión en Caracas con algunos altos mandos, unos oficiales subalternos preguntaron: *"¿Qué hacemos con los comandantes presos de Yare?"*. Y un oficial superior, de la derecha infiltrada, respondió con una frase muy torpe, muy despectiva: *"Un preso se llama Preso y su apellido es Candado"*. No gustó nada. Y los muchachos nuestros —que empezaron a llamarse "chavistas"— decidieron replegarse y tratar de crear un movimiento desconectado de aquél.

Por otra parte, surgió un tercer grupo muy radical —o más exactamente, muy fuera de la idea que nosotros hemos tenido siempre—, cuyo objetivo era matar al Presidente. Tenían el plan listo: le iban a disparar un cohete a Carlos Andrés Pérez el 5 de Julio. Era un grupo de buenos oficiales pero estaban en una lógica como "anárquica". Afortunadamente, paramos aquella locura.

El nuevo alzamiento estaba previsto para julio, ¿por qué se retrasó a noviembre?

En principio era para julio. El almirante Grüber Odremán, con su prestigio, su antigüedad, se fue imponiendo en el seno del Movimiento 5 de Julio. Pero el comandante de la operación por la Fuerza Aérea era el general Visconti Osorio y así nosotros lo reconocimos. Nuestros amigos allí eran los oficiales Luis Reyes Reyes y Castro Soteldo en permanente contacto con nosotros. La preparación de la rebelión se fue alargando, pasó julio, pasó agosto, pasó septiembre y llegó un momento en que pensamos ya que no iba a producirse.

Sin embargo, en octubre se reactivó. Se incorporaron unidades de la Marina, comenzaron a incorporarse grupos políticos, grupos civiles, incluso Bandera Roja, a pesar de que alerté sobre su inconveniencia porque ese grupo estaba infiltrado.

¿Ustedes tenían información?

Sí, sabíamos que estaban infiltrados. Por eso, para nosotros, no fue una sorpresa cuando supimos que, el 27 de noviembre, las fuerzas del gobierno estaban listas, esperando el alzamiento. Recuerdo que, en los días previos, mi hijo Hugo entró en mi celda corriendo, era un jueves... ¿el 27 de noviembre que día de la semana fue?

Un viernes.

Pues la víspera, mi hijo Hugo que tenía ya diez años, vino a visitarme. Había una requisa muy fuerte a los familiares; él evade la requisa y viene corriendo hacia mi celda con un guardia detrás que no lo alcanza. Yo agarro a Hugo, lo protejo y le digo al guardia: "*¡No te metas con mi hijo!*" El custodio se retira y yo me lo llevo por supuesto a la celda. Entonces el carajito se saca del pantalón un objeto: "*¡Mira lo que te mandaron!*". Era un radio pequeño, un transmisor. Para comunicarnos con una frecuencia. Y me da también una nota: *"El 27 amaneciendo, a las cinco de la mañana"*. Me lo mandaba Luis Reyes Reyes. Así que estábamos seguros de que ése era el día. Teníamos la información. Se la comuniqué a los demás compañeros. Pero no podíamos hacer nada, no teníamos ni un arma, nada.

¿No pensaron en liberarlos a ustedes?

Sí, se planificó un plan de rescate. Un grupo civil y militar iba a atacar la cárcel de Yare y liberarnos. Incluso tenían previsto llevar un helicóptero para conducirnos a Caracas a sumarnos a la rebelión. En una de las madrugadas previas, yo estaba estudiando el plan; miraba el patio y pensaba: *"Va a ser difícil que nos saquen de aquí"*. Porque la Guardia reforzó todo el entorno, hasta unas colinas, y rodearon la cárcel de campos de minas. Una seguridad extrema. Una tensión peligrosa.

Parecía misión imposible ¿tuvo usted miedo?

Llegó un momento esa madrugada en que di como un suspiro profundo y me dije: *"¿Cuál miedo? Que pase lo que tenga que pasar"*. De ahí para acá más nunca le tuve miedo a la muerte. ¿Miedo a qué? ¿A mi integridad física? No tenía interés. Lo importante era la causa, nuestra misión, salvar el país, socorrer al pueblo, hacer justicia.

¿Y qué pasó? ¿Por qué no los liberaron?

La noche del 26 al 27 de noviembre de 1992, no dormimos. Yo estaba en una sillita de extensión, nos vestimos con uniforme de campaña, no teníamos armas pero estábamos ahí montando guardia y pendientes, desde las cinco de la mañana, con un radio prendido. Dieron las cinco, las cinco y media... Crecía la ansiedad... No ocurría nada... Eran casi las seis de la mañana cuando empezaron, por radio, a dar la noticia: *"Se han observado movimientos de tropas en el aeropuerto de La Carlota; unos vehículos militares...; el gobierno declara que no hay problemas..."*. Dijimos: *"¡Está en marcha!"*. Entonces, con estupefacción, oímos lo siguiente: *"En este momento está apareciendo*

por las pantallas de televisión el comandante Hugo Chávez, hablándole al país..."
y ponen la voz, el audio...

¡Insólito!

Una descarada manipulación. Se trataba de un video viejo.

¿Cómo hicieron?

Le cuento. Nosotros teníamos en la cárcel un sistema clandestino de graba-ción con unas cámaras miniatura. Mandábamos al exterior muchos mensa-jes grabados. Y una vez —a través de mi entonces esposa, Nancy— envié un mensaje grabado, en el que aparezco por supuesto uniformado y con la bandera del MBR-200 detrás, a una periodista de la República Dominicana. Allí prohibieron su difusión. E incluso el gobierno dominicano protestó cerca del de Venezuela. Porque yo le hablaba a los militares dominicanos de Caamaño... Y les decía que, en Venezuela, en ese momento, estaba en marcha una nueva insurrección y que estábamos apoyándola. Y llamaba a los militares a cumplir su compromiso, etc. Era un video en favor de la nueva insurrección, para apoyarla y para que, en el extranjero, la gente supiera... Ese video lo grabé en junio; y en julio no hubo insurrección, como ya le dije, sino hasta noviembre. Así que lo reconocí de inmediato. Fui el primer sorprendido, le dije a Francisco Arias Cárdenas: *"Oye ¿por qué sale ese video?"*. Lo cierto es que se difundió y empezaron a repetirlo y a repetirlo. La gente, primero, pensaba que era en vivo. Luego apareció en la pantalla un grupo de jóvenes civiles —uno, por cierto, se hizo famoso, vestía una camisa de color rosa y le llamaron: el "hombre de la camisa rosada"— con un lenguaje muy agresivo, muy amenazante incitando al pueblo a buscar cuchillos, armas... Prácticamente llamando a una guerra civil.

¿A usted lo responsabilizaban con eso?

Claro, eso fue utilizado al máximo por el gobierno para destruirme, en lo personal y en lo moral.

Y dígame, entretanto, el ataque a la cárcel de Yare ¿se produjo o no?

Sí, el ataque a Yare ocurrió. A los pocos minutos empezó el ataque con morteros, granadas... Una batalla seria. Pero no consiguieron liberarnos. Recuerdo que agarraron a un compañero al final y lo metieron contra la cerca, perdió un ojo... A media mañana, los nuestros se replegaron, no pudieron entrar. Nosotros, por radio, oyendo. En la tarde se supo ya que la rebelión había fracasado; el Comando se entregó.

Negociaron marcharse exiliados a Perú ¿no?

Sí, un centenar de militares con el general Visconti. Luis Reyes, en su caza F-16, escoltó el avión de Visconti que era un Hércules, porque Pérez mandó a que tumbaran ese avión con los insurgentes. Entonces Luis y otros pilotos se fueron escoltando al Hércules hasta Iquitos, en la Amazonía peruana, frontera con Brasil. Luego se devolvieron y se entregaron. La rebelión fue más de la Fuerza Aérea y una o dos pequeñas unidades de la Marina. El Ejército casi no participó, ni el pueblo como masa; apenas unos pequeños grupos políticos, más de cuadros que de masas. Luego comenzó el manejo de la situación.

¿En qué sentido?

En el sentido de que me culpaban a mí del desastre... Y de los muertos, porque hubo muchos más muertos que el 4 de febrero. La aviación rebelde tiró misiles, hasta bombardearon el Palacio de Miraflores. Y empezó a decirse que yo era el culpable de la derrota. Lo decían incluso algunos de los presos compañeros nuestros en Yare. Víctimas de la manipulación del video. Se decía que yo había ordenado dar un golpe dentro del golpe. Aún cuando escribí, expliqué y mandé cartas... No había manera. Porque los almirantes y los generales, vestidos de gala, también habían grabado clandestinamente, para la televisión, un mensaje al país. Ése era el video que debía ser difundido.

Y no el de usted.

Y no el mío. Bueno, *los míos*, porque en realidad fueron dos.

¿Cómo dos?

Le explico. Una de las mayores incógnitas acerca de esos sucesos del 27-N es la siguiente: ¿por qué se transmitieron dos videos con mensajes míos en lugar de la grabación realizada por los almirantes Grüber y Cabrera, el general Visconti y otros oficiales superiores del Ejército y de la Guardia Nacional? Ellos decían que ese video que grabaron era la clave... Cosa que tampoco era así, pero bueno.

¿La difusión del video de ellos era capital para darle sentido al 27-N?

Sí, porque estaban representados los cuatro componentes de la Fuerza Armada —Ejército, Marina, Aviación y Guardia—, y cada oficial superior hacía un discurso aparte. Pero no se difundió, en su lugar salió Chávez [*se ríe*].

¿De dónde surgieron esos dos videos de usted?

El primero lo grabamos a manera de prueba, pero aparecía una mosca que daba vueltas alrededor de mí. Eso dio lugar a muchos comentarios: la *"mosca de Chávez"*, el *"cadáver de Chávez"*... [*se ríe*]. El segundo, más corto, se realizó a partir del que le hablé que hicimos para la República Dominicana, antes incluso de establecer el contacto con el Comando que dirigió las acciones del 27-N. Cuando aún el MBR-200 pensaba capitanear él mismo una nueva insurgencia.

¿Quién fue responsable de la difusión de esos videos?

Al principio pensamos en una posible infiltración de la DIM o de la DISIP. Pero después me enteré exactamente de la verdad: elementos militares, infiltrados por Bandera Roja, decidieron poner los videos míos precisamente porque el Comando de oficiales superiores que dirigía la rebelión del 27-N no reconocía lo bolivariano. Era para crear tensiones políticas. Adoptaron esa decisión en el momento en que tomaron el Canal 8. Cuando se apoderaron de las antenas, lograron técnicamente encadenar todas las estaciones, porque disponían de ingenieros y de apoyo interno. Entonces esos carajos decidieron difundir los videos míos...

Ese grupo tuvo un comportamiento irresponsable y hasta criminal. No sólo mataron a un vigilante en el Canal 8, sino que fusilaron a gente en el aeropuerto de La Carlota... Una actitud de verdad fascista. ¡De todo eso me acusaron a mí! La prensa, la televisión...

Había, además, otra acusación: me achacaban el haber desviado tropas de tierra hacia Yare para liberarnos a nosotros. Me acusaban de que al Comando central le faltó apoyo de tierra porque ordené que destacamentos de fuerzas fueran primero a liberarnos a nosotros, dándole prioridad a ese ataque. Lo repetían a cada rato. Y eso no fue así. Lo que ocurrió es que los oficiales del Ejército no confiaban en el Comando general y, contraviniendo órdenes de ese Comando, decidieron ir a Yare. Con un grupo de estudiantes universitarios, atacaron. En realidad, el Comando no quería verme en la calle, pero los muchachos del Ejército sí. Nosotros desconocíamos ese juego de intereses. ¡Y me acusaban a mí!

¿Qué responsabilidad tuvo usted exactamente en lo del 27-N?

Mire, ya le conté, es evidente que estuve vinculado con el 27N. No pude no estarlo. Y así lo reivindiqué en un documento que publiqué, titulado *La verdad que conocemos*. Quiero repetirle, sin embargo, una cosa: el MBR-200 no tuvo participación a nivel del Comando estratégico; desconocíamos el plan general de la acción insurgente. A pesar de ello, no quisimos faltar al compromiso. Por eso, aun cuando el movimiento fue delatado la noche del jueves 26 de noviembre, lo que tuvo por consecuencia la inmovilización de casi todas las unidades terrestres, algunos de nuestros hombres salieron al combate, y varios hallaron la muerte. Otros acabaron en las cárceles y un grupo importante pasó a la clandestinidad. Por eso eran tan injustas las acusaciones contra mí. Hasta un grupo de compañeros me mandaron unas cartas terribles. Por primera vez me sentí señalado injustamente de algo muy grave, de deslealtad y de ser el causante único de una derrota en la que no tenía responsabilidad. Pero ésa era la línea: había que acabar a toda costa con Chávez el "ambicioso", el "personalista", el "caudillo"...

O sea, si entiendo bien, usted me está diciendo que no sólo el gobierno sino una parte de la izquierda y de sus propios compañeros se prestaron a la manipulación contra usted, para arruinar su reputación y liquidarlo moralmente.

Exactamente. El Movimiento que dirigió la rebelión del 27-N estaba dividido... Era una amalgama constituida sólo por la coyuntura. No había claridad política de hacia dónde ir. Tampoco había mucha fortaleza en los mandos, ni una estructura como la que sí tuvimos nosotros el 4 de febrero... Dicho de otro modo: había los chavistas y los antichavistas; la izquierda y la derecha; gente moderada y gente de extrema derecha y de extrema izquierda; y por fin los infiltrados. Y una de las misiones de éstos era liquidarme moralmente. No estoy culpando a nadie, fue producto de las circunstancias.

¿Cómo reaccionó usted?

Ante la magnitud de la duda de algunos de mis buenos compañeros y amigos, y ante semejante manipulación, me replegué en mi cuartico. Ahí empezó mi desierto. Casi ni salía. Me limitaba a estudiar, a escribir, a meditar con el buen compañero que siempre fue el mayor Alastre López, el cual se mantuvo conmigo allí... Y bueno, a esperar la noticia de la salida de Carlos Andrés Pérez. En mi fuero interno, empecé a prepararme para asumir nuevas responsabilidades en el futuro. Comencé a pensar que algún día tendría que salir de allí y se aclararían las dudas.

En la cárcel, la frustración general era tremenda. Ya no habría más rebeliones, y se terminaban las esperanzas de ser liberados de Yare en el corto plazo. Aunque eso no era lo que me preocupaba en particular. Me replegué en la filosofía, la meditación. Eran los días del desierto. Aunque ese desierto fue bueno en lo personal porque me refugié en los libros.

¿Recuerda algunas de sus lecturas?

Varios libros que leí entonces me marcaron definitivamente. Por ejemplo, *uno que exponía las propuestas de lo que fue la Comisión del Sur,*[18] *una comisión que presidía Julius Nyerere.*[19] *Claro, cuando se publicó, en 1991, estaba cayendo la Unión Soviética y* se apagaba el llamado tercer mundo. Así que esas propuestas quedaron congeladas. Pero es un libro muy bueno, y *yo —aún hoy— lo cargo siempre conmigo, tomo notas, lo releo, lo reviso... Sus* propuestas extraordinarias, después de veinte años, están más vigentes que nunca. De *aquí saqué yo el tema del Sur, Telesur, Banco del Sur, Petrosur...*

Otro libro interesante fue uno que me envió una dama, sin duda enamorada de mí a distancia. La llegué a conocer después de salir de la cárcel, tenía algún problema psicológico de conducta y puse distancia... Solía mandarme libros y, en 1993, me hizo llegar éste, *América Latina marca registrada.*[20] Me ayudó mucho. El autor, Sergio Marras, chileno, publica sus conversaciones con algunos de los más importantes escritores latinoamericanos: Jorge Amado, Mario Benedetti, Roberto Fernández Retamar,[21] Carlos Fuentes, Octavio Paz, Arturo Uslar Pietri, Mario Vargas Llosa, etc.

---

[18] *Desafío para el Sur*, Informe de la Comisión del Sur, Fondo de Cultura Económica, México, 1991.

[19] Julius K. Nyerere (1922-1999), uno de los principales líderes de las independencias de África. Presidente de Tanzania de 1964 a 1985.

[20] Sergio Marras: *América Latina. Marca registrada*, Editorial Andrés Bello, Santiago de Chile, 1992.

[21] Roberto Fernández Retamar (n. 1930), escritor, poeta y ensayista cubano, presidente de la Casa de las Américas de La Habana. Miembro del Consejo de Estado de la República de Cuba. Su entrevista con Sergio Marras puede leerse en:

www.casa.cult.cu/publicaciones/.../retamar.pdf

En el prefacio, que Sergio Marras escribe en 1992, después de hacer alusión al poeta inglés de origen norteamericano T. S. Eliot, premio Nobel [*en 1948*] —yo averigüé, no sabía quién era— y su tesis sobre el nombre de los gatos, escribe lo siguiente, fíjese: *"Al parecer hay cosas que pasan por debajo de nosotros y que forman parte de lo indecible. Nos llegan refractadas en luces mortecinas a través de espejos polarizados. Ejemplo: el 4 de febrero de 1992, el 'centauro de los llanos', nombre del segundo tipo según la clasificación de Eliot, el coronel Hugo Chávez Frías, también apodado por un medio de comunicación el 'bobo feroz'* —eso fue en España—, *nombre inclasificable, quiso tomarse el poder en Venezuela y echarse al pecho los 34 años de democracia que mal que bien se habían vivido por allí. Quería fundar el Movimiento Revolucionario Bolivariano. Su objetivo: frenar la corrupción y la crisis económica galopante ocasionada por la política de ajuste del presidente Carlos Andrés Pérez. Consideraba a Simón Bolívar como su guía fundamental, coincidía en sus planteamientos nacionalistas y latinoamericanistas, condenaba la corrupción de quienes han envilecido el alma de nuestra República. Su idea era que los mejores cerebros de la nación encabezaran el nuevo gobierno. Paradoja: el 42 por ciento de la población más pobre, según fuentes periodísticas españolas, apoyó el golpe. El número de pobres había aumentado en un 80 por ciento en los últimos años, por las mismas razones que decía haberlo hecho el 'bobo feroz': corrupción de las autoridades, pésima educación, justicia y salud..."*. O sea Sergio Marras hace un buen enfoque. También me interesó mucho la entrevista a Uslar Pietri titulada *"Las Repúblicas aéreas"*.

En aquella época leí asimismo el célebre alegato de Fidel Castro, *La Historia me absolverá*, en su juicio después del asalto al cuartel Moncada el 26 de julio de 1953.

Eran lecturas útiles, buscando conocimiento práctico para el momento que vivíamos. Desde mi punto de vista, aquella "cárcel de la dignidad" fue necesaria, fue un tránsito obligatorio por el que había que pasar. Fue además como un horno.

¿Un horno?

Donde se empezó a cocinar verdaderamente nuestra revolución. ¿Y sabe usted qué otro libro me ayudó a entender mejor eso?

¿Cuál?

¡Este libro! [*me lo muestra*] *Así habló Zaratustra*, de Nietszche. Este ejemplar estuvo en la celda conmigo. Me lo mandó el general Pérez Arcay en septiembre de 1993. Y mire qué frase yo había subrayado: *"El noble se propone crear cosas nuevas y una virtud nueva. Pero el otro se aferra a lo antiguo y pretende perpetuarlo"*.

¿Les permitían tener toda clase de libros?

Sí. Sin ningún tipo de restricciones hasta el 27 de noviembre. Después de ese día, se llevaron todo. ¡Todo! Hasta los lápices ¡no nos dejaron nada! Mi celda, en Yare, era una verdadera oficina, yo poseía un escritorito, una máquina de escribir, una pequeña biblioteca y un archivo de esos que son como un acordeón de cartón. Tenía mis cosas ordenaditas. ¡Incluso tenía un secretario! El mayor Alastre López, un muchacho de mucha cultura, lector, estudioso, organizado, más de un documento está redactado por él, me ayudaba a responder cartas y fue conmigo muy solidario en aquellos días de la soledad más grande que yo haya podido cruzar. Pasé unos días duros, no tenía que leer, no tenía donde escribir. Porque, en mi celda, yo escribía un *Diario*, escribía poemas, incluso pintaba cuadros...

El retrato de Ezequiel Zamora, ¿lo pintó usted allí?

No, ese cuadro de Zamora lo hice en 1991, poco antes de la rebelión del 4-F, inspirado en un retrato de Bolívar que es una llamarada. Y le coloqué: *"Tierra y hombres libres, elección popular, horror a la oligarquía"*. Como pintor, para el rostro no soy muy bueno, por eso pinto más de perfil, porque de frente no se me da... Me hubiera gustado pintar más de frente pero no me es fácil... Estoy perdido... A Fidel traté de pintarlo y hasta ahora he fracasado. No me quedó Fidel como yo quería. Es un regalo que le tengo pendiente... En la cárcel pinté un paisaje nocturno, *La Luna de Yare* se llama. Pero luego ya no pude ni pintar... Nos despojaron.

¿Le quitaron todo?

Llegaron como un centenar de guardias, nos echaron todo el gas lacrimógeno del mundo en nuestro pasillo que era muy angosto, nos golpearon, nos arrastraron por el piso... Alastre casi muere asfixiado... Se llevaron todos los papeles. Menos mal que yo, temiendo el allanamiento, había quemado ya, la víspera, muchos documentos que comprometían a mucha gente. Carlos Andrés Pérez ordenó incluso que nos quitasen el uniforme: *"El uniforme ¡entréguemelo!"*, me gritó un coronel. Me negué rotundamente. Le dije: *"Va a tener que matarme para quitármelo"*. Yo tenía un tubo al lado, lo agarré y le advertí: *"¡Va a tener que dispararme! Porque le voy a dar con esto, mi coronel. Aquí hay dignidad"*. No sabían qué hacer, ninguno se atrevió a agredirnos directamente para quitarnos el uniforme... Después mandaron a unos generales, y al final tuvieron que ceder: *"¡Quédense con su uniforme!"*. Pidieron que entregásemos las boinas rojas. Tampoco acepté. *"¡No se la voy a entregar!"*. Así que yo salí de la celda con mi uniforme, el mismo de la rebelión... Ahí lo tengo guardado como recuerdo.

¿Hasta cuándo duraron esas restricciones de libros y de material de escritura?

Hasta enero de 1993. Entonces empezaron otra vez a aflojar. Porque ya CAP se iba cayendo...

¿Cuándo cae Carlos Andrés Pérez?

Bueno, él había resistido a dos intentos militares de derrocamiento: el nuestro del 4 de febrero de 1992 y el del 27 de noviembre de ese mismo año que fue muy duro, ya le dije, con bombardeos de los principales edificios institucionales, control de cuarteles clave y de la televisión. Carlos Andrés respondió multiplicando la represión política, lo cual, junto con su desastroso programa de *shock* ultraliberal, hizo de él un presidente absolutamente impopular. Se aisló de la ciudadanía. Su propio partido, Acción Democrática, consideró, por cálculo político, que debía retirarle su respaldo. En esas circunstancias, en el Congreso lo acusaron de corrupción. Y dejó su cargo en junio de 1993.[22] En realidad era un acuerdo.

¿Un acuerdo?

Sí, el sistema echa a Pérez para bajar las tensiones. Es un acuerdo del mismo partido de Pérez [*Acción Democrática*], porque él se niega a renunciar y entonces lo echan. Buscaron un pretexto y consiguieron un rastro de los mil hechos de corrupción; cierto, un dinero que CAP le había enviado a Violeta Chamorro[23] de Nicaragua. Entonces lo condenan por corrupción a dos años nada más y no va a la cárcel sino que se queda en su casa.

Lo entrevisté en esas circunstancias en 1995,[24] en su imponente residencia de las alturas del este de Caracas, y estaba en plena forma.

Tan en forma que se presentó de nuevo a elecciones. El día que yo tomé posesión [*enero de 1999*], Carlos Andrés Pérez estaba en primera fila como senador electo. Ganó un escaño en el Senado del último Congreso que desapareció con la Constituyente. Fue senador un año. Y también fue candidato a la Constituyente.

¿Siendo usted Presidente?

Sí. En realidad, la clase política dominante echó a Pérez para tratar de rebajar las presiones. Él ya no les servía a las cúpulas políticas y económicas dominantes, por lo que sencillamente decidieron abandonarlo y

---

[22] El historiador Ramón J. Velásquez le sustituyó en la Presidencia hasta el final previsto del mandato (enero de 1994).

[23] Violeta Barrios de Chamorro (n.1929), Presidenta de Nicaragua de 1990 a 1996.

[24] Véase Ignacio Ramonet: "Venezuela, vers la guerre sociale?", *Le Monde diplomatique*, París, julio de 1995.

dejar que se fuera definitivamente a pique hacia el abismo de la historia. Fue una manipulación. "Sacrificaron" a Pérez para preservar el sistema. Entre otras cosas decían que habían salvado la democracia... Recuerdo que el Fiscal General de entonces, Ramón Escobar Salom —al que Rómulo Betancourt, que era un tipo ácido, llegó a llamar en una ocasión *"Tarrito de pupú [caca]"* — se presentaba como un "héroe de la democracia" porque había condenado a Pérez... Cuando en verdad fue un acuerdo de todos ellos, y el Fiscal era parte del coro. Pérez se fue a su casa con todos sus derechos políticos preservados, y rico, y mantuvo sus cuotas de poder. Siguió gobernando a través de mucha gente suya en puestos clave. Todo el pueblo lo sabía. Eran tiempos turbios, nauseabundos. Como le dije, se estaba perfilando incluso la posibilidad de un golpe de Estado de derecha, dado por el Alto Mando Militar que acariciaba la idea de un "golpe salvador" ante la situación del país.

¿Qué hicieron ustedes cuando destituyen a Carlos Andrés?

Cuando cae Carlos Andrés Pérez, enviamos a la prensa un documento diciendo que ésa no era la solución. Que el sistema simplemente había lanzado un fardo que ya no le servía, se había deshecho de un peso muerto. Pero los problemas estructurales del sistema seguían ahí.

Nombran a Ramón J. Velásquez, una personalidad, me dijo usted, respetada.

Sí, una figura venerable, indiscutiblemente. Que llegó a llevar el barco, a empujoncitos, hasta las elecciones de diciembre de 1993 ganadas por Caldera.

Conocí a Rafael Caldera en sus primeros meses de Presidente. Había leído algunos de mis libros y me invitó a un Coloquio internacional sobre "Medios de comunicación" que presidió él mismo en Caracas. Se definió como un adversario del "pensamiento único" y se mostró crítico con el ultraliberalismo. Me sorprendió bastante ese discurso del anciano líder cristiano-demócrata.

Sí, muy sorprendente, pero él había evolucionado. Caldera era un muerto político. Y resucitó el mismo 4-F cuando, con mucha habilidad, hizo un gran discurso en el Congreso justificando nuestra rebelión. Pronunció aquella frase: *"Es difícil pedirle al pueblo que se inmole por la libertad y la democracia cuando piensa que la libertad y la democracia no son capaces de darle de comer y de impedir el alza exorbitante en los costos de la subsistencia; y cuando el gobierno no ha sido capaz de poner un coto definitivo al morbo de la corrupción"*. Luego se separó de su partido histórico, Copei, del que había sido fundador, y se alió al MAS [*Movimiento al Socialismo*]. Y algunos de los dirigentes más emblemáticos del MAS fueron después nombrados ministros. Entre otros, Teodoro Petkoff que tuvo un rol importante en el gabinete de Caldera; fue ministro de la planificación y promovió un paquete de contrarreformas ultraliberales... También Pompeyo Márquez, ex-comunista y fundador del MAS, fue ministro. Jorge Giordani en cambio se negó a formar parte de ese gobierno.

Ustedes, en esas elecciones, habían llamado a la abstención ¿no?

En esas elecciones, el Movimiento Bolivariano se dividió. Un grupo apoyó a Caldera; yo me mantuve irreductible, con otro grupo de compañeros, diciendo: *"Ésa no es la solución"*. Y más que llamar a no votar, lo que hicimos fue distanciarnos de Caldera sin denunciar su programa. Pero la abstención ganó porque fue del 40%, cuando normalmente era del 20 al 25%. Caldera apenas obtuvo el 30% de los votos... En realidad ninguno de los candidatos salió netamente vencedor. La diferencia de Caldera con los demás fue mínima. Claudio Fermín, por Acción Democrática, sacó el 23,60% de los votos; Oswaldo Álvarez Paz, de Copei, el 22,73%; y Andrés Velásquez, de La Causa R, el 21,95%. Al ganar por tan estrecho margen, Caldera no alcanzó mayoría en el Congreso y su gobierno quedó maniatado, a expensas de alianzas.

¿Lo que de verdad le permitió a Caldera ganar las elecciones es el haber "comprendido" la rebelión del 4 de febrero?

No me cabe la menor duda. Esa actitud la valió el complemento de votos que le dio la victoria. Porque Caldera se montó sobre nuestra ola y nuestro discurso. Lo mismo hicieron Aristóbulo Istúriz y La Causa R. Sobre todo Aristóbulo, pero luego el candidato Andrés Velásquez y La Causa R como partido, se montan también en la ola y logran que el pueblo les asocie con nosotros. Algunos empiezan incluso a manipular diciendo que Arias y yo y otros comandantes éramos de La Causa R... Manipulan con un video, con unos discursos... Yo, casi inmediatamente, entré en conflicto con algunos de ellos por ese intento de manipulación. Aunque nunca abiertamente porque los veíamos como aliados...

Pero ellos, me contó usted, no habían participado en la rebelión del 4 de febrero.

Correcto. Pero los veíamos como aliados. A pesar de su decisión, bastante irresponsable, de retirarse de la rebelión como comando político, y sin comunicarnos nada. Sólo Alí Rodríguez apareció y dijo: *"Bueno, aquí estoy yo aunque mi partido decidió no acompañarme"*. A partir de ahí yo empecé a negarles información, y ellos no supieron de nuestra acción hasta que se produjo el 4 de febrero; se enteraron igual que el país. Andrés Velásquez, que era gobernador del estado Bolívar y uno de los líderes fundamentales de La Causa R, no dudó en declarar ese día a la prensa, refiriéndose a nosotros: *"Ésos son unos pequeños dictadores"*. ¡El desgraciado! Él casi nos había traicionado, porque sabiendo que nos íbamos a alzar, alertó a Carlos Andrés Pérez de que iba a haber "un golpe de Estado". El Presidente le preguntó: *"¿Quién lo está organizando?"*. Velásquez contestó: *"Unos comandantes"*. Y entonces Carlos Andrés, quitándole importancia, dijo: *"¡Ah! Entonces no hay peligro. Eso se les pasa cuando los ascienda a generales"*. Pensaba que todos los militares éramos unos corruptos...

Lo cual no era falso...

En efecto, pero no entendió que llegaba una generación nueva con deseos de limpiar esa imagen y de ser dignos del ejemplo de Simón Bolívar.

¿Eso, piensa usted que espontáneamente la gente lo entendió?

Sí, ya le dije, el instinto del pueblo. Porque la imagen de los militares era detestable. Pero la ciudadanía entendió que, realmente, ese 4 de febrero desató un turbión. Un turbión moral, ético, y también político, de fe, de esperanza, casi religioso de alguna manera... Hasta mítico. Se hablaba del "mito Chávez". ¡Yo me negaba a ser un mito! Y me niego.

Pero, de hecho, se creó un mito Chávez... El "salvador", en cierta medida, del país.

Sí, había una cosa como mítica, mesiánica. Correspondía a toda una tradición de caudillos... ¿no? Pero bueno, más allá de todo eso, el 4-F en verdad fue el despertar de las "fuerzas expansivas y explosivas", como dice un buen libro que me acompañó también en la cárcel, de un filósofo venezolano, Isaac J. Pardo, con prólogo de García Bacca: *Fuego bajo el agua, la invención de la utopía*,[25] un libro maravilloso.

Fue de tanta fuerza lo que desató el 4 de febrero... Fíjese lo que le voy a decir y esto se lo oí afirmar, cuando fui a República Dominicana, ya elegido Presidente, a un periodista que me entrevistó; me dijo: *"Mire, léase estos artículos míos de cuando usted estaba preso..."*. Después que gana Rafael Caldera las elecciones de 1993, este periodista dominicano escribió un artículo donde dice: *"el 4 de febrero de 1992 ya ha producido dos presidentes: Rafael Caldera y Hugo Chávez que será el próximo"*...

Ese evento tuvo tamaña fuerza, desató semejante energía que signó el rumbo de Venezuela todos estos años. Y le voy a decir algo más: más allá de mí mismo y de este rol que cumplo, tengo la certeza —y ojalá no me equivoque y que sea para bien—, que durante mucho tiempo, los presidentes que me sucedan, serán también consecuencia de aquel hecho. Porque fue un hecho que destapa, que abre portones. nuevos horizontes.

---

[25] Isaac J. Pardo: *Fuego bajo el agua. La invención de la utopía*, Fundación Biblioteca Ayacucho, Caracas, 1990.

Han venido pasando los años —¡ya más de una década— y aquella fecha sigue siendo un hito. Porque marca el inicio de un nuevo ciclo histórico, no sólo en la historia contemporánea venezolana, sino en la historia del progresismo latinoamericano e internacional. Me atrevo a decir que ese día empieza una nueva etapa revolucionaria.

¿No es un poco exagerado?

No lo creo. Mire, en esa entrevista de Tomás Borge con Fidel de la que le hablé,[26] en un momento Tomás se refiere a la caída de la Unión Soviética y a la crisis del socialismo y de la izquierda internacional, y Fidel le dice: *"La humanidad nunca vivió un momento de tal auge de la reacción, ni de tal auge del poder del imperio. Pero eso no quiere decir que éste va a ser eterno ni mucho menos, ese imperio está corroído por toda clase de contradicciones..."*. Más adelante añade: *"Creo que pase lo que pase, vendrán otros tiempos porque estamos ahora en medio de una gran ola reaccionaria, y después vendrá de nuevo una gran ola revolucionaria, una gran ola progresista en el mundo, eso es inevitable. Ahora tiene lugar la pleamar reaccionaria y, con nosotros o sin nosotros, vendrá la ola progresista y revolucionaria otra vez en el mundo. Cuando digo revolucionaria me estoy refiriendo a los objetivos, a los propósitos, no a la forma de lucha con que se lleven a cabo esas ideas sino que, al igual que hoy están prevaleciendo ideas reaccionarias y tienen una gran fuerza, vendrá el momento en que volverán a prevalecer las ideas progresistas, las ideas democráticas, las ideas justas, con nosotros o sin nosotros"*.

Y mire lo que anoté yo: *"Vendrá de nuevo una gran ola revolucionaria"*. Fidel utiliza una figura parecida a la que usó Gaitán alguna ocasión, cuando dijo: *"Más vale una bandera solitaria en la cima que cien banderas en el lodo..."*. La bandera solitaria de Cuba, con dignidad y levantada por el socialismo. La trinchera de defensa en que Cuba se convirtió, como José Martí lo había dicho: *"Nos toca ser como una trinchera de defensa, para defender a América Latina del imperio"*. El 4-F creo que es la campanada que anuncia la llegada de la nueva ola revolucionaria, iniciando una contraofensiva.

---

[26] Tomás Borge: *Un grano de maíz… cit.*

Pero hay que lograr que esa ola se convierta en montaña, que no se la lleve el mar y vuelva a desaparecer otra vez. Debe ser como dicen que era la Tierra cuando se formó, como un magma, ni líquido, ni sólido, y luego aquella gran temperatura fue enfriándose y quedaron las montañas... Así debemos lograr que este nuevo ciclo revolucionario no se enfríe, y que se estructure en un mundo nuevo de verdad.

¿Cómo transcurrieron sus últimos meses en la cárcel de Yare?

Después de la caída de Carlos Andrés Pérez, logré que se me permitiera terminar la maestría de Ciencias Políticas. Como recuerda usted, me faltaba la tesis. Como medida de sanción, me habían bloqueado la posibilidad de terminarla. Entonces solicité por escrito, al Ministerio de Defensa, que me autorizaran. Y gracias a la ayuda de amigos, abogados y profesores universitarios, logré que el rector de la Universidad, respondiendo a esa solicitud, se dirigiera también al Ministerio de Defensa y reclamase, en virtud del derecho al estudio, que me permitiesen acabar mi tesis.

Cuando cae Carlos Andrés, Ramón Velásquez que lo sustituye en la Presidencia, me autoriza por fin. Y selecciono, como tutor de mi tesis, a Jorge Giordani. Él aceptó, y todos los jueves, de dos de la tarde hasta las cinco, venía Giordani. Es como un inglés, tú le dices a tal hora y está ahí a esa hora en punto. Un hombre muy disciplinado, un gran compañero, un gran amigo.

¿Le daba cursos a usted solo?

No, algunos compañeros asistían también e hicimos como una escuelita. Empezamos a trabajar el tema de la transición política. Recuerdo que yo leía mucho al economista húngaro István Mészáros.[27] Giordani y él se

---

[27] István Mészáros (n.1930), filósofo marxista y profesor de ciencias sociales húngaro, discípulo de Georg Lukács. Huyó de Hungría en 1956 cuando la insurrección de Budapest contra la invasión soviética. Autor de, entre otros libros, *Más allá del Capital. Hacia una teoría de la transición* (Vadell Hnos. Editores, Caracas, 2001).

conocían, y me di cuenta que había como una rivalidad profesional entre ellos. Porque Giordani, con mucho respeto, me hizo unas reflexiones sobre las tesis de Mészáros que no compartía. Me ayudó a trabajar de manera más organizada, más disciplinada. Yo me la pasaba frente a la máquina de escribir y ya estaba redactando la tesis. Él me orientaba, me llevaba materiales.

¿Le dejaban traer y llevar documentos sin problema?

No. Controlaban lo que traía y lo que se llevaba. Alguna vez le pedí que sacase un material, pero me decía: *"Comandante, usted sabe que me andan vigilando. Me di cuenta. No debo cargar papeles..."*.

O sea, que no se llevó nunca documentos, salvo algún manuscrito que le pedí pasar a la computadora. Lo cierto es que con ese papel, él le manda un documento mío al economista István Mészáros quien estaba ya por editar su libro de la teoría de la transición, *Más allá del capital*, que tiene más de mil... Y usted puede ver que, en ese libro de Mészáros, aparece una cita hacia la página ochocientos y pico, de la propuesta para Venezuela del Movimiento Bolivariano Revolucionario- 200...

¿Por qué no presentó usted su tesis?

Ocurrió algo, no recuerdo exactamente qué fue... Le prohibieron a Giordani de seguir viniendo, creo que por unas declaraciones mías... Como yo era militar, cien veces me mandaron por escrito que, según el Reglamento, no podía hacer declaraciones públicas. Yo les respondía, al ministro de Defensa y a los jefes militares: *"Estoy preso, ¿qué más me van a hacer? Así que me considero libre de decir lo que quiera"*. [*Se ríe*].

No lo podían sancionar más.

A veces me suprimían las visitas. En una ocasión pasé tres meses sin visita, no veía ni a mi esposa ni a los muchachos, a nadie. Cuando lo de Giordani, fue un conflicto mío con el Alto Mando... Le prohibieron seguir viniendo...

Llegaron a allanar de nuevo mi cuartico-celda; se llevaron todo lo que tenía, los libros y el manuscrito de la tesis que más nunca apareció...

¿Estaba ya avanzada?

Bastante, ya tenía muchas páginas redactadas y había definido el enfoque general de la transición. En aquel momento, estábamos trabajando el tema de la Asamblea Constituyente. Giordani me ayudó a buscar materiales sobre varios modelos de Constituyentes. Por esa vía me llegó, en esos años, el libro de Toni Negri, *El Poder constituyente,*[28] que es bastante duro, desde el punto de vista de su posición, pero está bien enfocado sobre lo que es el poder constituyente. Y empezamos a revisar las tesis de Rousseau, las del mismo Bolívar y del Congreso de Angostura, el poder fundacional de la República. Empezamos a analizar lo que se había hecho en Colombia cuando la Asamblea Constituyente del 1991. Aunque, obviamente, en el caso colombiano no participó la guerrilla y aquello no tuvo el impacto transformador necesario.

Participó el M-19 ¿no?

Correcto. El M-19 ya estaba pacificado y participó. Pero los grupos en armas: las FARC [*Fuerzas Armadas Revolucionarias de Colombia*], el ELN [*Ejército de Liberación Nacional*] y otros grupos se negaron. Pero bueno, Colombia era una experiencia que empezamos a estudiar... Era reciente.

¿Se interesaron por la transición en Rusia en donde también se votó, después de la caída de la Unión Soviética, una nueva Constitución en 1992?

No, ese caso no lo abordamos. Pero le quería insistir en esto: en la cárcel realizamos un intenso trabajo intelectual —¡intenso, intenso!— y metódico. Conseguimos organizar el Comando político del MBR-200, y disponíamos de un grupo de asesores míos, entre los que estaba Giordani...

---

[28] Toni Negri: *El Poder constituyente. Ensayo sobre las alternativas de la modernidad*, Editorial Libertaria, Madrid, 1994.

¿Luis Miquilena también era asesor suyo?

No. Él aparece en esos días de la cárcel, en una o dos visitas. Luego no volvió. Hasta que salí y empezamos a conocernos... Sólo vino en dos ocasiones nada más. Yo tenía un grupo de asesores del que Giordani era el coordinador. Formaban parte de él, entre otros, Héctor Navarro, Ciavaldini y varios intelectuales y académicos universitarios.

¿Cómo se comunicaba con el exterior?

Tenía un teléfono celular escondido.

¿En la celda?

Sí, en la celda. Me lo buscaron no sé cuántas veces; nunca lo encontraron.

¿Conseguía esconderlo?

Con Alastre, lo desarmamos... Había, colgado en una pared, un retrato de la Virgen, y si se volteaba era el celular, digamos las tripas del teléfono celular, los *chips* [*se ríe*]. La tarjeta la pegamos en la parte posterior del retrato de la Virgen. Había que hacer una conexión con el tablero, que teníamos escondido en otra parte. Lo usábamos a cierta hora, sobre todo en la noche. No tenía mucho alcance, había que ponerse en una esquinita... Por esa vía conversé con la familia, con algunos compañeros... Y hasta con Rafael Caldera la noche de su victoria electoral; le felicité. Él aprovechó para alertarme: *"Tenga mucho cuidado,* me dijo, *no caiga en provocaciones"*... El teléfono estaba a la vista de todo el mundo... Lo buscaban, miraban a la Virgen. [*Se ríe*].

¿Nunca lo descubrieron?

Un día averiguaron por fin el número... Sonó el teléfono una noche, atiendo, y me dice una voz: *"¡Ah, pajarito, te agarramos!"*.

Finalmente, usted sale de la cárcel en marzo de 1994.

Sí. Rafael Caldera reconoció su deuda política con nosotros y, al inicio de su mandato [*enero de 1994*] dio instrucciones para que los militares implicados en las dos rebeliones de 1992 fueran liberados. Al final, el último mes, me trajeron al Hospital Militar de Caracas, para cumplir una tarea política.

¿Qué tarea?

Facilitar la salida de prisión de varios compañeros que tenían dudas. Algunos no querían aceptar su liberación en esas circunstancias. A mí también me lo decían: *"Mejor que te quedes en prisión, porque eres un símbolo"*. No entendían que había que salir y lanzarse a la batalla. Por eso conversé con aquellos compañeros, uno por uno. Alguno hasta violento se puso diciendo que yo era un traidor porque estaba negociando. Le dije: *"No estoy negociando nada, pero tenemos que evaluar: ¿quedarnos aquí y hasta cuándo? o salir con la frente en alto"*. Finalmente todos se convencieron. Salí libre la víspera de un Domingo de Ramos, el 26 de marzo de 1994.

¿Qué lección sacó de sus años de prisión?

Esa estancia nuestra en la "cárcel de la dignidad", dos años y un poco más, pudiéramos dividirla en varias etapas, y todas estuvieron caracterizadas, desde el comienzo hasta el fin, por un gran esfuerzo intelectual, de estudio. Creo que aprendí en la cárcel mucho más de lo que había aprendido en toda mi vida anterior. No sólo desde el punto de vista del conocimiento científico sino también sobre mis propias capacidades para enfrentar lo que venía.

CAPÍTULO 15

La campaña victoriosa

El fin de la carrera militar – Una salida triunfal –
La esperanza está en la calle – El "mito Chávez" –
Una utopía posible – Recorriendo Venezuela –
"Enemigo público N°1" – El *Proyecto Nacional Simón Bolívar* –
Por una democracia "protagónica" – Tensiones con la izquierda –
El "Mapa Estratégico" – ¿Vía política o vía militar? –
¿Líder o "caudillo"? – Chávez y el pueblo – En Colombia –
En Panamá – En Argentina, Uruguay y Chile – Norberto Ceresole –
El encuentro con Fidel – En el Foro de São Paulo –
Una terrible acusación – ¡Satanizado! – Retando a Samper –
Hacia los comicios presidenciales – Grave crisis en el MBR-200 –
Desalentado – *El Oráculo del guerrero* –
La perfección política y los fanáticos –
Nace el Movimiento Vª República – El Polo Patriótico –
Las elecciones del 6 de diciembre de 1998 – El triunfo.

Cuando a usted lo liberan ¿sigue siendo militar?

No, ésa era una de las condiciones de mi liberación, tuve que darme de baja del Ejército. El gobierno lo exigía.

Pero recuerdo una foto del día de su salida y estaba con su uniforme...

No, no era un traje militar, era un liqui-liqui beige. Empecé a usar el liqui-liqui, que es el traje nacional, pero de color beige o verde; parecía un uniforme. Tenía dos o tres. Un regalo de unas amigas de Maracay;

conocían a un sastre extraordinario que me hizo esos liqui-liquis a la medida, con buena tela y buen estilo. Poseía cuatro liqui-liquis: azul, verde, beige y negro. Y unos botines... Era como un uniforme aquello. Eso estaba estudiado... Andaba "uniformado", una franelita [*camiseta*], el liqui-liqui y la boina roja en los actos públicos. Me vine a poner corbata ya de candidato a la presidencia en 1998, me convencieron mis asesores... Una ridiculez en verdad.

¿El gobierno planificó su salida de la cárcel para que no hubiese una muchedumbre esperándolo?

Exactamente. Fue planificada y retardada hasta el mediodía del 26 de marzo de 1994, sábado previo a la Semana Santa, cuando todo el mundo estaba de permiso. El gobierno lo hizo adrede para que mi salida fuera lo menos mediática posible. Yo tenía un plan loco: irme a la profundidad de la sabana y arrancar desde allá una larga marcha sobre Caracas. Mis amigos me convencieron de que no era lo mejor.

¿Cómo salió entonces?

Los últimos quince días me trasladaron de Yare al Hospital Militar por un problema que tenía en los ojos. Ahí esperé mi liberación. Exigí dos cosas a los emisarios que negociaban las condiciones de mi salida. Primero: ir a la Academia Militar uniformado antes de firmar la baja. Lo aceptaron; fui solo, sin prensa ni nada; me llevó un general [*Raúl Salazar*]. Y segundo: salir el último. Porque liberaron a todos los que quedábamos. Ellos el día anterior, y yo al día siguiente. Cuando me tocó a mí vinieron a buscarme en una camioneta militar. Fue como morir un poco. Pedí que me dejaran solo un momento en el patio de la Academia, un lugar mágico. Caminé, medité al pie de la estatua de Bolívar, lloré pensando en el final de mi carrera militar, consciente de que en aquel instante se terminaba una fase de mi vida, y por fin firmé la baja. Luego me quité el uniforme, y me puse el liqui-liqui. Me condujeron hasta la puerta, me bajé de la camioneta en la alcabala, me despedí de los compañeros militares. Y salí de Fuerte Tiuna por fin libre.

¿Recuerda aquel primer contacto con la libertad?

Lo recuerdo perfectamente. Fue traumático. Delante de la misma puerta del Fuerte Tiuna, en la avenida de Los Próceres, había una muchedumbre inimaginable... No podía dar un paso, era una avalancha, un bochinche, un alboroto... Aquello se filmó, hay imágenes. Estaban también muchos periodistas esperándome. Instalaron una mesita para que diese una rueda de prensa... Era imposible, el gentío empezó a pasar por encima de la mesa, unas motos rompieron los cables, muchas personas querían tocarme, abrazarme... Me desgarraron el liqui-liqui... En medio de ese laberinto, me monté en una camioneta que alguien prestó, pero le arrancaron una puerta... Me subieron en hombros... De ahí, me fui a una entrevista con José Vicente Rangel en Televén; me había invitado a grabar un programa especial para difundirlo esa misma noche. Allá nos dirigimos —yo iba con Adán, Cilia [*Flores*], los hermanos [*Juan Carlos y Eliécer*] Otaiza, Nicolás [*Maduro*] y otros— pero ni podíamos entrar a la estación, de tan enorme que era la masa de gente por todos lados... Conseguimos por fin llegar; me cambié el liqui-liqui por otro, hicimos la entrevista y de nuevo para la calle...

Ese mismo día fue también al Panteón ¿no?

No. Al Panteón fui al día siguiente por la mañana, domingo de Ramos. También di una rueda de prensa en el Ateneo, salí a un balcón y había gente hasta en los árboles... La víspera, algunos periodistas lograron preguntarme dos o tres cosas y recuerdo que, ese domingo, el titular de los periódicos era: "*¿A dónde va el Comandante? ¡Al poder!*"...

No se equivocaban.

Ellos me habían preguntado: "*¿No va para Miraflores?*". Y les respondí con una frase que me salió: "*Por ahora no tengo nada que hacer en Miraflores, antes voy a las catacumbas con el pueblo*". Y nos lanzamos a recorrer

Caracas durante tres días en una marcha multitudinaria con cientos de banderas... Fuimos al este, al oeste, a Petare, a Los Teques, al Valle, a todos lados...

¿Qué hizo luego?

Me fui a recorrer Venezuela de punta a cabo. Gracias al trabajo político que habíamos hecho en la cárcel, cuando salí disponía de un movimiento MBR-200 estructurado en todo el país. Mi objetivo era potenciarlo, trabajar en la conformación del MBR-200 en cada estado, en los municipios, en los pueblos. Formar un Comando nacional, un comando en cada estado, en cada región...

¿Con qué objetivo?

Mi decisión era enfrentar el gobierno de Rafael Caldera, situarme muy concretamente en la oposición. Ésa era mi línea estratégica. Otros compañeros, en el seno mismo del MBR-200, decidieron aliarse al gobierno con ideas electorales en la mente. Yo no. Siempre tuve la convicción que había que mantener firme la bandera de la Constituyente y dar la batalla desde la oposición.

¿En el MBR-200 coexistían varias líneas?

Había de todo. El Movimiento era entonces una amalgama heterogénea de grupos, líneas y corrientes: ex-guerrilleros, militares retirados de varias tendencias, grupos de derecha, extremistas de izquierda y de derecha... Lo único en común era el deseo de cambiar rápidamente las cosas en el país y un cierto nacionalismo. Por lo demás, no existía cohesión fuerte, ni ideología concreta que lo vertebrase y articulase. Por eso, mi primera tarea al salir de la cárcel consistió en estructurar y cohesionar el Movimiento relanzando la actividad política, la reflexión política... Y lanzamos la siguiente consigna bolivariana: *"La esperanza en la calle"*.

Bonita consigna.

Había muchas. Por ejemplo, recorrí el país con esta otra: *"El pueblo es boliva-riano y triunfará"*. Y también, sencillamente: *"El pueblo al poder"*. Hasta canciones salieron... La idea era, sobre la base de un programa concreto, dar optimismo, crear voluntad de cambio e inundar de esperanza el país.

Ahí empezó otra etapa. Me puse a recorrer Venezuela de punta a punta, en carros viejos, caminatas, durmiendo en el suelo... Me fui por los caminos, las montañas, los ríos, los pueblos... Salí disparado en una gira huracanada, ciudad por ciudad... Cuando llegamos a 1997, no había estado de Venezuela donde no existiera un comando del MBR-200. Conseguimos organizar el Movimiento en todas partes con la ayuda de jóvenes muchachos que luego fueron subiendo. Nicolás Maduro,[1] Elías Jaua,[2] Rafael Isea,[3] Jesús Aguilarte,[4] por ejemplo, vienen de ese proceso. Y también estaban los tenientes Otaiza y Calatayud, y el sargento Venero. Ellos formaban mi seguridad, con unas pistolas viejas... Todos eran unos muchachitos entonces; yo tenía 40 años y ellos apenas 25...

Teníamos una tarima [*se ríe*], era un carrito con cuatro ruedas, bonito, con flores, le ponían matas de plátano, lo adornaban... Y en cuanto la instalábamos, surgía gente por todas partes, aparecían a caballo... Yo hablaba en las plazas, pronunciaba discursos, declaraciones, daba ruedas de prensa, intervenía en programas de radio... Día tras día, casi sin descanso, durante los años 1994, 1995, 1996...

---

[1] Nicolás Maduro (n. 1962), ministro de Relaciones Exteriores del 8 de agosto de 2006 al 13 de octubre de 2012. Fue nombrado luego Vice-presidente del gobierno. Después del fallecimiento de Hugo Chávez, el 5 de marzo de 2013, fue designado "Presidente encargado" y finalmente Presidente de la República después de ganar las elecciones presidenciales del 14 de abril de 2013.

[2] Elías Jaua (n. 1969), doctor en sociología, ministro de Agricultura. Vice-presidente del gobierno del 10 de enero de 2010 al 13 de octubre de 2012. Nombrado Ministro de Relaciones Exteriores en enero de 2013.

[3] Rafael Isea (n. 1968), egresado de la Academia Militar, gobernador del estado Aragua desde el 5 de diciembre de 2008.

[4] Jesús Aguilarte Gámez, fue gobernador del estado Apure de 2004 a 2011; murió asesinado en Maracay el 2 de abril de 2012.

Se reactivó el "mito Chávez"...

Ya hemos hablado de eso y, si me permite, voy a intentar dejar en claro mis apreciaciones sobre el tema. Comenzaré por decir que no creo —ni nunca creí— en el "mito Chávez", y estoy convencido de que el pueblo venezolano nunca ha llegado a percibirlo como tal. El respaldo que he recibido de los ciudadanos es, en mi opinión, eminentemente racional. No es el resultado de no sé qué creencias colectivas irracionales... La gente sabe lo que quiere, o por decirlo de otra manera, lo que no quiere. Yo le hablo al pueblo de política, con honestidad, con argumentos concretos y precisos. Y lo respeto. No soy un "encantador social", ni un "mago" que subyuga con trucos y artefactos...

Sin embargo, a usted lo califican a menudo de "populista".

Sí, es uno de los calificativos más amables que mis adversarios usan contra mí [*se ríe*]. Pero yo pienso más bien, y lo he dicho muchas veces, que algunos periodistas e intelectuales, distorsionando la realidad colectiva, han repetido eso y lo del mito —que es lo mismo— como una forma de apagar la llama de rebeldía que lleva encendida el alma nacional... Desprecian al pueblo. Piensan que "no entiende", que "no sabe", que es como un "eterno niño" siempre menor, siempre dependiente, siempre esperando que alguien lo tome de la mano... Creen que porque adhiere a los argumentos que expongo, el pueblo es tonto, y yo un demagogo, un "populista" como dicen...

O sea ¿nunca hubo un "mito Chávez"?

No soy un mito. Eso quisieran mis adversarios. Soy una realidad. Y una realidad que cada día se concreta más. Por otra parte, le recuerdo que Aristóteles decía: *"Los mitos encierran siempre un núcleo de verdad"*. Cosa que saben muy bien los etnólogos, como lo demostró el gran Claude Lévy-Strauss en sus *Tristes Trópicos*[5] o el brasileño Darcy Ribeiro[6] —asesor de

---

[5] Claude Lévy-Strauss: *Tristes Trópicos*, Paidós, Barcelona, 1988.

[6] Darcy Ribeiro (1922-1997), antropólogo brasileño.

Velasco Alvarado en Perú y de Salvador Allende en Chile y que también vivió un tiempo en Venezuela— en su libro *El Proceso civilizatorio.*[7]

Ese "núcleo de verdad", en la mentalidad colectiva de la sociedad venezolana de los años 1992 a 1998, radicaba en el renacimiento de la esperanza. El pueblo volvía a reclamar su derecho a soñar y, más aún, su obligación de luchar por su sueño. De esa manera, en aquel momento, regresaba a la mente nacional la idea de la utopía política. O sea: comenzó a existir en la imaginación colectiva el deseo de un nuevo país con más justicia, más igualdad y menos corrupción. Y ahí precisamente es cuando la utopía se confunde con el mito. Pero un mito que no puede tener personificación concreta. Un mito que es expresión de una esperanza colectiva.

En aquel momento ¿usted alimentaba esa esperanza?

Ésa era mi misión: darle contenido, en la psiquis del pueblo venezolano, a la prodigiosa invención de un país posible. Tenía que crear una utopía concreta. En otras palabras: crear el mito colectivo de un futuro realizable. Debía morir el "mito Chávez", personal, para que el "mito Venezuela nueva", colectivo, emergiese. Y para que todo se transformara, como en la fábula.

¿Qué fábula?

La de Dafnis, relatada por Teócrito[8] en sus *Idilios.* Dafnis era un semidios, pastor en el monte Etna, que muere atormentado por el amor de Venus, al haberse atrevido a profanar las delicias de la diosa Afrodita... Ya muriendo, Dafnis exclama: *"Puesto que Dafnis se muere, que todo se transforme. Que los pinos den peras, que el ciervo persiga a los perros...".* Yo pensaba lo mismo, lo importante era "que todo se transforme" con la muerte del "mito Chávez". Venezuela estaba "patas arriba", como diría Eduardo Galeano,[9] y había que ponerla en pie.

---

[7] Darcy Ribeiro: *El Proceso civilizatorio. Etapas en la evolución socio-cultural,* Universidad Central de Venezuela, Caracas, 1983.

[8] Teócrito (310 a.C.-260 a.C.), poeta griego, nacido en Siracusa (Sicilia), fundador de la poesía bucólica o pastoril.

[9] Eduardo Galeano: *Patas arriba. La escuela del mundo al revés,* ONCE, Madrid, 1998.

De ahí su idea de la "utopía posible".

Sí, pensaba en Víctor Hugo cuando dice: *"Las utopías de hoy son las realidades de mañana"*. Y sencillamente yo proponía relanzar la "utopía bolivariana" que era como el Ave Fénix latinoamericana, estaba ahí desde hacía casi dos siglos; de vez en cuando renacía pero siempre la volvían a sepultar. Nosotros decidimos rescatarla definitivamente.

En general, la idea de utopía, en el lenguaje político, está asociada a la de "fantasía irrealizable" o a la de "experimento peligroso"; en aquellos años se hablaba precisamente del *"estrepitoso fracaso de la utopía soviética"*... En esas circunstancias, ¿era oportuno el uso de la palabra 'utopía'? ¿No temió que fuese mal interpretado?

Bueno, yo hablaba de la utopía a mi estilo... Y también se podría hablar del *"estrepitoso fracaso"* de la "utopía neoliberal". En particular en América Latina, en los años 1980 y 1990, o en Estados Unidos y Europa a partir del 2008... Nosotros le dábamos a ese término la definición, digamos, de "proyecto anticipador". Y suponía el anuncio de un programa concreto de transformaciones. Además, sometíamos ese proyecto a la discusión, a la confrontación, al debate con la ciudadanía. Para nosotros, en aquel momento, no era concebible que un "programa de transformación del país" fuese elaborado por una sola persona, un "gran líder", un "salvador" aislado en la soledad de su despacho... No. Sólo podía resultar de una amplia discusión, del pueblo mismo como "intelectual colectivo"...

Es verdad que, desde finales del siglo XVI en Europa, se hablaba de las utopías como de *"visiones vanas de filósofos"*... Porque esa idea de utopía tomó fuerza a partir de la publicación [*en 1516*] del libro del canciller Tomás Moro: *De la mejor condición de una República y de la nueva isla de Utopía*, más conocido con el título de *Utopía*.

Veo que conoce bien el tema.

Me interesé mucho por esa temática. En la cárcel había leído un libro de Isaac J. Pardo apasionante: *Fuegos bajo el agua*,[10] subtitulado: *La invención de Utopía*. Un enfoque maravilloso de lo que es la utopía y un resumen histórico de todos los utopistas, desde antes de Cristo hasta Marx, pasando por los filósofos griegos y romanos, Tomás Moro, los pensadores de la Revolución Francesa, los "socialistas utópicos" del siglo XIX, los filósofos políticos del siglo XX... Esa obra me ayudó mucho. Y traté de entender cómo concretar, cómo bajar de la utopía sin lugar,[11] a la utopía con lugar. Me planteaba el problema de cómo construir el futuro. Porque estaba convencido de que se podía ir construyendo el futuro de Venezuela. ¿No afirmaba acaso José Martí que *"las revoluciones hacen posible lo que hoy parece imposible"*?

Cuando usted sale de la cárcel, ya Carlos Andrés Pérez no es presidente, y hay un gobierno, el de Rafael Caldera, que se propone también transformar Venezuela y erradicar la corrupción con la ayuda, además, de ministros de izquierda, del MAS concretamente. Ese nuevo contexto ¿no le complicaba a usted las cosas?

Sí, porque el país, con Caldera, parecía enrumbarse hacia una estabilidad relativa. Pero era falsa, superficial... La salida de Pérez funcionó como una válvula de escape y bajó mucho la presión. De manera hábil, Caldera se había alejado de Copei, un partido muy comprometido con la descomposición del sistema, y había constituido su propia organización, Convergencia, con la que fue elegido Presidente.

Luego, comenzó a buscar, y hasta cierto punto logró, que sectores populares identificaran su persona y su propuesta con lo que nosotros

---

[10] Isaac J. Pardo: *Fuego bajo el agua. La invención de Utopía*, Fundación Biblioteca Ayacucho, Caracas, 1990.

[11] La palabra 'utopía', en griego clásico significa "no lugar".

representábamos. En una ocasión, en plena campaña electoral de 1993, el doctor Caldera fue a Barinas y mandó a buscar a mi madre. A través de ella, me envió un mensaje: que no lo atacara, porque yo había dicho ya cosas duras contra él, y que mi exigencia de una Asamblea Constituyente no era buena salida. Algunos de mis compañeros, tanto en Yare como en el San Carlos, apoyaban a Caldera y llegaban a decir que el triunfo electoral de Caldera significaría la victoria del 4 de febrero...

Según usted, eso era una falsificación.

Más que una falsificación, un fraude y un robo hasta de algunas ideas. Pero bueno, el país entró en esa dinámica... El discurso de Caldera era nacionalista y, al principio, criticó un poco el FMI. Por supuesto era un hombre conservador, de la derecha, pero supo hacer alianzas importantes. El Partido Comunista lo apoyó y el MAS también.

¿Le extrañó eso?

Era una curiosa alianza... Producto de la degeneración, de la desarticulación y del desgaste de las izquierdas. Tenían que haber hecho una verdadera alianza de izquierda y agruparse todos en torno a la figura de un líder de La Causa R que logró repuntar y que era el gobernador Andrés Velásquez con el que yo estaba enfrentado.

La gente de La Causa R vino a la cárcel a pedir apoyo. Me reuní, en Yare, con Andrés Velásquez y varios compañeros suyos. Recuerdo que nos instalamos en una mesita en el medio de un patio muy soleado para que no nos grabaran. Algunos compañeros militares nuestros habían aceptado incluso ser incluidos en las listas de candidatos a diputados por La Causa R, otros por el MAS. Andaban los partidos compitiendo a ver quién presentaba un comandante o un capitán de los presos del 4-F o del 27-N.

Le dije a Velásquez que yo tenía una propuesta conocida, un programa: *"Cómo salir de este laberinto"*, eso era público; y disponía también de un movimiento: el MBR-200. Que nuestra intención era fortalecer esa propuesta estratégica. Y que íbamos a llamar a no votar porque esas elecciones eran un engaño.

¿Cómo acogió Andrés Velásquez esa respuesta?

No era la que esperaba. Discutimos con respeto. Me mantuve firme en esa posición. Y un buen grupo de nosotros, en base a esa posición, publicamos un documento, antes del proceso electoral presidencial, en el que denunciamos el intento de fraude, el intento de escamotear las victorias populares.

Lo cual no impidió la victoria de Caldera...

Sí, ya lo comentamos, ganó con muy poca diferencia, y muy poca participación. Así llegamos a diciembre de 1993, con un nuevo presidente electo. De pronto, se apagaron los rumores de golpe de Estado que habían estado sonando en los altos mandos militares. Más de un general estaba con ganas de aprovechar el momento para dar un golpe de Estado, en particular un vicealmirante que era Ministro de Defensa, Radamés Muñoz León, un líder de derecha representante de toda una corriente militar.

Se termina aquella fase. Asume Caldera y a usted lo liberan. Es un gran cambio ¿o no?

Sí, pero lo que quiero decirle es que yo no deseaba dejarme manipular, ni domesticar. Porque, en el fondo, todo el sistema que denunciamos seguía igual. Estructuralmente igual. Obviamente, Rafael Caldera era una personalidad que estaba muy lejos de tener la imagen de corrupto de Carlos Andrés Pérez. En el imaginario colectivo era conservador, de derecha, pero indiscutiblemente un hombre honrado y honesto.

Por eso, a él y a su entorno les molestaba que yo y el MBR-200 mantuviésemos una actitud de denuncia. Recuerdo que, cuando asumió, ejercieron sobre mí una presión bastante grande para que no sólo aceptase el sobreseimiento que nos proponían a todos los oficiales presos —y que al final aceptamos—, sino que fuera a Palacio a ver al Presidente. Hasta la noche anterior a mi salida, vino al Hospital Militar el propio hijo de Caldera, Andrés creo que se llama, de emisario de su padre, hablando conmigo, diciéndome que el Presidente quería saludarme y darme las gracias... Le contesté: *"No tiene nada que agradecerme, ni yo a él tampoco"*.

No quería usted dejarse seducir.

No pensaba que fuese oportuno. Antes de salir de la cárcel, le había avisado al pueblo, con claridad, que no se confundiera. Por eso, para mí, estuvo siempre muy claro que no debía acudir a Miraflores.

¿Qué idea tenía en mente Caldera cuando decidió excarcelarlo?

Como político viejo, él tenía olfato. Eso fue lo que le llevó a decir lo que dijo aquel 4-F cuando, por la tarde, en el Congreso, como Senador vitalicio, se solidarizó en cierto modo con nuestra rebelión. Ese mismo olfato le llevaba también a no querer enfrentarse a nosotros, lo cual, políticamen-te, no sólo era correcto sino hábil. En los primeros días después de mi liberación, hubo como una luna de miel. Me llovieron las proposiciones... En realidad era un puente de plata que me tiraban a ver si yo caía en la trampa de sumarme...

Caldera, durante su campaña, había prometido la liberación de los militares en prisión y la pacificación del país. Entró en funciones como Presidente en febrero de 1994 y nosotros salimos al final de marzo. El proceso de liberación fue relativamente rápido. Pero a la gente que apo-yaba nuestra causa le pareció de una lentitud insoportable. Debo recordar que, en Caracas, había una permanente movilización masiva a favor de los oficiales presos, por parte de asociaciones de familiares, grupos de abogados, organizaciones de estudiantes y toda clase de gente que recla-maba nuestra libertad y el respeto de la promesa electoral. A Caldera no le dieron ni un respiro. El mismo día de su toma de posesión, fue al Panteón a aportar la ofrenda de flores al sarcófago de Bolívar. Y cuando salió, la gente agolpada en la calle, le lanzó un solo grito: *"¡Liberen a Chávez!"*. La presión era enorme, y a medida que pasaban los días, tendía a incrementarse. No tuvo más remedio que liberarnos lo antes posible.

Y usted entonces se marcha a recorrer Venezuela para, me dijo, "potenciar el MBR-200" en todas partes.

Sí, porque debo mencionarle una batalla que libré con un grupo de compañeros, para seguir organizando y desarrollando el proyecto del MBR-200.

¿Qué batalla?

Una batalla por darle nueva vida a nuestro movimiento y fijar una linea política propia. Porque, con el surgimiento del nuevo movimiento del 27-N y todo lo que representaba, algunos comenzaron a tratar de desfigurar el MBR-200 o, sencillamente, a negarlo como movimiento original. Varios compañeros incluso decían: *"Bueno, ya el MBR-200 hizo lo que tenía que hacer, su hora pasó"*. Yo me negaba, tenía el temor de que toda esa fuerza que despertó se la llevara el viento, dividida, confundida, manipulada... Y me opuse: *"¡No, el Movimiento apenas está en gestación; al contrario, ahora es cuando hay que desarrollarlo"*.

Con los que estuvieron de acuerdo conmigo, comenzamos a enviar cartas a los grupos constituidos en muchas partes del país como círculos bolivarianos. Alastre López fue mi ayudante insigne también en esa tarea. Elaboramos documentos y lanzamos un ambicioso plan de movilización para mantener el MBR-200 en la vanguardia crítica contra el sistema. Ese plan avanzó, se hicieron muchas asambleas bolivarianas. No fue fácil porque éramos un movimiento perseguido.

¿Perseguido?

Nuestros adversarios usaban cualquier artimaña para tratar de desfigurar nuestro programa. Inteligencia Militar redactaba informes hostiles: *"Chávez, en sus giras, difunde llamados a la insurrección..."*. Los enemigos de derecha me tildaban de *"violento"*, *"ultroso"*, *"comunista"*, etc. Y los de izquierda nos acusaban de ser de *"extrema derecha"*. El objetivo de todos era liquidarme políticamente, moralmente. Que me perdiera en el paisaje, que me disolviera. Hicieron todo lo posible por lograr esa desaparición. Como en la película *Missing in action*.[12] Contra mí, el ataque era permanente. Yo era el "enemigo público N° 1". Me acusaban de todo para tratar de demoler la imagen de líder que se estaba formando. Como ya le conté, me designaban como el *"jefe de los 'carapintadas' venezolanos"*.

Querían infundir miedo...

Esa campaña surtió efecto. Sí, atemorizó a mucha gente. Incluso amigos nuestros decían que lo de "revolucionario" asustaba, y que había que cambiarle el nombre al Movimiento, llamarlo de otro modo. Un buen amigo, el general García Barrios, propuso entonces —y yo acepté— fundar la Asociación Bolivariana 200 para tratar de quitarle temor a mucha gente. Pero finalmente no caló, el pueblo prefería el Movimiento Bolivariano Revolucionario-200. Aquella iniciativa partía de una buena intención pero quedó en el camino. Hasta la registraron en una notaría para darle vida legal como si fuera una ONG... Además, no teníamos recursos económicos...

¿De qué vivía usted? ¿de su pensión?

Sí, tenía una pensión; la dejaba toda a los niños que estaban en Barinas. Me había separado de Nancy y me sentía muy infeliz sin mis hijos.[13] A la vez estaba viviendo un gran amor con Marisabel,[14] que iba a ser mi segunda esposa. En aquel tiempo, vivía en cien casas, andaba con mis cajas de libros de casa en casa, por aquí y por allá.

---

[12] *Missing in Action* (1984), realización: Joseph Zito. Intérprete principal: Chuck Norris. En español: *Desaparecido en acción*.

[13] Rosa Virginia, María Gabriela y Hugo Rafael.

[14] Marisabel Rodríguez (n. 1964), periodista y locutora de radio. En 1997, Hugo Chávez y ella se casaron y tuvieron una niña, Rosinés, la más joven de los cuatro hijos del Presidente. Se divorciaron en 2004, después de dos años de separación.

¿El MBR-200 tenía recursos?

Bueno, hacíamos colectas. Pero no teníamos ningún recurso. ¡Nada de nada! Ni teléfonos celulares teníamos. Éramos cuatro y una camioneta, la "Burra negra", una Toyota vieja que me regalaron, tragaba mucha gasolina y botaba chorros de aceite. Con eso íbamos de pueblo en pueblo. Yo preguntaba: *"¿Cuánto tenemos de gasolina?"*. En función de eso calculábamos en qué pueblo haríamos el próximo mitin. Pero contábamos con el apoyo del pueblo venezolano. En verdad, nunca nos faltó de comer, la gente ayudaba. Después, cuando pasaron dos o tres años, empezó a aparecer alguna ayuda más consecuente. Ya tuvimos una cuenta de ahorros, gente que depositaba donativos, y tal.

Estaban ustedes en una gran soledad...

Bueno, una soledad relativa porque había una masa de gente que nos apoyaba [*risas*]. Era un "mar de pueblo", como dijo Fidel. Yo no podía caminar por una calle de Venezuela, no me dejaban. Era una avalancha de gente. Y un afecto, un apoyo, un amor... Nunca me faltó una cama para dormir, un chinchorro [*hamaca*], una comida, combustible, incluso carros prestados...

¿Todo ese esfuerzo, lo hacía usted para consolidar la singularidad política del MBR-200?

Exactamente. Potenciar la confianza en nosotros mismos y reforzar internamente el MBR-200. Estaba absolutamente convencido de la necesidad de disponer de una organización política propia, con un perfil ideológico propio.

¿Por qué?

Porque si no, hubiéramos terminado desdibujados en mil corrientes. Nos hubiera tragado la licuadora. Por eso me atacaban todos, del PCV a La Causa R, de la derecha a la izquierda. Y no hablemos de la ultraizquierda...

¿Quiénes componían esa ultraizquierda?

Unos cuantos grupitos minúsculos: la Coordinadora Nacional Revoluciona-ria, Tercer Camino, Bandera Roja, Insurgencia Popular, Desobediencia Civil, Junta Patriótica... Cabrían todos en un autobús... En todo caso, mi lucha desde que salí de la cárcel fue ésa: rechazar la trampa de las falsas alianzas y profundizar la singularidad política del movimiento bolivariano.

¿Lo bolivariano no encajaba en las casillas políticas tradicionales?

Para nada. Por eso algunos, en nuestro propio Comando, comenzaron hablar de otra cosa. Para ellos, el nombre de Bolívar o el Proyecto Nacional "Simón Bolívar" ya no era la consigna central. *"No*, decían, *ya esto es otra cosa"*. Era inducido también por los infiltrados de la derecha militar que se introdujo ahí con el objetivo ideológico de alejar a nuestro Movimiento de la izquierda militar. ¿Sabe usted hasta quién apareció como uno de los apoyantes y financistas de esa línea?

No.

¡Lyndon LaRouche![15] Sí señor, Lyndon LaRouche, que incluso creó en Vene-zuela un partido; todavía anda por ahí Alejandro Peña Esclusa[16] dando de-claraciones. Y al otro extremo, aprovechándose de la ingenuidad de muchos cuadros militares, también se infiltraron en nuestro Movimiento, amigos de Gabriel Puerta Aponte y Bandera Roja, que —como le conté— ya habían tratado de infiltrarse en la rebelión del 4-F y tratado de asesinarme.

---

[15] Lyndon H. LaRouche (n. 1922). Economista y político norteamericano de polémicas posiciones, fundador del US Labor Party (1973). Pronosticador en política económica. Ha criticado la política interna y externa de EEUU. Preconizador de una reforma a fondo de los sistemas económicos y financieros internacionales.

[16] Alejandro Peña Esclusa (n.1954), fundador del Partido Laboral Venezolano (PLV), rama local del movimiento de Lyndon LaRouche, y de la organización Fuerza Solidaria. Católico ultraconservador, apoyó el golpe de Estado de abril de 2002 contra el presidente Hugo Chávez. Fue detenido en julio de 2010 por "relaciones con el terrorismo salvadoreño" y dejado en libertad bajo régimen de presentación el 20 de julio de 2011.

El objetivo de todos ellos era destrozar el movimiento popular de fondo y el liderazgo mío que se levantaban. Esas infiltraciones provocaron una dispersión de gente, de cuadros, confusiones... Querían alejar el Movimiento del bolivarianismo y darle otro carácter más aventurista y más violento para desacreditarlo. Era todo un plan.

¿Hizo usted algo para desmontarlo?

Ya le dije, llamé, desde la cárcel, a organizar e impulsar por todo el territorio nacional los comités bolivarianos. E insistí en una clara orientación política, bolivariana, robinsoniana y zamorana. Estaba consciente de que representábamos una alternativa perfectamente válida para los profundos cambios que exigía nuestro pueblo. Por eso también animé a realizar asambleas bolivarianas regionales cuya misión era preparar la Asamblea Nacional Bolivariana. A pesar de los momentos difíciles que uno pasaba en prisión, di esa batalla, fijando lineamientos políticos como siempre lo he hecho.

¿Cuáles eran esos lineamientos? ¿Los definidos en el documento *Cómo salir del laberinto*?

No solamente. Teníamos también el *Proyecto Nacional Simón Bolívar* en el que definíamos elementos básicos, conceptos y categorías que luego, en 1999, se fueron desarrollando en el proceso constituyente. Todo eso desató un gran debate. Hablábamos, por ejemplo, de los nuevos poderes que deseábamos proponer al país: el Poder Electoral, el Poder Moral; describíamos el sistema de gobierno que íbamos a instalar: la democracia participativa y protagónica...

Al salir de la cárcel ¿usted mismo asumió la animación de ese gran debate?

Sí, era algo muy importante. Planteaba claramente las tres opciones que se presentaban a nosotros: 1) llegar al poder por la vía militar; 2) hacerlo por la vía política legal; 3) abandonar la lucha y dejarlo todo. Porque, después de salir de la cárcel, muchos compañeros se desmovilizaron:

algunos se fueron a trabajar al gobierno; otros decidieron crear proyectos personales; muchos se aferraron a su familia, a su mujer, a sus hijos. Incluso, en ocasiones, algunos me reprocharon de que yo, cuando estaba en la cárcel, hiciera declaraciones a los medios —cosa no permitida— y la administración penitenciaria nos sancionaba, incrementando la represión contra los familiares, reduciendo las visitas... Varios de mis propios compañeros me acusaban de dificultar la vida en la cárcel... En realidad era una manera, para algunos infiltrados del gobierno, de chantajearme y obligarme a cesar toda actividad política. Desde la calle también, algunos partidos de izquierda me increpaban: *"Bueno, Chávez ¿qué es lo que quieres?, ¿guerra civil?, ¿sangre?".*

Si entiendo bien ¿no descartaba usted volver a intentar la toma del poder por la vía de otra rebelión militar?

En los primeros años, 1994, 1995 y 1996, siempre mantuve la posibilidad de una acción armada. Es cierto. Incluso disponíamos de algunas armas y de gente dispuesta a ir a una nueva insurrección... En ese tiempo, yo pensaba —y lo escribí en un documento nuestro— que la Ley del Sufragio y la Ley de Partidos Políticos eran mecanismos de dominación que asesinaban la soberanía popular y el espíritu democrático.

O sea, cuestionaba el carácter democrático de la República de Venezuela.

Absolutamente. Nuestra rebelión del 4-F derrumbó el mito aquel de "Venezuela, la democracia más sólida de Latinoamérica". Era una falsa construcción teórica que trataba de definir aquel régimen como un sistema establecido de manera permanente. Nosotros denunciamos que, sobre ese falso equilibrio y al amparo de un Estado corrupto, se habían formado inmensas fortunas y, consecuentemente, la miseria de una gran parte del pueblo. Hablábamos de la imperativa necesidad de una "nueva práctica democrática". Entendida ésta como un proceso en marcha, impulsado por diversas fuerzas liberadas y, entre ellas, principalmente nuestro MBR-200.

Había un sofisma que también deseábamos desmontar: muchos gobiernos de Latinoamérica pregonaban la participación "popular" como componente básico de las "políticas democráticas". Nosotros denunciamos, en el *Proyecto Nacional Simón Bolívar*, que esa participación no podía ser entendida como una obra de caridad limitada a los asuntos intrascendentes, donde se le cerraban a las clases populares su capacidad de tomar decisiones en aspectos vitales para su desarrollo y bienestar.

Proponíamos que el pueblo pasara directamente a gobernarse a través de los Consejos comunales, del Poder popular y de las Comunas. Tres instancias que íbamos a crear, y que creamos después de 1999. De ese modo cambiábamos el concepto mismo de democracia. Ésta dejaba de ser sólo representativa y, además de ser participativa, pasaba a constituirse plenamente en "protagónica".

Ese término "protagónico" es muy característico del actual proceso político venezolano.

Sí, ese concepto lo forjamos en la cárcel de Yare, de allí salió y hoy está consagrado en nuestra Constitución. Significa un salto capital, una ruptura epistemológica. Es el "puente" que permite pasar de la democracia a la revolución. O dicho de otro modo: permite que, sin dejar de ser democracia, se pase a la revolución.

En cualquier caso, con semejante crítica del sistema democrático venezolano, en aquel momento no pensaba usted participar en ningún proceso electoral ¿no?

Está claro que, en aquel momento, eso no me lo planteaba. Después, debatimos y cambié de opinión. Pero entonces yo seguía siendo, por lo menos en el fondo de mi alma, un soldado. Y el único proceso en el que estaba imbuido en cuerpo y en espíritu era el de *"la transformación profunda de las estructuras espantosas que aplastan al ser nacional"*, como lo escribimos en un documento en el que, por otra parte, lanzamos el siguiente aviso: *"Si las clases dominantes no ceden en su empeño, la Fuerza Armada Bolivariana y el pueblo de Venezuela volveremos a cantar con el huracán del himno del Ejército".*

Pero ya usted estaba fuera del Ejército, y me imagino que no podía contar con unidades de las Fuerzas Armadas como cuando el 4-F o el 27-N.

Claro. Aunque también es evidente que yo conservaba todos mis contactos militares. Recuerde que eran más de veinte años de organización, montando redes, enlazando, conspirando... Eso no se deshace en un día. Siempre seguí alimentando con análisis políticos a los amigos de la Fuerza Armada: contactos, documentos, reuniones secretas... Me encargué de fortalecer los cuadros militares verdaderamente revolucionarios. Entre otras cosas, eso me ayudó, más tarde, a neutralizar el golpe de 1998 que algunos altos oficiales quisieron dar cuando estábamos ganando las elecciones. Y también ayudó el 11 de abril de 2002, cuando unos golpistas intentaron derrocarme. Y seguirá ayudando como una sólida trinchera de resistencia ante cualquier surgimiento de la derecha militar que sigue latente ahí, siempre alimentada desde afuera.

Además, debo confesarle que, cuando salí de la cárcel, puse en marcha una estrategia para que algunos oficiales amigos, miembros del MBR-200, fueran reintegrados en el Ejército. Imaginé una simulación. Les incité a escribir notas, acordadas verbalmente de antemano, en las que declaraban alejarse oficialmente de mí. Afirmaban: *"No quiero saber nada del MBR-200".* En muchos casos, gracias a eso, logramos que volvieran al Ejército.

Como "topos" del MBR-200... Pero en fin, me decía usted que su principal objetivo político, en ese momento, era crear ideológicamente una masa crítica bolivariana para tener más peso en el país. Por eso se marchó a recorrer Venezuela ¿no?

Sí, con ese objetivo me fui a recorrer Venezuela con tres o cuatro amigos, ya se lo mencioné, Rafael Isea, Nicolás Maduro... Pero no era contradictorio con mi estrategia en dirección de los militares. Recuerde que siempre he sido partidario de una acción conjunta cívico-militar. Yo no desatendía ninguno de los dos frentes. Así que hice cinco recorridos por todo el territorio nacional. El primero lo empecé el 29 de marzo de 1994, cinco días apenas después de mi liberación, y lo terminé en junio. Fue la *"Gira de los cien días"*... En los ojos del pueblo se veía un gran deseo de revolución. Los pobres no estaban reclamando una victoria electoral, lo que tenían era una enorme esperanza de que se iniciara una revolución social. Social y bolivariana. Eso me ayudó a mantenerme firme en mis convicciones, defendiéndolas por todo el territorio... Impulsando, como ya le dije, los comités bolivarianos en todo el país, exigiendo que estuviesen constituidos por compatriotas que verdaderamente no tuvieran compromisos asumidos con organizaciones políticas de ningún género.

¿Por qué esa exigencia?

Porque también estaban en campaña La Causa R, el MAS, el Partido Comunista... Y todos querían llevarse a nuestros cuadros.

Eran sus rivales en la izquierda.

Bueno, yo no los veía como enemigos. Pero siempre pensé, como ya le comenté, que el MBR-200 debía ser un movimiento con cuerpo propio, con perfil propio bolivariano, robinsoniano, con su propia ideología, su propio programa, sus propios proyectos... Y, mire, la historia nos ha dado la razón porque luego, en el camino, pasó lo que pasó... Esos partidos llamados "de izquierda" —el MAS, La Causa R, el Partido Comunista y después: Podemos, PPT [*Patria Para Todos*]— no entendieron nada. Lo que había, lamentablemente, era aprovechamiento electorero y oportunismo. A mí me querían demoler como fuera...

O sea, lo criticaban para que los cuadros del MBR-200 se alejaran de usted, y llevárselos ellos ¿es eso?

Más o menos. Me decían de todo... El Secretario General del Partido Comunista afirmó, cuando yo salí de la cárcel, que *"la presencia del 'caudillo*

Chávez' le hace daño al movimiento popular". Se oponía a que yo asistiera a marchas y manifestaciones. Una vez, con ocasión del Primero de Mayo, esos partidos "de izquierda" organizaron una marcha y un acto en el Parque Central; ninguno de ellos me invitó. En cambio, un grupo de trabajadores, sí me invitó. Y fui. Entonces llego y me siento —no en la tarima donde estaban los jefes, me siento entre los trabajadores—, pero todas las miradas convergen hacia mí, trato de prestar atención al orador, y empieza un rumor que va subiendo, subiendo... El orador sigue hablando, termina, y le dan la palabra a otro. Y ahí, de pronto, un grito retumba en la sala, muy duro: *"¿No van a saludar la presencia del comandante Chávez en esta sala?"*. Silencio de los jefes; y luego, obligados: *"¡Saludamos la llegada...!"*. Enorme ovación. Yo no iba a hablar, pero la presión de la gente era tremenda. Un hombre subió, le quitó el micrófono al orador de turno y me lo ofreció: *"¡Comandante, dele un saludo a los trabajadores!"*... Así era la vaina.

Y a nivel internacional, esa izquierda que se rindió también me boicoteaba. En 1995, en una reunión del Foro de São Paulo,[17] en San Salvador, se negaron a que hablara. Una vergüenza... Me dolía... No entendieron nada. No vieron venir lo que está surgiendo ahora: la tremenda fuerza de los movimientos sociales, Evo Morales en Bolivia, Rafael Correa en Ecuador.

Bueno, pero por su parte, también usted los descalificaba ¿no?

Yo estaba seguro de que, con los partidos políticos que existían —y lo digo con todo respeto a su memoria, a su gente y a los líderes que fui conociendo desde 1978: Alfredo Maneiro, Douglas Bravo, Andrés Velásquez, Pablo Medina—, con esas fuerzas políticas hubiera sido imposible romper el sistema por ninguna vía, ni armada ni no armada. Recuerde que era el

---

[17] Organizado por primera vez en 1990 por el Partido de los Trabajadores (PT) de Brasil en la ciudad de São Paulo, este Foro reúne anualmente a los partidos de izquierda de América Latina, así como a movimientos sociales progresistas.

momento más difícil que pasó la izquierda en cien años de historia. Desapareció la Unión Soviética. Se apagó la utopía y empezó la gran desbandada. Jorge Castañeda publicó en esos años *La utopía desarmada,*[18] la tesis de la rendición pues; el adiós a las armas, la abdicación de la izquierda. Sólo Fidel se mantuvo ahí. ¡En la trinchera de defensa del socialismo! Entretanto Rafael Caldera incluso fue a la Cumbre de las Américas, en Miami, para apoyar a Bill Clinton[19] y entregar el país al ALCA.[20] Y, a pesar de eso, lo apoyaban el Partido Comunista de Venezuela, el Movimiento Al Socialismo, el Movimiento Electoral del Pueblo, así como algunos de los principales líderes de "izquierda": Teodoro Petkoff, Pompeyo Márquez, que eran ministros... ¿Qué izquierda era aquélla? El pueblo estaba totalmente desesperanzado, confundido, sin rumbo...

¿Cómo lo explica usted?

Yo creo que ellos intentaron entrar al sistema para transformarlo desde el interior. Nosotros nos oponíamos a ese entrismo. Porque ellos no estaban suficientemente vertebrados políticamente para resistir a las seducciones y a los ardides del sistema. Nuestra idea era canalizar la fuerza del pueblo y llevarla a un objetivo antisistema: la Asamblea Constituyente. Algunos de esos dirigentes pensaban que era un callejón sin salida; me decían: *"Cuidado, Chávez, tú terminas siendo el flautista de Hamelín que lleva a todo el pueblo a un barranco".* Y ¿adónde lo llevaban ellos? ¡A Caldera y al sistema! ¡al despeñadero!

Pero bueno, querer transformar las cosas desde el interior es lo que trató de hacer mucha gente honorable y honesta de izquierda, e incluso revolucionarios que bajaron de las montañas, entregaron su fusil, formaron partidos políticos, y algunos llegaron a ocupar puestos en el Congreso...

---

[18] Jorge G. Castañeda: *La Utopía desarmada*, Ediciones Ariel, Barcelona, 1995.

[19] William "Bill" J. Clinton, Presidente (demócrata) de Estados Unidos de 1993 a 2001.

[20] ALCA: Asociación de Libre Comercio de las Américas.

¿Y consiguieron transformar el sistema?

Claro que no [*se ríe*]. Ellos fueron transformados. Ellos fueron absorbidos. Se metieron al pantano y el sistema los engulló y los transformó. Recuerdo que un buen amigo, José Rafael Núñez Tenorio, el primer intelectual venezolano de peso que se pronunció a favor del Movimiento Bolivariano; autor de una treintena de libros, ex-guerrillero, ex-preso político... En un momento, cuando todos los intelectuales se alejaban de mí, rompió el hielo y proclamó: *"Apoyo el proyecto que encarna Chávez"*. Y explicó por qué, en un discurso muy bueno que dio en el Aula Magna de la Universidad. Luego murió y yo por supuesto fui al cementerio el día del entierro. Y allí, su hijo, ya adulto, mientras bajábamos el ataúd, me recordó lo siguiente: *"Chávez, no te olvides de lo que te decía mi padre: 'toma tú el poder, no dejes que el poder te tome' "*. Esa lección nunca la olvidé. Por eso mantuve mi convicción de que debíamos crear nuestra propia fuerza, con el pueblo como base fundamental, con nuestros propios cuadros bolivarianos y revolucionarios, y nuestros propios análisis.

Aparte las ideas que expusieron en el *Proyecto Nacional Simón Bolívar* y en *Cómo salir de este laberinto*, ¿qué otros análisis elaboraron?

Regularmente, cada semana, teníamos actividad de trabajo, de definición de proyectos. Fue así como elaboramos el "Mapa estratégico".

¿Qué es eso?

El "Mapa estratégico" era una cartografía política. El resultado de todo un esfuerzo académico e intelectual de muchos compañeros. Se lo puedo dibujar de memoria [*lo dibuja*]. En el centro, el MBR-200, y luego sus potenciales aliados. Primero, en el seno de la izquierda. Después dibujábamos a otros: los *"ind."*, que podían ser los "independientes" pero que, en verdad, significaban lo "indecible", o sea el factor militar que no se podía citar. Además de estos aliados nacionales: los aliados internacionales. Así se conformaba, por una parte, el conjunto de los actores políticos. Eso nos permitía navegar por el mapa.

Luego, representábamos los "proyectos movilizadores". Ejemplos: el proceso popular constituyente; la defensa de la calidad de la vida; la defensa de la soberanía nacional; la integración latinoamericana... A cada uno le fuimos diseñando un conjunto de líneas o motores. Por ejemplo: defensa de calidad de vida, dos motores: vivienda y empleo. Soberanía nacional: política de fronteras y Fuerza Armada. ¿Ve usted? Para el Proceso popular constituyente, empezamos a organizar los comités pro-Constituyente que daban impulso a las ideas constituyentes en todo el país. Comenzamos a calentar motores por debajo... Que viniese de la sociedad, de la base, del pueblo. Para explicar esto a lo largo y ancho del país, me convertí en un maestro de escuela, desde pequeñas reuniones de campesinos hasta estudiantes y profesores universitarios. A veces también a militares activos, escondidos en un hato o una casa cualquiera, de madrugada; y a algunos militares retirados, explicándoles hacia dónde íbamos.

¿Se fijaban ustedes objetivos concretos?

Sí, claro, en ese mapa se precisaban los objetivos y la estrategia para alcanzarlos. Por ejemplo, dibujábamos una flecha así: "proyecto de transición" rumbo a una figura redonda: el Proyecto Nacional Simón Bolívar. Éste era nuestro marco programático en el orden interno, y estaba directamente enlazado con el *disparador* del proceso de transición: la Constituyente... La Asamblea Constituyente no era sino una etapa de transición. En realidad nosotros concebimos un modelo muy dinámico, dialéctico, incluso pudiéramos decir que es como una Revolución permanente. Hasta hoy, porque estamos todavía construyendo un nuevo modelo político, un nuevo modelo social, un nuevo modelo económico... Esto no ha terminado.

En su "Mapa estratégico" ¿aparecían los movimientos sociales?

No, no figuraban. Sólo pusimos los partidos políticos. Hay que decir que los movimientos sociales estaban también descuadernados, los sindicatos peleaban entre ellos... Hicimos contacto con algunos. Recuerdo que uno de los que más se acercó a nosotros, y nosotros a ellos, fue la gente de *La*

Chispa, un semanario trotskista. Después les perdí la pista... Había también movimientos estudiantiles... Pero le repito, era una izquierda pulverizada. Una vez se nombró una coordinadora de movimientos sociales, y asistí a cantidad de reuniones con grupos políticos de izquierda, movimientos populares, etc. Hasta que un día estallé: *"Miren, estoy cansado de estas reuniones, me voy a la calle"*. Aquello eran discusiones interminables que acababan luego en cero acción social. Decidí: *"No. Ya basta"*.

¿Muy estéril?

Sí, demasiado estéril. Era una vieja costumbre aquí, de discutir sobre "el sexo de los ángeles", como alguien dijo. Para nada. Cero acción.

En el orden externo, ¿cómo representaban el mundo en ese "Mapa estratégico"?

Varias flechas conectaban lo interno con el resto del mundo. En primer lugar con América Latina y el Caribe. Y también, en prioridad, con el tercer mundo: África, el mundo árabe, Asia, China... Sobre todo con aquellos países con los que pensábamos poder construir una alianza progresista.

El "Mapa" les servía como de brújula ¿no?

Sí, era nuestro mapa de navegación, fijaba los distintos rumbos de acción política. Jorge Giordani era el rector de todo aquello. Y todo ello significaba también una agenda endemoniada. Quiero decirle que yo no improvisaba, no andaba dando conferencias al azar y a ver qué sale... No; andaba con ese mapa en la mente, efectivamente como una brújula. Sabía adonde quería ir... Y, entre otros objetivos, quería armar una estructura continental de nuestro Movimiento Bolivariano en América Latina. Un movimiento continental que tendría él mismo como meta la integración de América Latina. Y luego articular América Latina y el resto del mundo.

Partiendo de esa concepción geoestratégica, empezamos a organizar nuestro Movimiento internamente para cumplir cada una de las tareas.

Creamos comisiones de trabajo, grupos de impulso político, etc. Organizamos giras, actividades, foros para tratar de dirigirnos al pueblo de distintas maneras, y romper el cerco mediático que se armó en torno a nosotros que, por supuesto, ya había empezado. Yo convocaba una rueda de prensa, e iban apenas tres o cuatro periodistas... y casi ninguno publicaba nada. Comenzamos también a buscar aliados políticos para cada tema. Obviamente no conseguimos ninguno. Los dirigentes de aquellos partidos estaban todos pendientes de las campañas para la alcaldía o para tal puesto. Le repito: era la degeneración de la política real. Nos dimos cuenta de que esos partidos no tenían una política de lucha por la vivienda, ni por el empleo, por el salario, la alimentación, la educación, la salud... Yo me preguntaba: *"Pero ¿quién defiende al pueblo?"*. *"¿Dónde están los partidos políticos que defienden al pueblo?"*. No existían. Estábamos en una gran soledad.

Bueno, seguían teniendo aliados en las Fuerzas Armadas ¿no?

Correcto. Mantuvimos una permanente interacción con los "independientes", como los llamábamos, o sea el factor militar en armas, grupos organizados en el Ejército, la Aviación, la Marina y la Guardia. Contactos en los altos mandos, otros en los cuadros medios. Fue una labor intensa, porque esto requería infinitas precauciones... Para cuidar la seguridad, yo me disfrazaba. Cuando iba a hablar con algunos militares me vestía de hippie, incluso usaba una peluca ¡con una mecha verde! [*se ríe*] o bigotes postizos que me consiguió Freddy Bernal.[21] Nunca pudieron detectar una sola reunión.

---

[21] Freddy Bernal (n. 1962), especialista en ciencias policiales, uno de los líderes del Movimiento Vª República, miembro de la Asamblea Constituyente. En abril de 2002, lideró uno de los principales frentes populares que se opusieron a los autores del golpe de Estado contra Hugo Chávez. Alcalde del municipio Libertador, de Caracas, de 2000 a 2008.

En aquel momento, para conquistar el poder ¿aún dudaba usted entre elegir la vía política o, de nuevo, una vía militar?

Sí, ya le dije. Empezamos a trabajar sin obviar ninguna forma de lucha. Debo revelarle, sinceramente, que mucha gente quería volver a las armas. Dentro de los cuarteles, pero sobre todo en las calles. Yo llegaba a barrios muy pobres, a los campos con aquella miseria, y la gente nos incitaba a la acción. Una vez, en un campamento minero, recuerdo que muchos obreros me decían: *"Chávez ¿dónde están los fusiles? No te conviertas en un político más. Tráenos fusiles, Chávez, para acabar con esto".*

En 1995 hubo elecciones de gobernadores ¿verdad?

Sí, por eso le decía que los partidos políticos andaban sólo pensando en puestos... El PCV apoyaba a Rafael Caldera; el MEP [*Movimiento Electoral del Pueblo*] estaba en el Gobierno con Caldera, el MAS también. La Causa R no estaba pero exigía que nosotros nos sumáramos como candidatos al Congreso, o a una gobernación, o a una alcaldía. Tenían un objetivo claro, se lo mencioné: absorber a nuestros cuadros del Movimiento Bolivariano. Así que, con La Causa R, chocamos también. Y con Bandera Roja, claro. Resultado: nuestro Mapa, en lo que concierne a los "aliados internos", fue desdibujándose más bien. Sólo conservamos algunos contactos con individualidades... Nosotros llamábamos a la abstención activa... Nuestra consigna era: *"Por ahora... por ninguno. ¡Constituyente ya!"*. Muchos dirigentes de la izquierda —en particular, Andrés Velásquez y Pablo Medina, de La Causa R— me acusaban de obstaculizar el desarrollo político del país con mi actitud. Pero al mismo tiempo, trataban de captarme. Me llovieron ofertas para que me lanzara de candidato a una gobernación, que si en Aragua, que si en Barinas, que si en Lara... Incluso desde el entorno de Caldera me lanzaron puentes para que me sumara al Gobierno. No me conocían bien... [*risas*].

¿Le hicieron alguna proposición concreta?

Por supuesto. Me llegaron a proponer que me fuera al extranjero a hacer un postgrado... Me propusieron también una embajada o un consulado en Europa. De hecho, a uno de mis ex-compañeros, Jesús Urdaneta, le dejaron elegir dónde quería ir. Él consultó con su cuñado que trabajaba en Cancillería, y éste le aconsejó: *"Nuestro consulado de Vigo es de los mejores de Europa"*. Y allá se fue. Pasó cinco años de cónsul en Vigo, en la hermosa Galicia. Unos dos años después, viajé a España y me desplacé a Vigo, a visitarlo en aquella bahía, aquellas islas, aquel mar...

Su amigo Francisco Arias Cárdenas también aceptó presentarse a la gobernación de un estado ¿no?

Sí. No fue el único. Porque muchos compañeros nuestros de la Fuerza Armada salieron de la cárcel sin nada. La mayoría no tenía vivienda, ni pensión. Los únicos pensionados éramos los que teníamos más de diez años de servicio... Así que no puedo criticarles. Y no pocos aceptaron esas proposiciones. Yo diría que centenares de ellos. Me quedé casi solo, con cuatro o cinco compañeros. Algunos se fueron a trabajar al Seniat, la superintendencia de impuestos, o hicieron cursos. Otros se fueron a trabajar a un programa de acción social, como el PAMI [*Programa de Alimentación Materno Infantil*]. Arias Cárdenas precisamente fue presidente del PAMI. Y él, uno de los comandantes históricos del MBR-200, se presentó en efecto, como candidato de La Causa R, a la gobernación del estado Zulia. Y ganó. Al salir de la cárcel, se había aliado a La Causa R, lo cual contribuyó a dividir nuestro Movimiento. Los dirigentes de La Causa R enarbolaban su ejemplo; Arias sí era un verdadero líder, inteligente, mientras que yo era un "loco", un "irresponsable"... Decían que yo representaba un *"liderazgo mesiánico"* y lo calificaban de *"regresión política perjudicial al progreso de las masas"*... [*se ríe*].

¿No lo reconocían a usted como líder?

Hay algo que percibí clarito: se resistían a reconocer un liderazgo que había nacido por distintas razones. Era la tesis del "caudillo", así me decían. En algunos casos eran celos ¿no? En otros, una visión política miope; y en otros una consecuencia de los malos hábitos. Por ejemplo, cuando yo reclamaba: *"Tiene que haber una dirección"*. Ellos, por costumbre, hablaban de *"coordinadora"*. Yo pensaba que se necesitaba una dirección firme, había que exigir compromisos de acción, de trabajo, metas políticas... Tenía claro —desde antes de la cárcel—, que si tú no creas el actor social y el actor político ¿cómo vas a enfrentar una realidad, primero para diagnosticarla en función de una visión del mundo, y luego para transformarla?

En *Cómo salir de este laberinto* afirmábamos que una fuerza política debe tener no sólo la voluntad y la disposición, sino la capacidad de actuar. Para lo cual se precisa un liderazgo. Es un problema de poder. Podemos o no podemos.

Pasar al acto.

Exactamente. El debate permanente no conduce a nada. Es un asunto de estrategia además, de estrategia de poder. Al cabo de un tiempo de discusión hay que establecer la síntesis, y actuar. De las palabras hay que pasar a los actos. Simón Rodríguez, en su *Defensa de Bolívar*, en 1828, nos lo recuerda. Sale a defender a Bolívar y comienza diciendo: *"Entre bayonetas, abogó un francés por su señor el rey Luis XVI. Mientras que, entre plumas y cobardes, no sale nadie a defender a su Libertador. Lo haré yo con mi pluma"*. Eran aquellos días en que, a Bolívar lo destrozaban, aquí y en Europa. *"Otro tirano más, otro Napoleón"*, decían de él.

El propio Marx...

El propio Marx lo dijo poco después, en efecto. Y aquel gran orador francés, Benjamin Constant volvió trizas a Bolívar en el Parlamento de París... Y, bueno, el mismo Chateaubriand cuya pluma era terrible. No tiene nada que ver, pero recuerdo que diseñó una frase genial cuando la rebelión de París de 1830 contra el rey Carlos X. Fue Chateaubriand a decirle al monarca que debía hacer algunas concesiones, y Carlos X, altanero, le respondió: *"El Rey es Rey; el Rey no hace concesiones"*. Entonces Chateaubriand escribió en un periódico que editaba: *"Otro Gobierno que cae desde las alturas de las torres de Notre Dame"*. Incisivo ¿no?

Volviendo a lo que hablábamos. Usted deploraba que la izquierda venezolana estuviera apoyando a Caldera.

Rafael Caldera era del Opus Dei, la derecha católica más rancia. Y aquella "izquierda" lo apoyaba abandonando sus principios históricos. Aquí nadie hablaba de Marx, era como una herejía. Nadie hablaba del Estado, sólo se mencionaba al Mercado. Eran los días, como le dije, en que nacía el ALCA. Caldera, del 9 al 11 de diciembre de 1994, se reunió, en el marco de la "Cumbre de las Américas", en Miami, con Bill Clinton, presidente de Estados Unidos, y éste tuvo el descaro de declarar: *"Ahora sí estamos cumpliendo el sueño de Bolívar"*. Unos días más tarde, del 13 al 15 de diciembre de 1994, da la casualidad que yo estuve en La Habana, en mi primer viaje a Cuba, y desde allí le respondí: *"Aquí, para hacer contrapeso, estamos en una Cumbre de rebeldes"*. Estábamos Fidel y yo, ¡los dos solos! Bueno, y yo además [*se ríe*] era un mero ex-presidiario... La izquierda venezolana no me perdonaba esa actitud de irreverencia.

¿Cómo explica sus constantes críticas contra usted?

Distintas razones seguramente. Algunas ya se las cité. Quizá también porque yo no era un intelectual reconocido por ellos, o porque no había estudiado, como ellos, en las mejores universidades o porque era un militar... Cuando me di cuenta de su actitud, pensé: *"No voy a perder mi tiempo en tratar de ganarme confianzas individuales. Mi objetivo es un compromiso directo con el pueblo"*. Además, me sentía correspondido por ese pueblo. Cuando salí de la cárcel y vi aquella marea humana, entendí que mi compromiso era ése. Asumir el liderazgo que el pueblo me reclamaba. Aquellos dirigentes nunca aceptaron mi liderazgo, por celos o por lo que fuera.

Hablando una vez con Arias Cárdenas me dijo que él —que tenía una excelente relación con usted— no había entendido una cosa: creyó que ustedes dos eran como el Quijote y Sancho Panza. Pero él pensaba ser el Quijote. Hasta que acabó por entender que, en realidad, era al revés: el Quijote era usted y él no era más que Sancho Panza.

Sí. Creo que muchos se equivocaron. Existía como una especie de complejo de superioridad, de arrogancia, de vanidad. Pensaban: *"¿Cómo éste va a ser el líder? Si apenas tiene 40 años. Tendrá que someterse"*. Y yo, con humildad se lo debo decir, durante un tiempo, lo acepté. Pasó lo siguiente: a los pocos meses de mi salida de prisión, se formó un frente pro-Constituyente. ¿Quiénes coordinaban? Algunos intelectuales como Manuel Quijada y Luis Miquilena; varios altos oficiales como Grüber Odremán y Visconti Osorio —líderes del 27-N— y yo. Pero ante la prensa y ante los demás actores políticos, quienes aparecían eran ellos. Como los respetaba mucho a todos, jamás pensé: *"Voy a imponerme"*. No, me decía: *"Tengo que asumir con humildad..."*. Pero ¿qué pasaba? En cuanto se organizaba un acto público, el pueblo que estaba ahí se ponía a gritar: *"¡Que hable Chávez! ¡Que hable Chávez!"*. Era una fuerza irresistible... Entonces ellos terminaron yéndose. Y yo acabé por asumir lo que tenía que asumir. Estaba escrito. Pero no en un libro mágico sino en la conciencia de un pueblo. En verdad, el pueblo —y esto me cuesta decirlo— creyó haber conseguido un líder, lo intuyó. Y lo que estoy tratando de hacer, desde 1999, es cumplir ese compromiso. Toda mi vida tendré que tratar de hacerlo.

¿Siempre tuvo usted esa concepción singular de su liderazgo? ¿Un líder distanciado de la politiquería y en contacto directo con los ciudadanos?

Eso se impuso poco a poco. Yo era como un solitario. Claro, con algunos ayudantes muy fieles: Rafael Isea, Nicolás Maduro... Y disponía también evidentemente de un grupo de asesores, pero en la sombra prácticamente. No tenían ningún peso político, ni querían tenerlo; su ambición era ayudar a elaborar el proyecto. Digamos que, entre el líder y la masa, no había intermediarios; ni partidos —nuestra organización estaba apenas naciendo—, ni intelectuales, ni nada. Chávez y el pueblo.

Antes me dijo usted que, en el seno del MBR-200, hubo un debate sobre qué vía adoptar, si presentarse o no a las elecciones.

Sí, se dio un debate [*en 1993, 1994*] y decidimos que no. Aunque más tarde, en 1997, cambiamos de análisis y entonces decidimos participar en las elecciones presidenciales de 1998. Pero en aquel momento, 1994, lanzamos la campaña por la *abstención activa*. Incluso me abrieron juicio ese año por llamar a la abstención, lo calificaban de *"incitación a un delito"*.

¿Es obligatorio el voto en Venezuela?

En ese tiempo era obligatorio. Tuve que ir al tribunal en dos ocasiones. Le dije a la jueza: *"No estoy llamando a no votar. Estoy llamando a un referendo para una Asamblea Constituyente, proceso mucho más democrático"*. Nuestra consigna, ya se la cité, era: *"Por ahora... por ninguno. ¡Constituyente ya!"*. Y la abstención, en las elecciones locales de 1994, fue altísima, el 70%, y en muchos lugares el 80%... Aprovechamos para lanzar una campaña de debates sobre el sentido de la abstención electoral, sobre el partidismo político, sobre nuestra propuesta alternativa de la Constituyente... Tratábamos de difundir nuestras tesis vía las comunicaciones de masas. Pero ya los grandes diarios y los principales medios nos boicoteaban. Eso nos dio mayor energía para movilizarnos, recoger firmas en todo el país, organizar foros, encuentros, talleres, comités de defensa de la vivienda, comités de defensa del empleo, comités de defensa de la educación... Hubo también avances importantes en la cuestión de la soberanía nacional, tema de gran interacción por el factor militar. Además nuestro "Mapa estratégico" fue poco a poco coloreándose a nivel internacional. Establecimos las primeras alianzas en el exterior.

Ese año 1994, empezó usted a viajar al extranjero. ¿Cuál era su objetivo? ¿Establecer esas alianzas?

No queríamos quedarnos aislados a escala internacional. Por otra parte, ¿qué clase de bolivarianos seríamos si no pensáramos en estrechar lazos con el conjunto de América Latina? En 1994, en Venezuela, yo era renuente a dejarme absorber por el marco político de un sistema que queríamos echar abajo. En cambio, con mi grupo, andábamos pensando cómo organizar un movimiento de integración bolivariano a escala continental.

Pensábamos empezar por los militares nacionalistas, activos o retirados, de toda América Latina. El otro gran objetivo era estudiar los diversos procesos constituyentes, empezando por el de Colombia.

Y ocurrió lo siguiente: un día, a la cárcel de Yare, llegó un general venezolano que había sido presidente de la Corte Marcial y había tenido una actitud muy valiente en el caso de la bomba al avión cubano que pusieron Orlando Bosch y Posada Carriles.[22] Condenó a los terroristas responsables, que después se fugaron de prisión. Ese general se llamaba Elio García Barrios, un hombre honesto, muy capacitado, doctor en Derecho, abogado. Le mataron a un hijo en un atentado, en venganza por haber condenado a esos terroristas...

Este hombre estaba ya retirado del Ejército. Vino a la cárcel y nos reunimos con él. No nos conocíamos directamente, pero yo sabía quién era. Vino a ponerse a la orden del Comando bolivariano, incluso se puso el brazalete y declaró: *"Vengo aquí como soldado"*. Un hombre respetado; reconocido en todo el país. Se hizo muy amigo de mi madre, de mi padre. Y empezó a recorrer Venezuela, a dar conferencias en favor de nuestras tesis.

Regresó a la cárcel y nos sentamos debajo de una matica en un patio, y hablamos. Me dijo: *"Mira, Chávez, me han amenazado por andar en lo que ando, pero mi corazón me dice que es lo que debo hacer en este momento. Si llegara a pasarme algo, te voy a dar la lista de unos militares latinoamericanos de distintos países que conforman, desde hace muchos años, una Organización de Militares por la Democracia en Latinoamérica y el Caribe, la Omidelac"*. De ese modo, me informa de la existencia de una corriente de militares de izquierda progresistas. Y me entrega una lista por países.

En Argentina no había ninguno, sólo un viejo general ya fallecido; en Uruguay, el capitán Gerónimo Cardoso; en Santiago de Chile, el capitán Raúl Vergara, militar y economista, que trabajó en el Gobierno de Salvador Allende, como asesor —en el ministerio de Economía— del general

---

[22] Atentado cometido el 6 de octubre de 1976 que causó 73 víctimas mortales civiles.

Alberto Bachelet, padre de la presidenta Michelle Bachelet... En Colombia, el mayor Bermúdez Rossi. En fin...

¿Eso le abrió puertas en América Latina?

No tanto, porque me di cuenta de que estos compañeros eran de otra época. La Omidelac realmente ya no existía, no se reunían... Pero era la única información de la que disponía y pensaba utilizarla.

¿Podía usted viajar al extranjero sin problema? ¿No había perdido ningún derecho cívico?

No, ninguno. No tenía ese problema.

Y obviamente ¿en el extranjero no iba usted vestido de uniforme ¿verdad?

No. De civil totalmente. Bueno, con el liqui-liqui verde o beige, ya le dije. Y me ponía la boina roja en los actos públicos, pero sin símbolo militar. Siempre fui muy respetuoso de lo militar.

¿Cuál fue el primer país que visitó?

La primera invitación me llegó de Colombia. Fue la de Gustavo Petro[23] y José Cuesta, ex-parlamentarios que pertenecieron al M-19 y tenían la Fundación "Simón Rodríguez". Eso fue en julio de 1994, incluso cumplí 40 años aquel 28 de julio en Colombia.

¿Recuerda usted algunos detalles de aquella visita?

Perfectamente. Ese grupo nos mandó sólo el pasaje, no tenían recursos para llevarme a un hotel, y yo tampoco. Entonces me alojaron en un caserón muy grande, propiedad de los jesuitas, en Bogotá por supuesto, sede de la JTC [*Juventud Trabajadora de Colombia*], organización ligada al

---

[23] Gustavo Petro (n. 1960), ex-miembro de la guerrilla Movimiento 19 de Abril (M-19) fundada en 1970 y disuelta en 1990. Elegido en 2011 alcalde de Bogotá.

Partido Comunista. Un lugar con mucha gente, unos afrodescendientes del Pacífico, unas muchachas de no sé dónde, grupos que iban y llegaban; comíamos con ellos; dormíamos en literas; duchas colectivas; un frío terrible de noche. Era como en un cuartel pues. Ahí pasamos tres días.

El Gobierno me puso una escolta. Recuerdo que, al segundo día, ese oficial de seguridad, un teniente, me dijo: *"Comandante, me parece que no debería estar ahí, usted es un militar... Está expuesto..."*. Le daba como pena.

¿Pudo entrevistarse con alguna personalidad política?

Sí. Pedí que me consiguieran encuentros con los que habían sido los tres copresidentes de la Asamblea Constituyente de Colombia de 1991. Y me entrevisté con Antonio Navarro Wolff, un ex-jefe de la guerrilla M-19; Álvaro Gómez Hurtado,[24] del Partido Conservador; y Horacio Serpa, del Partido Liberal.

Con Antonio Navarro, me reuní en su casa. Recuerdo que me dijo: *"Comandante, si usted algún día logra en Venezuela una Constituyente, no vaya a cometer el error que hicimos..."*. Tenía sobre la mesa una vasija con flores. *"Nosotros lo que hicimos fue acariciar, tratar de arreglar, tapar alguna grieta de la vasija, ponerla bonita. Usted agarre un mazo y rómpala..."*. Porque el M-19 desapareció, se lo tragó la Constituyente.

Con Álvaro Gómez nos reunimos en su casa también, en la biblioteca. Cuando me senté, me preguntó: *"¿Cómo está Venezuela, Comandante?"*. Y antes de que contestara, él mismo respondió: *"¡Ah!, no, usted ya lleva aquí dos días. Para saber lo que pasa en Venezuela hay que prender la radio en permanencia, allí las cosas cambian a cada instante..."*. Conocía muy bien lo que pasaba aquí... Un intelectual de la derecha, Álvaro Gómez Hurtado; lo acribillaron después en Bogotá.

---

[24] Álvaro Gómez Hurtado (1919-1995), hijo del ex-Presidente Laureano Gómez que gobernó Colombia de 1950 a 1953. Abogado y dirigente político del Partido Conservador. Tres veces candidato a la presidencia. Asesinado el 2 de noviembre de 1995 en Bogotá.

Y en cuanto a Horacio Serpa, era el jefe de la campaña electoral de Ernesto Samper que, en los días siguientes, iba a ganar las elecciones [*del 7 de agosto de 1994*], derrotando a César Gaviria. Serpa sería nombrado, unas semanas más tarde, ministro del Interior. Me recibió en las oficinas del comando de campaña de Samper.

¿Se entrevistó con algún militar?

Sí, pude reunirme con militares retirados. Un coronel, Guillermo Lora Ramírez, que había sido dado de baja del Ejército por denunciar a unos generales corruptos en La Guajira. Estuve también con varios oficiales de la Marina y otros del Ejército. Me llevaron un libro, *La Formación del Movimiento Moral en la nueva Colombia*. Me decían: "*Comandante, aquí hay una admiración por usted y su Movimiento. Nosotros somos bolivarianos, no somos santanderistas. Tenemos contacto con militares activos*".

Ese grupo de militares me invitó a hacer un juramento en el Campo de Boyacá, donde tuvo lugar la Batalla de Boyacá.[25] Y allá fuimos. Eso me costó perder el avión de retorno a Caracas. Porque, al volver por la autopista, hubo un accidente y se formó una tranca [*atasco*] descomunal. Yo deseaba regresar esa noche; era mi cumpleaños y me esperaban mis hijos. Pero tuve que quedarme. Pasé el cumpleaños ahí, en la casa ésa de la JTC, con unas guitarras, unas cervezas, una torta, puros muchachos y gente de izquierda. Por cierto, ahí me reuní, en un desayuno, con Manuel Cepeda Vargas [*1930-1994*], secretario general del Partido Comunista Colombiano y senador, a quien llamaban el "último mohicano en Colombia", el último gran líder comunista. Pocos días después [*el 9 de agosto de 1994*] lo mataron en una calle de Bogotá.

¿Dio usted alguna conferencia?

Me invitaron a la Universidad Javeriana y di una charla. Recuerdo que se paró [*se levantó*] un joven y dijo: "*Usted no debe ser militar de carrera*".

---

[25] Una de las victorias más importantes de Simón Bolívar en las guerras de independencia de Sudamérica; tuvo lugar el 7 de agosto de 1819.

Le respondí: *"Claro que sí, estudié en una Escuela Militar"*. Y entonces él: *"Aquí, en Colombia, no hay un militar que diga lo que acaba de decir"*. Le respondí: *"Seguro que lo hay, aunque usted no lo sepa"*. Estaba convencido de ello. Porque, antes de nuestra rebelión del 4 de febrero [*de 1992*], en Venezuela, los movimientos de izquierda también decían lo mismo: *"Todos los militares están vendidos a la oligarquía"*. Y nosotros estábamos actuando, pero en silencio tenía que ser. ¿Cómo imaginar que los militares patriotas colombianos van a andar declarando sus ideas de solidaridad con el pueblo abiertamente? *"Tiene que haberlos* —le dije a ese joven—. *Es imposible que no los haya"*.

También fui a dar unas charlas a otro colegio. Hicimos un conversatorio con centenares de profesores, académicos, artistas, coordinado por Gustavo Petro, brillante intelectual con mucho prestigio allá. Era muy joven entonces.

¿Tuvo contactos con los medios?

Me invitaron al diario *El Tiempo*.[26] Recuerdo que íbamos entrando con uno de los hijos de los dueños, la familia Santos, en aquel majestuoso edificio y me dice: *"Comandante, aquí se hacen Presidentes"*. *"O se deshacen"*, le comenté yo. Me recibieron con toda la plana mayor.

Fui también a la televisión. Di una entrevista por radio RCN, donde había como cinco profesionales de los medios coordinados por un periodista colombiano de mucha trayectoria: Juan Gossaín. Me hicieron preguntas y más preguntas sobre Venezuela y sobre los temas del momento.

¿Pudo usted visitar el lugar donde mataron a Gaitán[27]?

Sí, estuvimos allí, con mucha emoción, en aquella calle tan transitada. Depositamos una ofrenda de flores. Asimismo fuimos a visitar la que

---

[26] *El Tiempo*, fundado en 1911, es el diario de mayor circulación de Colombia. Sus accionistas mayoritarios son principalmente miembros de la familia Santos, a la que pertenece el Presidente de Colombia Juan Manuel Santos, elegido en 2010.

[27] Jorge Eliécer Gaitán fue asesinado el viernes 9 de abril de 1948, cuando salía de su oficina de abogado en el edificio "Agustín Nieto", carrera 7, calle 14 y avenida Jiménez, Bogotá.

fue su residencia y el jardín donde está enterrado,[28] que a Gaitán lo enterraron de pie.

¿De pie?

Sí. ¿No lo sabía? Gaitán está enterrado de pie. En su tumba hay una mata de rosas. En esa ocasión conocí a Gloria Gaitán, su hija. Había mucha gente, con boinas rojas. También visité la Quinta Bolívar, donde el Libertador vivió con Manuelita Sáenz en Bogotá. Cuando la gente de esos barrios se enteró que estaba yo ahí, sin que hubiese ninguna convocatoria, centenares de personas acudieron espontáneamente.

El impacto de esa visita fue muy fuerte, muy importante. Comenzó a prenderse la luz roja en Colombia... Tanto, que empezaron entonces a planificar cómo apagar la especie de llama que se estaba encendiendo. Unos meses después es cuando inventan, y me acusan, de que yo andaba en la guerrilla colombiana.

Entretanto usted visita otros países, empezando por Panamá, si no me equivoco.

Sí, el 15 de septiembre de ese año 1994, empezó mi visita a Panamá. Había condiciones allí. Cuando llegué, la prensa me agredió de inmediato: *"Vino Chávez y está montando un golpe contra el 'Toro' Balladares".*[29] Unos militares me habían invitado y me encontré un torrijismo más vivo que nunca...

Pero ¿no habían disuelto las Fuerzas de Defensa después de la invasión estadounidense de 1989?

Sí. Ellos eran ex-militares, pero muy de Torrijos. Visité al coronel Delgado que estaba en arresto domiciliario por un intento de rebelión. Era primo

---

[28] El cuerpo de Gaitán está enterrado en el jardín de la que fuera su última residencia, calle 42, N° 15-52 en Bogotá.

[29] Ernesto Pérez Balladares (n. 1949), apodado "el Toro", Presidente de Panamá de 1994 a 1999.

de Torrijos. Un tipo de recursos; su casa era extremadamente lujosa. En Panamá, las cosas me fueron mucho mejor que en otros países; mi visita generó una fuerte dinámica de contactos. Fui a la radio, a la televisión, di ruedas de prensa; visité la Casa Azul,[30] tan llena de vivencias. El hotel donde me hospedaba se llenó de jóvenes ex-militares torrijistas. Sobre todo porque, en un programa de televisión que generó mucha polémica, dije: *"Algún día Panamá debe tener de nuevo su Fuerza de Defensa".* Eso corrió como pólvora. Y empezaron a llegar al hotel ex-capitanes, ex-tenientes... De repente veo a unos ¡cuarenta! en un salón. ¡Estaba lleno aquello! Los saludé, me traje los datos de todos.

Además me pusieron seguridad: *"Hemos designado al teniente Martirio Herrera jefe de su seguridad".* Martirio dormía en el pasillo del hotel, frente a mi habitación... Yo le decía: *"Chico, pero métete para acá, acuéstate en este sofá".* Y él: *"No, tengo la misión de cuidarlo; yo duermo aquí".*

¡Qué abnegación!

Viví en Panamá situaciones muy emotivas. Recuerdo que, en ese programa de televisión, me hicieron una entrevista muy polémica. Eran dos entrevistadores, uno me atacaba fuerte y el otro no me atacaba tanto [*se ríe*]. Allí hablé del Batallón 2000...

¿El Batallón 2000?

Era un batallón de élite. Declaré: *"Soy soldado del Batallón 2000".* En verdad lo fui simbólicamente, porque un compañero panameño de la Academia Militar, Antonio Gómez Ortega, graduado aquí en Caracas —creo que ya se lo comenté— me invitó en 1988, y cuando regresé de Guatemala, visité Panamá antes de la invasión gringa. Me quedé en casa de ese

---

[30] Por esa casa pasó el Che Guevara en 1953; ahí escribieron Graham Greene, Pablo Neruda y Gabriel García Márquez. Omar Torrijos formó en ella la Brigada panameña "Victoriano Lorenzo", que luchó en Nicaragua en el frente sur. Y, en esa casa también, las tres facciones revolucionarias de Nicaragua decidieron unirse definitivamente en 1979.

compañero. Recuerdo que hablamos mucho, visitamos varios cuarteles, conocí a muchos oficiales y firmé como miembro honorario del Batallón 2000. El conflicto con Estados Unidos se venía venir, estaba aquello muy caliente. Y un año después se produjo la invasión aquel 20 de diciembre de 1989... Nunca se me olvida... "Operación Justa Causa" la llamaron... Un descaro... Ese día, estaba yo preso en Maturín porque, pocos días antes —ya se lo conté— me habían sacado de Caracas, acusado de querer matar al presidente Carlos Andrés Pérez... Por televisión, en la cárcel, vi los bombardeos, la invasión...

En Panamá ¿recordó aquellos acontecimientos?

Sí, hablé de todo eso; me proclamé soldado del Batallón 2000. Y le juré a ese pueblo que, cuando los gringos invadieron Panamá, estando yo preso, lloré aquella noche... Bombardearon el barrio Chorrillo, y allá fuimos a ver todo aquello. ¡Tres mil muertos! Utilizaron por primera vez en combate sus aviones furtivos [*F-117A Nighthawk*], los "invisibles"... Hablé duro contra los gringos, contra la invasión.

Muchos panameños se emocionarían...

Mire, al día siguiente me iba de Panamá. En el aeropuerto, voy al baño a orinar; entro, no había nadie, orino, y me estoy lavando las manos cuando oigo una voz fuerte: "*¡Señor!*". Volteo y veo, parado en la puerta, a un policía de azul. Un hombre bien tallado, muy corpulento. Pensé que me venía a llevar preso...

¿Por qué?

Porque la prensa, el día anterior publicó que había ido a inmiscuirme en cosas internas cuando declaré que *"Panamá algún día debe tener su Ejército".* Y sugirió que debían expulsarme del país. En verdad era inmiscuirme en un asunto interno. Pero yo había añadido: *"Lo digo como soldado".* Y, como bolivariano, recordé que Bolívar había dicho: "*¡Panamá debe ser el corazón* *del universo!"*. O sea le di duro al alma panameña. Y dije también que países y pueblos que no tenían líderes, estaban viendo surgir nuevos líderes. Entonces, muchos patriotas panameños que me escuchaban empezaron a preguntarse: *"¿Quién es éste que está diciendo lo que me da en el alma?"*. Otros declararon: *"Bueno, ¡apareció un líder!"*, *"¡Reapareció Torrijos!"*. Algunos se acercaron a decirme: *"Usted es como la continuación de nuestro Torrijos"*. Llegaban muchos a hablar conmigo, a escucharme.

¿Y aquel policía?

Pues yo pensaba que venía a detenerme. Me preguntó: *"¿Es usted el comandante Chávez?"*. *"Sí señor, a su orden"*, le contesté. ¿Y sabe lo que me dijo entonces aquel hombre?

¿Qué le dijo?

Me dice: *"Soy del Batallón 2000, señor"*. Y se echó a llorar. Muy turbado. Un hombre como de dos metros... Fui a abrazarlo, y como venía otro señor al baño, le dije: *"Oye, eres policía, que no te vean llorando uniformado. Lávate la cara"*. El hombre estalló en emoción. No encontraba cómo calmarlo. Él había escuchado mis declaraciones en aquella entrevista tan polémica.

¿Por qué polémica?

Porque el periodista que me atacaba dijo: *"Usted es un coronel. Y los militares en América Latina ¿qué han hecho? Acabar con las democracias y reprimir a los pueblos"*. Esperé a que terminara y le dije: *"Me está hablando de una sola cara de la moneda. Lo que dice es cierto, pero la otra parte también es cierta. ¿Quién era Bolívar? General en jefe. ¿Quién era Sucre? General en jefe y mariscal en Ayacucho. ¿Quién era Morazán? General. ¿Quién era Eloy Alfaro? General... Pertenezco a esa corriente histórica, de los militares que vinieron a libertar a nuestros pueblos o a morir por ellos"*. Y para citar ejemplos más recientes, le recordé a Juan Domingo Perón, a Jacobo Arbenz, a Velasco Alvarado... Terminé diciéndole: *"¿Quién era Torrijos?"*. Y me puse a hablar de Torrijos y afirmé: *"Yo me hice torrijista"*. Y ahí fue cuando declaré: *"El Ejército de Panamá lo desmantelaron los Estados Unidos. Pero anda por ahí. Yo he visto a los oficiales, a los soldados; andan dispersos. ¡Algún día reaparecerán!"*. Bueno, ese periodista se quedó callado.

Y el otro periodista, que era torrijista, aprovechó y entonces se pusieron a pelear entre ellos... Así que fue muy polémica. Pero el mensaje caló hondo. El pueblo panameño es igualito que el nuestro, y sé cómo llegarle a ese pueblo. No hay que ser mago ni tener ninguna varita mágica. Sencillamente es el mismo pueblo, la misma patria. Mi visita generó una fuerte corriente de simpatía hacia nuestro Movimiento. Y fue naciendo, también en Panamá, una coordinadora del Congreso Anfictiónico que queríamos organizar allí en 1996.

A principios de 1994 aparece también, en Chiapas, México, el Ejército Zapatista de Liberación Nacional. ¿Tuvo algún contacto con este movimiento? ¿Alguna relación con el subcomandante Marcos?

No, nunca. Es un movimiento un poco extraño... Aunque he leído textos muy originales del subcomandante Marcos, y en particular el libro de entrevistas de usted con él,[31] pero nunca lo he entendido bien a ese movimiento, en verdad... Bueno, nunca ha habido tampoco contacto... No, de Panamá, casi directamente, nos fuimos a Argentina adonde llegué el 20 de septiembre.

¿Cómo surgió ese proyecto? ¿Quién le invita?

Fue por vía de un venezolano, coronel retirado del Ejército que luego fue canciller nuestro, Luis Alfonso Dávila García. Tenía un cuñado empresario, argentino pero que vivía en Caracas desde hacía muchos años, casado con

---

[31] Ignacio Ramonet: *Marcos, la dignidad rebelde*. Conversaciones con Ignacio Ramonet, Capital Intelectual, S.A., Buenos Aires, 2001. [1ª edic. Ediciones Cybermonde, S.L., Valencia, 2001].

una hermana suya y que seguramente me seguía con atención. Estaba en relación con empresarios de Argentina, y éstos son los que me invitan. A mí me extrañó. *"¿Qué sentido tiene esto?"*, me dije. Pero, bueno, estábamos buscando caminos y aceptamos. Y fuimos a parar a Buenos Aires. La prensa local, una vez más, nos acogió con violentos ataques. Titularon: *"Llegó el 'carapintada' venezolano"* [*se ríe*]. Pasamos allá dos días. Argentina dormía, el pueblo argentino estaba congelado. No se percibía ningún indicio de protesta en aquel ambiente. Eran los tiempos de Carlos Menem.[32]

¿Fue usted con Norberto Ceresole[33] en aquel viaje?

No, allí fue precisamente donde conocí a Ceresole. No fue él quien nos invitó. Lo conocí por vía de unos militares retirados que habían sido 'carapintadas' y se habían alejado de ese movimiento... Pertenecían al ala progresista de los 'carapintadas'. Éstos constituían un movimiento de derechas muy relacionado con Lyndon LaRouche. Ceresole era un hombre de una gran capacidad... Historiador, autor de no sé cuántos libros sobre seguridad, defensa... Imaginó un plan latinoamericano de integración por los ríos Orinoco-Amazonas-La Plata... Le tuve afecto a Ceresole. Pero nunca fue asesor mío y menos un mentor. Tenía a veces opiniones extravagantes; algunas las comparto, otras no, y otras son inaceptables.

Bueno, y tenía unas tesis claramente antisemitas también.

Ciertamente. Ya le digo: totalmente inaceptables. Jamás las he compartido.

---

[32] Carlos Saúl Menem (n. 1930). Presidente de Argentina (1989-1995, y 1995-1999). Durante su mandato, plegado al Consenso de Washington, el país se vio sometido a políticas neoliberales extremas, que condujeron a una crisis descomunal.

[33] Norberto Rafael Ceresole (1943-2003), sociólogo y politólogo argentino, autor de numerosos ensayos. Ejerció una influencia en muchos cuadros militares latinoamericanos. Se reclamaba de un peronismo autoritario y "post-democrático" basado en el tríptico "caudillo-ejército-pueblo" y reivindicaba un "nacionalismo revolucionario". Pasó de una cierta izquierda a una derecha extrema. Sus críticas radicales contra la "democracia liberal" le llevaron a defender tesis muy controvertidas, hablando de "complot judío" y también, en su obra *La Conquista del Imperio norteamericano* (Al-Andalus, Madrid, 1998), de una pretendida "mafia financiera judía".

Pero algunos, partiendo de esa relación con Ceresole, han tratado de acusarle a usted también de antisemitismo.

Una acusación repugnante. A mí me han acusado de todo ¡de todo! Pero ésa es de las más nauseabundas. Me la han hecho varias veces. Ha habido varias campañas contra mí sobre ese tema. Permítame decirle que tengo la mejor relación con la comunidad judía de Venezuela y sus representantes de la CAIV [*Confederación de Asociaciones Israelitas de Venezuela*]. Una comunidad patriótica y solidaria, parte integral de este crisol cultural, religioso y étnico que constituye la nación venezolana. Ella misma, en varias ocasiones, ha salido al paso para desmentir tan mentirosas campañas.[34] Y se lo agradezco.

Aprovecho también para repetir que le tengo el mayor respeto al pueblo judío, uno de los más injustamente discriminados de la historia. El genocidio que los nazis cometieron, en los años 1939 a 1945, constituye un horror absoluto. Aquella voluntad de destrucción de los judíos de Europa, los campos de exterminio... Auschwitz... Allí naufragó cierta concepción de la razón política. El antisemitismo es un crimen inaceptable, repugnante. No hay discusión. Es mi convicción profunda desde siempre.

Lo cual no me impide, evidentemente, cuando es necesario y en particular cuando se trata de la injusta represión del pueblo palestino, criticar y denunciar las políticas del gobierno de Israel. Son dos cosas muy distintas.

¿Cómo se separó de Norberto Ceresole?

Bueno, además de ese desacuerdo, después él empezó a decir que Chávez era una "hechura" suya... La vanidad... Eso nos alejó. Y antes mismo de que yo tomara posesión de mi cargo la primera vez, en febrero de 1999, él se marchó de Venezuela, regresó a Buenos Aires. Creo que luego se fue a España, vivió en Madrid un tiempo, y falleció.

---

[34] Véase: "El Presidente Chávez se reunió con el Congreso Judío Mundial. En el encuentro, Chávez se comprometió a combatir el antisemitismo en Latinoamérica". Caracas, 2 de febrero de 2009. http://www.congresojudio.org.ar/nota.php?np=331

¿En aquel viaje a Buenos Aires a quién conoció?

Como le dije, el único "político" que conocí fue Ceresole, los demás eran unos empresarios. Y una periodista, Stella Calloni. Norberto dirigía un Centro de estudios geopolíticos de América Latina, llamado "Argentina y el Mundo"; un lugar muy humilde, muy modesto, situado en el barrio San Telmo. Estuve dando una charla a un grupo de estudiantes, intelectuales y gente de izquierda. Por cierto, ahora que recuerdo, ahí conocí al hermano menor del Che, Juan Martín Guevara. Luego fuimos a tomar vino y a conversar de política con el equipo que tenía Ceresole, y con un grupo de militares que más que militares eran como de un cuerpo policial —los comandos especiales de la policía marítima del puerto del Río de la Plata— que se había alzado [*el 3 de diciembre de 1990*] bajo las órdenes del coronel Seineldín,[35] la llamada "rebelión de los Albatros". Pero se habían retirado del movimiento.

Apareció también un oficial, ex-combatiente en Malvinas, el comodoro Horacio Richardeli. Con todos ellos visitamos el cementerio de las Malvinas... Bueno, una réplica, en las afueras de Buenos Aires, del que se halla en las islas Malvinas, de los soldados argentinos que murieron allá. Hubo una misa y algunos creyeron que yo era el cura porque andaba con liqui-liqui oscuro... *"¡Ah! llegó el cura"* [*se ríe*]. *"¡No, el cura no soy yo!".*

También con Richardeli y un movimiento de trabajadores peronistas, el Movimiento "Eva Perón", fuimos a un barrio de casas humildes, a un galpón grandísimo, lleno de gente, trabajadores, ex -trabajadores. Se organizó una parrillada argentina...

A pesar de la hostilidad de los medios ¿dio alguna entrevista?

Sí. Fui a una radio en Buenos Aires. Recuerdo que un viejo llamó. Me dijo: *"Usted me recuerda a un hombre: Juan Domingo Perón"*. Y se puso a llorar. Y

---

[35] Véase Cap. 14, en nota a pie de página N° 9.

como me quedé una hora y media allí, ese señor apareció en la estación de radio. Había conocido a Perón. Estaba muy emocionado. Alguien me dijo: *"Tenga cuidado, que a ese viejo lo operaron del corazón..."*. Me acuerdo del detalle. Y aquel anciano me dijo con lágrimas en los ojos: *"Hacía muchos años que no oía lo que usted está diciendo. ¡Háblele a los pueblos!"*.

Eso le conmovería. ¿No?

Mucho. Yo, a aquel grupo de muchachos argentinos les hacía planteamientos. Les hablaba de Bolívar, de sus ideas, de la necesidad de convocar un nuevo Congreso Anfictiónico. Les hablaba de la integración, de la unidad continental... Y conseguimos que se crease una coordinadora local para elaborar ideas en vista de la reunión preparatoria al Congreso Anfictiónico de Panamá 1996, reunión que iba a tener lugar en Santa Marta, Colombia, en diciembre de ese año 1994. Esta reunión y el Congreso Anfictiónico era una de las motivaciones de estos viajes míos al extranjero.

¿Cuánto tiempo se quedó en Buenos Aires?

Dos días. Hicimos todo eso en dos días. No dormíamos. Y dejamos, como se dice, amarradas cosas, contactos.

¿De ahí fueron a Uruguay?

Sí, pasamos a Uruguay a vernos con Gerónimo Cardozo, de la Omidelac. Trabajaba en la Intendencia [*alcaldía*] de Montevideo. El intendente [*alcalde*] era Tabaré Vázquez[36]. Y el general Liber Seregni era entonces candidato presidencial del Frente Amplio. La prensa, a mi llegada, igual: *"El golpista venezolano vino a asesorar a Seregni"*. No nos conocíamos, ni había habido contactos previos, y estábamos en plena campaña electoral, así que no hubo ningún encuentro con Seregni. Sólo conversé con Cardozo, caminé un rato por Montevideo y de ahí seguimos a Santiago de Chile.

---

[36] Tabaré Vázquez (n.1940), ex-alcalde de Montevideo, dirigente del Frente Amplio (coalición de partidos de izquierda) y Presidente de Uruguay de 2005 a 2010.

¿Qué hizo en Santiago?

En Santiago, no hubo ninguna persona que asumiera una coordinación. Tuve pocos contactos. Aquel miembro de la Omidelac, el capitán Raúl Vergara, que era economista. También nos reunimos con varios movimientos sociales. Pequeños grupos; muy pequeños. Recuerdo apenas una conversación con un líder mapuche.

¿Cómo se organizó su viaje a Cuba de diciembre de 1994?

Había tenido contactos con el embajador de Cuba, Germán Sánchez Otero, alguna conversación a escondidas, clandestina[37]... Y resulta que un día, el 30 de julio precisamente, al regresar de Colombia, convocamos una rueda de prensa en el Ateneo de Caracas. Vamos a un salón, y alguien me dice que hay un cubano dando una conferencia sobre Bolívar en un piso superior. Termino pronto, porque, como la prensa me boicoteaba, casi no vino ningún periodista... Así que fui a saludar al conferencista cubano quien resultó ser el historiador de La Habana, Eusebio Leal. Nos presentan, él me da sus datos y yo los míos. Por esa vía me llegó la propuesta; la Casa "Simón Rodríguez" de La Habana me invitó a dar una charla sobre Bolívar el 17 de diciembre. Me mandaron el pasaje; yo no tenía recursos.

Pero el 17 no podía. Porque los esfuerzos que habíamos comenzado a hacer a nivel internacional, habían dado algunos primeros resultados. Le dije al embajador que el 17 me era imposible, porque ya habíamos convocado, para ese mismo día, en Santa Marta, una reunión preparatoria de lo que comenzábamos a llamar el Congreso Anfictiónico Bolivariano.

¿Aceptaron el cambio de fechas?

Sí, las adelantaron. Y salimos para La Habana el 13 de diciembre. Íbamos en un avión comercial venezolano, conversando con un grupo de cubanos

---

[37] Véase Rosa Miriam Elizalde y Luis Báez: *El Encuentro*, Oficina de Publicaciones del Consejo de Estado, La Habana, 2005, pp. 56-62.

y algunos venezolanos. Cuando aterriza el avión recuerdo que, por el altavoz, hacen un anuncio, el avión taxea pero no se detiene en el terminal de viajeros sino aparte, en el terminal de protocolo. A todas éstas, yo no sé cuál es el de viajeros y cuál el de protocolo... Era la primera vez que iba a Cuba. Siento que el avión se para, recojo un maletín que cargaba, un ganchito con ropa, Rafael Isea, mi ayudante de entonces, me acompañaba. Y, por el altavoz, dicen: *"El pasajero Hugo Chávez, por favor, lo solicitan a la puerta..."*. Me asomo por la ventanilla y veo luces de televisión... Era de noche, me imaginé que me estaban esperando con un equipo de televisión, la radio y tal... Es lo más que me imaginaba.

¿Nunca pensó que podía estar Fidel en persona esperándolo?

Jamás. Claro, yo le había dicho al embajador: *"Me gustaría saludar al Comandante"*. Y él se limitó a decirme: *"Bueno, lo transmitiré a La Habana"*. Eso fue todo... Así que cuando llegué a la puerta del avión me encontré con Angelito, el jefe de protocolo cubano, y me dice: *"Lo están esperando..."*. *"¿Quién?"*. *"El Comandante en Jefe"*. No me lo podía imaginar, no estaba preparado para eso, nadie me había dicho nada: *"¡No puede ser!"*... Jamás pensé que Fidel en persona me iba a esperar en la puerta del avión. Y cuando me asomo, y veo... Estaba Fidel parado allá abajo de la escalerita. Yo tenía un maletín de mano, se lo entregué a Isea, bajé aquella escalera, y bueno, aquel primer abrazo inolvidable... El "abrazo de la muerte", dijeron mis adversarios.

¿Le explicó Fidel por qué lo recibía de tal manera?

No, en verdad no. Ni le pregunté tampoco las razones. Muy honrado me sentía yo, imagínese. En la Universidad, declaré: *"No merezco este honor, este recibimiento; ojalá que algún día lo merezca"*. Ahora, creo que hay cosas obvias ¿no? Acuérdese de lo que le leía sobre la respuesta que Fidel le dio a Tomás Borge en los días posteriores al 4-F... El mismo año 1992, cuando estábamos en la cárcel, leyó seguramente algún informe sobre lo que nosotros planteábamos desde la prisión. Y luego, en diciembre de 1994, ya llevábamos ocho meses en la calle, y ya él ha debido tener información mucho más sólida de lo que estaba ocurriendo y de nuestros planteamientos. Sin hablar de su olfato político, desarrollado durante tantos años; con la experiencia de haber visto tantos movimientos y tantos acontecimientos en América Latina.

¿No piensa usted que, además, Fidel estaba enviando señales?

Ciertamente. Al recibirme de esa manera, con sus muestras constantes de afecto, sus palabras en la Universidad, su presencia en la Casa Bolívar,[38] Fidel está mandando, creo, varios mensajes. Primero a Rafael Caldera que, un mes antes, había recibido en el Palacio de Miraflores de Caracas a dos cabecillas anticastristas de Miami: Jorge Mas Canosa y Armando Valladares, y que, unos días antes, en Miami, durante la primera Cumbre de jefes de Estado de las Américas —a la que no se invitó a Fidel— había atacado violentamente a Cuba y reclamado "un cambio de régimen".

El segundo mensaje, en mi opinión, iba dirigido a la izquierda latinoamericana y fue, para mí, muy importante. Aunque él nunca me lo ha dicho, estoy seguro que Fidel, al comenzar a adoptarme, quiso transferirme una especie de reconocimiento, y enviar una señal a la izquierda. Ese abrazo de Fidel desmorona de una vez aquella acusación de que yo era de los "carapintadas", un "golpista", un "fascista"... Eso fue, sin duda, lo que Fidel quiso hacer.

Fue importante, porque su imagen, a escala internacional, estaba muy relacionada con la derecha militar. Políticamente hablando, no se sabía muy bien quién era usted. Lo del "bolivarianismo" no significaba nada para mucha gente de izquierda a escala internacional.

Reconozco que había razones para tener dudas de nosotros, y mía en lo personal. Quizá el propio Fidel las tenía... Recuerdo que, desde el primer

---

[38] Para una descripción detallada de esa visita de Hugo Chávez a Cuba, véase Rosa Miriam Elizalde y Luis Báez: *El Encuentro... Op. cit.*

momento en que nos sentamos a hablar, él me estaba escrutando... Y lo mismo hizo durante las actividades que cumplimos. Por ejemplo, llegó de improvisto a la Casa "Simón Bolívar", donde di una conferencia; nadie sabía que él iba a venir, se apareció... Se sentó en la primera fila a oír mi conferencia. Yo sentía su mirada de águila, la mirada de alguien que examina cada palabra... Lo mismo en la Universidad de La Habana, no me quitó la vista de encima, tomaba notas... Me sentía como quien está siendo examinado, evaluado.

Estaba también Daniel Ortega.

Sí, Daniel estaba por coincidencia. Pasaba unos días en Cuba por unos exámenes médicos, y Fidel lo mandó a llamar al día siguiente de mi llegada. Después de lo de la Casa "Simón Bolívar", Fidel me montó en su carro e invitó a Daniel. Íbamos los tres en aquel Mercedes negro por La Habana, una ciudad donde tú no veías un carro, el único era el de Fidel, parecía un fantasma...

Era la época del "período especial".

Sí, el "período especial"[39]... No se veía un solo carro. Vi caparazones de autobuses halados [*tirados*] por caballos o por tractores... Y la gente adentro... No había combustible... Mucho apagón; no prendían la luz sino varias horas, y turnaban por barrios, según las noches. Muchos ascensores no funcionaban... El racionamiento era duro... Un período difícil. Pero aquel pueblo mostraba una impresionante dignidad...

¿Adónde lo llevó Fidel?

Bueno, a varios lugares. La primera noche, cuando llegué, fuimos al Palacio de la Revolución donde tuvimos las primeras conversaciones.

---

[39] Nombre que se le da, en Cuba, al decenio 1992-2002 que siguió al derrumbe de la Unión Soviética y del campo socialista europeo con los que Cuba realizaba el 80% de sus intercambios comerciales. Esa pérdida, añadida al embargo comercial impuesto por Estados Unidos desde 1961, provocaron una situación de graves penurias.

Recuerdo también que estuve en la Academia Militar de las Fuerzas Armadas Revolucionarias. Me pusieron una medalla; fuimos a visitar un batallón de tanques. Después almorzamos en el Palacio, y acto seguido fuimos al centro histórico a la conferencia de la Casa Bolívar, donde, además de Daniel Ortega, estaban Carlos Lage[40] y Ricardo Alarcón.[41] Y a las 8 p.m., en el Aula Magna... Allí Fidel pronunció aquella frase [*agarra un libro y lee*]: "*Cada cual lo llamará de una forma u otra. Nosotros, es bien sabido, lo llamamos socialismo. Pero si me dicen: Eso es bolivarianismo. Diría: Estoy totalmente de acuerdo. Si me dicen: Eso se llama martianismo. Diría: Estoy de acuerdo. Pero algo más, si me dicen: Eso se llama cristianismo. Yo diría: ¡Estoy totalmente de acuerdo!*".[42]

Aquel día fue de una actividad frenética. Fidel estuvo en todo eso. Pero no se terminó ahí. Después de nuestra intervención en el Aula Magna de la Universidad, en la medianoche, me llevó a visitar al embajador venezolano [*Gonzalo García Bustillos*] en La Habana. Había que hacerlo discretamente, porque las relaciones entre Caldera y Fidel en aquel momento eran bien tensas... Pero el embajador era un gran amigo de Cuba... Luego Fidel me llevó por fin a la residencia donde yo me alojaba. Recuerdo que entró y abrió la nevera diciendo: "*Vamos a ver qué hay por aquí de comer*". No habíamos comido. Él mismo sacó un queso, pidió un cuchillo, cortó y nos sentamos a comer. Me preguntó: "*¿Toma usted vino? Una copa de vino de vez en cuando es bueno para el colesterol*". Brindamos. Pude comprobar que su reputación de hombre incansable e insomne no era usurpada.

No planteó problemas diplomáticos con Venezuela que lo recibieran a usted casi como a un Jefe de Estado.

Sí. Creo que hubo una reacción del gobierno venezolano, un reclamo, y la prensa especuló que Caldera estaba pensando en romper relaciones...

---

[40] Carlos Lage (n. 1951), Vicepresidente del Consejo de Estado de Cuba (equivalente a Primer ministro) de 1993 a 2009.

[41] Ricardo Alarcón (n.1937), Presidente de la Asamblea Nacional de Cuba de 1993 a 2013.

[42] Rosa Miriam Elizalde y Luis Báez: *El Encuentro...cit..*, p. 56.

Hubiera sido exagerado, porque se dijo que me dieron tratamiento de Jefe de Estado, pero en verdad no fue exactamente así. A un Jefe de Estado se le rinden honores militares. Y no fue el caso conmigo. Claro, Fidel estaba ahí, al pie del avión y me recibió como un amigo, lo cual tampoco era normal, o al menos no era ordinario. Por eso la prensa magnificó.

Ese encuentro con Fidel, le facilitó a usted el contacto con las izquierdas latinoamericanas. ¿Surgió ahí la idea de que fuera usted a San Salvador a la reunión del Foro de São Paulo?

Sí. Con Fidel conversamos de la situación internacional, la evaluamos. Cuando le expliqué las ideas que me movían en dirección del proyecto de Congreso Anfictiónico que queríamos organizar en Panamá en 1996, él, con mucho cuidado, apoyó esa idea del Congreso Bolivariano, e incluso envió un delegado a la reunión de Santa Marta. Pero también me habló de mecanismos ya existentes. Ahí es cuando evocó el Foro de São Paulo, que yo desconocía. Me pasó mucha información.

¿Cómo le fue en el Foro de São Paulo?

Eso fue el año siguiente, 1995. Ya le hablé un poco de aquello. Fidel me informó de la convocatoria que se estaba haciendo para la reunión del Foro que se celebraba en El Salvador. Sin duda por vía de él o de Cuba en todo caso, nos llegó la invitación. Luego ya entramos nosotros en contacto. Así fue como pude aparecer allá en San Salvador en ese Foro. Shafik Handal[43] nos atendió con mucha delicadeza.

Ahí conocí a Lula; no fue que nos sentamos a conversar, ni nada, pero nos saludamos. Y conocí a otros muchos dirigentes de la izquierda latinoamericana, líderes de República Dominicana, mexicanos del PRD [*Partido de la Revolución Democrática*], panameños, brasileños... Digamos

---

[43] Shafik Jorge Handal (1930-2006), ex-secretario general del Partido Comunista Salvadoreño, fue uno de los cinco dirigentes que condujo la guerra revolucionaria del Frente Farabundo Martí de Liberación Nacional (FMLN) en El Salvador de 1981 a 1992.

que fue como una especie de presentación en sociedad; la sociedad de la izquierda latinoamericana. Claro, de todos modos, allí se presentó la situación que le comenté. Varias delegaciones se negaron radicalmente a que yo tomara la palabra. No pude hablar. A pesar del apoyo de Fidel.

Volviendo a su estancia en Cuba ¿cuánto tiempo se quedó en La Habana?

Muy poco, apenas dos días, intensos, inolvidables. Llegué el 13 de diciembre y me fui el 15. Cuando me despedí de Fidel, en el Aeropuerto Internacional "José Martí", delante del avión, me puse la boina roja y lo saludé a lo militar... Yo con mi liqui-liqui verde y él con su legendario uniforme verde olivo. La escena se filmó, por ahí están las imágenes de ese saludo... Imágenes que causaron un tremendo revuelo en Caracas.

¿Por qué?

Porque en la televisión, unos "analistas" ponían en cámara lenta las imágenes, y explicaban: *"Fíjense, Chávez saluda y Fidel también. Pero dejemos correr la imagen y vean: Fidel baja la mano primero, y Chávez se queda saludándolo un largo rato. Es el código de la ¡subordinación!"*. Me presentaban como un subordinado a las órdenes de Fidel, al servicio de Cuba... Yo me reía después. Aunque también me preocupaba porque esa campaña fue muy agresiva. ¡Aún sigue! Pero fíjese, no sé si le narré lo que me pasó con un borrachito ¿le conté eso?

No. ¿Qué le pasó?

Regresamos de La Habana el 15 de diciembre. Lo cierto es que, esa misma noche, tenía yo una reunión en nuesta oficinita del centro de Caracas, en la parroquia de Altagracia, para preparar nuestra salida, esa misma noche, rumbo a Maracaibo, y viajar todo el 16 hasta La Guajira y Santa Marta, en Colombia, un viaje largo.

Así que llego, me bajo de un taxi, agarro mi maletín, y veo que venía por la mitad de la calle un borracho cayéndose, haciendo eses, con una botella de ron en la mano. Se acercaba Navidad, se oían cohetes, alegría... El hombre se topa conmigo, me mira como medio ido y me dice: *"Oye, tú te pareces a Chávez"*. Le respondo: *"Soy Chávez, compadre. ¿Cómo está?"*. Le doy la mano, y le advierto: *"¡Cuidado que te caes; vete por la acera..."*. La calle estaba medio oscura aunque no había mucho tráfico y menos a esa hora. Sigo mi camino, él se aleja en dirección contraria. Y a los pocos segundos, oigo que me llama: *"¡Chávez!"*. Volteo: *"Ajá ¿qué pasó?"*. Y ahí me grita: *"¡Viva Fidel!"*. ¡Esa vaina se me grabó para siempre! Al pueblo, lo bombardearon con propaganda sin darse cuenta que más bien me estaban reforzando como actor político.

Luego se fue para Santa Marta al Congreso Anfictiónico Bolivariano.

Esa misma noche, por tierra. No teníamos ni para el pasaje. Nos fuimos en una camioneta; un viaje de doce horas hasta Maracaibo. Y de Maracaibo, en camioneta también, cruzamos toda La Guajira hasta Santa Marta, Colombia. Llegamos y no teníamos para el hotel. La delegación de los colombianos, que había llegado, no tenía un centavo, estaba supeditada a que nosotros le pagáramos también las habitaciones. Pedí disculpas. Al final, fuimos a dormir a la casa de una periodista amiga de alguien, que poseía una casa grande en las afueras de Santa Marta; dormimos en un chinchorro y un catre, como ocho. Ceresole vino de Argentina. Fidel mandó a José Luis Joa, responsable de la Oficina de Asuntos para América Latina. Y también vino un panameño.

¿Sólo cuatro delegaciones? Pocas ¿no?

Bueno, se buscaba darle forma. El embrión de lo que pretendió ser nuestro "Mapa estratégico". Eso lo desmoronó, sin duda, la contraofensiva de Estados Unidos, de sus gobiernos aliados, y de los cuerpos de Inteligencia. Porque recuerdo que, en Santa Marta, hicimos la reunión modestamente en un local que alguien consiguió; dimos una entrevista en la radio, y seguimos hablando: Santa Marta, Bolívar... El 17 quisimos entrar a San Pedro

Alejandrino donde había eventos oficiales. No pudimos. Pero resulta que, al día siguiente, el 18, a nuestro acto vinieron diez veces más gentes que a los actos oficiales. No cabía la muchedumbre en aquel patio. Y lo hicimos igualito: himno nacional, banda de música, ofrendas florales, discursos... El coronel Augusto Guillermo Lora, que había formado un movimiento bolivariano en Colombia, dio un discurso. Al final, les pedí: *"Ustedes que son militares de izquierda, únanse"*. Y ellos hicieron un esfuerzo.

O sea que el balance de ese año 1994 resultó, según usted, positivo para el MBR-200.

Creo que 1994 terminó con un buen avance, en lo interno y en lo externo. Un Movimiento bolivariano ya bien arraigado en casi toda Venezuela, y unos primeros pasos internacionales, que cerramos con broche de oro con la visita a Cuba y la reunión, en Santa Marta, del grupo coordinador de la convocatoria al Congreso Anfictiónico Bolivariano, Panamá 1996.

Quizá por eso, la ofensiva contra ustedes se intensificó también ¿no?

Claro. A los dos meses, vino la acusación, con resonancia internacional, de Ernesto Samper, el presidente colombiano, de que yo andaba con la guerrilla... Fue el misil que lanzaron contra el eco suscitado por nuestro Congreso Anfictiónico y contra las esperanzas que se levantaban. En Colombia, por ejemplo, distintos grupos de izquierda habían propuesto la idea de hacer una cabalgata por la ruta de los Libertadores, de Boyacá a Carabobo. Era un movimiento diverso compuesto por militares, civiles, ex guerrilleros... Eso era nuevo. Semejante a lo que aquí, en Venezuela, estaba ocurriendo con la extensión de la confluencia cívico-militar. Por eso me tiraron el misil. Me dieron en el hígado. Esa acusación generó muchos temores en la misma Colombia. Todo nuestro esfuerzo se vino abajo. No hubo más reuniones.

¿De qué lo acusaban exactamente?

En la frontera entre Venezuela y Colombia, un grupo guerrillero mató a unos soldados venezolanos. Y el presidente de Colombia, Ernesto Samper, mandó un informe a Caracas con la acusación de que yo comandé el ataque. Lo comandé, no que lo apoyé. No, yo comandaba la guerrilla colombiana...

¿En qué se fundaba esa acusación?

En un relato elaborado por los servicios de Inteligencia a base de documentos forjados y de evidencias falsas. Años después, siendo ya yo Presidente, vino Ernesto Samper a verme a Caracas. Lo recibí y ni le hablé del tema. Él quiso abordarlo, y le dije: *"No hace falta. Por favor, sé lo que pasó"*. Pero insistió: *"No, no, permítame explicarle, Presidente. Me engañaron por completo, me presentaron documentos, fotos, videos, etc."*. Él creyó que la acusación era cierta y no dudó en mandarle al doctor Caldera aquel informe...

En cuanto a [*Nicolás Rodríguez Bautista* alias] "Gabino", el líder del ELN, lo conocí en 2007, porque [*el entonces presidente de Colombia*] Álvaro Uribe me dio luz verde para tratar de rescatar a Ingrid Betancourt, detenida por las FARC, y también me rogó que tratara de ayudar en la firma de los convenios de paz con el ELN, que estaban congelados. Yo le pedí: *"Permítame hablar con los jefes del ELN"*. Uribe me dió su okey: *"Bueno, llámalos"*. Llamé a los dos jefes, [*Eliécer Erlington Chamorro Acosta* alias] "Antonio García" y "Gabino". Éste aceptó venir a Miraflores. Incluso, por primera vez en muchos años, se reunieron aquí, en Palacio, un representante del ELN, "Gabino", y otro de las FARC, Iván Márquez, que envió Marulanda.[44]. Porque estos grupos tienen una guerra entre sí. Hablamos los tres; pero luego les dejé negociar solos.

---

[44] Pedro Antonio Marín, más conocido por su nombre de guerra *Manuel Marulanda Vélez* y por su apodo "Tirofijo" (1930-2009), fundador y jefe de las Fuerzas Armadas Revolucionarias de Colombia (FARC).

Cuando llegó "Gabino", un señor bajito, y entró por la puerta, le dije: *"Por fin te conozco, 'Gabino'. Desde el año 1994, van diciendo que tú y yo andamos haciendo guerrillas y campamentos, y adiestrando a la guerrilla grancolombiana"*. De todo eso se me acusó por escrito. Fue la primera agresión abierta. Una acusación hecha por un Presidente, nada menos. Ya no eran sólo versiones periodísticas. ¡Absurdo!

Absurdo pero, al parecer, eficaz. Lo satanizaron.

Sí, esos días de 1995, se desencadenó una ofensiva general. Me acusaron de todo. Empezó el cerco mediático, las presiones, las manipulaciones... En Argentina, por ejemplo, publicaron que estaba preparando un golpe con Seineldín... En Panamá lo mismo, que preparaba un golpe de Estado y estaba en contacto con Noriega, ¡encarcelado en una prisión de Florida! Aquí en Caracas, nuestra oficinita la allanaron como cinco veces [*se ríe*]. Un día llamó un periodista de Londres, y me preguntó: *"Está usted en Caracas, ¿verdad?"*. *"Sí"*. Él hablaba español, más o menos. No recuerdo de qué periódico o de qué radio era. Me dice: *"No entiendo. ¿Está clandestino?"*. *"No señor, estoy en mi oficina, en el centro de Caracas"*. Y entonces me anuncia: *"Es que tenemos aquí un cable que informa que usted anda metiendo miles de armas por el Orinoco, apoyado por Fidel, para liberar el sur de Venezuela"*. Me quedé atónito... Todo eso circulaba, que yo tenía un plan para liberar el Orinoco, el sur de Venezuela, unirnos con el Arauca, el Apure, y formar la guerrilla grancolombiana. Todo eso afirmaban los medios. Se pueden consultar en las hemerotecas...

Curiosamente esos ataques se intensifican después de su visita a Cuba ¿no?

Sí. Todo se intensificó después de aquella despedida de Fidel en el aeropuerto de La Habana el 13 de diciembre. Cuando se publicó aquí la foto del abrazo, los diarios la pusieron en portada, y los comentaristas lo llamaron: *"El abrazo de la muerte"*. Un amigo que trabajaba en Miraflores me contó haber escuchado a un ministro decir: *"Ahora sí se jodió Chávez. Fidel lo mató"*. Todo aquel día, estuvieron transmitiendo las imágenes de mi estancia en Cuba, parte de mi discurso y del de Fidel... y el abrazo. Lo hicieron para hundirme. Repetían: *"Ahora sí se desenmascaró Chávez; se fue a subordinar al tirano, al comunista..."*. Satanizaban a Fidel, un *"troglodita"*, un *"dictador"*... *"¿Te das cuenta? Chávez va para el pasado. ¿Qué nos puede ofrecer ese 'golpista', que ahora es comunista también cuando ya se acabó el comunismo?..."*. Recordemos que estamos en 1994, la Unión Soviética había implosionado... Ellos nunca entendieron, ni entenderán la psicología de los pueblos.

Pero se preocupan de esa "conexión" Chávez-Fidel y entienden todo el potencial político que ello implica.

Absolutamente. Y en efecto, después de mi visita a Cuba, es cuando empiezan a preocuparse ante la eventualidad de que se cree un movimiento internacional. Eso les causa pavor. Ahora, debo decir que siempre he tenido un poco de suerte. Porque alguien me avisó: *"Te van a acusar desde Colombia de algo grave; no sabemos de qué"*. Y cuando empezaron los titulares, la televisión: *"Chávez, asesino de soldados venezolanos"*... Entendí inmediatamente que era un tiro al corazón.

Querían destruirlo.

Claro. Un tiro al corazón. Nos reunimos a evaluar y decidí: *"Me voy para Bogotá"*. Todos se opusieron: *"Estás loco, te van a meter preso; te van a matar"*.

Era arriesgarse.

Sí, pero me fui para allá con un compañero. Hicimos contacto con los amigos colombianos del Congreso Anfictiónico, con aquellos militares retirados, y me esperaron en el aeropuerto. Mi llegada pasó casi desapercibida porque no reservamos pasaje y fuimos a última hora al aeropuerto de Maiquetía.

Total, llegamos, esos amigos me llevaron a un hotel, y me consiguieron un programa de televisión a primera hora del día siguiente. Prácticamente nadie sabía que estaba en Colombia. A las 7:00 de la mañana llego a la televisión al programa de Juan Gossaín que ya me conocía. Empezó preguntándome, en vivo: *"Bien ¿y usted qué hace por aquí, coronel Chávez?"*

(En Colombia, me dicen 'coronel'.) Le contesté: *"Vengo a defender mi honor militar. O me quedo preso, o muerto, en Colombia, o regreso a Venezuela con mi honor restituido. Una de dos".*

— *"¿Por qué dice usted eso?".*

— *"Porque el Presidente de este país me acusa de que comandé el ataque y maté a esos soldados en Cararabo".*

— *"¿Y es usted inocente?".*

— *"Soy inocente, y aquí estoy, señor Presidente. Que los cuerpos de Inteligencia vengan por mí. Estoy en el hotel tal y tal. Ando desarmado".*

No sé cómo hizo Gossaín, pero a los pocos minutos tenían en pantalla, en directo, a Ernesto Samper que estaba llegando a una reunión. Una periodista lo aborda: *"Presidente, usted ha acusado al coronel Chávez de ser el autor de la masacre de Cararabo".* Samper confirma: *"Sí, tenemos pruebas de que el coronel Chávez anda con el ELN y las FARC; atacaron ese puesto y mataron a esos soldados, les cortaron la lengua...".* Entonces la periodista le dice: *"Tenemos al coronel Chávez en el estudio, en vivo. Vino a Bogotá y quiere hablar con usted. ¿Acepta?".* Samper se puso verde, morado, y lo que atinó a contestar fue: *"No, no, yo no puedo atenderlo, pudiéramos dañar las relaciones con el gobierno de Venezuela. Muchas gracias".* Y se fue.

¿Usted estaba viendo eso en directo?

Sí, estaba en el estudio con Gossaín y lo veía en vivo en una pantalla. Mis amigos colombianos me habían buscado un abogado prestigioso, un hombre de izquierda muy respetado en Colombia, Ernesto Amésquita, que se vino después a vivir a Venezuela porque lo amenazaron de muerte por haber defendido causas de izquierda. Con él y con unos militares retirados del Movimiento Moral de Colombia, y también con un enjambre de periodistas atrás, nos fuimos al Ministerio de Defensa...

¿Para qué?

Me lo habían recomendado los mismos compañeros. Uno de estos militares, en el hotel, la noche misma en que llegamos, empezó a llamar a oficiales activos, e incluso logró que lo atendiera el Comandante del Ejército. Le dijo: *"Mi general, aquí está el coronel Chávez. Lo acusan de un grave crimen en Cararabo, y eso es injusto; él quiere hablar..."*. El general no quiso comunicarse conmigo por teléfono. Pero estos muchachos tenían sus relaciones e insistieron para que fuéramos al Ministerio de Defensa.

Llegamos, nos identificamos, entramos, se presentó un almirante, jefe de relaciones públicas: *"El ministro no puede recibirle pero yo le atiendo"*. Le dije: *"Señor Almirante, vengo a entregar este documento, pidiendo, como militar que soy, que se me aclare. Me han acusado injustamente de un hecho militar espantoso. Éstas son las recomendaciones de mi abogado; según la Constitución de Colombia es obligación de los funcionarios responder a una petición"*.

¿Eso está en la Constitución colombiana?

Sí, y ahora también en la nuestra. Y debo confesar, en verdad, que me respondieron. Un mes después, me llegó la respuesta del ministro de Defensa de Colombia diciéndome que no había ninguna evidencia seria.

Reconocieron que era falso.

No tuvieron más remedio. Es que removí cielo y tierra. Del Ministerio de Defensa me fui a la Corte Marcial, hablé con su presidente: *"Mi coronel, vengo a solicitar que se me abra un juicio; esto es* notitia criminis. *Se me acusa de participar en una emboscada y de matar a 14 soldados venezolanos. Exijo un juicio"*. *"Bueno, me dijo, no tengo autorización para eso. Tengo que esperar qué opina el ministro"*. Me dirigí al ministro públicamente, di una conferencia de prensa, pedí a los periodistas que le transmitieran al Presidente Samper que yo estaba en tal hotel: *"Me voy mañana a tal hora, cualquier cosa estoy a la orden"*.

Inmediatamente, los cuerpos de Inteligencia del Gobierno empezaron a difundir volantes [*octavillas*] por las calles, calumniándome, repitiendo las peores difamaciones. Un verdadero linchamiento. Una incitación al crimen, a que alguien me baleara.

¿Qué hizo usted?

Bueno, había terminado mi misión que era denunciar públicamente ante los medios y ante la justicia colombiana la falsedad de aquellos ataques. Y me regresé al día siguiente. Llego al aeropuerto de Bogotá, ya para salir, y me llaman entonces de la oficina del DAS [*Departamento Administrativo de Seguridad*]. Un funcionario un poco nervioso me dice: *"Queremos que nos dé una declaración"*.

Yo llevaba en mi cartera un sobre con un resumen en cuatro o cinco líneas de lo que figuraba en el Informe Samper. Una amiga periodista en Bogotá, no sé de qué manera, obtuvo una copia del Informe de un alto jefe y se lo dictó por teléfono a otro amigo mío en Caracas. Este amigo recopió los principales puntos en el primer papel que encontró: un sobre del Hotel Eurobuilding. Recuerdo que le corté ese pedacito con el nombre del hotel para no comprometer a nadie. Entonces, cuando el funcionario empezó a preguntarme, saqué ese papel y le dije: *"Dile a tu jefe que le recomiende al Presidente Samper, el cual no quiso atenderme, que debe salir de este enrollo porque han metido la pata. Y dile también que conozco el 'Informe secreto' donde se afirma lo siguiente: que en tal fecha estuve con 'Gabino' "*... Él estaba asombrado de que supiera eso... Le di todos los detalles; él anotando. *"Dile a tu jefe que tengo formas de probar que ese día y a esa hora estuve en un acto público con miles de testigos"*. Había investigado en mi agenda, contrastando la información. *"Está bien, muchas gracias"*, me dijo. Y como le conté, un mes después, me llegó un documento oficial reconociendo que el informe era erróneo.

Pero el daño estaba hecho.

Sí, el daño fue muy duro. A partir de ahí se desataron las acusaciones... De tráfico de armas, de narcotráfico, de lavado de dinero, de guerrilla, etc. Dondequiera que iba, cualquier país que visitaba, me conectaban de alguna manera con esas acusaciones. La prensa hablaba del *"golpista venezolano"*, el *"carapintada"*, el *"amigo de Noriega"*, el *"narcotraficante"*, el *"compañero de 'Gabino' que anda matando soldados venezolanos"*, el *"subordinado de Fidel"*... Nos dieron un golpe duro. Manejaron bien. Para mí, además, fue una prueba de fuego.

¿En qué sentido?

Recuerde que todo empezó cuando me negué a apoyar al gobierno de Caldera; no sólo me negué a apoyarlo sino que salí a la mitad de la calle a retar al gobierno con una propuesta: "Constituyente ¡Ya!". Entonces ahí comenzaron a ponerme todas las trabas y a tratar de liquidarme mediáticamente.

Eso me curtió, aprendí a enfrentar las campañas de manipulación, las calumnias que desde entonces nunca cesaron... Adquirí experiencia para afrontar esa guerra mediática que apenas comenzaba... La idea de la resistencia mediática me la dio un periodista, Romero Anselmi. Me entrevistó en un programa de radio que tenía por la mañanita, a las 6 de la mañana. Me aconsejó: *"Comandante, a usted lo están tratando de borrar del mapa; le voy a recomendar algo: váyase por el interior y aparézcase en las emisoras de radio en la mañana. No le van a decir que no, aunque sea 10 minutos, que lo entrevisten, después llegará la DISIP,[45] la policía, pero ya usted envió su mensaje..."*. Y esa guerrilla comunicacional funcionó, disparar por aquí y por allá, papeles, volantes, intervenciones, agitación, presencia de calle... Una intensa actividad.

Después de esos viajes al extranjero ¿siguió usted dando giras de conferencias por el interior de Venezuela?

No paramos. 1994, 1995 y 1996, fueron tres años de construcción. El "Mapa estratégico" adquirió mayor claridad. Definimos una estrategia de las

---

[45] Dirección de Servicios de Inteligencia y Protección.

prioridades. Y nos dedicamos a nuevas e intensas giras por el interior del país. Tuvimos una actividad frenética, organizando el Movimiento Bolivariano como actor político fundamental. Tratando de hacer alianzas internas y externas. Elaborando líneas programáticas y tratando de encender motores en función de esas líneas. En los barrios y en el campo, yo denunciaba el machismo. Explicaba que el machismo es terrible, es negar la mitad de la humanidad pues; repetía que la mujer libre libera al mundo, que la mujer libre nos libera a nosotros los hombres.

Claro, esa intensa actividad nuestra era una manera de darle más fuerzas y más oxígeno a las llamaradas, por decirlo de esa manera, que andaban con mucha fuerza por el país. Se formaban unas concentraciones gigantescas. Yo decía: *"¡Dios mío! ¿De dónde salió tanta gente?"*.

La gente no le tenía miedo al gobierno...

No, el pueblo había perdido el miedo. Había mucho entusiasmo popular. Mientras la credibilidad en los partidos tanto de derecha como de izquierda se vino abajo, en relación inversamente proporcional vino creciendo la credibilidad en nuestro discurso, de nuestra propuesta, de nuestro mensaje. Ése es un elemento que influyó en la decisión que se tomaría después de ir a las elecciones. Hay otros elementos que influyeron también, en particular el fracaso del gobierno de Caldera. Porque si Caldera hubiera tenido éxito, probablemente nuestra propuesta hubiera sido impactada negativamente. Pero lo que nosotros decíamos se vino comprobando en la realidad...

¿Seguían ustedes sin participar en ninguna elección?

Exacto. No fuimos a elecciones, ni apoyamos a ningún candidato de ningún otro partido. Los índices sociales se deterioraron... La crisis política continuó agravándose. Aquel gobierno no hizo nada para apalear el hambre, la miseria. Al contrario. Lo que hizo fue auxiliar a los banqueros que se llevaron 8.000 millones de dólares. Una cifra que, para Venezuela, equivalía entonces, aproximadamente —no tengo los datos a mano—, a casi al 20% del PIB... Eso incrementó aún más la pobreza, la desigualdad, el desempleo. La inflación llegó a ser de más del 100% anual, y el incremento de los salarios: 0%...

En 1994, hubo una grave crisis bancaria.

Sí, ocurre la crisis bancaria. Se hunde el Banco Latino y quiebran los bancos más importantes. El bolívar se derrumba. La inflación se dispara; en doce meses superó ¡el 70%! Caldera anuncia la privatización de empresas del Estado. Entonces empiezo a acusarlo de que es la continuación de Carlos Andrés Pérez... Yo reclamaba: *"Caldera debe disolver el Congreso y llamar a una Constituyente"*. No es que tuviera cifradas esperanzas de que lo fuera a hacer, pero era nuestra línea política, y creíamos que la crisis imponía esa solución. Ahí hice un giro táctico. Cambié la orientación del ataque. Empecé a acusar a Caldera de ser uno de los primeros capitanes de este barco —él era fundador del sistema basado en el Pacto de Punto Fijo—, y que ello le impedía hundir ese barco y crear otro. Eso era lo que estaba ocurriendo, porque al principio él tenía un discurso un poco nacionalista, soberanista...

El primer año, Caldera criticaba el FMI...

Él era un neoliberal que criticó, en un momento, el neoliberalismo. Pero muy tibiamente. Trató de tomar algunas medidas propias de un gobierno soberano, pero se rindió. Se rindió al Fondo Monetario, se rindió a la oligarquía criolla, a la oligarquía financiera internacional. Y entonces anunció la "Agenda Venezuela". Que venía a ser la misma agenda del Fondo Monetario que se trató de imponer aquí en 1989... O sea la continuación de Carlos Andrés Pérez.

Ese nuevo hundimiento del sistema, le ofrecía a usted una formidable oportunidad política ¿no?

Absolutamente. Porque eso significaba asimismo la rendición definitiva de la clase política. Mucha gente honesta de izquierda apoyó a Caldera creyendo que iba a llegar a hacer un gobierno al menos nacionalista; que iba a hacer esfuerzos para enrumbar el país en otra dirección... Y al comienzo, como dijimos, lo intentó. Pero se rindió rápido cuando se dio cuenta que no podía.

Nosotros le decíamos: *"Disuelva el Congreso; llame a Constituyente; o llame a un referéndum sin disolver el Congreso"*. Yo, en 1999, no tuve que disolver el Congreso; sencillamente llamé a referéndum. Ellos decían que no se podía llamar a referéndum, que la Ley no lo permitía. Yo les explicaba —no a ellos sino al país—, que el Artículo 3 de la [*antigua*] Constitución afirmaba: *"La soberanía reside en el pueblo quien la ejerce mediante el sufragio por órganos del Poder Público..."*. Sobre esa base legal, lo que había que hacer era una Ley de 10 artículos y llamar a referéndum; u otorgarle al Presidente facultades habilitantes para que él llamase a referéndum, y se viese lo que deseaba el pueblo soberano. Lo expliqué de mil maneras.

Pronto me di cuenta de que Caldera no lo iba a hacer. Al contrario. Lanzó la Agenda Venezuela, recurrió al Fondo Monetario Internacional, etc. Se amarró al mismo barco... Entonces me dije: *"Se hundió Caldera"*. Y así fue, fracasó estruendosamente.

¿Ahí es cuando usted piensa en la posibilidad de una candidatura presidencial?

Sí, ése fue uno de los elementos que me llevaron a tomar la decisión de ir a las elecciones. Pero además hay otra cosa: el tema militar. Esos años, como le dije, me dediqué a hacer contactos con nuestros cuadros militares que seguían en la Fuerza Armada. Estaban muy vigilados, y habían sido muy dispersados hacia la frontera. Conversando y analizando con ellos, llegué a la conclusión de que un nuevo movimiento militar no era viable. Carecíamos de verdadera fuerza militar, y el factor sorpresa había desaparecido. Estábamos infiltrados hasta los tuétanos por la DIM. Hasta en las casas de mis tías había gente de la DIM infiltrada, tomando fotos... Incluso un tipo que era chofer mío, Francisco, era un informador...

Se hubiera podido armar, eso sí, algunos frentes guerrilleros, porque había mucha gente del pueblo dispuesta. No hubiese sido difícil. Pero los años habían pasado, todos los movimientos guerrilleros habían fracasado... Y Venezuela tiene la particularidad de ser un país mayormente urbano.

De hecho, a partir de 1997, ya yo tenía claro de que no era posible, en el corto plazo, lanzar con alguna posibilidad de éxito una nueva operación militar del tipo 4-F, o cívico-militar como la del 27-N. Me convencí de que no era viable en ese momento la vía armada.

¿Qué apoyo popular general tenía usted en aquel momento?

Según las encuestas oficiales, a la hora de preguntar por Chávez como dirigente, no llegaba al 10%... En cambio, yo percibía directamente en la calle, después de haber recorrido pueblos y ciudades, que el impacto del 4-F seguía vivo y que tenía un respaldo sólido en el país...

Pero ese respaldo, no lo podía cuantificar.

No. Por eso, cuando empezaron a acercarse los comicios presidenciales de 1998, entre los elementos que fueron configurando un cuadro básico para la toma de decisiones, realizamos una encuesta que fue mucho más que una encuesta. Hicimos, a lo largo y ancho del país, una gran consulta que rompiera con el formato de una encuesta tradicional, y que tuviera valor científico.

¿Qué tipo de encuesta?

Más que una encuesta fue una medición. Buscamos apoyo de profesores universitarios, sobre todo sociólogos. Diseñamos un esquema de mediciones, tratando de que fuera lo más objetivo posible. Se dictaron talleres... Los jóvenes estudiantes universitarios que fueron a hacer las mediciones no sabían que era para el Movimiento Bolivariano. No tenían idea tampoco del objetivo de la medición. No eran voluntarios, ni forzosamente simpatizantes nuestros; y como teníamos entonces algunos recursos, se les pagó.

Se hicieron más de 100.000 consultas en todo el país; fue mucho más que una encuesta. Personalmente estuve revisando los detalles técnicos de la medición para garantizarme de que no nos fuésemos a meter un autogol. Necesitábamos saber la verdad objetiva. Entre muchas preguntas que se hicieron, las dos que nos interesaban eran: 1) "¿*Está usted de acuerdo en que el comandante Hugo Chávez sea candidato a la Presidencia de la República?*"; 2) "¿*Votaría usted por él?*".

¿Cuáles fueron los resultados?

A la primera pregunta: dijo sí más del 70%... Y a la segunda, el 55%. Sorprendente porque, en diciembre de 1998, ganamos las elecciones ¡con el 56,2%! O sea muy cerca del resultado de aquella medición hecha en el 1997. Fíjese si fue científica... Eso constituyó un factor definitorio que me convenció de ir a las elecciones.

¿A esas alturas, ya estaba todo el MBR-200 de acuerdo en ir a las elecciones? Significaba un cambio copernicano de línea ¿no?

Sí, totalmente. En el seno del Movimiento no había unanimidad. Recuerdo una noche, en Maracaibo, cuando hice el planteamiento de que íbamos a empezar a discutir el tema... Se pararon, y no recuerdo a nadie que me haya apoyado. Le estoy hablando de los cuadros regionales... A nivel de la dirección nacional había una composición más o menos paritaria de opiniones, pero en la mayoría de las regiones opinaban que eso era traicionar al movimiento y al pueblo.

Se entiende, ¿no había usted hecho de la no participación en las elecciones la marca emblemática del Movimiento?

Sin duda. Estuvimos varios años llamando a que no se participara, reclamando la Constituyente... Veníamos de dos rebeliones militares, de un llamado a abstención en las presidenciales, de otro llamado a abstención en las gobernaciones, de señalar a los partidos como impotentes... Pero me fui, estado por estado, a tratar de convencerlos. Exponía mis argumentos, les decía: *"Oigan, es un paso para llamar a la Asamblea Constituyente"*. Aún así no los convencía. Claro, nuestro Movimiento nació en el debate, con distintas corrientes, había libertad de opiniones...

La primera vez que hablé de la posibilidad de ir a elecciones fue en Cumaná. Y cuando llegamos después al sitio de descanso, mis propios escoltas, que andaban con una pistola o un fusil viejo de la época de la guerrilla, vinieron a hablar conmigo, eran como ocho. Me dijeron: *"Comandante, lo queremos mucho, pero para elecciones no cuente con nosotros"*.

Muchos compañeros me acusaban de traicionar al MBR-200, de dejarme llevar por el electoralismo. Afirmaban que el sistema nos iba a tragar... Me sentía como en el banquillo de los acusados. Pasé unos días muy amargos, porque, después de haber creado aquel MBR-200 y de haber ayudado a arraigarlo por todo el país, el Movimiento se fue radicalizando hacia la no-participación en elecciones. Surgieron voces de mucho prestigio apuntalando aquello. Esa corriente fue tomando fuerza, repetían que ir a elecciones era traicionar al pueblo, hundir el movimiento y defraudar las esperanzas de la gente.

Fuimos a San Cristóbal a otra reunión, y el veredicto fue peor para mí. Estaba cansado, golpeado duro, desalentado. Me dije: *"Bueno, si es así, me retiro"*.

¿Lo pensó en serio?

Muy en serio. Recuerdo que, al finalizar esa reunión en San Cristóbal, ya muy de noche, hablé con dos compañeros, fundadores del Movimiento: Iris Varela y Zambrano "el Gocho". Ella es abogada y era una de las más furibundas opositoras a mi idea, aunque me quiere mucho. En ese tiempo estaba de amores con Zambrano. Cuando terminó la reunión los llamé. Ella tenía un carrito. Les pedí: *"Por favor, llévenme a la finca de mi padre"*. Barinas queda como a tres horas. Aceptaron. Me acosté en el carro, tenía sueño, estaba cansado, cansado del alma. Me preguntaba: *"¿Qué hemos creado? ¿Qué quiere esta gente? ¿Otro levantamiento militar? ¿Con qué? ¿Para qué?"*. Ninguna posibilidad de éxito. ¡Y no era capaz de convencerlos!

Eso lo deprimía.

Estaba sobre todo cansado. Sentía una inmensa fatiga. Necesitaba una cura de soledad... Pasé como una semana allí meditando, paseando a orillas del río... Me quedé solo. Como Jesús en el desierto... No acepté que fuera más nadie: *"¡Déjenme solo aquí!"*.

Al cabo de una semana, llegó una comisión a buscarme. Les planteé: *"¿Qué vamos a hacer? No voy a imponerme a ustedes. Ustedes no quieren ir a elecciones, y yo estoy obligado a meditar, a pensar. Porque no quiero seguir la idea de ustedes de un nuevo levantamiento armado, no quiero cometer esa locura y llevarlos a la muerte como ya llevé a algunos el 4 de febrero de 1992, o a la cárcel. ¿Para qué? Vamos a echar los tiros sólo por decir que somos bravos y somos rebeldes"*.

Tenía que ser leal con ellos. Porque tampoco podía decirles: *"Bueno, como ustedes no quieren seguirme, me voy y me sumo a La Causa R"*. No, esa gente era mía. Mi deber era seguir tratando de convencerlos.

O sea, encontró ánimos para lanzarse de nuevo al debate.

Sí, en aquella semana de soledad y de meditación llegué a la conclusión de que mi análisis era correcto. Una voz interior me decía de cumplir con mi deber y asumir esa misión. Me convencí que debía liderar el país si quería cambiarlo. Y mi primera tarea consistía en persuadir a mis compañeros. Volví a la batalla. No soy de los que se rinden ante la primera dificultad.

Es lo que se llama tener carácter.

Decía Heráclito: *"El carácter es para el hombre su destino"*.

Pensé que iba a citar *El Oráculo del guerrero*.[46]

¡Ah! *El Oráculo...* Bueno, hubiera podido. Hay en ese librito un aforismo, por ejemplo, que dice algo así: *"Es el momento de dejar de actuar. Sal de la vorágine de la vida y haz un espacio para meditar. Busca la soledad. Sólo así podrás ver con claridad. Reposa, descansa, medita. Luego ve y actúa".* Conviene a aquella situación. Pero no recuerdo si ya entonces había leído yo el *Oráculo...*

Ese libro se hizo muy famoso; usted lo citó mucho en la campaña de las presidenciales de 1998. ¿Cómo lo descubrió?

Llegó a mis manos por casualidad. Creo que fue un regalo de mi [*segunda*] esposa Marisabel... Es un librito corto, como un breviario, de unas noventa páginas, dividido en unos cuarenta capítulos, lleno de aforismos y sentencias, impregnado de una filosofía que combina reflexión y acción. Me gustó enormemente. Algunas de aquellas frases, como la que le acabo de citar, resumían bien lo que yo deseaba expresar. Sí, lo utilicé y lo cité mucho en aquella campaña electoral de 1998. Y el libro, en efecto, alcanzó una enorme popularidad. ¡Increíble! Incluso sacaron no sé cuántas ediciones piratas... En todo caso ayudó a la victoria. Por cierto, repasando mi estrategia con miras a las elecciones presidenciales de octubre 2012, lo estoy volviendo a leer.

¿Es un aviso a la oposición?

Seguro. Es un aviso a mis adversarios, pero también a nosotros mismos. Porque la burguesía y sus aliados —internos y externos— no nos dejarán nunca en paz. Y eso es normal en la confrontación democrática. Debemos acostumbrarnos por consiguiente a vivir en un conflicto permanente, en una lucha permanente, en una revolución permanente. Y a ese respecto ¿qué nos dice *El Oráculo*? *"Guerrero combatiente, cuando termines una batalla*

---

[46] Lucas Estrella: *El Oráculo del guerrero*, Editorial Cuatro Vientos, Santiago de Chile, 1995.

no envaines la espada. ¿Para qué? Si mañana vendrá otra batalla". Lo mismo digo, el camino que viene está lleno de batallas. Pero en cada una de esas batallas obtendremos el trofeo de la victoria.

Volviendo a lo que hablábamos, me decía que decidió precisamente "volver a la batalla" y convencer a sus amigos del MBR-200 de la necesidad de ir a elecciones.

Sí. Me puse las botas otra vez, y convoqué a un Congreso nacional del MBR-200 para debatir durante varios días. Fueron debates duros. Les recordé que, a veces, si no se quiere que la política sea peor de lo que es, se tiene que actuar. Y eso, en algunos casos, implica —como decía Max Weber— vender el alma al diablo. La política no siempre es para los puros. Es humana en el sentido más terrible de la palabra. Los únicos que creen que la perfección es posible en política, son los fanáticos.

Al final, se tomó la decisión de hacer una gran consulta. Algunos, como el viejo Domingo Alberto Rangel y otros cuadros, no la aceptaron y se fueron. Pero bueno, lo que nos importaba, más allá de los sentimientos de los cuadros, era la opinión del pueblo. Hicimos, pues, esa medición de la que le hablé; obtuvimos esos resultados tan esperanzadores. Y al fin, en Valencia, el 19 de abril de 1997, se tomaron dos decisiones: primero, crear un instrumento político electoral; y segundo: lanzar mi precandidatura.

El "instrumento político electoral" fue el Movimiento Vª República ¿no?

Correcto. Ahí decidimos crear el partido Movimiento Vª República, y definimos su basamento, su programa y la candidatura.

¿Por qué le cambiaron el nombre?

Se lo cambiamos porque la Ley de Partidos Políticos prohíbe el uso del nombre de Bolívar en un partido. Así que, una madrugada, buscando siglas, me dije: "Movimiento Vª República" para no perder al menos el sonido, la asociación de MBR con MVR.

Hay quien sostiene que, históricamente, lo de Vª República no es correcto. ¿Qué piensa usted?

Sí, algunos hablan, por ejemplo, de Tercera República... Depende de como se vea. Hay distintas maneras de dividir los períodos. ¿Cuál es la mía? La Primera República la ubicamos, en 1811; ahí no hay ninguna duda, primera Constitución, primera República. Luego vino lo que la historia oficial llama la Segunda República. Nace en 1813, después de la "Campaña Admirable". Bolívar asume el liderazgo, viene de Nueva Granada, cruza los Andes, y en una campaña fulgurante, que llaman "Admirable", entra en Caracas en agosto de 1813. Forma gobierno, y se instala la Segunda República.

Pero el año siguiente, 1814, cae esa República, vuelve a caer Caracas en manos españolas. Hasta el año 1817, cuando Bolívar libera Margarita, instala su gobierno, y comienza a nacer la Tercera República. Ésta no se establece definitivamente hasta el año 1819, con el Congreso de Angostura y la constitución de la Gran Colombia. Desde nuestro enfoque, es lo que llamamos la Tercera Gran República, o la República Bolivariana original. Esa Tercera República cae con la muerte de Bolívar.

Y viene la Cuarta República que es antibolivariana y oligárquica, y que se mantuvo en los siglos XIX y XX. Algunos historiadores dicen que no es así, porque hubo una Asamblea Constituyente en 1947, y muchas otras Constituciones. Pero realmente el hecho de cambiar una Constitución no implica necesariamente cambiar de República. Por ejemplo, la República que nació en 1830 con Páez como Presidente, desde mi punto de vista es la misma que Rafael Caldera gobernaba 160 años después. Hubo algunos cambios, claro, gobiernos electos, gobiernos productos de golpes de Estado, gobiernos nacidos de elecciones directas, gobierno de elecciones indirectas... Pero la República era la misma, un régimen donde imperaban los intereses de una minoría, y con formas de gobierno en muchos casos abiertamente dictatoriales y en otros democracias disfrazadas. En fin, ésa es la explicación que defendí, y al final convencí a la gente.

¿No existía ninguna alusión a la Quinta República francesa, que el general De Gaulle fundó en 1958?

Ninguna. Muy lejos estábamos nosotros de alguna influencia francesa del general Charles De Gaulle. Si acaso, en materia de influencia gala, sería la Revolución Francesa de 1789, la de igualdad, libertad y fraternidad. Aunque De Gaulle expresó una vez algo admirable: *"No me imagino a Francia sino grande"*. Siempre he pensado igual: Venezuela tiene que ser un país grande en lo político, en lo económico y en lo social. A mi manera, digo como De Gaulle: ¡Venezuela va a ser un pequeño gran país! Y en eso estamos.

A propósito de lo de "Quinta República" hubo, es cierto, muchas especulaciones sobre la intencionalidad de ese nuevo nombre.

A partir de ahí usted se lanzó a la campaña electoral.

Bueno, aún pasé por un período de serias dudas. Después de aquellos momentos de críticas en los que pensé morir. Pero una vez ya levantado de nuevo, pensé: *"¿Y si finalmente Domingo Alberto Rangel tuviese razón?"*. Es decir, ¿y si por la vía de las elecciones resulta imposible hacer los cambios que sólo una revolución permite? ¿Qué hacer? De nuevo me puse a pensar que, en ese caso, habría que buscar las armas otra vez...

Tenía dudas importantes. Finalmente me dije: *"Bueno, pero primero probamos"*. Y así lo hicimos. Vaya que lo hicimos. Lo organizamos todo con mucho método, estudiando cada detalle. Aplicamos el consejo de Marco Aurelio[47]: *"El secreto de toda victoria está en la organización de lo imposible"*.

Durante la campaña, usted quería ir a Miami y, al parecer, los Estados Unidos le rechazaron el visado. ¿Es cierto?

Absolutamente. Fue una torpeza de su parte. Ocurrió, creo en abril de 1998, la Cámara de Comercio Venezolano-Americana de la Florida me

---

[47] Emperador romano, apodado "El Sabio" (121-180), autor de *Meditaciones*.

cursó una invitación para que expusiera mi punto de vista a los empresarios de allí. De paso, yo también deseaba ir a Nueva York donde otros empresarios y hasta banqueros me habían invitado. Pero Washington me negó la visa. Un vocero del Departamento de Estado [*Jeffrey Davidow, asistente del Secretario de Estado y ex-embajador en Venezuela*] declaró: "*El comandante Chávez no tiene derecho a visa porque intentó derrocar a un gobierno democrático*". Fíjese ¡qué escrupulosos! Ellos que se han pasado la vida tumbando gobiernos democráticos y acogiendo a dictadores latinoamericanos y a terroristas... Claro, eran los suyos...

En fin, eso no nos impidió ganar aquellas elecciones de 1998. Asumimos en febrero de 1999 y demostramos que esa vía electoral y democrática era factible. Y afirmo que sigue siendo factible. Lo vemos cada día con lo que ha pasado —y lo que sigue pasando— en toda América Latina, en Bolivia, Brasil, Ecuador, Argentina, Uruguay, Paraguay, Nicaragua, Perú...

¿Cuándo se integra el Movimiento Vª República en la alianza electoral Polo Patriótico?

Cuando creamos el Movimiento Vª República y decidimos lanzarnos a las elecciones, a los partidos de izquierda no les quedó otro remedio que reconocer nuestro liderazgo y nuestras propuestas. No tenían otra alternativa. Apenas comenzó a perfilarse mi candidatura, que el Partido Comunista decidió salirse del gobierno y anunciar, sin nosotros haberlo solicitado, que me apoyaba. Nosotros no somos sectarios, ni vanidosos, y aceptamos ese apoyo.

Luego, unos meses más tarde, La Causa R, el MAS y el MEP hicieron lo mismo... Entonces se me ocurrió hablar de una "Alianza Patriótica". Una Alianza que tenía que ser estratégica y no sólo táctica. Pero creo que todos esos partidos, sin excepción alguna, buscaban únicamente ocupar espacios, ganar puestos, bien sea a través de las elecciones regionales, o bien en el gobierno nacional.

Recuerdo que, acabando yo de ser elegido Presidente, llegaron los directivos del MAS, a exigir ya dos Ministerios... *"Venimos a pedir dos Ministerios, Presidente, nos corresponde, es justicia"*. *"Lo lamento*, les dije, *no voy a repartir cargos aquí. Les agradezco mucho pero váyanse, díganle a su partido que esto no va a ser un gobierno 'de ancha base' como en tiempos de AD-Copei"*.

Luego, cuando empecé a formar mi primer gobierno y a designar ministros, consideré por supuesto el valor de muchos cuadros de aquellos partidos y los nombré. No porque eran del MAS o del PCV o del PPT sino por sus cualidades intrínsecas.

Le digo una cosa, aquí, en esta misma mesa, muchas noches, sobre todo cuando venían las elecciones para el Congreso, para la Asamblea Constituyente, luego para la Asamblea Nacional, siempre fui generoso, a la hora de hacer las listas, con la gente de esos partidos. Siempre les decía a mis compañeros: *"Vamos a darle más puestos al Partido Comunista, posee buenos cuadros; o al PPT, etc. Vamos a quitarnos esa idea de la hegemonía del MVR"*. Éramos el partido más votado, pero con el menor sectarismo posible. Eso fue el Polo Patriótico, y con él ganamos las elecciones del 6 de diciembre de 1998.[48]

Decía Churchill que la victoria tiene muchos padres, y la derrota ninguno. Esos partidos se arrimaron a usted porque olieron el perfume del triunfo ¿no cree?

Sin duda. Ellos en realidad salían de un gobierno para pasarse al futuro gobierno... Pero no fueron los únicos. Al final de la campaña electoral, cuando la victoria era ya evidente, las oligarquías, que son muy hábiles, también comenzaron a cambiar de actitud. Incluso algunos de los más claros representantes de esa oligarquía venezolana y de aquel viejo régimen llegaron a escribir en un diario que, como no podían con el "bicho" —el

---

[48] El resultado de los comicios fue el siguiente: Hugo Chávez (MVR), 56,20%; Henrique Salas Römer (Proyecto Venezuela), 39,97%; Irene Sáez (IRENE), 2,82%.

"bicho" era yo—, había que domarlo. Y entonces empezaron a rodearme de verdad. Recuerdo que, al día siguiente de nuestro triunfo electoral, fui invitado a un canal de televisión cuyos dueños pertenecen a esa oligarquía rancia y muy poderosa, y no se puede usted imaginar el grado extremo de adulancia y de obsequiosidad que tuvieron conmigo en aquel programa. Me daba hasta vergüenza, pena ajena sentí.

Cuando tomé posesión de mi cargo, el 2 de febrero de 1999, la primera noche que llegué aquí, al Palacio de Miraflores, estaban Alberto Fujimori, Carlos Menem, el Príncipe de Asturias... Incluso se presentó José Luis Rodríguez "El Puma"[49] —figúrese!— a cantarme una canción... Y sobre todo apareció la oligarquía a alabarme. Me encontré con la oligarquía en pleno. Querían absorberme como vampiros. Aquí vinieron todos, los Cisneros, los Azpurúa, las familias más pudientes, la burguesía... Yo estaba fuera de mí mismo. Había hecho campaña pensando en los humildes, en los que no poseen nada y que son el alma de Venezuela. Y resultaba que el pueblo, los olvidados de siempre casi no se hallaban representados; bueno, los choferes, los escoltas, los camareros.... Fidel Castro se asomó a aquellos salones y me dijo con ironía: *"¿Ésta es la Quinta República?"*... Y se fue.

Bien, pues nosotros también nos vamos a ir. "Por ahora", como diría usted, detenemos aquí esta conversación, esta relectura de su primera vida, de sus luchas y de sus ideas. Permítame darle las gracias por el largo tiempo que ha tenido la gentileza de consagrarme y felicitarle por su buen estado de salud.

Gracias a usted, Ramonet, por sus preguntas, sus críticas, su interés... y su resistencia, porque yo hablo mucho y usted ha aguantado con suma paciencia. Aunque ya se había entrenado duro con nuestro amigo Fidel[50]...

---

[49] José Luis Rodríguez (n.1943), célebre cantante del jet set latinoamericano, residente en Miami, amigo de Carlos Andrés Pérez.

[50] Véase Ignacio Ramonet: *Fidel Castro, biografía a dos voces*, Debate, Barcelona, 2008.

Con respecto a mi salud, le diré que me siento muy vigoroso, muy animado, muy optimista y muy seguro. Porque hemos puesto en marcha el renacimiento de nuestro país. Le hemos abierto a nuestro pueblo el apetito por lo imposible. Venezuela será de nuevo digna, grande y gloriosa. Está levantando las banderas de la esperanza de su gente. Y le aseguro que vamos a seguir avanzando, en libertad y democracia, hacia una sociedad más justa, más incluyente. Venezuela era uno de los países más desiguales del mundo y va camino de ser uno de los menos desiguales.

Desearía despedirme con esta frase de Bolívar, retomando el juramento que hice años atrás: *"No daré descanso a mi brazo ni reposo a mi alma, hasta que veamos a Venezuela verdaderamente como la soñamos: digna, próspera y gloriosa"*.

Una última palabra para decirle que espero que esto sólo sea el comienzo. En una próxima etapa, tendremos que completar el recorrido de su otra media vida.

Por ahora, démonos un respiro. Si la ocasión se presenta, si usted mantiene su interés, si mis actividades lo permiten, y si Dios me da vida, le prometo que conversaremos de nuevo sobre todas estas cuestiones que tanto nos interesan.

Gracias, Presidente.

AGRADECIMIENTOS

Escribir un libro de conversaciones con una personalidad tan excepcional como Hugo Chávez resultó ser una tarea no desprovista de enormes dificultades, o al menos así lo fue para mí. Antes de empezar los largos diálogos con el líder de la Revolución Bolivariana, me pasé meses documentándome, preparándome y estudiando una época —la Venezuela de los años 1950 a 1990— en la que este país aún no estaba (salvo eventos excepcionales) en las portadas de los medios internacionales.

Durante todo ese tiempo, además de leer muchas de las obras referenciadas en la bibliografía, mantuve intercambios con testigos del período, especialistas de la región, analistas de la vida política, historiadores, periodistas, militares, profesores, activistas políticos, y amigas y amigos diversos que siempre me aportaron detalles, hechos, comentarios, anécdotas y referencias muy útiles, sin los cuales no hubiese podido preparar estas conversaciones.

No puedo ignorar mi deuda con todos aquellos que contribuyeron al resultado. Sin ellas y ellos, sencillamente esta obra no existiría. Me es imposible mencionar a cada una de las personas que me ayudaron. Sin embargo, sería injusto no citar, en primerísimo lugar, la asistencia permanente, intelectual y logística, que me prestó, desde el instante inicial, mi amigo Maximilien Arvelaiz, consejero especial del Presidente para cuestiones de política internacional. Si este libro le está dedicado, es que Maximilien Arvelaiz jugó, en todas las etapas de su realización, un papel fundamental, incitándome a emprenderlo, aportándome ideas, sugiriéndome preguntas, acompañándome en todos mis encuentros con Hugo Chávez, dándome ánimos cuando las dificultades se acumulaban, leyendo y corrigiendo el manuscrito hasta el último instante. Su cooperación y refuerzo han sido tales que lo considero co-autor de este libro, o más precisamente de lo mejor de este libro, pues es obvio que soy el único responsable de todos sus defectos, errores o insuficiencias.

Debo darle las gracias asimismo a la familia de Hugo Chávez, en particular a su hermano Adán y a sus padres Hugo de los Reyes y Elena. Los tres tuvieron la gentileza y la paciencia de concederme horas de entrevistas para evocar aspectos poco conocidos de la infancia, la adolescencia y la juventud del futuro presidente. De igual modo quiero expresar mi gratitud a sus hijas Rosa Virginia y María Gabriela; ambas asistieron a varias sesiones de trabajo, y Chávez les confió la delicada misión de reunir documentos de su «primera vida»: libros, revistas, objetos, fotos, octavillas, cuadernos, pinturas, etc. en los que el Presidente se apoyó para ir recordando los recovecos olvidados de su biografía.

Mi reconocimiento muy especial al presidente Nicolás Maduro que desde el primer instante, siendo entonces Canciller, me estimuló a realizar este libro y, a pesar de su apretada agenda, no dudó en ayudarme siempre, y en dedicarme tiempo para describir en particular la «epopeya de Chávez» —entre la salida de prisión en 1994 y el triunfo electoral de 1998— que Nicolás Maduro vivió junto al eterno Comandante, en primera línea.

No puedo tampoco omitir de citar el aporte capital de mi amigo Temir Porras, agudísimo conocedor del sistema político venezolano, cuyos consejos y análisis me resultaron decisivos para entender mejor las raíces de la Revolución Bolivariana y las características de la IV República.

Sin el auxilio de Teresa Maniglia este proyecto tampoco hubiese podido realizarse. Ella es la memoria viva de todo el proceso venezolano; lo ha filmado todo, lo ha grabado todo, lo ha conservado todo, lo ha clasificado todo. Sus archivos son los cuadernos de bitácora de la Revolución Bolivariana a la que se ha consagrado cuerpo y alma con infinito talento e inquebrantable voluntad. Un reconocimiento muy especial a los colaboradores de Teresa que realizaron la ingrata tarea de retranscribir la mayor parte de las grabaciones de estos diálogos.

También he mantenido conversaciones en extremo enriquecedoras para este proyecto con oficiales de la Fuerza Armada que conocieron muy de cerca al teniente coronel Hugo Chávez, y cuyos análisis me permitieron entender aspectos de la vida militar venezolana que me eran desconocidos. Le doy por ello encarecidas gracias, entre otros, a Jesse Chacón, Luis Reyes Reyes, Pedro E. Alastre, Jesús Rafael Suárez Chourio, Jorge Jaspe, Juan Carlos Ladera, Julio Marciales, Kenny Díaz Rosario, Rafael Isea y Rhony Pedrosa. Debo expresar mi particular gratitud a Antonio Morales, joven y brillante oficial que fue durante más de once años asistente personal del fundador de la Revolución Bolivariana y que tuvo la gentileza de releer cuidadosamente el manuscrito final. Un reconocimiento muy especial a Juan Escalona, el último y fiel edecán de Chávez, que siempre me ayudó a realizar este proyecto facilitando los contactos con el Presidente.

Tampoco puedo olvidar de reconocer el gran aporte de personalidades que me explicaron, a lo largo de apasionantes charlas, diversas facetas de la sofisticada escena política venezolana. Algunos de estos amigos hasta me sugirieron preguntas concretas que le formulé a Hugo Chávez y que sin duda reconocerán en el libro. Entre todas esas personalidades, mis agradecimientos van en particular a Carlos Ron, Farruco Sesto, Alí Rodríguez, Roy Chaderton, José Vicente Rangel, Rafael Ramírez, Ramón Gordils, Bernardo Álvarez, Jesús Pérez, Arévalo Méndez, Elías Jaua, Pedro Calzadilla, Jorge Rodríguez, Carmen Bohórquez, Luis Britto García, Ernesto Villegas, Blanca Eekhout, Patricia Villegas, Marayira Chirinos, Farid Fernández, Therry Deronne, Tatiana Tello, Elba Martínez, Ilva Calderón, Tarek William Saab, Eleazar Díaz Rangel, Marta Harnecker, Maryclén Stelling y Neila Nahir.

Tengo que añadir que si este libro posee algún atractivo y rigor, le debe esas cualidades al formidable aporte de mis amigos Bernard Cassen,

Ramón Chao y Christophe Ventura con quienes compartí día a día, durante los largos meses de escritura y puesta en forma, mis dudas y mis incertidumbres. Los tres tuvieron la paciencia de soportar mis vacilaciones y fueron los primeros lectores del manuscrito; sus múltiples observaciones y correcciones aclararon, despejaron y mejoraron el texto. Quiero manifestarles aquí mi reconocimiento más profundo.

Pero estos agradecimientos no serían completos si no citase a tantos amigos y amigas, especialistas de la geopolítica latinoamericana y de la politología de Venezuela, con quienes tuve ocasión, mientras trabajaba en la elaboración del libro, de intercambiar ideas y análisis. En buena medida, aunque a veces lo ignoren, las personas citadas a continuación contribuyeron también a la elaboración de esta obra: Richard Gott, Raúl Morodo, Roberto Viciano, Luis Hernández, Mónica Bruckmann, François Houtart, Atilio Borón, Sarah Testard, Maurice Lemoine, Renaud Lambert, Salim Lamrani, Pascual Serrano, Hernando Calvo Ospina, Franck Gaudichaut, Romain Mingus, Jean-Marc Laforêt, Fernando Sulichin, José Ibáñez, Manuel Cerezal, Iñigo Errejón y Jorge Elías. Gracias a todos ellos.

La Editorial Vadell Hermanos tuvo mucha paciencia con un autor excesivamente perfeccionista. Teresa Aquino de Vadell, responsable de la edición de este libro, perseveró con gran profesionalismo hasta que finalmente entregué el manuscrito completo. Por su enorme entusiasmo y dedicación al proyecto, quisiera darle aquí las gracias tanto a ella como a Janet Salgado (diagramadora), a Duilio Medero (corrector) y al legendario Manuel Vadell; todos ellos son el honor de una profesión en vías de desaparición.

Repito lo que ya dije, las virtudes de este libro, si las hay, se deben a las enriquecedoras contribuciones de todas estas personas amigas. De los defectos de la obra, en cambio, soy el único responsable.

En el texto de introducción, ya tuve ocasión de expresar mi inmenso agradecimiento al presidente Hugo Chávez sin cuya contribución este libro no existiría. A partir del momento en que aceptó la idea de dejar su testimonio para la historia, Chávez no dudó en consagrarme, con infinita generosidad, su tiempo y su confianza. A lo largo de tres años (2008-2010), con la seriedad que le caracterizaba y su exigente profesionalismo, preparó con extremo rigor todas nuestras sesiones de trabajo apoyándose en documentos reunidos especialmente para elaborar esta biografía a dos voces. Mi gratitud hacia él no tiene medida. Mi mayor pena es que la muerte le haya impedido de ver publicado por fin el detallado relato de su primera vida.

IR

Bibliografía

Discursos y textos de Hugo Chávez

CHÁVEZ FRÍAS, Hugo, (Coord. Rafael Vargas Medina): *Discursos fundamentales*, Foro Bolivariano de Nuestra América, Caracas, 2003.

_____: *Selección de discursos del Presidente de la República Bolivariana de Venezuela Hugo Chávez Frías (1999-2005.* (7 Tomos), Ediciones de la Presidencia, Caracas, 2005.

_____: *Las líneas de Chávez.* (6 Tomos), Ediciones de la Presidencia, Caracas, 2009.

_____: *El que me acuse de dictador es un ignorante. Frases de Hugo Chávez.* (Selección de Camilo Chaparro), Ediciones Intermedio, Bogotá, 2007.

_____: *Cuentos del arañero* (Compilado por Orlando Oramas León y Jorge Legaños Alonso), Vadell Hermanos Editores, Caracas, 2012.

_____: (y otros), *La Revolución Bolivariana en la ONU*, Col. Cuadernos para el debate, Ministerio del Poder Popular para la Comunicación y la Información, Caracas, 2009.

_____: *Pensamientos del Presidente Chávez*, (Compilación de Salomón Susi Sarfati), Ediciones Correo del Orinoco, Caracas, 2011.

Libros de entrevistas

BLANCO MUÑOZ, Agustín: *Habla el Comandante. Testimonios violentos*, CEHA/IIES/FACES/UCV, Cátedra "Pío Tamayo", Caracas, 1998.

BILBAO, Luis: (Conversaciones con) *Chavez y la Revolución Bolivariana*, Ediciones Le Monde diplomatique (Cono Sur), Buenos Aires, 2002.

DÍAZ RANGEL, Eleazar: *Todo Chávez. De Sabaneta al socialismo del siglo XXI*, Planeta, Caracas, 2006.

ELIZALDE, Rosa Miriam y BÁEZ, Luis: *Chávez nuestro*, Casa Editora Abril, La Habana, 2003.

HARNECKER, Marta: *Un hombre, un pueblo. Marta Harnecker entrevista a Hugo Chávez Frías*, Ediciones Desde abajo, Bogotá, 2002.

Biografías

JONES, Bart: *Hugo! The Hugo Chavez Story from Mud Hut to Perpetual Revolution*, Steerforth Press, Hanover (New Hampshire), 2007.

GOTT, Richard: *A la sombra del Libertador. Hugo Chávez Frías y la transformación de Venezuela* [Traducción: Temir Porras], Imprenta Nacional, Caracas, 2002. [1a edic. inglesa: *In the shadow of the Liberator. Hugo Chávez and the transformation of Venezuela*, Verso, London-New York, 2000].

_____: *Hugo Chávez y la Revolución Bolivariana*, Foca, Madrid, 2006.

GUERRERO, Modesto Emilio: *Chávez, el hombre que desafió a la historia*, Editorial Continente, Buenos Aires, 2013. (Edición actualizada de la biografía de Hugo Chávez editada en 2007 con el título: *¿Quién inventó a Chávez?*).

LEMOINE, Maurice: *Chávez Presidente!* (novela), Flammarion, París, 2005.

Sobre Hugo Chávez y la Revolución Bolivariana

BONILLA-MOLINA, Luis y EL TROUDI, Haiman: *Historia de la Revolución Bolivariana. Pequeña crónica, 1948-2004*, Ministerio de Información y Comunicación, Caracas, 2004.

COLLON, Michel: *Les 7 péchés d'Hugo Chávez*, Couleurs Livres, Charleroi, 2009.

DIETERICH, Heinz: *La cuarta vía al poder. Venezuela, Colombia, Ecuador*, Editorial 21, Buenos Aires, 2000.

_____ : *Hugo Chávez y el socialismo del siglo XXI*, Ed. del MIBAM, Caracas, 2005.

EL TROUDI, Haiman (ed.): *Para comprender la Revolución Bolivariana*, Ediciones de la Presidencia de la República, Caracas, 2004.

FERRERO, Mary (ed.): *Chávez. La sociedad civil y el estamento militar*, Alfadil Editores, Caracas, 2002.

FRANCIA, Néstor: *Qué piensa Chávez. Aproximación a su discurso político*, Ediciones del Autor, Caracas, 2003.

GARRIDO, Alberto: *Guerrilla y conspiración militar en Venezuela*, Alberto Garrido (ed.), Caracas, 1999.

_____: *De la guerrilla al militarismo*, Alberto Garrido (ed.), Caracas, 2000.

_____: *Testimonios de la Revolución Bolivariana*, Alberto Garrido (ed.), Caracas, 2003.

_____: *Guerrilla y Revolución Bolivariana*, Alberto Garrido (ed.), Caracas, 2003.

GOLINGER Eva, *The Chávez Code: Cracking US Intervention in Venezuela*, Olive Branch Press, Northampton, Massachusetts, 2006.

_____: *Bush Versus Chávez: Washington's War on Venezuela*, Monthly Review Press, Nueva York, 2007.

GOTT, Richard (fotografías de Georges Bartoli): *Hugo Chávez: The Bolivarian revolution in Venezuela*, Verso, Londres, 2005.

KOZLOFF, Nikolas: *Hugo Chávez: Oil, politics, and the challenge to the U.S.*, Palgrave Macmillan, Nueva York, 2007.

PETKOFF, Teodoro: *Tal cual, Hugo Chávez*, Catarata, Madrid, 2002.

ROWAN, Michael y SCHOEN, Douglas: *The threat closer to home: Hugo Chávez and the war against América*, Free Press, Nueva York, 2009.

SÁNCHEZ OTERO, Germán: *La Nube negra. Golpe petrolero en Venezuela*, PDVSA, Caracas, 2012.

VIVAS PEÑALVER, Leonardo: *Chávez, la última revolución del siglo*, Planeta, Caracas, 1999.

VV.AA.: *El fenómeno Hugo Chávez: La revolución venezolana* (escriben Gabriel García Márquez, Maurice Lemoine, Ignacio Ramonet...), Editorial Aún creemos en los sueños, Santiago de Chile, 2004.

ZAGO, Ángela: *La rebelión de los ángeles*, Wasp Ediciones, S.A., Caracas, 1998 [4ª. edic.].

Bibliografía general

ALI, Tariq: *Piratas del Caribe. El eje de la esperanza*, Foca, Madrid, 2006.

BRAVO, Douglas: *Douglas Bravo Speaks. Interview with Venezuelan Guerrilla Leader*, Pathfinder Press, Atlanta, 1970.

BRITTO GARCÍA, Luis: *Dictadura mediática en Venezuela. Investigación de unos medios por encima de toda sospecha*, Ediciones Correo del Orinoco, Caracas, 2012.

_____ y PÉREZ PIRELA, Miguel Ángel: *La Invasión paramilitar. Operación Daktari*, Ediciones Correo del Orinoco, Caracas, 2012.

DE LA PLAZA, Salvador: *El Petróleo en la vida venezolana*, Universidad Central de Venezuela, Caracas, 1974.

DI JOHN, Jonathan: *From Windfall to Curse? Oil and industrialisation in Venezuela, 1920 to the present*, The Pennsylvania State University Press, University Park, 2009.

FUNES, Julio César: *Cuando Venezuela perdió el rumbo. Un análisis de la economía venezolana entre 1945 y 1991*, Ediciones Cavendes, Caracas, 1992.

HELLER, Claude (ed.): *El Ejército como agente de cambio social*, Col. Tierra firme, Fondo de Cultura Económica, México, 1979.

KRUIJT, Dirk: *La Revolución por decreto. El Perú durante el gobierno militar*, Instituto de Defensa Legal, Serie Democracia y Fuerza Armada, Lima, 2008.

MANEIRO, Alfredo: *Escritos de filosofía y política*, Ministerio del Poder Popular para la energía eléctrica, Caracas, 2012.

OCHOA ANTICH, Fernando: *Así se rindió Chávez. La otra historia del 4 de febrero*, Los libros de El Nacional, Caracas, 2006.

RAMIREZ, Kléber: *Historia documental del 4 de febrero*, El perro y la rana, Caracas, 2006.

RANGEL, Domingo Alberto: *El ayer que hizo el mundo de hoy*, Vadell Hermanos Editores, Caracas, 2012.

SÁNCHEZ OTERO, Germán: *Abril sin censura. Golpe de Estado en Venezuela. Memorias*, Ediciones Correo del Orinoco, Caracas, 2012.

TORRES LÓPEZ, Juan (Coord.), *Venezuela, a contracorriente. Los orígenes y las claves de la revolución bolivariana*, Icaria, Barcelona, 2006.

VILLEGAS POLJAK, Ernesto: *Abril golpe adentro*, Ediciones Galac, Caracas, 2009.

VV.AA. : *Venezuela en transición. La experiencia bolivariana de gobierno.* Vol. I, II y III. *Ágora*, Revista de Ciencias Sociales, N° 13 (2005), N° 14 (2006) y N° 15 (2006), Fundación CEPS, Valencia, España.

ÍNDICE DE NOMBRES CITADOS

Ch

H

M

P

Q

R

S

T

U